제4개정판

생산운영관리

안영진 · 유영목 · 홍석기

박영사

우리의 영원한 인생의 스승이신 부모님께…

2016년 제3개정판에서 세상이 우리의 예측보다 빠르게 변화하고 있다고 서언을 하였다. 그런데 6년이 지난 지금 제4판의 머리말을 쓰고자 하니, 정말 세상이 너무나도 빠르게 변화하고 있다는 사실을 실감한다. 첫째, 4차 산업혁명이 시작되어 기술의 발전과 융합이 인류의 역사 이래 가장 빠르게 진화하고 있다. 특별히 수십 년간 침체되었던 인공지능의 급속한 발전으로 기업의 경영의사결정에 엄청난 영향을 끼치게 되었다. 그리고 생산운영관리에서 스마트 공장의 중요성이 크게 부각되었다. 둘째, 2019년도에 발생한 COVID－19의 발발로 불확실성이 큰 폭으로 증대되었다. 가장 근본적인 수요와 공급의 변화로 엄청난 손실을 경험하는 산업과 그 반대로 오히려 성장하는 산업으로 구분되었다. 많은 국가들은 보상금으로 엄청난 예산을 투자하였으며, 감염기간이 길어짐에 따라 각 국가의 경제성장도 침체되었다. 셋째, 2022년 러시아의 우크라이나 침공으로 발발된 전쟁은 이러한 불확실성을 가중시켰다. 그렇지 않아도 미국과 중국의 무역전쟁으로 세계 경제의 불확실성이 증가하였는데 설상가상으로 러시아와 우크라이나 전쟁은 글로벌 공급망의 생태계를 파괴하였다. 넷째, 세계의 많은 기업들이 ESG의 중요성을 인지하고 기업의 중요한 전략으로 채택하고 있다. 물론 ESG는 갑자기 나온 용어가 아니고 CSR(Corporate Social Responsibility)과 CSV(Creating Shared Value)에 이어 나온 개념이다. ESG는 기업 책임의 범위를 분명하게 정의하고 있다. 다섯째, 기후변화이다. 기후변화가 인류의 미래에 엄청난 영향을 끼칠 것이라는 주장과 그렇지 않을 것이라는 주장이 대립되고 있지만, 지구온난화가 가중되고 있는 것은 팩트이다. 그러므로 인류는 지속가능성이라는 명제 내에서 지구온난화에 대비를 하여야 한다고 본다.

이러한 새로운 현상은 기업들에게 기회와 위협을 동시에 제공한다. 과거에 비해 외부적인 요인들이 기업의 존망에 엄청난 영향을 끼치게 된 것이다. 그래서 기업은 외부환경의 변화가 기업에 끼치는 영향을 세밀하게 예측하고 대처하여야 한다. 또 내부적으로 기술의 급격한 향상 시대에 어떤 기술을 선택하여야 하는지, 그리고 ESG를 어떻게 달성하여야 할지에 대해서도 고민을 하여야 한다. 생산운영관리는 경영의 기본적인 핵심 기능이다. 그러므로 생산운영관리도 급속하게 변하는 내부 및 외부 환경에 지혜롭게 대처하여야 한다.

그래서 이번에 출간되는 제4판에서는 다음처럼 변화를 꾀하였다. 첫째, 4차 산업혁명의 핵심인 스마트 공장(smart factory)을 추가하였다. 스마트 공장은 이전의 생산운영관리에서 논의되었던 상당한 부분을 재정립하는 중요한 테크놀로지이다. 그래서 제12장에서 『e-Operations와 스마트 공장』이라는 제목으로 스마트 팩토리의 생산이론과 적용기술을 강화하고, 사례를 소개하였다. 둘째, 제13장에서 4차 산업혁명을 추가하였다. 특별히 이 장에서는 3D 프린팅, 인공지능, 유비쿼터스 컴퓨팅, WMNs, 그리고 바이오 테크놀로지가 생산운영관리에 끼치는 영향 등을 설명하였다. 셋째, 제5장에서 메타혁신(Meta Innovation) 등 공개혁신으로부터 진화된 최신 혁신이론을 소개하고 적용사례를 추가하였다. 넷째, 제3장에서 와해성 혁신전략(disruptive innovation strategy)을 추가하였다. 다섯째, 제2장에서 기업의 사회적 가치와 ESG를 추가하였다. 기업의 사회적 가치는 기업의 목적이 이윤이라는 그릇된 생각을 타파하는 개념이다. ESG는 현 시대에 있어서 기업이 감당하여야 하는 주요한 3가지 요소인 환경, 사회, 거버넌스로, 기업의 비재무적인 평가기준이다. 이렇게 기업의 평가는 재무적인 측면에서 비재무적인 측면으로 변하고 있다. 여섯째, 기후변화로 인한 저탄소 녹색성장이다. 제2장에서는 기후변화와 탄소배출의 문제점을 다루고 있다. 또 폐기물관리에서 특별히 플라스틱의 문제점을 추가 설명하였다.

제3개정판과 비교할 때 제4판은 다음과 같은 차이가 있다. 첫째, 급속한 환경과 기술의 발전으로 생산운영관리에 영향을 끼치는 대부분의 새로운 개념들을 소개하고자 노력하였다. 경영학의 세부 전공에 따라 차이는 있지만, 생산운영관리는 다른 어떤 전공보다도 영향을 더 받고 있어 새로 추가되는 부분이 많았다. 둘째, 전통적 이론과 새로운 개념 소개에 대한 균형을 이루고자 하였다. 본 교재는 대학교재이므로 전통적인 이론도 중요하고, 새로운 이론도 중요하다. 그래서 전통적인 이론은 조금 간소화하고 새로운 이론 소개에 비중을 더 두었다. 셋째, 통계자료를 최신 자료로 수정하였으며, 현실에 부적합한 사례들을 삭제하고 새로운 사례들을 소개하였다.

본서는 총 5개 편과 13개의 장으로 구성되어 있다. 제1편 「생산운영관리의 체계」는 2개의 장으로 생산운영관리 소개 및 최근 동향과 기업의 사회적 책임 및 친환경 생산운영관리, 제2편 「전략적 생산운영」은 2개의 장으로 생산운영전략과 품질경쟁력, 제3편 「생산시스템 설계」는 3개의 장으로 제품 및 서비스설계, 프로세스설계, 그리고 생산능력, 입지 및 배치설계, 제4편 「생산계획 및 실행 시스템」은 4개의 장으로 SCM, 수요예측, 재고관리, 생산계획시스템 및 MRP, 제5편 「프로세스혁신 시스템」은 2개의 장으로 e-Operations와 스마트 공장, 그리고 초일류 오퍼레이션 프로세스혁신으로 구성되어 있다.

본서는 대학교 전공교재로서 교수법 및 교육효과를 증대하고자 강의를 담당하시는 분께는 MS Powerpoint로 만들어진 강의안을 제공한다. 또한 연습문제 및 아래 한글로 작성한 답안을 제공한다.

몇 차례의 교정을 통해서 문맥과 오자를 수정하도록 노력하였으나, 오자나 잘못된 문맥이 나올 수도 있다. 이는 전적으로 저자들의 책임으로서 지속적인 검토와 개선을 통해서 시정해 나가도록 노력할 것이다. 끝으로 이 책이 출판되기까지 격려해 주시고, 많은 시간과 노력을 아낌없이 할애해 주신 박영사 안종만 회장, 배근하 과장, 그리고 장규식 팀장께 지면을 통해서 진심으로 감사드린다.

2023년 1월

죽전동 교정에서

안영진 · 유영목 · 홍석기

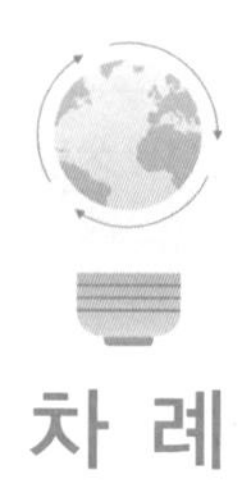

차 례

제1편 생산운영관리의 체계

Operations Management

제1장 생산운영관리 소개 및 최근 동향

제2장 기업의 사회적 책임 및 친환경 생산운영관리

제2편 전략적 생산운영

Operations Management

제3장 생산운영전략

Operations Management

제4장 품질경쟁력

제3편 생산시스템 설계

제5장 제품 및 서비스설계

제6장 프로세스설계

제7장 생산능력, 입지 및 배치설계

제4편 생산계획 및 실행 시스템

Operations Management

제8장 SCM

Operations Management

제9장 수요예측

제10장 재고관리

Operations Management

제11장 생산계획 시스템과 MRP

제5편 프로세스 혁신 시스템

Operations Management

제12장 ERP, e-Operations와 스마트 공장

제13장 초일류 오퍼레이션 프로세스 혁신

제1편

생산운영관리의 체계

O·p·e·r·a·t·i·o·n·s M·a·n·a·g·e·m·e·n·t

제1장 생산운영관리 소개 및 최근 동향

Operations Management

새는 알을 깨고 태어난다.
알은 새의 세계이다.
태어나고자 하는 자는
하나의 세계를 깨트리지 않으면 안 된다.

- 헤르만 헷세

기업은 물론이고, NGO(Non-Governmental Organization)를 포함한 모든 조직은 그 조직의 규모나 유형에 관계없이 반드시 제품이나 서비스를 창출하여야 한다. 제품이나 서비스를 창출하는 활동은 기업의 가장 기본적인 활동이다. 바로 이 기본적인 활동이 생산운영관리이다. 즉, 생산운영관리(Operations Management)는 소비자가 구입하고 사용하는 모든 제품과 서비스의 창출과정을 다루고 있다.

자율주행자동차나 드론(drone)처럼 눈에 보이는 재화를 만드는 제조업체의 생산운영활동을 이해하기는 쉽다. 그런데 눈에 잘 보이지 않는 서비스재화를 만드는 서비스업체의 활동을 이해하기는 그리 쉽지 않다. 서비스업체도 분명히 서비스를 창출하여야 한다. 대학교는 지식을 전달하여야 하고, 병원은 환자가 질병으로부터 벗어나도록 하여야 한다. 이런 활동도 전부 생산운영활동이다. 이렇게 생산운영활동은 모든 조직들이 반드시 수행하여야 하는 가장 기본적인 활동이다. 즉, 생산운영관리는 기업의 존속에 절대적으로 필요한 기업의 기본적이며 핵심적인 기능이다.

생산운영관리는 과거 그 어느 때보다도 지금 학계와 산업계에서 가장 많은 관심을 끌고 있는 경영학 분야 중 하나이다. 생산운영관리에서 다루고 있는 주제들을 보면, 상당히 흥미를 끄는 많은 내용들이 포함되어 있는 것을 알 수 있다. 그래서 이 책에서는 생산운영관리에서 다루는 주요한 주제들에 대한 원리와 개념, 그리고 각 주제에서 사용하는 중요한 기법들을 설명하고자 한다.

특히 제1상에서는 다음과 같은 주제들을 중점적으로 다루고자 한다.

- 생산운영관리 소개
- 생산운영시스템
- 생산운영관리의 발전과정
- 생산운영관리의 최근 동향
- 본서의 구성

1.1 생산운영관리 소개

1.1.1 생산운영관리의 중요성

기업의 목적 중 하나는 고객의 욕구를 가장 능률적이고 효율적으로 충족시키는 것이다. 그러기 위해서 기업은 몇 가지 기능들을 반드시 수행하여야 한다. 이러한 기능 중 하나가 바로 생산운영활동이다. 이 외에도 연구개발, 재무, 마케팅, 구매, 인적자원, 회계, 경영정보, 엔지니어링 등이 있다.

기업의 기능은 독립적이 아닌 상호보완적으로 운영되어야 한다. 〈그림 1-1〉

그림 1-1 기업의 상호 연계된 기능

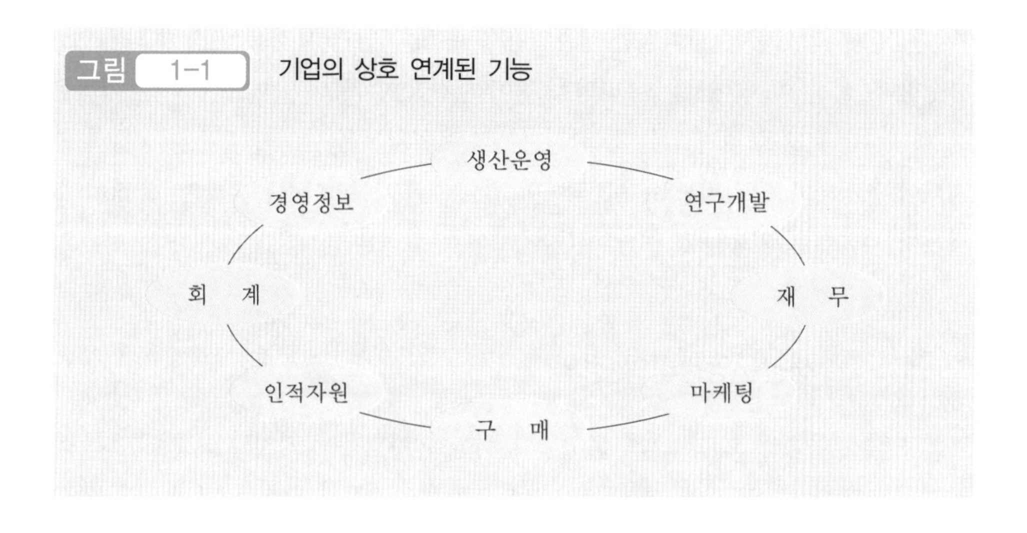

을 보면 각 기능이 서로 연결되어 있는 것을 볼 수 있다. 과거에는 각각의 기능이 폐쇄적이고 독립적으로 운영되었다. 그러나 폐쇄적인 활동은 각 기능의 입장에서는 좋을지 모르지만, 기업 전체로 볼 때에는 바람직하지 않다. 하나의 예를 들어 보겠다. 고객의 까다로운 기호를 충족시키기 위해 마케팅부서는 다양한 품목의 제품들을 원한다. 그러나 이것은 생산운영부서의 입장에서는 비용을 증가시키기 때문에 그리 반갑지 않은 결정이다. 그러므로 마케팅부서와 생산운영부서 간에 긴밀한 협조가 필요하다.

표 1-1 다양한 조직의 부서들이 수행하는 기능들

조 직	마케팅	생산운영	재 무
스마트폰회사	홍보 미디어 광고 고객만족도 조사	조립품생산 품질경영 프로세스 혁신	직원 급여 협력업체구매대금 지불 은행 융자 및 투자
햄버거회사	신메뉴 개발 시장조사 홍보	재료 구입 완제품 완성 표준화	직원 급여 재료 구매대금 지불 예산 편성 및 집행
교회	유튜브 활용 예배 안내 기타 프로그램 안내	선교 예배 성경공부	목회자 사례비 교회 유지관리비 예산과 결산
프로축구클럽	클럽 홍보 경기장 리뉴얼 팬 관리	경기 운영 유명 선수 영입 팀 경쟁력 강화	선수 봉급 입장료 관리 경기장 관리운영비

이렇게 각 기능은 협력적인 상호작용을 통해 기업의 목적을 가장 효과적으로 달성한다. 물론 이 책에서는 우리의 초점이 생산운영활동이기 때문에 다른 기능들에 대해서는 설명을 하지 않는다. 그러나 생산운영활동은 반드시 다른 기능들과 연계되어 조정되고, 보완적으로 운영되어야 한다. 〈표 1-1〉에서는 다양한 조직의 부서들이 수행하는 기능들에 대한 예들을 보여 주고 있다.

1.1.2 생산운영관리의 정의

기업의 목적을 효과적으로 달성하기 위하여 기업은 장기계획을 수립한다. 장기계획은 하위계획인 재무, 생산운영, 마케팅계획의 기본과 지침이 된다. 자원은 한정되어 있기 때문에 생산부문도 한정된 자원을 가장 효과적으로 사용하고, 다른 부문과 협조하여 기업의 목적을 효과적으로 달성하도록 하여야 한다. 생산운영관리는 제품과 서비스를 생산하는 모든 활동들로 구성되어 있다. 그래서 Jacobs와 Chase (2017)는 '생산운영관리는 기업의 가장 중요한 제품과 서비스를 창출하고 공급하는 시스템을 설계, 운영, 그리고 개선하는 것'이라고 정의하였다. Ritzman 등(2018)은 '생산운영관리는 투입물을 제품이나 서비스로 변화시키는 프로세스를 지휘하고 통제하는 것'이라고 정의하였다. ASCM 사전(2022)은 '생산운영관리는 투입물을 완성된 제품이나 서비스로 변환하는 활동을 계획하고, 일정을 수립하고, 통제하는 것'이라고 정의하였다. 본 책에서는 **생산운영관리**(operations management)를 다음처럼 정의한다.

> 시스템 내에서 유형재화나 무형재화를 산출하는 데 요구되는 변환과정에 필요한 투입물과 자원의 가장 효과적인 운영을 연구하는 학문이다.

투입물(input)이란 원자재(또는 부품)나 고객 또는 고객과 관련되어 처리되는 정보나 제품을 의미한다. 제조업체의 투입물은 원자재(또는 부품)이고, 서비스업체의 투입물은 고객 또는 고객과 관련되어 처리되는 정보나 제품이다. 원자재(raw materials)와 부품은 최종제품을 형성하는 구성품이다. 자동차 회사의 투입물은 타이어, 엔진, 차체와 같은 부품들이다. 그러므로 원자재나 부품 없이 유형재화를 만들 수 없다. 원자재는 가공된 원자재와 가공되지 않은 원자재로 구성된다. 가공되지 않은 원자재는 주로 천연자원으로부터 나오며, 금, 은, 동, 구리, 원유, 쌀, 텅스텐 등은 전부 가공되지 않은 원자재이다. 반면에 가공된 원자재는 이미 생산과정을 거친 완제품이다. 서비스업체에 있어서 투입물은 고객 또는 고객과 관련된 제품이나 정보이다. 학생은 학교의 투입물이고, 환자는 병원의 투입물이다. 고객과 관련되어 처리되는 정보나 제품은 고객의 만족을 위하여 서비스되는 정보나 제품을 말한다.

자원(resources)이란 유형재화 또는 무형재화를 산출하기 위해 수행되는 변환과정에 들어가는 요소들을 일컫는다. 자원에는 상당히 많은 요소들이 있다. 예를 들어 인적자원은 기계와 자재를 이용하여 제품 또는 서비스를 창출하는 주체이다. 노동집약적인 산업에서는 인적자원이 가장 중요한 생산의 요소였지만, 기계화와 자동화가 도입됨에 따라 인적자원이 지니는 비중이 과거보다 크게 감소하였다. 그런데 인적자원은 육체적인 능력뿐만 아니라 지적인 능력을 소유하고 있기 때문에 인적자원이 차지하는 비중은 공정의 형태와 제품의 종류에 따라 크게 달라진다. 그러므로 단순히 과거에 육체적인 노동력으로만 생각되어 왔던 인적자원이 지금의 조직에서는 그 의미와 역할이 완전히 달라졌다.

자본(capital)은 대개 장기적이며 고정된 자원으로서 생산을 하는 데 필요한 기계, 토지, 건물, 설비, 장비, 공구, 산업로봇 등을 포함한다. 자본은 한번 사용하면 없어지는 소모품이 아니고 오랜 기간 동안 사용할 수 있는 자원이다. 자재는 위에서 설명한 원자재와는 다르다. 자재(materials)는 원자재 이외 생산과정에서 사용되는 물자이다. 자동차공장에서 사용하는 타이어는 원자재이지만, 기계에 사용하는 윤활유는 자재이다. 에너지(energy)는 제품과 서비스를 생산하는 데 필요한 중요한 자원으로서 전기, 용수, 가스 등을 말한다. 에너지가 없으면 재화를 생산하기가 상당히 어렵거나 거의 불가능하다. 자금(money)은 원자재를 구입하고, 인적자원에 대해 임금을 지급하고, 기계를 구입하기 위해 필요하다. 그러나 자금은 생산활동의 직접적인 자원이라고 할 수 없다. 왜냐하면 자금 자체가 유형재화와 무형재화를 산출하는 데 직접적으로 공헌을 하지 않기 때문이다.

투입물을 산출물로 전환시키는 과정을 생산시스템의 변환과정이라고 한다. **변환과정**(transformation process)은 투입물을 원래의 가치보다 높은 가치를 지닌 산출물로 반드시 전환시켜야 한다. 다시 말하면 변환과정은 반드시 부가가치를 창출하는 생산적인 과정이어야 한다. 변환과정에는 네 가지 중요한 방법이 있다(Meredith, 2015). 첫 번째 방법은 변화를 통한 변환이다. 변화를 통한 변환과정은 변하는 것들 전부를 일컫는다. 부품을 조립하여 스마트폰이나 반도체를 생산하는 물리적인 변화나 머리를 깎아 머리 형태에 변화를 주는 서비스도 변화이다. 또 음악을 듣고 마음에 변화를 느끼는 감각적인 변화와 대학졸업식에서 학위를 받고 느끼는 만족감과 같은 심리적인 변화도 전부 첫 번째 변환과정에 속한다. 두 번째 방법은 운반을 통한 변환이다. 우편물 배달이나 이사 또는 여행처럼 장소를 이동함으로써 변화를 꾀하는 것이다. 세 번째 방법은 저장을 통한 변환이다. 호텔에 숙박한다든지, 창고에 제품을 보관하는 것은 전부 이 방법에 속한다. 네 번째 방법은 검사를 통한 변환이다. 품질검사나 재고검사 또는 신체검사는 전부 검사를 통한 변환과정에 속한다. 그러나 일반적으로 변천과정은 업종에 의해 분류된다. 즉, 조직이 어떤 업종에 속하는가에 따라 변천과정이 결정된다.

산출물(output)은 변환과정의 결과로써 스마트폰, 드론, 전기자동차와 같은 유형재화와 영화, 여행, 식당과 같은 무형재화로 분류된다. 다시 말하면 제조업체의 산출물은 완제품이고, 서비스업체의 산출물은 고객이나 고객을 위해 처리되는 정보나 제품이다. 그러나 제조업체와 서비스업체는 다르다. 둘 다 전부 인간의 욕구를 충족시키지만, 서비스업체는 그 특성상 제조업체와 다르다. 여기에 대해서는 잠시 후 자세히 설명하도록 하겠다.

생산운영관리는 경영학의 일부로서 다양한 주제들을 포함하고 있다. ASCM 사전(2022)은 생산운영관리의 범위를 설계공학, 산업공학, 경영정보시스템, 품질경영, 제조관리, 재고관리, 회계, 그리고 운영에 영향을 끼치는 모든 분야들을 다양하게 포함시키고 있다.

1.1.3 생산운영관리의 목표

생산운영활동의 주요한 목적은 생산성과 품질을 향상시키는 데 있다. Drucker (1999)는 “자원의 생산적인 이용은 경영의 중요한 의무이다”라고 하였다. 이것은 곧 생산운영활동이 갖는 중요성을 말해 준다. 생산운영관리의 목표는 미리 규정한 품질의 제품을 가장 저렴한 가격으로 정한 기간 내에 생산하는 것이다. 최근 생산운영관리에서 많이 주목받는 요소는 비용, 품질, 유연성, 그리고 시간이다.

먼저 제품과 서비스의 가격을 결정하는 비용경쟁력을 강화하기 위해서는 조직을 효율적으로 운영하여야 한다. 그러기 위해서는 부가가치를 창출하지 않는 모든 낭비를 제거하여 **비용**(cost)을 최대한으로 감소시켜야 한다. 또 생산성을 향상시키고, 불량품을 줄이고, 원자재 구입비용을 감소하고, 프로세스를 표준화하여야 한다. 비용은 또 단기적인 방법에 의해 감소하려고 해서는 안 된다. 이러한 단기적인 방법은 다른 경쟁자들이 쉽게 모방하여 효과가 거의 없기 때문이다. 그러므로 비용의 감소는 지속적인 프로세스개선과 기술개발로 이루어져야 한다. 그래야만 비용경쟁력을 유지할 수 있다. 또 비용의 감소는 기업의 유형에 따라 다르기 때문에 각 기업은 그 기업의 특성에 맞게 비용을 감소시켜야 한다. 비용을 감소하지 않고 단지 가격만 내리는 것은 이익이 감소하여 기업의 운영에 어려움이 따른다. 그래서 가격경쟁력을 갖기 위해서는 반드시 비용경쟁력부터 구비하여야 한다. 그러나 최근 비용의 감소 경쟁이 기업생태계를 파괴한다는 이론이 제기되었다. Martin(2019)은 최소비용기업이 산업 전체를 좌지우지하는 거대공룡이 되어 장기적으로는 하나의 기업에 수익이 집중되고, 대부분의 기업들이 이 산업에서 퇴출한다는 주장을 제기하였다. 그래서 사회 전체의 가치를 하락시킨다고 하였다.

품질(quality)에는 제품품질과 프로세스품질의 두 가지 의미가 있다. 제품품질(quality of product)은 고객의 욕구에 따라 달라진다. 그래서 일반적으로 값이 비싼 제품은 값이 싼 제품에 비해 높은 제품품질을 가지고 있다. 여기에 비해 프로세스품질(quality of process)은 신뢰성과 관련이 있다. 이것은 그 제품이나 서비스가 목표로 하는 기능을 얼마나 문제없이 잘 수행하는가 하는 것이다. 1980년대 초 TQM(Total Quality Management)과 1987년의 식스 시그마는 세계적으로 많은 기업들에 의해 도입되었다. 과거에는 품질을 단순히 규격에 대한 적합성으로 간주해 생산자가 품질을 결정하였고, 불량률을 감소시키는 소극적인 방법에 의존하였다. 그러나 요즈음에는 품질을 고객의 욕구를 만족시키는 척도로써 소비자가 결정한다. 그러므로 품질경쟁력을 강화하기 위해서 기업은 고객욕구를 파악하고, 고객욕구를 만족시키는 제품과 서비스를 공급하는 적극적인 방법을 사용하여야 한다. 품질에 대해서는 제4장에서 보다 자세히 설명하도록 한다.

유연성(flexibility)이란 소비자에게 보다 다양한 제품과 서비스를 제공하는 능력을 말한다. 즉, 소비자의 급격한 수요변화에 즉각적으로 대응하고, 생산량을 신속하게 조절하는 능력이다. 수요가 많을 때에는 유연성이 그리 중요하지 않지만, 수요가 불안정하게 되면 중요한 경쟁력의 척도가 된다. 요즈음에는 고객의 수요가 다양하고, 빨리 변하며, 신제품들이 양산되어 유연성이 그 어느 때보다도 중요하다. 유연성은 다시 인적자원과 설비/기계에 대한 유연성으로 분류된다. 인적자원에 대한 유연성은 교육과 훈련에 의해서 향상된다. 설비/기계에 대한 유연성은 주로 새로운 테크놀로지에 의해서 이루어진다. 그리고 최근 4차 산업혁명으로 설비/기계의 유연성이 엄청나게 향상되었다.

시간(speed)은 최근 점점 중요해지는 요소이다. 기업은 제품과 서비스를 다른 경쟁사들에 비해 신속하게 제공할 수 있는 개발속도(development speed) 능력을 키워야 한다. 이렇게 하기 위해서는 설계에서부터 제품과 서비스를 출시하는 단계까지 걸리는 시간을 최소화하여야 한다. 또 제품과 서비스를 고객에게 약속한 날까지 정확하게 공급하는 적시인도(on-time delivery)능력도 지녀야 한다. 시간에 대한 경쟁력은 제조업체나 서비스업체에 모두 다 중요한 요소이지만, 제조업체에 비해서 서비스업체에 더 중요하다. 이것은 제조업체에서는 재고를 이용할 수 있지만, 서비스업체에서는 재고를 보관할 수 없기 때문이다. 과거에는 응급실이나 소방서처럼 긴급을 요하는 서비스업체에서만 시간을 중요시하였지만, 지금은 모든 서비스업체로 점점 확산되고 있다. 그래서 식당이나 호텔에서도 신속하게 서비스를 제공하는 것이 중요하게 되었다. 또 시간경쟁력에서 중요한 것은 정보에 대한 신속함이다.

1.2 생산운영시스템

제조업체의 생산운영시스템은 〈그림 1-2〉와 같다. 이 그림에 의하면 투입물이 변환과정을 거쳐 산출물로 전환되는데, 원하는 산출물이 확실하게 생성되는지를 확인하기 위하여 각 단계에서 통제를 한다. 그리고 문제가 발생하는 경우에는 시정조치를 취한다. 또 변환과정을 통해서 생산되는 산출물은 반드시 모든 투입물의 가치를 합한 총가치보다 높은 가치를 지녀야 한다. 그렇지 않은 경우에는 생산운영활

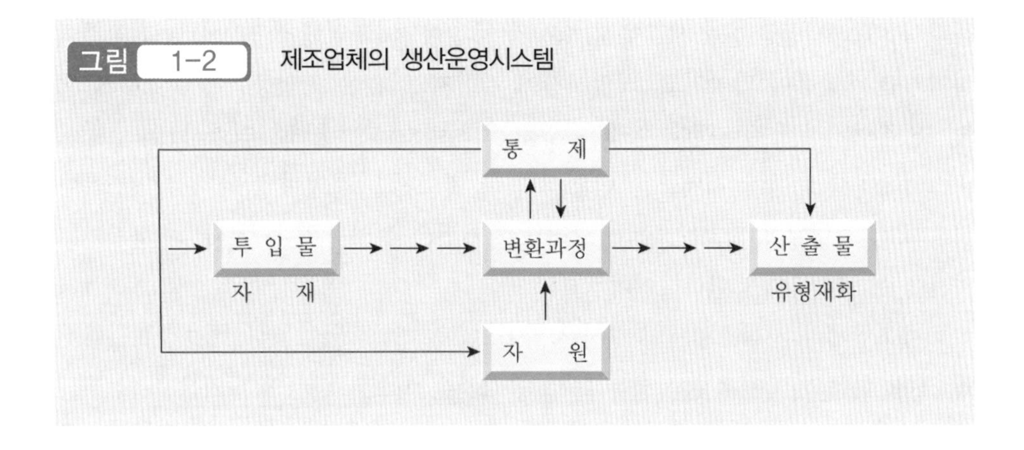

그림 1-2 제조업체의 생산운영시스템

동이라 할 수 없다. 즉, **생산운영시스템**(operations system)은 모든 투입물의 가치를 합한 것보다 가치가 높은 산출물을 생산하는 시스템으로써 부가가치를 창출하는 시스템이다.

서비스업체의 운영시스템은 〈그림 1-3〉에 나와 있다. 서비스업체에서는 투입물이 고객 또는 고객과 관련되어 처리되는 정보나 제품이고, 산출물도 고객이나 고객과 관련되어 처리되는 정보나 제품이다. 제조업체와는 달리 서비스업체에서의 투입물과 산출물은 반드시 고객이 포함되거나 또는 고객과 관련된 정보와 제품이 포함된다는 것이다. 이렇게 제조업체와 서비스업체는 서로 완전히 다른 특성을 지니고 있다. 〈그림 1-2〉와 〈그림 1-3〉에서 하나 유의하여야 할 점은 생산운영시스템에서는 투입물이 산출물로 전환되는 시간이 중요하다는 점이다. 즉, 고객에게 제

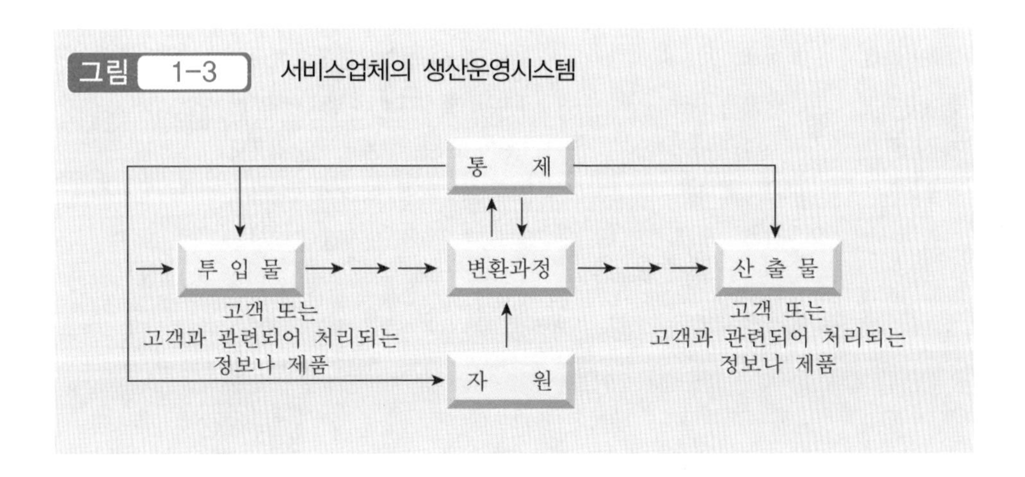

그림 1-3 서비스업체의 생산운영시스템

품과 서비스를 공급하는 시간을 감소시켜야 한다. 제조업체에 있어서 변환시간이 길어지면 재공품이 많아지고, 작업시간이 길어지고, 많은 작업공간이 필요하게 되고, 또 작업거리가 길어진다. 이것은 제품 및 서비스의 경쟁력을 약화시킨다. 또 서비스업체에서 고객이 서비스를 받는 시간이 길어지면 불만이 높아져 서비스율이 저하되고, 경쟁에서 뒤지게 된다. 그러므로 기업은 투입물을 산출물로 전환시키는 시간을 될 수 있으면 단축하여야 한다.

제조업체와 서비스업체의 생산운영시스템에 대한 예를 들어 보면 〈표 1-2〉와 같다. 다음의 예에서 음식점을 보자. 음식점은 배고픈 사람의 허기를 채워 주는 것이 기본적인 목적이다. 음식점에는 배고픈 사람이 오고, 그들의 욕구를 충족시키기 위하여 수저, 젓가락, 용기, 식탁, 주문받는 사람들을 필요로 한다. 이 예에서는 이러한 모든 것이 투입물에 속하지 않고 자원에 속한다. 그리고 산출물은 배부른 사람이다. 즉, 서비스업체에서는 투입물과 산출물은 항상 고객이거나 또는 고객과 관련되어 처리되는 제품이나 정보이다.

일반적으로 제조업체에서의 변환활동을 생산(production)이라 하고, 서비스업체에서의 변환활동을 운영(operations)이라 한다. 그래서 생산운영관리(operations management)는 제조업체와 서비스업체의 모든 부문에서의 변천활동을 다룬다. 그러나 가끔 생산운영관리를 단순히 운영관리라고도 한다.

표 1-2 제조업체와 서비스업체의 생산운영시스템에 대한 예

조 직	투입물	자 원	산출물
자동차회사	철강, 유리	조립공, 기계, 로봇	자동차
교육시스템	학생	교수, 직원, 강의실, 책	지식인
음식점	배고픈 사람	요리사, 음식재료, 가스	배부른 사람
컴퓨터회사	모니터, 칩	조립자, 로봇, 기계	컴퓨터
농장	땅, 씨, 물	농부, 농작기계, 농약	곡물
병원	환자	의사, 주사, 약, 방사선	정상인

1.3 생산운영관리의 발전과정

약 3백 년 전만 하더라도 인간은 거의 농업에 종사하였고, 자급자족시대를 이루고 있었다. 공업도 가내수공업 형태였으며, 기술수준도 낮았고, 조직이라는 개념도 별로 존재하지 않았다. 그래서 제품도 조그만 장소에서 은장이(silversmith)나 대장장이(blacksmith) 같은 소수의 기술자들에 의해서 생산되었다. 이들은 대개 그들의 집에서 소비자가 주문한 제품들을 손으로 직접 만들어 팔았다. 그래서 소비자에게 판매되는 제품은 전부 다 달랐고, 한 사람이 처음부터 끝까지 만들었다. 그러나 1770년대 영국에서 발생한 **산업혁명**(industrial revolution)은 공장제공업이라는 새로운 산물을 낳았다. 산업혁명은 인간이 체험한 가장 중요한 혁명 중 하나이며, 인간의 문명을 획기적으로 개혁시킨 중요한 사건이다. 산업혁명 이후 또 하나의 획기적인 사건은 Taylor의 과학적 관리법이다. 과학적 관리법(scientific management)은 과업을 과학적 방법에 의하여 조직적으로 분석하고 연구하는 방법으로 생산성을 크게 향상시켰다. 그러나 과학적 관리법은 인간을 기계로 봄으로써 많은 문제점을 발생시켰다. 그래서 인간관계론(human relations) 개념이 나왔다. 다음에는 수리적인 모형을 이용해 기업의 문제를 해결하는 기법들이 나왔으며, 최근에는 기업의 생산문제를 시스템적인 관점에서 보고자 생산전략 및 시스템적인 접근방법들이 나오게 되었다. 여기에서는 산업혁명 이래 생산운영관리와 연관된 중요한 개념들을 시대순으로 설명하고자 한다.

[1] 증기기관

James Watt(1736~1819)는 1764년에 증기의 힘을 이용해 동력을 자아낼 수 있는 증기기관을 발명하였다. 이 증기기관은 1769년에 특허를 받았는데, 목화실을 짜내기 위해 증기기관이 공장에 도입된 것은 그로부터도 16년이 지난 1785년에 이루어졌다. Watt의 증기기관은 수력에 비해 동력이 높아 그 후 많은 공장들이 Watt의 증기기관을 도입하였다.

[2] 분 업

1723년 스코틀랜드(Scotland)의 Kirkcaldy시에서 태어난 Adam Smith(1723~1790)는 1776년 「국부론(*The Wealth of Nations*)」이란 책에서 분업이란 개념을 소개하였다. **분업**(division of labor)은 어떤 제품을 대량으로 생산하기 위해서 제품을 만드는 데 수행되는 과업을 여러 개의 세부적인 부문으로 구분하고, 각 부문을 서로 다른 사람들이 수행하는 것이다. 일반적으로 분업의 효과는 다음과 같다. 과업의 범위를 축소시킴으로써 기술을 발전시킨다. 한 과업에서 다른 과업으로 과업을 변경할 때 발생하는 변경시간을 감소시킨다. 어떤 한 분야에 있어서 기술의 발전을 가져와 자연스럽게 기계화를 촉진시킨다. 똑같은 과업을 반복적으로 계속할수록 작업자의 기술이 발전한다. 분업의 개념에 의해 그 당시 한 사람이 하루에 천 개의 핀(pin)을 만드는 작업을 열 사람이 18개의 공정으로 세분해 수행하였을 때, 하루에 4만 8천 개의 핀을 생산할 수 있었다. 이렇게 분업은 생산성을 4.8배 증가시켰다. 그래서 분업은 전문화(specialization)와 단순화(simplification)라는 중요한 개념을 탄생시켰다.

[3] 호환성부품

목화씨아를 처음으로 발명한 Whitney는 1798년 **호환성부품**(interchangeable parts)이라는 개념을 소개하였다. 1790년 Whitney는 미국 육군에 부싯돌식 발화장치의 소총 만 개를 개당 13.4달러에 공급하기로 약속하였다. 그러나 모든 부품을 전부 똑같이 만드는 것이 생각만큼 쉽지가 않았다. 약속을 지키기 위해 Whitney는 미국 코네티컷(Connecticut)주의 뉴헤이븐(New Haven)시에 공장을 세우고, 정확한 수치의 소총을 만들기 위해 새로운 금속세공기계를 개발하였다. 그러나 2년 만에 공급한다는 약속을 지키지 못하고, 10년이라는 긴 세월이 흘러서야 Whitney는 만 개의 머스킷총을 육군에 공급할 수 있었다. 이렇게 소총을 공급하는 데 시간이 많이 걸리게 된 이유로 다음처럼 세 가지를 들 수 있다. 첫째, 머스킷총을 만드는 데 필요한 능력 있는 숙련공들이 절대적으로 부족하였다. 둘째, 추운 날씨와 황열병 때문에 공장을 건설하는 데 예상보다 시간이 많이 소요되었다. 셋째, 총의 원자재인 금속의 품질이 좋지 않았다. Whitney의 호환성부품 개념은 기업에 **표준화**(standardization)라는 개념을 주어 대량생산의 계기를 만들었다. 위에서 설명한 전문화와 단순화, 그리고 표준화를 그 글자들의 첫 글자를 따 3S라 부른다. 3S는 근대 산업혁명이 인간에게 가져다준 중요한 세 가지 개념이다.

[4] 숙련제한의 법칙

산업혁명은 공장관리라는 새로운 용어를 만들었다. 공장관리를 보다 과학적인 관점에서 연구하고 실천한 사람은 영국인 Charles Babbage이었다. 1832년 Babbage는 「공장에서의 기계의 경제성」이란 책을 저술하였고, 이 책에서 처음으로 관리라는 개념과 관리의 중요성에 대해 역설하였다. 관리라는 개념은 그 당시 상당히 진보된 개념이었으며, 아직까지도 사용되고 있다.

Babbage는 Adam Smith의 이론대로 공장에서 분업만 하면 생산성이 자동적으로 향상된다는 것에 의문을 가졌다. 그래서 핀을 만드는 제조공정을 일곱 개의 공정으로 세분하여 제조시간과 제조원가를 비교측정하였다. 그 결과 분업의 효과를 더욱 향상시킬 수 있는 '**숙련제한의 원칙**(the principle of limiting skills)'을 도출하였다. 이 원칙은 분업의 효과를 높이기 위해서는 중요도가 적은 많은 공정을 분리하여 관리하여야 한다는 것이다. 그래야만 숙련공의 기능을 극대화할 수 있다고 하였다. Babbage(1792~1871)는 영국 케임브리지(Cambridge)대학의 수학교수로 있으면서 주로 분석적인 계산을 하는 기계를 만들기 위해 많은 시간을 보냈다. 비록 그의 꿈은 실현되지 못하였지만, 그의 연구는 후에 컴퓨터를 만드는 데 필요한 정보를 제공하는 계기가 되었다. Babbage가 계산기를 만들지 못한 이유는 신뢰성이 높은 수많은 부품들을 생산할 수 없었기 때문이었다. 이 부품들을 만들 수 있는 공장을 찾기 위해 Babbage는 영국과 미국의 많은 공장들을 방문하였다. 비록 공장은 찾지 못했지만, Babbage는 수많은 공장들을 방문하면서 공장이 비능률적으로 운영된다는 사실을 발견하였다. 그래서 Babbage는 이 문제들을 해결하기 위해 앞서 말한 책을 저술하였다.

이제 Babbage의 개념을 간단하게 몇 가지로 요약하여 본다. 첫째, Babbage는 생산비용과 그리고 변동비와 고정비와의 관계를 분석하였다. 또 Smith의 분업의 개념이 결국은 생산비용을 감소시킨다고 하였다. 둘째, Babbage는 공장을 운영하기 위해서는 과학적인 방법이 필요하다고 하였다. 그래서 체계적인 설문조사를 실시해 문제점을 파악한 후 공장을 운영하여야 한다고 하였다. 그리고 기업의 조직형태를 라인과 스텝(staff)의 형태로 운영해야 한다고 하였다. 셋째, Babbage는 생산과 인간관계의 문제에 대해 관심을 가졌다. 작업방법을 정확하게 측정할 수는 없었지만, Babbage는 작업시간을 감소시키고자 하였다. 또 낭비를 감소하고, 부산물들을 효과적으로 이용하여야 한다고 주장하였다. 넷째, Babbage는 신제품의 개발과 광고, 판매에 관심을 가짐으로써 판매관리에 대한 개념을 소개하였다. 그리고 기업의 수익성을 증가시키기 위해서는 생산비를 최대한도로 감소시켜야 한다고 하였다. 그리고 제품 한 개의 큰 마진보다는 이익폭이 작지만, 다량판매를 통해서 이익을 추구하는 것이 바람직하다고 하였다.

[5] 과학적 관리법

최초로 지식을 작업의 연구에 적용한 Frederick Winslow Taylor(1856~1915)는 학창시절 프랑스와 독일, 그리고 이탈리아에서 공부를 하였다. 1874년 Taylor는 EHS(the Enterprise Hydraulics Shop)에서 견습공으로 취직해 처음으로 직장생활을 시작했다. 그리고 미국 Philadelphia시 근교의 Midvale 철강회사에서 1878년부터 1889년까지 작업자로 시작하여 사무원, 기계기사, 반장, 직장, 그리고 수석엔지니어로 근무하였다.

이 회사에서 Taylor는 작업자들이 자기 자신의 방법과 속도에 의해서 주먹구구식으로 작업을 수행하는 것을 발견하였다. 이러한 방법이 비능률적이라는 것을 인식한 Taylor는 작업의 능률성을 보다 향상시키기 위해서 어떤 방법이 작업을 수행하는 데 가장 적합한 방법인가를 연구하게 되었다. Taylor는 1889년에 컨설팅 엔지니어가 되었다. 그가 맡은 첫 번째 업무는 Bethlehem 철강회사를 상담해 주는 것이었다. 1901년 Taylor는 컨설팅직을 은퇴하고 본격적으로 과학적 관리법을 개발하는 데 총력을 기울였다.

미국기계학회의 회원인 Taylor는 학회에서 Towne의 발표에 감명을 받고 공장관리와 Babbage의 관리에 대해서 많은 관심을 가졌다. Taylor는 생산량을 증가하기 위해서는 우선 작업자들을 엄격하게 관리하여야 한다고 생각하였다. 그래서 작업자들의 업무를 세분화하고, 측정하여야 한다고 하였다. 이렇게 Taylor는 작업자들의 생산량을 증가시키기 위해서는 주먹구구식이 아닌 과학적인 법칙을 적용하여야만 한다고 결론을 내렸다.

과학적 관리법(scientific management)은 작업을 과학적으로 관찰하고 측정하고 분석하여 최선의 방법을 파악하고 표준화시킨 다음, 모든 작업자들에게 훈련시켜 작업자들의 능률을 향상시키는 방법이다. 그 후 1911년 Taylor는 「과학적 관리법의 원리(*The Principles of Scientific Management*)」라는 책을 출판하였다. 과학적 관리법은 공장을 관리하는 하나의 도구이기보다는 경영자와 작업자 간에 있어서 작업과 책임을 균등히 분배하는 하나의 철학이라고 Taylor 자신은 주장하였다. 한때 미국 테니스 국가챔피언이었던 Taylor는 후에 '과학적 관리법의 아버지', 그리고 '산업공학의 아버지'로도 불리게 되었다.

그러나 과학적 관리법은 그 당시 많은 사람들에 의해서 환영을 받지 못했다. 특히 노동조합은 과학적 관리법을 두려워하였고, 또 적극적으로 반대하였다. Taylor는 또 임금의 절하와 조직적인 태업을 방지하기 위해서 시간연구라는 기법을 적용한 과업관리를 시도하였다. 그리고 조직적인 나태함을 방지하기 위하여 작업자 개개인의 성과에 따라 고율, 저율의 임금을 지급하는 차별능률급제를 실시하였다. 과학적 관리법, 과업관리, 그리고 차별능률급제의 세 개를 일컬어 **테일러 시스템**(Taylor system)이라고 한다.

테일러 시스템을 도입한 기업에 있어서 관리자와 노동자 간에 많은 갈등이 발생하였다. 테일러 시스템을 도입한 관리자들이 작업을 표준화시키는 것을 기피하고, 단순히 테일러 시스템을 이용만 하였기 때문이다. 즉, 관리자들은 임률을 계속 낮추었고, 작업자들을 혹사시켰으며, 작업방법의 개선을 등한시하였다. 이러한 일련의 사태는 결국 1913년 미국의회에 의하여 시간연구와 차별능률급제의 사용을 금지시키는 법안을 상정하게끔 하였다. 이러한 조치에 적극 동조하는 노동조합은 Taylor의 주요 실험대상이었던 철강소작업자인 Schmidt가 Taylor의 기법들을 계속적으로 시도하다가 결국은 힘에 지쳐 죽었다고 주장하였다. 그 증거로 노동조합은 Schmidt의 무덤사진을 배포하였다. 그러나 실제로 Schmidt라는 작업자는(본명은 Henry Nolle임) 죽지 않고 조장으로써 근무하고 있는 사실이 확인되었다. 그러나 이 법안은 결국 의회를 통과하지 못했다.

Taylor는 이 밖에도 종업원선발, 생산계획과 스케줄링, 동작연구, 그리고 인간적인 측면을 다루는 여러 가지 기법들에 관해 많은 공헌을 하였다. 또 하나 Taylor가 공헌한 중요한 분야는 경영자의 임무와 작업자의 임무를 분명하게 구별한 것이다. 즉, Taylor는 계획과 실행을 엄격하게 구별하여야 한다고 하였다. Taylor는 작업자와 감독자는 계획을 수립하는 능력이 결여되어 있다고 생각하였다. 그래서 계획은 경영자와 엔지니어가 하여야 한다고 하였다. 여기서 경영자는 계획과 조직, 스텝핑(staffing)과 지휘, 그리고 통제를 하는 사람을 말한다.

Taylor는 20세기에 있어서 산업에 가장 영향을 많이 끼친 사람 중 하나임에 틀림없다. 그래서 Drucker(2000)는 현대세계를 창조한 삼위일체인 Karl Marx, Charles Robert Darwin, Sigmund Freud 중에서 Marx 대신 Taylor를 넣어야 한다고 하였다.

[6] 동작연구

Taylor의 영향을 받은 Frank Gilbreth와 Lillian Gilbreth는 1911년 Taylor의 원리를 직접 실용화하려고 하였다. 그들은 실험모형으로써 과거에서부터 오랫동안 수행되어 온 작업 중 하나인 벽돌쌓기를 선택하였다. 과거에 한 시간당 보통 120개의 벽돌을 쌓았는데, Gilbreth 부처는 새로운 기법을 개발하여 시간당 350개의 벽돌을 쌓을 수 있었다. 더구나 새 기법을 이용한 작업자는 과거보다 훨씬 피로를 덜 느꼈다. Gilbreth 부처는 계속 Taylor가 개발한 기법들을 개선시켰다. 특히 Gilbreth 부처는 작업을 가장 능률적으로 수행하기 위하여 **동작연구**(motion study)를 1912년에 개발하였다.

[7] 간트도표

Taylor의 동료인 Henry Gantt도 Midvale 철강회사에서 근무하였다. Gantt와 Taylor는 서로 공장관리에 대해 비슷한 견해를 가지고 있었다. 그러나 다른 점은 Taylor는 작업에 비중을 많이 두었고, Gantt는 작업보다는 작업자들에게 보다 많은 관심을 두었다. 그래서 Gantt는 작업자들의 심리를 이해하려고 하였고, 또 경제적인 보상 이외의 다른 동기부여책에 대해서도 많은 관심을 보였다. 1902년 Gantt는 과학적 관리법 컨설턴트사무실을 개소하였다. 그리고 보너스(bonus) 시스템과 공장조직의 재구축에 대해 집중적으로 연구하였다. 그 결과 Gantt는 1913년 작업계획과 실제업적을 비교할 수 있는 **간트도표**(Gantt chart)를 고안하였다. 간트도표는 제1차 세계대전 중 Gantt가 미국정부에서 일하면서 고안했으며, 그 후 기업체에서 널리 사용되었다.

[8] 대량생산

미국 미시간(Michigan)주 디어본(Dearborn)의 농가에서 태어난 Henry Ford (1863~1947)는 대량생산방식을 자동차생산에 도입하여 생산성을 상당히 향상시켰다. **대량생산**(mass production)은 부품의 완전하고 일관된 상호교환성과 부품을 서로 쉽게 탈부착할 수 있는 단순성에 의하여 가능하였다. 이것은 하나의 생산혁신으로써 조립라인이라는 새로운 생산방식을 탄생시켰다. 부품의 상호교환성을 달성하기 위하여 Ford는 전 생산과정에 있어서 모든 부품에 대하여 동일한 표준치수를 사용하였다.

부품의 상호교환성과 단순성은 생산성을 획기적으로 향상시켰다. T모형을 소개한 1908년 Ford 자동차에서는 각 작업자가 자동차의 상당한 부분을 혼자서 조립하였는데, 자동차를 조립하기 위해서 필요한 부품이 상당히 다양했다. 그러나 각 작업자는 이러한 부품을 직접 창고에서 찾아 작업장으로 가져와 조립해야 했다. 이때 한 명의 작업자가 조립하는 평균과업 사이클은 514분이었다. 그런데 Ford는 물류방법을 바꿔서 부품을 각 작업장으로 직접 공급하였다. 그래서 이제는 작업자가 작업장을 떠나지 않고 계속 그 자리에 있으면서 작업을 할 수 있었다. 또 부품의 상호교환성이 완전히 실현되자, Ford는 분업의 개념을 작업장에 도입하였다. 그래서 이제는 작업자로 하여금 많은 부품들을 조립하게 하지 않고, 여러 라인을 돌아다니면서 오직 한 과업만 전문적으로 수행하게 하였다. 1913년 8월 한 명의 작업자가 조립하는 평균과업 사이클은 5년 전의 514분에서 2.3분으로 단축되었다.

그러나 Ford는 작업자들이 이 작업장에서 다른 작업장으로 돌아다님으로써 시간이 낭비되고, 라인의 연속성이 중단되는 사실을 파악하였다. 이 문제점을 해결하기 위해 나온 것이 바로 컨베이어벨트를 이용한 조립라인이었다. **조립라인**(assembly line)은 작업자들의 이동을 제거하여 작업자들이 그 자리에 가만히 있으면서 조립을 하게 하였다. 조립라인은 다시 작업자의 평균과업 사이클을 2.3분에서 1.19분으로 단축시켰다. 이러한 혁신은 자동차의 가격을 계속 하락시켰다. 그래서 1920년대 초반 200만 대의 T모형을 판매하였을 때의 자동차가격은 초기가격의 3분의 1밖에 되지 않았다. 더구나 1925년 T모형의 값은 260달러밖에 되지 않았다.

그러나 1927년부터 T모형에 대한 수요가 감소되기 시작하였다. 이것은 너무나 똑같은 제품만 판매하는 Ford의 전략에 소비자들이 식상했기 때문이었다. 그래서 소비자들은 가격은 Ford보다 조금 비싸지만, 다양한 차종을 공급하는 GM에 서서히 눈을 돌리기 시작하였다. 또 Ford는 대량생산에는 성공하였지만, 거대한 조직을 효율적으로 관리하는 데도 실패하였다.

그러나 미국의 경제전문지인 Fortune지는 Ford를 20세기 최고의 기업가로 선정하였다. Fortune지는 1999년 9월 "Ford는 우리가 살고 있는 이 땅을 변모시킨 산업의 창시자이며, 대량생산과 이를 실천하는 수단을 창안한 우리 시대가 만난 가장 위대한 기업가"라고 선정이유를 밝혔다.

[9] 경제적 주문량모형

F. W. Harris는 1915년 재고관리의 중요한 모형인 **경제적 주문량(Economic Order Quantity) 모형**을 개발하였다. 경제적 주문량모형은 재고비용을 최소화시키는 주문시기와 주문량을 결정하는 수리적인 모형으로써 독립수요에 사용되는 모형이다.

[10] 호손실험

과학적 관리법은 너무나 능률향상에 중점을 두었다. 그러나 호손(Hawthorne)실험은 이러한 경향을 바꾸었다. 호손실험은 미국의 일리노이(Illinois)주에 있는 Western Electric의 호손공장에서 하버드대학교의 사회학자인 Elton Mayo(1880~1949)와 F. Roethisberger에 의해 1927년부터 1932년까지 수행되었다. **호손실험(Hawthorne Experiment)**의 목적은 생산성을 향상시키기 위해 작업장에서 어떤 작업환경이 최상의 조건인지를 결정하는 실험이었다. 여기에서 작업환경은 조명의 밝기였다. 1939년 발표된 연구결과에 의하면, 기대하지 않았던 상당히 의외의 결과가 나왔다. 조명의 밝기가 생산성에 직접 영향을 주지 않고, 오히려 조명의 밝기가 작업자들에게 주는 심리적인 영향이 생산성을 향상시킨다는 사실이 발견되었다. 이것은 그때까지 생산성향상의 주도적 방법이었던 과학적 관리법과는 달리 생산성향상을 위한 새로운 접근방법을 제시하였다. 과학적 방법은 직무설계에 있어서 주로 기술적인 면에 중점을 두었다. 여기에 비해 호손실험의 결과는 기술적인 측면보다는 인간의 요소를 새롭게 강조하고 있다. 이것이 바로 인간관계론이다. 그러나 인간관계론도 직무를 왜 하는지 그 이유에 대해서는 관심을 갖지 아니 하였다.

[11] Operations Research

제2차 세계대전 중 전쟁을 효율적으로 수행하기 위해서는 군수무기의 효과적인 수송과 배치가 절대적으로 중요하였다. 이러한 목적을 수행하기 위해 복합적이며 수리적인 방법이 대두되었다. 이것이 O.R.이다. O.R.은 여러 부문의 이론을 복합적으로 이용하고 있다. 즉, O.R.(Operations Research)은 수학, 생물학, 통계학, 사회학, 심리학, 그리고 경제학 등을 복합적으로 이용한다. 그래서 이 부문의 전문가들이 모여 어떤 특정의 문제에 대한 수리적인 최적의 해답을 제공하기 위하여 과학적인 모형을 사용한다. 이것은 후에 이러한 O.R.기법을 산업문제에 적용시키는 **경영과학**(Management Science)을 도출하였다. 경영과학은 경영관리의 문제해결에 있어서 수리적인 최적해를 구하는 접근방법이다.

[12] 컴퓨터의 등장

오늘날 사용하고 있는 컴퓨터는 1940년대에 개발되었다. 물론 이 당시의 컴퓨터는 부피가 상당히 크고 비쌌으며, 성능도 그리 좋지 않았다. 그러나 막대한 자료를 저장하고, 계산을 신속하게 할 수 있는 능력으로 인류의 새로운 장을 열었다.

[13] 심플렉스법

George Dantzig는 1947년에 복잡한 선형계획법을 푸는 **심플렉스법**(simplex method)을 발표하였다. 선형계획법은 자원분배와 수송계획, 그리고 기계에 작업할당을 하는 수리적인 모형이다. Dantzig가 제시한 심플렉스법은 선형계획법을 해결하는 데 있어서 수학적 체계와 절차에 의하여 모든 해를 전부 풀어 보지 않고, 단시간 내에 최적해를 도출하는 기법으로서 아직까지도 널리 사용되고 있다.

[14] 생산관리의 등장

1950년대 말 산업공학과 O.R.과는 달리 생산관리라는 독자적인 영역이 대두되었다.

[15] 자재소요계획

1970년대는 생산의 문제를 해결하는 데 컴퓨터의 이용이 급증하였다. 그 중에서도 IBM사에 근무하는 Joe Orlicky에 의해서 주도된 **자재소요계획**(MRP: Material Requirements Planning)은 생산계획 및 통제를 수행하는 중요한 기법이 되었다. MRP는 방대한 자료를 컴퓨터를 이용하여 처리할 수 있는 소프트웨어이다.

[16] 생산전략

Wickham Skinner(1969)는 생산전략의 중요성을 역설하였다. 그래서 생산기능이 기업의 경쟁무기가 될 수도 있고, 또는 경쟁의 장애물이 될 수도 있음을 지적하였다. 그래서 기업전략을 수립하는 데 기업의 생산특성이 반드시 고려되어야 한다고 하였다.

[17] JIT 시스템

1970년대에 들어서면서 일본제품이 서서히 국제시장을 잠식하기 시작하였다. 바야흐로 일본이 경제대국으로 들어가는 시기인 것이다. 그래서 생산운영관리 분야에서는 일본이 어떻게 이렇게 짧은 기간에 막강한 경쟁력을 갖추었는가에 대한 연구가 활발히 진행되었다. 일본의 경쟁력강화에 기인한 많은 원인들이 제시되었는데, 그 중에서 가장 주목을 많이 받고 연구가 가장 많이 된 시스템으로 JIT시스템을 들 수 있다.

일본 Toyota 자동차의 Taichi Ohno에 의해 개발된 JIT 시스템은 무재고 시스템이라고도 불린다. **JIT 시스템**(Just-in-time system)의 기본적인 개념은 고객이 원하는 시기에 고객이 원하는 수량만큼 완제품을 생산하여야 하며, 또 원자재도 필요한 때에 필요한 만큼만 공급되어야 한다는 것이다. JIT 시스템은 셋업시간의 단축과 작업자들의 다양한 기술, 협력업체와의 긴밀한 협력관계, 기계의 예방보전, 엄격한 품질관리, 지속적인 개선, 의사결정에 구성원의 참여를 강조한다.

[18] 공장자동화

컴퓨터의 급속한 발전과 테크놀로지의 개발, 그리고 소비자기호의 급속한 변화는 공장자동화에 대한 인식을 높였다. 1965년에 영국의 Molin사에서 개발된 FMS(Flexible Manufacturing System), 1977년 Wozniak과 Jobs에 의해 개발된 마이크로 컴퓨터, 그리고 1985년 미국의 GM사가 개발한 CIM(Computer Integrated Manufacturing) 소프트웨어는 전부 공장자동화의 발달을 촉진시키는 계기가 되었다.

[19] SCM

기업의 기능은 너무나도 독립적으로 운영되어 왔다. 그러나 이것은 기업의 효율성을 떨어뜨린다. SCM(Supply Chain Management)은 특히 물류분야에서 구매, 생산, 수송, 유통의 관리를 통합한 생산관리의 통합을 이룬 혁신적 방법이다. SCM은 이렇게 공급업자, 생산업자, 그리고 고객까지 통합한 개념으로 발전되었다. 또 ERP(Enterprise Resources Planning)도 IT 기술의 발달로 기업의 모든 기능을 통합한 강력한 비즈니스 솔루션이 되었다.

[20] 품질의 혁신

1980년대는 품질에 대한 관심이 급속히 증가하였다. 이러한 현상은 국제시장에서의 경쟁력이 품질에 의해 많이 결정되었기 때문이다. 가장 대표적인 국가로 일본을 꼽을 수 있다. 1960년대만 하더라도 일본의 경쟁력은 형편이 없었다. 그러나 1980년대에 들어서면서부터 일본은 강력한 경쟁력을 갖춘 국가가 되었다. 이렇게 일본이 강한 경쟁력을 갖게 된 이유 중의 하나는 바로 일본제품의 높은 품질이다. 이러한 현상은 많은 국가들로 하여금 품질에 대한 높은 관심을 불러 일으켰다.

품질은 그 의미가 상당히 광범위해 단순하게 정의하기가 상당히 어렵지만, 일반적으로 고객의 욕구를 일관되게 충족시키기 위해 제품과 서비스가 지니고 있는 속성 또는 특성이라고 할 수 있다. 이런 관심의 일환으로 나온 개념이 1970년대 말 미국에서 탄생한 TQM(Total Quality Management)과 1987년 **식스 시그마**(Harry와 Schroeder, 2000)이다. TQM과 식스 시그마는 그 후 많은 기업들에 의해 채택되었고, 지금은 미국만이 아니고 세계의 많은 국가의 기업들에 의해서 도입되고 실행되고 있다. 한국도 예외는 아니어서 많은 기업들이 TQM과 식스 시그마를 도입하여 실행하고 있다.

[21] 린 식스 시그마

21세기 초 식스 시그마의 강점과 린의 강점을 결합한 린 식스 시그마가 탄생하였다. **린 식스 시그마(Lean Six Sigma)**는 프로세스변동을 감소하고 동시에 부가가치를 창출하지 않는 낭비를 제거하고자 하는 개념으로 제조업체는 물론이고 서비스 업체에서도 활발하게 도입되고 있다.

[22] 디지털 혁명과 4차 산업혁명

2011년 이후 나노, 바이오, 인공지능의 융합기술이 나와 세상을 바꾸었다. 이러한 디지털 기술들은 기존의 기술들을 대체하는 파괴적 기술들이다. 여기에서는 소프트웨어와 과학의 융합이 중요하다. 이러한 현상이 4차 산업혁명의 출발점이다. 4차 산업혁명은 독일의 'Industry 4.0'에서 나왔으며, 2016년 세계경제포럼인 WEF의 Schwab 회장에 의해 관심을 끌기 시작하였다. 미래는 제4차 산업혁명 기술에 우위를 점하는 기업과 국가에 의해 지배될 것이다.

〈표 1－3〉은 생산운영관리 분야의 주요한 개념 및 사건들을 보여 주고 있다.

표 1－3 생산운영관리 분야의 주요한 개념 및 사건

시 기	개발자	개념 또는 사건
1764	James Watt	증기기관
1776	Adam Smith	분업
1798	Eli Whitney	호환성부품
1832	Charles Babbage	관리
1911	Frederick Winslow Taylor	과학적 관리법, Taylor 시스템
1911	Gilbreth 부처	동작연구
1913	Henry Gantt	간트도표
1913	Henry Ford	대량생산, 이동식 조립라인
1915	F. W. Harris	경제적 주문량모형
1932	Elton Mayo와 F. Roethisberger	호손실험
1940년대		Operations Research, 컴퓨터
1947	George Dantzig	심플렉스법

1950년대		생산관리
1965	영국의 Molin 회사	FMS
1969	Wickham Skinner	생산전략
1970년대	Joe Orlicky, Taichi Ohno	자재소요계획, JIT 시스템, TQM
1977	Wozniak과 Jobs	마이크로 컴퓨터
1985	미국의 GM	CIM
1987	Mikel Harry	식스 시그마
1990년대		SCM, ERP
2003		린 식스 시그마
2011		융합기술
2016	Klaus Schwab	4차 산업혁명

1.4 생산운영관리의 최근 동향

기업을 둘러싼 환경은 급격하게 변하고 있다. 환경의 변화는 기업경영에 큰 영향을 끼친다. 그래서 생산운영활동에도 지대한 영향을 끼치게 된다. 기업은 환경변화를 잘 예측하고, 그 변화에 효과적으로 대응하여야 한다. 그렇지 않은 조직은 시장에서 곧 사라지게 된다. 그러므로 최고경영자의 중요한 임무 중 하나는 기업을 둘러싼 환경변화의 흐름을 잘 파악하는 것이다. 과거에 비해 어떤 변화가 발생하고 있는가? 특히 고객과 경쟁의 법칙에 어떤 변화가 발생하고 있는지 주의 깊게 살펴보아야 한다. 더욱 중요한 것은 변화에 대응하는 것보다 변화를 창출하는 기업이 되어야 한다는 것이다. 앞에서 언급한 스마트폰으로 Apple은 새로운 변화를 창출하여 시장을 리드하게 되었다. 이제 여기에서는 생산운영활동에 영향을 많이 끼치는 최근 동향을 몇 가지 살펴보기로 한다.

1.4.1 4차 산업혁명

4차 산업혁명은 2016년 세계경제포럼(WEF: World Economic Forum, www.weforum.org)의 주제였다. 이때부터 4차 산업혁명이라는 용어는 지구촌의 큰 화두가 되었다. 4차 산업혁명은 우리의 생활에 엄청난 영향을 끼친다. 그러므로 국가와 기업이 시장에서 경쟁력을 유지하기 위해서는 4차 산업혁명의 영향을 심각하게 고려하여야 한다. 새로운 기술의 융합으로 이루어지는 4차 산업혁명은 시장환경의 불확실성을 가중시켜, 기업경영을 더욱더 어렵게 하였다. 스타트업(start-up) 기업들이 많이 출현할 것이며, 시장에서 대마불사라는 용어는 점점 그 힘을 잃게 될 것이다. 그래서 기업의 미래를 내다보는 예측이 매우 중요하게 되었다. 특히 4차 산업혁명은 기업의 기능 중 생산운영관리에 가장 많은 영향을 준다고 볼 수 있다.

4차 산업혁명이라는 용어는 독일에서 나왔다. 즉, 독일의 국가전략인 'Industry 4.0'에서 나왔다. 여기에서 독일의 'Industry 4.0'은 CPS(Cyber Physical System)에 초점

그림 1-4 산업혁명의 역사

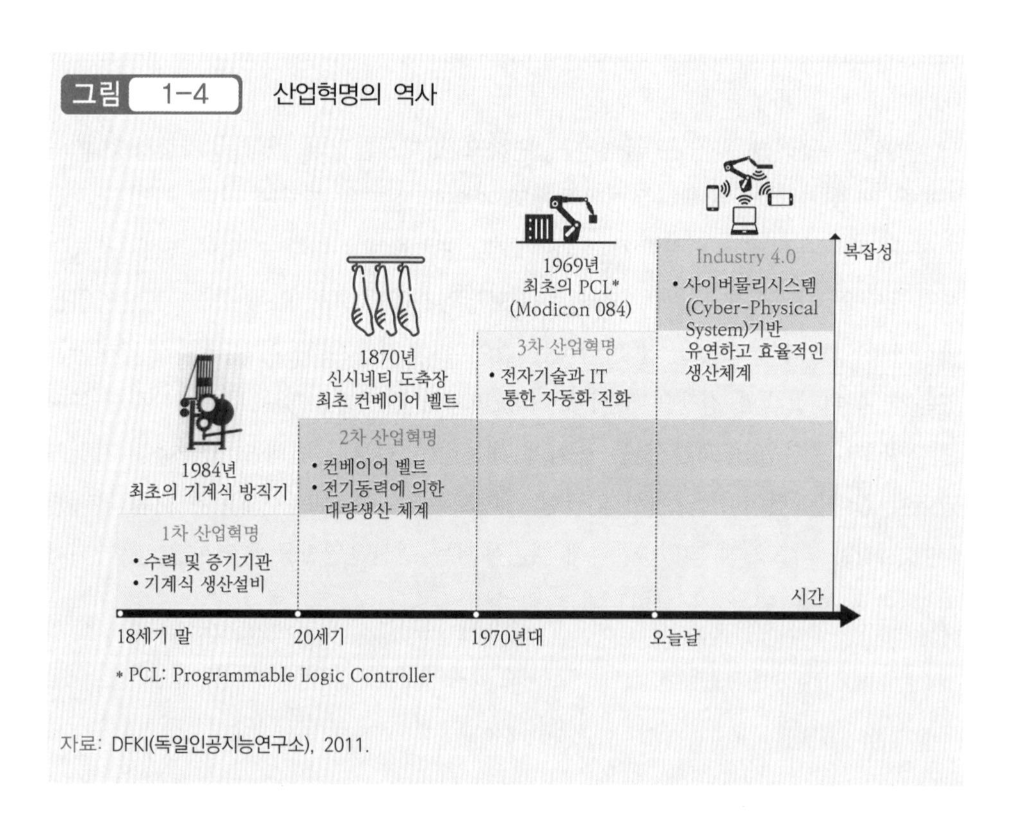

자료: DFKI(독일인공지능연구소), 2011.

을 둔다. CPS는 전통적인 공장의 운영에서 벗어나 사이버(컴퓨터) 세계와 물리적 세계, 즉 현실 세계를 상호연계하는 시스템을 말한다. 전통적인 공장에서는 기계와 설비를 이용하여 제품을 생산한다. 그리고 생산 중 또는 생산 후에 오류를 파악하고 개선한다. 여기에 비하여 CPS는 미리 컴퓨터 시뮬레이션을 통하여 최적의 생산 방법과 스케줄링을 파악한다. 그리고 이 최적의 방법을 이용하여 생산하기 때문에 로스가 없고, 비용이 감소하며, 품질이 향상된다. 이것은 스마트 공장을 의미한다. 산업혁명의 역사에 대해서는 〈그림 1-4〉를 참조하기 바란다. 또 4차 산업혁명은 사무실에서도 변화를 가져오고 있다. 즉, 사무자동화이다. 스마트 공장과 사무자동화는 13장에서 자세하게 설명하도록 한다.

1.4.2 경영프로세스의 유연성

최근 인터넷은 기업의 경영프로세스에 큰 변화를 가져왔다. 과거 기업은 고객을 대부분 오프라인에서 접촉하였지만, 모바일 시대가 도래함에 따라 고객접촉 방법이 오프라인에서 온라인으로 급격하게 변하고 있다. 최근 우리나라의 유통산업이 이러한 사실을 명백하게 증명하고 있다. 이마트, 롯데마트, 홈플러스 등은 유통업체 수를 상당히 감축하고 있다. 이에 따라 프로세스 또는 조직도 이러한 변화에 잘 대처하여야 고객들을 만족시킬 수 있게 되었다. 즉, 오퍼레이션 조직이 환경에 민첩하고 신속하게 대처할 수 있는 유연한 조직이 되어야 하는 것이다.

여기에서 하나의 예를 들어 오퍼레이션 조직이 왜 민첩하여야 하는지를 설명하고자 한다. ING는 전 세계에 약 3천만 명의 고객을 지닌 글로벌 금융그룹이다. 2014년까지 모바일앱을 통하여 ING와 접촉하는 고객의 비율은 약 40%쯤 되었다. 그런데 2018년에 이 비율이 60%로 상승하였다. 그리고 직접 지점을 방문하거나 고객센터로 전화를 거는 고객의 비율은 1% 이하로 감소하였다. 이것은 엄청난 변화이다. 우리나라 은행들도 이러한 변화를 잘 인지하고 거기에 잘 대처하여야 할 것이다. 이렇게 환경이 급격하게 변함에 따라 고객의 욕구에 대응하기 위하여 ING는 오퍼레이션 조직이 변하여야 함을 깨달았다. 그래서 ING는 조직을 보다 민첩하게 하고, 고객중심적, 팀베이스 조직으로 변화시켰다. 이러한 변화의 목적은 기업의 인적자원들을 가장 효율적으로 사용하기 위해서이다(Barton, Carey and Charan, 2018). 이

민첩한 오퍼레이션 조직의 특징은 작은 CFU(cross-functional units)들로 구성된 팀조직을 구성하여, 다양한 아이디어를 창출하고 실천하여 팀의 효율성을 극대화시키는 것이다. 이러한 민첩한 오퍼레이션 조직을 도입한 회사로는 USAA, Amazon, SAP, Tesla, 3M, Netflix, Bosch 등을 들 수 있다.

이렇게 유연성은 최근 기업의 성공을 결정하는 중요한 요소로 부각되었다. 그러면 유연성이란 무엇인가? Worley 등(2016)은 유연성을 다음처럼 정의하였다. 탁월한 성과를 유지하기 위한 시기적절하고, 효과적이고, 지속적인 변화를 창출하는 조직의 역량이다. 그러므로 유연한 조직이란 계속 변하는 환경에 잘 적응하는 조직이다. 즉, 시장에서 경쟁력을 지속적으로 유지하는 조직이다. 이렇게 하기 위해서는 혁신을 통하여 신제품 또는 신시장을 지속적으로 창출하고, 그러한 프로세스나 조직을 유지하여야 한다.

경쟁력 있는 유연성을 유지하기 위해서는 유연성을 지지하는 조직문화가 필요하다. 하나의 예로, Netflix는 구성원들에게 '자유와 책임'을 동시에 부여하는 철학을 가지고 있다(Worley, Williams, and Lawler, 2016). Netflix는 모든 경영자가 전부 리더가 되어야 한다고 강조한다. 그래서 경영자들이 지켜야 할 규정을 가급적 설정하지 않고 결정할 수 있는 자유를 경영자들이 스스로 하도록 한다. 즉, 자유를 많이 주는 대신 그에 부응하는 책임도 많이 지게 한다. 이러한 철학이 조직 또는 프로세스의 유연성을 강화시킨다. 또 유연성은 속도를 필요로 한다. 그래서 프로세스가 환경에 대한 적응이 필요할 때 바로 신속하게 변할 수 있는 역량을 지녀야 한다.

1.4.3 서비스산업의 부상

생산운영관리에 영향을 크게 끼치는 현상 중 하나는 **서비스산업**의 부상이다. 과거에는 산업이 전통적으로 제조업중심이었다. 그러나 국민소득수준이 올라감에 따라 제조업에 비해 서비스산업의 비중이 점차로 커지게 되었다. 그래서 이제 선진국에서는 예외 없이 국가경제에서 제조업보다 서비스산업이 차지하는 비중이 높다. 우리나라도 예외는 아니다. 생산운영관리는 그 출발점이 제조업이다. 그러므로 생산운영관리의 기본적인 개념과 원리는 전부 제조업에서 나왔다. 생산운영관리라는 이름이 생산관리에서 바뀐 것도 그리 오래 되지 않았다. 그래서 제조업에 기반을 둔 과거의 생산관리는 서비스산업의 부상으로 새로운 도전을 안게 되었다.

여기에서는 먼저 제조업과 서비스업의 차이점을 설명하고, 서비스업이 최근 왜 중요한 이슈가 되고 있는지를 설명하고자 한다. 이미 앞에서 설명하였듯이, 산출물은 유형재화와 무형재화로 분류된다. 과거에는 제조업체에 의해서 생산되는 유형재화의 변환과정만을 일컬어 생산관리라 하였다. 그래서 과거에 생산관리(production management)는 주로 공장을 관리한다고 해서 공장관리(factory management) 또는 공업경영(industrial management)이라고 불렀다. 이렇게 과거의 생산관리는 공장을 능률적으로 관리하기 위한 기법들과 방법들을 주로 다루었다. 이것이 지금도 많은 사람들이 생산관리라 하면 제조업체만을 생각해 공장이나 작업자, 기계, 굴뚝, 공구 같은 것들을 연상하곤 한다.

그러나 이제 생산운영관리는 제조업체만 다루지 않고 비제조업체까지 다룬다. 이것은 다름 아닌 서비스산업의 부상 때문이다. 최근 서비스산업이 국민경제에서 차지하는 비중이 점점 높아지고 있다. 이러한 현상은 당연하다. 왜냐하면 제조업체에서 노동력이 감소하는 이유는 제조업의 생산성이 점차로 높아지고 있기 때문이다. 이것은 주로 자동화와 기술의 발달 때문이다. 이렇게 경제수준이 점차로 향상됨에 따라 제조업에 종사하는 사람들보다 서비스업에 종사하는 사람들이 더 많아지게 된다. 이것은 사회가 산업시대 이전의 사회에서 산업사회로, 그리고 산업사회에서 다시 산업시대 이후의 사회로 이전하는 것이다.

그러면 우리나라에서 서비스산업은 어떤 위치를 점하고 있는가? 우리나라에서는 1993년에 처음으로 서비스산업의 규모가 국내총생산(GDP)에서 차지하는 비중이 50%를 넘어섰다. 그러나 1979년에 40.1%로 떨어졌고, 1993년에 50.5%를 기록하였다. 2001년에는 65%까지 올랐으나, 2007년에 57.6%로 다시 떨어졌다. 그리고 2013년에는 59.3%이었다(한국무역협회 국제무역연구원, 2015). 2013년 미국은 80.1%, 일본은 72.6%이었다. 2016년에는 59.2%로 OECD 35개 국가 중 가장 낮았다(매일경제, 2019). 이렇게 우리나라는 싱가포르, 대만, 홍콩 등 다른 아시아 국가들에 비해서도 GDP에서 서비스산업이 차지하는 비중이 상당히 낮다. 서비스산업의 노동생산성 역시 2017년 기준 시간당 4.91달러로 동년 통계가 제공되는 OECD 29개국 중 22위를 차지하였다. 〈그림 1-5〉는 주요국의 서비스 생산성을 보여 주고 있다(매일경제, 2019).

그러면 왜 제조업체와 서비스업체를 구분하는가? 이것은 제조업체와 서비스업

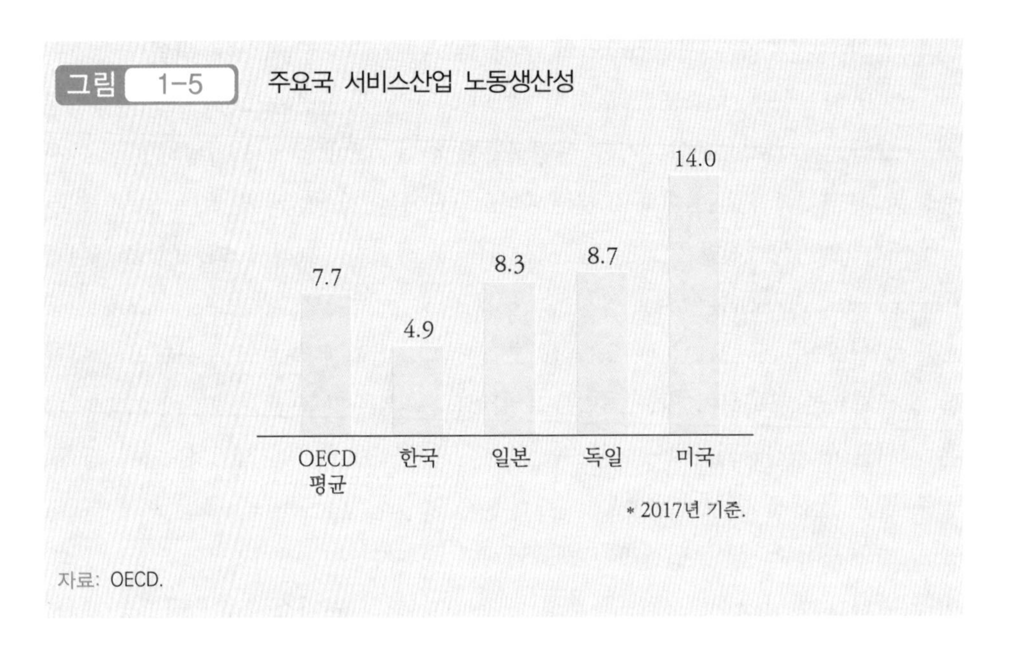

그림 1-5 주요국 서비스산업 노동생산성

자료: OECD.

체의 경영이 각 산업의 특성상 서로 동일하지 않기 때문이다. 서비스업체에는 여러 종류가 있다. 여기에서는 서비스업체를 구별하기 위해 서비스 창출과정에 있어서 고객의 참여 정도를 기준으로 삼기로 한다. 이것은 곧 서비스 시스템과 고객의 접촉 정도를 말한다. 서비스 시스템에 있어서 고객이 서비스 창출의 전 과정에 참여해야 하는 서비스업체도 있고, 대부분의 창출과정에 고객이 전혀 참여할 필요가 없는 서비스업체도 있다. 그리고 그 중간에 위치하는 서비스업체도 있다. 첫 번째처럼 고객이 계속 서비스 창출과정에 참여해야 하는 서비스업체를 순수서비스업이라 하며, 학교, 호텔, 극장, 여행, 병원 등을 들 수 있다. 한편 고객이 거의 참가하지 않아도 되는 서비스업을 준제조서비스업이라 하며, 우체국, 연구소, 도매상 등을 들 수 있다. 그리고 그 중간에 위치한 서비스업을 혼합서비스업이라 하며, 경찰서, 소방서, 이삿짐센터, 수리소 등을 예로 들 수 있다.

일반적으로 고객과 서비스 시스템과의 접촉이 많으면 많을수록 시스템을 관리하기가 어려워진다. 왜냐하면 서비스품질과 생산량이 통제할 수 없는 고객에 의해서 영향을 받기 때문이다. 이렇게 서비스 시스템과 고객의 접촉 정도는 시스템을 관리하는 데 있어서 상당히 중요하다. 왜냐하면 시스템과 고객의 접촉 정도가 시스템에 있어서 대부분의 의사결정과정에 영향을 주기 때문이다. 고객과의 접촉이 많으면 많을수록 시스템을 운영하는 데 있어서 불확실성이 증가하고, 고객의 수요를 충족하는 데 어려움이 많아진다. 또 고객을 상대하는 직원들의 태도가 중요시되고, 시간에 대한 개념이 중요시된다.

이제 제조업과 서비스업과의 비교를 보다 명확히 하기 위해서 제조업과 순수 서비스업과의 차이점을 다음과 같이 여러 가지 관점에서 비교해 본다. 물론 이것은 엄격하게 구분되는 것은 아니고 정도의 차이에 기인한다.

[1] 외형적 차이

제조업은 눈으로 볼 수 있는, 즉 형태가 있고 주로 오래 사용할 수 있는 제품을 생산하는 반면에, 순수서비스업은 유형과 무형의 형태를 지닌 주로 일회성의 서비스를 창출한다. 물론 서비스업은 아이디어나 개념 또는 정보처럼 가끔 소비자가 손으로 만질 수 없고, 전혀 느낄 수 없는 재화를 창출하기도 한다. 그러나 여기에서 주의하여야 할 점은 서비스업이 고객에게 서비스를 제공하기 위해서는 유형의 물질을 동반할 수도 있다는 것이다. 스마트폰은 분명히 눈으로 볼 수 있고, 손으로 만질 수 있는 유형재화이다. 또 하루만 사용하는 것이 아니고, 몇 년 이상 사용할 수 있는 내구재이다. 그러나 서비스재화는 다르다. 이제 호텔을 예로 들어 보자. 호텔은 순수서비스업이다. 그러나 서비스를 제공하기 위해서 호텔은 반드시 객실과 수건, 비누, 화장지와 같은 물품들을 구비하여야 한다. 객실은 물론 눈으로 볼 수 있는 건물이다. 그러나 호텔은 고객에게 건물을 파는 것이 아니고, 편안한 잠자리를 제공하는 순수서비스업이다. 또 숙박서비스는 대개 단기간 동안 고객에게 판매하는 일회성상품이다. 그래서 서비스업으로부터 느끼는 소비자의 만족도는 주로 제공된 서비스의 가치에 의해서 결정되는 것이지, 단순히 눈으로 보이는 것들에 의해서 결정되지 않는다.

[2] 재고성 여부

제조업체는 제품을 생산한 다음, 그 제품을 보관하거나 다른 장소로 운반한다. 그리고 보관된 제품은 미래의 수요에 대비해 다시 다른 지역으로 옮겨진다. 그러나 순수서비스업에서는 서비스재화를 어떤 장소에 저장하거나 보관할 수 없다. 그래서 일정 기간 동안 사용되지 않은 서비스는 그냥 소멸되어 버린다. 자동차는 유형재화이기 때문에 판매되지 않은 자동차를 오랜 기간 동안 보관할 수가 있다. 오늘 판매되지 않은 자동차는 내일 또는 한 달 후에 심지어는 일 년 후에도 판매할 수가 있다. 그러나 서비스재화는 다르다. 이제 순수서비스업인 호텔을 다시 예로 들어 보자. 오늘 손님이 투숙하지 않은 객실을 보존하였다가 내일 다시 다른 손님에게 판매할 수가 없다. 즉, 오늘 사용하지 못한 객실은 그 가치가 저절로 소멸되어 버린다. 단지 내일은 또 하나의 객실로써만 존재할 뿐이다. 이렇게 서비스는 유형재화처럼 미리 만들어서 창고에 보관할 수가 없다. 그래서 서비스업은 제조업에 비해 고객의 수요를 충족시키기가 어렵다. 제조업체는 재고로써 고객의 불규칙적인 수요에 안정적으로 대응할 수가 있지만, 순수서비스업체는 재고가 없기 때문에 고객의 수요에 효과적으로 대응하기가 어렵다.

[3] 고객과의 접촉횟수

제조업에 비해 서비스업은 고객과의 접촉이 훨씬 빈번하다. 제조업체는 제품을 생산할 때 고객과의 접촉이 거의 발생하지 않는다. 고객과의 접촉은 유통이나 소매상이 거의 전담하고 있다. 그래서 고객은 제품의 생산방법에 대해 별로 관심이 없다. 자동차가 아무리 열악한 환경에서 생산되더라도 자동차가 마음에 들면 고객은 개의치 않는다. 여기에 비해 순수서비스업체에서는 고객과 서비스를 제공하는 사람과의 접촉이 상당히 많다. 식당을 예로 들어 보자. 손님은 식사를 주문하고, 음식을 나르는 직원과 자주 접촉해야 하고, 음식에 문제가 있을 때에는 바로 항의하고, 또 필요할 경우에는 여러 가지 다른 주문을 한다. 그래서 순수서비스업체에서는 서비스를 제공하는 장소의 외관이 상당히 중요하다. 또 어떤 경우에는 고객이 서비스 창출과정에 직접 참여할 때도 있다. 원래 식당에서는 음식을 직원이 손님에게 가져다 준다. 그러나 뷔페식당에서는 손님들이 직접 음식이 있는 곳으로 가서 음식을 직접 가져다가 먹는다. 이런 경우에는 손님이 서비스 창출과정에 직접 참여하고 있다고 할 수 있다.

[4] 고객수요에 대한 반응시간

서비스업에서는 고객수요에 대한 반응시간이 신속하여야 한다. 스마트TV를 사러 갔는데 품절이어서 일주일 동안 기다려야 한다고 할 때, 고객이 3일간 기다릴

가능성은 충분히 존재한다. 그러나 식당에 갔는데 재료가 없어 원하는 음식이 없다면, 손님은 다른 음식을 주문하거나 또는 다른 식당에 가면 갔지 그 음식을 먹기 위해 굶고 다음 날까지 기다리지는 않을 것이다. 이렇게 서비스업체는 제조업에 비해 고객의 수요에 신속하고 빠르게 대처하여야 한다. 그렇지 않으면 고객은 기다리지 않고 다른 경쟁자에게 갈 것이다.

[5] 시장범위

유형재화는 앞에서 설명한 것처럼 재고로 보관되어 멀리 떨어져 있는 고객에게 운반된다. 이렇게 시장의 범위가 전국적이며, 심지어는 국제적이다. 그래서 한국의 자동차가 유럽의 런던에서 판매된다. 그런데 서비스재화는 내구성이 없고, 보통 그 자리에서 소비되는 특성 때문에 시장의 범위가 대체적으로 국한된다. 그러나 최근에는 정보통신의 발달로 서비스재화도 그 시장영역이 점차로 확대되고 있다. 그래서 뉴욕시에 있는 환자의 건강상태를 서울에 있는 의사가 정보통신기술을 이용하여 진단할 수 있다. 이러한 현상은 앞으로 계속 증가할 것이다.

[6] 설비규모

제조업체는 일반적으로 재화를 생산하는 시스템의 규모가 서비스업에 비해 크다. 그리고 제조업의 생산시스템은 서비스업에 비해 보다 자동화되어 있고, 보다 많은 면적과 많은 투자금액을 요한다. 그러나 일부 서비스업은 제조업에 비해 상당히 규모가 큰 설비를 요하는 경우도 있다. KT와 같은 통신서비스업체는 막대한 자본과 큰 설비규모를 필요로 한다. 그래서 전국에 상당한 자본이 소요되는 설비시설을 지니고 있다.

[7] 집약형태

여섯 번째에서 언급한 대로 제조업체는 설비규모가 크기 때문에 대개 자본집약적이고, 서비스업체는 주로 노동력에 의존하는 노동집약적이다. 그래서 제조업은 막대한 자본을 기반으로 제품을 생산한다. 그러나 순수서비스업은 사람의 능력이나 기술을 필요로 하는 노동집약적인 업종이 대부분이다.

[8] 품질측정

제조업체는 눈에 보이는 형태가 분명한 제품을 생산하기 때문에 제품의 품질을 측정하기가 상당히 용이하다. 그러나 서비스재화는 그렇지가 않다. 서비스재화는 우선 첫 번째에서 언급한 대로 형태가 무형인 경우가 많다. 또 서비스 창출과정에 고객과의 접촉이 많기 때문에 서비스품질을 측정하는 것이 어렵다. 유형재화의 품질은 미리 설정한 품질규격에 의해 품질이 객관적으로 측정되지만, 서비스재화는 고객의 주관적인 판단과 경험에 의하여 결정되기 때문에 객관적인 측정이 상당히 어렵다. 또 제조업에서는 라인 끝에서 제품의 품질을 검사할 수 있지만, 서비스재화는 그렇게 할 수가 없다. 그러므로 유형재화에 비해 서비스재화의 품질은 측정하기가 그리 쉽지 않다.

[9] 생산과 소비의 동시성

유형재화는 생산과 소비가 동시에 발생하지 않는 데 비해, 서비스재화는 거의 동시에 발생한다. 즉, 서비스는 프로세스 자체이다. 그래서 병원에서의 치료, 국내여행, 음식점에서의 식사 등은 전부 생산과 소비가 동시에 발생하는 서비스재화의 예들이다. 이것은 두 번째와 세 번째에서 언급한 재고성 여부와 고객과의 접촉횟수와 밀접한 관계를 가지고 있다. 재고형태로 보관이 가능한 제품은 내구성이 있고 시간이 흘러도 제품의 기능에 그리 큰 영향을 주지 못하지만, 서비스재화는 일회성이고 보관이 거의 불가능하기 때문에 서비스를 받는 즉시 소비가 된다. 생산과 소비의 동시성은 제조업체와 서비스업체의 작업방법과 생산계획, 그리고 스케줄링과 품질검사에 지대한 영향을 끼친다. 그래서 경영하는 데 있어서 상당히 중요한 의미를 지니고 있다.

[10] 입지결정

유형재화는 주로 제품을 생산하는 데 필요한 투입물이 저장되어 있는 장소에 가까이 위치한다. 이러한 투입물은 대체적으로 부피가 크고 무겁기 때문에 투입물을 이동하는 것보다는 그 장소로 생산설비를 직접 설치하는 것이 훨씬 경제적이기 때문이다. 반면에 순수서비스재화는 서비스 창출과정에 고객이 직접 참여하여야 하므로 고객이 직접 서비스업체까지 와야 된다. 이렇게 서비스업체는 고객의 접근이 용이하여야 하기 때문에 가능한 한 고객에게 가까이 접근하여야 한다.

〈표 1-4〉는 비교를 보다 명확히 하기 위하여 제조업과 순수서비스업을 비교한 표이다.

표 1-4 제조업과 순수서비스업 비교

항 목	제조업	순수서비스업
1. 외형적 차이	유형	유형과 무형
2. 재고성 여부	보관가능	보관불가능
3. 고객과의 접촉횟수	없음	아주 많음
4. 고객수요에 대한 반응시간	덜 신속	아주 신속
5. 시장범위	국제적	지역적
6. 설비규모	대규모	소규모
7. 집약형태	자본집약적	노동집약적
8. 품질측정	쉬움	어려움
9. 생산과 소비의 동시성	동시에 발생하지 않음	동시에 발생함
10. 입지결정	투입물에 가까움	고객에 가까움

1.4.4 정보기술의 발전

세상은 너무나 빠르게 변하고 있다. 이러한 급속한 변화의 원인은 바로 정보기술이다. 정보기술은 우리의 일상생활은 물론 산업의 경쟁법칙을 바꾸어 놓고 있다. 이런 정보기술의 중심에 바로 인터넷이 있다. 특히 **인터넷(Internet)**은 저렴한 이용료와 무한대의 접근성을 가짐으로써 사업영역과 시장범위를 확장하여 글로벌경영을 만들었다. 또 대량의 정보를 빠르게 전달함으로써 산업계의 경영효율을 엄청나게 향상시키고, 기존의 경영이론을 크게 변화시켰다. 또 생각하는 방식을 바꾸었고, 수직적인 조직구조를 수평적인 조직구조로 만들었다. 이것은 인트라넷 등으로 정보의 공유를 통해 가능하게 되었다. 더구나 그 파급속도는 유래를 찾을 수 없을 만큼 상당히 빠르다. 라디오가 5천만 명이 사용할 때까지 걸린 시간이 30년, 텔레비전은 13년, 케이블 TV는 10년이 소요되었다. 그러나 인터넷은 5년도 채 안 되어서 9천만 명이 사용하게 되었다. 최근의 스마트폰은 이러한 현상을 더욱더 가속화 시킬 것이다.

1980년대 말의 IBM은 그동안 정보산업의 거대기업이었지만, 정보기술의 흐름을 잘 읽지 못하고 오직 대형컴퓨터에만 매달리는 바람에 경영상의 큰 위기를 맞게 되었다. 이것은 컴퓨터산업의 흐름이 대형컴퓨터에서 PC쪽으로 이동하고 있다는 사실을 잘 인지하지 못했기 때문이다. 그러나 그 후 IBM은 다시 e-business에 총력을 기울여 회생의 길을 걷게 되었다. 즉, 미래는 정보기술을 통합한 경영전략과 핵심역량에의 집중만이 성공할 수 있다는 비전을 가지고 이것을 실행에 과감히 옮겼다. 그래서 인터넷관련 통합 솔루션(solution)을 제공하는 e-business에 치중하게 되어 큰 성공을 거두게 되었다.

이렇게 급격히 변하고 있는 정보통신기술은 현재의 경영활동에 큰 영향을 끼쳐 지금과는 다른 방법으로 경영을 하여야 한다는 것을 말한다. 그래서 정보기술은 고객, 구성원, 협력업체, 경쟁자, 그리고 가치사슬에 있는 외부파트너 등과의 관계를 새롭게 변화시키고 있다. 어떻게 말하면 정보기술의 급속한 발전은 구성요소 간의 통합을 실제로 가능하게 함으로써 가치사슬의 새로운 국면을 맞게 되었다.

하나의 예로 전자상거래(e-commerce)는 기존의 경영활동을 혁신적으로 뒤바꾸어 놓았다. E-commerce는 인터넷을 이용하여 상품과 서비스를 거래하는 비즈니스활동을 수행하는 것이다. 가장 대표적인 예는 미국의 Amazon이다. Amazon은 네트워크에 의해 서적, 음반 등을 판매하는 세계 최대의 전자서점으로, 전자상거래를 이용하여 기존의 서점들에게 치명적인 영향을 끼쳤다. Amazon은 2007년 11월 e-book인 kindle을 출시하여 서점경영의 큰 틀을 바꾸었다. 2009년 3월에는 iPhone과 iPad 터치에서 사용할 수 있는 'kindle' 애플리케이션(Application)을 공개했다. e-book은 디지털책으로서 전용 뷰어를 통하여 PDF 파일로 된 책을 보는 것이다. 또 최근 TV나 케이블 TV에서 많이 볼 수 있는 홈쇼핑(home shopping)도 E-commerce의 대표적인 예이다. 이미 한국에서는 가장 큰 홈쇼핑회사의 거래금액이 가장 큰 백화점의 거래액을 초과하였다는 보고가 있을 정도로 전자상거래시장의 규모는 점차로 커지고 있다. 그래서 이제는 전자상거래를 하지 않는 업종이 없을 정도이다. 또 소비자들은 그 어느 때보다도 구매하고자 하는 제품과 서비스에 대한 정보를 쉽게 획득할 수 있게 되었다. 이것은 경쟁의 법칙을 뒤바꾸어 놓았다.

전자상거래의 발전에 따라 생산도 당연히 변하였다. 단순히 제품개발뿐만 아니라, 정보기술의 혁명을 잘 이해하고, 정보기술의 장점을 이용하여야 한다.

1.4.5 저탄소녹색사회

산업혁명 이후 석탄과 석유와 같은 화석연료에 의존해 왔던 인류의 생산과 소비 방식은 인간의 문명을 획기적으로 향상시켰지만, 그 부작용도 만만치 않았다. 환경에 관한 최초의 국제회의는 1972년 스웨덴의 스톡홀름에서 열린 UN 인간환경회의이다. 여기에서 'UN 인간환경선언'을 채택하고, 이 회의가 열린 6월 5일을 기념하여 '세계 환경의 날'로 지정하였다. 지구온난화 문제는 1990년대부터 인식되기 시작하였다. 지구온난화 문제를 해결하기 위해 1997년 도쿄의정서가 채택되었다. 그리고 2008년부터 39개 국가가 온실가스를 감소하기 위한 협정에 서명하였다. 그러나 온실가스를 많이 배출하는 미국, 중국과 같은 국가에서 온실가스규제에 대해 소극적인 자세를 취하여 큰 진전이 없었다. 2008년 글로벌 경제위기는 '저탄소녹색사회'의 중요성을 다시 일깨웠다. 지구를 살리기 위해 '저탄소녹색사회'는 이제 인류의 지상명제가 된 것이다. 그래서 소위 '그린 뉴딜(Green New Deal)' 정책이 전 세계적으로 확산되었다. 그러나 2009년 12월에 Copenhagen에서 제15차 기후변화정상회의(COP 15)가 열렸지만, 구체적이고 구속력 있는 합의를 도출하는 데에는 실패하였다.

2010년 12월 멕시코의 제16차 기후변화정상회의를 거쳐 2015년 프랑스 파리에서 열린 제21차 기후변화정상회의에서는 온실가스를 감축하고, 지구온도 상승을 1.5도 이하로 제한하였다. 저탄소녹색사회는 이제 기술과 산업의 패러다임을 바꾸었다. 세계 각 국가는 녹색관련 산업 및 기술 분야에 대해 투자를 증대하고 있다.

이러한 저탄소녹색사회가 도래함에 따라 기업의 전략과 경영도 친환경정책을 추진할 수밖에 없게 되었다. 2010년 삼성은 차세대사업으로 환경과 건강을 꼽았다. GE는 이미 오래 전부터 환경을 중요한 미래사업으로 선정하였다. 제품과 서비스를 설계하고, 생산하고, 유통하는 모든 가치사슬 단계도 이제 환경을 고려하여 새롭게 구축되어야 한다. 친환경 제품이나 서비스를 구매하는 소비자들에게 세금을 깎아주는 제도 등을 통하여 국가도 저탄소녹색사회를 보다 더 빨리 앞당기게 할 수 있다. 또 ISO 26000과 같은 글로벌 스탠다드의 인증으로 기업의 경영은 크게 규제되고 있다. 친환경에 대해서는 제2장에서 보다 상세하게 설명하도록 한다.

1.4.6 새로운 비즈니스모델

모든 것이 변화하고 진화하듯이 비즈니스모델(Business Model)도 지속적으로 변화하고 진화한다. 제조업체는 말 그대로 제조가 본업이다. 그러나 최근 제조를 하지 않는 제조업체들이 증가하고 있다. Dell이 가장 대표적인 예이다. Dell은 제조를 하지 않고 수익성을 엄청나게 향상시켰다. 바로 Dell Business Model이다. Apple은 수평적 분업의 새로운 비즈니스모델을 제시하였나. iPhone, iPad 등으로 업계를 이끄는 애플의 제품은 Apple이 생산하지 않고 다른 제조업체들이 만들고 있다. 제조기반이 취약한 Apple이 수평적 분업 비즈니스모델에 의해 큰 성공을 거둔 것이다. 이렇게 최근 제조와 서비스의 융합이 이루어지고 있다. 또 공유경제와 같은 새로운 비즈니스모델로 산업계에 큰 지각변동이 발생하고 있다.

사실 비즈니스모델 혁신은 최근 업계의 큰 관심을 받고 있다. 비즈니스모델 혁신은 새로운 기술이나 새로운 시장을 필요로 하지 않는다. 제품혁신이나 프로세스혁신은 전통적인 혁신 개념이지만, 상당한 투자를 요구하며 성과도 불분명하다. 여기에 비해 비즈니스모델 혁신은 상당한 투자를 요구하지 않는다. 비즈니스모델 혁신의 가장 큰 장점이라고 할 수 있다. 기업이 성공하기 위해서는 단순히 수익을 더 많이 창출하거나 비용을 더 많이 감소하거나 또는 불확실성이 감소하여야 한다. 이런 관점에서 비즈니스모델은 기업에게 큰 우위를 줄 수 있다고 Girotra와 Netessine(2014)는 주장하였다. 기업에게 가장 불확실한 요소는 아마도 불확실한 수요일 것이다. 불확실한 수요를 감소하기 위해 Girotra와 Netessine는 적절한 제품 또는 서비스 믹스를 권유하였다. 독일의 Volkswagen이 성공한 이유 중 하나는 다양한 자동차 모델 생산에 부품을 공동으로 많이 사용한다는 것이다. 이 전략은 공동으로 사용하는 부품 수요의 변동성을 감소해 준다. Amazon이 판매를 도서에서 음반, 게임, 비디오 등의 다양한 제품으로 확장하였을 때, Amazon이 성공한 이유 중 하나는 모든 제품에 대한 로지스틱스(logistics)가 동일하였기 때문이다.

1.4.7 플랫폼 비즈니스

전통적으로 제조업체는 규모의 전쟁이었다. 20세기 초 나온 대량생산은 대량소비를 가져왔다. 그래서 규모가 크면, 비용이 낮아져 경쟁에서 이기는 구조였다. 이 개념이 규모의 경제이다. **규모의 경제**(規模의 經濟, economies of scale)는 투입규모가 커질수록 장기평균비용이 줄어드는 현상을 말하며 생산량을 증가시킴에 따라 평균비용이 감소하는 현상을 의미한다. 이렇게 전통적인 제조 기업들은 규모의 경제에 기반한 가치사슬 모형에 의거하여 대규모 설비와 시설로 생산성을 극대화하여 가격경쟁력으로 시장을 지배해 왔다.

그러나 환경이 변함에 따라 규모의 경제는 범위의 경제로 바뀌었다. **범위의 경제**(economies of scope)란 하나의 기업이 두 가지 이상의 제품을 함께 생산할 경우, 두 가지를 각각 따로 생산하는 경우보다 생산비용이 적게 드는 현상이다. 범위의 경제는 고객중심 개념으로 생산기술의 다양성 또는 유연성을 중시하는 개념이다.

그러나 최근 또 다른 현상이 발생하고 있다. 규모 또는 범위를 넘어 생산자 시장과 소비자 시장에 참여하는 사람들의 상호작용을 통한 네트워크 효과를 극대화하여 고객가치창출을 향상하는 플랫폼 비즈니스 개념이다. 즉, 플랫폼(platform)은 개방된 비즈니스 시장에서 다양한 이해관계자들이 상호작용하면서 가치를 창출하는 비즈니스이다(황혜정, 2018). 플랫폼 비즈니스가 성공하려면 네트워크가 활성화되어야 한다. 즉, 참여하는 사람들의 수가 많으면 많을수록 높은 가치가 창출된다.

그래서 Toyota나 GE와 같은 전통적인 제조업체들도 플랫폼 비즈니스에 관심을 가지고 이 시장에 진출하려고 시도하고 있다. Toyota는 전기자동차 이팔레트(e-pallette)에 기반을 둔 모빌리티 서비스 플랫폼을 활용하고 있다. 또 세계 농업 중장비 1위인 John Deere는 MyJohndeere라는 플랫폼을 만들어 빅데이터 분석을 통하여 경쟁우위를 유지하고 있다. 이것은 이제 제조산업에서 제품의 비용과 품질, 즉 물리적 개선만으로는 경쟁에서 이기기 힘들게 되었다는 것이다. 이제는 스마트 기능과 커넥티드 요소가 제품의 매우 중요한 경쟁요소가 되었기 때문이다.

1.5 본서의 구성

생산운영관리의 목적은 고객이 원하는 제품을 가장 저렴하고 우수한 품질로 신속하게 고객이 원하는 시기에 고객에게 공급하는 것이다. 이 목적을 달성하기 위하여 기업은 자원을 가장 효과적으로 사용하여야 한다. 그리고 환경과 경쟁자를 알아야 한다. 이것은 제조업체와 서비스업체 모두에게 적용된다. 그래서 기업은 생산성을 향상시키고, 품질을 향상시키고, 생산운영시스템의 유연성을 높여야 한다. 또 속도경영을 중시하고, 프로세스를 개선하여야 한다. 또 이런 활동을 강화하기 위하여 기업은 정보를 수집하여 공유하고, 또 이런 정보나 개별적 시스템을 통합하여야 한다. 이러한 모든 활동을 관리하는 기업의 기능이 바로 생산운영기능이다. 이렇게 함으로써 기업의 수익성은 향상되고, 성장하며, 모든 이해관계자들을 만족시킬 것이다.

〈그림 1-6〉은 생산운영관리에서 수행하는 주요 활동을 보여 주고 있다. 이 책의 내용은 〈그림 1-6〉에 의거해 설정되었다. 그래서 이 책은 다음처럼 5개의 편

그림 1-6 생산운영관리 모형

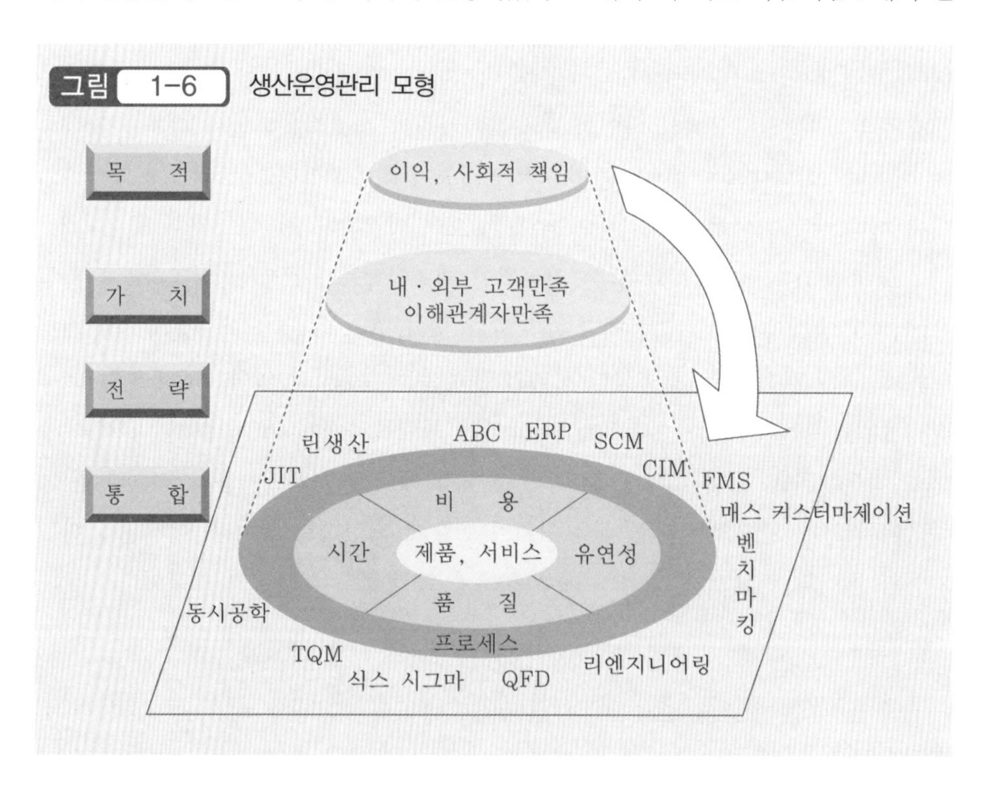

과 13개의 장으로 구성되어 있다. 제1편은 생산운영관리의 체계, 제2편은 전략적 생산운영, 제3편은 생산시스템 설계, 제4편은 생산계획 및 실행시스템, 제5편은 프로세스혁신시스템이다.

제1편은 제1장과 제2장으로 구성되어 있으며, 생산운영관리 소개 및 최근 동향, 그리고 기업의 사회적 책임 및 친환경 생산운영관리를 설명하고 있다. 제2편은 제3장과 제4장으로 구성되어 있으며, 생산운영전략과 품질경쟁력에 대해 설명하고 있다. 제3편은 제5장에서 제7장까지 3개의 장으로 구성되어 있으며, 제품 및 서비스 설계, 프로세스 설계, 그리고 생산능력, 입지 및 배치설계 등을 설명하고 있다. 제4편은 제8장에서 제11장까지 4개의 장으로 구성되어 있으며, SCM, 수요예측, 재고관리, 생산계획시스템 및 MRP 등을 설명하고 있다. 마지막 제5편은 제12장에서 제13장으로 구성되어 있으며, e－Operations와 스마트공장 그리고 초일류 오퍼레이션 프로세스 혁신을 설명하고 있다.

R·E·F·E·R·E·N·C·E·S

매일경제. “한국 서비스업 ‘OECD 꼴찌‘ 맴도는데,” 2019.5.3.

한국무역협회 국제무역연구원, Trade Brief, No. 28, 2015. 4. 27.

황혜정. 2018. “탈규모시대의 제조업 ’플랫폼 비즈니스‘로 도약한다,” LG경제연구원. 1－12.

ASCM. 2022. ASCM Supply Chain Dictionary.

Barton, Dominic, Dennis Carey, and Ram Charan. 2018. “One Bank’s Agile Team Experiment,” Harvard Business Review, March－April, 59~61.

Drucker, Peter. 1999. Management Challenges for the 21st Century, HarperCollins, New York.

Drucker, Peter. 2000. 프로페셔널의 조건: 어떻게 자기실현을 할 것인가. 이재규 옮김. 청림출판. Fortune, 1999.09.

Girotra, Karan and Serguei Netessine. 2014. Four Paths to Business Model Innovation. Harvard Business Review. July－August. 96－103.

Harry, Mikel and Richard Schroeder. 2000. 6 시그마 기업혁명. 안영진 옮김. 김영사.

Jacobs, F. Robert and Richard B. Chase. 2017. Operations and Supply Chain Management. Fifteenth Edition. McGraw－Hill Education.

Martin, Roger L. 2019. “The High Price of Efficiency,” Harvard Business Review, January－February, 43－55.

Meredith, Jack R. 2015. Operations and Supply Chain Management for MBAs. Sixth Edition. John Wiley & Sons. Inc.

Porto, Lindsay Dal. 2018. “Multi－Dimensional Future,” Quality Progress, May, 10－13.

Ritzman, Larry P., Lee J. Krajewski and Manoj Malhotra. 2018. Operations Management: Processes and Supply Chains. Global Edition. Pearson.

Skinner, Wickham. 1969. “Manufacturing－Missing Link in Corporate Strategy,” Harvard Business Review. May－June, 136~145.

Worley, Christopher G., Thomas Williams, and Edwards E. Lawler Ⅲ. 2016. “Creating Management Processes Built for Change,” Magazine, Fall.

WTO, 2015.

www.amazon.com

www.ibm.com

www.dell.com

www.toyota.com

기업의 사회적 책임 및 친환경 생산운영관리

제2장

Operations Management

지구를 잘 보존하라. 그것은 너희 조상이 너희에게 준 것이 아니라 너희가 너희 후손에게서 빌린 것이다.

- 케냐 속담

2000년대 이후 가장 중요한 경영패러다임 변화 중 하나는 환경에 대한 중요성을 재인식하고, 이에 근거하여 경영전략을 재정비하는 것이다. 전통적인 경쟁전략요소인 비용, 품질, 유연성 및 시간을 중심으로 한 경쟁전략만으로는 초일류기업으로 평가받을 수 없게 되었다. 이익만을 극대화하는 기업보다는 사회적 책임을 다하는 기업이 사회로부터 존경받으며, 지속적인 성장과 발전을 할 수 있다.

경제적 책임과 더불어 환경경영, 정도경영, 그리고 사회적 책임에 충실한 기업이 초일류기업이며 존경받는 기업이다. 사회적 책임 중에서도 ISO(International Organization for Standardization)를 중심으로 한 글로벌 표준의 제정과 각국의 규제로 인해 최근 중요성이 더해 가는 것이 환경경영이다. 환경경영은 경제성과 환경성을 동시에 달성하는 것이 가능하며, 새로운 비즈니스를 창출할 수 있는 기회를 제공하는 것으로 미래에 대한 새로운 경영패러다임을 제시한다. 특히 제품과 서비스의 산출과 관련된 전 과정에 걸쳐서 환경부하를 최소화하는 환경책임성을 강조한 친환경생산은 기업뿐만이 아니라 전 지구적인 관심사이다. 본 장에서 다룰 주요 내용은 다음과 같다.

- 기업의 사회적 책임
- 환경경영
- SCEM

2.1 기업의 사회적 책임

2.1.1 기업의 사회적 책임이란 무엇인가?

기업이 단기적인 이익만을 추구하게 되면 기업의 장기적인 생존 및 이익실현이라는 보다 근원적인 기업의 목표와 상충되는 경우가 발생한다. 기업은 개방형시스템(open system)으로서 외부환경과 끊임없이 커뮤니케이션 하면서 조화를 이루어 성장하므로 사회적 규범을 지켜야 한다. 특히 2000년대 이후 기업이 당면한 외부환경의 변화 중에서 가장 중요시되는 것은 **기업의 사회적 책임**(CSR: Corporate Social Responsibility)을 준수하는 것이다. 기업의 사회적 책임은 지속성장기업의 조건으로 여겨지고 있으며, 재무적 성과를 넘어서 존경받는 기업으로 도약하는 기반이 된다. 또한 기업이 사회적 책임을 다하는 것은 기업의 유·무형의 자산가치를 증대하여 기업의 호감도, 브랜드인지도 등을 제고하게 되며, 궁극적으로 기업이 시장에서 경쟁력확보와 재무성과를 높이는 데 기여하게 된다.

매년 연말이 되면 기업들이 사회적 약자들을 위하여 음식이나 선물을 주거나 자선활동을 행하는 뉴스를 심심치 않게 볼 수 있다. 이 활동도 기업의 사회적 책임의 일부라고 볼 수 있다. 그런데 사실 기업들의 사회적 책임은 기업에 따라 다양하게 실천되고 있다.

Rangan 등(2015)은 기업의 사회적 책임 활동을 다음처럼 세 가지 유형으로 분류하였다. 첫째, 박애적(philanthropy) 활동이다. 박애적 활동은 기업의 수익성과 같은 성과 자체를 직접적으로 추구하지 않는다. 위에서 언급한 자선활동, 공공기관에 기계설비 무료 임대 등은 박애적 활동의 예이다. 둘째, 오퍼레이션의 효과(operational effectiveness)를 상승시키는 유형이다. 이 유형은 기존의 비즈니스모델 안에서 가치사슬에 있는 오퍼레이션의 능률과 효율을 증가시킨다. 그래서 박애적 활동과는 다르게 두 번째 유형은 기업의 수익성을 향상시키거나 또는 비용을 감소시킨다. 예로, 친환경적 오퍼레이션을 강화하여 비용을 감소시키는 활동이나 직원의 복지와 건강제도를 강화하여 생산성을 향상시키는 활동 등을 들 수 있다. 셋째, 비즈니스모델(business model)의 전환이다. 이 유형은 기존의 사회적 또는 환경적 모델에 도전하여 새로운 비즈니스를 창출하여, 기업의 성과를 향상시킨다. 두 번째 유형은 기존의 비즈니스 안에서 하지만, 세 번째는 새로운 비즈니스모델을 창출하므로, 기업의 성과에 더 많은 영향을 끼치게 된다. Unilever가 인도에서 행하는 Shakti('권한위임'이란 의미) 프로젝트가 이 세 번째 유형에 속한다. Unilever는 인도의 외곽도시에 제품을 공급하기 위한 방법으로 '도매상－소매상'의 전통적인 유통채널(기존 비즈니스모델)을 이용하고 있었다. 그런데 Unilever는 새로운 비즈니스모델로 전환하였다. 즉, 현지의 사람들을 고용하여, 소액의 자금을 대출해주고, 훈련시켜 가가호호 방문판매를 시작하였다. 결과적으로 고용된 사람들의 수익이 이전보다 두 배나 증가하고, 위생적인 제품이 이전보다 쉽게 유통되어 도시 사람들의 건강도 좋아지게 되었다. 물론 유니레버도 수익성이 증가되었다.

그러나 Rangan 등은 위의 세 가지 유형의 성과가 현실적으로는 상당히 유동적이라고 하였다. 예를 들어, 박애적 유형의 목적은 기업의 성과와 무관하지만, 결과적으로는 기업의 명성을 향상시켜 수익이 증가될 수도 있다고 하였다. 그래서 두 번째 유형과 유사한 성과를 가져올 수 있다. 소비자들은 자선활동을 많이 하는 기업들에게 호감을 가지게 되어, 그 회사의 제품과 서비스를 더 구매하기도 한다. 또 두 번째 유형도 장기적으로 세 번째 유형으로 변환될 수도 있다. IKEA는 공급사슬에 있는 업체들을 2020년까지 완전히 친환경업체로 전환하려는 계획을 점차적으로 실행하고 있다. 이것은 궁극적으로 새로운 비즈니스 모델로 전환하게 될 것이다.

표 2-1 기업의 사회적 책임의 3대 분야

분 야	협 의	광 의	책 임
환경 경영	정부에서 제정한 환경공해방지 및 작업장 한경, 제품안전 등과 관련된 법과 규제의 준수 여부	• 법적 책임을 넘어 윤리적 책임으로까지 확대 • 환경에 내한 오염방지차원을 넘어 '지속가능한 발전' 개념으로 확대	법적·윤리적 책임
정도 경영	주주권한, 노사관계, 윤리규정, 각종 법령에 대한 준수 여부	• 기업정보의 공개를 의미하는 투명경영과 기업의 사회적 책임까지 확대된 윤리경영개념으로 확장 • 직원의 윤리적 의사결정을 위한 준거기능으로 활용	
사회 공헌	자원봉사활동, 지역사회활동, 긴급구호활동, 기부금기탁 등을 통해 사회에 기여하는 공익 활동	• 전략적 사회공헌활동으로 확대, 잉여상품, 유통채널, 기술노하우와 같은 비금전적 기업자산의 기증 및 공유 등	박애적 책임

출처: 조희재, 문지원, 정호상, 지속성장기업의 조건: CSR, 삼성경제연구소 CEO Information. 제620호, 2007을 저자 편집 수정.

다음의 〈표 2-1〉은 Rangan 등(2015)이 기업의 사회적 책임의 세 가지 유형이 주는 효과에 대한 것이다. 이 자료는 사회적 책임 활동을 수행하는 제조업체와 서비스업체를 포함한 142개 회사를 면접하여 나온 결과이며, 142개 회사가 수행하는 프로젝트는 총 1,072개이다. 이 표에 의하면, 장기적 수익 보장과 사명에 대한 효과는 새로운 비즈니스 모델 창출이 가장 효과적이다. 박애적 활동은 수익은 증가하지만, 비용도 역시 증가하는 것을 볼 수 있다. 기업들은 이 결과를 보고 기업이 어떤 유형의 사회적 책임 활동을 하는 것이 기업에게 유리한지 참고하면 좋을 것이다.

미국의 대표적 경제전문지인 Fortune은 매년 '세계에서 가장 존경할 만한 기업(World Most Admired Companies)'을 발표하는데, 기업의 사회적 책임, 브랜드 신뢰도, 인재관리, 혁신성, 장기투자가치, 해외사업능력, 자산활용도, 재무건전성, 경영의 질 등 총 9가지 평가항목에 근거하여 평가하고 있다. 이는 기업의 주요한 목적 중 하나가 수익을 창출하는 것이나 이것만으로는 부족하며, **'지속가능성(sustainability)'**을 기준으로 평가하는 것이다. 원래 지속가능성이란 단어는 자신이 속한 기업(조직)의 지속가능성이 아닌 환경적 차원에서 지구(earth)의 지속가능성을 이야기하나, 최근에는 국제기구에서 기업의 지속가능성을 표현하며, 이에 대한 객관적인 지수도 발표하고 있다.

다우존스지속가능경영지수(DJSI: Dow Jones Sustainability Indices)는 기업의 재무적인 측면과 비재무적 요소를 종합적으로 평가해 기업의 지속가능성을 측정하는 세계적인 지수이다. 미국 다우존스 인덱스와 스위스 자산운용사 SAM이 1999년도에 공동개발한 것으로 전 세계기업을 대상으로 경제, 사회, 환경가치 등을 종합적으로 평가해 우수기업을 발표하고 있다. 윤리경영, 기업시민의식, 지배구조, 환경보고, 인적자원개발, 노동지표, 리스크관리, 사회보고서, 인재보유 등 총 9개부분에서 산업공통평가와 산업별로 구성된 부가적인 평가로 기업의 지속가능성을 평가한다.

한국의 경우 2009년도에 처음 가입되어 24개 산업군(sectors)에서 41개 종목이 선택되었다(설진훈, 2010). 이러한 지속가능경영지수의 확대는 사회책임투자(SRI: Social Responsibility Investment)를 촉진시킬 것으로 예상된다. 사회책임투자는 지속가능한 기업에 펀드를 통해 투자하거나 주주권리를 행사하여 기업으로 하여금 지속가능한 기업활동을 하도록 이끌어 내는 투자형태이다. 우리나라에서는 아직 활성화되어 있지 않지만, 환경선진국에서는 글로벌투자기관 등이 참여하여 이미 활발하게 진행되고 있다.

또한 NGO, 소비자단체뿐만 아니라 국제기구들은 환경경영, 삶의 질, 인권보호 등 기업의 사회적 책임을 지속적으로 강조하고 있다. John Elkington(1997)은 기업의 성과는 재무적 성과(financial performance)뿐 아니라 환경적 성과(environmental performance), 사회적 성과(social performance)의 균형이 필요하다는 3가지 핵심사항(triple bottom line)을 제시하였다.

기업이 사회적 책임을 이행하는 데 필요한 글로벌 행동지침안내서 역할을 하는 사회적 책임에 대한 국제표준이 ISO 26000이다. 이는 세계인권선언, ILO 협약, 기후변화협약, UN 소비자보호가이드라인, UN 글로벌컴팩 등의 국제지침들을 포함하는 포괄적인 사회적 책임에 관한 국제이행지침의 역할을 한다. ISO 26000은 기업이 거버넌스, 인권, 노동관행, 환경, 공정한 운영관행, 소비자이슈, 공동체의 사회·경제발전 등의 핵심주제에 대해서 기업이 소속된 사회에 공헌하도록 노력할 것을 요구하고 있다.

기업이 사회적 책임의 국제표준을 반드시 지켜야 하는 것은 만약 기업이 글로벌 표준에 어긋난 행동을 했을 경우, 무역마찰이나 불이익을 받을 수도 있기 때문이다. ISO 26000의 제정에는 ISO뿐 아니라 WTO, OECD 등 많은 국제기구가 참여하고 있어 비록 ISO 26000이 강제집행사항은 아니라 하더라도 실질적으로 국제사회의 판단기준이 된다. 따라서 해외입찰과 수출입 등 글로벌경영활동을 하는 데 있어서 비관세장벽역할을 할 수 있으므로 기업은 이에 대한 대비를 해야 한다.

2.1.2 CSV

2.1.1에서 기업의 사회적 책임의 중요성을 배웠다. 이제 기업은 수익 창출에만 몰두할 것이 아니라, 창출한 수익의 일부를 사회에 환원하여야 하며, 지역사회와 장기적으로 좋은 관계를 유지하여야 한다. 그러나 환경의 변화는 이 이상의 것을 기업으로부터 요구하게 되었다. 기업의 사회적 책임은 주로 기부와 기업의 부정적인 활동에 초점을 두었는데, 이것은 최근 발생하고 있는 다양한 사회적인 문제들을 처리하기에 역부족이 되었다.

그래서 최근 기업의 사회적 책임이 CSV로 전환되고 있다. CSV(Creating Shared Value)는 공유가치창출의 의미로써, 하버드(Harvard) 대학교 Michael Porter와 FSG의 Mark Kramer(2011)가 제안한 개념이다. CSV는 기업의 경쟁력을 강화하는 정책 및 운영관행이며 지역사회의 경제적 조건과 사회적 조건을 동시에 향상시키는 개념이라고 정의하였다. 그리고 CSV는 사회의 발전과 기업의 경제적인 가치를 파악하고 확장하는 데 초점을 둔다고 하였다. 즉, CSV는 기업이 단순하게 사회에 기부하는 관념을 버리고, 기업의 가치창출과 관련이 있는 분야에 투자하여야 한다는 것이다. 또 이들은 기업이 공유가치를 창출하는 세 가지 방법을 구체적으로 제시하였다. 첫째, 제품과 시장의 새로운 이해, 둘째, 가치사슬에 있어서 생산성에 대한 재정의, 그리고 세 번째로 지역사회의 개발 등에 대한 방법이다.

이것은 사실 Michael Porter와 Mark Kramer가 2002년에 이미 제안한 개념으로, 단지 CSV라는 이름을 부여하였을 뿐이다. 이들은 당시 "기업은 기업의 사회적 목표와 경제적 목표를 일치시키도록 전략을 수립하여야 한다"고 주장하였다. 그리고 "기업은 가치를 창출하는 목적 자체에 변화를 주어야 한다"고 하였다. 전통적으로 대부분의 기업들은 가치 창출의 목적을 단기적 수익의 극대화에 두었다. 이것은 기업의 궁극적인 목적 달성을 저해하였으며, 시장의 욕구에 효과적으로 대응하지 못하는 결과를 초래하였다.

Porter 등은 2006년에도 기업과 사회의 '상호연관성'을 재차 강조하면서, 공유가치(shared value) 창출에 역점을 두어야 한다고 주장하였다. CSV는 많은 글로벌 기업들로부터 좋은 반응을 보이고 있다. 그래서 미국의 IBM, Google, Intel, Johnson & Johnson, Walmart, 그리고 유럽의 Nestlé와 Unilever 등이 적극적으로 이 개념을 도입하였다. 특히 유럽의 Nestlé와 Unilever 그리고 Danone은 CSV 개념으로 기업의 이미지를 단순히 식품판매에서 건강 및 영양 식품 회사로 재정립하고 있다.

우리나라 기업들도 CSV에 대하여 상당히 호의적인 반응을 보이고 있다. 사회적 가치와 기업의 경제적 가치 사이에서 고민하던 기업들에게 적정한 출구를 제공하였기 때문이다. CJ는 즉각 CSV 경영을 선포하고, 연 15만 명을 대상으로 CSV 교육을 실시하였다. 그리고 그룹 전체 차원에서 그룹 총괄 CSV 경영실을 설치하고, CSV 프로세스를 구축하였다. 또 우리나라에서는 국내외 기업들의 CSV 활동을 적극적으로 홍보하기 위하여 2014년 12월에 '제1회 CSV 포터상' 시상식을 개최하여, 12개 기업들이 부문별로 수상을 하였다.

이제 몇 가지 사례를 더 들어 보겠다. 현대자동차는 후진국가에 자동차 정비를 교육시키는 현대·코이카 드림센터를 세웠다. 이 드림센터를 통하여 그 국가의 정비사들을 양성하고, 가난을 해결하면서 동시에 현대자동차는 안정적인 정비사들을 공급받을 수 있게 되었다. 풀무원은 어린이들로 하여금 올바른 식생활 습관을 갖도록 하기 위하여 기름을 사용하지 않는 생라면이나 친환경 인증이 붙은 과일로 만든 생과일 주스 등 먹거리를 개발하고 있다.

그러면 CSR과 CSV는 어떤 차이가 있는가? Porter와 Kramer(2011)는 기업이 지역사회에 투자할 때 반드시 CSR보다 CSV가 상위에 서야 한다고 하였다. 왜냐하면 CSR은 기업의 단기적인 이익에 주로 초점을 두고 있기 때문에 지역사회와의 장기적 관계가 취약하다고 하였다. 반대로 CSV는 기업의 장기적인 경쟁력을 강화하기 때문에 사회의 가치도 동시에 향상시킨다고 하였다. 〈표 2-2〉는 이들이 설명한 CSR과 CSV의 차이점을 보여 주고 있다.

본 장에서는 매우 방대한 개념인 기업의 사회적 책임에 관한 내용을 모두 다루기보다는 최근 생산운영관리에서 중요시되며, 가장 밀접한 관계에 있는 환경경영과 그 중에서도 제품 및 서비스의 공급과 관련된 주제에 대해서 학습하고자 한다.

표 2-2 CSR과 CSV의 차이점

CSR	항목	CSV
좋은 일을 하자	가치	비용에 비하여 경제적 및 사회적 가치를 창출하자
기업 시민정신, 자선활동, 지속가능성	초점	기업과 사회의 가치 창출
별개	수익성	통합
외부 언론과 개인의 취향에 의해 결정	어젠다	기업의 특성과 내부에 의해 조율
예산 내 제한된 활동	예산	기업 전체 예산과 연계
관계 없음	기업 목표	관계 있음

출처: Michael E. Porter and Mark R. Kramer, "Creating Shared Value," Harvard Business Review, January-February, 2011.
(동영상 TED 참조) https://www.ted.com/talks/michael_porter_why_business_can_be_good_at_solving_social_problems?language=ko

최근 강조되고 있는 **환경책임생산**(environmentally responsible manufacturing)이란 혁신과 개선을 통해서 제품의 설계, 설비, 제조프로세스, 물류, 공급자관계에 있어서 폐기물을 줄이거나 제거하는 것과 관련된 생산활동의 집합체라고 설명할 수 있다(ASCM, 2022).

2.1.3 사회적 가치

아직도 많은 사람들은 기업의 목적을 이윤추구라고 생각한다. 그러나 이러한 생각은 오래 전부터 부정되어 왔다. Peter Drucker(2001)는 "기업의 목적이 수익성이라고 하는 것은 잘못되었다"고 단언적으로 말하였다. 1990년대 Kaplan에 의해 나온 BSC(Balanced Score Card)라는 개념도 기업의 목적이 수익성을 벗어나 다양한 요소들을 포함하고 있다는 사실을 명확하게 말해 주고 있다. 기업의 성과를 과거처럼 단순히 재무적인 수치로만 결정하는 것은 최근 기업이 지니고 있는 의미를 왜곡하고 있다는 것이다. 이러한 점에서 최근 **사회적 가치**라는 개념은 '기업이 무엇인가?'라는 질문에 답을 줄 수 있다.

2020년 1월 27일 스위스 다보스에서 세계경제포럼 WEF(World Economic Forum)이 열렸다. 이 자리에서 SK의 '사회적 가치'가 관심을 끌었다. SK의 '사회적 가치'는 기업이 주주들만의 이익만 추구하여서는 안 되고, 기업 이해관계자들의 이익도 동시에 고려하여야 한다는 개념이다(헤럴드경제, 2020). '이해관계자'라는 용어도 최근 기업들로부터 관심을 받고 있는 용어이다. 여기에서 이해관계자 이익이란 "기업은 주주는 물론이고 구성원과 지역사회, 그리고 고객과 인류공동체 등을 포함한 이해관계자들의 이익을 말한다(임형준, 2020). SK의 '사회적 가치' 대신 포스코는 '기업시민'이라는 개념을 사용한다. 2018년 취임한 포스코의 최정우 회장은 새 경영이념으로 '기업시민'으로 정하였다. 기업의 이해관계자들과의 공생을 통하여 지속적으로 기업이 성장한다는 것이다.

Merck의 CEO인 Ken Frazier도 "기업의 목적은 주주의 가치뿐만 아니라, 사회의 가치를 창출하는 것"이라고 하였다(Ignatius, 2018). 즉, 기업의 목적이 사회적 가치라고 말하였다. 이제 사회적 가치는 기업의 지속가능경영을 위해 필수적인 요소가 되었다. 왜냐하면, 사회적 가치는 기업의 경제적 가치에 큰 영향을 끼치기 때문이다. 즉, 사회문제가 경제문제로 연계가 되기 때문이다.

2.2 환경경영

환경경영(environmental management 혹은 green management)은 기업 활동의 전 과정에 걸쳐 환경성과를 개선함으로써 경제적 수익성 및 환경적 지속가능성을 동시에 추구하는 일련의 경영활동이라고 볼 수 있다(강성관, 2008). 전통적인 관점에서 경제성과 환경성은 서로 상충적인 관계로 보았다. 그러나 환경경영에서는 전통적 관점에서 벗어나 경제적 요구, 외부여건의 변화, 환경적 요구를 수용하여 환경성과 경제성의 조화를 추구하고, 이를 통해 경쟁력을 확보하며, 더 나아가 새로운 사업 기회를 획득하고자 하는 목표를 갖고 있다.

지속가능성(sustainability)이란 전통적으로 미래세대의 니즈와 상충되지 않도록 현 사회의 니즈를 맞추는 정책과 전략을 대변하는 것으로 사용되었다. 이는 인간과 자연이 현재와 미래 세대가 조화로울 수 있고, 또한 사회적·경제적 요구사항을 만족할 수 있도록 상생·상존하는 것이다. 이는 경제성장을 위한 경제적 비용과 사회적 비용을 줄이며 경제성장을 하는 것이다. **지속가능개발**(sustainable development)이란 환경적·경제적·사회적 가치 모두를 통합하여 의사결정에 반영하는 정책과 관련된 것이다. 이는 비즈니스와 환경을 서로 상충적인 관계로 인식하지 않고 시너지 효과(synergy effect)를 발휘할 수 있는 것으로 인식한다(www. epa.gov). 최근 지속가능개발이라는 표현 대신에 기업의 성장이라는 측면에서 지속가능발전이라는 표현을 더 많이 사용하는 경향이 있다.

지속가능발전이라는 용어는 사실 1987년 UNEP(United Nations Environment Program)와 WCED(World Committee on Environment & Development)에서 발간한 보고서에서 처음으로 사용되었다. 이 의미는 미래 세대의 가능성을 파괴하지 않는 범위에서 현재 세대의 필요를 충족시켜, 인간사회가 환경과 조화를 이뤄 자유롭게 발전의 기회를 획득하는 것이다. 이 보고서는 당시 위원장이던 노르웨이 수상 브룬틀란(Brundtland)의 이름을 따 『브룬틀란 보고서』로 명명되었다. 그리고 지속가능발전이라는 용어가 공식적으로 채택된 것은 1992년 UNCED(UN Conference on Environment and Development)의 '리우환경선언'이다. 그리고 지속가능발전의 영역은 환경, 사회, 경제, 그리고 문화영역으로 구성된다(사회적책임경영품질원 외, 2021).

최근 **녹색성장**(green growth)이라는 용어가 사용되는데, 이는 환경보호를 의미하는 녹색(green)과 성장(growth)이라는 의미가 합쳐진 것이다. 지구온난화 등 환경문제가 심각해짐에 따라서 환경보호(녹색)를 통하지 않고는 성장이 불가능하다는 점에서 녹색성장이란 이제 대부분의 국가에서 선택이 아닌 필수로 받아들여지고 있다. 환경운동가 David Brower가 언급했듯이 "지구가 죽은 땅이 되면 어떤 비즈니스도 이루어질 수 없다."라는 격언은 비즈니스에 당면한 현실이 되었다(권대봉, 2009). 녹색기술과 녹색산업이 등장함에 따라 녹색성장은 앞으로 더욱 강화될 수밖에 없다. 기업은 이러한 패러다임의 변화를 미래를 선점할 새로운 기회로 인식하여야 한다. 산업적으로는 신재생에너지의 개발과 같은 녹색기술이 급속히 발전할 뿐 아니라 환경문제에 대한 소비자들의 인식제고와 함께 녹색소비, **녹색생활**(green life 혹은 eco-life)이 개인과 가정을 넘어서 주요한 사회문화로 정착되고 있다.

〈그림 2-1〉에서 보는 바와 같이 경제성과 환경성이라는 두 가지 차원에 따라

그림 2-1 경제성과 환경성에 따른 비즈니스 전략

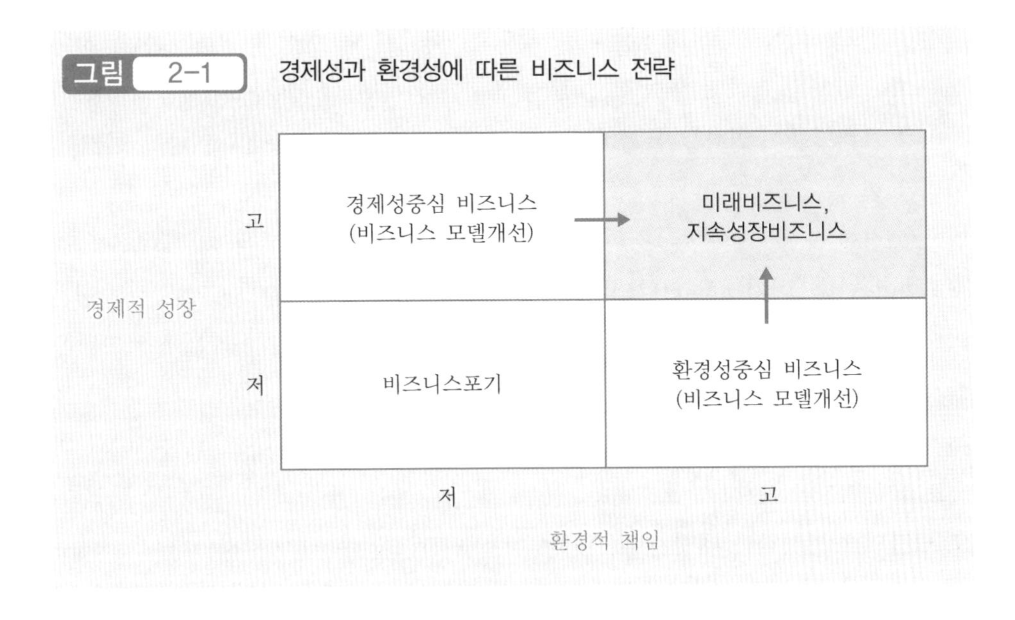

사업을 분류할 수 있는데, 가장 바람직하고 존경받는 기업이 될 수 있는 것은 환경성과 경제성을 동시에 만족시키는 미래 비즈니스를 확대하는 것이다. 경제성과 환경성 모두에 부정적이라면 비즈니스를 포기하는 것이 바람직하며, 경제성은 높으나 환경성이 낮은 경우이거나 환경성은 높으나 경제성이 낮은 경우, 비즈니스모델을 개선하는 것이 바람직하다. 비즈니스모델을 개선하는 데는 일반적으로 경영기술과 녹색기술이 결합하는 경우가 많다.

제1장에서 설명한 바와 같이 기업의 경쟁요소에는 비용, 품질, 유연성 및 시간이 있다. 그러나 최근 이러한 전통적 경쟁요소에 환경이라는 요소를 추가하는 경향이 있다. 비용, 품질, 유연성 및 시간이 현재의 산업분야에서 기존의 기업들과 경쟁하기 위한 요소라면, 환경(environment)은 미래의 산업분야에 관한 기회포착과 활용을 전제로 한 경쟁요소로 볼 수 있다.

그런데 여기에서 한 가지 생각해 볼 주제가 있다. 기업은 환경을 보호하면서 경제성을 어느 정도 유지하여야 한다. 여기에서 중요한 요소는 소비자이다. 소비자들도 같은 생각으로 친환경적인 제품을 구매하면 큰 문제가 없을 것이다. 그런데 그렇지 않다는 연구가 있다. White 등(2019)은 소비자들의 이중적인 행태를 지적하였다. 소비자들은 친환경적인 브랜드를 구입하겠다고 말은 하지만, 실제로 친환경적인 브랜드를 잘 구입하지 않는다는 것이다. 이들은 이 현상을 '의도－실행 차이(intention－action gap)'라고 불렀다. 그들의 연구에 의하면, 조사한 소비자들의 65%가 친환경 브랜드를 구입하겠다고 하였지만, 실제로는 26%만이 구입하였다고 하였다. 이러한 현상은 경제성보다는 지구환경에 더 많은 영향을 끼친다고 볼 수 있다. 기업을 포함한 모든 조직들은 소비자들의 '의도－실행 차이' 현상에 대한 대책을 강구하여야 한다. 여기에서 하나의 예를 들어 보겠다. 2010년 캐나다 알버트주 캘거리시에서는 환경을 보호하기 위하여 '그래스사이클링(grasscycling)'이라는 프로그램을 실시하였다. 그래스사이클링 프로그램은 잔디를 깎은 후 깎은 잔디를 따로 모아 쓰레기 매립지에 버리지 말고, 그냥 잔디 위에 버리자는 운동이다. 그러면 잔디의 비옥도가 높아지고, 잔디를 보호하고, 흙에 많은 수분을 공급한다고 홍보를 하였다. 또 인간의 노동시간과 매립지에 버리는 비용을 감소할 수 있다고 하였다. 그럼에도 불구하고 시민들의 호응도는 시의 기대치보다 상당히 낮았다. 이렇게 사람들을 변화시키기에 어려움이 많다.

2.2.1 환경경영의 필요성

지구온난화는 인간의 생명을 위협하는 수준까지 왔다. 지구온난화의 주범은 이산화탄소이다. 18세기 영국에서 발생한 산업혁명은 인간의 경제성장과 생활수준을 엄청나게 향상시켰지만, 인간은 그 대가를 지불하여야만 했다. 바로 이산화탄소의 남발이다. 19세기 후반부터 시작한 석탄과 석유같은 화석연료의 과다한 사용으로 온실가스가 급격하게 증가하였다. 이산화탄소의 남발은 오존층을 파괴하여 다양한 문제들을 야기하였다. 특히 20세기 후반부터 인간탐욕과 산업화의 합작으로 지구의 숲이 막대한 피해를 입었다. 지구의 허파라고 부르는 아마존의 숲이 점점 사라지고 있다. 이것은 지속적으로 지구의 온도를 상승시켰다.

인간은 이산화탄소 증가의 문제를 인식하고 있었지만, 의도적으로 소홀히 하거나 또는 경제적인 보상이 커 단념하였는지 모른다. 그러나 이제 이산화탄소의 증가로 야기된 지구온난화가 지구의 멸망을 더 빨리 가져 올 수 있다는 전문가들의 견해가 강한 설득력을 가지게 되었다. 지속가능성장은 현 세대는 물론이고 미래 세대의 안전까지 보장하여야 하는데, 지금 세대는 미래 세대의 생존권을 사실상 위협하고 있는 것이다. 더 큰 문제는 위협에서 끝나지 않을 수도 있다는 것이다.

그래서 UN에서는 이미 이산화탄소의 배출을 저지하기 위하여 「탄소배출권」을 제정하였다. 즉, 「탄소배출권」은 탄소를 많이 감소한 국가와 기업이 탄소를 배출한 국가와 기업에게 돈을 받고 팔 수 있는 제도이다. 이 권리는 1997년 열린 일본 도쿄의 기후변화협약에서 처음으로 합의되었다. 2015년에는 지구의 온실가스 배출량을 2050년까지 영(0)으로 하자는 파리기후협정이 체결되었으며, 2022년 기준 이 파리협정에는 이란, 터키, 에리트레아, 이라크, 남수단, 리비아, 예멘 등 7개 국가를 제외한 모든 국가가 서명하였으며, 우리나라는 2016년 3월에 서명하였다. 이제 각 국가와 기업들은 이산화탄소 배출의 문제를 전략적으로 생각하여야 한다. 왜냐하면, 기업의 수익구조에 영향을 크게 끼치기 때문이다. 하나의 사례로, Tesla는 2020년 친환경인 전기차를 생산하여 획득한 탄소배출권 수익이 약 16억 달러나 되었다. 그래서 세계의 모든 국가와 기업들은 환경경영에 대한 장기적인 대책을 수립하여야 한다.

Microsoft 창업자인 Bill Gates도 2050년까지 탄소배출을 반드시 0으로 달성하여야 한다고 강력하게 주장하였다(Gates, 2021). 쉬운 과제는 아니지만, 이 목표를 달성하지 못하면 인류는 큰 재앙을 맞이할 것으로 예측하였다. 그리고 이 과제는 현실적으로 쉬운 일이 아니며, 정부와 기업들이 함께 협력하여 이산화탄소 배출 0의 목표를 반드시 달성하여야 한다고 하였다. 만약 이 목표를 이루지 못하면, 지구는 아마 최대의 위기에 봉착할 것으로 예측하였다. 기후변화를 하나의 음모론으로 받아들이는 사람들도 있는데, 이것은 현실이며 온도의 상승으로 지구의 생태계가 완전히 파괴될 것이라고 하였다.

또 하나 현실적으로 지금 기업에게 중요한 문제는 이산화탄소 배출에 대한 가격이다. 이 가격은 고정되어 있지 않고, 지역에 따라 시기에 따라 변한다. 예를 들어, 2017년 EU에서 이산화탄소 톤당 가격은 5유로였는데, 2018년 20유로로 급등하였다(Aldy와 Gianfrate, 2019). 이러한 가격 급등은 기업에게 엄청난 부담을 준다. 그래서 기업은 이산화탄소의 가격에 대한 대책을 강구하여야 한다.

이산화탄소를 감축시키지 않으면 머지않은 미래에 지구는 심각한 사태에 직면하게 될 것이다. 많은 국가에서 이산화탄소를 감소하려고 노력하고 있지만, 지속적인 화석연료의 사용과 개발도상국가의 경제성장 지향으로 이산화탄소는 감소하기

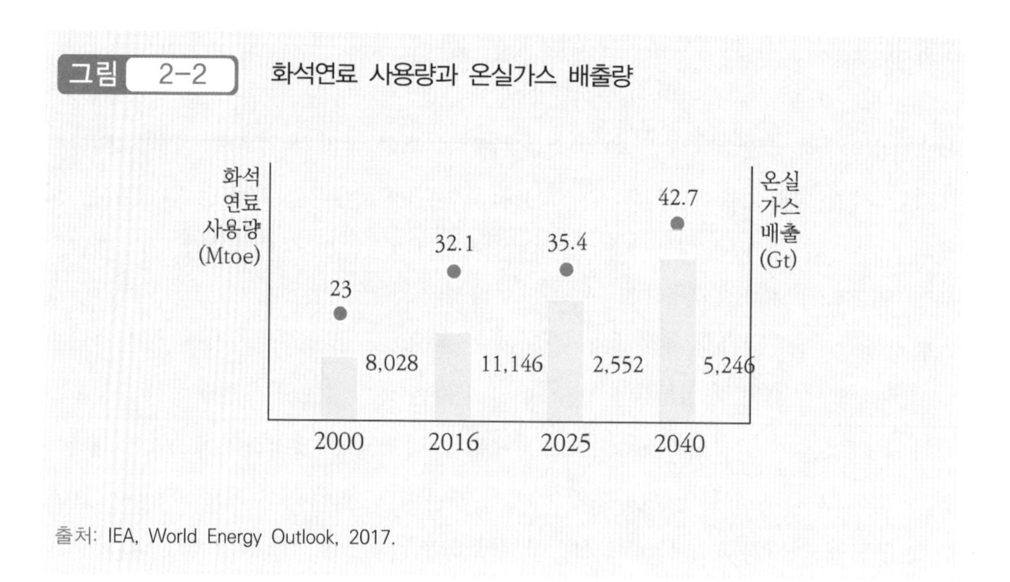

출처: IEA, World Energy Outlook, 2017.

는커녕 오히려 증가하고 있다. 〈그림 2-2〉에 의하면, 온실가스 배출량과 화석연료 사용량은 2040년까지 계속 증가할 것이다. 이것은 정말 심각한 문제로 지구의 가장 중요한 이슈로 인식하고 해결하여야 할 것이다.

2.2.2 환경경영시스템

기업이 경영활동을 수행하면서 제품의 생산 및 유통과 관련하여 환경문제를 생각한 것은 1970년대에 들어서이다. 소비자(고객), 환경단체, 언론 등 이해관계자의 환경에 대한 관심이 점증하고 국제기구나 정부에서 환경협약과 법령에 의해서 기업활동을 규제하거나 친환경경영에 대한 인센티브를 제공하여 환경경영을 유도해 왔다.

기업의 관점에서는 이와 같은 새로운 패러다임에 맞추어 환경성과를 이루고자 노력하였다. 환경과 관련된 기업내부의 방침을 정하거나, 친환경기술을 도입하거나, 환경활동에 대한 감사 및 그린 마케팅 등 각종 환경경영기법들을 적용하였다. 그러나 이러한 환경경영기법들을 단순히 적용하는 것만으로는 만족할 만한 성과가 나기 어렵다는 것을 인지하게 되었다. 이에 좀 더 체계적이며 조직의 구성원들이 참여할 수 있는 기업 전반에 걸친 새로운 경영시스템을 구축하고자 노력하였는데, 이러한 배경에서 시작된 것이 **환경경영시스템(EMS: Environmental Management Systems)**이다.

미국환경청(EPA: Environmental Protection Agency)에 의하면 환경경영시스템(EMS)이란 조직이 환경에 대한 영향을 줄이면서 운영의 효율성을 증대시키도록 하는 일련의 프로세스와 프랙티스의 집합체라고 설명한다(EPA, 2010). 또한 환경경영시스템은 기업의 활동, 제품의 생산 및 프로세스운영 과정에서 발생할 수 있는 환경요소를 관리하고 최소화하기 위한 경영시스템으로 정의될 수 있다(Robert and Robinson, 1988). 영국표준협회(BIS: British Standards Institute)와 ISO 14000 규격도 환경경영시스템에 대해 유사한 정의를 하고 있다. 즉, 환경경영시스템이란 환경방침을 결정하고 이행하기 위한 조직구조, 의무, 실행, 절차, 과정 및 자원 등을 포함하는 전체 경영시스템의 일부분으로 정의한다(Netherwood, A. 1998). 일반적으로 ISO 14000은 환경경영시스템의 글로벌 표준이라고 할 수 있다.

이러한 환경경영시스템을 구축하는 것은 프로세스 중심적인 경영(process-oriented management)에 충실한 것으로서 1990년 이후 경영패러다임과도 부합하는 것이다. 즉, 환경성과만을 강조하는 결과중심의 경영(result-oriented management)이라기보다는 프로세스 중심의 경영이다.

환경경영시스템은 TQM(Total Quality Management)이라는 경영품질시스템(management quality systems)과 밀접한 관련을 갖고 있다. TQM에 대해서는 4.4를 참조하기 바란다. 환경경영시스템은 조직 전반에 관한 시스템품질을 강조한 TQM과 그 기본적 구조와 접근법이 매우 유사하다. 즉, 환경경영시스템은 경영품질시스템인 TQM에 뿌리를 두고 있으며, ISO 14000은 품질경영시스템의 국제적 표준인 ISO 9000에서 발전한 형태이다. 이러한 이유로 인해서 환경경영과 관련하여 TQEM(Total Quality Environmental Management) 혹은 품질환경경영(Quality Environmental Management)이라는 용어가 출현하였다. TQEM에 대해서는 4.4.3을 참조하기 바란다. 〈표 2-3〉은 TQM과 TQEM을 비교하여 설명한다.

표 2-3 TQM과 TQEM의 비교

	TQM	TQEM
목표	고객만족, 품질결정의 주체는 고객	고객뿐 아니라 정부, 시민단체 등 이해관계자의 만족, 상품성뿐 아니라 환경성의 확보
개선	지속적인 개선을 통해 시스템품질(조직품질)의 제고	지속적인 개선을 통한 환경친화적(환경책임적)인 시스템품질(조직품질)의 구축
품질관리의 관점	문제의 근원을 제거하는 예방적 품질관리	제품의 품질뿐만 아니라 환경오염의 문제를 야기할 수 있는 근본적 원인을 제거하는 예방적 환경경영
책임자	품질은 품질관리부서뿐 아니라 전체조직구성원의 책임	품질뿐 아니라 환경경영은 전체조직구성원의 책임
경쟁력	(시스템품질을 통한) 제품의 품질 경쟁력 확보	제품의 품질을 기반으로 친환경브랜드를 통한 경쟁력확보
아이디어 내용	기존의 프로세스, 제품품질에 대한 아이디어	기존의 프로세스, 제품품질뿐 아니라 미래의 친환경성에 대한 아이디어
커뮤니케이션	주로 내부구성원 간의 협력	조직내부뿐 아니라 외부이해관계자와의 관계중시

2.3 SCEM(Supply Chain Environmental Management)

SCM(Supply Chain Management)이란 순 가치를 창출하기 위해서 공급사슬의 설계, 계획, 실행, 통제, 모니터링 등과 관련된 것으로서 경쟁력 있는 인프라구축, 글로벌물류, 공급과 수요의 일치, 글로벌 성과측정 등을 포함한다(ASCM, 2022). 또한 SCM은 제품의 생산과 유통에 이르는 전체 프로세스에 걸쳐서 협력업체와의 정보공유 및 협업을 통해서 재고관리 등 경영성과와 관련된 의사결정의 전체최적화(global optimization)를 달성하게 하는 경영기법이다(정호상, 이범일, 2008).

1990년대에 들어서 초일류기업들은 공급사슬상의 관련된 조직들의 시스템결합을 통해서 재고감축 및 비용감축을 이루고자 SCM을 적용하기 시작하였다. 한국의 경우도 1990년대 말부터 삼성전자 등의 대기업을 중심으로 SCM을 도입하였으며, 제품혁신과 프로세스혁신을 통해서 사업 전반의 효율성을 제고하고 비용을 절감하는 등 가시적인 성과를 이루었다. 그러나 기업들은 재고감축과 물류비 등 비용감축을 중시하는 전통적인 SCM(일명 SCM 1.0)에서 차세대 SCM(일명 SCM 2.0)으로 진화하여 차별적 경쟁력을 확보하고자 노력하고 있다.

최근 환경 및 에너지와 관련하여 국제적인 규제가 강화됨에 따라서 초일류기업들은 친환경공급망을 구축하는 것이 필수불가결한 요소가 되었다. 교토의정서, 친환경설계규정(Eup), 전기·전자장비 폐기물처리지침(WEEE), 유해물질 사용제한지침(RoHS), 폐차처리지침(ELV), 신화학물질관리제도(REACH) 등 각종 환경규제로 인해서 SCM에 친환경적인 요소를 구축하지 않을 수 없게 되었다. 하나의 예로, 제조 및 물류과정에 있어서 탄소의 배출을 얼마나 줄일 수 있느냐 하는 것은 생산운영관리자의 현실적인 문제가 되었다. 또 다른 예로, 일본 전자정보기술협회(JEITA)에서도 '친환경 SCM 가이드라인'을 발표하여 업계에 배포하고 있으며, 생산운영관리 담당자는 이러한 가이드라인을 준수해야 한다.

이러한 친환경적 요소를 SCM에 고려한 것이 SCEM(Supply Chain Environmental Management)이다. 미국 국립환경교육훈련재단(NEETF)은 SCEM을 협력업체와 구매업체의 제품 및 프로세스의 환경성과를 증진시키기 위해서 공동으로 노력하는 다양한 활동으로 정의한다(NEETF, 2001). EPA와 GM(2002)은 원료를 공급하는 협력업체로부터 최종사용, 처리재활용에 이르기까지 원료와 그로 인한 환경부하를 통합적으로 관리하는 것이라고 정의한다. 이는 단순히 구매나 협력업체 뿐만이 아니라 제품과 서비스의 전 과정인 디자인, 구매, 생산, 분배, 사용, 재이용, 폐기과정에서 환경문제개선이라는 공통된 목표를 달성하기 위해 관련된 모든 조직들의 협력과 노력을 의미한다. SCEM은 또한 Green SCM, Eco-SCM 등으로 불리고 있다. 〈그림 2-3〉에서 보듯이 SCEM에서는 공급단계별로 에너지 및 자원의 사용을 절감하거나, 탄소 및 폐기물배출량을 감소하고, A/S 대상물품을 회수하거나, 반품, 수명이 다한 제품을 회수하여 재활용 혹은 폐기하는 것들을 포함하고 있다. SCEM은 생산활동과 관련한 환경적인 주제를 표현하는 데 유용한 도구가 된다. 다음은 SCEM과 관련하여 점선상자 안의 주제를 중심으로 설명한다.

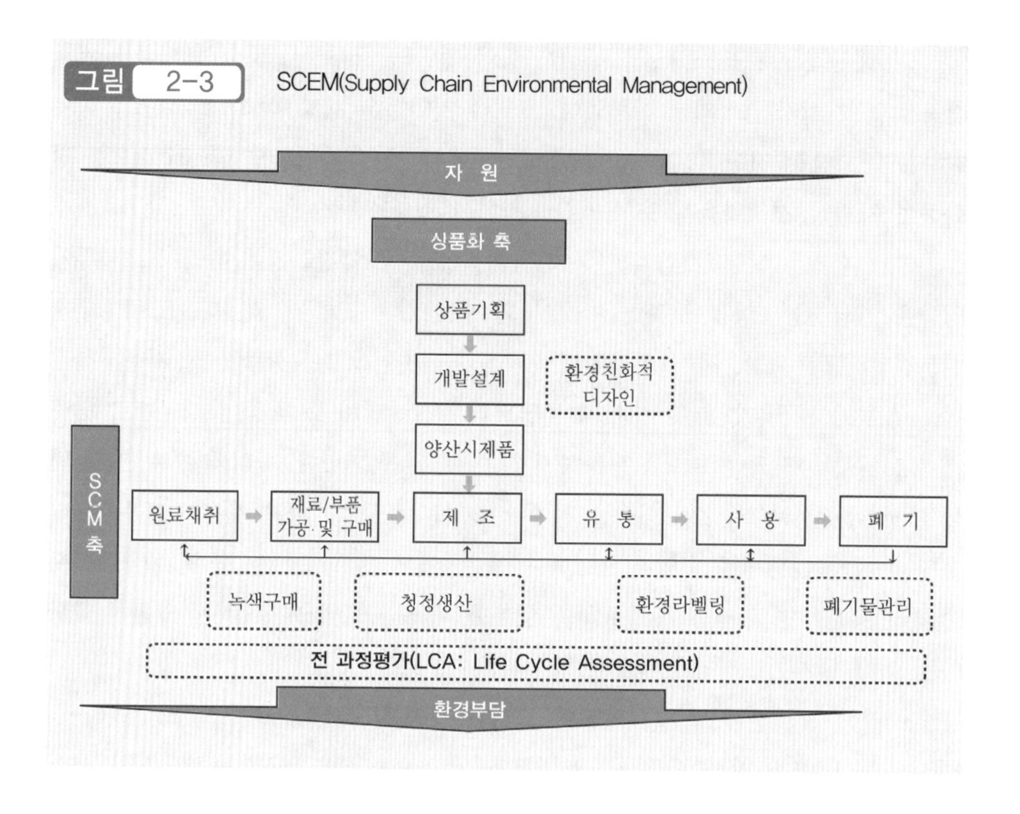

2.3.1 환경친화적 디자인(Design for Environment)

1990년대에 들어서 초일류기업들은 경쟁력 확보를 위해서는 비용, 품질, 시간, 유연성 등과 같은 경쟁요소들이 제조프로세스 이전에 디자인 프로세스에서 먼저 반영되어야 한다는 사실을 알게 되었다. 동시공학(concurrent engineering)도 제품의 디자인 프로세스를 압축하여 개발시간을 단축함으로써 시간이라는 경쟁요소를 확보하며, 동시에 다른 경쟁요소도 디자인 프로세스에 주입(built in)하고자 하는 경영기법이다. **환경친화적 디자인**(DFE: Design for Environment)이란 제품개발에 있어서 디자인 및 개발단계에서 건강, 안전, 환경을 고려해야 한다는 것이다(ASCM, 2022). 환경친화적 디자인이란 기능적인 손실 없이 제품이나 프로세스의 전 과정에서 발생할 수 있는 부정적 환경영향을 최소화할 수 있도록 디자인하는 시스템적 접근법으로서, 이를 통해 환경경영의 궁극적인 목적인 경제성과 환경성의 조화를 추구한다. 이와 유사한 용어로서 Green design, Eco-design, Environmental conscious design이라는 용어가 사용된다. 환경의 중요성이 강조됨에 따라서 동시공학에서는 구매, 제조, 유통, 사용, 반품 등과 관련된 환경적 요소도 디자인 프로세스에서 고려하는 환경친화적 디자인이 강조되었다.

이와 관련하여 DFA(Design for Assembly), DFD(Design for Disassembly), DFR(Design for Recycle), DFS(Design for Serviceability) 등이 모두 환경성을 반영하기 위한 디자인기법이다. 기업은 환경친화적 설계를 통해서 국내외의 환경규제에 대한 대처가 가능하다. 친환경설계규정(Eup), 전기·전자장비 폐기물처리지침(WEEE), 유해물질사용제한지침(RoHS), 폐차처리지침(ELV), 신화학물질관리제도(REACH) 등 EU를 중심으로 한 제품관련규제는 증대하고 있다. 디자인단계에서부터 환경친화적 디자인을 통해서 규제를 회피하고, 향후 발생할지도 모르는 환경사고의 잠재적인 위험요소를 제거할 수 있다. 또한 이러한 기법들은 제품 안에 환경이라는 경쟁변수를 주입하는 방법으로써 친환경적 제품개선을 통해서 친환경시장의 미래를 선점하고, 브랜드를 강화하며, 궁극적으로 기업경쟁력을 강화시킬 수 있다.

현재 친환경디자인으로 가장 광범위하게 활용되는 것은 유엔환경계획(UNEP)에서 행하는 프로젝트기획에서부터 사후관리에 이르기까지 7단계에 걸친 '친환경설계 가이드라인'이다. 환경친화적 설계를 위해서는 4R을 이용한 설계를 강조하고 있다. 이는 일반적으로 알려져 있는 3R인 감량(Reduce), 재사용(Reuse), 재활용(Recycle)과 더불어서 유해물질을 사용하지 않는 취지의 유해물질 사용금지(Reject)를 적극 반영하여 제품의 수명 중 환경부하를 최소화하도록 디자인하는 것을 의미한다. 〈표 2-4〉는 4R을 사용한 친환경기법을 설명한 것이다. 일반적으로 환경친화적인 디자

표 2-4 4R을 활용한 친환경기법

4R	내 용
Reject (유해물질 사용금지)	유해물질 및 위험가능성이 있는 물질 및 원자재사용금지
Reduce(감량)	자원효율성 제고를 위해 부피를 줄이고, 인체와 생태계 및 환경에 미치는 영향을 최소화
Reuse(재사용)	자원의 재사용을 촉진하기 위해 동일물질의 반복적인 사용확대
Recycle(재활용)	자원개발과 다른 용도의 사용제고를 통한 자원순환형 사회구축에 기여

출처: 강성관, 환경경영과 환경시스템, SBC인증원, 2008.

인을 사용하여 제품을 개선할 경우, 제품의 감량, 수명이 다한 제품의 회수율 증대, 유해물질이 포함된 원자재사용 감소, 애프터 서비스(A/S)의 향상, 제품분해의 용이성 증대 등을 통해 기업의 친환경경쟁력이 높아진다.

2.3.2 폐기물관리(Waste Management)

법률 제18318호로 제정된 폐기물관리법은 '폐기물은 쓰레기, 연소재, 오니, 폐유, 폐산, 폐알카리 및 동물의 사체 등으로서 사람의 생활이나 사업활동에 필요하지 아니하게 된 물질'로 규정하고 있다. 일반적으로 폐기물은 다음과 같이 다양한 종류가 있다. 폐기물에는 지정폐기물(사업장폐기물 중 주변 환경을 오염시키거나 인체에 해를 끼칠 수 있는 물질, 예컨대 폐석면, 폐유 등), 건설폐기물(도시재개발, 고속도로, 아파트 등 건축물의 해체나 신축과정에서 나오는 폐기물), 사업장 일반폐기물(산업활동에 수반되는 폐기물로 유해성이 없는 것은 일반폐기물로 취급되지만, 유해폐기물은 취급, 처리, 처분에 법적 규제를 받음), 생활폐기물(인간의 가정생활에서 사용됐으나 그 필요성이 소실되어 버리게 된 물질, 예컨대 가정쓰레기, 시장쓰레기 등) 등이 있다. 최근 ESG의 중요성이 대두됨에 따라 폐기물관리도 점차로 사회의 주목을 받고 있다.

폐기물관리는 이러한 폐기물의 수거, 이송, 가공, 재활용에 대해서 관리, 감독하는 활동을 의미한다. 일반적으로 폐기물을 관리하는 방법에는 ① 원천감축, ② 재이용, ③ 재활용, ④ 소각·처리, ⑤ 저장·매립 등의 방법이 있다. 폐기물관리의 전통적인 방법은 소각·처리, 저장·매립 등의 사후적인 조치이다. 그러나 현대적 의미의 폐기물관리는 폐기물발생을 원천적으로 감축하고, 재이용, 재활용 등을 통해서 사전적으로 최소화하는 방법이다.

가장 바람직한 방법은 폐기물의 원천적인 감축이다. 신제품개발시에 폐기물발생을 최소화하도록 설계하거나, 각종 청정기술을 활용하여 생산프로세스를 개선하여 폐기물을 감축하는 방법 등이 있다. 원천감축 다음으로는 재이용이 바람직한 관리방법이다. 발생한 폐기물을 특별한 처리과정을 거치지 않고 동일 목적으로 다시 사용하는 것이다. 용수나 열에너지를 사업장 내에서 다시 사용하여 전체적으로 환경부하를 줄이는 것이 예가 될 것이다. 재활용은 폐기물의 물리적·화학적 성질을 이용하여 특별한 처리과정을 거쳐서 다른 목적으로 사용함으로써 자원활용성을 높이고 환경부하를 줄이는 것이다. 소각·처리나 저장·매립은 사후적으로서, 이러한 관리과정에서 새로운 환경문제를 야기할 가능성이 있어서 최후의 선택이 되도록 하여야 한다.

폐기물처리에 대한 국제적인 규제강화와 더불어서 폐기물로부터 귀중한 자원을 추출하는 것이 자원을 수입하는 것보다 경제적인 경우가 많아서 '재활용(recycling)' 산업이 활성화되고 있다. 예를 들어서 폐휴대폰에서는 금, 니켈, 구리 등 16종의 광물이 나오며, 폐자동차에서는 백금보다 비싼 차촉매제용 희귀금속 팔라듐이 나온다. 이러한 재활용으로 도시광산(urban mining)이 활성화되고 있다(매경이코노미, 2010. 4. 28).

또한 우리나라는 2000년부터 **생산자책임재활용**(EPR: Extended Producer Responsibility) 제도를 도입하여 생산자가 재활용의무를 갖게 됨으로써 폐기물재활용률을 높이고 있다. 그러나 지금은 그 범위가 확대되어 생산자와 포장재업체, 그리고 사용후 폐기물을 처리하는 소비자까지 확대적용되었다. 그리고 지방자치단체, 한국환경공단, 그리고 환경부가 법집행부서로 관리하고 있다. 현재 재활용의무대상 품목은 종이팩, 금속캔, 유리병, 그리고 합성수지포장재 등 4개 포장재군이다. 그 외 7개 제품군이 있는데, 윤활유, 전지류, 타이어, 형광등, 양식용부자, 곤포, 사일리지용필름 등이 여기에 포함된다.

유럽에서는 전기·전자장비 폐기물처리지침(WEEE)이 발효되어서 생산 또는 수출한 자는 폐전기·전자제품을 직접 회수처리해야 한다. 폐금속 재활용률이 선진국에 비해서 낮은 편인데, 천연자원이 부족한 우리나라에서는 폐금속자원 재활용기술개발이 필요하다. 〈표 2-4〉에서 언급한 4R에서 Reduce, Reuse, Recycle과 함께 폐자원에너지화(Recovery)를 포함한 4R로 사용되기도 한다. 생산자책임재활용과 더불어서 환경오염이 발생했을 경우, 그 처리를 위한 비용을 오염발생기업이 부담해야 한다는 **오염자부담의 원칙**(PPP: Polluter Pays Principle)이 일반적으로 받아들여지고 있다.

이제 플라스틱(plastic)의 예를 들어 폐기물 관리에 대해 설명하고자 한다. 플라스틱은 지구상에서 아마 가장 많이 사용되는 폐기물일 것이다. 그런데 대부분의 플라스틱은 재활용이나 재이용이 잘 안 되고, 그냥 폐기 처분된다. 문제는 폐기된 이후이다. 왜냐하면, 대부분의 플라스틱은 폐기된 다음 자연적으로 스스로 분해되어 자연에 아무런 해를 주지 않고 흡수되는 것이 아니라, 자연과 인간에 악영향을 끼치게 되기 때문이다. 그러면 플라스틱의 원료는 무엇인가? 석유, 천연가스, 석탄 등이 주원료이다. 이런 원료들은 오랜 기간 동안 없어지지 않고, 다시 자연이나 인간에게 돌아간다. 플라스틱의 경우 미세 플라스틱이 다시 바닷물이나 다른 경로를 통하여 인간의 몸으로 침투하면, 인간의 건강에 치명적이다. 바닷물에 있는 미세 플라스틱이 인간의 혈관에 침투하면 어떤 일이 벌어지게 되는가? 여기에 대하여 모든 국가와 기업들은 대책을 강구하여야 한다. 그래서 플라스틱을 가급적 사용하지 않고, 다른 대체물을 개발하도록 하여야 한다. 또는 영구 폐기 처리하지 않고 재활용 또는 재이용할 수 있는 기술이 확대되어 신속하게 실행되도록 하여야 한다. 물론 사안이 사안인지라 이미 UN에시도 플라스틱의 시용을 방지하기 위한 대책을 제시하였다. 즉, 일회용 플라스틱의 사용을 금지하거나 또는 일정액의 세금을 부과하는 것이다. 이러한 대책은 일부 국가에서 이미 실행되고 있다. 또 일부 기업에서는 일회용 플라스틱의 사용을 점차로 감소하거나, 또는 더 나아가 해양에 있는 플라스틱을 재활용하는 기술을 개발하고 있다. 우리도 이제 바닷가에서 플라스틱을 보면 무조건 줍는 습관을 가지도록 하여야 한다(동영상 YTN 심각한 바다 쓰레기 2018, https://www.youtube.com/watch?v=09H4etr8s6g).

폐기물시장의 규모와 가치는 계속 성장하고 있다. 이것은 ESG로 인한 사업 포트폴리오 개선, 높은 폐기물 산업의 미래시장 가치, 그리고 재무적 안전성 및 기업의 가치 제고 등에 영향을 받고 있다(김성제, 2021).

2.3.3 환경라벨링(Environmental Labeling)

환경라벨링이란 제품 또는 서비스의 환경적 측면을 나타내는 주장을 통칭하는 것으로서, 주로 제품이나 포장, 제품설명서, 광고나 선전에서 문구, 심벌, 그래픽의 형태로 나타난다(이병욱 외, 2005).

환경라벨링제도는 1978년 서독에서 처음 시작된 이래 지속적으로 확대되어 왔으며, 1994년에는 각국의 환경라벨링제도 운영기관협의체인 국제환경라벨링네트워크(GEN: Global Eco-labeling Network)가 결성되었다. 환경라벨을 통해서 고객은 제품 및 서비스 선택에 있어서 그 제품과 관련된 환경적 요소에 대한 객관적인 정보를 얻게 된다. 그러나 모든 환경라벨이 제3의 기관에 의해 공정하게 검증된 것이 아닌 경우가 있어서 소비자선택에 혼란과 불신을 가져오는 경우도 있다. 한편 기업의 입장에서는 친환경 이미지제고와 친환경 제품 및 서비스의 판매촉진이라는 그린 마케팅(green marketing)적인 요소를 갖는다. 또한 무역활동에 있어서 수입업체가 인정하는 인증을 취득해야 하는 경우가 있으므로 실질적인 무역규제로 작용할 수도 있다. 사회적인 측면에서는 정부는 기업이 환경부하가 적은 제품의 개발 및 제조공정을 사용하도록 변화를 유도하는 지원책 역할을 한다.

환경라벨링과 관련하여 ISO 표준은 환경라벨링제도의 운영원칙 및 제3자 인증 환경라벨링시에 지켜야 하는 절차와 원칙을 마련하여 인증의 객관성과 투명성을 강조하고 있다. ISO 기준에 의하면 3가지 유형의 환경라벨링이 있다.

제1유형(Type I)은 환경표지제도로서 제3의 인증기관의 평가를 통해서 부착하는 환경라벨이다. 이는 개별 제품의 전 과정(life cycle)에 걸친 환경부하를 평가하고, 이를 기준으로 환경라벨을 부여한다.

제2유형(Type Ⅱ)은 환경성자기주장제도로서, 자기선언적인 라벨로 제3의 인증기관의 평가 없이 기업 스스로 주장하는 것이다. 예를 들어서 '친환경', '그린' 등의 문구를 사용하여 광고나 홍보를 하는 경우가 이 유형에 해당한다.

그림 2-4 드럼세탁기의 환경라벨링

사진출처: 한국환경산업기술원, http://www.cdp.or.kr

제3유형(Type Ⅲ)은 환경성적표지제도로서, 제품의 전 과정에서 발생하는 환경정보를 정량화하여 소비자에게 제시하는 정보제공라벨이다. 환경정보에 해당하는 항목과 기준은 제3의 기관에 의해 결정되고 검증을 받는다.

우리나라는 1992년부터 환경라벨링제도가 시행되어서 ISO 기준의 제1유형과 제3유형이 운영되고 있다. 제1유형의 경우 친환경진흥상품원에서, 제3유형의 경우 환경부(환경관리공단)에서 시행하고 있으며, 제2유형의 경우에 대한 관리·감독은 공정거래위원회에서 맡고 있다. 〈그림 2-4〉는 제3유형의 환경라벨링의 예를 나타낸다.

2.3.4 청정생산(Cleaner Production)

청정생산은 생산과정에서 발생하는 오염원을 원천적으로 줄일 수 있는 생산프로세스에 대한 연구에서 시작되었다. 청정생산의 포괄적 정의는 원료의 추출, 제품으로의 생산활동, 폐기물과 부산물의 재자원화 등 생태계로 폐기될 때까지의 전 과정에 있어서의 환경오염물질의 배출을 방지하거나 최소화하는 예방적 방법이다. 즉, 설계, 생산, 유통, 소비, 폐기의 전 과정에서 자원의 효율성을 높이고 유해요인을 최소화하는 것이다. 그러나 청정생산의 협의의 정의는 전 과정 중에서 특히 생산프로세스에서의 오염예방에 초점이 맞추어져 있다.

많은 기업들이 청정생산에 참여하고 있는 이유는 청정생산을 수행함으로써 환경규제에 대한 근본적인 대응방안이 됨과 동시에 생산프로세스에서의 환경사고위험을 예방하고, 생산원가를 절감하는 것이 가능하기 때문이다. 생산활동의 전 과정을 PPMs(Process and Production Methods)로 표현하는데, 이에 대한 국제적인 규제가 대두되고 있다. 예를 들어서 특정 PPMs를 선택하여 이를 사용하게 하거나 금지하게 하는 방법을 채택할 수도 있고, 오염배출기준을 설정하여 기준을 만족시킬 수 있는 PPMs만 사용하도록 강요할 수 있다(강성관, 2008). 우리나라에서는 한국생산기술연구원 내에 국가청정생산지원센터(KNCPC)를 설립하여 청정생산을 지원하고 있다.

청정생산의 대표적인 방법으로는 오염물질배출이 가장 큰 생산프로세스를 친환경적으로 변경하는 것이다. 이를 위해서는 ① 친환경원자재의 사용, ② 청정프로세스기술의 활용, ③ 친환경생산 프로세스관리 등을 포함하고 있다.

친환경원자재의 사용이란 생산프로세스에서 사용되는 원자재나 에너지 등을 친환경적인 것으로 대체하는 것이다. 예를 들어서 유해화학물질의 사용을 친환경적인 화학물질로 대체하거나, 재생에너지를 사용하여 환경부담을 줄이는 것이 이에 해당된다.

청정프로세스기술의 활용이란 기존의 생산프로세스를 오염물질의 발생을 줄이는 친환경적인 생산프로세스로 변경하는 것으로서, 설비의 교체나 재배치, 기계 가동조건의 개선 등이 이에 해당한다.

친환경생산 프로세스관리란 생산프로세스에서의 작업방법이나 관리를 개선하여 원자재의 낭비와 불필요한 에너지사용을 개선하는 것이다. 이를 통해서 제품의 품질 및 생산성제고도 가능하다.

2.3.5 녹색구매(Green Purchasing)

SCEM의 시발점이 되는 것은 녹색구매이다. **녹색구매**란 제조, 운송, 사용, 재활용, 처분에 있어서 환경에 부정적인 영향을 가장 최소화하는 제품이나 서비스를 우선적으로 선택 혹은 구매하는 것으로서, 일명 EPP(Environmentally Preferable Purchasing)라고도 한다(http://www.epa.gov). 예를 들어서 산업용수를 절약하거나, 폐기물이나 오염물질의 방출을 최소화하거나, 재이용·재활용률이 높거나, 신재생에너지(renewable energy)를 사용하는 제품이나 서비스를 우선적 구매대상으로 고려하는 것이다.

SRM(Supplier Relationship Management)은 공급업체(협력업체)로부터 전략적인 구매/조달을 위한 것으로 협력업체와의 정보교류, 협력업체평가, 자재관리, 구매조직관리, 입찰관리 등과 관련된 경영활동이다. SRM의 주요 목적은 기업과 협력업체들 사이에 조정을 통해서 생산을 원활히 하며, 재고를 줄이는 보다 효과적인 협력프로세스를 만드는 것이다. 특히 기업과 협력업체 사이의 구매를 자동화한 전자구매(e-procurement)는 SRM의 한 부분이다.

전통적으로 미국의 기업들은 구매시에 다수의 협력업체로부터 경쟁적 입찰을 통해 거래가 이루어지는 단기적인 경향이 있었다. 이에 반해서 Toyota 등의 일본기업들은 하나 혹은 소수의 협력업체들과 공동운명체적인 장기적인 관계에서 거래를 하여 왔다. 협력업체의 평가에 있어서는 다양한 기준이 적용될 수 있으나, 일반적으로 납품단가, 품질, 납기준수, 요구사항의 반영도 및 협력업체의 재무적 안정성 등이 고려되어 왔다. 그러나 최근 들어서 환경에 대한 법적 규제가 강화되고, 기업이 환경경영을 전략적으로 활용함에 따라서 협력업체의 평가에 있어서도 환경성에 대한 평가가 강조되고 있다. 이는 구매하는 제품과 서비스에 대한 환경성과 더불어서 협력업체조직의 환경성을 평가하는 광범위한 주제이다.

협력업체로부터 구매하는 제품에 대한 환경성을 평가하기 위해서는 제품의 물적인 재질, 구매품의 생산프로세스, 폐기시의 환경문제유발 가능성, 포장재 등에 대해서 평가를 하게 된다. 또한 협력업체에 대한 환경성을 평가하기 위해서는 ISO 14000과 같은 환경경영시스템의 유무, 제3자에 의한 환경경영인증 유무, 환경성과 및 환경보고시스템의 유무, 환경교육의 실시 등을 평가하게 된다.

제품과 서비스 및 조직의 평가를 모두 다 반드시 해야 하는 것은 아니지만, 평가의 종류와 기준이 점점 더 강화되는 경향이 있다. 또한 기업은 협력업체와 장기적인 전략적 관계를 구축하는 데 있어서는 협력업체가 환경성을 갖출 수 있도록 환경인증의 취득 등 환경성에 대한 지도와 관리를 하는 것이 필요하다. 특히 국제 간의 거래에 있어서는 상대국이 요구하는 국가적인 환경기준뿐 아니라 상대기업의 환경성에 대한 요구사항을 파악하고 대응하는 것이 필요하다.

일반 영리기업뿐 아니라 국가기관 및 공공기관은 친환경상품 구매촉진에 관한 법률에 의해서 친환경상품을 구매하도록 되어 있으며, 해당 기관장은 5년 단위로 친환경상품의 구매계획과 실적을 제출하도록 되어 있다. 조달청의 경우 친환경상품은 납품평가시에 일정의 가점을 부여해서 평가한다.

2.3.6 전 과정평가(LCA: Life Cycle Assessment)

전 과정평가는 〈그림 2-3〉에서 보듯이 원료조달부터 폐기까지의 전 과정을 통해서 환경적인 측면에서 투입물 및 산출물의 목록을 만들고, 그 환경적 영향을 평가하고 해석하는 것이다(강성관, 2008). 즉, 제품과 프로세스에 대한 환경부하를 정량화하여 측정하고 분석하는 것이다.

기업의 입장에서는 이와 같은 전 과정평가를 통하여 환경개선이 필요한 영역을 발견하고, 개선의 우선순위를 파악하여 환경성과를 제고하여 환경경쟁력을 확보할 수 있게 된다. 1990년대 초부터 ISO에서는 지속적으로 전 과정평가의 표준화작업을 하여 왔다.

일반적으로 전 과정평가는 4가지 단계를 거쳐서 실행된다. ① 목적 및 범위 설정(goal and scope definition), ② 목록분석(inventory analysis), ③ 영향평가(impact assess-ment), ④ 개선평가(improvement assessment) 혹은 결과해석(interpretation).

첫 번째 단계에서는 전 과정평가의 목적, 범위, 기능단위(투입물과 배출물의 비교기준) 등을 명확히 하는 단계로서, 이 단계에 따라서 후속단계에서 필요로 하는 자료, 분석방법, 결과가 달라질 수 있다. 두 번째 단계에서는 상품, 포장, 프로세스, 원료, 활동 등에 의해 발생하는 에너지, 천연자원의 요구량, 대기 및 수질오염물질, 고형폐기물배출량 등의 환경부하량에 대한 기술적·통계적 자료를 구축한다. 세 번째 단계에서는 목록분석의 결과를 환경적인 측면에서 평가하여 잠재적 환경영향을 규명하고 가중치를 부여하는 과정이다. 마지막 단계에서는 목록분석과 가중치부여를 통해서 얻은 결과물을 정의된 목적과 범위에 맞게 해석하는 과정이다.

전 과정평가는 프로세스분석과 데이터분석 등에 많은 시간과 비용이 필요해서 실제로 적용하는 데 한계점이 많이 있다. 따라서 이러한 단점을 보완하기 위해서 간이형 전 과정평가(SLCA: Simplified Life Cycle Assessment)가 사용되기도 한다. 대표적인 예로서 프로세스 중에서 상위프로세스나 하위프로세스의 일부를 평가대상에서 생략하기도 하고, 환경영향요인 전체를 목록화하기보다는 주요한 요인만을 평가대상으로 하기도 하며, 비슷한 프로세스로부터 데이터를 차용하여 분석에 사용하기도 한다.

특히 온실가스에 대한 국제적 협약에 대응하기 위해서는 이에 대한 표준화된 객관적 측정이 필요하다. **탄소발자국(Carbon Footprint) 제도**는 제품의 원료구매, 생산, 운송, 폐기에 이르는 전 과정에서 발생하는 온실가스배출량을 최종소비재에 표시하는 제도이다.

2005년 2월 교토의정서가 발효되어 2008년부터 2012년 사이에 선진국들은 온실가스배출량을 1990년 대비 평균 5.2% 감축해야 하였다. 또한 온실가스감축을 촉진시키기 위해서 온실가스배출권을 사고 팔 수 있는 배출권거래(emission trading) 제도, 다른 국가의 온실가스를 감축시켜 주고 일정 비율을 자국의 실적으로 인정받는 공동이행제(joint implementation) 및 청정개발사업(clean development mechanism) 제도를 도입하였다. 우리나라는 교토의정서 채택시에 개도국으로 분류되어 감축의무를 면제받았으나, OECD 회원국이어서 CO_2 등 온실가스 6종(CO_2, CH_4, N_2O, HFCS, PFCS, SF_6)의 배출량에 대한 규제요구가 거세질 것이다.

2.4 ESG

우리는 앞에서 기업의 사회적 책임에 대해 논하였다. 그런데 환경의 변화에 따라 이제 기업은 사회적 책임에 안주하기가 어렵게 되었다. 즉, 사회적 책임의 범주를 벗어나 새로운 영역에 도전하여야 한다. 여기에 ESG의 중요성이 존재한다. ESG는 환경(Environment), 사회(Social), 그리고 거버넌스(Governance)의 약자이다. 과거 기업을 평가하는 전통적인 방법은 재무적 기준이었다. 그러나 BSC(Balanced Score Card)가 보여 주듯이, 재무적 평가 기준만으로 기업을 평가하는 시대는 지나갔다. 즉, BSC처럼 비재무적인 평가가 필요하게 된 것이다.

기업을 둘러싼 외부환경은 지속적으로 변하고 있다. 즉, 기후변화, 첨단기술의 출현, 사회적 갈등, 인권, 기업의 사회적 책임, 기업의 투명성과 윤리성 등으로 기업은 새로운 환경을 맞게 되었다. 다시 말하면, 마파시(Management Paradigm Shift)가 변하고 있다. 그러므로 기업은 기업의 성과를 평가할 때 재무적 요소들과 함께 비재무적 요소를 포함하여야 한다. 사회적책임경영품질원 등(2021)은 "ESG 경영은 기업이 재무적 성과에만 집중하는 것으로부터 벗어나 사회와 소통하고 환경을 보호하면서 지속가능한 조직으로 변모하기 위한 전략적 실행 대안"이라고 정의하였다.

그러면 ESG 경영을 실행하려면 어떤 요소들이 중요할까? 먼저 기업의 최고경영자는 ESG의 본질을 확실하게 인지하여야 한다. ESG는 환경, 사회, 거버넌스를 동시에 다뤄야 한다. 여기에 경제적인 성과는 물론 당연한 요소이다. 1997년 조직된 GRI(Global Reporting Initiative)에서 발행하는 가이드라인과 글로벌표준에서도 유사한 주제들을 다루고 있다. 그러므로 최고경영자는 단순히 조직개편으로 ESG 경영을 하는 것만으로는 부족하고, ESG 경영에 대한 비전을 선포하고, 각각의 중요한 주제들에 대한 성과를 어떻게 실무적으로 달성한 것인지를 전략적으로 추구하여야 한다. 둘째, ESG에 포함된 주제들이 너무나도 광범위해 경영자들은 기업의 내부환경과 전략에 부합되도록 선택하여 집중하여야 한다. ESG는 크게 세 가지 주제로 구성되지만, 구체적으로 각 주제에 포함되는 다양한 이슈들을 인지하여야 한다. 먼저 E(환경)에는 신재생에너지, 이산화탄소 배출 저감, 자원 재활용, 리사이클링 등이 포함된다. S(사회)에는 제조물책임, 소비자 보호, 인권 존중, 성평등, 반부패, 지역사회지원, 공익재단, 상생경영 등이 포함된다. G(거버넌스)에는 경영의 투명성, 윤리성, 내부자 거래, 언어폭력, 노동권리 보호 등이 포함된다. 셋째, 세부적인 투자전략을 수립하여야 한다. 세부적인 ESG 투자전략은 UNPRI(United Nations Principles for Responsible Investment)에서 제시한 다음 일곱 가지 전략을 참조하기 바란다(www.unpri.org). 네거티브 스크리닝(negative screening), 포지티브 스크리닝(positive screening), 지속가능 분야에 대한 투자(sustainable investment), 임팩트 투자(impact investment), ESG 투자(ESG investment), 적극적 오너십(active ownership), 그리고 규범기반 스크리닝(norm-based screening)이다.

ESG에 대한 관심이 증폭함에 따라 ESG를 평가하는 기관들이 등장하였다. 이 기관들은 비재무적이며 비정형 데이터에 대한 자료 수집과 분석 기술을 바탕으로 경쟁을 벌이고 있다. 국내의 ESG 평가기관으로는 한국기업지배구조원, 서스틴베스트, 대신경제연구소 등이 있으며, 해외기관으로는 Dow Jones, Bloomberg, Morgan Stanley 등이 있다.

우리나라 기업들도 이제 ESG를 적극적으로 홍보하고 있다. 삼성전자는 제품 탄소 발자국 인증, 현대자동차는 탄소정보공개프로젝트(CDP) 참여, 포스코는 협력사 평가를 위한 ESG 모델 개발 등을 실시하고 홍보하고 있다. 그리고 ESG 전문 조직을 설치하고 있다. 또 신한은행은 2050년까지 탄소제로운동, CSSO(Chief Strategy and Sustainability Officer) 임명 등을 실천하고 있다.

외국 기업의 예로, Microsoft를 들 수 있다. Microsoft는 인공지능을 활용하여 사회문제를 해결하고, 정보통신 인프라 격차를 해소하고, 학교를 통하여 미래에 필수적인 컴퓨터기술을 교육하고 있다. 또 Uber는 기후변화에 적극적으로 대응하기 위해 2040년까지 탄소배출을 '0'으로 하고 있다. 사실 이 목표는 전기차로만 가능한 목표이다. 그래서 Uber는 전기차를 구입하는 Uber 파트너들에게 전기차 구입 시

지원금을 지원하고 있다. 참고로 택시 1대가 1년에 발생하는 이산화탄소의 양은 약 10톤으로 추정된다. IKEA는 에너지 절약, 이산화탄소 배출량 감소, 환경친화적이고 저렴한 가구 생산, 공기청정 및 재생에너지를 향상하는 제품 출시, 친환경적인 소재 개발 등을 하고 있다. IBM은 공익재단을 설립하여 인공지능이나 블록체인기술 등을 활용하여 사회적 과제를 해결하고, 또 자연재해를 예방하고 지원하고 있다. Coca-Cola는 세계 노동력의 60%를 차지하지만 이윤의 10%만 가져가는 여성문제에 대해 관심을 가지고 있다. 그래서 세계적으로 직업훈련을 통하여 여성인력을 양성하고, 여성이 획득하는 이윤의 상당한 부분을 지역사회와 가정에 환원시키고자 노력하고 있다.

Apple은 CEO Tim Cook의 리더십으로 일찍부터 ESG에 관심이 많았다(민세주, 2022). 환경에 있어서는 지구자원을 보호하고, 친환경 재료를 사용하고, 탄소를 절감하고, 공급망에서 탄소중립을 달성하는 목표를 수립하고, 그리고 재생가능에너지에 투자를 확대하였다. 사회에 있어서는 지역사회 공생을 추구하고, 공급사슬망에 있어서 사회적 책임을 강화하고, 직원 기부 및 지역사회 자원봉사 프로그램 등을 실시하고 있다. 거버넌스에 있어서는 경영진 평가에 ESG 경영성과를 반영하고, 임원진 구성에 다양성을 높였으며, 미래 인재 육성 제도를 추진하고 있다.

R·E·F·E·R·E·N·C·E·S

강성관. 2008. 환경경영과 환경시스템. SBC인증원.

권대봉. 2009. 녹색성장. 녹색직업. 녹색인재. 박영사.

김성제. 2021. '폐기물 Biz.의 성장' 제2라운드 돌입. POSRI Issue Brief. 포스코경영연구원.

매일경제신문사. 2010. 4. 28. 도시광산에 돈 몰린다. 매경이코노미, 1553호.

민세주. 2022. 애플이 ESG에 적극적인 이유. POSRI Issue, 포스코경영연구원.

사회적책임경영품질원. 2021. 지속가능성장을 위한 ESG 경영전략. 자유아데미.

설진훈. 2010. 4. 14. SRI(사회책임투자). C1. 매일경제신문.

이병욱, 황금주, 김남규. 2005. 환경경영. 에코리브스.

임형준. 2020. 사회 외면하고 돈만 잘 버는 기업… 지워진다. 사회와 손잡고 돈도 잘 버는 기업… 지속한다. Biz Times.

정호상, 이범일. 2008. 경쟁우위의 새로운 원천: SCM, CEO Information. 삼성경제연구소. 제668호.

해럴드경제, 2020. '최태원의 사회적 가치' 다보스 포럼서 집중 조명.

Aldy, Joseph E. and Gianfranco Gianfrate. 2019. Future−Proof Your Climate Strategy. Harvard Business Review. May−June. 87−97.

ASCM. 2022. *ASCM Supply Chain Dictionary.*

Drucker, Peter, F. 2001. The Essential Drucker, Harper Business.

Elkington, J. Cannibals 2001 with Forks: The Triple Bottom Line of 21st Century Business. Capstone Publishing. Oxford. England.

EPA and GM. Saturn 2002. Greening the Supply Chain: Pilot Project. 9.

Gates, Bill. 2021. It will need to be the most amazing thing humankind has ever done. Harvard Business Review, March−April, 124−129.

IEA. 2017. Energy Outlook.

Ignatius, Adi. 2018. Businesses Exist to Deliver Value to Society. Harvard Business Review, March−April. 82−87.

Klassen, Robert D. and Curtis Mclaughlin. 1996. The Impact of Environmental Management on Firm Performance. Mamagement Science. Vol. 42. No. 8.

Metters, Richard, King−Metters Kathryn, Pullman Madeleine, and Walton Steve. 2006. Successful Service Operations Management. 2nd ed. Thomson.

NEETF, 2001. Going Green, Upstream: The Promise of Supply Chain Environmental Management(National Environmental Education and Training Foundation Green Business Network). 5.

Netherwood, A. 1998. Environmental Management Systems. in Welford, R. ed. Corporate Environmental Management 1: Systems and Strategies. 2nd ed. London: Earthscan Publications.

Porter, Michael E. and Mark R. Kramer. 2002. The Competitive Advantage of Corporate Philanthropy. Harvard Business Review, December.

Porter, Michael E. and Mark R. Kramer. 2011 Creating Shared Value. HarvardBusiness Review, January－February.

Porto, Lindsay Dal. 2018. "Singling Out Plastic," Quality Progress, September. 10－12.

Rangan, Kasturi, Lisa Chase, and Sohel Karim. 2015. The Truth about CSR. Harvard Business Review, January－February. 40－49.

Roberts, H. and G. Robinson, 1988. ISO 14001 EMS: Implementation Handbook. Oxford: Butterworth－Heinemamm.

White, Katherine, David J. Hardisty, and Rishad Habib. 2019. The Elusive Green Consumer. Harvard Business Review. July－August. 125－133.

www.cdp.or.kr

www.epa.gov

www.globalecolabelling.net

www.iso.ch

www.ted.com/talks/michael_porter_why_business_can_be_good_at_solving_social_problems?language＝ko

www.unpri.org

제2편

전략적 생산운영

O·p·e·r·a·t·i·o·n·s M·a·n·a·g·e·m·e·n·t

제3장 생산운영전략

Operations Management

> 전략의 본질은 경쟁자와 구분되는 자신의 고유한 입장을 분명히 해두는 것이다.
>
> - 마이클 포터

생산운영시스템의 경쟁력향상을 위한 관리적 측면의 노력은 기업이 전체로서 추구하는 비전과 사명에 바탕을 둔 전략적 계획과정을 통해 일관성 있게 실행되어야 한다. 따라서 기업의 비전과 사명, 그리고 이의 구체화된 실행목표로서의 목적과 목표를 효과적으로 달성하기 위해서는 기업전략–비즈니스전략–기능부문전략의 일관성 있는 계획수립과 실행이 필요하게 된다. 본 장에서는 이러한 전략계획의 수립과정을 먼저 살펴보고, 전략적 계획의 수립을 통해 달성해야 할 경쟁능력의 차원, 즉 경쟁우선순위가 무엇인지를 살펴보기로 한다. 아울러 경쟁능력의 구축방법과 관련해 제안된 이론들을 중심으로 바람직한 경쟁우선순위의 구성은 어떠해야 하는지를 살펴보기로 한다. 마지막으로 경쟁력향상을 위한 기능부문전략의 주요 부분으로서 생산운영전략에 초점을 맞추어 생산운영전략의 개발과 성과측정 및 실행을 위해 필요한 노력이 무엇인지를 세부적으로 살펴보기로 한다.

제3장에서 다룰 주요 내용은 다음과 같다.

- 전략적 의사결정의 체계는 무엇인가?
- 경쟁능력을 구성하는 주요 차원은 무엇인가?
- 경쟁우선순위 간의 관계를 설명하는 주요 이론은 무엇인가?
- 생산운영전략의 개발관점을 설명하는 주요 이론은 무엇인가?
- 생산운영전략 성과측정의 초점은 어디에 두어야 하는가?
- 생산운영전략을 구성하는 주요 의사결정영역은 무엇인가?
- 와해성 혁신전략이란 무엇인가?

3.1 전략적 의사결정의 체계

성공하는 기업은 명확한 **비전**(vision)과 **사명**(mission)을 가지고 있으며, 이를 바탕으로 장기적인 기업의 **목적**(goals)을 설정하고, 이러한 목적을 반영하여 보다 구체적인 단기적 **목표**(objectives)를 마련하게 된다. 기업의 비전은 기업의 가치와 욕망을 표현하게 되며, 기업의 사명은 기업이 추구하는바 혹은 존재의 이유를 나타내게 된다. 기업에 따라서는 비전과 사명을 별도로 구분하지 않고 혼합된 표현을 사용하여 나타내기도 한다. 비전과 사명의 궁극적인 목적은 조직이 추구하는 가치와 욕망, 목적을 종업원들에게 알려 줌으로써 이를 지원하기 위한 일관성 있는 의사결정이 이뤄지도록 하는 것에 있다.

따라서 비전과 사명, 그리고 기업의 핵심적인 목적 및 목표의 내용은 기업과 관련된 이해관계자들과 더불어 기업 내의 모든 종업원에게 전달되어야 한다. 이러한 전달프로세스를 통해 비전과 사명은 기업이 취하게 될 전략의 방향을 결정하게 된다. 즉, 대다수의 종업원이 수용할 수 있는 전략적 방향을 설정해 줌으로써 기업이 시간의 흐름에 따라서 일관성 있는 의사결정을 내릴 수 있게 도와주게 되는 것이다.

명시적으로 표현되는 비전, 사명, 목적 혹은 목표와 달리 **전략**(strategy)은 시간이 흐르면서 기업에서 실제로 행하게 되는 일련의 의사결정들로 이뤄진다. 이러한 의사결정들이 일정한 혹은 명확하게 규정된 패턴을 따라서 행해진다면, 기업이 장기적인 목적을 달성하게 될 가능성은 보다 높아지게 되는 것이다.

동일한 산업에 종사한다고 해서 모든 기업들이 동일한 목적을 가진다거나 유사한 의사결정을 내리지는 않는다. 가령 KFC의 종업원이 내리는 의사결정과 Marriott 호텔 레스토랑의 종업원이 내리는 의사결정은 서로 다를 수가 있다. 또한 한번 사용하고 버리게 되는 일회용 컵을 만드는 제조회사와 품위 있게 차를 마시기 위해 사용하는 고급커피 잔을 생산하는 제조회사에서 내리게 되는 의사결정의 내용은 분명히 차이가 있을 것이다.

전략적 의사결정은 조직의 여러 계층에서 이뤄지게 된다. 이러한 조직계층은 소위 **전략적 의사결정체계**(strategic decision hierarchy)를 구성하게 된다. 전략적 의사결정체계는 〈그림 3-1〉에서 보는 바와 같이 기업의사결정(corporate decisions), 비즈니스의사결정(business decisions) 및 기능부문의사결정(functional decisions)으로 구성되어 있다(Hanna와 Newman, 2001). 그림에서 보는 바와 같이 기능부문 의사결정은 비즈니스 의사결정의 틀 내에서, 그리고 비즈니스 의사결정은 기업의사결정의 틀 내에서 계층적으로 이뤄지게 된다.

3.1.1 기업전략

기업전략(corporate strategy)이란 기본적으로 "우리가 어떠한 비즈니스영역에서 활동할 것인지?"를 결정하는 것을 의미한다. 경영·경제 신문에서 흔히 볼 수 있는 새로운 기업의 설립 혹은 흡수, 합병 등은 바로 기업의 비즈니스영역을 새로이 창출하거나 확대하기 위한 의사결정들을 나타낸다. 경우에 따라서는 핵심역량과 관련된 사업영역에 보다 많은 기업의 자원을 집중시키기 위해서 타 비즈니스영역을 매각하여 자원을 조달하는 의사결정을 내릴 수도 있다. 이러한 의사결정들은 바로 기업전략과 관련된 의사결정의 내용을 담고 있는 것이다.

〈그림 3-1〉에서 보는 바와 같이 기업이 단일비즈니스 영역에서만 활동할 경우에는 기업전략과 비즈니스전략은 동일하게 된다. 대부분의 중소기업들이 이러한

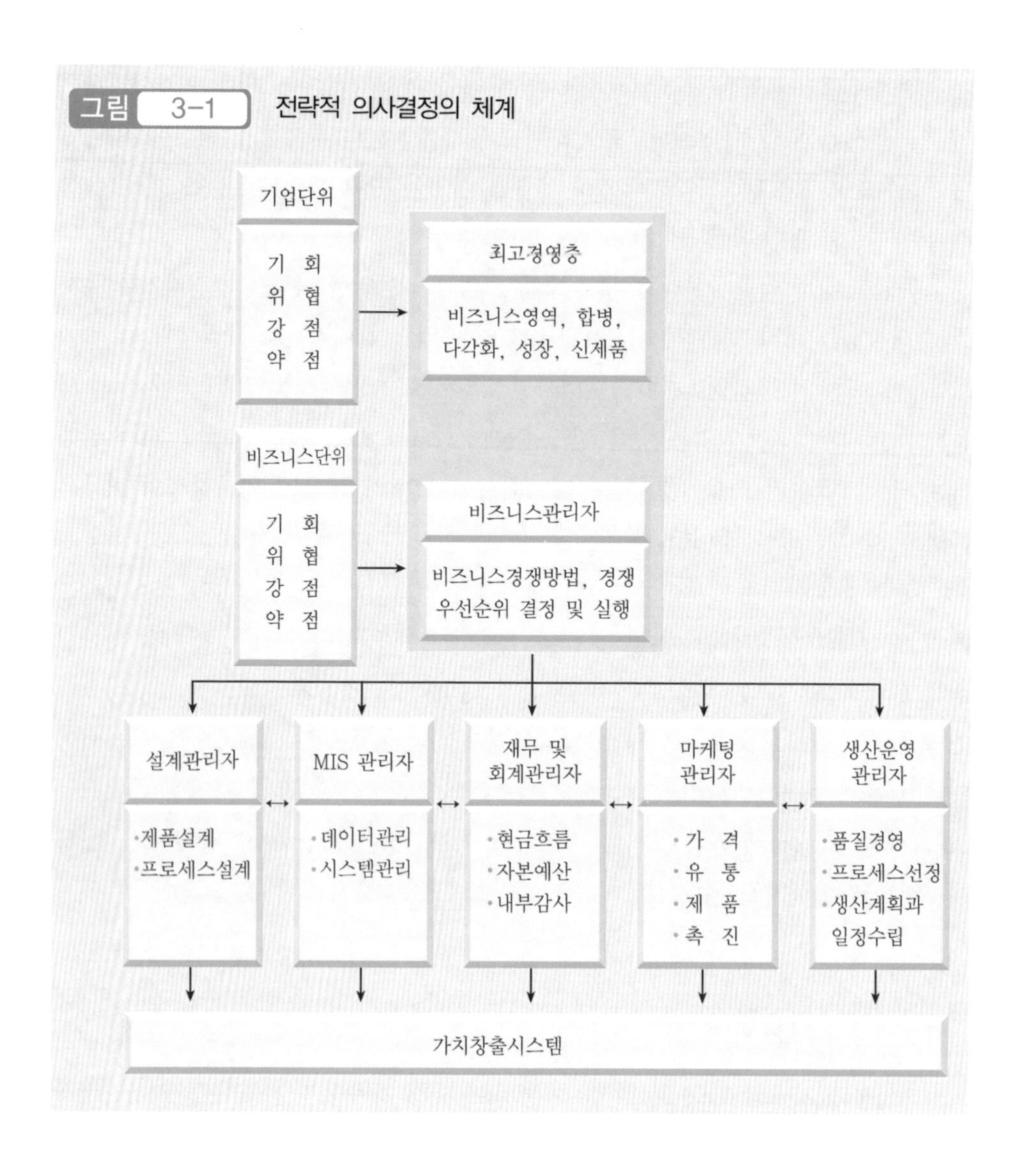

경우에 속하게 될 것이다. 반면에 기업이 가진 강점을 살려서 새로운 비즈니스 기회로 진출하게 될 때는 기업 전체로서의 전략과 개별 비즈니스영역의 전략을 구분할 필요성이 생기게 된다.

기업전략의 일반적인 전개패턴은 두 가지로 구분할 수 있다. 첫째는 서로 무관한 비즈니스영역으로 다각화하는 비관련다각화(unrelated diversification) 방식과 둘째는 관련된 비즈니스영역으로 다각화하는 관련다각화(related diversification) 방식이다. 경우에 따라서는 이 두 가지 방식을 혼합하여 다각화된 비즈니스영역 중에서 관련된 비즈니스영역을 소그룹으로 나누어 경영하는 사업부화(divisionalization) 방식도 있다.

대부분의 재벌기업은 금융, 건설, 전자, 조선 등과 같이 서로 연관성이 적거나 없는 비즈니스들을 소유하고 지배하는 비관련다각화패턴을 보여 주고 있다. 이 경우 각 비즈니스단위는 연관성이 적기 때문에 독립적인 비즈니스전략을 실행하게 된다. 반면에 Microsoft와 같이 PC운영 소프트웨어를 중심으로 연관된 비즈니스영역을 좇아서 사업의 영역을 확대해 가는 기업들은 관련다각화의 패턴을 보여 준다. 이 경우는 중앙의 통제하에 각 비즈니스단위가 일관된 비즈니스전략을 실행하게 된다.

3.1.2 비즈니스전략

비즈니스전략(business strategy)은 "우리의 비즈니스영역에서 어떠한 방법으로 경쟁해야 할 것인가?"에 대한 의사결정을 담게 된다. 비즈니스전략은 기업이 추구하는 시장의 고객에게 독특한 가치를 제공함으로써 경쟁의 우위를 지속할 수 있도록 설계되어야 한다. 경쟁의 방법을 결정하려면 먼저 기업의 비즈니스전략이 대응해야 할 외부환경요소에 대한 분석이 이뤄져야 한다. 일반적으로 기업의 비즈니스영역에 주어지는 기회(opportunities)와 위협(threats)을 결정하는 데에 영향을 미치게 되는 주요 요소로서는 다음의 5가지를 들어 볼 수 있다(Porter, 1980).

- 기업 간 경쟁으로부터 형성된 경쟁능력(예: 롯데백화점과 신세계백화점)
- 새로운 기업의 진출위협(예: 우리 치과병원 주변에 동일한 고객층을 대상으로 동일한 전문진료서비스를 제공하는 새로운 치과병원이 들어설 가능성이 있는가?)
- 대체상품의 위협(예: 디지털 카메라 폰과 디지털 카메라)
- 공급업체의 상대적인 힘(예: PC제조업체에 운영 소프트웨어를 제공하는 Microsoft의 힘, 삼성전자에 전자부품을 납품하는 공급업체의 힘)
- 고객(업체)의 상대적인 힘(예: 병원에 대응하는 환자의 힘, 식료품납품업체에 대한 E-마트의 힘)

표적으로 하는 경쟁의 상대적 위치를 유지하기 위해서는 외부의 위협과 기회뿐만 아니라 내부의 강점(strengths)과 약점(weaknesses)에 대한 고려도 필요하게 된다.

비즈니스전략의 주안점은 현재의 혹은 예상되는 위협에 기업이 노출되게 만드는 내부약점을 예방하면서 현재와 미래에 주어지는 기회를 활용할 수 있도록 내부의 강점을 개발하고 사용하는 것에 두게 된다. 효과적인 비즈니스전략을 수립하기 위해 경영자로서 수행해야 할 과업은 다음과 같다.

- 특별히 장기적인 목표와 전략 및 전술을 검토하기 위한 시간을 할애한다.
- 비즈니스목표를 달성하기 위해 사용할 전략과 전술을 담은 공식화된 계획을 문서로 작성한다.
- 완전히 다른 프로세스를 사용하는 새로운 아이디어의 모색을 통해 제품생산의 방법을 재검토한다.
- 기업의 사명을 문서로써 명시적으로 작성한다.

비즈니스단위의 목적에는 주로 수익성, 시장점유율, 기업 내의 다른 비즈니스단위에 대한 서비스 등의 내용을 담게 된다. 개별 비즈니스단위는 모기업의 정책과 기대에 부합되는 방식으로 자신의 목적달성을 추구하여야 한다. 일반적으로 기업전략이 비즈니스전략을 제한하게 된다. 따라서 사업부별 경영자나 비즈니스단위 최고경영자가 취할 수 있는 전략적 옵션은 이들이 따라야 할 모기업의 정책에 의해 제약을 받게 된다.

3.1.3 기능부문전략

비즈니스단위를 구성하는 각 기능부문은 비즈니스가 운영되기 위해 필요한 독특한 기능영역을 지원해야 한다. 즉, 〈그림 3-1〉에서 보는 바와 같이 생산운영, 마케팅, 재무, 회계, 설계, 인적자원, MIS 등의 기능영역들은 각기 비즈니스가 운영되기 위해 필요로 하는 고유의 기능을 수행하게 된다. 따라서 이러한 기능부문의 관리자들은 각기 고유의 기능부문목표를 설정하고, 이를 달성하기 위한 의사결정을 수행하게 된다. 여기서 중요한 것은 각 기능부문관리자의 의사결정이 전체 비즈니스단위의 목적에 부합되고, 이를 지원할 수 있도록 실행되어야 한다는 것이다. 즉, 각 기능부문별로 고유의 기능수행을 최적화하는 부분최적화(sub-optimization)보다는 전체 비즈니스목적 달성에 기여할 수 있도록 기능부문의 활동노력을 조정하고 통합하는 전체최적화(global optimization)가 이뤄져야 한다는 것이다.

전체최적화를 위해서는 비즈니스목적에 대한 명확한 이해와 더불어 기능부문 간의 활동을 조정하고 통합하는 노력이 뒷받침되어야 한다. 가령 주요 비즈니스목적으로서 '완벽한 고객주문충족'을 강조하는 기업이라면 고객주문의 수령단계부터 필요한 자재의 구매, 주문내용의 생산, 운송 및 배달, 대금청구 및 수령에 이르는 일련의 단계들이 원활하게 연계되어야 한다. 그러나 각 단계적인 과정이 원활하게 연계되려면 각 단계를 관장하는 기능부문의 협조가 반드시 필요하게 된다. 마케팅부서에서 고객주문을 수령할 때는 사전에 고객주문의 내용이 고객과 약속한 시각까지 배달가능한지를 생산운영부서와 협의하는 일이 필요할 것이다. 생산운영부서 또한 고객주문의 내용을 처리하기 위해 필요한 자재의 구매가 적시에 이뤄질 수 있는지를 구매부서 및 재무회계부서와 협의하는 일이 필요할 수도 있다. 이러한 부문간 협의과정이 없이 고객주문을 수령하게 되면, 종종 생산능력의 부족이나 자재조달의 지연 등으로 인해서 고객에 대한 배달이 지연되는 일이 발생하게 된다. 이는 비즈니스단위가 전체로서 지향하는 '완벽한 고객주문충족'이라는 목적의 달성을 어렵게 만들게 된다.

소위 부문연계팀(cross-functional team)의 구성이나 조직의 매트릭스구조(matrix structure)화 등은 기능부문의 활동을 조정하고 통합하기 위한 효과적인 수단이 될 수 있다. 부문연계팀은 비즈니스목적 달성을 위해 필요한 핵심과업의 수행을 위해서 과업과 관련된 각 기능부문의 조직구성을 선발하여 구성하게 된다. 새로운 상품개발을 위해 구성하는 CE(Concurrent Engineering) 팀은 대표적인 예가 된다. '상품개발'이라는 과업을 효과적으로 수행하기 위해서 상품개발에 의해 영향을 주고받게 되는 연구개발부문, 생산운영부문, 구매관리부문, 마케팅부문 등의 조직구성원들이 팀을 이루어 상품개발의 전 과정을 책임지고 수행하는 것이다. 부문연계팀에 참여하는 조직구성원은 팀의 책임자로부터 팀의 과업수행과 관련한 지휘를 받는 동시에 본래 소속된 기능부문의 책임자로부터도 기능부문의 과업수행과 관련한 지휘를 받게 된다. 이러한 기능부문 내의 수직적인 지휘계통과 기능부문을 연계하는 수평적인 팀의 지휘계통이 교차하게 되는 조직구조를 매트릭스구조라고 한다.

3.2 경쟁능력의 차원

3.2.1 경쟁능력의 차원

경쟁력 있는 생산운영시스템이 되기 위하여 가져야 할 능력은 무엇일까? 품질이 좋은 제품이나 서비스를 제공하는 능력도 필요하고, 다른 경쟁기업보다 신속하게 제품을 개발하는 능력도 필요할 것이다. 이와 같이 생산운영시스템이 경쟁력을 가지기 위하여 중점을 두어야 할 영역들을 '**경쟁우선순위(competitive priorities)**'라고 한다. 경쟁우선순위의 제 차원으로는 비용(costs), 품질(quality), 유연성(flexibility) 및 시간(time) 등이 있다.

[1] 비 용

비용이란 곧 제품이나 서비스를 창출하기 위해서 투입한 자원의 사용가치를 나타낸다. 따라서 비용에 기반을 둔 경쟁우선순위란 저렴한 비용의 제품 혹은 서비스창출능력을 말하게 된다. 비용을 적게 들인다는 말은 상대적으로 낮은 가격으로 상품을 시장에 제공할 수 있다는 의미가 되고, 이는 바로 가격경쟁력이 높음을 의미하는 것이다.

적은 비용으로 제품을 생산할 수 있다는 것은 두 가지 의미를 내포하고 있다. 하나는 제품이나 서비스를 창출하기 위해서 필요한 투입자원의 구매가격이 낮다는 의미를 나타낸다. 즉, 저렴한 가격으로 원재료를 구입할 수 있거나 값싼 노동력을 활용할 수 있는 경우가 이에 해당한다. 제품의 가격경쟁력을 높이기 위해서 상대적으로 임금이 저렴한 동남아지역으로 생산설비를 이전시키는 것은 바로 이러한 측면의 가격경쟁력을 확보하기 위한 노력의 예일 것이다.

두 번째는 상대적으로 적은 투입자원으로 많은 산출물을 창출할 수 있다는 의미를 나타낸다. 자원의 낭비를 줄임으로써 동일한 자원의 투입으로 많은 산출물을 낼 수 있다면, 상대적으로 산출물 1단위당 투입자원의 사용비용은 줄어들 수 있을 것이다. 일례로 20만 톤급 VLCC선박을 제조할 경우 우리나라 조선회사는 대략 70~90만 작업시간을 투입하는 반면, 일본의 조선회사는 약 45만 작업시간만을 투입하고 있다고 한다. 이러한 투입자원의 효율적 활용을 나타내는 대표적인 개념으로 생산성이 있다.

생산성(productivity)은 산출물의 가치를 투입자원의 비용으로 나눈 값을 말한다. 이러한 생산성은 기업의 경쟁력을 나타내는 중요한 지표이다. 최근 한국생산성본부가 2022년에 발표한 '2022 노동생산성 국제비교'에 의하면(진정환, 2022), 한국 제조업의 취업자당 노동생산성은 구매력평가환율(PPP) 적용시 128,739달러 수준으로 세계 6위의 높은 수준을 나타내고 있다(2020년 기준). 158,381달러인 미국의 81.4% 수준이었으나 OECD평균인 110,087달러보다 높았고 일본의 98,798달러보다도 높았다. 반면에 서비스업의 취업자당 노동생산성은 낮아서(64,178달러) OECD 35개국 가운데 25번째 수준에 해당되었다. 가장 높은 룩셈부르크(141,156달러)의 45.5% 수준밖에 되지 않았다. 다른 선진 OECD국가에 비해 낮은 서비스 생산성은 상대적인 서비스 산업 경쟁력 저하의 주요 원인이 되고 있는 것이다.

비용으로 경쟁하기 위해서는 무엇보다도 먼저 조직을 효율적으로 운영하여야 한다. 그렇게 하기 위해서는 부가가치를 창출하지 않는 모든 낭비를 제거하여 비용을 최대한으로 감소시켜야 한다. 또한 생산성을 향상시키고, 불량품을 줄이고, 원자재구입비용을 감소시키며, 프로세스를 표준화하여야 한다. 그러나 비용을 단기적인 방법에 의해 감소시키려고 해서는 안 된다. 이러한 단기적인 방법은 다른 경쟁자들이 쉽게 모방하여 효과가 거의 없다. 그러므로 비용의 감소는 지속적인 프로세스개선과 기술개발로 이루어져야 한다. 그래야만 비용경쟁력을 유지할 수 있다. 또한 비용의 감소는 기업의 유형에 따라 다르기 때문에 각 기업은 그 기업의 특성에 맞게 비용을 감소시켜야 한다. 비용을 감소시키지 않고 단지 가격만 내리는 것은 이익이 떨어져 기업의 운영에 어려움이 따른다. 그래서 가격경쟁력을 갖기 위해서는 반드시 비용경쟁력부터 구비하여야 한다. 전통적으로 생산운영관리는 비용을 감소시키는 기법들의 개발에 주력하였다.

[2] 품 질

경쟁우선순위로서 **품질**은 두 가지 의미를 내포하고 있다. 하나는 우수한 설계능력(high-performance design), 즉 성능이 우수한 제품을 설계할 수 있는 **설계품질(design quality)** 능력을 말하고, 다른 하나는 **적합성품질(conformance quality)**, 즉 균일한 제품을 생산하는 능력을 말한다. 전자는 절대적으로 우수한 성능과 기능을 가진 고급제품이나 서비스를 생산하는 능력을 말한다. 자동차의 경우라면 Mercedes-Benz 자동차가 이에 해당될 것이고, 음식점이라면 특급호텔의 레스토랑이 이에 속할 것이다. 이들은 다른 자동차나 음식점에 비하여 차별화된 성능과 기능 혹은 서비스를 제공함으로써 경쟁의 우위를 확보하려는 노력에 치중하게 된다.

반면에 적합성품질이란 제품이 가져야 할 규격(specifications)에 잘 부합되도록 만드는 능력을 지칭하는 개념이다. 규격에 잘 부합되도록 만들어진 제품이란 곧 균일한 제품 혹은 일관성 있는 서비스가 될 수 있다. 우리가 흔히 볼 수 있는 제품들의 품질개념은 바로 적합성품질에 두어져 있다. 적합성이 높은 제품은 바로 불량이 없는 제품을 말하게 된다. 품질이 우수한 제품이나 서비스를 제공할 수 있는 능력을 갖추는 것은 기업에게 다양한 혜택을 가져다줄 수 있다(Meredith와 Shafer, 2002). 품질이 우수하면 고객의 만족감을 높여서 반복구매가능성을 높여 주게 된다. 또한 최고수준의 품질능력은 기업의 명성을 높여 주게 되며, 프리미엄 판매가격의 책정을 가능하게 한다. Strategic Planning Institute가 행했던 시장전략의 수익성효과(PIMS: Profit Impact of Market Strategy) 연구에 따르면, 우수한 품질의 제품과 서비스가 가장 높은 수익성을 가져다줄 뿐만 아니라 가장 큰 시장점유율을 창출해 주는 것으로 나타나고 있다.

품질의 우수성은 생산시스템의 효율화도 가져올 수 있다. 우수한 품질능력은 종업원의 사기향상을 가져오게 되며, 생산프로세스에서 발생하게 되는 작업불량을 줄여서 낭비와 재작업의 발생을 감소시키게 된다. 아울러 생산 흐름의 신뢰성을 높여서 고객과의 납품약속준수 능력을 향상시키게 된다. 물론 고객에게서 발생하는 품질불량을 억제하여 판매 후 서비스나 품질보증에 투입되는 비용도 대폭 감축시킬 수 있게 된다. Philip Crosby에 따르면 빈약한 품질 때문에 부담하게 되는 손실은 전체매출규모의 25%에 달하게 된다고 한다. 미국 품질관리학회의 추정치도 이와 비슷하게 미국기업들의 품질불량에 따른 손실부담은 매출의 15~35%에 달하는 것으로 보고된 바 있다. 일본기업들의 경우 이 수준은 5~10%로 매우 낮게 추정되고 있다(Meredith와 Safer, 2002).

1980년대 초에 나온 TQM(Total Quality Management)과 1980년대 말에 나온 식스시그마(Six Sigma)는 품질능력을 향상시키기 위한 대표적인 노력들이다. 과거에는 품질을 단순히 규격에 대한 적합성으로 간주해 생산자가 품질을 결정하였고, 불량률을 감소하는 소극적인 방법에 의존하였다. 그러나 요즈음에는 품질은 고객의 욕구를 만족시키는 척도이며, 소비자에 의해서 결정된다. 그러므로 품질경쟁력을 지니기 위해서 기업은 고객욕구를 파악하고, 고객욕구를 만족시키는 제품과 서비스를 공급하는 적극적인 방법을 사용하여야 한다. 또 품질을 설계단계에서부터 제품과 서비스에 집어넣어야 한다. 설계단계에서부터 잘못된 품질은 양질의 제품과 서비스를 만들지 못하고, 시정하는 데 많은 비용이 수반된다. 그래서 설계단계에서부터 높은 신뢰성, 내구성, 안전성, 보전성, 그리고 품질의 균일성을 보장하여야 한다. 그래야만 다른 경쟁자들에 비해 품질경쟁력을 지닐 수 있다. 생산운영기능은 제품과 서비스의 품질을 보증하기 위해 품질보증시스템을 설계하고 통제하여야 한다.

[3] 유연성

유연성 혹은 신축성이란 환경변화에 효율적으로 대처하는 능력을 나타낸다. 경쟁우선순위로서의 유연성이란 바로 설계변화와 수요변화에 효율적으로 대응할 수 있는 능력을 말한다. 전자의 대응능력을 **설계유연성**(design flexibility)이라 하고, 후자의 대응능력을 **수량유연성**(volume flexibility)이라고 한다. 이러한 유연성은 고객이 원하는 대로 제품이나 서비스를 창출하는 능력, 즉 커스터마제이션(customization) 능력과도 밀접한 연관성을 가진다. 특히 오늘날과 같이 고도로 세분화된 시장의 다양하고 변덕스러운 고객욕구를 충족시켜 주기 위해서는 개별적인 고객의 욕구를 대량으로 충족시켜 줄 수 있는 능력, 즉 매스 커스터마제이션(mass customization)의 추구를 필요로 한다. 유연성이 높은 생산시스템은 새로운 혹은 변경된 제품의 생산이나 새로운 생산방법의 도입이 효율적으로 이뤄질 수 있음을 나타낸다. 또한 수요변화에 신축적으로 대응함으로써 고객의 다양한 주문요구량을 효과적으로 충족시켜 줄 수 있음을 의미한다는 것이다.

생산시스템의 유연성이 높아지기 위해서는 설비나 기계의 유연성과 작업자의 유연성이 모두 높아야 한다. 설비나 기계의 유연성이 높아지기 위해서는 다양한 작업요구사항에 효율적으로 대응할 수 있도록 **셋업**(setup) **비용**을 감축하는 노력이 뒷받침되어야 한다. 일반적으로 셋업비용이 높으면 다음처럼 세 가지 문제점이 발생한다고 Harmon과 Peterson(1994)은 말한 바 있다.

- 생산시간이 길어진다. 생산시간이 길어지면 예기치 못한 고객의 수요에 신속히 대응하기가 어렵다. 이렇게 되면 고객은 생산이 완료될 때까지 오랜 시간 동안 기다려야 하는데, 이것은 고객이 인내심을 갖고 기다리는 경우에만 가능하다.
- 생산시간이 길어지면 재고량이 증가한다.
- 재고량이 많아지면 공장 크기와 창고 크기가 넓어져야 한다. 또 운반과 저장, 반입과 유통을 담당하는 인원과 물류기기도 증가한다.

SMED(Single Minute Exchange of Dies)로 지칭되는 빠른 작업전환능력은 설비의 유연성을 제고시키기 위한 대표적인 노력이다. 설비나 기계의 유연성향상을 위해서는 컴퓨터의 지원을 활용하는 다양한 자동화설비의 도입이 필요할 수도 있다. FMS(Flexible Manufacturing System)로 불리는 자동화된 자재운반, 작업준비, 생산운영시스템은 그 예가 된다.

작업자의 유연성이 높아지기 위해서는 작업자의 다기능성(multi-skilled) 제고가 필수적이다. 작업자가 다양한 작업에 투입될 수 있는 능력을 가지게 되면, 고객수요변화에 따라서 신축성 있는 작업배치가 이뤄질 수 있다. 즉, 고객수요가 적은 작업부서에는 소수인원을 투입하여 작업이 진행되도록 하면서 여유인원을 고객수요가 많은 작업부서에 배치하는 것이다. OMMM(One Man Multiple Machines)과 같이 한 작업자로 하여금 여러 설비의 운영을 담당하게 하는 생산방식은 작업자의 다기능성이 전제되어야 실행가능한 일이 된다. 고객수요가 적은 경우는 여러 설비를 단일 작업자가 담당하지만, 고객수요가 증가하면 추가작업자를 투입하여 담당하는 설비의 수를 줄여서 생산의 속도를 높이는 방식을 사용하는 것이다.

[4] 시 간

오늘날에는 시장의 글로벌화가 가속화되면서 다양하고 치열한 경쟁환경 속에서 살아남기 위해 '**시간위주 경쟁능력**(time-based competence)'의 중요성이 매우 강조되고 있다. 시간위주 경쟁능력은 다양한 의미를 함축하고 있다. 가장 먼저 들 수 있는 의미는 바로 **신속한 제품혁신**(fast product innovation)이다. 즉, 경쟁기업보다 빠르게 고객의 요구를 충족시켜 줄 수 있는 새로운 제품을 개발해 내는 능력을 말하는 것이다. 'Post-it'으로 유명한 3M과 같은 기업은 대표적인 제품혁신위주의 제조업체라 할 수 있다.

3M은 전체매출액의 30%를 최근 4년 이내에 개발한 신제품의 판매를 통하여 달성하고자 노력할 만큼 제품혁신을 적극적으로 추구하고 있다. 빠르게 신제품을 개발할 수 있다는 것은 제한된 시간에 보다 많은 다양한 제품을 개발할 수 있다는 것을 의미하기도 한다. 시장에서의 빠르고 다양한 고객욕구변화를 효과적으로 충족시켜 주기 위해서는 바로 다양한 제품을 신속하게 제공할 수 있는 시간위주 경쟁능력이 절대적으로 필요한 것이다.

시간위주 경쟁능력의 두 번째 의미는 **신속한 제품배달**(fast delivery) 능력이다. 경쟁기업보다 빠르게 제품을 배달할 수 있는 능력을 가졌다는 것은 그만큼 제한된 시간에 보다 많은 고객주문을 충족시킬 수 있다는 의미도 된다. 신속한 제품배달능력을 가지기 위해서는 제품을 보다 빠르게 생산하는 능력, 즉 짧은 생산리드타임을 가져야 한다. 즉, 원재료가 투입되고 가공되어서 조립되는 생산의 흐름이 원활하게 진행될 수 있어야 한다. 빠른 배달능력이 경쟁의 이점을 주는 대표적인 예는 패스트 푸드(fast foods) 음식점을 들 수 있다. 다른 음식점에 비하여 빠르게 고객이 원하는 음식을 제공함으로써 시간에 제약을 받는 고객들에게 만족감을 주고 있는 것이다.

시간위주 경쟁능력의 세 번째 의미는 **정시제품배달**(on-time delivery) 능력이다. 즉, 고객이 원하는 시간에 원하는 수량의 제품을 정확하게 인도하는 능력, 즉 배달의 신뢰성(reliability)을 유지하는 능력을 의미한다. 이와 같은 정시배달능력은 특히 항공기제작, 조선, 건설, 플랜트사업과 같은 프로젝트산업인 경우에 그 중요성이 두드러지게 나타난다. 이들 산업의 경우 고객과 약속한 납기일을 충족시키지 못하면 기업의 신용도가 떨어질 뿐만 아니라, 지연에 따른 벌금을 지불하게 되는 재정적인 손해도 감수해야 한다. 그러나 프로젝트산업이 아니더라도 고객과 약속한 납기일을 충족시키지 못하게 되면, 고객에게 커다란 불이익을 주게 되므로 장래의 거래관계가 심각하게 위협받게 될 가능성이 높다. 특히 오늘날과 같이 경영의 초점이 고객만족(customer satisfaction)을 강조하는 추세에 비추어 정시배달능력은 고객만족을 확보하기 위한 가장 기본적인 전제조건이 되고 있다. 소위 JIT로 약칭되는 적시생산시스템(Just-In-Time)을 기업들이 적극적으로 도입하는 이유는 이러한 정시배달능력, 즉 고객이 필요한 시기에 필요한 양의 제품을 정확하게 제공하는 능력을 갖추기 위해서이다.

시간위주 경쟁능력을 갖추기 위한 노력은 무엇일까? Peters는 1987년에 발간한 그의 책에서 시간위주 경쟁능력을 '허슬전략'이라고 불렀다(Peters, 1987). 허슬(hustle)은 '서두른다'는 뜻이다. '허슬전략'을 성공적으로 달성하기 위해서 Peters는 기업이 신속하게 움직이고, 주위환경에 신속하게 적응하고, 조직이 강하게 서로 연계되어야 한다고 하였다. 또 시간경쟁력을 향상하기 위해서 기업은 다음과 같은 사항들을 명심하여야 한다고 주장하였다.

- 조직이 수직화되지 않고 수평화되어야 한다.
- 분권화가 이루어져야 한다.
- 유연성이 있어야 한다.
- 위기감을 조성하여야 한다.
- 위험과 실패에 대해 책임을 져야 한다.
- 신속하게 피드백(feedback)을 하여야 한다.
- 급작스러운 변화를 예견하여야 한다.

[사례 3-1] 경쟁우선순위와 생산운영전략의 연계

Tesla의 성공이면에 존재하는 한 가지 사실

전기승용차를 생산하는 Tesla Motors의 모델 S는 켈리포니아주에서 Porsche, Fiat, Buick, Jaguar, Land Rover를 비롯한 그 밖의 5개 자동차 브랜드의 매출을 능가하는 실적을 올리고 있다. 또한 최근 미국 National Highway Safety Traffic Administration에서는 모델 S에 대해 최고의 안전등급을 부여한 바 있다. Tesla의 이러한 성공의 이면에는 무엇이 있었을까?

Tesla의 성공에 가장 큰 기여를 한 것은 한 가지 일에 몰두하는 것이었다. 즉, 핵심경쟁능력을 발휘할 수 있는 한 가지 일에 몰두하는 전략을 추구하는 것이다. 모델 S는 Tesla가 판매하는 유일한 승용차다. 승용차의 색깔이나 인테리어 시트 패키지를 택하는 등의 옵션은 있으나 공장에서 출고되는 모델 S는 거의 똑같은 것이다.

한 가지 일에 몰두하는 것이 성공을 가져온 대표적인 사례는 Intel을 들 수 있다. 1960년대에 메모리 생산 기업으로 출발한 Intel은 1971년에 일본 기업의 요청으로 microprocessor를 개발한 바 있었다. 그러나 한동안 이 microprocessor는 사용되지 못하다가 IBM-PC에 사용되기 시작하면서 각광을 받게 되었다. 1985년에 Intel은 메모리 사업을 접고 microprocessor에 전념하는 전략을 택하였다. 1990년대에 들어서면서 서버나 저가 PC시장에도 진출하여 성공을 거두었다. 이러한 성공의 이면에는 핵심역량에 치중하는 전략, 즉 Pentium 프로세서와 일부 시장에 특화된 프로세스 개발을 바탕으로 한 경쟁전략을 추구한 덕분이었다. 반면에 110억불 이상을 쏟아 부어서 37개 회사를 사들여 진출하려 했던 웹 호스팅이나 커뮤니케이션 칩 혹은 일반 소비자용 전자제품과 같은 시장에서는 참담한 성과를 맛보아야 했다.

출처: Kanellos, M. (2013), "The One Thing Behind Tesla's Success", Forbes, August 28에서 부분 발췌함.

3.2.2 경쟁우선순위관계 이론

경쟁우선순위들 간의 관계에 대해서는 크게 세 가지 형태의 견해가 존재하고 있다. 첫째는 어느 경쟁우선순위를 높이기 위해서는 다른 경쟁우선순위를 희생해야 한다는 상쇄관계(trade-off) 이론이고, 둘째는 경쟁의 우선순위는 일정한 순서로 차례차례 쌓아져야 한다는 샌드 콘(sand cone) 혹은 누적(cumulative) 이론이다. 그리고 셋째는 시장환경에 따라서 경쟁에 참여하기 위해 필수적으로 갖춰야 하는 경쟁우선순위와 경쟁의 우위에 서기 위해서 부가적으로 갖춰야 하는 경쟁우선순위가 존재한다고 보는 주문자격-주문획득 요소(order qualifiers and order winners) 이론이다.

[1] 상쇄관계이론

상쇄관계이론의 초점은 생산운영 의사결정은 생산운영시스템이 추구하는 경쟁우선순위에 따라서 차별화된 내용을 담고 있어야 한다는 것이다. 소위 Skinner (1974)가 말하는 **초점화공장(focused factory)**의 개념은 이를 가장 잘 나타내고 있다. 가령 비용경쟁능력에 초점을 두는 경우에는 생산효율성의 증대를 위하여 생산환경, 특히 제품설계나 제품믹스와 같은 상류 흐름(up-stream flow)의 안정성을 추구하는 생산관리체계에 주안점을 두게 된다. 따라서 가급적이면 생산 흐름의 변경이나 빈번한 기계의 셋업(setup)을 줄이고, 설비가동률이 높아지도록 생산일정을 유지함으로써 하류 흐름(down-stream flow)에서 반복적이고 대량생산적인 생산방식이 가능하도록 유도해야 한다. 반면에 유연성에 주안점을 두는 경우에는 기본적으로 상류 생산흐름의 가변성을 전제로 하기 때문에 변화의 억제보다는 변화의 효율적인 수용에 치중하게 되며, 예기치 못한 환경변화에 대처하기 위해서 여유 있는 생산일정을 유지하도록 노력해야 한다. 또한 정시인도를 강조하는 경우는 고객과 약속한 납기일을 충족시키기 위해 다소 생산의 효율성은 떨어지더라도 납기일을 기준으로 한 생산일정의 유지가 필요할 것이다.

경쟁의 초점이 어디에 두어지는가에 따라서 중점을 두는 경쟁우선순위의 내용이 달라져야 한다는 상쇄관계이론은 제한된 조직의 자원을 효과적으로 배분하기 위한 토대를 제공한다는 점에서 바람직한 접근일 수 있다. 그러나 이 이론이 가지는 가장 큰 제약성은 단일한 차원의 경쟁능력우수성만으로는 시장에서의 성공을 보장할 수 없다는 데에 있다. 아무리 유연성 있게 고객주문과 수요에 대응하는 능력을 가졌다 하더라도 제공하는 제품이나 서비스의 품질이 우수하지 못하다면 고객의 신뢰를 얻기가 어려울 것이기 때문이다. 이러한 제약성을 극복하기 위해서 제안된 경쟁우선순위관계 이론이 다음에 소개되는 누적이론이라고 할 수 있다.

[2] 누적이론

생산운영시스템이 경쟁력을 가지기 위해서는 핵심적인 경쟁능력을 차례로 갖춰 가는 누적적인 접근노력이 효과적이라는 **누적이론**은 De Meyer 등(1989)에 의해서 처음 제안되었다. 조직이 가진 유한한 자원을 모든 경쟁능력을 갖추기 위해서 사용할 수는 없지만, 기반이 되는 경쟁능력을 갖추기 위해 우선적으로 사용하는 노력이 필요하다는 인식에서 출발한 이론이다. 즉, 단일한 차원의 경쟁력만을 중점적으로 추구하는 상쇄관계이론적 접근보다는 중요성이 높은 차원의 경쟁력을 우선적으로 갖추어 나가자는 생각인 것이다. 물론 궁극적인 목표는 4가지 경쟁능력의 차원을 모두 잘 갖추는 것이며, 이는 곧 초일류제조능력(world-class manufacturing)을 가지는 수준에 다다르는 것을 말한다.

경쟁능력의 구축단계에 대해서는 앞서 〈그림 3-2〉와 같이 품질능력을 가장 우선적으로 갖춰야 할 기반적 능력으로 제시하고 있다. 즉, 품질능력은 어느 경쟁우선순위보다도 가장 먼저 기본적으로 충족되어야 할 경쟁능력의 차원이라고 보는 것이다. 품질이 전제되지 않은 값싼 제품이나, 신속한 배달, 정시배달, 새로운 제품

그림 3-2 경쟁능력관계 이론 – 누적이론

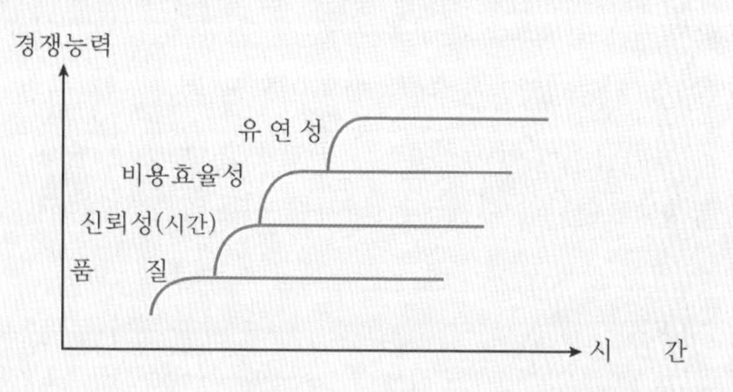

출처: Tunalv, C. 1992. "Manufacturing Strategy Plans and Business Performance," *IJOPM*. Vol. 12. No. 3. 4~24.

개발, 유연성은 아무런 의미를 가지지 못한다는 것을 의미한다. 이러한 품질능력의 중요성인식은 다른 경쟁능력과 가지는 품질능력의 긍정적 관계특성에 바탕을 두고 있다. 품질이 전제되면 생산의 효율성도 높아지게 되고, 불량품이나 재작업요구에 따른 생산 흐름의 지연 혹은 중단이 줄어들게 되며, 결과적으로 저렴한 제품생산, 완벽하고 빠른 제품배달이 가능해질 수 있기 때문이다.

누적이론에 따르면 품질능력 다음으로 갖춰야 할 경쟁능력은 신뢰성(dependability)이다. 여기서 말하는 신뢰성은 배달의 신뢰성을 의미한다. 즉, 시간차원의 경쟁능력을 말하는 것이다. 비용경쟁능력은 품질과 신뢰성차원의 경쟁능력이 갖춰진 후에 비로소 의미를 가질 수 있다. 품질이 떨어지고, 납기를 잘 준수하지 못하는 상황에서 가격조건만이 우수하다고 해서 구매해 줄 고객은 없다고 보는 것이다. 생산운영시스템의 유연성은 궁극적으로 3가지 차원의 경쟁능력, 즉 품질, 신뢰성, 비용의 경쟁능력이 잘 갖춰진 후에 구축하게 되는 가장 높은 수준의 경쟁능력이 된다.

[3] 주문자격 - 주문획득요소 이론

시장과 고객에 따라서 중요하게 생각하는 경쟁능력의 차원은 달라질 수 있다. 따라서 고객으로부터 주문을 얻어 내기 위해서는 고객이 중요하게 생각하는 경쟁능력의 차원이 무엇인지를 효과적으로 규명하는 노력이 필요하게 된다. 고객이 주문을 낼 때 고려하게 되는 경쟁능력의 차원은 기본적으로 다음의 두 가지 유형, 즉 주문자격요소와 주문획득요소로 구분해 볼 수 있다(Hill, 2000). Hill이 제안한 요소의 구분이 생산운영 기능영역만을 대상으로 이뤄진 것은 아니지만 핵심적인 내용이 생산운영 기능영역이 추구하는 경쟁우선순위들을 대상으로 하고 있기 때문에, 여기서는 이를 경쟁우선순위의 관계를 설명하는 이론으로 소개하기로 한다.

- 주문자격요소(order qualifiers): 고객으로부터 잠재적인 공급업체로 선정되기 위해 반드시 충족시켜야 할 경쟁능력의 차원을 말한다. 가령 공급업체자격을 가지기 위해서 ISO 9000 인증을 필요로 한 경우가 많이 있다. 이 경우 ISO 9000인증을 가지지 못한 기업이라면 고객의 잠재적인 공급업체 리스트에 이름을 올리는 것조차도 불가능하게 될 것이다. 물론 ISO 9000 인증을 받았다고 해서 고객으로부터 주문을 얻어 내는 것은 아니지만, 인증을 받는 것이 최소한 주문을 얻어 내기 위해 필요한 자격요건은 되는 것이다.
- 주문획득요소(order winners): 고객으로부터 주문을 얻어 내기 위해 필요한 경쟁능력의 차원을 말한다. 고객이 주문을 낼 대상을 선정할 때는 주문자격요소를 충족시키는 잠재적인 공급업체를 대상으로 다양한 측면의 평가와 심사를 하게 된다. 이 경우 가장 적합한 공급업체로 선정되기 위해서는 다른 경쟁적 공급업체보다 무엇인가 차별화되는 뛰어난 경쟁능력의 차원을 가지고 있어야 할 것이다. 주문획득에 직접적인 영향을 미치는 경쟁능력의 차원이 바로 주문획득요소이다.

주문자격-주문획득요소 이론은 앞서 설명한 상쇄관계이론과 누적이론의 성격을 혼합한 이론으로 설명될 수 있다. 누적이론이 명시적으로 주문자격요소와 주문획득요소로 경쟁우선순위의 중요성을 차별화하고 있지는 않지만, 품질과 신뢰성(시간)을 다른 경쟁우선순위를 뒷받침하는 기반적 경쟁요소로 설명하고 있는 것은 일종의 주문자격요소의 성격을 시사하고 있는 것이다. 또한 상쇄관계이론이 제품계열, 시장 혹은 고객에 따라서 중점적으로 강조해야 할 경쟁우선순위가 달라져야 한다고 보는 것은 마찬가지로 이에 따라서 주문자격 혹은 주문획득요소의 내용이 차별화되어야 한다고 보는 주문자격–주문획득 이론과 유사한 특징을 가지고 있다.

〈표 3–1〉은 어느 유럽의 배터리제조업체가 규정하고 있는 제품계열별 주문자격요소와 주문획득요소의 내용을 나타내고 있다. 표에서 보면 제품계열에 따라

표 3-1 유럽 배터리제조업체의 제품계열별 주문자격-주문획득요소 사례

경쟁력요소	1998	2000	2002
제품계열 10A			
설계품질	40	30	20
적합성품질	Q	Q	Q
시간-배달신뢰성	QQ	QQ	QQ
배달속도	25	20	20
비용	35	50	60
제품계열 C80			
설계품질	60	50	40
적합성품질	20	20	15
시간-배달신뢰성	QQ	QQ	QQ
배달속도	20	20	10
비용	Q	10	35

Q: 주문자격요소
QQ: 주문상실위험이 큰 주문자격요소
기타 숫자로 표시된 것은 주문획득요소의 중요성비중을 나타냄.
출처: Hill, T, 2000, *Manufacturing Strategy: Text and Cases*. Palgrave, NY.

서, 시간의 흐름에 따라서 주문자격요소와 주문획득요소의 내용이 변화하고 있음을 알 수 있다. '제품계열 10A'를 보면 2002년의 경우 적합성품질과 배달신뢰성이 주문을 얻기 위해 필요한 자격요소가 된다. 특히 배달신뢰성은 주문을 잃게 만드는 보다 중요한 주문자격요소로 인식되고 있다. 주문을 얻어 내기 위한 주문획득요소로서는 비용, 설계품질, 배달속도를 중요한 것으로 인식하고 있다. 100점 만점으로 평가한 중요성 정도에 비추어 보면 비용경쟁능력(60점)이 가장 중요한 주문획득요소인 것을 알 수 있다.

3.3 생산운영전략의 구성과 실행

기업에 있어서 생산운영전략의 초점은 고객의 욕구와 전반적인 비즈니스계획을 충족시켜 줄 수 있는 제품과 서비스의 지속적인 제공능력을 이해하고 달성하려는 것에 두어진다(ASCM, 2022). 생산운영전략의 목표는 주로 품질, 비용, 유연성 및 시간 등과 같이 앞서 살펴본 경쟁능력의 차원영역에 초점을 맞추게 된다. 생산운영전략은 전반적인 비즈니스전략에 부합되어야 하며, 특히 고객의 욕구충족과 시장지향적인 조달, 변환 및 제품과 서비스의 배달이 이뤄지도록 노력해야 한다. 아울러 생산운영전략은 마케팅과 재무와 같은 기업의 다른 기능부문의 전략과도 부합될 수 있어야 한다.

3.3.1 시장지배적 전략과 자원기반 전략

생산운영전략의 초점이 어디에 두어져야 하는가에 대한 논의는 크게 두 가지 견해로 나누어 살펴볼 수 있다. 시장의 요구사항을 중심으로 생산운영전략의 개발이 이뤄져야 한다는 이른바 **시장지배적 전략**(market-driven strategy)과 기업이 가지는 차별적 경쟁능력을 바탕으로 생산운영전략의 개발이 이뤄져야 한다는 소위 **자원기반 전략**(resource-based strategy)이 있다(Slack과 Lewis, 2008).

먼저 시장지배적 전략은 고객이 요구하는 바가 무엇인지를 파악하여 이를 충족시켜 주기 위해서 생산운영전략의 내용이 무엇을 담아야 하는지를 결정하도록 요구하게 된다. 따라서 주요 생산운영전략의 개발을 위해서는 먼저 고객욕구, 시장에서의 포지셔닝(market positioning), 그리고 경쟁기업의 활동을 잘 이해하는 것이 매우 중요하다. 표적으로 삼은 시장에서 고객이 요구하는 바가 무엇인지를 잘 이해하고, 고객요구사항 충족을 위해 필요한 차별화된 경쟁능력이 무엇인지를 파악함으로써 시장에서의 경쟁적 포지셔닝을 구축하는 것이 시장지배적 전략개발의 첫번째 노력이 된다. 이러한 노력은 기업이 추구하는 시장부분(market segments)에서 경쟁의 우위를 확보하기 위해 필요한 경쟁능력의 차원이 무엇이어야 하는지를 구체적으로 결정해 주게 된다. 결과적으로 생산운영전략은 기업이 필요로 하는 경쟁능력의 차원을 향상시키기 위해 필요한 생산운영자원의 활용계획을 담게 된다.

그러나 시장지배적 관점에서 시장이 요구하는 경쟁능력의 향상을 지원할 수 있도록 생산운영자원의 활용계획을 개발하기보다는 우리가 가진 가시적 및 비가시적 자원의 우수성을 먼저 살펴보고, 이를 바탕으로 경쟁의 우위에 설 수 있는 포지셔닝을 추구하는 것이 바람직하다고 보는 것이 자원기반 전략이다. 기업이 장기적인 경쟁능력의 우위를 점하기 위해서는 경쟁우위를 가져다 줄 수 있는 기업고유의 자원우수성을 유지하고 발전시키는 것이 보다 효과적인 노력이라고 보는 것이다. 기업고유 자원의 범주에는 시설, 설비, 장비 등과 같은 가시적인 자원뿐만 아니라 공급업체관계, 기술과 시장에 대한 지식과 경험, 생산운영프로세스에 대한 지식, 새로운 제품과 서비스개발기술, 그리고 시장에서의 고객접촉 및 관계유지능력 등과 같은 비가시적인 자원도 포함하게 된다. 자원이 기업에게 경쟁우위를 가져다 줄 수 있기 위해서는 다음과 같은 특징을 가져야 한다(Barney, 1991).

- 희소성: 특수한 생산설비, 숙련된 엔지니어, 특허권 등과 같이 경쟁기업이 쉽게 가질 수 없는 자원의 특성을 말한다.
- 비이동성: 기업고유 개발기술, 종업원고유의 경험 등과 같이 다른 기업으로 쉽게 이동할 수 없는 자원의 특성을 말한다.
- 비모방성 및 비대체성: 쉽게 모방하거나 대체시킬 수 없는 자원의 특성을 말한다. 전반적인 자원의 경쟁우위성을 장기적으로 지속시켜 줄 수 있는 특징이라 할 수 있다.

생산운영전략의 개발노력이 시장지배적인 관점에만 치우치거나 자원지배적 관점에만 치우치는 것은 바람직하지 않을 것이다. 시장의 특성과 기업이 가진 자원의 특성을 잘 이해하여 지속가능한 경쟁우위를 확보할 수 있도록 노력하는 것이 보다 중요할 것이기 때문이다. 〈그림 3-3〉은 이 두 가지 견해의 균형적인 반영, 즉 시장요구와 생산운영자원의 전략적 조화를 강조하는 생산운영전략의 구성을 나타내고 있다(Slack과 Lewis, 2020).

그림 3-3 시장요구와 자원능력의 전략적 조화를 강조하는 생산운영전략

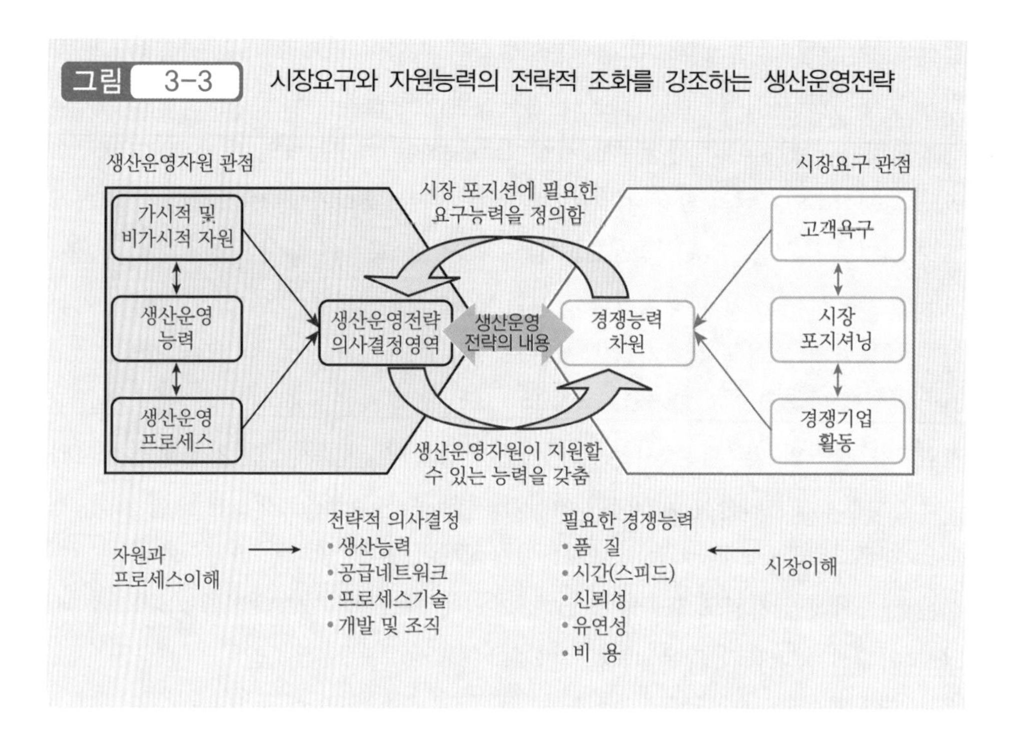

3.3.2 생산운영전략 실행성과의 측정

생산운영전략 실행에 대한 평가는 경쟁우위를 점하기 위해 필요로 하는 경쟁능력의 차원에서 얼마나 바람직한 성과를 거두었는지를 측정하는 것에 모아져야 할 것이다. 전통적인 생산운영전략 실행성과의 평가초점은 주로 재무적인 측정치에 두어져 왔다. 그러나 재무적인 성과측정치는 장기적인 능력과 고객관계구축을 위한 투자 등과 같이 미래가치창출을 위한 기업의 노력을 평가하지 못하는 제약성을 가지고 있다. 이러한 관점에서 Kaplan과 Norton(1996)은 재무적인 성과측정치와 더불어 고객만족, 내부프로세스, 혁신 및 기타 개선활동의 측정치를 포함하는 BSC (Balanced Scorecard) 개념을 제안하였다. 보다 균형잡힌 측정치를 사용함으로써 경영자들은 다음의 4가지 과제를 보다 명시적으로 다룰 수 있게 된다는 것이다.

- 주주들에게 어떻게 보이게 될 것인가(재무적 관점)?
- 경쟁우위에 서기 위해 무엇을 개선해야 할 것인가(내부 프로세스관점)?
- 고객들은 우리를 어떻게 평가하게 될 것인가(고객관점)?
- 능력의 개선과 구축을 어떻게 지속할 수 있을 것인가(학습과 성장관점)?

결과적으로 BSC는 제품과 서비스품질, 개발소요시간, 고객불만, 노동생산성 등과 같이 전략적인 비즈니스 포지셔닝이 강조하는 요소들을 통합적으로 반영하려는 노력이라고 할 수 있다. 그러나 BSC는 동시에 필수적이고 핵심적인 측정치만을 주의 깊게 개발하여 사용할 것을 강조함으로써 측정다양성추구가 가져올 수 있는 측정복잡성에 따르는 위험제거를 강조하고 있다. 이러한 강조는 소위 핵심적인 성과측정지표, 즉 KPI(Key Performance Indicator)의 개발을 필요로 하게 된다. KPI는 전략적으로 중점을 두는 경쟁능력의 차원을 중심으로 개발이 이뤄지게 된다. KPI의 개발이 이뤄지면 각 KPI의 구체적인 측정을 위한 세부측정치의 개발이 이뤄지게 된다. 다음의 〈표 3-2〉는 경쟁능력의 차원별로 활용될 수 있는 부분적인 측정치들의 예를 나타내고 있다(Slack과 Lewis, 2011).

표 3-2 경쟁능력차원의 성과측정치

경쟁능력의 차원	주요 성과측정치의 예
품질	단위당 결함수, 고객불만 제기수준, 폐기처리수준, 보증처리 요청건수, 평균 실패간격 시간, 고객만족평가치
시간(스피드)	고객대기시간, 주문리드타임, 배달빈도, 실제와 이론적 처리시간(throughput time) 비교, 사이클 타임(cycle time)
신뢰성	지연배달비율, 평균주문지연 수준, 재고보유비율, 약속된 도착시간에 대한 평균시간차이, 일정준수 정도
유연성	신제품/서비스 개발소요시간, 제품/서비스 다양성, 셋업시간, 평균배치사이즈(batch size), 활동률증가 소요시간, 평균생산능력/최대생산능력, 일정변경 소요시간
비용	최소배달소요시간/평균배달소요시간, 예산과 실행차이, 자원이용률, 노동생산성, 부가가치, 효율성, 작업시간당 비용

3.3.3 생산운영전략의 의사결정

생산운영전략(operations strategy)은 비즈니스목적 달성을 위해 필요한 생산운영부문의 의사결정내용을 담게 된다. 물론 의사결정의 내용은 비즈니스목적 달성을 위해 필요한 경쟁능력의 차원, 즉 중점을 두어야 할 경쟁우선순위의 특성에 비추어 결정되어야 한다. 생산운영부문의 의사결정은 다음의 〈표 3-3〉과 같이 두 가지 영역으로 나누어 살펴볼 수 있다(Hanna와 Newman, 2007). 하나는 **구조적 의사결정**(structural decisions)으로서 생산운영시스템의 물리적 구성내용을 설계하는 것을 말한다. 주로 생산운영시스템의 위치, 내부시설, 사용기술 등과 같이 단기적으로 변경시키기 어려운 장기적인 성격의 의사결정을 다루게 된다. 다른 하나는 **하부구조적 의사결정**(infrastructural decisions)으로서 생산운영시스템의 운영방식을 조정하기 위한 절차나 체계, 방침을 결정하는 것을 말한다. 구조적 의사결정에 비해서 상대적으로 변경이 용이한 특징을 가지고 있다.

표 3-3 생산운영전략 의사결정영역

구조적 의사결정	하부구조적 의사결정
• 자체생산-구매 선택 • 시설능력 및 위치 선택 • 테크놀로지 믹스 선택 • 프로세스 유형 및 배치 선택	• 생산계획 및 통제 선택 • 품질보증 선택 • 종업원 관리방침 선택 • 보전관리 선택

[1] 생산운영구조 의사결정

① 자체생산-구매 선택

상품생산에 소요되는 부품이나 반제품 등을 자체생산할 것인지 혹은 구매할 것인지(make or buy)를 결정하는 것을 말한다. 자체생산할 것인지 혹은 구매할 것인지의 여부는 각 선택에 따른 비용의 크기, 품질유지가능성, 생산 흐름의 신속성 및 신뢰성, 고객수요에 대한 대응성 등과 같이 다양한 생산운영시스템 성과측면을 고려하여 결정하여야 한다. 물론 의사결정의 결과는 비즈니스목적 달성을 위해 필요한 경쟁능력의 차원을 향상시킬 수 있는 것이어야 한다. 가령 고객에 대한 배달신뢰성이 비즈니스목적 달성을 위해 중요한 경쟁능력이라면, 직접 생산할 것인지 혹은 구매할 것인지의 선택은 배달신뢰성의 측면에서 각 선택이 가져오게 될 성과를 우선적으로 고려해서 이뤄져야 할 것이다.

이러한 생산 혹은 구매 의사결정은 서비스운영 시스템에서도 중요한 의미를 가진다. 고객에게 제공되는 서비스 프로세스의 전 과정을 직접 담당할 것인지 혹은 일정 부분을 외부로부터 조달할 것인지를 결정하는 것이 필요하기 때문이다. 의료서비스를 제공하는 병원에서 고객에게 쾌적한 진료환경을 제공하려면 청결한 환경유지가 필요하게 된다. 청결한 환경유지를 위해서 직접 종업원을 청소활동에 투입할 것인지 혹은 외부 청소용역회사에 위임할 것인지를 결정하는 것은 바로 자체생산-구매선택에 해당하는 것이다. 이 경우도 자체생산-구매의 선택은 단순히 각 선택에 따른 비용효과만을 고려할 것이 아니라 서비스품질수준, 서비스제공의 신뢰성, 유연성, 신속성 등과 같이 다양한 측면에서 비즈니스목적 달성에 중요한 경쟁능력요소들의 기대성과를 고려해야 한다.

② 시설능력 및 위치 선택

생산능력의 규모와 지리적인 입지를 결정하는 것을 의미한다. 생산능력의 규모를 결정하는 것은 생산비용, 생산의 유연성, 품질수준, 수익성 등에 직접적인 영향을 미치게 되며, 종업원의 고용정책과 고객에 대한 배달서비스능력에도 많은 영향을 미치게 된다. 생산능력의 규모는 단기적으로 변화시키기 어려운 장기적인 의사결정의 성격을 가지기 때문에 수요에 비하여 과도하게 큰 시설규모를 갖출 경우에 고정비부담으로 인한 수익성악화가 발생할 수 있다. 반대로 수요에 비하여 지나치게 작은 시설규모를 갖출 경우에는 시장점유율의 급격한 악화로 시장에서의 입지가 위태로워질 수가 있다. 아울러 생산능력의 구축을 위해서는 많은 자본적 투자가 요구되기 때문에 생산운영시스템의 유연성이라는 측면에서 구축의 규모와 시기를 적절하게 조정할 필요가 있다. 시장수요 혹은 고객요구의 변화가 높은 상품의 생산을 위해서는 생산의 효율성을 어느 정도 희생하더라도 유연성이 높은 생산운영시스템의 구축이 바람직할 것이기 때문이다. 결과적으로 생산능력의 규모를 결정하는 일은 비즈니스목적이 지향하는 바에 따라서 조정되어야 한다.

생산능력을 구축할 지리적인 위치도 중요한 의사결정사항이 된다. 입지에 따라서 생산운영시스템이 필요로 하는 자재와 인력과 같은 생산자원의 조달가능성이 달라지기 때문이다. 또한 생산운영시스템이 만들어 내는 산출물을 고객에게 배달하기 위한 시간과 비용도 생산운영시스템의 입지에 따라서 달라지게 된다. 따라서 비즈니스목적을 달성하기 위해 필요한 경쟁능력의 초점이 생산비용에 두어진다면 비교적 생산자원의 조달이 효율적으로 이뤄질 수 있는 지리적인 위치가 바람직할 것이다. 반면에 경쟁능력의 초점이 신뢰성 있는 배달능력에 두어진다면, 고객과의 근접성을 위주로 하는 입지선정에 보다 중점을 두어야 할 것이다.

③ 테크놀로지 믹스 선택

제품이나 서비스의 창출을 위해서 사용할 수 있는 테크놀로지(technologies)의 유형은 매우 다양할 수 있다. 상대적으로 작업자의 노동력을 많이 필요로 하는 노동집약적인 테크놀로지를 사용할 수도 있고, 노동력의 개입이 거의 없는 자동화된 자본집약적인 테크놀로지를 사용할 수도 있다. 자동화된 테크놀로지를 사용하더라도 제한된 종류의 작업을 고속으로 수행하는 효율성위주의 하드자동화(hard automation)를 사용할 것인지, 작업내용에 따라서 다양한 종류의 작업을 수행할 수 있는 유연성위주의 프로그래머블 자동화(programmable automation)를 사용할 것인지를 결정해야 한다.

자동화의 수준이나 유형을 결정하는 일도 비즈니스목적 달성을 위한 경쟁의 초점이 어디에 두어지는가에 따라서 달라지게 된다. 적합성 높은 균일한 품질의 제품을 효율적으로 생산하기 위해서는 일반적인 자동화의 수준을 높이는 것이 바람직할 것이며, 변화하는 고객수요에 효율적으로 대응하기 위해서는 유연성이 높은 FMS(Flexible Manufacturing System) 혹은 신속제조시스템(agile manufacturing system)의 도입이 바람직할 것이다.

테크놀로지는 끊임없이 진화하고 발전하는 속성을 가지기 때문에 바람직한 테크놀로지 믹스를 결정하기 위해서는 이를 지속적으로 주시하고 평가하는 노력이 이뤄져야 한다. 메모리반도체가공 테크놀로지와 같이 새로운 생산테크놀로지가 빠르게 개발되는 산업분야에서는 변화하는 생산테크놀로지를 얼마나 신속하게 도입하느냐의 여부가 기업의 경쟁력을 직접적으로 결정하는 중요한 요소가 될 수가 있다. 또한 관련분야에서 새롭게 보고되는 테크놀로지를 분석하여 우리의 생산운영시스템에 적용가능한지를 검토하는 것도 중요한 일이다. 레이저기술을 응용한 의료진단과 시술이나 GPS(Global Positioning System)를 활용한 물류 흐름의 위치확인 및 추적 등은 관련분야의 새로운 테크놀로지를 응용한 생산테크놀로지의 혁신사례가 될 수 있을 것이다.

④ 프로세스 유형 및 배치 선택

제품생산이 이뤄지는 생산운영프로세스는 크게 세 가지 유형으로 구분해 볼 수 있다. 즉, 단일제품생산을 목적으로 하는 **프로젝트 프로세스**(projects process), 다양한 종류의 소량제품생산을 목적으로 하는 **단속적 프로세스**(intermittent process) 및 제한된 종류의 대량제품생산을 목적으로 하는 **라인 프로세스**(line process)로 구분해 볼 수 있다. 어떠한 유형의 프로세스를 사용할 것인지는 생산해야 할 제품의 종류와 수량에 따라서 달라지게 된다.

프로젝트 프로세스는 건설, 조선, 항공기제작 등과 같이 대규모 자본과 인력을 필요로 하는 단일설계제품의 생산을 위해서 주로 사용된다. 각종 스포츠대회, 컨퍼런스, 이벤트 혹은 파이낸싱 서비스 등과 같은 서비스상품의 창출을 위해서도 활용될 수 있다. 기본적으로 장기간에 걸쳐서 고객이 원하는 형태로 설계된 단일제품의 창출을 목적으로 하기 때문에 제품의 설계단계로부터 완료되기까지 수행되는 활동들의 연계를 효율적으로 관리하는 것에 중점을 두게 된다.

단속적 프로세스는 다양한 종류의 제품을 소량 혹은 중량 단위로 생산하기 위해서 사용된다. 단속적 프로세스는 다양한 제품의 생산을 위해 다양한 작업을 수행할 수 있는 상용기계(general purpose machines)를 사용한다. 여러 가지 제품을 생산해야 하기 때문에 기계와 설비는 기능별로 그룹을 이루게 된다. 따라서 각 제품마다 각기 필요한 기능을 제공하는 기계와 설비를 거쳐 가는 별도의 진행경로를 가지게 된다. 기계와 설비는 다양한 종류의 제품생산에 필요한 작업을 수행해야 하기 때문에 빈번한 셋업이 필요하게 되며, 결과적으로 생산의 효율성은 떨어지게 된다. 반면에 고객수요변화에 신축성 있게 대응할 수 있는 장점을 가지고 있어서 생산운영시스템의 유연성은 높아지게 된다. 단속적 프로세스에는 주로 주문생산에 의해 단일 혹은 소량의 제품만을 생산하는 잡 숍(job shop)과 수요의 크기와 재고비용의 크기를 고려하여 일정한 수량단위(lot 혹은 batch 단위)로 생산하는 **배치 프로세스**(batch process)가 있다.

라인 프로세스는 제한된 종류의 제품을 대량으로 생산하기 위해서 사용한다. 생산해야 하는 제품의 종류가 제한되어 있기 때문에 제품생산에 적합한 기계, 즉 특수기계(special purpose machines) 혹은 설비를 사용한다. 기계와 설비는 특정 제품생산에 적합한 형태로 배치가 이뤄지기 때문에 생산의 흐름이 연속적으로 이어지는 특성을 가지게 된다. 단속적 프로세스와 달리 빈번한 기계조절이 필요하지 않기 때문에 생산의 효율성이 매우 높은 장점을 가진다. 반면에 생산하는 제품의 종류가 매우 제한되는 낮은 유연성을 가지게 된다. 라인 프로세스에는 생산하는 제품이 개별적인 단위(discrete)로 구분되는 **반복생산 프로세스**(repetitive process)와 개별적인 구분이 불가능한 **연속생산 프로세스**(continuous process)가 있다. 조립라인(assembly line) 이라고 부르는 자동차나 가전제품 생산 프로세스는 대표적인 반복생산 프로세스이며, 장치산업이라고 부르는 정유, 제철, 화학, 제당 등의 생산 프로세스는 대표적인 연속생산 프로세스이다.

이러한 프로세스의 유형과 배치방식은 서비스의 경우에도 보편적으로 적용가능할 수 있다. 대형병원을 예로 든다면, 병원 내의 서비스 프로세스는 기본적으로 다양한 질환을 가진 환자의 진료를 위해서 단속적인 프로세스의 형태를 가진다. 시설과 설비 혹은 서비스제공자는 기능별(즉, 진료과목별)로 배치가 되며, 각 기능부서에서는 다양한 진료서비스를 제공하게 된다. 반면에 건강검진과 같은 서비스의 경우는 동일한 내용의 검진서비스를 대량으로 제공하게 되므로 연속적 프로세스의 사용이 필요하다. 즉, 별도의 공간에 건강검진에 적합한 시설과 서비스제공자를 검진순서에 따라 배치하여 연속적인 서비스 흐름이 가능하게 함으로써 서비스제공 효율성을 극대화하게 되는 것이다.

[2] 생산운영 하부구조 의사결정

① 생산계획 및 통제 선택

고객의 수요를 효과적으로 충족시키기 위해서는 적시에 제품생산에 필요한 자재와 노동력을 조달하여 생산운영 프로세스에 투입하는 계획을 마련해야 한다. 생산계획(production planning)은 바로 고객수요충족을 위해 필요한 제품생산의 구체적인 계획을 마련하는 활동을 말한다. 생산계획 활동의 출발은 기간별 고객수요변화를 합리적으로 예측하는 일이다. 고객수요는 실제적인 고객의 주문에 의해 확정된 수요와 과거의 실적 등을 감안하여 추정한 예측수요로 구성된다. 따라서 확정수요와 예측수요의 비중을 감안하여 생산계획 방식을 결정할 필요가 있다.

생산하는 제품의 종류와 수량도 생산계획 방식에 중요한 영향을 미친다. 다양한 종류의 제품을 소량으로 생산해야 할 경우는 생산에 요구되는 부품이나 자재의 종류가 많은 반면에, 단위수요는 매우 적기 때문에 예측된 수요에 의한 생산계획의 수립이 불가능하게 된다. 단위수요가 작은 많은 종류의 자재와 부품을 재고로 유지한다는 것은 매우 비현실적이기 때문이다. 따라서 이 경우는 고객의 확정된 주문이 발생할 경우에 필요한 생산계획을 수립하는 **주문생산**(make-to-order) 방식을 사용하는 것이 바람직하다.

생산하는 제품의 종류가 제한되어 있고, 단위수요가 큰 경우에는 비교적 적은 종류의 자재와 부품을 대량으로 사용하기 때문에 보다 신속한 고객주문에 대응하기 위해서 예측된 수요에 바탕을 둔 생산방식을 사용하게 된다. 실제로 고객주문이 확정되지 않더라도 고객주문의 종류가 제한적이기 때문에 생산의 효율성과 빠른 배달능력을 가지기 위해서는 예측된 수요에 맞추어 자재와 부품을 미리 구매하여 생산운영 프로세스에 투입하는 것이 효과적이기 때문이다. 따라서 이 경우는 예상되는 수요에 맞추어 생산을 한 후 재고로 저장하였다가 고객주문에 대응하는 **재고생산**(make-to-stock) 방식이 바람직하다.

생산해야 하는 제품의 종류가 어느 정도 다양성을 가지면서도 빠른 고객주문 대응능력을 필요로 하는 경우는 주문생산과 재고생산의 특징을 혼합한 생산계획 방식이 필요하게 된다. 즉, 생산해야 하는 제품들에 공통적으로 쓰이게 되는 반제품 혹은 구성부품은 예측된 수요를 바탕으로 미리 생산해서 재고로 저장한 후(재고생산방식) 고객주문의 내용에 따라서 추가적으로 필요한 부품의 가공 혹은 조립작업을 통해 완성품을 만들어 납품하는(주문생산방식) 것이다. 비교적 다양한 종류의 제품을 신속하게 생산할 수 있다는 장점을 가진 이러한 제품생산계획 방식을 **조립주문생산**(assemble-to-order)이라 한다. 다양한 고객주문내용의 신속한 충족을 필요로 하는 승용차 생산프로세스의 경우 승용차의 기본조립작업은 예측수요에 바탕을 두어 진행한 후 시트나 오디오/비디오 설비, 추가적인 안전장치, 타이어 등의 최종조립작업은 고객의 확정된 주문내용에 따라서 진행하는 주문조립생산 방식을 사용하게 된다.

② 품질보증 선택

품질이 우수한 제품이나 서비스를 제공하는 일은 경쟁력 유지를 위한 필수적인 노력이라 할 수 있다. 불량인 제품의 생산은 자재와 노동력의 낭비를 초래할 뿐만 아니라 반품이나 수리 등과 같은 고객보상비용을 유발시키게 된다. 보다 심각한 것은 품질의 저하가 이러한 가시적인 비용의 발생뿐만 아니라 종업원의 사기저하, 고객의 신뢰저하와 같은 보다 큰 비가시적인 비용부담을 초래하게 된다는 데에 있다. 따라서 품질의 문제는 생산운영관리자가 해결하고 개선해야 할 중요한 과제가 된다.

우수한 품질경쟁능력의 구축을 위해서는 조직 전체의 구성원이 적극적으로 참여해야 한다. 수직적인 조직체계의 관점에서 최고경영자로부터 일선작업자에 이르기까지 고객이 중시하는 품질의 특성을 효과적으로 구현할 수 있도록 적극적인 지원과 참여가 이뤄져야 한다. 수평적인 조직체계의 관점에서는 고객요구를 파악하는 마케팅부서에서부터 이를 설계규격으로 전환시키는 연구개발부서, 그리고 실제로 생산을 담당하게 되는 생산운영부서에 이르기까지 고객이 만족할 수 있는 제품의 개발과 생산을 위해 적극 협조하고 참여해야 한다. TQM(Total Quality Management)으로 지칭되는 이러한 조직구성원의 품질능력향상을 위한 총체적인 참여노력은 단순한 물리적인 제품특성에 대한 품질보증의 차원을 넘어서 고객만족과 감동을 실현할 수 있는 총체적인 품질의 제공을 지향하고 보증하는 데에 초점을 맞추고 있는 것이다.

③ 종업원 관리방침 선택

종업원을 관리하고 감독하는 방식을 선택하는 의사결정(supervisory policy choices)을 말한다. 과거와 달리 오늘날의 종업원들은 교육과 훈련의 정도가 높아서 통제위주의 수직적인 계층적 관리방식보다는 자율성과 협동을 강조하는 수평적 관리방식이 보다 효과적일 수 있다. 부문내부나 부문을 가로지르는 팀위주의 조직관리방식은 기능의 전문성보다는 기능의 협조성에 바탕을 두어 프로세스중심의 문제해결방식을 촉진하는 효과적인 수단이 될 수 있다.

품질분임조와 같은 종업원의 자율적인 문제해결활동 그룹을 지원하는 노력이나 TPM(Total Productive Maintenance)과 같이 작업자에게 자신의 설비에 대한 유지관리의 권한과 책임을 부여하는 일은 모두 종업원의 자율권과 참여를 장려하는 관리방식의 예가 된다. 특히 비즈니스목적 달성을 위한 경쟁능력의 초점이 유연성에 두어질 때에는 고객수요변화에 대응하기 위한 종업원의 유연성도 매우 중요한 요소가 된다. 즉, 고객수요변화에 따라 필요로 하는 작업내용이 변화할 때 효율적으로 대응할 수 있는 능력, 즉 다기능성이 필수적으로 요구되는 것이다. 이러한 다기능성을 강화시키기 위해서는 종업원에 대한 교육과 훈련에 보다 많은 관심과 지원을 쏟아야 함과 동시에 종업원의 자율적인 참여와 적극적인 문제해결을 유도하는 노력이 이뤄져야 한다.

④ 보전관리 선택

예상치 못한 설비의 고장은 작업의 중단을 초래하여 계획된 생산일정의 준수를 어렵게 만든다. 이러한 생산일정의 지연은 종종 고객과 약속한 납품일정을 충족시키지 못하게 만듦으로써 고객의 신뢰를 상실하게 만드는 치명적인 결과를 초래할 수도 있다. 따라서 설비의 보전을 효과적으로 수행하는 일은 배달의 신뢰성을 유지하기 위한 필수적인 노력이 된다. 특히 오늘날과 같이 생산테크놀로지가 급격히 발전하여 생산프로세스의 상당한 부분이 기계설비에 의해 이뤄지는 상황에서는 더더욱 이러한 노력이 중요하다.

설비의 효과적인 보전을 통한 생산 흐름의 안전성유지를 위해서는 보다 적극적인 보전노력이 필요하다. 설비에 문제가 발생하여 이를 회복시키는 일, 즉 수리(repair)에 치중하는 소극적인 보전활동은 설비의 안전적 운용을 가져오기 어렵다. 설비에 문제가 생기기 전에 합리적인 보전계획을 수립하여 실행함으로써 예기치 못한 설비고장이 발생하지 않게 만드는 **예방적 보전**(preventive maintenance) 노력이 이뤄져야 한다. 특히 자신이 운용하는 기계설비의 특성을 잘 숙지하고 있는 작업자 스스로가 기본적인 예방보전활동을 자율적으로 실행하도록 유도하는 TPM은 이러한 예방적 보전활동을 체계적으로 실행하기 위한 대표적인 노력이라 할 수 있다. 설비보전에 전문적인 지식과 기술을 가진 보전부서종업원들로 하여금 보다 중요한 설비문제의 해결이나 종합적인 보전계획수립에 집중하게 함으로써 보전노력의 효율성을 극대화시킬 수 있는 것이다. 작업자 스스로가 자신의 설비에 대한 보전노력과 더 나아가서 개선노력을 적극적으로 실행하도록 유도하는 TPM은 설비의 예방적 보전보다는 궁극적으로 설비의 **생산적 보전**(productive maintenance)에 보다 치중하는 노력이라고 할 수 있다.

3.4 생산운영전략의 역동성 - 와해성 혁신전략

기존 시장의 고객에 초점을 맞춘 경쟁능력 향상에 몰두하다 보면 기존의 제품이나 서비스의 개선에 몰입하는 생산운영전략에 치중하게 된다. 이러한 몰입은 새로이 등장하는 기술적 혁신이 가져올 수 있는 경쟁능력의 파괴력을 인식하지 못하게 되고 결과적으로 기존의 고객까지도 새로운 혁신 제품이나 서비스에 빼앗기게 되는 일이 발생할 수 있다. 아날로그 휴대폰 시장을 파괴하고 PC 시장까지도 위협하고 있는 Apple의 스마트 폰이나 비디오 렌탈 시장을 파괴하고 스크린 영화 시장을 위협하고 있는 Netflix의 스트리밍 서비스 등은 대표적인 예라 할 수 있다. 이러한 기존 시장 파괴적인 혁신의 개념을 **와해성 혁신**(disruptive innovation)이라고 한다. 따라서 경영자는 새로운 와해성 기술혁신의 등장 가능성을 주시하고 이에 대응하는 전략을 마련하지 못하면 시장에서 퇴출되는 위험성을 초래할 수 있는 것이다.

와해성 혁신은 새로운 시장과 가치 네트워크를 창출하거나 기존 시장의 하층부에 침투하여 결과적으로 기존의 시장선도 기업이나 제품을 대체하게 되는 혁신의 개념을 말하는 것으로서 Christensen과 Bower에 의해 처음 제시되었다(Bower와 Christensen, 1995). 와해성(disruption)이란 적은 자원을 가진 작은 기업이 기존의 잘 구축된 시장에 성공적으로 도전해볼 수 있도록 지원해주는 프로세스 개념이라 할 수 있다. 일반적으로 기존의 기업들은 높은 수익성을 가져다주는 고객들을 위한 제품과 서비스 개선에 초점을 맞추게 된다. 요구사항이 큰 이들 고객의 요구 충족에 몰두하다 보면 나머지 고객의 요구를 소홀히 하게 된다. 와해성을 지닌 진입기업들은 이런 소외된 고객들을 표적으로 삼아, 보다 저렴한 가격으로 적합한 기능성을 제공함으로써 시장에 발을 들여놓게 되는 것이다. 진입기업들은 초기의 성공을 가져다 준 장점을 유지하면서 기존기업의 주 고객층이 요구하는 성능을 제공할 수 있도록 노력하게 되고, 점점 상층 시장으로 옮겨가게 된다. 마침내 시장의 주 고객층이 진입기업의 제품이나 서비스를 대량으로 구매하는 일이 벌어지면 바로 와해성이 발현하게 되는 것이다.

다음의 〈그림 3-4〉는 이러한 와해성 발현의 프로세스를 설명하는 **와해성 혁신**

그림 3-4 와해성혁신(disruptive innovation) 모델

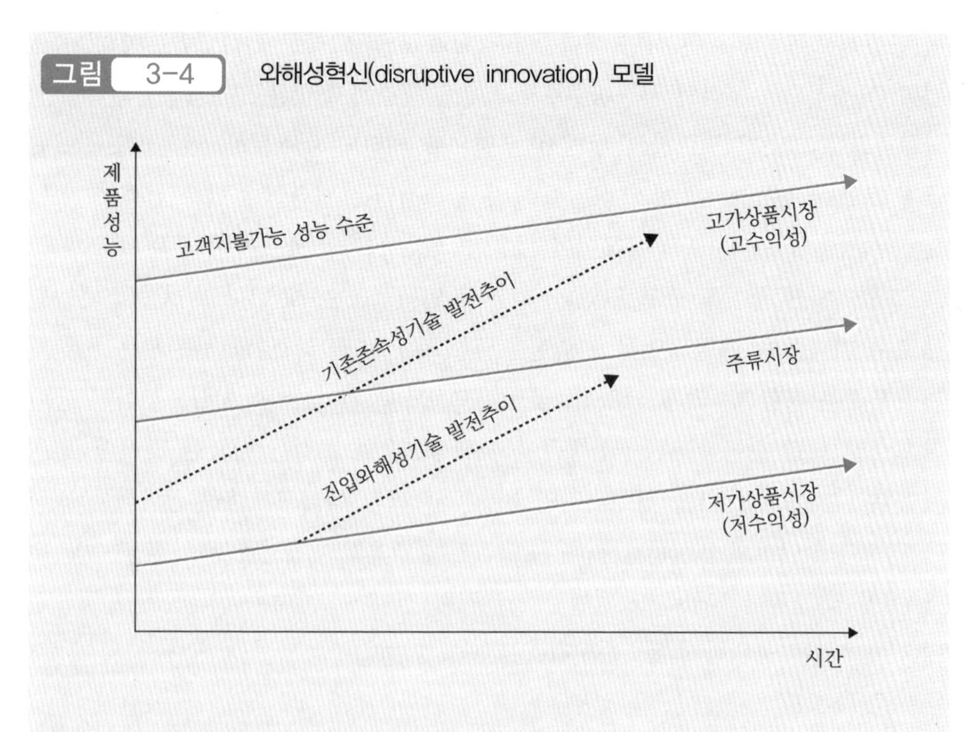

출처: Christensen, C. M., M. Raynor and R. McDonal. 2015. "What is Disruptive Innovation". *Harvard Business Review*. December.

모델(disruptive innovation model)이다(Christensen 등, 2015). 그림에서는 제품이나 서비스가 시간의 흐름에 따라서 개선되는 모습을 나타내는 제품성능궤적(product performance trajectories, 실선으로 표시)과 성능에 대해서 고객들의 지불의향 변화 모습을 나타내는 고객수요궤적(customer demand trajectories, 점선)을 표시하고 있다. 기존의 기업들이 수익성이 가장 높은 고가시장의 요구사항을 충족시키기 위해 고품질의 제품과 서비스를 출시하게 되면서(상위 점선 궤적), 저가 혹은 대중적인 시장에서는 불필요한 기능을 제품이나 서비스에 담는 일이 발생하게 된다. 이러한 상황이 진입기업들로 하여금 기존기업들이 소홀히 하는 저수익 시장에 발을 들여놓을 수 있게 만드는 것이다. 와해성기술궤적에 진입한 기업들은 제품이나 서비스의 성능을 개선하면서 수익성이 높은 고수익시장으로 이동하게 되며, 결과적으로 기존기업들의 지배구조에 도전하게 되는 것이다.

Netflix가 1997년에 처음 등장했을 때만 해도 주로 새로 출시된 영화의 비디오

를 충동적으로 빌려보곤 하던 대다수 Blockbuster의 고객들에게는 별로 인기가 없었다. 독점적으로 온라인 시스템주문 시스템을 구축하고 많은 영화작품들의 재고를 확보하고는 있었지만 며칠씩 걸려서 우편으로 배달되는 주문방식은 별로 주목을 끌지 못했던 것이다. 이 시기에는 주로 새로 출시되는 영화인지 별로 신경 쓰지 않는 영화광이나 초기 DVD 플레이어 사용자 혹은 온라인 쇼핑자와 같은 소수의 고객 그룹에게만 관심을 끌고 있었다. 그러나 인터넷을 통해 비디오 전송이 가능한 새로운 기술들이 개발되면서 저렴한 가격으로 고화질의 영화를 원하는 시간에 편리하게 시청할 수 있게 되었고, 궁극적으로 Blockbuster의 핵심고객들도 공략할 수 있게 된 것이다. 바로 전형적인 와해성기술의 궤적을 따랐던 것이다. 만일 처음부터 Netflix가 기존 거대기업인 Blockbuster의 핵심고객층을 공략하는 전략을 택했다면 아마도 Blockbuster의 대대적인 공격으로 시장에서 사라졌을 수도 있을 것이다. 그러나 Netflix가 택했던 기술궤적 전략에 잘 대응하지 못한 까닭으로 Blockbuster는 붕괴하게 된 것이다(Christensen 등, 2015).

R·E·F·E·R·E·N·C·E·S

진정환. 2022. 노동생산성 국제비교. 한국생산성본부.

ASCM. 2022. ASCM Supply Chain Dictionary.

Barney, J. 1991. "The Resource-based Model of the Firm: Origins, implications and Prospects; and Firm Resources and Competitive Advantage". *Journal of Management*. Vol. 17. No. 1.

Bower, Joseph L. & Christensen, Clayton M. 1995. Disruptive Technologies: Catching the Wave *Harvard Business Review*, January-February 1995.

Christensen, C. M., M. Raynor and R. McDonald. 2015. "What is Disruptive Innovation". *Harvard Business Review*. December.

Christensen, Clayton M. 1997. *The innovator's dilemma: when new technologies cause great firms to fail*. Boston, Massachusetts, USA: Harvard Business School Press.

De Meyer, A. *et al*. 1989. "Flexibility: The Next Competitive Battle". *Strategic Management Journal*. Vol. 10. No. 10. 135~44.

Hanna, M. D. and W.R. Newman. 2007. *Integrated Operations Management: A Supply Chain Perspective, Thomson South-Western*, OH.

Harmon, Roy L. and Leroy D. Peterson. 1994. *Reinventing the Factory(21세기 공장혁명)*. 안영진 옮김. 김영사.

Hill, T. 2000. *Manufacturing Strategy: Text and Cases. Palgrave*. NY.

Kaplan, R. S. and D. P. Norton. 1996. *The Balanced Scorecard*. Harvard Business Press. MA.

Kanellos, M. 2013. "The One Thing Behind Tesla's Success". *Forbes*, August 28.

Meredith, J. R. and S.M. Shafer. 2002. *Operations Management for MBAs*. 2nd ed. John Wiley & Sons.

Peters, Tom. 1987. *Thriving on Chaos*. Knopf, New York.

Porter, M. J. 1980. *Competitive Strategy*. Free Press, New York.

Skinner, W. 1974. "The Focused Factory", *Harvard Business Review*. May-June. 113~21.

Slack, N. and N. Lewis. 2011. *Operations Strategy*. 3rd ed. Pearson Education Limited, England.

Slack, N. and N. Lewis. 2020. *Operations Strategy*. 6th ed. Pearson Education Limited, England.

Tunalv, C. 1992. "Manufacturing Strategy Plans and Business Performance". *IJOPM*. Vol. 12. No. 3. 4~24.

품질경쟁력

제4장 Operations Management

품질은 생산자의 예의이다.

- 로타 슈미트

글로벌 초일류기업은 품질이 탁월한 제품 및 서비스를 공급한다. 글로벌 초일류국가는 탁월한 인프라와 서비스를 제공하고, 초일류기업들을 많이 소유한 국가이다. 탁월한 품질은 초일류를 의미한다. 20세기에 기업들의 최대현안은 능률과 생산성이었다. 그래서 능률과 생산성을 향상하기 위한 기법들이 연이어 개발되었다.

그러나 20세기 중반 이후 상황이 많이 변하였다. 특히 1970년대 말 미국의 시장은 급격히 외국의 기업들에 의해 잠식되었다. 특히 일본 제품의 공세가 심하였다. 이에 미국은 국가와 산업, 그리고 학계에서 미국 경쟁력의 문제점을 분석하고, 일본 기업들을 연구하기 시작하였다. 여기에서 얻은 중요한 교훈 중 하나는 일본 제품의 품질이 미국 제품보다 우수하다는 사실이었다.

가장 대표적인 비교가 미국의 자재소요계획(MRP) 시스템과 일본의 JIT(Just in Time) 시스템이었다. MRP는 미국의 대표적인 생산계획시스템이고, JIT는 일본의 대표적인 생산시스템이다. 두 개의 시스템을 비교하면 다음처럼 중요한 차이 두 가지를 발견할 수 있다. 첫째, 품질이다. JIT 시스템은 품질이 무조건 따라줘야 작동한다. 품질이 좋지 않으면 JIT 시스템은 효과가 없다. 여기에 비해 MRP는 품질과 관련이 없다. MRP는 생산계획시스템이기 때문이다. 둘째, 고객이다. JIT 시스템은 고객의 수요에 의해 움직인다. 고객의 수요가 없으면 작동하지 않는다. 여기에 비해 MRP 시스템은 고객의 수요가 아닌 과거의 수요에 의해 움직인다. 수요가 없는데 제품을 만든다.

고객은 이제 품질이 좋지 않은 제품을 외면한다. 품질경쟁력이 없으면 세계시장에서 설 땅이 없다. 그래서 1980년대에 들어서 품질에 대한 관심이 급증하기 시작하였다. 품질경쟁력은 이제 곧 기업의 경쟁력을 의미하게 되었다.

제4장의 주제는 품질이다. 특히 여기에서는 다음과 같은 주제들을 중점적으로 다루고자 한다.

- 품질의 의미
- 검사
- 통계적 품질관리
- Total Quality Management
- ISO 인증
- 안전관리시스템
- 서비스품질

4.1 품질의 의미

품질은 시대의 흐름에 따라 의미가 지속적으로 변한다. 그래서 품질을 단순히 정의하기가 쉽지 않다. 그러므로 여기에서는 품질의 다양한 의미를 소개하고자 한다.

첫째, 설계품질이다. **설계품질**(quality of design)은 기업이 생산하는 제품이나 서비스 품질의 목표이다. 설계품질은 기업의 전략과 목표, 그리고 경쟁하는 시장과 고객에 의해 결정된다.

둘째, 제조품질이다. **제조품질**(quality of conformance)은 설계표준에 대한 적합성이다. 그래서 설계표준과 비교하여 적합하면 양품이고, 적합하지 않으면 비적합품이 된다. 제조품질은 생산자시대인 과거에 가장 많이 사용되었던 품질의 정의였지만, 생산자 관점에서 보는 품질이다. 즉, 품질의 좋고 좋지 않음을 생산자가 결정하였다. 그래서 소비자가 좋아하지 않아도 양질의 품질로 간주될 수 있다.

셋째, 사용품질이다. **사용품질**(fitness for use)은 소비자의 기대와 욕구를 충족시키는 품질이다. Juran(1989)은 제조품질의 위험성을 지적하면서 소비자를 만족시키는 제품과 서비스야말로 품질이 좋은 것이라고 하였다. Deming(1986)은 품질은 반드시 현재 고객과 잠재 고객의 욕구에 의하여 결정되어야 한다고 하였다. 사용품질은 소비자관점에서 품질을 보기 때문에 후에 고객만족을 중시하는 새로운 계기를 만들었다.

넷째, 시장품질이다. **시장품질**(quality of market)은 제품과 서비스의 총체적인 특성을 말한다. 그런데 시장품질은 기업의 특성에 따라 다양하게 사용된다. Feigenbaum(1988)은 품질을 관련된 모든 부서가 고객의 욕구를 충족시키기 위해 만든 제품과 서비스 특성의 총체적인 집합체라고 정의하였다. 또 Garvin(1987)은 품질의 특성으로 성능, 특징, 신뢰성, 적합성, 내구성, 서비스성, 미관, 그리고 인지된 품질의 여덟 가지를 들었다.

다섯째, 사회품질이다. **사회품질**(quality of society)은 품질을 사회에 끼치는 손실로 보는 견해로 일본의 Taguchi(1986)가 주장한 개념이다. 그래서 품질이 좋지 않으면 않을수록 사회에 더 많은 해를 끼친다고 하였다.

여섯째, 시그마품질이다. **시그마품질**(sigma quality)은 기업의 수익성과 고객만족을 동시에 추구하는 품질의 개념이다. 이 개념은 식스시그마 이론에서 정립되었다. Harry와 Schroeder(2000)는 생산자입장인 제조품질을 강하게 비판하였다. 왜냐하면 제조품질은 설계측면만 중요시하고, 프로세스에 대해선 별 관심을 갖고 있지 않기 때문이라고 하였다.

이렇게 품질이 지니고 있는 의미는 다양하게 변하고 있다. 즉, 시대의 흐름에

표 4-1 품질 의미의 변화

품질의 다양한 정의	내 용
설계품질	생산하고자 하는 제품과 서비스의 품질수준 목표
제조품질	설계표준의 적합성으로 생산자 관점
사용품질	소비자의 기대와 욕구를 충족시키는 의미로 소비자 관점
시장품질	제품과 서비스의 총체적 특성
사회품질	좋지 않은 품질이 사회에 끼치는 손실
시그마품질	기업의 수익성과 고객만족을 동시에 추구하는 품질

따라 품질은 제품에서 전체 시스템까지 포함하게 되었고, 더 나아가 사회에 끼치는 손실까지 포함하게 되었다. 그래서 품질의 의미는 단순히 제품과 서비스의 속성이 아닌 조직 전체의 품질, 그리고 조직의 사회에 대한 책임까지도 포함하고 있다. 이것은 각 국가의 품질경영상의 심사기준을 보면 보다 명확하게 알 수 있다. 예를 들어 한국의 국가품질상 또는 미국의 말콤볼드리지상(MBNQA: Malcolm Baldrige National Quality Award)의 심사기준을 보면 알 수 있다. 〈표 4-1〉은 지속적으로 변하고 있는 품질의 의미를 정리한 표이다.

4.2 검 사

4.2.1 검사의 정의

제품과 서비스의 품질은 투입물의 품질과 직결되므로 투입물에 대한 품질 역시 대단히 중요하다. 이것을 확인하기 위한 중요한 기법 중 하나가 검사이다. **검사(inspection)**는 구매 또는 생산한 제품 및 서비스의 품질이 미리 설정한 품질표준에 적합한지를 결정하는 것이다. 이러한 결정은 시스템의 상부에 결과를 피드백(feed-back)함으로써 품질을 보다 개선할 수 있다. 검사는 특히 품질보증에 중요하다. KS A3001의 '품질관리용어'에서는 검사를 다음처럼 정의하고 있다. 검사란 어떤 방법으로 측정한 결과를 판정기준과 비교하여 개개 물품의 양/불량 또는 로트의 합격/불합격의 판정을 내리는 것이다.

검사는 다음과 같은 때 실행한다.
- 외부로부터 원자재 또는 부품을 반입할 때
- 생산이 이루어지기 이전
- 자동공정에서 산출되는 처음의 몇 개 제품을 시험할 때
- 공정을 마친 작업자가 시험할 때
- 마지막 공정을 완료한 후의 완제품의 품질을 알고자 할 때
- 소비자로부터 불평을 들었을 때

그러나 검사는 치명적인 단점을 지니고 있다. 즉, 이미 형성된 품질을 검사가 바꿀 수 없다는 것이다. 그래서 Deming(1986)은 "대량검사는 비능률적이고, 신뢰성이 없고, 비용이 많이 든다. 이는 품질을 향상시키지도 않으며, 품질을 보증하지도 않는다. 왜냐하면 품질이 이미 제품에 들어가 있기 때문이다"라고 하였다. Juran(1988)과 Crosby(1979)도 모두 "품질의 향상은 검사에 의해서 이루어지지 않는다"고 하였다. 검사원을 아무리 많이 증원한다 하더라도 이미 만든 불량을 제거할 수는 없다. 검사는 사후적인 조치이지, 사전적인 조치가 아니다. 검사는 단지 이미 만들어진 불량품의 비율을 감소시킬 뿐이다. 또 검사를 통해서 이미 생산된 불량품을 모두 제거할 수도 없다. Juran과 Gryna(1988)는 "일반적으로 검사는 불량의 80% 정도를 제거할 뿐이지 나머지 20%는 불량인 채로 소비자에게 전가된다"고 하였다. 불량이란 생산의 결과이다. 그러므로 공급업자가 품질을 향상하기 위해서는 제품을 만드는 프로세스에서 검사를 시행하여야 한다. 그런데 이전에는 검사를 제품을 직접 생산하는 작업자들이 하지 않고 전문적인 검사자들이 하였다. 또 검사가 현장에서 이루어지지 않고 현장과 격리된 장소에서 주로 이루어졌다.

그러나 검사를 단순히 소비자에게 불량품이 넘어가지 않도록 하는 데에만 사용한다면 잘못된 것이다. 이것은 막대한 실패코스트 때문에 소기의 효과를 달성할 수 없다. 그러면 검사를 어떻게 사용하여야 하나? 검사에 의해 불량품이 발견되면 반드시 그 원인을 파악하여 시정조치를 취하여야 한다. 즉, 검사를 이런 시정조치를 취하는 데 하나의 정보를 제공하는 방법으로 사용하여야 한다. 검사는 또 검사

를 하는 사람들에게 지루함과 단조로움을 제공해 일의 능률성을 떨어뜨린다. 검사는 또 다른 문제점을 가지고 있다. 검사는 불량률이 어느 정도 되는 경우에는 효과가 있다. 그러나 만약 불량품이 거의 없는 로트에서 검사를 통하여 불량품을 찾는다는 것은 효과가 별로 없다. 요즈음에는 불량률의 단위로 백분율을 사용하지 않고 ppm(part per million)을 사용한다. 이런 경우에 최종검사를 이용하여 불량품을 색출한다는 것은 비현실적이다. 또 최종검사는 그 대가가 크다. 그러므로 불량품을 발견해도 처음에 발견해야지 나중에 발견하면 손해가 막대하다.

4.2.2 검사의 종류

검사에는 보통 전수검사, 샘플검사, 그리고 스팟체킹의 세 가지 방법이 있다.

전수검사(complete inspection)는 생산되는 제품 전체를 하나도 빠짐없이 전부 검사하는 방법이다. 전수검사는 주로 다음과 같은 경우에 사용된다.

- 불량 때문에 발생하는 실패코스트가 검사비용보다 훨씬 높을 때
- 부품의 중요성으로 인해 불량품이 조금이라도 발생하면 안 되는 경우
- 부품을 공급하는 협력업체의 품질수준이 아주 낮을 때
- 전체 품목이 그리 많지 않을 때

전수검사는 제품 전부를 모두 검사함으로써 품질을 완전하게 보증한다는 전제 조건하에 실시된다. 이러한 조건은 이론적으로는 가능할지 모르지만, 현실적으로 볼 때 가능하지 않다. 왜냐하면 검사자의 피로 때문에 혹은 검사기법을 잘못 사용함으로써 불량품이 항상 발생되기 때문이다. 그래서 사람보다는 자동장치를 이용하여 검사하는 것이 바람직하다. 또 파괴검사와 검사비용이 높은 경우에는 전수검사를 사용할 수 없다. 전수검사는 모든 제품을 일일이 전부 검사하기 때문에 대체적으로 검사비용이 많이 든다. 또 생산량이 많은 연속공정에서도 전수검사를 할 수가 없다.

샘플검사(sample inspection)는 생산되는 제품 전체를 전부 조사하지 않고, 로트(lot)에서 샘플을 추출하여 검사하는 방법이다. 샘플검사는 다음과 같은 때 사용한다.

- 전수검사가 불가능할 때
- 전수검사 비용이 상당히 높을 때
- 파괴검사일 때
- 공급업자의 품질기록이 상당히 좋을 때
- 검사할 품목이 너무 많고, 검사 성공률이 그렇게 높지 않을 때

샘플검사는 전수검사에 비해 적은 양을 검사하므로 경제적이고 비용이 적게 든다. 또 검사를 하는 도중에 발생하는 파손의 위험이 감소할 수 있다. 그러나 샘플검사는 특별한 지식이나 기술, 그리고 비싼 검사 도구를 필요로 한다. 샘플검사를 할 때에 결정하여야 할 중요한 문제 중 하나는 샘플의 크기를 어떻게 결정하는가 하는 것이다.

스팟체킹(spot checking)은 임의적으로 모집단의 일부를 추출해 검사하는 방법이다. 스팟체킹은 샘플링이 사용되기 전에 제조업체에서 주로 사용하였던 방법이다. 그러나 스팟체킹은 임의적으로 샘플을 추출하기 때문에 대표성에 문제가 있고, 또 결정기준이 불분명하다.

4.3 통계적 품질관리

통계적 품질관리는 품질을 측정하고 평가하는 기본적인 도구로서 처음에는 대량생산되는 제품의 품질을 개선하기 위해 나왔지만, 지금은 지속적으로 프로세스를 개선하는 아주 중요한 기법으로 알려져 있다. 그래서 많은 기업들이 품질을 관리하기 위해 통계적 품질관리를 이용하고 있다.

4.3.1 통계적 품질관리의 의미

통계적 품질관리(SQC: Statistical Quality Control)는 고객이 요구하는 제품과 서비스를 가장 경제적으로 생산하기 위해 생산운영시스템의 모든 과정에 추론통계학과

확률이론을 이용하는 품질관리기법이다. 통계적 품질관리는 모집단 전체를 전부 검사하지 않고 샘플(sample)만을 추출하여 검사하므로, 검사하는 비용과 시간을 감소할 수 있다. 그런데 모집단을 대신하는 샘플은 반드시 모집단을 정확하게 대표할 수 있어야 한다. 그렇지 않으면 샘플검사의 의미가 상실된다. 일반적으로 샘플의 대표성은 샘플의 크기가 증가함에 비례하여 증가한다. 즉, 샘플의 크기가 증가하면 샘플의 대표성은 증가하고, 샘플의 크기가 감소하면 샘플의 대표성도 감소한다.

생산하는 모든 제품과 서비스에는 항상 변동이 발생한다. 이것은 프로세스가 균일한 품질의 제품이나 서비스를 연속적으로 산출할 수 없기 때문이다. 발생하는 변동에는 우연적 변동과 조직적 변동의 두 가지가 있다. **우연적 변동**(common variation)은 주어신 시스템 안에서 자연스럽게 발생하는 변동으로서 통제할 수 없는 변동이다. 그래서 통계적 품질관리에서는 우연적 변동을 파악하고 감소할 수 없다. **조직적 변동**(systematic variation)은 어떤 특정한 원인에 의해서 발생하는 변동이다. 그래서 그 원인을 제거하지 않으면 지속적으로 문제를 일으키는 변동이다. 통계적 품질관리가 관심을 갖는 대상은 바로 조직적 변동이다. 그러나 후에 설명할 TQM (Total Quality Management)과 식스 시그마는 조직적 변동과 우연적 변동 모두를 감소시킨다.

4.3.2 관리도

Shewhart가 개발한 **관리도**(control chart)는 프로세스가 통계적으로 안정되어 있는지 또는 안정되어 있지 않은 상태에 있는지를 파악해 주는 도표이다. 여기에서 통계적으로 안정된 프로세스란 현재 시스템 내에서 조직적인 변동이 발생하지 않는 프로세스를 말한다. 그러나 프로세스가 통계적으로 안정되어 있다고 해서 불량품이 발생하지 않는다는 것은 아니다. 비록 프로세스가 통계적으로 안정되어 있다 하더라도 불량품은 발생한다. 관리도의 목적은 조직적인 변동이 목푯표값에 적합한지 여부와 또 앞으로도 계속 품질이 정상적으로 유지될 것인지를 결정하여 프로세스의 정상적인 상태 여부를 판단하고자 하는 데 있다. 여기서 목푯값(target value)은 기업이 목표로 하는 품질특성의 수치이다. 이렇게 하여 관리도는 생산되는 제품과 서비스의 품질을 향상시키고자 한다.

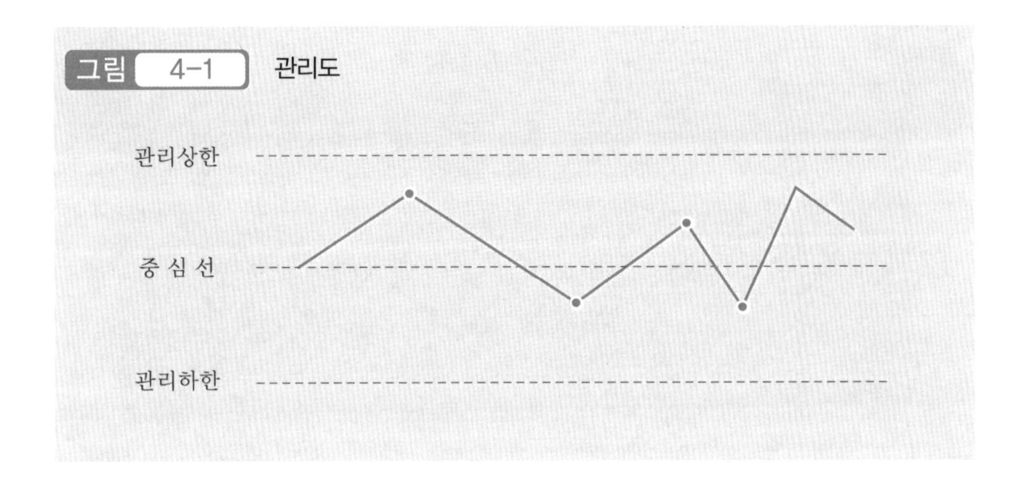

그림 4-1 관리도

관리도는 관리한계인 관리상한선과 관리하한선, 그리고 중심선으로 이루어진다(〈그림 4-1〉 참조). 중심선(CL: Center Line)은 조직적인 변동이 없을 때 품질특성의 평균값을 나타내며, 프로세스가 달성하고자 하는 목푯값이다. 관리한계(control limit)는 변동이 우연적 변동인지 또는 조직적 변동인지를 구분하기 위한 기준이다. 관리한계 중에서 값이 큰 관리상한선(UCL: Upper Control Limit)과 값이 작은 관리하한선(LCL: Lower Control Limit)은 품질검사비용, 그리고 안정되지 않은 프로세스에서 제품을 생산할 때 발생할지도 모르는 손실을 비교하여 결정된다. 관리도는 〈그림 4-1〉처럼 관찰된 측정결과를 관리도상에 점으로 표시한 다음에 각 점들을 선으로 연결하여 작성된다.

이제 하나의 예를 들어 프로세스 관리를 어떻게 하는지 설명하기로 한다. 그러나 여기에서는 관리도의 작성에 대해서는 생략하기로 하고, 관리도가 안정된 프로세스를 나타내고 있는지 여부와 그 대책에 대해서만 설명하기로 한다. 관리도의 작성에 대해서는 품질에 관련된 다른 책들을 참고하기 바란다.

햄버거 가게인 빅버거는 햄버거에 들어가는 고기의 크기가 동일하지 않다는 고객들의 잦은 불만에 고민하고 있다. 그래서 이 문제를 해결하기 위하여 관리도를 이용하기로 결정하였다. 먼저 랜덤(random)으로 시간당 5개의 햄버거를 10시간 동안 수집하여 고기의 직경을 측정하여 기록하였다. 그리고 이 자료에 의거하여 관리도를 작성하였다(〈그림 4-2〉 참조).

〈그림 4-2〉는 고객들의 불평대로 고기를 자르는 프로세스가 통계적으로 안

그림 4-2 빅버거의 햄버거고기 직경관리도

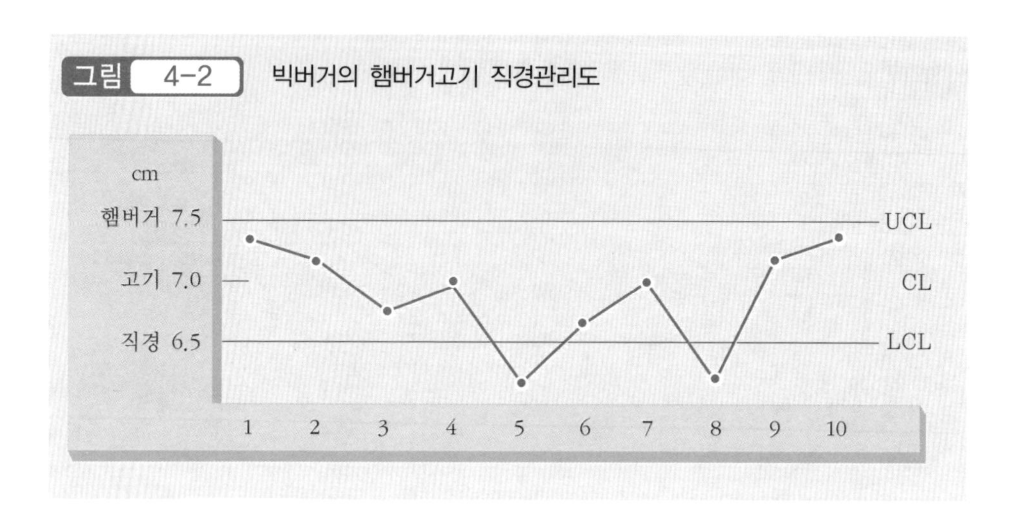

정되어 있지 않은 사실을 보여 주고 있다. 관리도에 나타난 바와 같이 LCL 아래에 2개의 점이 있다. 그래서 빅버거는 원인을 조사하였고, 고기 자르는 기계의 마모가 심한 것을 발견하였다. 그래서 기계를 새로운 기계로 교체하였다. 다음에 다시 동일한 방법에 의하여 자료를 수집한 다음 관리도를 작성하였는데, 새로운 수정관리도는 〈그림 4-3〉과 같았다. 이제야 비로소 관리도가 통계적으로 안정되어 있는 것을 알 수 있었다. 그리고 고객들의 불평이 없어졌다.

여기에서 중요한 것은 프로세스를 불안정하게 만드는 원인을 반드시 파악하여 제거하는 것이다. 그래야만 관리도를 이용하여 품질의 향상을 기할 수 있다는 것이

그림 4-3 빅버거의 햄버거고기 직경수정관리도

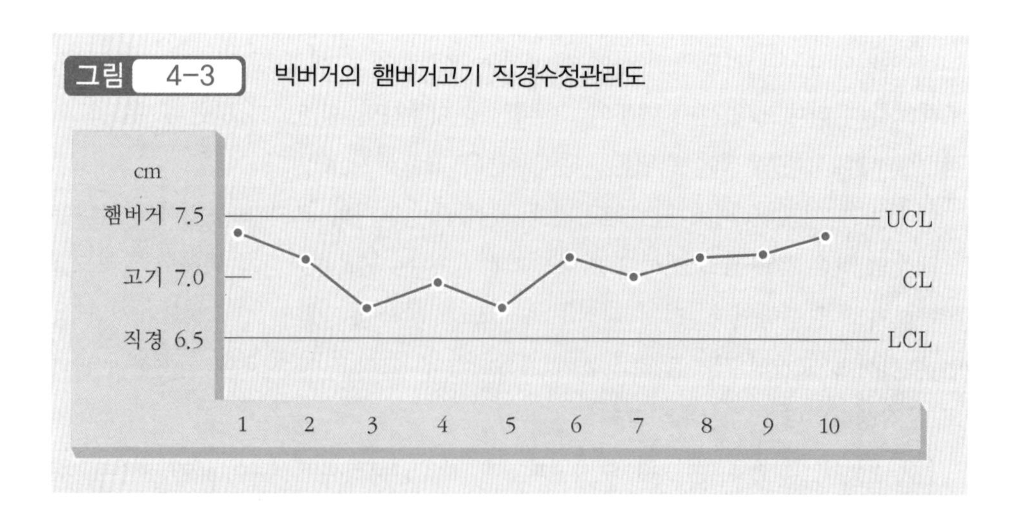

다. 이것이 위에서 설명한 검사와 다른 점이다.

4.3.3 샘플링검사

샘플링검사(acceptance sampling)는 샘플링이론을 이용해 모집단에서 샘플을 랜덤으로 추출한 다음 검사하고, 검사결과를 그 샘플을 추출한 모집단의 결과로 추정하는 통계적인 품질기법이다. 여기서 모집단은 보통 로트(lot)라 한다. 또 랜덤(random)으로 추출한다고 하는 것은 로트에 있는 모든 품목이 샘플로 추출될 확률이 동일한 것을 말한다.

샘플링검사는 생산이 완료된 제품을 고객에게 수송하기 전에 최종적으로 수행하는 최종검사, 공급업자로부터 원자재나 부품을 구매할 때 실시하는 구매검사, 그리고 완제품이 완성되기 이전에 프로세스과정에서 발생하는 재공품에 대한 프로세스 간 검사처럼 세 가지 검사과정에 사용된다.

샘플링검사의 장점은 다음과 같다.

- 전수검사에 비해 경제적이다.
- 검사하는 데 따르는 파손이 감소한다.
- 적은 수의 검사자가 필요하다.
- 파괴적인 검사에 적용할 수 있다.
- 불량품이 아닌 로트 전체를 반환함으로써 품질향상 의욕을 불러일으킨다.

그러나 샘플링검사는 다음과 같은 단점을 지니고 있다.

- 통계적인 과오가 발생한다.
- 샘플링검사 작성에 많은 시간이 소요된다.
- 검사하는 제품에 대하여 검사자가 잘 알지 못한다.

4.4 Total Quality Management

4.4.1 TQM의 정의

TQM(Total Quality Management)은 1980년대 미국의 국가경쟁력을 향상하기 위하여 발생한 품질의 중요한 개념이다. 1970년대 국제시장에서 일본 국가경쟁력의 급격한 향상은 미국의 독주에 제동을 걸었을 뿐만 아니라, 미국 시장에서 오히려 일본 제품이 미국 제품을 따라잡는 현상이 벌어지게 되었다. 이렇게 된 원인을 조사한 미국에서는 그 중요한 원인 중 하나가 바로 미국 제품 및 서비스의 품질이 우수하지 못하다는 사실을 발견하였다. 그래서 미국 제품 및 서비스의 품질을 향상하기 위한 방안의 하나로 나오게 된 개념이 바로 TQM이다. TQM은 미국 정부와 산업계에 의해 강력하게 추진되고 실시되었다. 그 결과 미국에서 미국의 국가품질상인 말콤볼드리지상(MBNQA: Malcolm Baldrige National Quality Award)과 식스 시그마가 탄생하는 계기가 되었다.

TQM은 이전의 TQC(Total Quality Control)로부터 계승되었으며, 관리(control)가 경영(management)으로 바뀌었다. 경영은 상당히 다양한 요소들을 다룬다. 최고경영자, 리더십, 전략, 고객, 오퍼레이션, 인적자원, 기술 등 많은 요소들이 포함된다. TQM은 전략적인 개념이다. 즉, 어떤 한 부서에서 추진되는 것이 아니고 전사적으로 최고경영자의 리더십 아래 추진되는 개념이다. 그러므로 TQC에 비해 TQM은 그 영역이 훨씬 확대되었다는 것을 알 수 있다.

TQM에 대한 정의는 상당히 다양하게 정의되고 있다. 그것은 TQM이 너무나도 광범위한 영역을 포함하고 있기 때문이다. 여기에서는 몇 가지 정의만 소개한다. Juran(1994)은 TQM을 고객만족으로 보았다. Crosby(1995)는 "TQM이란 고객, 공급업자, 그리고 조직의 구성원을 만족시키는 것"으로 보았다. 이렇게 TQM은 고객지향적인 발상이다. 여기에서는 안영진(2021)의 정의를 사용하기로 한다. 즉, **TQM(Total Quality Management)은 고객의 욕구를 만족시키기 위해 전사적으로 자원의 효과적인 이용과 지속적인 개선을 추구하는 기업의 전략적이며 통합적인 철학이며 원리이다.** 이렇게 볼 때 TQM은 경영품질(Management Quality)의 개념이다. 즉,

제품이나 서비스의 품질이 아니고 조직의 품질을 향상시키는 개념이다.

4.4.2 TQM의 특성

TQM은 다음처럼 다섯 가지 특성을 지니고 있다. 최고경영자의 강력한 리더십, 고객중시, 구성원만족, 프로세스의 지속적인 개선, 그리고 설계품질의 향상이다.

첫째, 최고경영자의 강력한 리더십이다. TQM은 최고경영자의 지대한 관심과 강력한 추진력에 의해 진행된다. Juran(1994)은 "TQM의 성공에 가장 결정적인 장애물은 최고경영자의 리더십부재"라고 하였다. 그래서 최고경영자는 품질지향적인 조직을 구축하고, 체계적인 시스템을 창출하여야 한다. 그리고 말이 아닌 품질에 대한 확고한 철학을 갖고, TQM이 기업의 장기적인 전략이라는 것을 모든 구성원들에게 천명하고, 충분한 자원을 지원하여야 한다.

둘째, 고객중시이다. 기존의 품질이론 중에서 고객을 명시한 최초의 개념이 바로 TQM이다. 과거의 품질이론들은 고객위주가 아니고, 생산자위주의 관점에서 출발하였다. 그래서 품질을 관리하는 모든 초점이 소비자가 아닌 생산자입장에서 이루어졌다. 그러나 TQM은 고객의 관점에서 품질을 본다. 이것은 기업환경이 생산자시대에서 소비자시대로 전환되었기 때문이다. 그래서 이제는 제품과 서비스의 품질을 생산자가 결정하지 않고 사용하는 소비자가 직접 결정한다. 그래서 TQM에서는 고객욕구를 미리 파악하고, 그 고객의 욕구를 충족시키기 위해 제품과 서비스의 속성을 결정하고, 또 품질수준을 결정하고, 고객만족을 추구하는 것이 상당히 중요하다.

셋째, 구성원만족이다. TQM은 의사결정과정에 구성원의 참여를 강조한다. 이것은 구성원으로 하여금 오직 자기의 한정된 직무가 아닌 조직 전체에 책임을 지게 하려는 의도이다. 또 상사의 명령과 지시를 단순히 시행하는 소극적인 종업원이 아니라, 창의력을 발휘하고 능동적이며 적극적인 구성원을 요구하고 있다. 그래서 TQM을 시행하는 기업에서는 구성원으로 하여금 지속적으로 품질을 향상시키도록 장려하고 책임을 부여하여야 한다. 이렇게 하기 위해서 구성원은 자기계발을 통해 문제를 파악하고 해결하는 능력과 지식을 구비하고, 기업의 가치증진에 공헌하여야 한다. Drucker(1995)는 "좋은 성과를 달성하는 사람들의 공통점은 그들의 능력과 존재를 성과로 연결시키기 위해 지속적으로 노력하는 사람"이라고 하였다. 그리고 "조직은 인적자원의 수준을 지속적으로 향상시켜야 한다."고 하였다. 그러므로 지속적인 개선은 사실 조직뿐만 아니라, 개인에게도 절대적으로 필요한 요소이다.

넷째, 프로세스의 지속적인 개선이다. 프로세스를 개선하지 않고 TQM의 목적을 달성할 수 없다. TQM의 목적은 검사를 제거하고 대신 예방을 강화하는 것이다. 그래서 문제를 사전에 방지하고 뿌리를 미리 제거하는 것이다. 일단 프로세스가 완벽해지면 검사의 필요성은 점점 감소되고 궁극적으로 없어지게 된다. 지속적인 개선을 하는 방법으로는 PDCA(Plan-Do-Check-Act) 사이클, 벤치마킹(Benchmarking), 카이젠(Kaizen) 등이 있다.

다섯째, 설계품질의 향상이다. 품질은 대부분 설계에서 결정된다. 설계가 잘못되면 아무리 생산을 잘 해도 불량이 많이 발생한다. TQM은 초기부터 잘 하는 것이다. 즉, 설계를 잘 하여야 한다. 설계품질을 향상하는 개념으로는 동시공학(concurrent engineering), 품질기능전개(quality function deployment), 그리고 다구찌기법 등이 있다.

4.4.3 TQEM

2.2.2에서 환경경영시스템(EMS: Environmental Management Systems)에 대하여 이미 설명하였다. 오늘날 기업들은 투자자와 사회단체, 정부기관 및 소비자들로부터 보다 확대된 사회적 책임을 다하라는 요구를 받고 있다. 이러한 요구는 1980년대에 시작된 TQM의 핵심이었던 품질 좋은 제품의 생산책임을 뛰어넘어 환경에 대한 책임과 같은 새로운 영역의 책임을 강조하고 있다. 특히 지속가능성과 사회적 책임을 요구하는 글로벌 스탠다드의 등장은 환경에 대한 기업의 의식과 책임을 보다 강조하게 되었다.

국내·외의 선도 기업들은 이미 제품개발 의사결정 과정에 환경에 대한 요소를 중요하게 반영하고 있다. 기존의 규제에 대한 대응 위주의 소극적인 환경관리 노력에서 탈피하여 보다 적극적으로 환경에 위해한 원재료, 포장용기, 공정의 사용을 제거하려는 노력을 시도하고 있는 것이다. ISO 14000 및 ISO 26000과 같은 환경과 사회에 대한 책임을 강조하는 글로벌 스탠다드의 적극적인 도입과 활용에 나

표 4-2 품질 초점과 환경 초점의 비교

품질 초점	환경 초점
• 내재적 품질(bulit-in quality)	• 그린 디자인(green design)
• 무결점(zero defects)	• 무오염(zero contamination)
• 품질목표(ppm 수준 달성)	• 환경목표
• 품질에 초점을 맞춘 SPC	• 환경에 초점을 맞춘 SPC
• 품질상황 보고	• 환경상황 보고
• 품질개선 매뉴얼	• 환경개선 매뉴얼
• 고객-공급자 평가	• 이해관계자의 기업에 대한 환경이미지 (고객-공급자 평가 포함)
• 품질상	• 환경상
• 품질성과 감사	• 환경성과 검증
• ISO 9000	• ISO 14000

자료: Borri F. and G. Boccaletti(1995), "From Total Quality Management to Total Quality Environmental Management," The TQM Magazine, Vol. 7, No. 5, pp. 38-42.

서고 있는 것이다.

글로벌 기업들의 최고경영자들은 이미 1990년대 초부터 환경적인 이슈들을 중요한 전략적 의사결정 요소로 인식해 왔다(Newman과 Breeden, 1992). 이러한 최고경영자들의 환경전략에 대한 인식변화는 TQM의 원칙을 환경경영에 적용하게 되었으며, 이를 TQEM(Total Quality Environmental Management)이라고 한다. 1995년에 조사한 자료에서는 이미 미국의 S&P 제조기업의 43%가 TQEM을 도입하고 있는 것으로 나타나고 있다(Florida, 1996). TQM의 기본철학은 결함을 찾아내기 보다는 결함을 방지하는 데에 초점을 맞추어 지속적인 개선을 통한 고객만족 실현에 두고 있다. 마찬가지로 TQEM도 환경위해요소를 결함으로 간주하고 이의 발생을 적극적으로 제거시킬 수 있는 체계적인 노력을 수행하는 것에 초점을 맞추고 있다.

TQEM은 환경경영에 대한 체계적인 접근노력을 강조한다. 즉, 프로세스 관리를 통하여 환경오염의 원천이 되는 투입요소의 낭비를 줄임과 동시에 생산성과 가치부가적 활동을 증대시킬 수 있도록 투입요소를 활용하는 것을 강조하는 것이다(Harrington 등, 2008). TQM이 강조하는 품질측면과 TQEM이 강조하는 환경측면을 비교하여 품질경영의 초점을 비교하여 보면 다음과 같다(Borri와 Boccaletti, 1995).

4.5 ISO 인증

국제표준화기구인 ISO(International Organization for Standardization)가 제정한 ISO 인증은 글로벌시장에서 국제표준규격의 대명사가 되었다. ISO 인증은 유럽에서 설정한 표준이지만, 이제는 세계 모든 기업들이 따라야 하는 국제표준규격이 되었다. ISO 규격은 대체적으로 ISO 기술위원회(Technical Committee)를 통하여 결정된다. 여기에서는 ISO 9000, ISO 14000, ISO/TS 16949, ISO 22000, 그리고 ISO 26000 등을 설명하기로 한다.

4.5.1 ISO 9000

ISO 9000은 규격에 적합한 제품의 생산을 보증하기 위하여 구매업자와 협력업체들로 하여금 품질경영시스템의 문서화를 요구하기 위해 제정되었다. ISO 9000은 제품의 품질을 보증하는 제도가 아니고 생산과정에 역점을 두는 제도이다. 그러나 ISO 9000 시리즈는 최고의 품질에 대한 정의가 불분명하고, 부가가치를 창출하지 않는 업무의 제거를 소홀히 하고, 시간과 비용이 많이 소요되고, 서비스업체에 대한 표준이 종합적으로 잘 설정되어 있지 않는 등 몇 가지 문제점들을 지니고 있었다. 그래서 다음처럼 계속 개정되고 있다.

1987년에 나온 ISO 9000 시리즈는 1994년에 첫 번째로 개정되었다. ISO 9000 : 1994는 예방과 규정을 강화하였다. 2000년에 다시 개정된 ISO 9000 : 2000은 과거의 형식주의를 배제하고, 지속적인 개선과 고객만족, 그리고 규격 수의 감소를 보다 강조하였다. 또한 서비스산업과 중소기업을 포함한 모든 조직에서 훨씬 수월하게 도입되도록 설정되었다. 이는 TQM의 8원칙(고객중시, 리더십, 사람들의 참여, 프로세스 접근방식, 경영의 시스템 접근방식, 지속적 개선, 사실주의, 상호이익이 되는 공급자와의 관계)에 의거하였고, 단순한 인증 차원을 넘어 모든 이해당사자들을 만족시키고자 하였다. 구체적으로 ISO 9000 : 2000은 9001, 9002, 9003을 9001 하나로 통합하였다. 그리고 설계와 개발을 신제품에 국한하였고, 프로세스 경영을 강화하였으며, 최고경영자의 책임도 강화하였다. 2008년 개정에 이어 가장 최근의 개정은 2015년이다. ISO 9001:2015는 모든 조직 단계에 있어서 프로세스 접근방법, 위험기반 사고방식, 그리고 PDCA 사이클을 강력하게 권유하였다. 또 TQM의 8원칙이 7원칙으로 바뀌었다. 즉, 고객중시, 리더십, 사람들의 참여, 프로세스 접근방식, 개선, 증거에 의거한 의사결정, 관계경영 등이다.

4.5.2 ISO 14000

1996년 9월 ISO와 국제전기표준회의(IEC)가 ISO내에 환경경영위원회(TC 207)를 두고, 공동으로 ISO 14000 시리즈를 제정하였다. ISO 14000은 환경경영을 보증하는 국제규격이다. 그동안 국가에 따라 다르게 운영되었던 환경관리에 대한 방법 및 체제를 통합하기 위해 제정된 국제적인 환경규격이다. 그래서 ISO 14000은 환경보호가 궁극적인 목적이며, 제조업체뿐만 아니라 서비스업체에도 모두 적용된다.

4.5.3 ISO/TS 16949

ISO / TS 16949는 1999년 제정되었으며, 미국, 독일, 프랑스, 이탈리아 등의 자동차회사들에게 공급하는 자동차부품에 대한 규격을 국제적으로 통합한 규격이다. TS는 Technical Specification의 약자이며, 16949는 단순히 규격의 일련번호이다. ISO/TS 16949 인증은 미국의 AIAG(the Automotive Industry Action Group), 이탈리아의 ANFIA, 독일의 VDA, 프랑스의 FIEV 등의 연합체가 기존의 자동차인증규격인 미국의 QS 9000, 독일의 VDA 6.1, 프랑스의 EAQF 등의 서로 다른 인증에 따른 비용과 시간을 감소하고 통합된 품질시스템을 제공하기 위해 제정되었다. ISO/TS 16949 : 2002는 2002년 ISO 9000 : 2000이 개정됨에 따라 개정되었다. QS 9000은 2006년 12월 15일 ISO/TS 16949 : 2002로 대체되었다.

ISO/TS 16949는 2009년에 두 번째로 개정되었다. 그러나 자동차관련 규격이 2016년 ISO로부터 분리되어 IATF 16949 : 2016으로 새롭게 제정되었다. 개정의 핵심 내용은 사회적 책임의 요구, 내장형 소프트웨어, 제품안전, 협력업체 관리, 그리고 제품 추적성 등을 강화하였다.

4.5.4 ISO 22000

식품은 인간의 건강과 안전에 대단히 중요하다. 그래서 식품을 다루는 과정에서 발생하는 위해요소를 찾아내고, 이 위해요소를 집중적으로 관리하기 위해 국제규격이 필요하게 되었다. 이것이 ISO 22000이다. ISO 22000은 식품의 안전과 위해요소를 제거하기 위하여 ISO, TC 34, 그리고 WG 8이 주도하였으며, 식품공급기관들의 단체가 공동으로 개발한 국제규격인 식품안전경영시스템이다. 특히 ISO 22000은 ISO 경영시스템과 CODEX의 HACCP 원칙을 통합하였다. 약 40여 년 전 영국의 화학공업분야에서 유래한 HACCP(Hazard Analysis and Critical Control Point)은 식품위해요소 중점관리기준으로서, 위해한 요소들을 파악하는 위해요소(HA)와 이 위해요소를 제거하거나 방지하기 위해 집중적으로 관리하는 중요관리점(CCP)으로 구성되어 있다. 위해범위는 식중독균이나 바이러스와 같은 생물학적, 중금속이나 농약과 같은 화학적, 그리고 신체를 손상시키는 화학적 등 3가지가 있다.

4.5.5 ISO 26000

기업의 사회에 대한 책임은 나날이 증가하고 있다. ISO는 2001년부터 기업의 사회적 책임에 대한 국제표준을 개발하였다. 2008년 사회적 책임에 대한 세계공동의 표준안을 발표하였고, 2010년 2월 ISO 회원국의 79% 찬성으로 ISO 26000을 국제표준으로 등록하였고, 2010년 5월 덴마크 Copenhagen 회의를 거쳐, 2010년 11월 1일 국제표준으로 제정되었다. ISO 26000은 기업의 사회적 책임에 대한 국제표준 규격으로, 그 범위를 기업에만 국한시키지 않고 국가, 사회단체, NGO까지 포함시키고 있다. ISO 26000은 다음처럼 7개의 기준으로 구성되어 있다. 조직의 거버넌스(organizational governance), 인권(human rights), 노동관행(labor practices), 환경(the environment), 공정한 운영관행(fair operating practices), 소비자이슈(consumer issues), 그리고 지역사회 참여와 개발(community involvement and development) 등이다.

4.6 안전관리시스템(Safety Management System)

2014년 세월호 침몰 이후에 기업뿐 아니라 정부 및 전 국민의 안전의식이 높아지고, 안전관리시스템의 구축과 효과적인 실행의 필요성에 대해 공감하고 있다. 한국 대부분의 기업들은 1970년대 이후 고도 성장기를 통해서 양적으로 팽창해 왔으며, 1990년대부터 경영품질 및 시스템품질을 중요시하는 질경영(quality management)을 지속적으로 적용하여 글로벌 시장에서 경쟁력을 쌓아왔다. 그러나 이러한 노력에도 불구하고 안전(safety)에 대한 시스템구축 및 실행적 수준에서 철저한 안전관리가 부족하여 건설, 제철, 조선 등 생산현장에서는 산업재해가 꾸준히 발생하여 왔다. 소위 '안전불감증'이라는 단어가 생길 정도로 안전보다는 기업 및 사회 전반에 퍼진 '빨리 빨리 문화'에 익숙하여 속도에 중점을 두었고, 때로는 이것이 편법과 관행을 묵인하고 안전을 해치게 되었다. 이제 글로벌 기업으로의 성장은 양적인 것에서 벗어나 기본에 충실한 성장이 지켜져야 하며, 지속가능한 기업이 되기 위해서도 안전경영시스템은 더욱 부각되고 있다.

안전관리시스템(Safety Management System)이란 안전의 위해요소를 발견하고 예측하며, 이를 통제하며, 이러한 통제가 정확히 작동하고 유지될 수 있도록 하는 일련의 관리시스템을 의미한다. 모든 다른 경영시스템과 마찬가지로 안전관리시스템도 목표설정, 계획, 조직구성, 실행, 성과측정 및 통제 등 다양한 경영활동이 수반되며 기업문화의 일부로서 자리 잡는다. 작업장은 각종 위험에 노출되어 있는 경우가 대부분이다. 작업장의 위험요소는 물리적·기계적인 위험이 있다. 건설과 제조, 광업 등에서 흔히 작업자의 신체적 상해가 발생한다. 또한 생물학적·화학적 위험요소도 있다. 작업장에서는 박테리아, 곰팡이, 유독가스 및 유독물질에 작업자가 노출될 수도 있다. 이뿐 아니라 작업자는 지나친 업무강도, 과한 초과근무, 감정적 소진 등 심리적 위험요소에 노출될 수 있다.

안전관리시스템은 윤리적(ethical), 법적(legal), 그리고 재무적(financial) 관점에서 살펴볼 수가 있다. 고용주는 작업자가 작업시 안전한 장소에서 안전하게 작업할 수 있도록 하는 것은 도덕적, 윤리적 의무이기도 하다. 또한 이러한 작업 활동과 작업장의 안전에 관한 사항은 정부에 의해 법적으로 입법화된 경우가 대부분이므로 기업은 영리 추구를 위해서 이를 희생하기보다는 해당산업에서 정해진 안전관리법을 준수하는 것이 필요하다. 2014년 기준 약 90,909명의 산업재해자가 발생했고, 이 중 1,850명의 재해사망자가 발생했다. 그리고 2020년에는 2,062명, 2021년 2,080명 등 사망자 수가 오히려 증가하는 경향을 보이고 있다(KOSIS, 2022). 정부는 선진국보다 2－3배 높은 사망사고 만인율(노동자 1만명당 사고사망자 수)을 감축하기 위해서, 건설, 건설기계 및 장비분야, 조선 및 화학분야의 고위험 분야를 집중관리하고, 현장 관리감독 시스템을 체계화하고, 안전인프라 확충 및 안전중시 문화를 확산하는 정책을 시행 중이다. 특히, 2022년부터는 중대재해처벌법(법률 제17907호)이 발효되어서 사업 또는 사업장, 공중이용시설 및 공중교통수단을 운영하거나 인체에 해로운 원료나 제조물을 취급하면서 안전·보건 조치의무를 위반하여 인명피해를 발생하게 한 사업주, 경영책임자, 공무원 및 법인의 처벌 등이 강화되었다. 또 양적 성장에서 질적 성장으로의 전환에는 제품이나 서비스의 품질뿐 아니라, 기업의 경영품질이 중요하고 내부고객인 근로자의 안전과 건강은 지속가능성장의 핵심요소이다.

우리나라에서는 산업안전보건법이 제정되어 있으며 고용노동부 산하 한국산업안전보건공단(www.kosha.or.kr) 등에서 지도 감독을 하고 있다. 또한 근로복지공단(www.kcomwel.or.kr)에서는 산업재해로 인한 피해 근로자의 경제적, 의료적 지원을 하고 있다. 미국에서는 직무안전과 건강에 관한 법(OSH: Occupational Safety and Health) 혹은 작업장 안전과 건강(Workplace Health and Safety) 법령이 있어서 안전에 대한 법적 제도를 갖추고 있다. 또한 많은 연구에 의하면 산업현장에서의 각종 재해와 사고는 기업에게 직·간접적인 비용을 유발하고 법을 준수하는 것이 재무적 측면에서도 유리하다고 밝혀져 있다.

4.7 서비스품질

4.7.1 서비스품질의 속성

고객의 지각을 중심으로 한 서비스품질의 개념은 제품성과에 대한 고객지각의 특성을 설명한 Swan과 Comb(1976)의 연구결과와 유사한 성격을 가지고 있다(Dotchin와 Oakland, 1994). 이들은 제품이 고객에게 제공하는 성과를 **도구적 성과**(instrumental performance)와 **표현적 성과**(expressive performance)로 나누어 설명한 바 있다. 도구적 성과란 제품이 제공하는 핵심기능을 나타내며, 표현적 성과란 고객의 심리적 만족수준을 결정하는 제품속성의 크기를 나타낸다. 이는 Sasser 등(1978)이 말하는 **명백한 서비스**(explicit service)와 **암묵적 서비스**(implicit service)의 개념과 일치하는 것이다. 비행기를 타고 서울에서 부산으로 여행하는 운송서비스를 예로 든다면, 승객을 서울에서 부산으로 이동시켜주는 것은 고객이 기대하는 명백한 운송서비스인 동시에 도구적 성과인 것이다. 반면에 서비스제공 과정에서 항공사 승무원이나 직원들과의 접촉을 통해 이루어지게 되는 서비스 활동은 바로 암묵적 서비스인 동시에 표현적 성과의 속성을 가지게 된다.

초기의 이러한 고객의 지각을 중심으로 한 서비스품질의 개념은 대체로 서비스가 제공하는 결과와 서비스가 이루어지는 프로세스로 나누어 설명해 볼 수 있다. Gronroos(1984)는 서비스품질의 개념을 **기술적 품질**(technical quality)과 **기능적 품질**(functional quality)로 나누어 설명한 바 있다. 기술적 품질은 제공된 서비스의 결과로 고객이 받게 되는 것에 의해 평가가 이루어지며, 기능적 품질은 서비스가 어떻게 제공되는가에 의해서 평가가 이루어진다. Gronroos는 이 두 가지 측면에 대한 고객의 기대와 실제 결과에 대한 지각의 수준이 궁극적으로 서비스품질을 결정하게 된다고 하였다. Gronroos는 아울러 기술적 품질이 최소한의 만족감을 줄 수 있을 경우, 고객의 서비스품질에 대한 지각은 대개 기능적 품질에 의해 결정된다고 주장하였다. Parasuraman 등(1985)은 앞서 Sasser 등의 연구와 Gronroos의 연구를 비롯한 기존의 품질개념에 대한 연구결과들을 바탕으로 서비스 결과와 프로세스에서 나타내게 되는 다양한 품질평가 속성을 10가지로 종합하여 제시한 바 있다(〈표 4-3

참조〉). Parasuraman 등(1985)은 후에 이를 바탕으로 실증적인 연구를 통해 서비스 품질을 측정하는 대표적인 모델인 SERVQUAL을 개발하였다.

표 4-3 서비스품질의 속성

속 성	내 용
신뢰성 (reliability)	일관성 있는 성과와 확실성을 나타낸다. 처음부터 서비스를 올바르게 수행하는 것을 의미하며, 약속한 것을 존중하는 것을 나타낸다. 구체적으로는 대금청구에 정확성을 기하고, 고객기록을 정확하게 유지하며, 지정된 시간에 서비스를 수행하는 것 등을 포함하게 된다.
대응성 (responsiveness)	서비스를 제공하는 종업원이 가진 열의와 준비성을 말한다. 신속한 거래전표 우송, 빠른 서비스 제공, 신속한 예약시간 설정 등과 같은 서비스의 적시성을 나타낸다.
능력 (competence)	서비스 수행에 필요한 기술과 지식의 소유를 말한다. 고객접촉 및 지원을 담당하는 종업원의 지식과 기술, 조사능력 등을 포함한다.
접근성 (access)	접근성, 접촉의 용이성을 의미한다. 전화를 통한 서비스 접근의 용이성, 과도하지 않은 대기시간, 편리한 영업시간, 편리한 위치 등을 나타낸다.
예의 (courtesy)	안내원, 전화 상담원 등을 포함하는 고객접촉 종업원의 공손함, 존경심, 배려, 친절성을 나타낸다. 고객의 특성에 대한 배려와 접촉 종업원의 청결성 및 말끔한 외모 등을 포함한다.
커뮤니케이션 (communication)	고객이 이해할 수 있는 언어로 정보를 제공하며, 고객에게 귀기울이는 것을 말한다. 고객에 따라서 적절하게 사용하는 언어를 조절하는 노력을 의미한다. 가령 교육수준이 높은 고객에게는 전문적인 용어의 수준을 높이고, 초보적인 고객에게는 단순하고 평범한 용어를 사용하는 것을 말한다. 서비스 자체, 비용 수준, 서비스와 비용 간의 상반관계 등을 설명하는 것, 고객에게 문제가 처리될 수 있다는 확신감을 심어주는 것 등을 포함한다.
진실성 (credibility)	신뢰할 수 있는지, 믿을 수 있는지 혹은 정직한지를 나타낸다. 고객의 이익을 최우선시하는 마음가짐을 의미한다. 진실성에 영향을 미치는 요소로는 회사의 이름, 명성, 접촉 종업원의 개인적인 성격, 고객과의 접촉에서 보이는 끈질긴 설득노력 등을 들 수 있다.
안전 (security)	위험성, 의구심 등으로부터 자유로운 것을 말한다. 신체적인 안전성, 재정적인 안전성, 기밀유지성 등을 나타낸다.
이해 (understanding)	고객의 요구를 이해하려고 노력하는 것을 말한다. 고객의 구체적인 요구사항을 습득하고, 개별화된 관심을 기울이며, 단골손님을 인식하는 것 등을 포함한다.
유형성 (tangibles)	서비스가 지니고 있는 물리적 증거를 나타낸다. 시설, 종업원의 외모, 서비스 제공에 사용되는 도구 및 장비, 서비스에 대한 물적 표현, 서비스를 이용하는 다른 고객 등을 포함한다.

4.7.2 SERVQUAL

SERVQUAL은 서비스품질의 속성을 설명하는 대표적인 개념이라고 할 수 있다. Parasuraman 등 (1988)은 〈표 4-3〉에 있는 10개의 서비스 품질속성을 중심으로 97개의 세부측정항목을 개발한 후 실증적인 자료조사와 통계적인 분석 및 검증과정을 통하여 타당성 있는 속성과 측정항목으로 요약한 서비스품질 측정척도 즉, SERVQUAL을 개발하였다. 실증적 조사대상 서비스 산업은 가전제품 수리/보수, 은행, 장거리전화, 증권거래 그리고 신용카드의 5개 산업이었다.

SERVQUAL이 제안하는 서비스품질 측정문항은 **기대된 수준(E)**과 **지각된 수준(P)**으로 나누어 구성되어 있으며, 고객은 각 문항에 대해 동의하는 정도를 7점 척도(1=정말 그렇다, 7=전혀 그렇지 않다)로 표시하도록 되어 있다. SERVQUAL에 의한 서비스품질의 평가는 고객이 지각하는 서비스(P)의 수준과 기대하는 서비스 (E)의 수준을 측정하고 그 차이점수(Q) 즉, P-E를 산출하는 과정을 거쳐서 이루어지게 된다.

SERVQUAL이 사용하고 있는 5가지 서비스 품질의 속성은 다음과 같으며, RATER이라 부른다(Zeithaml, Parasuraman & Berry, 1990).

- 신뢰성(reliability)
- 확신성(assurance)
- 유형성(tangibles)
- 공감성(empathy)
- 대응성(responsiveness)

[1] 신뢰성

고객에게 약속한 서비스를 믿을 수 있고, 정확하게 수행해 줄 수 있는 능력을 나타내는 서비스품질의 속성을 말한다. 고장이 난 승용차를 가지고 온 고객에게 적극적으로 문제의 원인과 수리방법을 설명해주며, 고객과 약속한 시간에 정확하게 정비를 시작할 수 있도록 준비하고, 고객의 정비기록을 정확하게 관리하는 회사라면 서비스 신뢰성이 높은 정비회사가 될 수 있을 것이다.

[2] 확신성

종업원들이 서비스 제공에 필요한 지식과 정중함을 갖추고 있으며, 고객에게 믿음과 확신을 심어줄 수 있는 능력을 가지고 있는지를 나타내는 서비스품질의 속성을 말한다. 고객에게 항상 공손하고, 신뢰감을 심어주며, 고객서비스를 위해 필요한 교육과 훈련을 잘 받은 종업원을 가진 백화점이라면 확신성 품질수준이 높은 회사가 될 수 있을 것이다.

[3] 유형성

서비스 제공을 위해 사용하는 물적인 시설이나 장비 혹은 서비스 제공자의 외모 등을 나타내는 서비스품질의 속성을 말한다. 최신식 장비와 컴퓨터 시설을 갖추고, 호텔과 같이 아늑하고 고급스러운 분위기를 연출하는 진료실에서 외모가 단정하고 말쑥한 간호사의 안내를 받는다면 그 자체로 환자는 높은 수준의 서비스품질을 지각하게 된다는 것이다.

[4] 공감성

고객을 배려하고, 개별적인 관심을 보여줄 수 있는 능력을 나타내는 서비스품질의 속성을 말한다. 정기적인 검진이 필요한 시기를 알려주고, 환자의 개인적인 사정을 고려하여 진료시간을 예약하며, 직장인들을 위한 야간진료시간을 운영하고, 환자의 재정적 형편을 고려하여 다양한 진료비 납부제도를 시행하는 병원은 공감성 측면의 서비스품질을 높게 평가받을 수 있을 것이다.

[5] 대응성

고객을 적극적으로 도우려는 자세를 가지고 있고, 신속하게 서비스를 제공할 수 있는지를 나타내는 서비스품질의 속성을 말한다. 수리를 요청하는 고객에게 정확한 출장수리 방문시간을 알려주거나, 고객의 수리요청에 대해 보다 신속하게 대응해주며, 사용하는 제품의 상태에 대하여 정기적인 점검서비스를 제공해주는 서비스 센터라면 대응성 품질수준이 높은 조직이 될 수 있을 것이다.

그러므로 서비스업체는 이제 서비스품질을 측정하여야 한다. 이것은 품질을 측정하지 않으면 관리를 제대로 할 수가 없기 때문이다. 이것은 각국의 주요 국가품질상을 보면 알 수 있다. 미국의 Malcolm Baldrige 국가품질상, 한국의 국가품질상, 일본의 Deming상은 제조업체에게만 상을 수여하지 않고, 서비스업체에게도 수여하고 있다. 이것은 서비스업체에서도 품질이 상당히 중요한 경쟁요소로 되어 있는 것을 입증하고 있다. 그러므로 서비스업체에서도 서비스품질에 대해 관심을 가져야 한다. 더 나아가 서비스업체는 서비스품질에 대해 관심을 가질 뿐만 아니라, 서비스품질을 향상시켜야 한다. 그렇게 하기 위해서는 각 서비스업체는 그 업체의 특성에 따라 서비스품질에 대한 정확한 정의를 수립하여야 한다. 서비스품질을 명백하게 정의하지 못하는 기업은 서비스품질을 향상시킬 수가 없다. 그러므로 기업은 서비스품질에 대한 추상적인 개념에서 구체적이고 알맹이 있는 명백한 의미로 전환시켜야 한다.

[사례 4-1] Delta의 서비스 혁신

2020년 COVID-19로 세계는 공포 속에 떨고 있다. 항공산업은 외부환경의 영향을 유독 많이 받는 산업 중 하나이다. 오래 전부터 시작된 항공산업의 어려움은 몇 개의 기업을 제외하곤 악몽에 가깝다. 미국 항공산업도 엄청난 격변을 겪었으며, 이 중에서 살아남은 항공회사는 그리 많지 않다. 그 중 하나가 Delta이다.

Delta는 1929년 C. E. Woolman에 의해 설립되었으며, 1명의 조종사와 5명의 승객으로 출발하였다. 그러나 계속되는 항공산업의 불황을 견디지 못하고, Delta도 2007년 파산하였다. 그리고 2007년 8월 새로운 CEO로 R. Anderson이 취임하면서, 변화가 가속화되었다. 즉, 파산 직후 새로운 최고경영자를 중심으로 Delta는 변하기 시작하였다. 가치관을 중시하는 Anderson은 2007년 말 전 직원들에게 '규칙집(Rules of the Road)'을 주고 공유하였다. 이 규칙은 Delta에서의 모든 의사결정의 근본이 되었다.

먼저 Delta는 새로운 시장의 현실을 직시하고 시장의 변화에 적응하고자 하였다. 즉, 지금의 비즈니스모델의 문제점을 인식하고 바꿔야만 한다고 생각하였다. 그래서 나온 전략이 규모와 비행 영역을 확대하는 것이었다. 그 결과, 2008년 10월 Northwest Airlines와 같은 미국의 항공기업을 인수하고, 해외의 항공기업들과의 제휴를 확대하고 강화하였다. 특히 멕시코의 Aeromexico, GOL, 그리고 Virgin Atlantic 항공사의 주식을 일부 매입하였다. 예로, 2011년 12월 브라질 GOL에서 1억 달러의 주식을, 2012년 6월에는 멕시코 Aeromexico 항공사에서 6천 5백만 달러의 주식을, 그리고 2012년 12월에는 영국의 Virgin Atlantic 항공사에서 3억

6천만 달러의 주식을 매입하였다. 또 항공기와 공항 오퍼레이션을 대폭 재조직하고 개편하였다. 더 나아가 기업문화를 강화하고, 보다 혁신적인 전략을 도입하였다.

2007년 4월에는 구성원들의 동기를 강화하고, 경쟁자들과 차별성을 갖기 위하여 업계 최초로 직원이익공유제도(employee profit-sharing plan)를 실시하였다. 그래서 매년 세금전 이익의 10%를 직원들과 공유하고 있다. 더 나아가 2008년에는 직원지주제도(stock ownership plan)도 도입하였다. 이 역시 업계 최초였다.

Delta는 노조제도를 찬성하지만, 직원들이 노조결성을 하지 않았다. 단, 조종사들만 ALPA (Air Line Pilots Association)에 가입되었을 뿐이다. 노조는 없지만, 직원들과 회사와의 관계는 상당히 우호적이다. 직원의 90%는 계속 델타에서 근무하기를 희망하고 있다.

또 2014년 미국 항공산업 사상 처음으로 실시간 데이터에 의한 예약제도를 구축하였다. 이것으로 새로운 가격모델이 탄생하였다. 가장 획기적인 투자는 2012년 4월 Trainer 정유회사를 1억 5천만 달러에 인수한 것이다. 이것은 안정된 항공유에 대비한 투자인데, 당시 항공업계와 정유산업의 관계자들에게 큰 충격을 주었다.

이러한 혁신과 규모의 확장으로 Delta는 지금 항공업계에서 가장 재정적으로 건강하고, 강력한 경쟁력을 지닌 기업으로 성장하였다. 또 정시도착, 예약 취소율, 짐가방 문제, 그리고 고객서비스 등에서 업계 최정상을 차지하고 있다. 또 2013년 9월에 『S&P 500 지수』에 재편입되었다.

출처: 1. Richard Anderson, "How We did it," Harvard Business Review, December 2014, 43-47.
2. www.delta.com FedEx

참고문헌 R·E·F·E·R·E·N·C·E·S

안영진. 2021. 경영품질론. 제5판. 박영사.

Anderson, Richard H. 2014. How We did it··· Harvard Business Review. December. 43－47.

ASCM. 2022. ASCM Supply Chain Dictionary.

Borri, F. and G. Boccaletti 1995. "From Total Quality Management to Total Quality Environmental Management", The TQM Magazine, Vol. 7, No. 5, 38－42.

Collier, David A. 1994. *The Service/Quality Solution: Using Service Management to Gain Competitive Advantage*. Irwin.

Crosby, Philip B. 1979. *Quality is Free*. McGraw－Hill.

Crosby, Philip. 1984. *Quality without Tears*. New York: McGraw－Hill.

Deming, W. Edwards. 1986. *Out of the Crisis, MIT, Center for Advanced Engineering Study*. Cambridge, MA 02139.

Dotchin, J. A. and Oakland, J. S. 1994. "Total Quality Management in Services－Part 2: Service", *International J. of Quality & Reliability Management*, Vol. 11, No. 3, 27~42.

Drucker, Peter. 1995. *Managing in A time of Great Change*. 미래의 결단. 한국경제신문사. 이재규 역.

Feigenbaum, Armand V. 1988. *Total Quality Control*. McGraw－Hill International Editions. 3rd edition.

Florida, R. 1996. "Lean and Green; the Move to Environmentally Conscious Manufacturing", *California Management Review*, Vol. 39, 381~395.

Garvin, D. A. 1988. *Managing Quality: The Strategic and Competitive Edge*.

Gronroos, C. 1984. *Strategic Management and Marketing in The Service Sector*, Chartwell－Bratt, Bromley.

Harrington, D. R., M. Khanna and G. Deltas 2008. "Striving to be Green: the Adoption of Total Quality Environmental Management", *Applied Economics*, Vol. 40, 2995~3007.

Harry, Mikel and Richard Schroeder. 2000. 6 시그마 기업혁명. 안영진 옮김. 김영사.

Juran, Joseph M. 1989. *Juran on Leadership for Quality*. New York: Free Press.

Juran, Joseph M. 1994. *The Upcoming Century of Quality*. Quality Progress. August.

Juran, Joseph M. and Frank M. Gryna. 1988. *Quality Control Handbook*. 4th ed. New York: McGraw－Hill Book Company.

Matthews, Darin L. and Linda L. Stanley. 2008. *Effective Supply Management Performance*. ISM.

Newman, J. C. and K. M. Breeden. 1992. "Managing in the Environmental Era: Lessons from Environmental leaders", *Columbia Journal of World Business*, XXVII, 210~221.

Parasuraman, A., Zeithaml, V. A. and Berry, L. L. 1985. "A Conceptual Model of Service Quality and Its Implications for Future Research", *Journal of Marketing*, Vol. 49, No. 4, 41~50.

Parasuraman, A., Zeithaml, V. A. and Berry, L. L. 1988, "SERVQUAL : A Multiple－Item Scale for Measuring Consumer Perceptions of Service Quality", *Journal of Retailing*, Vol. 64, No.1, 12~40.

Schultz, Howard and Dori Jones Yang. 1999. 스타벅스: 커피 한잔에 담긴 성공신화. 홍순명 옮김. 김영사.

Sasser, J. E. et al. 1978. *Management of Service Operations*, Allyn & Bacon, MA.

Swan, J. E. and Combs, L. J. 1976. "Product Performance and Consumer Satisfaction: A New Concept," *Journal of Marketing*, Vol. 40, No. 2, 25~33.

Taguchi, Genichi. 1986. *Introduction to Quality Engineering: Designing Quality Into Products and Processes*. White Plains, NY: Kraus International.

Zeithaml, Parasuraman & Berry, "Delivering Quality Service; Balancing Customer Perceptions and Expectations", *Free Press*, 1990.

www.asq.org/standcert/html

www.delta.com

www.faa.gov/about/initiatives/saso/library/media/SASO_Briefing_Managers_Toolkit.pdf SASO Outreach, Spring 2009. Transport Canada publication TP 13739

www.iso.ch/presse/iso9000－2000.htm.

www.kosha.or.kr

www.sae.org/products/standards/AS9000.htm.

제3편

생산시스템 설계

O·p·e·r·a·t·i·o·n·s M·a·n·a·g·e·m·e·n·t

제5장 제품 및 서비스설계

Operations Management

최상의 언어는 언제나 고객의 언어이다.

- 안톤 푸거

기업의 가장 본원적인 기능은 고객의 효용(만족)을 극대화할 수 있는 제품과 서비스를 생산하여 제공하는 것이다. 그러므로 기업은 어떤 제품과 서비스를 제공하여 고객의 효용을 극대화할 수 있는지에 대해 결정하여야 한다. 기업의 측면에서는 '무엇(What)을 제공할 것인가?'에 대한 의사결정은 기업전략(corporate strategy)으로서 기업의 경쟁력과 직접적인 관련이 있다.

기업이 제공하는 제품과 서비스를 설계하는 것은 기업의 생존 및 경쟁에 지대한 영향을 미친다. 비용, 품질, 유연성, 시간 등 기업의 경쟁요소는 제품이나 서비스를 생산하는 생산·운영과정에서 결정되기도 하지만, 그 전 단계인 설계단계에서 이미 결정된다. 좋은 설계는 외부고객의 요구사항이 잘 반영되어 있을 뿐 아니라, 작업자인 내부고객이 쉽게 생산할 수 있도록 설계된 것이다. 개발 초기에 올바른 설계가 내·외부고객을 동시에 만족시킬 수 있으며, 궁극적으로 시장에서 경쟁력을 확보할 수 있다.

제5장에서는 기업이 시장에 무엇(What)을 제공하는지에 관련된 제품 및 서비스 설계에 대해서 설명하고, 다음 장에서는 무엇(What)에 대한 결정을 전제로 어떻게(How) 생산할지에 관한 방법으로서 프로세스설계에 대해서 설명한다. 세부적으로 다음과 같은 주제들에 대해 설명하고자 한다.

본 장에서 다룰 주요 내용은 다음과 같다.

- 제품설계는 무엇이며, 왜 중요한가?
- 제품설계, 마케팅 및 생산과의 전략적 연관성은 무엇인가?
- 제품개발과정은 어떤 단계를 거치는가?
- 제품개발방법에는 어떤 종류가 있나?
- 동시공학이란 무엇인가?
- 서비스설계는 제품설계와 어떻게 다른가?

5.1 제품설계의 의의와 중요성

일반적으로 제품이란 변환과정(transformation process)을 통해서 생산되는 모든 종류의 유·무형의 산출물을 말한다. 제품결정은 제품에 대한 아이디어(idea)를 조직적으로 수집하고, 수집한 아이디어 중에서 조직의 목표에 가장 부합되는 아이디어를 선택하는 것이다. 제품결정을 바탕으로 제품설계를 하게 되는데, **제품설계**(product design)란 신제품에 대해 가장 적절한 설계과정을 통하여 제품을 개발하는 것이다. 제품설계는 다음 절인 유형재화의 제품개발단계에서 설명되는 것과 같이 일반적으로 예비설계, 최종설계, 프로세스설계 등을 포함한 제반 단계로 이루어져 있다.

일반적으로 생산활동은 크게 ① 신제품개발, ② 제조과정, ③ 고객과의 관계라는 3개의 메가 프로세스(mega processes)로 나누어질 수 있는데, 전통적으로 기업의 생산성향상을 위한 노력은 두 번째인 제조과정의 합리화에 집중하였다. JIT(Just-in-Time), MRP(Material Requirements Planning)를 포함한 다양한 생산방식의 초점은 제조과정의 합리화에 관한 것이다. 그러나 경쟁우위의 확보 및 생산성의 향상은 제조과정보다는 선행프로세스인 신제품개발과정에서 이미 결정된다는 것이다. 즉, 부가가치사슬(value-added chain)에서의 전반부인 신제품개발과정의 합리화가 더욱 중요한 것으로 인정되고 있다. 이는 비용, 품질, 유연성, 시간 등의 경쟁요소가 개발단계에서 제품 속에 주입되도록(built in) 설계되어야 한다는 것이다. 이는 옷을 입을 때 첫 단추를 잘 끼워야 나머지 단추들을 바로 끼우고 옷맵씨를 정확히 할 수 있다는 것과 동일한 이치이다.

설계가 중요한 이유는 설계단계에서 제품생산비용의 60~80%가 이미 결정되기 때문이다. 자동차의 경우 2만 가지 이상의 부품이 결합되어 완성품을 이룬다. 미국의 한 자동차 설계전문가에 의하면 설계가 잘 되어 있으면 단순화 및 표준화에 의해 부품의 수가 줄어들 뿐 아니라, 후 프로세스(생산프로세스)에서 작업하는 작업자(내부고객)의 작업이 쉬워지며, 생산비용의 80%가 설계에 의해 결정된다고 한다.

품질 또한 설계 시에 반영되어야 한다. 이것은 **'10의 법칙'**에 의해 설명될 수 있다. '10의 법칙'이란 설계단계에서 결점을 시정하면 1원이 소요되지만, 생산단계에서는 10원, 그리고 고객에게 판매한 다음에 결점이 발견되어 시정할 때는 100원이 소요된다는 것이다. 즉, 제품의 결점이 설계단계에서 생산단계로, 그리고 소비자에게로 넘어갈 때마다 비용이 10배씩 증가한다는 것이다. 이것은 품질에 있어서도 설계가 얼마나 중요한지를 설명해 주는 하나의 법칙이다. Apple Inc.의 한 중역에 의하면 작업자가 불량 칩(chip)을 발견하여 그 자리에서 고칠 때는 3센트의 비용이 들고, 최종단계의 검사에서 발견되어 고칠 때는 약 20달러가 소요된다고 한다. 그러나 이러한 결함이 컴퓨터사용자인 외부고객에 의해 발견될 경우 약 150달러 이상의 비용이 소요된다고 한다. 만약 설계자가 완벽한 칩을 설계하였다면, 비용은 거의 발생하지 않을 것이다.

신제품을 신속하게 내놓은 기업은 그렇지 못한 기업에 비해서 경쟁우위를 갖는다. 이러한 개념이 **시간경쟁(time-based competition)**이다. 전통적으로 미국의 자동차회사는 신제품개발에 약 5년의 시간이 소요되는 데 비해서, 일본의 자동차회사는 약 3년 반 정도가 소요되었으며, 이것이 일본 자동차회사의 강점으로 인식되었다. 1990년대 중반 이후 세계의 거의 모든 자동차회사는 개발에 소요되는 시간을 단축하여 시장에 좀 더 빨리 신제품을 출시하여 시간경쟁에 우위를 점하고자 노력하고 있다. 특히 컴퓨터, 이동통신단말기 등 첨단산업인 전자통신산업에 있어서는 신제품의 시장진입지체에 따른 수익의 감소가 막대하여 시간경쟁은 매우 치열하다. 이들 첨단제품의 생산방식은 일반적으로 표준화 및 자동화되어 있기 때문에 제품개발단계에서 시간을 단축하는 것이 경쟁력확보의 최대관심사항이다.

생산비용은 생산이 실제로 이루어지기 이전에 결정되므로 생산단계에서 설계를 변경하는 것은 상당히 비경제적이다. 그러므로 설계변경주문인 ECO(Engineering Change Orders)는 설계단계에서 이루어져야지 생산단계에서 이루어져서는 안 된다. 또한 설계단계에서는 차별화전략을 고려한 제품을 위해 모듈러 디자인 등 설계기법을 사용하여 최소의 비용으로 차별화된 제품군을 시징에 제공할 수 있는 유연성이 확보되어야 한다.

5.2 설계전략: 마케팅 및 생산전략의 통합

기업내부에서 개별 기능부서 간의 우위는 기업이 제공하는 재화의 수요와 공급에 의존하는 경향이 있다. 재화가 절대적으로 부족하던(초과수요) 시기에는 기업내 생산부문이 기업전략의 수립에 가장 중요한 역할을 담당하였다. 그러나 대량생산방식의 가속화와 더불어서 과거 30여 년간 세계적으로 재화의 공급과잉현상(초과공급)이 일반화되기 시작하였다. 이에 따라서 기업에 있어서 생산기능은 기업전략의 수립과정에 있어서 수동적인 역할을 하여 왔으며, 마케팅이 좀 더 주도적인 역할을 하여 왔다. 그러나 미래의 기업경쟁은 마케팅과 생산 등 제 기능들을 연계하여 통합시킬 수 있는 기업전략의 중요성을 강조한다.

Skinner(1969)가 제시한 마케팅과 생산의 단절(missing link)이라는 개념은 경영활동에 있어서 복잡성의 증대와 더불어 경쟁우위를 확보하기 위해서는 한 기능분야의 우위로는 불충분하다는 것을 제시한다. Hill(2000) 등의 연구에 따르면 기업의 규모와 시스템의 확대에 비교해서 제반 기능들의 통합은 상대적으로 느리게 진행되어 왔다는 것이다. 즉, 많은 기업들이 개별기능 안에서의 최적화인 부분최적화

그림 5-1 통합된 제품개발전략

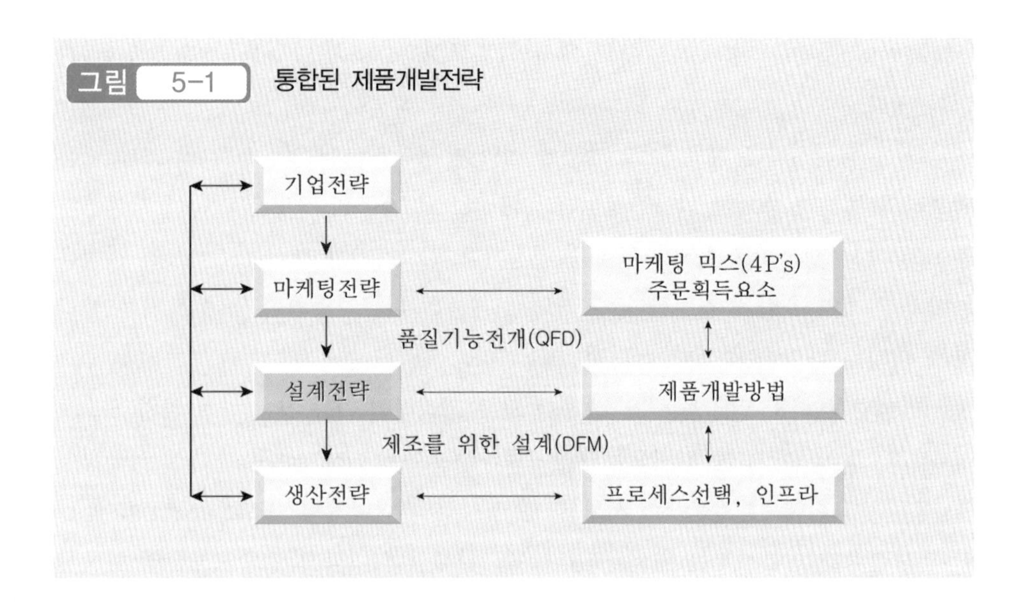

(sub-optimization)에 머물고 있으나, 기업의 전체최적화(global optimization)를 위해서는 기능 간의 통합이 필수적이라는 것이다.

기업전략의 수립과정은 기본적으로 마케팅전략, 설계전략, 생산전략이 순차적으로 내려오지만, 필요에 따라서 후 단계전략들은 선 단계전략의 수립에 영향을 미칠 수 있는 반복적인 과정을 통해 이루어진다. 〈그림 5-1〉은 과거 단절되었던 것으로 여겨지던 마케팅전략과 생산전략이 설계전략에 의해서 연결될 수 있음을 나타낸다. 특히 이러한 세 전략들 사이에 **품질기능전개**(QFD: Quality Function Deployment)와 **제조를 위한 설계**(DFM: Design for Manufacturability)는 주요역할을 맡는다. 품질기능전개는 마케팅전략과 설계전략의 연결을 담당하고, 제조를 위한 설계는 설계전략과 생산전략의 연결을 담당한다. 품질기능전개는 기능 간 일종의 커뮤니케이션과 요구사항에 대한 해석의 도구역할을 한다. 따라서 신제품에 대해 고객이 원하는 것과 실제 신제품이 제공할 수 있는 것과의 차이를 제거하는 역할을 한다(ASCM, 2022).

전통적으로 마케팅전략은 고객에게 가치를 창조하여 전달하는 역할을 맡는다. 예를 들어서 McCarthy(1979) 등이 언급한 제품(product), 가격(price), 유통(place), 촉진(promotion)이라는 4가지 요소의 마케팅혼합(marketing mix)은 마케팅전략의 수립에 핵심을 이룬다. 이 중에서 제품(product)은 스타일, 옵션, 품질, 브랜드, 크기, 특성 등을 포함하는 개념으로서 설계전략과 가장 밀접하게 연관되어 있다. 제품의 특성은

Hill(2000)이 설명한 바와 같이 시장에서의 주문획득요소(order winners)와 밀접한 관련이 있다.

또한 생산전략은 제품과 그 제품에 적합한 생산프로세스의 선택 및 그에 따른 인프라의 투자가 중요한 의사결정이다. 일반적으로 제품의 결정은 막대한 자본투자를 요구하는 생산프로세스의 설계를 결정한다. 또 이러한 생산프로세스의 결정은 설비와 기계의 유형을 결정한다. 그러므로 제품설계는 기업의 운영에 장기적인 영향을 미치는 대단히 중요한 전략적 요소이다.

마케팅적인 요소와 생산적인 요소를 모두 고려하여 기능 간 전략적 일치(strategic alignment or strategic fit)를 가져오는 **제품프로파일(product profiling)**은 기업의 전략형성에 매우 주요한데, 설계전략은 서로 다른 기능전략인 마케팅전략과 생산전략에 관한 의사결정을 연결시키는 역할을 한다. 즉, 설계전략은 과거 수요-공급의 시장상황에 따라서 주도적 역할을 달리했던 마케팅과 생산부분을 통합한 합리적 의사결정을 하는 연결고리 역할을 수행하여 전체최적화를 달성하는 데 주요 기능을 담당한다.

5.3 유형재화의 제품개발과정

기업은 새로운 제품을 출시한 후에 될 수 있으면 그 제품이 오랫동안 시장에서 계속 잘 팔리기를 원한다. 그러나 이렇게 지속적으로 잘 팔리는 제품은 극소수의 제품을 제외하고는 찾기가 쉽지 않다. 그러므로 기업은 꾸준히 새로운 제품을 시장에 내 놓아야 한다. 또는 기존 제품을 지속적으로 개선하여야 한다. 이렇게 신제품을 창출하거나 또는 기존 제품을 개선하는 과정은 다음과 같다.

일반적으로 유형재화에 대한 제품개발과정은 〈그림 5-2〉에 나와 있는 것처럼 ① 고객욕구파악, ② 아이디어창출, ③ 제품선정, ④ 타당성조사, ⑤ 예비설계, ⑥ 실험, ⑦ 최종설계 등 일곱 단계를 거친다.

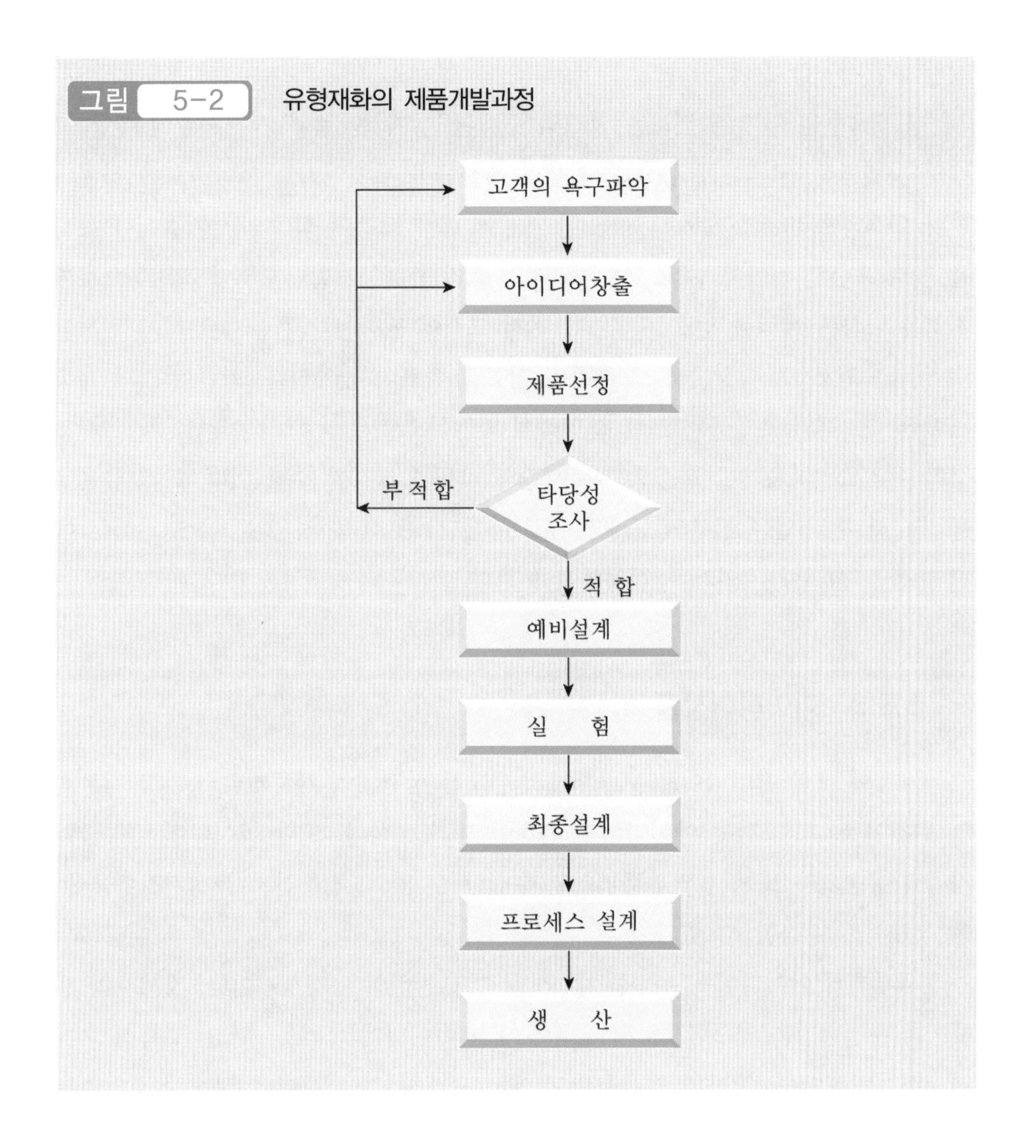

그림 5-2 유형재화의 제품개발과정

5.3.1 고객욕구 파악

기업은 단순히 기업이 원하는 제품을 생산하고 판매해서는 경쟁에서 이길 수 없다. 고객이 원하는 요구사항을 반드시 제품에 반영시켜 생산하여야 한다. 과거에는 제품개발을 단순히 제품의 표준규격과 기능의 관점에서 보았다. 그러나 이제는 보다 넓은 관점에서 제품개발을 생각하여야 한다. 즉, 고객이 원하는 가치를 제품에 주입시켜야 한다. 고객이 원하는 가치를 정확히 파악하여 이를 제품에 반영해야 시장에서 성공할 수가 있다.

고객욕구를 알기 위해서는 고객의 구매관습, 자사제품과 경쟁제품에 대한 고객의 차별의식, 고객에게 중요한 제품의 특성들이 무엇인지를 파악하도록 하여야 한다. **고객의 소리**(voice of customers)란 제품에 대해 고객이 희망하는 기능이나 특징을 말로 표현한 것이다(ASCM, 2022). 고객의 소리를 제품개발단계부터 고려함으로써 기업은 다양한 혜택을 얻을 수 있다. 먼저 고객이 원하는 제품을 분명하게 인지할 수 있다. 그러므로 시장에서 그 제품이 성공할 확률이 높아진다. 또한 기업의 제품개발팀이 고객의 욕구를 사전에 분명하게 파악함으로써 상호 간 이견을 사전에 조정할 수 있고, 제품개발에 소요되는 시간과 비용을 절감할 수가 있다. 고객의 욕구를 파악한 후 기업은 정부의 규제와 새로운 테크놀로지 및 경쟁자들을 고려하여 어떤 제품을 생산할 것인가를 결정하여야 한다.

5.3.2 아이디어창출

제품에 대한 아이디어는 누구에게서 나오든 상관없이 제품개발의 가장 기본적인 원천이 된다. 고객은 아이디어의 원천이 되기도 한다. 또한 아이디어는 공급업자들과 유통업자 또는 발명가로부터도 수집할 수 있고, 전문잡지나 정기간행물 등을 통해서도 수집할 수 있다.

외부에서 아이디어를 수집할 수 있는 중요한 원천은 경쟁자이다. 경쟁자의 제품이나 운영방침을 연구함으로써 제품에 대한 아이디어를 얻을 수 있다. 특히 보다 적극적인 방법은 경쟁자의 제품을 시장에서 구매해 그 제품이 어떻게 설계되었는지를 상세하게 분석하는 것이다. 그래서 구매한 경쟁자의 제품을 철저히 분해하여 모든 구성품들을 완벽하게 분석하고 연구한 다음, 이 분석결과를 자사제품에 응용하여 자사제품을 개선하는 것이다. 이 기법을 RE(Reverse Engineering)라 한다. RE는 꼭 하나의 경쟁자에게만 국한되지 않고, 모든 경쟁제품에 이용된다. 또한 아이디어는 조직의 구성원인 내부고객으로부터 수집할 수도 있다. 즉, 최고경영자, 연구개발부, 판매부를 포함한 기업 내의 모든 조직원으로부터 제안제도 등을 통하여 수집할 수 있다.

아이디어의 창출은 이렇게 기업의 내부와 외부를 통하여 수집할 수 있는데,

기업은 외부고객으로부터의 아이디어에 귀를 기울여야 하지만, 혁신적인 제품의 아이디어는 기업의 내부고객으로부터 나오는 경우가 많다. 예를 들어서 VCR의 예약녹화기능, TV원격조작기능 등을 개발 전의 상황에서 본다면 과학기술에 대한 지식이 없는 일반고객의 입장에서 그러한 기능이 가능하리라고 상상하기 힘들다. 그러나 내부고객의 통찰력은 이를 가능하게 한다. Chrysler는 당시 승용차주도의 시장에서 Caravan이라는 미니 밴(mini van)을 개발하여 시장에서 매우 큰 인기를 얻었다. 이를 개발한 자동차개발전문가 Hal Sperlich는 20여 년 동안 자동차개발업무에 종사하였지만, 고객으로부터 미니밴과 같은 다용도차(utility vehicle)를 만들어 달라는 고객의 편지는 한번도 없었다고 한다. 시장조사결과에서도 나타나지 않았다. 그러나 당시 미니밴에 대한 고객의 욕구는 분명 존재했으며, 고객의 취향이 전통적 승용차에서 다용도차로 옮겨 가고 있다는 것은 개발자의 통찰력에 의존한 것이었다. 시장에서 성공할 것이라는 개발자의 통찰력과 용기가 더욱 중요한 역할을 하였다.

또한 Honda의 스포츠카 개발팀은 고객을 만족시키기 위해 고객에 대한 욕구를 조사하기보다는 개발자 자신을 만족하기 위한 스포츠카를 개발한다. 이는 고객에게 맞추기보다는 고객을 이끄는 자신감이다. 고객에게 무엇이 필요한지 묻기보다는 통찰력을 바탕으로 신제품을 개발하고 일반대중을 교육하여 새로운 시장을 창조하는 것이다. 이를 위해서는 조직 내에서 내부고객을 먼저 만족시키고, 도전적 실패를 기꺼이 받아들이는 조직문화가 정착되어 있어야 한다. 신상품개발로 유명한 3M의 경우 신제품개발자는 실패한 아이디어에 대해서도 보상을 받는데, 그래야 혁신적인 제품에 대한 아이디어를 내부고객으로부터 이끌어 낼 수 있기 때문이다. 포스트잇(Post-it)도 이러한 3M의 기업문화에서 개발된 것이다. 페이저(pager), 제트스키(jetski), CD플레이어, MP3, 3D TV 등은 모두 내부고객의 아이디어에서 나온 것이다.

5.3.3 제품선정

소비자가 원하는 제품은 무수히 많다. 그러므로 기업은 기업의 내부능력에 맞는, 그리고 기업의 장점을 최대로 발휘할 수 있는 제품을 선정하여야 한다. 이것을 **제품선정**(product selection)이라 한다.

한번 선정한 제품은 기업의 미래에 장기적으로 영향을 끼친다. 그러므로 기업은 제품을 선정할 때 많은 주의를 기울여야 한다. 특히 기업이 제품을 선정할 때 다음과 같은 요소들을 고려하여야 한다.

① 경제적 변화

경제적인 변화는 장기변화와 단기변화를 동반한다. 예를 들면 자동차구매는 장기적으로 증가하리라고 본다. 그러나 단기적으로 보았을 때, 자동차수요는 휘발유가격 등에 의해 영향을 받는다.

② 인구통계학적 또는 사회학적 변화

가족계획에 의한 인구변동이라든지, 또는 의학의 발달로 인한 평균수명의 증가로 인해 제품수요가 변동한다. 요즈음과 같은 저출산/고령화사회는 유아용명품에 대한 수요와 노인들을 위한 실버제품의 수요를 증대시키는 것이 예이다.

③ 기술적 변화

기술의 변화는 신제품의 기회를 다양화한다. 휴대폰에 적용되는 정보통신기술은 단순한 음성전송으로부터 멀티미디어전송 기술로 발전되며, 디지털 카메라와의 결합 등 응용제품의 가능성을 확대하였다.

④ 정치적 또는 법적 변화

일반법과 관세법, 그리고 세법은 수요를 변화시킨다. 예를 들면 자동차관련 세금 및 휘발유, 경유, LPG 등 연료에 대한 세금 등 세법개정으로 인해서 개발할 자동차를 선정하는 것은 과거에 비해 더욱 복잡해졌다. 또한 WTO체제와 FTA 등으로 글로벌시장을 고려해야 하는 상황에서 제품선정은 국내뿐 아니라 상대국시장을 반영해야 하므로 보다 한층 복잡해졌다.

5.3.4 타당성조사

수집된 아이디어가 전부 실현성이 있고 수익성이 높은 아이디어라고 할 수는 없다. 그러므로 기업은 수집한 아이디어를 실현성이 있는 아이디어와 실현성이 없는 아이디어로 구분하여야 한다. 그래서 제품으로의 전환가능성이 전혀 없다고 판정된 아이디어는 추후의 고려대상에서 완전히 제거해야 한다. 타당성을 조사하는 데에는 일반적으로 다음과 같은 기준들을 이용한다.

① 시장에서의 판매가능성

시장에서 고객이 원하지 않는 제품을 생산하는 것은 기업의 귀중한 자원을낭비하는 것이고, 기업의 경영성과를 저해하게 되므로 제품대상에서 제외되어야 한다.

② 생산가능성

현재의 생산프로세스 및 설비시설로 생산할 수 없는 제품은 당연히 제품대상에서 제외하여야 한다. 그렇게 하기 위해서 기업은 반드시 사전에 기업의 생산능력과 생산프로세스를 조사하여야 한다.

③ 기업의 재정적 능력

자금력이 부족하다든지, 기대수익률에 못 미친다든지, 또는 투자조건에 미흡한 아이디어들도 제품대상에서 제외시켜야 한다.

④ 기업목적에의 부합성

기업이 추구하는 목적과 상치되는 제품은 아무리 수익성이 높다고 하더라도 궁극적으로 기업의 명성에 나쁜 영향을 끼치기 때문에 제품을 생산하여서는 안 된다.

⑤ 관리가능성

경영능력이나 조직의 문제 또는 인적자원의 기술수준 때문에 제품을 생산할 수가 없는 경우에도 제품대상에서 제외시켜야 한다.

⑥ 기술가능성

기업이 갖고 있는 기술능력으로 그 아이디어를 개발할 수 있는지를 검토하여야 한다. 아무리 좋은 아이디어라도 현재의 기술로 개발할 수 없는 아이디어는 실현불가능하기 때문이다.

⑦ 정부의 규제

생산하고자 하는 제품이 정부의 규제와 법규에 저촉이 되지 않는지를 확인하여야 한다. 이 과정을 통과한 다음에는 보다 구체적으로 재무분석을 해야 한다. 재무분석의 방법으로는 손익분기점분석과 회수율방법이 있다. **손익분기점분석**(breakeven analysis)은 총수익과 총비용이 일치하도록 하는 생산량을 결정하는 방법이고, 회수율은 얼마나 빠르게 투자액을 회수하는가를 분석하는 방법이다.

5.3.5 예비설계

타당성조사를 통과한 아이디어는 예비설계로 넘어간다. 설계기사에 의해 수행되는 **예비설계**(preliminary design)에서는 선택한 제품의 기본적인 특성을 결정하고, 제품에 들어가는 부품들을 결정한다.

그러나 이 단계는 예비설계이기 때문에 일반적으로 제품을 최종적으로 명시하지 않고, 고객이 제품을 사용할 때 제품이 수행하여야 할 기본적인 기능들만을 명시한다.

기본적인 특성을 결정한 다음에는 제품에 대한 원형을 설정한다. **원형**(prototype)은 물리적인 형태를 갖기도 하지만, 컴퓨터 시뮬레이션을 위한 프로그램이 되기도 하고 또는 실제 제품이 되기도 한다. 그리고 원형을 만드는 과정에서 실패하면 기본적인 특성들을 다시 설계하여야 한다.

예비설계에서는 제품이 지니는 여러 가지 요소들을 고려하여야 한다. 일반적으로 고려하여야 할 요소들은 다음과 같다.

- 제품의 기능
- 신뢰성
- 크기와 형태
- 생산량
- 제품의 수명
- 보전성
- 환경에 끼치는 영향
- 품질수준
- 비용
- 부품

제품의 특성을 결정하는 예비설계단계는 매우 중요하다. 왜냐하면 이러한 결정은 후속적으로 취해지는 일련의 다른 결정들을 제약하기 때문이다. 예비설계는 기계, 원자재, 작업자의 기술수준, 기계배치를 결정하는 데 막대한 영향을 끼친다.

5.3.6 실 험

예비설계가 끝나면 예비단계로부터 생성된 다양한 원형에 대해서 실험을 실시한다. **실험**(test)단계에서는 여러 가지 상황에서 원형을 실제로 실험하고 조사하여 다양한 자료를 수집한다. 즉, 실험단계에서는 개발한 원형이 실제로 갖고 있는 기능을 파악하는 단계이다. 대개 여기에서는 제품의 성능과 내구성을 실험한다.

실험단계에서 얻은 결과에 의해 제품은 미비한 부분이 개선되기도 하고, 실패로 판명되었을 경우에 폐기되기도 한다. 또는 실험결과가 만족스러운 경우, 그냥 그 상태로 최종설계단계로 넘어가기도 한다.

5.3.7 최종설계

최종설계(final design)는 제품설계의 가장 마지막 단계로서 제품에 대한 구체적인 특성을 최종적으로 결정하는 단계이다. 이 단계에서는 실험단계에서 수집된 자료에 근거하여 개발된 여러 가지 원형들을 비교분석하여 최종적으로 생산할 제품을 결정한다. 최종설계는 다음과 같은 4단계로 구성되어 있다.

[1] 기능설계

기능설계(functional design)는 제품기능에 대한 설계이며, 최종설계에서 가장 중요한 설계이다. 그래서 설계기사들도 기능설계에 가장 많은 관심과 시간을 할애한다. 특히 기능설계에서는 고객의 욕구를 충족시키는 제품을 설계하여야 한다. 그러므로 고객이 요구하는 기능 및 성능을 제품에 반영하는 단계가 바로 기능설계이다. 그리고 기능설계에서는 제품의 품질수준을 결정한다. 특히 신뢰성과 보전성은 기능설계가 결정하는 중요한 두 가지 요소이다.

[2] 형태설계

형태설계(form design)에서는 모양, 포장, 색상, 크기와 같은 제품의 외형과 이미지나 독창성과 같은 미관을 결정한다. 대부분 기능설계는 형태설계에 의해 보완된다. 특히 외적인 형태가 중요한 제품에 있어서는 형태설계가 기능설계 못지않게 중요하다. 예를 들면 유행에 민감한 의류는 형태설계가 상당히 중요하다. 또 기능이 유사한 제품들에 있어서, 그리고 산업재보다는 소비재에 있어서 형태설계가 중요하다.

[3] 생산설계

생산설계(production design)는 제품을 만드는 가장 경제적인 생산방법을 결정한다. 그래서 어떤 자재를 사용하고, 어떻게 부품들을 결합하여야 가장 비용이 감소하는지를 연구한다. 경제적인 생산방법은 생산의 용이성과 관련이 있다. 제품을 생산하는 데 어려움을 초래하는 설계는 비용이 증가할 뿐 아니라 품질도 나빠지게 한다. 그래서 생산설계를 하는 설계기사들은 프로세스의 형태를 미리 파악하고 이해하여 기존의 프로세스로 제품을 가장 쉽게 만들 수 있도록 제품을 설계하여야 한다. 또 작업자들의 기술수준과 기계상태를 고려하여 제품을 설계하도록 하여야 한다.

경제적인 생산방법을 결정할 때 고려하여야 할 중요한 요소는 **단순화**(simplification)이다. 단순화는 넓은 의미로는 제품의 종류를 감소시키는 것을 의미이다. 그러나 생산설계에서는 좁은 의미의 단순화를 말한다. 좁은 의미의 단순화는 제품에 들어가는 부품과 조립품의 수를 감소하는 것이다. 즉, 단순화란 제품이 의도한 본래의 기능을 제대로 수행하는 한도에서 될 수 있으면 최소한의 부품 및 조립품을 사용하도록 제품을 설계하는 것이다. 일반적으로 제품을 구성하는 부품의 수가 적으면 적을수록 원자재비와 인건비 및 생산비용이 감소한다. 그리고 제품을 생산하기가 쉬워져서 제품의 신뢰성이 증가하게 된다. 단순화는 또 프로세스의 단계를 감소하여 생산시간을 감소시키며, 작업을 위해 설치되는 고정장치물과 공구의 수도 감소시킨다.

또한 부품을 결합하는 데 있어서 고려하여야 할 점은 부품의 적합성(compatibility)이다. 부품의 적합성이란 부품 간에 서로 외형적으로 접합이 가능하여야 하고, 부품이 제품의 기능을 제대로 수행할 수 있도록 일정한 범위 내의 강도, 습도,

온도에서 제 기능을 유지할 수 있도록 하는 것을 의미한다.

[4] 안전설계

제품은 안전하게 사용될 수 있도록 설계되어야 한다. 그래서 인간에게 또는 주위환경에 해를 주지 않도록 하여야 한다. 안전설계(safety design)는 이렇게 인간과 자연을 보호하기 위한 설계이다. 예를 들어서 인체공학적으로 설계된 키보드(keyboard), 전자파차단 모니터 등이 사용자안전을 고려하여 개발된 것이다. 이것도 컴퓨터를 사용하는 사람들에게 보다 피로감을 덜 주어 직업병을 감소시키고자 설계되는 것이다. 특히 제조물의 결함으로 인하여 발생한 손해로부터 피해자를 보호하기 위해서 제정된 **제조물책임법**(PL: Product Liability)에 의해서 최근 안전설계의 중요성이 더욱 강조되고 있다. 제조물책임법(법률 제17907호)이 시행되기 이전에는 소비자가 제조물의 결함을 발견했다 하더라도 제조업체의 고의 혹은 과실이 입증된 경우에만 배상을 받을 수 있었으나, 이 법은 제품의 결함으로 발생한 인적·물적·정신적 피해까지 제조업체가 부담하는 한 차원 높은 손해배상제도로, 제조업체에게 더욱 무거운 책임을 요구한다.

2010년도 Toyota의 Lexus라는 최고급차량의 급발진에 대한 대량 리콜(recall)은 안전설계가 미비해서 발생한 것으로, 안전설계는 기업의 생존에 결정적 역할을 할 수 있다. 2015년 하반기에 발생한 Volkswagen의 배기가스조작 파문은 제조물책임을 넘어서는 일종의 사기(fraud)로 인식된다. 의도적으로 엔진제어 프로그램을 조작하여 배기가스검사 시에는 배기가스저감장치가 작동하여 오염수치를 낮추고, 일반주행 시에는 연비향상을 위해 배기가스저감장치를 작동시키지 않도록 한 것이다. 이는 전 세계 사용자, 딜러, 투자자들로부터 소송을 불러일으키고 거래 금융기관마저 금융거래를 중단하는 치명적인 사건이었다. 이를 통해서 품질과 기업윤리를 지키지 않았을 경우 기업이 존폐의 기로에 설 수 있다는 것을 보여준다.

이와 더불어서 2022년부터는 **중대재해처벌법**(법률 제17907호)이 발효되어서 사업 또는 사업장, 공중이용시설 및 공중교통수단을 운영하거나 인체에 해로운 원료나 제조물을 취급하면서 안전·보건 조치의무를 위반하여 인명피해를 발생하게 한 사업주, 경영책임자, 공무원 및 법인의 처벌 등이 강화되었다. 중대산업재해란 산업재해 중에 ① 사망자 발생 1명 이상, ② 부상자 2명 이상 동일한 사고로 6개월 이상

치료가 필요, ③ 직업성 질병자 3명 이상의 경우로서 사업주·경영책임자 등이 안전보건확보 의무를 위반하여 발생한 중대산업재해에 대해 징역까지 가능한 강화된 처벌이다. 이는 제품의 위해성을 처벌하는 제조물책임법과 함께 제품의 제조 프로세스도 안전 중심으로 바뀌는 법적 근간이 되고 있다.

5.4 제품개발방법: 동시공학

1990년대 들어서 경영학에 있어서 결과중심의 경영(result oriented management)보다는 과정중심의 경영(process oriented management)이 강조되어 왔다. 신제품개발에 있어서도 예외가 아니다. TQM(Total Quality Management)과 리엔지니어링(BPR: Business Process Reengineering) 등의 확산과 함께 많은 기업들이 제품을 생산하는 제조과정뿐만 아니라, 신제품개발에서도 프로세스에 대한 관리기법을 채택하였는데 대표적인 것이 동시공학이다.

제품개발의 제반 단계를 동시적으로 수행하는 관행은 일본기업 등에서 많이 활용되어 왔으며, 일반적으로 TQM이나 초일류제조(world class manufacturing)의 일부분으로 받아들여졌다. 이러한 개발법은 concurrent engineering, simultaneous engineering, parallel engineering, total product design, integrated product design 등 다양한 용어로 불렸으나, **동시공학**(CE: Concurrent Engineering)이 가장 대표적이며 포괄적인 용어로 받아들여지고 있다. ASCM(2022) 사전에서는 동시공학을 "기업의 모든 부서들을 제품설계와 활동에 참여시키는 개념"으로 정의하고 있다. 이 제품개발법은 제품개발단계 전체 혹은 다수의 단계가 동시적으로 수행된다. 제품개발과 관련된 대부분 조직이 제품개발 초기에 참여한다. 고객과 주요 부품공급업자도 참여하게 된다. 제품개발자들은 다기능팀을 만들어서 연관된 다른 부서와 빈번하고 계속적인 협의를 통해서 제품의 모든 요소들을 설계과정에 반영할 수 있도록 한다.

그런데 기능적 부문 간의 정보교환은 조직의 재구축을 통하거나, 정보기술의 활용을 통해서 효과적으로 달성될 수 있다. 때에 따라서 개발자들은 같은 물리적 장소에 위치하지 않고 전자적 네트워크로 연결된 **가상의 팀**(virtual team)을 구성하여 개발에 참여할 수 있다.

개발관련자들 간의 수평적인 상호작용을 촉진하기 위해서는 의사소통을 증대시킬 수 있는 조직구조와 인프라를 갖추는 것이 필요하다. 이 방법은 시장진입시간을 단축시키고, 순차적 개발방법에서 야기될 수 있는 부분최적화의 문제를 조기에 해결할 수 있는 장점이 있다. 그러나 기능적 연계가 초기부터 필수적이기 때문에 초기투자가 매우 많이 필요하며, 압축된 일정하에 협업을 수행할 수 있는 기업문화가 필수적이다. 따라서 동시적인 제품개발은 이러한 노력에 대한 비용보다 예상된 편익이 많을 때 활용되어야 한다. 한국을 비롯하여 미국, 일본, 독일 등 세계 대부분의 자동차회사는 거의 모두 이러한 방법으로 전환하고 있다. 특히 시간중심의 경쟁이 가속화되는 컴퓨터, 휴대폰을 비롯한 첨단정보통신 제품의 개발에는 동시공학적 제품개발은 사실상의 제품개발방식의 표준으로 자리잡고 있다.

대부분의 초일류기업은 경쟁이 치열해지며, 제품라이프 사이클(product life cy-cle)이 단축되는 시장상황에서 동시공학을 전략적 우위를 확보하기 위한 방안으로 인식하여 적극적으로 활용하고 있다.

기업이 실제로 동시공학을 실행하는 데 사용하는 기법은 다음과 같다.

5.4.1 제조를 위한 설계(DFM: Design for Manufacturability)

기업은 기업이 소유하고 있는 설비와 인력자원을 가지고 만들 수 있는 제품을 설계하여야 한다. 그러한 요소들을 고려하지 않고 설계된 제품은 제조가능성뿐 아니라 수익성에 문제가 되기 쉽다. 그래서 제품은 기업의 생산설비능력을 가지고 최저의 비용으로 쉽게 생산될 수 있도록 설계되어야 한다. **제조를 위한 설계**(DFM: Design for Manufacturability)는 제품을 보다 경제적이고 용이하게 생산할 수 있도록 제품을 설계하는 방법이다. 제조를 위한 설계의 개념은 모든 제품생산의 첫걸음은 제품설계에서 출발한다는 전제에서 이루어진다. 그래서 제품생산의 첫번째 단계인 제품설계단계에서 제품을 가장 손쉽게, 그리고 가장 경제적으로 만들 수 있도록 제품을 설계하자는 것이다. 이는 설계자의 입장에서 후속프로세스인 제조에서 작업하는 작업자는 내부고객이며, 이를 만족시키기 위해서는 설계가 잘 되어 있어야 한다는 것이다. 제조를 위한 설계는 앞서 〈그림 5-1〉에서 나타난 바와 같이 설계전략과 생산전략을 연결시키는 주요 역할을 담당한다. 이렇게 하기 위해서는 제품설계 단계에서부터 제품에 들어가는 부품과 구성품의 특성을 파악하여 최적의 부품과 구성품을 설계하고, 조립과 가공방법도 파악하여 가장 경제적인 조립과 가공방법을 설계하도록 하여야 한다는 것이다. 제조를 위한 설계가 효과적으로 수행되면 제품 설계의 품질을 향상시키고, 제품설계에 수반되는 비용과 시간을 감소시킨다.

본 절에서는 제조를 위한 설계를 대표적으로 DFM으로 표시하고 있으나, 실제로는 DF'X'로서 X는 다양한 전략적 변수들이 들어갈 수 있다. 예를 들어서 설계담당자들은 DFC(Design For Cost), DFQ(Design For Quality), DFS(Design For Serviceability) 등에 적합한 설계를 하며, 최근 들어서 환경보호의 중요성이 강조됨에 따라서 많은 기업들은 DFD(Design For Disassembly), DFE(Design For Environments) 등에 적합한 설계를 추구하고 있다.

5.4.2 가치공학과 가치분석

가치공학과 가치분석은 제품의 가치를 증대하고 생산비용을 감소하는 기법으로서 많은 기업체에서 사용되고 있다. 가치공학과 가치분석은 보다 가치가 많은 제품을 생산하거나 또는 같은 제품이라도 보다 경제적으로 생산하도록 한다.

가치공학(value engineering)은 제품을 선정하고 설계할 때 사용하는 기법이다. 제품을 설계할 때 엔지니어는 반드시 사용한 부품과 원자재가 비용에 어떤 영향을 끼치는지를 고려하여야 한다. 제품에 의해 제공되는 기능에 초점을 두어 그 기능이 제품에 부가가치를 생성하는지를 분석한다(ASCM, 2022).

가치분석(value analysis)은 가치공학과는 달리 신제품이 시장에서 성공하고 있다고 전제한 다음에 생산과정에서 발생하는 비용을 줄이기 위해 사용하는 기법이다. 가치분석은 모든 부품과 반조립품, 그리고 기기의 비용을 객관적으로 연구하는 것이다. 그래서 비용을 감소시키기 위하여 새로운 자재와 생산방법을 끊임없이 설계하고 연구한다. 이렇게 가치분석은 각 품목의 기능과 각 품목이 최종제품에 끼치는 영향을 비교한다. 그래서 각 품목이 가장 저렴한 비용으로 최종제품에 공헌하도록 한다. 가치분석은 끊임없이 새로운 방법을 강구하기 위하여 계속적으로 기존의 품목에 대해 의문점을 가지고 연구하여야 한다.

5.4.3 품질로바스트 설계

설계를 잘 하여야만 제품을 경제적으로 생산할 수 있고, 품질문제를 사전에 방지할 수 있다. 설계가 끝난 제품은 생산에 들어가는데, 여기에서 중요한 것은 설계도에 명시된 대로 생산을 잘 해야만 한다는 것이다.

설계도에는 제품이 어떤 조건하에서 제 기능을 완전하게 발휘한다는 것을 명시하고 있다. 그래서 제품들은 주어진 조건에서는 설계도에 명시된 기능을 제대로 수행한다. 그런데 중요한 것은 조건이다. 왜냐하면 조건의 범위가 제품의 성능에 막대한 영향을 주기 때문이다. 만약 조건의 범위가 상당히 좁다면, 이 조건을 충족시키는 제품을 생산하기도 어렵지만, 생산한다 하더라도 실제 상황에서 사용하기도 상당히 어려울 것이다. 하나의 예를 들어 어떤 제품을 생산하는데, 이 제품이 습도에 매우 민감하다고 하자. 그래서 습도가 40~50%인 경우에만 기능을 100% 발휘하고, 이 습도범위의 밖에서는 기능이 현저하게 감소한다고 할 경우, 이런 제품은 생산하기도 어렵고 또 사용하기도 어렵다. 왜냐하면 이 제품을 생산할 때나 또 사용할 때 습도를 항상 40~50%로 유지하여야 하기 때문이다. 이것은 습도유지를 위한 새로운 시설을 필요로 하기 때문에 비용이 더 소요될 뿐만 아니라, 필요 이상의 시간과 공간을 요한다.

이런 문제를 해결하는 기법이 바로 **품질로바스트 설계**(quality robust design)이다. 품질로바스트 설계는 제품이 보다 혹독한 조건하에서도 제 기능을 충분히 수행할 수 있도록 제품을 설계하는 것이다. 다시 말하면, 품질로바스트 설계란 불리한 작업조건과 환경조건에서도 성능특성이 지속적으로 균일한 제품이 생산되도록 설계하는 것을 말한다. 이것은 불리한 조건을 유발시키는 원인보다는 불리한 조건이 끼치는 영향을 제거하자는 것이다. 왜냐하면 이것이 비용을 더 감소시킬 수 있기 때문이다. 그리고 소비자들은 바로 이러한 제품을 원한다. 어떠한 환경조건하에서도 소비자들은 바로 소비자가 원하는 성능을 그리 큰 변동 없이 발휘하는 제품을 절대적으로 원한다.

또한 Phadke(1989)는 Taguchi의 파라미터설계의 기본적인 이념을 **실험설계**

(experimental design)에 근거한 기법이라고 하면서 로바스트 설계를 다음과 같이 설명하였다. 로바스트 설계의 근본적인 원리는 변동을 발생시키는 원인 자체를 직접 제거하는 것이 아니고, 변동원인이 끼치는 영향을 극소화시킴으로써 제품의 품질을 향상시키는 것이다. 이것은 변동을 야기시키는 여러 가지 원인들에 의해 제품의 성능이 변동하지 않도록 제품과 프로세스에 대한 설계를 최적화함으로써 달성된다. 이러한 프로세스를 파라미터 설계라 한다.

로바스트 설계는 통계적 실험설계를 사용하여 다음처럼 2가지 문제를 해결한다. 첫째, 어떻게 해서 소비자가 사용할 때 발생하는 제품성능의 변동을 가장 경제적으로 감소시킬 수 있는가? 둘째, 실험과정에서 가장 최적인 상태를 어떻게 해서 실제로 제품에 집어 넣을 수 있는가? 그래서 제품이나 서비스가 더욱더 로바스트되면 될수록 사용할 때 주위환경의 변화에 덜 영향을 받아 소비자들에게 유익하다. 그렇기 때문에 설계를 하는 사람들은 제품을 설계할 때 반드시 그 제품의 로바스트의 정도를 어느 정도로 하여야 할 것인가를 결정하여야 한다.

5.4.4 품질기능전개

품질기능전개(QFD: Quality Function Deployment)는 고객의 욕구를 제품의 기능으로 전환시키는 기법이다. 품질기능전개는 제품은 고객의 욕구와 기호를 반영하여야 한다는 믿음에 근거하여 창안된 개념이다. 이러한 목적을 달성하기 위해서 조직 내의 마케팅과 설계부서, 그리고 생산부서가 제품을 설계하는 초기단계에서부터 서로 협조하여야 하는데, 협조를 이끌기 위한 체계적인 기법이다.

품질기능전개는 기능(function)과 전개(deployment)를 합성한 단어이다. 품질기능전개는 고객의 소리(voice of customers)를 제품의 특성으로 전환시키는 것이다. 고객의 욕구를 제품의 부품과 전부 연결해 조직적으로 제품의 품질에 반영시키고자 한다. 품질전개를 하기 위해서는 먼저 고객의 욕구를 정확하게 파악하여야 한다. 고객이 무엇을 원하는지를 모르면, 고객의 욕구를 제품으로 전환할 수가 없다. 더구나 기업은 고객이 실제로 표현하지 않는 잠재적인 욕구까지 파악하도록 하여야 한다. 그렇지 않으면 설계가 잘못 될 수가 있다. 여기에서 의미하는 고객은 제품을 실제로 사용하고 있는 소비자뿐만 아니라, 잠재적인 소비자, 그리고 내부고객까지 포함하여야 한다.

고객의 욕구를 만족시키기 위해서 기업은 파악된 고객의 욕구를 구체적인 제품의 특성으로 전환시켜야 한다. 즉, 품질기능전개는 고객의 소리를 엔지니어의 언어로 전환시켜야 한다. 왜냐하면 고객의 소리는 가끔 상당히 모호하고 추상적일 때가 많기 때문이다. 그래서 이런 고객의 주관적인 소리를 제품으로 생산할 수 있는 분명한 엔지니어링품질규격으로 전환시켜야 한다.

또 하나는 품질기능이다. 품질기능은 제조업체에서 고객의 유용성을 만족시키는 제조업체의 중요한 기능이다. 그러므로 품질기능전개는 기업의 품질기능을 수행하는 기법이다. 최근 품질기능전개는 또 고객을 중시하는 기업전략을 수립하는 도구로써 널리 사용되고 있다. 최고경영자들에게 고객의 소리를 직접 전달함으로써 고객의 소리를 전반적인 경영전략에 반영하도록 하고 있다. 고객의 소리를 반영하지 않는 전략은 실패할 확률이 대단히 높다. 앞서 〈그림 5-1〉에서 설명된 바와 같이 품질기능전개는 기업전략을 구성하는 데 있어서 마케팅전략과 설계전략을 연결

그림 5-3 품질의 집

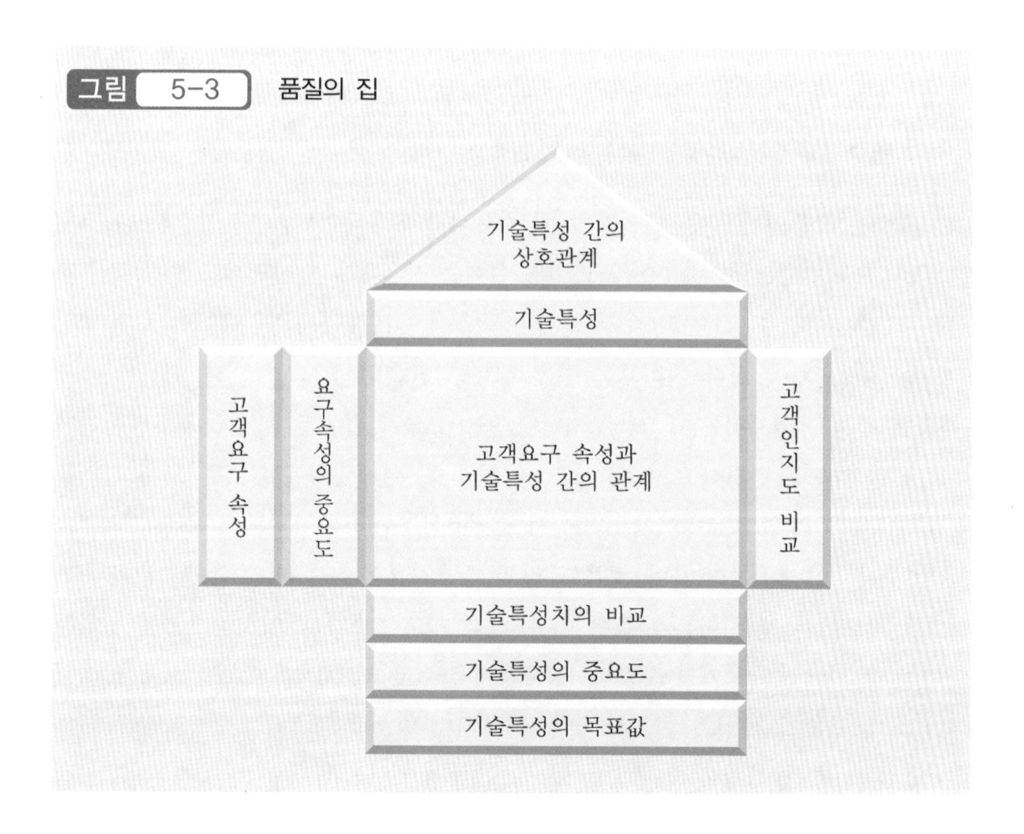

시키는 기능을 한다. 즉, 고객의 욕구파악을 제품의 기능에 반영하도록 하는 체계적인 방법이다.

품질기능전개가 추구하는 목적을 달성하기 위하여 개발된 도구가 **'품질의 집(house of quality)'**이라는 기법이다. '품질의 집'이라고 명명한 것은 도형이 집처럼 보인다고 해서 명명한 것이다. '품질의 집'은 부서 간의 계획과 의사소통을 원활히 하고자 하는 수단을 제공하는 방법으로 일종의 개념적인 지도이다.

'품질의 집'은 일반적으로 〈그림 5-3〉과 같이 구성되어 있다. 고객의 욕구가 무엇인지는 품질의 집 좌측에 나와 있다. 또한 이를 달성하기 위한 기술적 특성은 윗부분에 나타나 있다. 가운데는 고객의 욕구와 기술적 특성 간의 상관관계의 정도를 표시한다. 품질의 집 오른쪽은 고객의 욕구에 대해 자사제품과 경쟁사제품과의 경쟁력을 비교하여 나타낸다. 아래는 고객의 욕구를 만족시키는 데 필요로 하는 기술적 특성의 목표치와 중요도를 나타낸다. 이러한 도구를 작성함으로써 여러 기능들인 제품개발, 마케팅 및 생산을 담당자가 서로의 관점을 조화롭게 하며, 전체적인 관점에서 제품개발에 관한 의사결정을 할 수 있다.

5.4.5 CAD/CEA와 3D 프린팅

새로운 제품이나 부품을 설계할 때 컴퓨터가 활용되는데, 이것이 컴퓨터 지원 설계인 CAD(Computer-Aided Design)이다. 설계는 창의력을 요하면서도 반복적인 과정을 되풀이한다. CAD는 이러한 설계의 특성에 적합한 새로운 테크놀로지이다. CAD는 시장변화에 보다 빨리 대응하기 위한 방안으로 정보시스템을 이용해서 제품 또는 부품을 설계하는 테크놀로지이다. 즉, CAD란 컴퓨터를 이용하여 제품이나 부품을 설계하고, 변경하고, 분석하고, 문서화하는 설계행위에 관련된 모든 작업을 수행하는 일종의 소프트웨어(software) 시스템이다.

CAD는 이렇게 설계자와 컴퓨터 간의 상호작용을 가능하게 할 뿐만 아니라, 다양한 각도에서 제품 또는 부품을 이동, 확대, 회전, 제거, 투영시킴으로써 설계를 쉽게 변경시키는 것을 가능하게 한다. 이렇게 함으로써 CAD는 제품과 부품에 대한 여러 가지 구조적 특성과 기계적 특성을 보여 준다.

CAD는 주로 설계의 통합과 분석, 그리고 평가와 문서화에 많이 응용된다. 설계통합에서는 제품이나 부품의 기하학적 모형(geometric model)을 개발하고 수리적인 모형을 작성한다. 기하학적 모형이란 어떤 부품의 기하학적 도형으로써 직선과 곡선, 그리고 형태를 사용하여 창출된다. 기하학적 모형은 실체와 유사하기도 하고, 또는 가상적인 형태를 보여 주기도 한다. 수리적인 모형은 숫자와 부호로 구성된 모형이다. 이렇게 해서 창출된 기하학적 모형과 수리적 모형은 전부 CAD시스템의 데이터베이스(database)에 입력된다. CAD시스템의 데이터베이스에는 제품이나 부품의 수치만 입력하는 것이 아니고, 자재에 대한 표준규격과 허용오차한계도 입력된다.

또 유사한 설계도면을 그룹화하여 보관하는데, 그룹화하는 데에는 주로 GT(Group Technology)기법을 사용한다. 그래서 GT기법을 이용하여 제품의 형태나 작업상의 프로세스경로가 유사한 부품이나 제품을 그룹화한다. 입력된 모형은 모니터를 통해서 모형의 앞면뿐만 아니라 뒷면, 측면, 그리고 위에서도 볼 수 있다. 모형을 모든 각도에서 회전시키면서 모형의 모든 형태를 볼 수도 있다. 모형을 확대하거나 축소시켜 볼 수도 있으며, 모형을 여러 개의 구성품으로 분리해 각 구성품을 따로 볼 수도 있다. 또한 CAD에서는 이 모형을 이용하여 새로운 모형을 창출할 수가 있다.

설계분석은 엔지니어링분석을 하는 것이다. 그런데 CAD시스템과 함께 사용될 때의 엔지니어링분석을 CAE(Computer-Aided Engineering)라 한다. CAE는 CAD시스템의 데이터베이스를 이용해 부품의 기하학적 도형을 형성한 다음, 부품 모형을 실제로 만들지 않고 이 기하학적 도형을 컴퓨터 스크린을 통해 분석하고 실험하는 기법이다. CAE는 제품에 필요한 원자재를 선정하고, 제품의 속성인 강도와 소음, 진동, 내화성 등을 분석하는 기법이다.

스마트 공장에서 추구하는 최첨단의 CAE는 엔지니어링 분석을 디자인이 끝난 후(後) 제품의 테스트 단계에서뿐 아니라 제품의 기획단계인 디자인 전(前) 단계에서 적용할 수 있는 것으로 발전하였다. 이 것이 가능하게 된 것은 위상최적화(topology optimization) 기술을 응용하여 주어진 공간 제약조건하에서 가장 효율적인 디자인을 제안할 수 있어서 제품의 경쟁력인 개발시간, 비용을 혁신적으로 단축할 수 있다. 예를 들어서 벌집구조는 수백만, 수천만년의 진화를 거쳐서 외부로부터의 충격이나 하중을 분산하여 견피로도를 견디도록 진화된 것으로서 위상수학은 단순한 직선·직각 위주의 직육면체의 디자인을 넘어서 이러한 곡선 등을 포함한 최적화된 구조를 찾는 데 활용된다. 한정된 공간을 최적화하여 사용하게 하는 것이 가능한데 이러한 것은 스마트폰 등 공간을 절약하며 최적의 설계를 위한 구조파악 등을 가능하게 한다.

설계평가는 중복된 설계가 있는지, 또는 설계가 잘 되었는지를 검토하고 평가하는 것이다. 이 때 사용하는 기법으로 RP(Rapid Prototyping)이 있다. RP는 CAD 모형을 모형에 관한 디지털 데이터를 활용하여 자동화된 시스템에 의해 소형의 실체모형으로 신속하게 전환시키는 기법이다. 그래서 RP를 3차원의 하드카피(hardcopy) 시스템이라고 부른다. RP를 통해서 더 빠르고 저비용으로 테스트하는 것이 가능하며, 조립의 편의성 등도 평가할 수 있고, 실제 생산도구의 정비에 앞서서 그 타당성을 확인할 수 있다(ASCM, 2022).

일본기업들은 실체모형을 보고 개발관련자들이 제품에 대한 토론을 하는데, 이는 단순히 실체모형을 제작하는 데 소요되는 시간을 단축할 뿐 아니라 제품을 완성하기까지 만들어지는 모형의 수를 감소시키고, 궁극적으로 총 리드 타임도 감소하는 효과를 얻는다.

설계문서화는 설계에 관한 모든 자료를 공식적으로 기록하는 것이다. 그래서 그래픽과 문자를 이용하여 각종 보고서뿐만 아니라 자재명세서, 조립도, 부품목록, 사용지침서까지 전부 작성한다.

CAD는 단독으로 활용될 때에도 설계부문의 생산성을 증대시키지만, CAD가 제조부문과의 통합되었을 때보다 효과적으로 생산성의 향상을 꾀할 수 있다. 컴퓨터에 의하여 설계부문과 제조부문을 통합한 것을 CAD/CAM이라 한다. 설계데이터는 디지털화되어 제조부문으로 전송되고, 자동화된 기계들에 의해서 제품이 빠른 시간에 만들어지는 것을 가능하게 한다. CAD/CAM은 초기의 설계단계가 설계부문뿐 아니라 제조부문까지 바로 연결되어 생산을 위한 기계 및 공구와 제조과정에 대한 컴퓨터 프로그래밍의 정보를 제공한다. 설계에서 생성되는 제품에 관한 자료로 구성된 데이터베이스를 생산부문이 공유함에 따라서 두 부서 간의 의사소통과 상호작용이 원활하게 되어 제품에 관한 신속한 의사결정을 할 수 있다.

최근 신제품 개발과 관련하여 주목을 받고 있는 것이 **3D 프린팅** 기술의 활용이다. 삼성경제연구소에 의하면 10년 내에 미래를 바꿀 7대 파괴적 혁신기술(disruptive innovative technology)의 하나로서 3D 프린팅을 꼽고 있다. 또한 2012년 세계경제포럼(WEF)에서 3D 프린팅을 미래의 10대기술 중 2번째로 전 세계적으로 널리 활용될 기술로서 발표하였다. 파괴적 혁신기술이란 ① 기존 산업의 경쟁질서를 변경하거나 ② 타 산업에 영향을 미치거나 ③ 소비자의 행동이나 사고를 변화시키는 신시장을 창출할 수 있는 기술을 의미한다. 예를 들어서 2007년 이후 본격적으로 시장이 형성된 스마트폰의 기술은 이에 해당할 수 있다. 스마트폰은 기존의 음성 중심의 전화사업을 디지털 데이터 중심으로 전환했으며, 게임기, 카메라, 네비게이션(GPS) 등 타 산업에도 영향을 미치고, 앱스토어, 소셜커머스, 빅데이터 등 새로운 비즈니스모델을 확산시켰다(정성원 등, 2013).

3D 프린팅이란 3차원 설계도인 디지털 데이터를 활용하여 제품이나 부품을 만들기 위해서 재료(소재)를 한 층씩 쌓는 기술로서 일명 적층가공(additive manufacturing)이라고도 부른다(ASCM, 2022). 전통적인 생산방식이 절삭가공(subtractive manufacturing)이라면 3D 프린팅은 새로운 층을 쌓아가는 생산방식으로서 적층가공의 특성을 갖고 있다. 3D 프린터는 마치 산업로봇처럼 3차원의 다양한 물체를 빠르게 제작할 수 있는 장점이 있다. 이 기술은 최초로 1980년대 일본의 나고야시 공업연구소에서 소개되었으나, 상용화에서는 미국이 앞서 있으며 최근 들어서는 프린팅 관련 하드웨어적 발전과 특허가 만료된 기술들로 인해서 더욱 범용화되고 있다. 이런 추세는 제조업뿐 아니라 2010년도에 이르러서는 개인용으로 확대되고 있다.

3D 프린팅이 제조업에서 갖는 의미는 크다. 3D 프린팅은 전통적인 제품생산의 프로세스를 변화시켰다. 전통적 제조방식은 금형을 만들고, 그 후 이를 기반으로 하여 부품을 생산하고 조립하는 프로세스가 일반적이다. 이러한 전통적 생산방식은 대량생산(mass production)에 적합하며, 제품별로 별도의 금형제작, 생산라인, 조립프로세스가 필요하다.

이에 반해서 제품의 3D 프린팅은 단순 시제품 제작을 넘어서고 있다. 적층가공을 통해서 조립공정 없이 제품의 제작이 가능해진 것이다. 1대의 3D 프린터를 사용하여 다양한 제품을 생산할 수 있을 뿐 아니라, 시제품 제작을 위한 시간과 비용을 줄여서 시장경쟁력을 확보하고 나아가 다품종 소량생산을 가능하게 한다. 특히 개인 수준에서의 차별화 전략이 핵심인 매스 커스터마제이션(mass customization)을 구현하는 데 적합하다.

현재의 기술로서 3D 프린팅은 제품의 표면 정밀도나 강도 등에서 약간의 단점을 갖고 있으나, 이는 기술적으로 보완되어 가고 있으며, 제조기술과 IT기술이

표 5-1 기존 제조공정과 3D 프린팅 공정의 비교

금형을 활용한 전통 제조공정	구분	3D 프린팅을 활용한 공정
대량생산 분야에서 강점 (생산량 감소 → 제품원가 증가)	강점분야	맞춤형 생산 분야에서 강점 (생산량 감소 → 제품원가 동일)
부품생산 후 조립하여 제품 완성부품과 완제품의 적정 재고운영 필요	제조방식	재고 없이 조립된 형태의 제품 생산가능
제품 구조가 복잡할수록 생산비용 증가	생산비용	제품의 복잡도와 생산비용 무관
공장에서 제품을 생산해 직접 수송	유통	제품대신 대지털도면을 유통하고 원하는 장소에서 출력
제품별 서로 다른 생산라인이 필요	공장유형	하나의 3D 프린터가 여러 종류의 제품을 생산

출처: 세계가 3D 프린팅에 주목한다, 삼성경제연구소, 인포그래픽 자료존(전자신문작성), 2014.

접목되어 경쟁 우위를 확보하는 전략적 도구로 받아들여지고 있다. 최근 공장자동화(factory automation)를 넘어서 지능형 스마트 공장(smart factory)으로의 진화가 일어나고 있는데 3D 프린팅은 이에 중요한 하나의 축을 담당하고 있다. 〈표 5-1〉은 기존의 제조공정과 3D 프린팅 공정의 차이를 나타낸다.

3D 프린팅이 최근의 기술임에도 불구하고, 더욱 진보된 형태로서 4D 프린팅이 소개되고 있다. **4D 프린팅**이란 3D 프린팅이 갖고 있는 약점 중의 하나인 시제품의 크기에 대한 한계를 극복하는 기술이다. 4D란 명칭은 기존의 3차원 입체(3D)에 시간이라는 1차원(1D)을 추가한 것이다. 3D 프린팅은 기본적으로 제품의 크기는 프린터의 크기를 초과할 수 없어서 집과 같이 커다란 제품을 제작하는 데 한계가 있다. 이러한 문제를 해결하는 것이 4D 프린팅으로서 작은 조각을 인쇄해 결합하는 것으로서 DIY(Do It Yourself)와 같이 조립기능을 갖춘 것이다. 출력된 물체가 시간 또는 주어진 환경이 변하면 다른 모양으로 변화가 가능해진다. 어떤 조건에서 어떤 모양으로 변형될지에 대해서는 스마트 재료 속에 내장된 프로그래밍에 의해서 진행된다. 즉, 스마트 재료를 사용하여 자가변형(self-transformation) 혹은 자가조립(self-assembly)이 가능한 기술이 개발되고 있는 중이며, 4D 프린팅은 자가변형 내지 자가조립 기능이 있는 3D 프린팅이라고 할 수 있다.

5.4.6 표준화

제품과 서비스를 설계할 때 또 하나 고려하여야 할 중요한 점은 표준화이다. **표준화**(standardization)란 제품과 서비스 또는 프로세스에 있어서 다양성을 감소하는 정도를 말한다. 다시 말하면 표준화는 제품다양화를 줄이거나, 여러 제품에 될 수 있으면 같은 부품을 사용하거나, 또는 프로세스를 단순화시키는 것이다.

표준화는 다시 좁은 의미와 넓은 의미로 분류하여 설명할 수 있다. 좁은 의미의 표준화란 구체적인 표준규격이나 측정치를 말한다. 그래서 협의의 표준화는 부품의 표준화를 통해 부품의 대량생산을 가능하게 하는 것이다. 반도체, 건전지 등은 전부 협의의 표준화를 통한 대량생산의 예에 속한다. 그리고 대량생산은 다시 규모의 경제를 통해 비용을 절감시킨다. 또 협의의 표준화는 재고량을 감소시키고, 보전과 수리를 용이하게 한다.

제조업체에 비해 서비스의 표준화는 그리 쉽지 않다. 모든 것이 확실하고 측정하기 쉬운 유형의 서비스는 표준화하기가 용이하다. 이런 서비스는 대개 자본집약적인 서비스 시스템에 의해서 생산되며, 고객의 주문 정도(고객화 정도)가 그리 높지 않은 서비스이다. 그러나 그렇지 않은 서비스는 표준화하기가 쉽지 않다. 이런 서비스는 생산성이나 품질을 측정하기가 비교적 어렵다. 그래서 생산성이나 품질의 측정이 주관적으로 이루어진다. 그러나 서비스를 효율적이고 능률적으로 관리하기 위해서는 가능하면 서비스에 대해 표준화를 시켜야 한다. Berry와 Zeithaml, 그리고 Parasuraman(1990)은 서비스업체가 실패하는 이유 중 하나는 고객에게 서비스를 제공하는 서버(server)들의 역할에 대해 표준화를 규정하지 않았기 때문이라고 하였다.

넓은 의미에서 볼 때 표준화와 단순화는 서로 동일한 의미로 사용된다. 즉, 광의의 표준화는 제품과 서비스의 종류를 단순화하는 것이다. 제품의 종류를 단순화시킴으로써 고객에게 제공되는 제품과 서비스의 종류는 제한되지만 비용을 감소시킬 수 있다. 일본의 자동차회사들은 다른 국가들에 비해 자동차의 선택사양을 대폭적으로 감소시켜 자동차를 판매하고 있다. 그러나 일본 자동차회사들은 선택사양을 감소시키는 대신에 저가격에 고품질의 제품을 만든다. 제품의 단순화를 통해 비용의 감소를 실현시켰기 때문에 저원가구조가 가능하다. 서비스도 표준화를 시켜 모든 고객들에게 동일한 서비스를 제공할 수도 있다. 식당에서 단 한 가지의 전문화된 음식만 파는 것도 일종의 서비스의 표준화이다. 이렇게 하여 표준화는 고객에게 서비스를 제공하는 시간과 가격을 감소시킬 수 있다.

특히 어떤 제품에 있어서 표준화는 한 국가에서뿐만 아니라 전 세계적으로 통용되고 있다. 전구와 소켓(socket), 그리고 영문자판은 이미 전 세계적으로 표준화되어 있다. 또 건전지, TV, 카메라, 자동차 타이어, 라디오도 전부 표준화가 되어 있다.

5.4.7 모듈러 설계

제품다양화의 문제점은 너무나 많은 제품을 계획하고 통제하여야 한다는 것이다. 이러한 문제를 해결하기 위한 하나의 방법이 모듈러설계이다. 모듈러 설계(modular design)는 표준화의 일종으로서 제품의 다양화를 만족시키는 동시에 부품의 다양화를 낮게 하는 설계이다. **모듈**(module)이란 조립품에 사용되는 부품의 집합체이다. 그러나 모듈을 구성하는 개별적인 부품은 사용가치가 없다. 그래서 모듈은 모듈로써만 가치를 갖고 있지 분해되면 아무런 가치를 갖지 못한다.

모듈러 설계의 기본적인 아이디어는 제품을 구성하는 기본적 부품인 모듈을 개발하고, 이 모듈을 여러 제품에 공통으로 사용하는 것이다. 즉, 최종제품수준에서는 다양화를, 부품수준에서는 단순화를 동시에 달성하기 위한 제품설계방식이다. 이는 부품수준에서는 규모의 경제를 이용하며, 동시에 차별화된 제품을 제공할 수 있게 하는 장점이 있다. 따라서 현대식 생산방식인 매스 커스터마제이션(mass customization)을 실행하기 위한 방법 중의 하나이다. 매스 커스터마제이션이 고도화되었을 때 원가우위전략과 차별화전략이 동시에 달성가능하게 되는데, 모듈러 설계는 이러한 전략적 우위를 가져다주는 역할을 한다. 모듈러 설계는 이러한 장점 이외에 재고관리, 구매관리, 생산계획 등 전반적인 경영활동의 복잡성을 줄이는 긍정적인 역할을 한다. 그러나 모듈을 구성한 하나의 부품이 고장날 경우, 부품수준이 아니라 모듈단위로 관리되기 때문에 모듈 전체를 교체해야 하는 단점이 있다.

자동차 산업에서 원가경쟁력을 확보하기 위한 방안으로 플랫폼을 기반으로 차량을 설계하는 경우가 많다. 예를 들어서 Hyundai Sonata와 Kia의 K5는 미국 중형 세단형 승용차 시장에서 소비자에게는 다른 회사의 다른 차로 인식되지만 같은 파워 트레인을 공유하는 같은 플랫폼을 사용한다. 즉, 엔진과 변속기 등 핵심부품은 같고, 외관은 다른 차별화 전략을 사용한다. 이에 반해서 Tesla는 모듈라 설계를 통해 원가절감과 동시에 차별화 전략을 추구한다. Tesla는 모듈라 설계를 통해서 소형 세단형 승용차인 Model 3와 중형 SUV인 Model Y의 부품공유화비율을 80%까지 끌어 올렸다. 파워 트레인뿐 아니라 대부분의 부품을 공유화하고 소프트웨어로 성능을 조절하는 차별화를 이룸으로써 같은 차급에서의 규모의 경제를 통한 경제성을 추구하는 플랫폼을 넘어 다른 차급에서의 경제성까지 확보하는 전략을 사용한다.

5.4.8 PLM(Product Lifecycle Management)

많은 제조기업은 생산성향상을 위해서 물리적 자산관리와 효율성에 초점을 맞추어 왔으며, 이를 지원하는 대표적인 시스템으로 ERP와 SCM 등을 적용하여 왔다. 그러나 동시공학 등의 개념이 소개되면서 실질적 경쟁력은 제품의 디자인 및 개발단계에서 결정된다는 것이 알려졌고, 제품개발 프로세스에 대한 혁신을 강조하게 되었다.

제품개발기간을 단축하기 위해서 수작업으로 진행되던 설계작업이 컴퓨터로 대체되는 CAD시스템이 사용되었으며, 이는 정보기술의 발전과 더불어서 PDM(Product Data Management)으로 발전하였다. PDM이란 부품의 구성요소 및 자재명세서(BOM: Bill of Materials)뿐 아니라 더 나아가서 제품디자인의 수정사항을 추적할 수 있는 시스템이다. 이는 디자인작업을 돕고, 다수의 제조업체에 디자인 데이터를 전송하는 데 용이하며, 무엇보다 디자인의 변경사항을 관리하게 된다. 이를 통해서 디자인수명주기를 통제하고, 변경사항을 관리하는 기반으로서의 역할을 한다(ASCM, 2022).

1990년도 후반에 들어서 PDM은 고객요구, 제품의 설계, 생산, 유지보수 등 전체 제품수명주기를 통해서 이루어지는 모든 프로세스를 관리하는 PLM(Product Lifecycle Management)으로 발전한다. 즉, 제품의 기획, 개발, 생산, 사후관리, 폐기까지의 제품의 정보를 전사적 관점에서 협업적으로 생성, 관리, 사용하는 전략적 도구로서 PLM의 중요성이 확대되고 있다. 일반적으로 PLM은 PDM으로부터 발전하였으므로 PDM을 근간으로 하여 다양한 수명주기시스템이 결합된 형태이다. 개발문서관리, 제품구조관리, 부품정보관리, 프로세스관리, 변경관리, 형상관리 이외에도 설계검증, 요구관리, 프로젝트 및 일정관리, 제품사양관리, 디지털생산 등의 기능을 포함하고 있다.

PLM시스템을 공급하는 대표적인 솔루션업체로는 우리나라 영림원소프트랩 등과 외국기업으로는 CAD/PDM기반의 PLM솔루션업체인 PTC, Dassault Systems 등이 있고, ERP와 SCM기반으로 출발한 PLM솔루션업체인 SAP, Oracle 등이 있으며, Simens는 엔터프라이즈 애프리케이션 입장을 취하고 있다.

5.5 서비스설계

유형의 재화인 제품의 설계에 사용되는 제품개발방법은 서비스를 설계할 때에도 사용할 수 있다. 또한 앞서 설명된 제품개발기법들은 응용을 통하여 서비스설계에도 적용가능하다. 그러나 서비스는 유형재화인 제품과는 다른 특성들을 지니고 있으므로 서비스설계도 제품설계와는 다른 특성을 지니고 있다는 점을 주목하여야 한다.

일반적으로 서비스를 설계할 때에는 서비스를 고객에게 제공할 때 필요한 가시적인 물품을 결정하여야 할 뿐 아니라, 고객이 서비스를 받을 때의 경험인 심리적인 느낌과 육감적인 느낌도 함께 결정하여야 한다. 특히 유형의 재화인 경우 원형을 만들어서 실험을 할 수 있지만, 서비스의 경우 원형을 만들어서 실험하는 것은 매우 제한적이거나 불가능하다. 예를 들어서 의료서비스를 제공하기 위해서 개발된 신약을 인간에게 바로 처방하기 어렵다. 레스토랑을 시작하기 위해서 점포를 얻고, 인테리어시설 및 메뉴를 개발할 경우 이미 많은 자본이 투자된 이후이므로 음식서비스가 고객에게 적합한지를 실험해 보기가 어렵다. 그러므로 고객의 긍정적인 총체적 경험을 유도하기 위해서는 서비스의 개발은 실행에 앞서 개념적 수준에서 정교한 사전준비가 필요하다.

5.5.1 서비스를 설계할 때 고려하여야 할 점

대개 서비스업체는 전국적으로 널리 퍼진 중소규모의 업체들에 의해서 운용되고 있다. 물론 항공사나 병원처럼 큰 대규모의 서비스업체들도 있다. 그러나 일반적으로 서비스업체들은 제조업체에 비해서 규모가 작으며, 시장이 한정되어 있는 경우가 많다. 그러므로 서비스를 설계하기 위해서는 다음과 같은 점들을 고려하여야 한다.

① 신제품을 개발할 때 서비스는 제품과 프로세스를 동시에 개발하여야 한다. 왜냐하면 서비스는 서비스 자체가 곧 프로세스이기 때문이다. 미용실에서 헤어스타일을 만드는 것 자체가 프로세스이면서 최종제품인 서비스이다. 또 극장에서 영화를 보는 것도 서비스 자체가 프로세스이다. 그래서 서비스업체에서는 서비스를 고객에게 제공하는 사람들에게 서비스를 잘 제공하도록 충분한 교육과 훈련을 시켜야 한다. 왜냐하면 프로세스와 서비스가 동시에 개발되기 때문에 서비스의 오류를 소비자보다 미리 발견하여 시정할 수 있는 시간적 여유가 없기 때문이다.

② 유형재화와 달리 서비스는 법률적인 보호를 받기가 쉽지 않다. 그래서 서비스는 특허가 제한적이다. 이것은 경쟁자가 시장에 진입하기가 쉬워 서비스업체는 제조업체에 비해 경쟁자가 많다.

③ 서비스업체에 있어서 최종적인 산출물의 결과는 투입물의 형태와 투입물을 산출물로 전환시키는 변환과정의 형태에 영향을 끼친다. 서비스업체에서는 서비스를 개발하기 위해서 순수서비스만 고객에게 판매하지는 않는다. 서비스업체는 서비스를 제공하기 위한 설비 또는 장비가 필요하다. Sasser(1978)는 이것을 **서비스다발**(service bundle or package)이라고 한다.

④ 서비스다발을 이루고 있는 요소 중 일부는 공인된 면허를 절대적으로 필요로 한다. 특별히 변호사, 의사, 약사, 한의사, 치과의사 등처럼 전문적인 서비스업이 그렇다. 그러므로 이런 서비스를 제공하고 설계하기 위해서는 먼저 면허증을 갖고 있어야 한다.

⑤ 서비스는 유형재화에 비해 다른 제품으로 전환할 수 있는 변환성이 상당히 높다. 이것은 장·단점을 모두 지니고 있다. 장점은 다른 업종으로 쉽게 전환할 수 있으며, 단점은 시장의 장벽이 낮아서 경쟁자들이 시장에 쉽게 진입할 수 있다는

것이다. 그러므로 항상 서비스업자는 경쟁자들과 시장에 새로 진입할 잠재적인 경쟁자들의 동태를 주의 깊게 살펴보아야 한다.

⑥ 서비스는 표준화하기가 어렵다. 유형재화는 표준화가 되어 고객들에게 판매된다. 그러나 서비스는 각 고객에게 독특한 특성이 있어 표준화하기가 어렵다. 그러므로 서비스는 각 고객의 요구에 맞도록 설계되어야 한다. 미용실에서 모든 손님의 머리를 일률적으로 전부 똑같이 깎을 수가 없다. 또 병원에서 환자에게 일률적으로 똑같은 처방을 할 수가 없다.

⑦ 제조업체는 유형재화를 생산하지만, 서비스업체는 대부분 유형과 무형재화를 동시에 생산한다. 그래서 서비스를 생산할 때에는 제품설계 때와는 달리 고객의 경험을 긍정적으로 이끌 수 있도록 서비스를 제공하는 장소의 분위기, 인간의 심리상태와 같은 무형의 요소들을 감안하여야 한다.

⑧ 서비스는 재고로써 저장할 수가 없다. 그래서 서비스재화는 급격한 수요에 대처하는 능력이 없다. 그러므로 서비스재화를 설계할 때에는 급격한 수요에 어떻게 대처할 것인가를 생각하여야 한다.

⑨ 서비스를 설계할 때에는 서비스를 제공하는 장소도 같이 고려하여야 한다. 왜냐하면 서비스업체의 성공은 입지와 밀접한 관계에 있기 때문이다.

⑩ 규모의 경제효과를 보기가 어렵다. 서비스는 대개 고객화되어 있고, 노동집약적인 경우가 많다. 그러므로 제조업체처럼 규모의 경제효과를 획득하기가 어렵다.

⑪ 이동비용이 높다. 서비스는 생산과 소비가 동시에 발생한다. 그래서 서비스를 받기 위해서는 소비자가 서비스를 제공하는 장소에, 또는 서비스를 제공하는 사람이 소비자에게 직접 가야 한다. 어떤 경우이든지 이동비용이 많이 든다. 그래서 서비스업체는 가급적 고객과 가까이 하여야 한다.

5.5.2 서비스다발

서비스를 설계할 때는 위에서 설명된 요소를 고려해야 하지만, 이는 절대적인 것은 아니며 상황에 맞게 응용되어야 한다. 앞서 ⑧에서 설명된 것처럼 일반적으로 서비스는 재고를 갖기가 어렵다. 그러나 전통적인 이러한 가정이 바뀌기도 한다.

예를 들어서 교육서비스는 재고가 불가능하다. 한번 결석하였을 경우 이미 지나간 그 강의는 다시 듣기 불가능하다. 그러나 요즘은 비디오매체로 저장하거나, 사이버 강의를 통해서 교육서비스를 저장하는 것이 가능하다. ⑨에서의 물리적 장소의 문제도 디지털 콘텐츠를 비롯한 사이버상에서 수행되는 교육서비스에는 문제가 되지 않는다. 따라서 상권범위에 관한 개념도 달라진다. ⑩에서 이야기한 규모의 경제도 디지털 서비스에서는 오히려 제조업보다 더 잘 활용될 수 있다. ⑪에서 이동비용의 문제도 사이버상에서는 제한적 요소로 작용하지 않는 경우도 많다. 그러므로 전통적인 가정을 변화시킬 수 있다면, 그 곳에서 사업기회가 발견되기도 한다. 전통적인 교육시장에서 사이버강의가 좋은 사업기회가 된 것도 한 예가 된다.

서비스업체의 경영자들은 그들의 서비스를 파악하기가 어렵다. 이것은 서비스가 무형의 특성을 지니고 있고, 또 고객이 서비스를 창출하는 과정에 참여하기 때문이다. 사실 서비스업체에서는 고객에게 제공하는 것은 단순한 무형의 서비스가 아니라 **서비스다발**(service bundle or package)이다. 서비스다발은 어떤 환경 하에서 제공되는 유형의 재화 및 서비스로서 고객의 총체적인 경험에 영향을 미친다. 일반적으로 서비스다발은 다음과 같은 5가지 특성을 지니고 있다.

① **보조설비**(supporting facility)

서비스를 공급하기 위해 반드시 있어야 할 물적인 자원이다. 예를 들면 항공회사에서의 비행기나 또는 병원 등이 보조설비이다. 특히 고객은 보조설비의 건축미, 실내장식, 배치에 관심을 가지고 있다.

② **편의품**(facilitating goods)

서비스를 사용하기 위해 고객이 지니고 있거나 소비하는 물건이다. 스키를 타려면 스키가 있어야 하고, 치료를 받으려면 주사기가 있어야 한다.

③ **명백한 서비스**(explicit service)

서비스의 기본적인 특성으로써 고객이 즉시 느낄 수 있는 효과이다. 진통제를 먹고 진통이 사라진다거나, 밥을 먹고 배가 부르는 것은 명백한 서비스이다.

④ **함축적 서비스**(implicit service)

서비스의 부차적인 특성으로써 고객이 심리적으로 느끼는 효과이다. 졸업장을 받을 때의 심정은 함축적 서비스의 하나의 예이다.

⑤ **정보(information)**

효율적이고 고객화된 서비스를 받기 위해서 고객이 제공하는 데이터나 정보이다. 예를 들어서 병원에서 정확한 환자의 치료를 위한 가족력과 환자 자신에 대한 병력기록, 호텔에 고객이 방문했을 때 과거고객이 선호했던 객실 및 음료 등에 관한 정보 등이다.

앞서 설명한 서비스다발의 5가지 특성은 고객이 서비스를 제공받을 때의 총체적 경험에 영향을 미치며, 이 경험이 후에 서비스에 대한 고객의 평가를 형성하게 된다. 긍정적 경험에 의해서 서비스에 대한 긍정적 평가가 내려지면, 재구매나 남에게 권유하는 고객충성도(customer loyalty)가 높아지게 되므로 서비스업체는 긍정적 경험을 제공하도록 노력하여야 한다.

5.6 서비타이제이션과 프로덕타이제이션

앞의 내용은 유형의 재화인 제품과 무형의 재화인 서비스의 개발에 대해서 살펴보았으나, 최근의 경향은 제품과 서비스의 경계가 모호해지는 경우가 많다. 더 나아가서 기업은 수익 극대화를 위해서 의도적으로 비즈니스 모델(business model)을 확장하여 단순히 일회성으로 유형의 제품을 공급하는 것이 아니라 공급한 제품을 활용하여 서비스를 제공하는 경우가 많아지고 있다. 즉, 제품과 서비스가 융합되어서 제품에서 서비스가 차지하는 비중이 높아진다. 이것을 서비스화 혹은 **서비타이제이션(servitization)**이라고 한다.

명품 자동차 제작사로 알려진 영국의 Rolls-Royce는 세계에서 항공기 엔진을 생산할 수 있는 2개 회사 중에 하나이다. 다른 하나는 미국의 GE이다. 그러나 Rolls-Royce는 항공기 엔진을 판매하는 것으로 계약이 종료되는 것이 아니라 항공사 대신에 엔진의 보수·유지 서비스를 대행한다. Rolls-Royce는 엔진에 부착된 센서와 무선 네트워크 통신기술을 활용하여 하늘을 날아다니는 엔진의 상태를 데이터를 통해서 실시간으로 분석하여, 적절한 보수·유지 활동을 수행한다. 이는 주기적으로 스케줄에 맞춘 보수·유지 활동이 아니라 실시간 운행 데이터를 축적된 빅데이터를 통해 분석하고 추출된 지능을 이용하여 예방적 보수·유지 활동을 수행한다. 더 나아가 연료를 절약할 수 있는 운행방식 등을 컨설팅 함으로써 항공사는 연료비 절감과 보수·유지 비용 등을 절약하며 엔진문제를 사전에 예측할 수 있고 Rolls-Royce는 추가적인 수익을 올릴 수 있다. 엔진이라는 하드웨어의 비중이 보수·유지 및 연비중심의 최적의 운항방법에 대한 서비스로 확장된 것으로 서비타이제이션의 대표적인 예이다.

이에 반해서 서비스를 제품화하는 경우도 있다. 대부분의 경우 서비스는 무형화되어 있고, 재고를 갖기 어려우나 서비스를 제품화한다면 이러한 한계를 벗어날 수 있는데 이것이 **프러덕타이제이션**(productization)이다. 예를 들어서 세무사를 통해 기장 및 세무신고 서비스에는 세무수수료를 지불해야 한다. 그런데 미국의 Intuit는 Turbo Tax라는 셀프 세무처리 소프트웨어를 만들어서 고객들에게 판매한다. 전통적으로 세무사에게 의뢰하던 세무업무를 고객 스스로 저렴하면서 손쉽게 처리할 수 있게 되었다. 또한 유명 강사의 강연을 듣기 위해서 강연장을 찾아가야 하나 만약에 강연을 스마트폰의 오디오 클립이나 비디오로 저장하여 판매한다면 언제 어디서든지 저렴하게 수강할 수 있다. 이는 학생들의 인터넷 강의 수강도 교수자의 강의를 현장 강의를 대체하는 프러덕타이제이션으로서 교수자의 입장에서는 자신의 지식과 강의 노하우라는 소프트웨어인 서비스를 스마트 폰이나 탭 등 정보통신 기기에 주입하여 다수가 활용한다. 또한 재고가 불가능한 현장강의를 동영상 촬영 등으로 재고화하여 반복적으로 이용 가능하게 하는 것이다.

최근에는 제품의 개발은 단순한 하드웨어인 제품의 개발이 아니며, 서비스의 개발도 단순한 소프트웨어인 서비스의 개발로 한정되지 않는 경우가 많다. 제품의 개발과 서비스의 개발에 있어서 어떻게 제품과 서비스를 융합할 것인가를 전략적 접근법으로 계획해야 하는 경우가 많고, 이는 새로운 비즈니스 모델을 제시하고 사업기회를 포착하는 방법이 되기도 한다.

5.7 공개혁신과 메타 이노베이션

최근 제품개발 과정에 많은 변화가 발생하였다. 과거에는 이러한 과정이 대부분 조직 내에서 이루어졌다. 그러나 21세기 들어오면서 이러한 제품개발 과정이 조직 밖으로 확대되었다. 이것은 내부에 의한 제품개발 과정만으로는 경쟁력에 한계가 있으며, 실패할 시 상당히 큰 타격을 입을 수 있기 때문이다. 이것은 **공개혁신**(open innovation)의 개념 때문에 발생하였다. 그래서 과거의 폐쇄적인 접근방법이 개방적인 방법으로 전환되었다. 여기에서 폐쇄적이란 조직 내에서 모든 활동이 이루어진다는 것이다. 아이디어의 창출, 설계, 기술 등 모든 활동들이 조직 내에서만 이루어진다. 폐쇄적 방법은 우리 기술은 우리 조직에서만 나온다는 독창성과 독립성을 강조하는 개념이다. 여기에 비하여 공개적 방법은 독창성보다는 수익성과 효율성을 강조한다. 그래서 조직 외의 모든 정보와 기술 등을 적극적으로 활용하는 개념이다. 안영진(2020)은 글로벌 초일류 기업들을 분석한 연구에서 이미 “글로벌 초일류 기업들이 독창성보다는 수익성이 있는 기술에 더 많은 관심을 가지고 있다”라고 언급하였다.

공개혁신을 가장 먼저 말한 사람은 Henry Chesbrough(2003)이다. 오직 자기 자본에 의해서 운영되는 전략이 이제 더 이상 글로벌 시장에서 효과적이지 않다고 주장하였다. Chesbrough는 막대한 자기 자본에 의해서만 운영되는 Lucent Technology와 공개 혁신을 추종하는 Cisco를 예로 들었다. 그리고 이 2개 기업이 경쟁을 할 수 있는 이유로 공개혁신이 있었기 때문이라고 하였다. 더 나아가 Chesbrough와 Appleyard(2007)는 “이제 기업의 리더들은 새로운 글로벌 환경에 적합한 공개적인 혁신으로 경쟁할 수 있는 새로운 전략을 수립하여야 한다”고 강력하게 주장하였다. 그리고 “이 공개혁신이야말로 기업의 지속가능경영을 가능하게 한다”고 하였다.

이제 하나의 사례를 들어 공개혁신이 어떻게 이루어지고 있는지 설명하고자 한다. 이 사례는 다양한 일상 제품들로 익숙한 Procter & Gamble(www.pg.com)의 Connect and Develop(CD) 혁신이다(Huston과 Sakkab, 2006). P&G는 연구개발에 대한 투자를 계속 증가하였는데도 불구하고 수익성이 정체되고 있었다. 2000년도에는 프로젝트의 약 15% 정도만 기대치를 달성하였다. 이에 위기를 느낀 P&G는 전략의 변환을 꾀하여야 했다. 지금까지는 내부 직원들에 의해 아이디어를 창출하고, 내부 기술에 의해 제품을 설계하고 생산하였다. 그러나 성과가 좋지 않았다. 시장점유율, 수익성, 생산성 등 주요한 지표들이 전부 하락하였다. 이전에 성공하였던 폐쇄적인 전략이 더 이상 시장에서 통하지 않았다. 이에 P&G는 위기에서 탈출하기 위해서는 새로운 전략이 필요하게 되었다. P&G는 폐쇄적인 방법을 버리고 개방 혁신 전략을 택하였다.

2002년 P&G는 신제품인 Pringles 감자칩을 시장에 내놓으려고 하였다. 과거의 감자칩과 달리 이 감자칩에는 동물형상이나 유머 등을 인쇄하려고 하였다. 그런데 문제는 인쇄기술이었다. 이전 같았으면 당연히 새로운 인쇄기술을 내부의 기술자들로 하여금 개발하도록 하였을 것이다. 폐쇄적 전략인 것이다. 그러나 P&G은 공개혁신을 택하였다. 그래서 P&G은 자체의 글로벌 네트워크를 이용하여 그 기술을 획득하고자 하였다. 그리고 이탈리아의 어떤 도시의 한 제과점에서 그 기술이 이미 활용되고 있는 정보를 입수하였다. 곧 그 기술자와 협상하여 기술을 도입하고, 새로운 감자칩의 출시를 1년 이상 앞당겨서 큰 성공을 거두게 되었다. 시장점유율과 수익성이 향상되었고, 신제품 성공률이 급격하게 증가하였다.

이런 이유로 최근 많은 기업들이 공개혁신을 도입하였다. P&G(Brown과 Anthony, 2011), Ford 자동차, Cisco(Jouret, 2009), Fiat, Eli Lilly 등의 기업들이 공개혁신을 도입하였다. 그러나 아직도 많은 기업들이 폐쇄적인 방법을 사용하고 있다. 그러나 앞에서도 이미 언급하였듯이, 폐쇄적인 방법은 이제 더 이상 환경의 변화를 따라 갈 수가 없다. 그러므로 이제 기업들은 P&G의 CD 공개혁신으로 새로운 변화에 효과적으로 대처를 하여야 한다. 즉, 세계의 모든 곳으로 연결하고, 새롭게 개발하는 것이다.

최근에는 공개혁신을 넘어선 메타혁신의 중요성이 증대하고 있다. 메타(meta)란 '넘어서다.'라는 의미이며 이노베이션(innovation)은 혁신을 의미한다. 따라서 **메타이노베이션**은 '혁신을 혁신'하는 것으로서 기존의 혁신방법을 혁신하는 것으로 설명할 수 있다. 공개혁신의 가장 큰 장점으로는 기업내부의 협력이나 기업 간의 일대일 협력에 머물지 않고, 정보통신 등을 통해서 폭넓은 협력의 대상을 전제로 한다는 것이다. 산·학·연의 집단뿐 아니라 개인들까지 협력의 문이 열려 있다. 따라서 공개혁신의 기본 목표는 새로운 혁신의 생태계를 만들어서 초일류의 가치사슬을 만드는 것이다.

그러나 공개혁신이 협력의 대상을 넓혔다는 장점에도 불구하고, 협력의 대상들이 지속적으로 참여할 수 있는 동기를 마련해주는 데는 근본적인 한계가 있다는 것이다. 혁신의 참여자들이 지속적이고 적극적인 몰입 없이는 좋은 결과를 기대하기 어렵기 때문이다. 메타혁신은 공동혁신으로서 다양한 내부와 외부의 이해관계자들로부터 나오는 창의적인 가치, 방법, 경험 등을 공유하는 플랫폼을 의미한다. 메타이노베이션의 핵심은 참여자의 폭넓은 참여자의 대상뿐 아니라 이해당사자들의 몰입, 경험기반의 가치, 그리고 경쟁자가 모방하기 힘든 독창성있는 가치의 공동창조를 의미한다. 이러한 공동창조의 기반 위에 공동혁신의 플랫폼을 만드는 것이 메타 이노베이션이다.

혁신을 위한 플랫폼을 구축하고, 플랫폼을 통해서 1회성 협력이 아닌 언제든지 이해당사자들(고객, 협력업체, 협력기업 등)이 지속적으로 참여하여 몰입과 경험에 기초한 공동창조(co-creation)를 가능하도록 하는 플랫폼형 시스템을 구축하는 것이다. Hyper-Connection(초연결), Hyper-Automation(초자동화), Hyper-Convergence(초융합), Hyper-Intelligence(초지능화)의 특징을 갖고 있는 4차 산업혁명 시대에서는 제품의 제조방식뿐만 아니라 제품의 개발단계에서의 혁신을 추구한다.

최근 들어서는 단기적으로 현재의 경쟁에 필요한 제품과 서비스의 개발이라는 가치창출을 넘어서고 있다. 혁신은 미래지향적이어야 하며 더 나아가서 기업의 단기적인 목표보다는, 지속적으로 작동하는 살아있는 혁신시스템을 통해서 우리 사회 및 인류의 스마트한 미래와 더불어서 지속가능성을 추구하는 혁신과 혁신시스템을 추구한다. 이는 현재보다는 미래, 수익보다는 수익과 사회가치를 실현하며 혁신 자체의 중요성과 더불어서 혁신방법을 혁신하는 것이다. 이는 전통적인 제품 기술과 기능 간의 융합을 넘어서서 더 나아가 조직 간의 융합, 산업 간의 융합을 넘어서는 것이며 가치창출적이며, 미래지향적이며, 지속적인 혁신을 의미한다.

박형근. 2014 4차산업혁명이 시작됐다. 기계가 소통하는 사이버물리시스템에 주목하라 DBR, 52−59

국가법령정보센터. 중대재해처벌 등에 관한 법률. [시행 2022. 1. 27.] [법률 제17907호, 2021. 1. 26., 제정].

국가법령정보센터. 제조물 책임법. [시행 2018. 4. 19.] [법률 제14764호, 2017. 4. 18., 일부개정].

이방실. 2014. 시뮬레이션으로 디자인에 창의를 입혀라. DBR. 66−68.

이지은. 2014. 제조업의 '현재진행형' 미래 사물인터넷에 있다. DBR. 60−65.

정성원 외. 2013. 미래산업을 바꿀 7大 파괴적 혁신기술. CEO Information. 삼성경제연구소.

삼성경제연구소. 2014. 세계가 3D 프린팅에 주목한다. 인포그래픽 자료존(제작: 전자신문).

안영진. 2013. 백신. 박영사.

안영진. 2020. 변화와 혁신. 박영사.

안영진. 2021. 경영품질론. 박영사.

연주한, 한승준, 배기수. 2022. 혁신적 제품의 창의성 수준과 체계적 아이디어 발상법에 대한 연구. 한국창업학회지. 17권 3호. 105−124.

오재영. 2022. 신제품 개발을 위한 공급자 통합에 관한 연구: 영업사원 조정 및 규제행동의 관점으로. 품질경영학회지. 50권 2호. 221−233.

이상문, 임성배. 2019. 혁신 5.0. 한국경제신문 ㈜한경PB.

이상문, 이돈희. 2015. 생산·공급망관리. 한경사.

한국경제TV팀. 2016. 세상을 바꾸는 14가지 미래기술. 지식노마드.

ASCM. 2022. ASCM Supply Chain Dictionary.

Bruce Brown and Scott D. Anthony. 2011. "How P&G Tripled Its Innovation Success Rate," *Harvard Business Review*, 64~72.

Chase, Richard B., Jacobs, F. Robert, and Nicholas J. Aquilano. 2006. Operations *Management for Competitive Advantage with Global Cases.* McGraw−Hill.

Cohen, Lou. 1995. *Quality Function Deployment: How to Make QFD Work for You.* Addison−Wesley Publishing Company.

Dube, L., M. D. Johnson, and L. M. Renaghan. 1999. "Adapting the QFD Approach to? Extended Service Transactions." *Production and Operations Management.* vol. 8. no. 3. 301~317.

Guido Jouret, 2009. "Inside Cisco's Search for the Next Big Idea," *Harvard Business Review*, September, 43~45.

Guido Jouret, 2009. "Inside Cisco's Search for the Next Big Idea," *Harvard Business Review*, 43~45.

Harmon, Roy L. and Leroy D. Peterson. 1994. *Reinventing the Factory*(21세기 공장혁명). 안영진 옮김. 김영사.

Hartley, John R. 1992. *Concurrent Engineering: Shortening Lead Times, Raising Quality, and Lowering Costs.* Productivity Press.

Johnson, Frank J. 1963. "Value Analysis－Engineering－Function Oriented Cost Reduction." *Proceedings Fourteenth Annual Conference.* American Institute of Industrial Engineers, Denver, May.

Larry Huston and Nabil Sakkab. 2006. "Connect and Develop: Inside Procter & Gamble's New Model for Innovation." *Harvard Business Review*, 58~66.

Meredith, Jack R. and Shafer Scott M. 2002. *Operations Management for MBAs*. 2nd ed. Wiley.

Phadke, M. S. 1989. *Quality Engineering Using Robust Design.* Englewood Cliffs, N.J: Prentice－Hall.

Peters, Thomas J. and Robert H. Waterman, Jr. 1982. *In Search of Excellence: Lessons from America?* Best Run Companies. New York: Harper & Row.

Prince, J. B. and Nayak, B. 2022. "Development of a New Framework Based on Sustainability and Responsible Management Education" International Journal of Social Ecology and Sustainable Development, vol. 13 no 1, 2022. 1－13.

Raynor, E. Michael. 1994. "The ABCs of QFD: Formalizing the Quest for Cost－Effective Customer Delight." *National Productivity Review.* Summer, 351~357.

Render, Barry and Jay Heizer, 2000. *Principles of Operations Management.* Allyn and Bacon.

Rihar, L., Zuzek T., and Kusar J. 2020. "How to successfully introduce concurrent en－gineering into new product development" Concurrent Engineering. Vol.24 No.2, Institute of Concurrent Engineering.

Saaksvuori, Antti. *Product Lifecycle Management.* Springer, 2008.

Schmenner, Roger W. 1986. "How Can Service Business Survive and Prosper?" *Sloan Management Review.* Vol. 27. No. 3. Spring, 21~32.

Stoll, H. W. 1988. "Design for Manufacture." *Manufacturing Engineering.* January, 67~73.

Vajpayee, S. Kant. 1995. *Principles of Computer－Integrated Manufacturing.* Prentice－Hall, Inc.

Williams, Blair R. 1996. *Manufacturing for Survival: The How－to Guide for Practitioners and Managers.* AT&T.

Womack, James P., Daniel T. Jones, and Daniel Roos. 1990. *The Machine that Changed the World.* New York: Rawson Associates.

Lisa Harouni, A primer on 3D printing, TED 2011.14.29.

Skylar Tibbits, Can we make things that make themselves?, TED 2011.6.4.

Skylar Tibbits, The emergence of "4D printing", TED 2013.8.22.

프로세스설계

제6장 Operations Management

모든 프로세스는 개선의 여지가 있다.
- 하인리히 폰 피어러

제5장에서는 제품 및 서비스 설계에 대해서 설명하였다. 어떤 제품을 고객에게 팔 것인가를 결정한 기업은 이제 그 제품을 어떻게 하면 가장 경제적으로 만들 수 있는가를 결정하여야 한다. 즉, 제품에 대한 의사결정(What)이 완료된 후에는 그 제품을 생산하는 방법(How)에 대한 의사결정을 하여야 한다. 이는 기업전략(corporate strategy) 후에 비즈니스전략(business strategy)과 기능전략(functional strategy)을 전개하는 전략적 일치와 관련된 것이다. 그래서 기업은 제품을 생산하는 데 필요한 기술, 작업자, 사용할 원자재, 기계, 설비, 그리고 제품을 생산하는 최선의 방법 등을 결정하여야 한다. 이러한 결정은 모두 프로세스에 관한 의사결정이다. 프로세스에 대한 결정은 기업의 성공에 절대적인 영향을 끼치는 전략적 의사결정으로서 기업은 프로세스를 신중하게 결정하여야 한다.

기업을 새로 창업하거나 또는 신제품을 개발할 때에만 프로세스설계를 하는 것은 아니다. 왜냐하면 기업을 둘러싼 경영환경이 끊임없이 변하기 때문이다. 기업의 경쟁우선순위가 변경될 때, 고객의 수요가 변할 때, 새로운 테크놀로지로 자동화를 도입할 때, 그리고 제품수명주기에 변화가 있을 때에도 프로세스에 변화를 주어야 한다. 이렇게 기업은 경쟁에 뒤지지 않기 위해서 지속적으로 현재의 프로세스를 검토하고, 필요한 경우에는 개선하여야 한다. 그렇지 않으면 기업경쟁력이 떨어져 경쟁에서 살아남을 수가 없다.

제6장에서는 생산운영관리의 중요한 요소인 프로세스설계에 대해 설명하기로 한다. 특히 다음과 같은 주제들에 대해 설명하고자 한다.

- 프로세스설계란 무엇인가?
- 프로세스설계에 영향을 끼치는 요소들에는 어떤 것들이 있는가?
- 프로세스설계는 어떤 단계를 거쳐 이루어지는가?
- 제품의 물적 흐름에 의한 프로세스의 종류에는 어떤 것들이 있는가?
- 제품 및 서비스에 맞는 프로세스선택 시에 고려해야 할 요소는 무엇인가?
- 매스 커스터마제이션이란 무엇인가?
- 프로젝트경영이란 무엇인가?
- 프로젝트경영을 위해 사용할 수 있는 기법들은 무엇인가?

6.1 프로세스의 의미

프로세스(process)란 어떤 특정 제품이나 서비스를 생산하기 위해 필요한 원자재의 투입에서 그 제품을 완성하기까지 수행되는 모든 작업(활동)들의 유기적인 집합체를 말한다. 예를 들어서 생산활동으로서 어떤 단계에서 다음 단계로 넘어가는데 수행되는 기계적·전기적·화학적 검사 등의 활동도 프로세스에 해당한다(ASCM, 2022). 즉, 프로세스란 투입물을 산출물로 변환시키는 변환과정이다. 그러므로 프로세스를 결정한다는 것은 투입물을 산출물로 어떻게 변환시켜야 하는가를 결정하는 것이다.

프로세스설계(process design)란 고객이 원하는 제품을 가장 경제적으로 설계도에 명시된 대로 생산하는 방법을 개발하는 것이다. 즉, 어떤 원자재와 부품을 사용할 것인가? 투입물은 무엇으로 할 것인가? 또 투입물을 어떻게 혼합하여야 하는가? 작업의 흐름은 어떻게 할까? 또 어떤 방법에 의해서 제품이나 서비스를 산출하여야 하는가? 생산을 위해 어느 정도의 기술수준이 요구되는가? 또한 사용할 기계와 설비는 어떤 것이 있는가? 프로세스설계는 이런 질문에 대해 결정을 하는 것이다. 프로세스에 관한 결정은 전략적 의사결정으로서, 비용, 품질, 유연성 및 시간과 조직구조에 대해 장기적으로 영향을 끼치므로 매우 중요하다. 예를 들면 한번 잘못 선정한 설비는 막대한 비용을 수반해 기업의 경쟁력을 약화시킨다. 프로세스설계는 단기간에 이루어지지 않고 상당한 시간을 요한다. 일반적으로 프로세스를 설계할 때에는 다음과 같은 세 가지 요소를 반드시 고려하여야 한다.

- 생산량: 얼마만큼 생산할 것인가?
- 품질수준: 품질은 어떤 수준으로 할 것인가?
- 기계의 유형: 어떤 기계를 이용하여 또는 구매하여 제품을 생산할 것인가?

6.1.1 생산량

생산량을 결정할 때에는 반드시 기간을 명시하여야 한다. 그래서 어떤 주어진 기간 내에 얼마만큼을 생산할 것인가를 결정하여야 한다. 생산량에 대한 결정은 생산설비와 생산방법에 대한 결정과 밀접한 관계에 있다. 일반적으로 생산량은 설비나 기계의 유형을 결정한다. 대량생산은 상당히 자동화된 설비를 요할 것이며, 소량생산은 자동화보다는 범용기계를 요구할 것이다. 대량으로 맥주를 생산하는 맥주회사에서는 거대한 자동화설비를 갖추어야 한다. 그러나 고객의 주문에 맞춰 가구를 생산하는 가구공장에서는 자동화설비보다는 다양한 기능을 수행할 수 있는 일반화된 공구가 필요할 것이다. 물론 생산량이 항상 자동화의 유형을 결정한다고는 볼 수 없다. 왜냐하면 최근에는 중규모 생산을 하는 유연자동화가 점차로 도입되고 있는 실정이기 때문이다. 그러므로 생산량의 규모가 자동화수준과 반드시 비례한다고는 볼 수 없다.

생산량은 또 단순히 의사결정자의 추측이나 상상에 의해서 결정되어서는 안 되고, 반드시 과학적인 수요예측에 의해서 결정되어야 한다. 정확하지 않은 생산량의 결정은 잘못된 투자를 초래해 기업의 경쟁력에 치명적인 결과를 가져온다.

6.1.2 품질수준

어떤 품질수준으로 제품을 생산하여야 하는가는 프로세스설계에 절대적인 영향을 끼친다. 품질수준이 일단 결정되면 프로세스 엔지니어는 주어진 품질수준을 달성할 수 있는 프로세스를 설계하도록 하여야 한다. 그래서 프로세스 엔지니어는 부품의 종류와 조립방법, 그리고 기계의 유형과 가공방법을 결정하여야 한다. 여기에서 프로세스 엔지니어는 품질수준뿐만 아니라, 그 품질수준을 가장 경제적으로 달성할 수 있는 방법을 찾아야 한다.

6.1.3 기계의 유형

프로세스 기사는 다음과 같은 결정을 하여야 한다. 어떤 기계나 설비를 사용할 것인가? 기존의 기계를 계속 사용할 것인가? 아니면 새로운 기계를 구매할 것인가? 각 기계의 성능 및 생산능력은 어떠한가? 기계들 간에 어떤 상호관련성이 있는가? 각 기계의 수명비용은 얼마나 소요되는가? 기계를 다룰 기사는 충분히 있는가? 이와 같이 사용될 기계에 관한 의사결정은 프로세스결정에 중요한 역할을 한다.

산업의 특성에 따라서 프로세스설계를 하는 기법과 세부적인 과정은 다를 수 있다. 자동차산업의 프로세스설계와 가구산업의 프로세스설계가 동일하지는 않다. 그러나 어떤 산업이든 프로세스를 설계하는 기본적인 절차는 동일하다. 그래서 대개 프로세스설계기사는 〈그림 6－1〉에 나타난 것과 같은 기본적인 절차에 의해 프로세스를 설계한다.

첫번째 단계는 제품설계기사와 프로세스설계기사가 함께 협조하는 것이다. 이미 제5장의 동시공학(CE: Concurrent Engineering)에서 설명하였듯이 개별 부품을 설계할 때부터 제품설계기사와 프로세스설계기사가 서로 상의하여 제조상의 문제점을 미리 파악하여 해결해야 한다. 그렇지 않으면 후에 엄청난 비용이 발생해 기업의

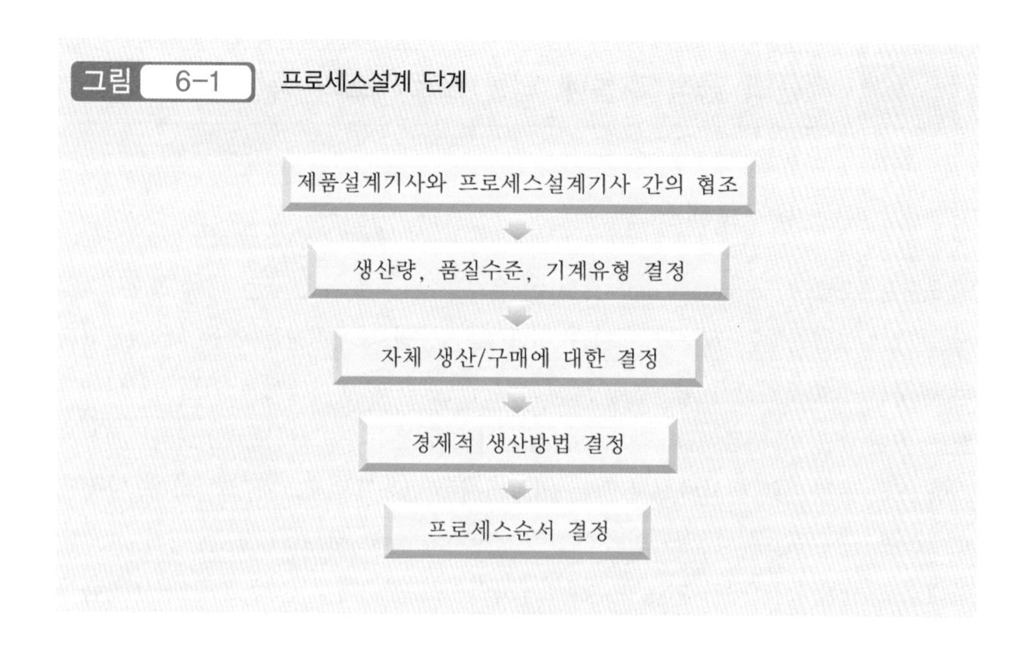

그림 6-1 프로세스설계 단계

경쟁력을 떨어뜨린다.

두 번째는 프로세스를 설계하는 데 영향을 끼치는 세 가지 요소인 생산량과 품질수준, 그리고 기계의 유형을 결정한다.

세 번째는 '자체 생산/구매'(make/buy)에 대한 결정이다. 이 결정은 프로세스기사와 공장장이 서로 상의하여 이루어진다. 이 결정의 주요 기준은 비용이다. 그러나 비용 외에도 기술보유, 생산능력, 인력자원, 특허권, 보전성 등 다른 요소들도 고려하여 결정하는 것이 바람직하다.

네 번째는 프로세스기사가 각각의 작업을 어떤 작업장에서 어떻게 수행하여야 가장 경제적이며, 부품생산에 필요한 적정한 작업장의 수가 몇 개인지를 결정한다. 마지막으로 프로세스설계에서는 가장 경제적인 프로세스순서를 결정한다.

프로세스를 원활하게 통제하기 위해서는 제품의 물적 흐름에 의한 주요 프로세스들을 인식하고, 각각의 주요 프로세스의 특성을 알아야 한다.

6.2 제품의 물적 흐름에 의한 프로세스의 종류

6.2.1 단속프로세스

단속프로세스(intermittent processes)는 유사한 기능을 수행하는 기계 또는 작업장을 함께 그룹화하는 직능별 배치를 취한다. 직능별로 배치하는 것은 다양한 고객의 욕구를 충족시키고자 하는 것이다. 그래서 단속프로세스에서는 기업의 모든 자원을 어떤 특정의 제품이나 서비스에 집중시키지 못한다. 그러므로 다양한 제품을 소량 또는 중량으로 생산하고자 하는 기업에서는 단속프로세스가 적합하다. 단속프로세스에서는 똑같은 제품을 연속적으로 생산하지 않고 로트(lot) 또는 배치(batch)의 형태로 생산한다. 그래서 단속프로세스에서의 프로세스기사는 각 부품과 조립품들에 대한 경제적인 로트나 배치의 크기를 결정하여야 한다.

단속프로세스에서는 이렇게 다양한 제품을 소량 또는 중량으로 생산하기 때문에 개개 작업에 대한 프로세스의 흐름이 각각 다르다. 또 제품들이 다양한 경로를 거치기 때문에 프로세스가 자주 중단된다. 이것은 단속프로세스에서 제품생산시간을 길게 하는 주요 원인이 된다. 일반적으로 단속프로세스에 있어서 제품의 제조시간은 생산시간보다 비생산시간이 더 많다. 이것은 다시 많은 재공품을 만들어 낸다. 그래서 단속프로세스에서는 다음에서 설명하는 라인 프로세스에 비해 재공품재고가 상당히 많다.

단속프로세스는 제품이 아닌 프로세스를 중심으로 설계되어 있다. 그래서 단속프로세스를 **프로세스지향적**(process focused)이라 한다. 단속프로세스에서는 기계도 특수기계(전용기계)를 사용하지 않고, 다양한 제품을 생산하는 **범용기계**(general-purpose machines)를 사용한다. 그러므로 작업자의 기술수준도 대체적으로 높다. 이렇게 볼 때, 단속프로세스를 통해 생산되는 제품의 생산원가도 대체적으로 높은 편이다. 그러나 제품과 생산량을 변경하는 유연성은 상당히 높다.

그러므로 단속프로세스는 표준화가 안 되어 있고, 생산량이 적은 다품종소량생산에 알맞은 프로세스형태이다. 또 단속프로세스는 제품수명주기의 초기단계에 적합하며, 또 고객의 특별한 수요를 충족시키고자 하는 주문생산에 적합한 프로세스형태이다.

이러한 단속프로세스는 다시 생산량의 규모에 따라서 소량규모를 생산하는 **잡 숍**(job shop)과 중량생산을 하는 **배치 숍**(batch shop)으로 분류된다. 잡 숍과 배치 숍은 대개 고객의 주문에 의해서 제품을 생산한다. 그러나 배치 숍에 비해 잡 숍에서의 생산량이 월등히 적다. 그래서 잡 숍에서는 고객이 하나, 둘, 또는 몇 개 정도의 제품을 주문하는 것이 보통이다. 반면에 배치 숍에서는 잡 숍보다 많은 양의 제품을 생산하지만, 잡 숍보다는 적은 품목의 제품을 생산한다. 잡 숍과 배치 숍은 재고보다는 주문에 의해서 생산하기 때문에 고객으로부터 주문을 받은 다음, 그 제품에 적합한 원자재와 부품 또는 조립품을 구매하여 제품을 생산한다. 잡 숍의 예로는 자동차정비소, 병원, 치과, 수리소를, 그리고 배치 숍의 예로는 출판사, 다양한 식단을 지닌 식당, 제과점 등을 들 수 있다.

대체적으로 이러한 단속프로세스는 제조업체보다는 서비스분야에 많다. 왜냐하면 서비스산업에서는 고객의 욕구가 매우 다양하고, 고객이 생산과정에 직접 참여하여 서비스제공자와 상호작용을 하는 경우가 대부분이기 때문이다.

6.2.2 라인프로세스

라인프로세스(line processes)는 기계 또는 작업장을 어떤 특정제품을 생산하는 프로세스경로의 흐름에 맞춰 배치한 프로세스형태이다. 그러므로 라인프로세스를 **흐름프로세스**(flow processes)라고도 한다. 라인프로세스는 미리 결정된 생산계획에 따라 제품을 계속적으로 생산한다. 따라서 제품을 생산하는 순서가 고정되어 있고, 생산의 흐름이 끊기지 않고 연속적으로 행해진다. 라인프로세스는 표준화된 제품을 대량으로 생산하기에 적합한 프로세스형태이다. 또 라인프로세스에 있어서 각각의 작업은 서로 긴밀하게 연결되어 있다. 따라서 각 작업을 수행하는 작업장 간의 균형이 상당히 중요하다. 이것은 작업장이 균형을 이루어야 다른 작업장의 속도를 지연시키지 않기 때문이다. 라인프로세스는 이렇게 상당히 능률적이나 또 상당히 비탄력적이다. 왜냐하면 라인프로세스는 다양한 제품을 생산할 수 없기 때문이다. 그리고 라인프로세스에 있어서 작업자들의 기술수준은 비교적 낮다. 왜냐하면 작업의 방법이 고도로 표준화되어 있고, 획일적이고, 고도의 분업화가 이루어지기 때문이다.

라인프로세스의 높은 능률성은 노동에 대한 자본의 대체와 작업방법의 표준화 때문이다. 또 높은 능률은 상당한 양의 생산을 요구한다. 이런 대량생산으로 라인 프로세스에서 생산되는 제품의 비용은 비교적 낮다. 라인프로세스는 생산하는 제품의 특성에 따라 다시 반복프로세스와 연속프로세스로 분류된다.

[1] 연속프로세스

연속프로세스(continuous processes)란 일반적으로 장치산업을 의미한다. 연속적이라는 것은 제품의 생산이 도중에 중단되지 않고 지속적으로 계속 이루어지는 것을 말한다. 그래서 도중에 재공품을 저장하는 곳이 없다.

연속프로세스는 프로세스의 흐름이 프로세스중심으로 되어 있지 않고 제품중심으로 되어 있다. 즉, 제품을 중심으로 기계나 설비가 배치되어 있다. 그래서 연속프로세스를 **제품지향적**(product focused)인 프로세스라 한다. 연속프로세스는 초기에 막대한 자본을 필요로 하기 때문에 시설의 이용률을 보증하여야 한다. 그리고 연속프로세스인 장치산업은 수많은 컨베이어와 파이프, 탱크, 밸브 등으로 구성되어 있어 처음에 배치를 잘 하여야 한다.

연속프로세스는 막대한 자본에 의해서 이루어지기 때문에 연속프로세스에서 인건비가 차지하는 비율이 상당히 낮다. 또 작업자의 수도 무척 제한되어 있다. 연속프로세스는 또 프로세스의 유형 중에서 자본의 집중도가 제일 높은 프로세스형태이다. 연속프로세스는 고정비용이 높기 때문에 한번 가동하면 상당한 기간 동안 생산을 계속하여야 한다. 예를 들면 병유리를 제조하는 데 있어서 용해로에 한번 불을 붙이면 3년간 끌 수 없다. 그러므로 연속프로세스는 하루 24시간씩 쉬지 않고 가동을 한다.

연속프로세스는 생산이 말 그대로 연속적으로 이루어지기 때문에 투입물을 항상 보유하고 있어야 한다. 연속프로세스는 또 조립라인처럼 생산이 미리 정해진 순서를 따르지만, 프로세스는 거의 자동화되어 있다. 그리고 설비와 기계도 거의 특수설비와 특수기계이다. 그래서 통제도 거의 자동화, 정보화되어 있다. 연속프로세스는 또 일반적으로 프로세스에 대한 선택의 폭이 좁다. 이것은 연속프로세스가 어떤 하나의 자동화된 거대한 기계에 의해 프로세스가 이루어지기 때문이다. 이렇게 볼 때, 연속프로세스는 고도로 표준화된 단일 또는 소품종의 제품을 대량으로 생산하는 프로세스에 가장 적합한 프로세스의 형태이다. 화학, 제지, 맥주, 철강, 유리, 전구, 전기, 전화, 석유, 제분, 시멘트, 고무, 페인트, 우유, 제약, 플라스틱, 가스, 설탕 등이 연속프로세스에 속하는 분야이다.

[2] 반복프로세스

반복프로세스(repetitive processes)는 라인 프로세스에 속하지만, 엄밀하게 말하면 단속프로세스와 연속프로세스의 중간형태를 취하는 라인프로세스의 일종이라고 볼 수 있다. 반복프로세스는 일반적으로 조립라인 형태의 프로세스를 의미하며, 대량생산(mass production)을 한다. 그래서 반복프로세스를 조립프로세스라고 부른다. 반복프로세스에서는 생산속도를 균일하게 하기 위해 연속적으로 움직이는 이동컨베이어(moving conveyor)를 사용한다.

반복프로세스는 모듈을 사용한다. 자동차, 라디오, TV, 냉장고, 오토바이, 장난감, 컴퓨터, 전자계산기, 완구, 카메라, 카페테리아, 패스트 푸드(fast food) 식당 등의 조립생산이 반복프로세스에 속한다.

반복프로세스는 유사한 제품군을 생산하기 위해서 필요한 작업장을 작업순서에 맞게 배치하며, 제품은 미리 정한 통제된 비율로 일련의 프로세스단계를 거친다. 개별 작업은 상세히 기술되어 있고, 한 개 작업장의 지연은 전 라인을 지연시키게 된다. 이러한 반복프로세스는 대부분의 경우, 긴 생산활동의 마지막 단계로써 이용된다. 반복프로세스의 하나의 변형으로써 **혼합형 조립라인**(mixed model assembly line)이 있는데, 이것은 동시에 어떤 제품의 몇 가지 변형을 생산할 수 있는 조립라인이다.

조립라인에 있어서 관리자의 주요한 임무는 작업의 속도를 원활히 유지하는 것이다. 이것은 각 작업의 상호연관성 때문에 발생한다. 개개 작업의 사이클 타임을 감소하는 것도 중요하지만, 전체적인 균형을 이루는 것이 보다 중요하다. 이러한 임무를 효과적으로 달성하기 위해서는 다음과 같은 계획을 필요로 한다. 어떤 제품을 어떤 순서에 의해서 만들어야 되는가? 원자재 및 부품을 언제 어디서 투입할 것인가? 그리고 설비를 어떻게 관리할 것인가? 등과 같은 계획이 필수적으로 갖추어져 있어야 한다.

6.2.3 프로젝트

일반적으로 **프로젝트(project)**는 대규모 작업이므로 작업자나 설비 또는 기계를 직접 프로젝트를 생산하는 장소로 이동시켜 작업한다. 그래서 프로젝트는 **고정위치 프로세스(fixed-position process)**라고도 한다. 소규모 제품을 소량생산하는 단속프로세스와는 달리 프로젝트는 규모가 큰 단일제품을 대부분 하나만 생산하는 주문생산이다. 주문생산이기 때문에 프로젝트에는 재고가 없다. 물론 어떤 경우에는 하나의 제품만 생산하지 않고, 비행기처럼 여러 개의 제품을 생산하기도 한다. 그러나 이런 경우에도 무조건 재고를 만들지 않고, 반드시 주문에 의하여 제품을 생산한다. 프로젝트는 이렇게 대규모의 단일제품을 생산하기 때문에 생산경로 및 생산방법이 각각의 프로젝트마다 동일하지 않고 다르다. 또 프로젝트를 수행하는 데 걸리는 시간이 비교적 길고 산출물은 고가이다.

프로젝트는 다른 프로세스와 달리 특히 독창성을 중요시한다. 그리고 프로젝트는 정해진 기간 내에 정해진 비용으로 완수되어야 하기 때문에 시간을 상당히 중요시한다. 또 프로젝트는 정해진 우선순위에 의해 단계별로 프로세스가 진행되어야 하기 때문에 스케줄링(scheduling)이 상당히 중요하다. PERT/CPM은 프로젝트의 스케줄링을 다루는 중요한 기법이다. 이에 대해서는 6.9에서 자세히 다룬다.

프로젝트는 다량의 제품이나 서비스를 판매하는 것이 아니라, 독창성 있는 제품이나 서비스를 고객에게 판매하는 프로세스다. 그래서 교량, 건물, 영화, 항공기, 콘서트, 미사일, 선박, 건축물뿐만 아니라 시장조사, 이벤트계획, 여론조사, 소프트웨어개발과 같은 서비스도 프로젝트이다.

6.2.4 프로세스의 비교

각 프로세스의 다양한 특성은 〈표 6-1〉에 비교되어 있다. 앞서 설명하였듯이 기업이 선택하는 프로세스에 따라서 기업이 갖는 생산목표, 경쟁방식, 자산의 형태, 인력 및 조직 등이 달라진다. 또한 한번 결정된 프로세스는 다른 프로세스로 변화하기가 어려운 경우가 많다. 따라서 프로세스 엔지니어를 포함한 생산운영담당자는 전체최적화를 위해서 기업전략 및 사업부전략에 능동적으로 참여하고, 결정된 상위

표 6-1 프로세스의 특성비교

특 성	라인프로세스	단속프로세스	프로젝트
주문형태	대 량	소 량	단 일
제품의 흐름	순서적	혼 합	일정치 않음
단 가	낮 음	높 음	매우 높음
제품다양성	낮 음	높 음	매우 높음
시장형태	대 량	주 문	독특함
생산량	많 음	중 간	하 나
공장의 크기	대규모	소규모	일정하지 않음
규모의 경제	중요함	중요하지 않음	중요하지 않음
애로작업장	적 음	많 음	많 음
셋업횟수	적 음	많 음	많 음
작업자 기술수준	낮 음	높 음	높 음
과업형태	반복적	비반복적	비반복적
교육훈련	적 음	많 음	많 음
임금수준	낮 음	높 음	높 음
투 자	높 음	중 간	낮 음
재공품재고	낮 음	높 음	중 간
완제품재고	높 음	낮 음	낮 음
원자재재고	높 음	낮 음	낮 음
기 계	특수기계	범용기계	범용기계
유연성	낮 음	중 간	높 음
품 질	일 정	변 동	변 동
납 품	높 음	중 간	낮 음
생산통제	쉬 움	어려움	어려움

전략을 지원할 수 있는 프로세스를 갖추도록 하여야 한다.

프로세스의 선택과 관련하여 고려하여야 할 점은 기계에 대한 선택이다. 기계는 **범용기계**(general-purpose machines)와 **특수기계**(special-purpose machines)로 구분이 된다. 범용기계는 다양한 제품의 가공에 활용되므로 일반기계, 상용기계라고도 한다.

표 6-2 기계를 선택할 때 고려해야 할 요소

결정변수	고려하여야 할 요소
초기투자	가격, 제조업자, 필요로 하는 공간, 보조 장치에 대한 필요성
생산율	실제 생산율 대 추정 생산율
제품의 품질	규격에 관한 품질의 일관성, 불량률
운용성	사용 편의성, 안전성 인간에 대한 영향
노동에 대한 요구	직접노동 대 간접노동 비율, 기술 수준과 훈련 요구
유연성	특수 공구에 대한 필요성
셋업시간	복잡성, 전환속도
수리	복잡성, 빈도, 부품의 필요성
폐기	폐기가치
재공품	안전재고에 대한 필요성
시스템에 끼치는 영향	기존 시스템과의 관계, 통제장치, 생산전략과의 관계

출처: Richard B. Chase and Nicholas J. Aquilano. *Production and Operations Managment: Manufacturing and Services*. 9th ed. Irwin, 2004.

기계의 선택은 프로세스의 유형에 의해 우선적으로 영향을 받는다. 그러나 기계를 선택할 때에는 〈표 6-2〉에 나와 있는 요소들을 고려하여야 한다.

범용기계의 가장 큰 특성은 유연성에 있고, 특수기계(전용기계)의 가장 큰 특성은 자본집중도에 있다. 일반적으로 유연성과 자본집중도는 상반관계(상충관계)에 있다. 유연성이 높아지면 자본집중도는 떨어지고, 반대로 자본집중도가 높아지면 유연성은 떨어진다. 그래서 다양한 제품을 생산하기 위해서는 범용기계를, 그리고 한정된 몇 개의 제품을 생산하기 위해서는 특수기계를 사용한다. 범용기계의 예로는 선반기계, 천공프레스, 제본기 등을 들 수 있다. 범용기계를 작동시키기 위해서는 숙련된 기술자가 필요하다. 범용기계는 대개 다품종소량제품을 생산하는 단속프로세스에 적합하다. 그리고 단속프로세스에서 범용기계들은 일반적으로 유사한 기능을 수행하는 기계들끼리 그룹으로 묶어 배치하는 것이 보통이다.

특수기계는 대개 하나의 제품 또는 매우 적은 수의 제품만을 생산하기 위해 특별히 설계된 기계이다. 그래서 특수기계는 범용기계처럼 높은 유연성을 지니고 있지 않다. 특수기계는 일반적으로 자동화가 되어 있어 특별한 기술을 지닌 작업자를 필요로 하지 않는다. 특수기계는 대량의 제품을 생산하는 데 적합하며, 또 유지비용이 그리 많이 들지 않는다. 특수기계는 제품을 만드는 순서에 따라 배치되며,

그림 6-2 프로세스의 특성비교

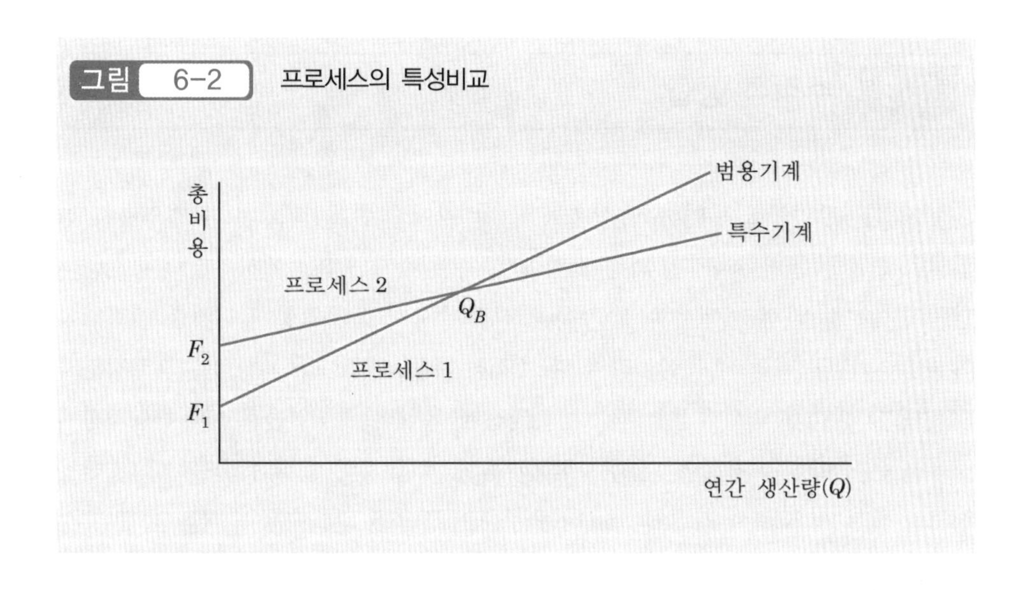

거의 도중에 중단되지 않고 프로세스가 이루어지도록 설계되어 있다.

Krajewski와 Ritzman(2009)은 범용기계와 특수기계에 대한 비교를 〈그림 6-2〉를 이용하여 설명하였다.

프로세스 1은 범용기계를 사용하는 프로세스이고, 프로세스 2는 특수기계를 사용하는 프로세스이다. 프로세스 1은 고정비는 낮지만, 변동비는 프로세스 2에 비해 상대적으로 높다. 반면에, 프로세스 2는 고정비는 높지만, 변동비는 프로세스 1에 비해 대단히 낮다. 즉, 프로세스 1은 유연성을, 프로세스 2는 자본집중도를 중시하는 프로세스다. 프로세스 2는 프로세스 1에 비해 훨씬 비탄력적이지만 능률성은 높다. 이렇게 볼 때, 프로세스 1은 여러 종류의 제품을 생산하는 데 유리하고, 프로세스 2는 좁은 범위의 제품을 생산하는 데 유리하다. 두 프로세스의 손익분기점은 두 프로세스의 총비용곡선이 만나는 점이다. 여기에서의 생산량을 Q_B 라고 하자. 그러면 예측판매량이 Q_B 를 초과한다면 프로세스 2를 택해야 하고, 그렇지 않다면 프로세스 1을 택하는 것이 바람직하다.

6.3 수직적 통합

기업은 투입물을 구매하고, 산출물을 소비자에게 판매한다. 이 때 경영자는 투입물을 산출물로 변환시키는 과정에 있어서, 즉 원자재의 획득에서부터 최종제품의 납품에 이르는 과정 중에서 어떤 부문을 직접 소유하고 운영할 것인가를 결정하여야 한다. 이것을 수직적 통합이라 한다. **수직적 통합**(vertical integration)은 최고경영자의 중요한 전략적 의사결정으로서, 변환과정에 유입되는 투입물로부터 변환과정에서 나오는 산출물의 유통에 이르는 전체과정 중에서 기업이 직접 소유하고자 하는 정도를 말한다. 그래서 기업이 소유하는 부문이 많으면 많을수록 수직적 통합의 정도가 높다고 할 수 있다.

일반적으로 생산량이 많고 생산의 반복도가 높을 때에는 수직적 통합을 확장하는 것이 바람직하다. 또 사업에 핵심적인 활동도 기업이 직접 소유하고 관리하는 것이 바람직하다. 그러나 수직적 통합은 자원의 유연성을 감소시킨다. 이것은 수직적 통합을 하기 위해서는 막대한 설비와 기계에 투자를 하여야 하기 때문이다. 그러므로 수직적 통합을 할 때에는 통합하는 부문이 미래에 있어서 기업에 어떤 영향을 끼치는가를 반드시 검토하여야 한다. 수직적 통합은 다시 후방통합과 전방통합으로 구분된다.

6.3.1 후방통합

후방통합(backward integration)은 생산활동을 하는 데 필요한 투입물, 즉 원자재를 공급하는 방향쪽으로의 통합을 말한다. 이것은 대체적으로 원자재, 부품, 노동력, 설비 등에 대한 통합을 의미한다. 예를 들면 자동차회사가 직접 타이어공장을 운영하고, 생선통조림회사가 직접 어업활동을 하고, 또는 무역중개업자가 직접 제품을 생산하는 것이다. 통합의 주요 결정요인은 통합했을 때의 공급비용과 현재의 공급비용의 차이이다. 그러나 후방통합은 원자재의 공급을 확실하게 해 준다.

후방통합을 **자체 생산/구매**(make/buy) 의사결정이라고도 한다. 경영자는 가끔 어떤 부품을 직접 생산할 것인가, 또는 외부의 공급업자들로부터 구매하여야 할 것인가를 결정하여야 한다. 최근에 중요시되는 **아웃소싱**(outsourcing)도 자체생산/구매에 관한 의사결정이다. 아웃소싱은 기업의 어떤 특정업무를 외부업자에게 계약에 의해 맡기는 것이다. 최근 정보통신의 발달로 생긴 **가상기업**(virtual corporation)은 아웃소싱의 좋은 예이다. 가상기업을 설정하여 네트워크를 통해 정보를 서로 교환함으로써 일시적으로 협력하고, 목적이 달성되면 해체하는 것이다. 자동차회사들은 과거에 비해 부품을 자체 생산하는 것보다 외부의 공급업자들로부터 구매하는 경향이 높아졌다. 이러한 자체 생산/구매 결정은 프로세스결정에 상당한 영향을 끼친다.

기업에서 자체 생산/구매에 대한 결정을 할 때에는 다음과 같은 요소들을 평가한 다음에 이루어져야 한다.

첫 번째 요소는 비용이다. 기업은 자체 생산하는 것이 비용이 적게 드는지, 또는 외부의 공급업자로부터 구입하는 것이 비용이 적게 드는지를 평가하여야 한다. 비용은 대부분의 기업들이 자체 생산/구매 결정을 할 때 가장 중요시하는 요소이다. 자체 생산할 때의 비용은 단지 제조비용만 포함해서는 안 되고, 수송비용이나 간접비용을 전부 포함하여야 한다. 그래서 자체 생산비용과 구매비용 중에서 비용이 적은 대안을 선택한다.

두 번째 요소는 여유생산능력이다. 기업의 생산능력에 여유가 있는 경우에는 외부에서 구매하기보다는 자체 내에서 부품이나 제품을 생산하는 것이 바람직하다. 어차피 여유생산능력은 사용하고 있지 않는 설비이기 때문에 이를 사용함으로써 가동률도 높일 수 있다. 또 여유생산을 사용함으로써 외부에서 부품을 구매하는 것보다 비용을 감소할 수 있다.

세 번째 요소는 수요의 형태이다. 만약 수요가 비교적 높고 지속적인 부품은 외부에서 구매하지 않고, 스스로 생산하는 것이 바람직하다. 그러나 수요가 많지도 않고 또 불규칙적이면, 부품을 기업내부에서 생산하기보다는 외부에서 구매하는 것이 바람직하다.

네 번째 요소는 전문적인 기술이다. 아무리 다른 모든 조건이 충족되어도 원하는 부품을 생산할 수 있는 전문기술이 기업내부에 없으면 부품을 생산할 수가 없다. 그러므로 전문적인 기술이 없는 경우에는 부품을 외부에서 구매할 수밖에 없다.

다섯 번째 요소는 품질이다. 기업은 경쟁력 있는 품질의 부품을 생산할 수 있는 능력이 있는지를 평가하여야 한다. 기업이 원하는 품질의 부품을 스스로 생산할 수 없다면, 그 부품을 자체 생산하지 말고 외부에서 구매하여야 한다.

여섯 번째 요소는 특허권이다. 어떤 부품은 특허가 있어야 생산할 수 있는 것들이 있다. 이런 부품들은 반드시 특허가 있어야 하기 때문에 자체 생산할 수가 없다.

일곱 번째 요소는 시간이다. 신속하게 부품을 생산하여야 할 경우에는 자체에서 생산하는 것보다 외부에서 구매하여야 한다. 이것은 소규모의 외부공급업자들이 조직적으로 유연성이 높기 때문이다.

그러므로 기업은 자체 생산/구매 결정을 할 때, 위의 일곱 가지 요소들을 평가하여야 한다. 그러나 기업은 필요한 모든 부품을 전부 자체 생산하거나, 또는 외부에서 구입할 필요는 없다. 기업에 따라 일부는 자체 생산하고, 나머지는 외부로부터 구입할 수도 있다. 그러므로 기업은 이런 모든 대안을 가지고 자체 생산/구매 결정을 보다 유연성 있게 결정하도록 하여야 한다.

6.3.2 전방통합

전방통합(forward integration)은 제품을 판매하는 시장쪽으로의 통합을 의미한다. 그래서 전방통합은 대체적으로 유통구조(도매상, 소매상 등)쪽으로 흡수를 한다. 예를 들면 반도체회사가 컴퓨터를 생산하거나, 또는 생산업자가 직접 무역중개업까지 하는 것이다. 전방통합의 주요 결정요인은 비용의 비교와 수요에 대한 신뢰의 문제이다.

6.3.3 공동회사

수직적 통합과는 반대되는 개념으로 **공동회사**(hallow corporation)라는 것이 있다. 공동회사는 생산의 대부분을 스스로 하지 않고, 계약에 의해 다른 회사에 의존하는 비교적 규모가 작은 기업이다. 그래서 공동회사를 네트워크(network) 회사라고도 하는데, 이것은 공동회사에 있는 대부분의 종업원들이 네트워크처럼 산재해 있는 많은 공급업자들의 업무를 조정하려고 대부분의 시간을 전화통화에 소비하기 때문이다. 공동회사는 많은 자본이 필요 없고, 시장에 신속하게 들어가고 빠져 나올 수 있다. 그러나 생산량이 증가하거나 또는 제품수명주기가 연장되면, 다른 회사에 의해 흡수될 위험성이 상당히 높다.

6.3.4 소유/임대 결정

수직적 통합을 할 때 기업은 필요한 설비나 기계를 구입할 것인지, 또는 임대할 것인지를 결정하여야 한다. 이것을 **소유/임대**(own/lease) 결정이라고 한다. 급격한 기술의 변화나 빈번한 서비스를 요하는 경우에는 기계나 설비를 매입하는 것보다 임대하는 것이 유리하다. 또 설비를 짧은 기간 동안만 필요로 하거나 설비의 관리를 간편하게 하기 위해서는 임대하는 것이 바람직하다. 임대를 할 경우 자신의 자산이 아니기 때문에 기업의 입장에서는 유연성을 갖출 수 있고, 재무적으로도 임대료는 비용처리가 가능하여 법인세에 대한 절세효과를 얻을 수 있다.

예를 들어서 주택사업은 경기순환적인 측면이 크므로 주택업자가 모든 중장비를 전부 소유하지 않고, 필요할 때에만 임대한다. 또한 병원에서는 고가의 의료검사장비인 MRI 및 PET/CT의 경우 자본투자액이 크고, 불확실한 수요로부터 야기되는 위험을 분산하기 위해서 임대하는 경우가 많다. 일반기업의 경우도 사무실에서 사용하는 사무기기나 업무용 차량을 소유하기보다는 임대하여 사용하여서 기기와 차량을 위한 별도의 관리조직을 갖지 않고도 전문화된 보수·유지 서비스를 받을 수 있기 때문에 임대를 한다.

일반적으로 생산 및 재고와 관련해서는 재고생산, 주문생산, 조립주문생산의 세 가지의 전략을 전개할 수 있으며, 이는 프로세스의 선택과 적합하도록 조정되어야 한다.

6.4 생산과 재고전략

6.4.1 재고생산

전통적으로 가장 많이 볼 수 있는 생산형태는 재고생산이다. **재고생산**(MTS:

Make-To-Stock)은 고객의 주문에 앞서서 제품이 완성되는 것이다(ASCM, 2022). 즉, 고객의 주문에 관계 없이 수요예측을 통해 미리 대량으로 제품을 생산하고, 창고에 보관한 다음, 고객이 원할 때 창고에서 재고를 갖고 고객에게 판매하는 시스템이다. 그래서 재고생산에서는 고객의 주문을 받기 전에 생산이 완료된다. 그리고 고객의 주문은 창고에 있는 완제품재고로 충당된다. 일반적으로 재고생산을 하는 기업은 가장 경제적인 로트의 단위로 제품을 생산한다. 재고생산의 제품은 대개 표준화가 되어 있어서 대량생산에 적합한 형태이다.

재고생산프로세스는 생산자에 의해서 결정된 제품을 미래의 수요에 대비해서 생산하는 것이며, 현재의 수요는 가용재고로부터 충족된다. 재고생산에서는 고객의 욕구를 충족시키기 위해 고객이 원하는 제품을 많이 생산하여 창고에 보관하고 있어야 한다. 그래서 재고생산에서는 수요예측과 생산계획, 그리고 유통시스템이 상당히 중요하다. 이렇게 재고생산은 고객의 실질적 수요를 반영하는 고객주문이 아닌 생산계획에 의해 운영되는 **푸쉬 시스템**(push system)이다.

6.4.2 주문생산

과거에는 표준화된 제품을 대량생산하여 고객에게 판매하는 것이 주종을 이루었다. 그러나 최근 고객의 기호가 급격하게 변함에 따라 대량생산방식은 점차로 사양길에 들어가게 되었고, 다양한 고객의 욕구를 반영하는 주문생산의 중요성이 점차로 강조되고 있다. 이제 고객은 생산업자가 고객의 욕구에 보다 신속히 대응하기를 기대하고 있다.

주문생산(MTO: Make-To-Order)은 고객의 주문을 수령한 후 제품이 만들어지는 것이다(ASCM, 2022). 고객이 어떠한 형태의 제품을 요구할지 생산자가 알지 못하기 때문에 반드시 고객의 주문에 의해서만 생산하는 시스템이다. 그래서 주문생산업자는 가격과 수량, 그리고 납기일을 고객과 상의해서 결정한다. 주문생산에서는 미리 어떤 제품을 대량으로 생산할 수가 없다. 왜냐하면 주문생산업자는 상당히 다양한 품목의 제품을 소량 또는 중량으로 생산하여야 하기 때문이다. 그래서 주문생산에서는 다양한 제품을 정해진 기간 내에 생산하기 위한 스케줄링이 상당히 중요하다. 주문생산에서 특히 중요한 것은 납기일의 준수이다. 주문생산은 그 특성상 다품종 소량생산인 단속프로세스에 적합하다.

주문생산에서는 고객의 주문이 있어야만 생산이 시작되는 시스템이다. 그래서 주문생산은 계획이 아니고 고객의 주문에 의해서 운영되는 **풀 시스템**(pull system)이다. 풀 시스템에서는 사용을 위한 수요가 있거나 혹은 사용된 것을 대체(보충)하기 위해서 생산하는 시스템이다(ASCM, 2022). 푸쉬 시스템과는 달리 풀 시스템은 고객의 개별적인 주문의 진행상황을 일일이 전부 추적할 수가 있다. 그래서 고객에게 보다 신속하고 정확한 정보를 제공할 수가 있다.

6.4.3 재고생산 및 주문생산의 비교

〈표 6-3〉은 재고생산과 주문생산의 특성을 비교한 표이다.

표 6-3 재고생산과 주문생산의 비교

특 성	재고생산	주문생산
제 품	생산자가 정함	고객이 정함
시 스 템	푸쉬	풀
운 영	수요예측	고객의 주문
조 직	재고관리, 생산능력의 극대화	스케줄링, 납기일과 생산능력의 관리
운영문제	수요예측, 생산계획, 재고통제	납기준수, 납기통제

6.4.4 조립주문생산

주문생산의 경우 주문을 받을 때까지 생산활동은 시작하지 않으며, 주문을 받고 난 후에 비로소 고객의 요구에 맞는 제품을 생산한다. 그러나 **조립주문생산**(ATO: Assemble-To-Order)은 조립품이나 구성품은 수요예측에 의해 미리 생산해 놓고 최종제품의 경우 고객의 주문에 맞게 조립생산한다. 즉, 구성품은 재고생산되지만, 최종완성품은 주문생산되는 혼합형 생산방식이라 할 수 있다. 공통의 구성품은 미리 예측에 의해서 생산하되 사양선택(options)을 하도록 하여 최종제품의 다양성을 확보하면서 동시에 전체리드 타임을 줄일 수 있는 장점이 있다. 예를 들면 대표적으로 자동차생산이 이 범주에 속한다. 또한 음식점에서는 다양한 음식주문에 공통으로 사용될 수 있는 식재료(예: 파, 마늘, 김치류 등)는 미리 생산해 놓고 고객의 최종주문음식에 맞추어서 요리를 하여 음식을 제공한다. 이로써 주문을 받은 후에 식재료를 만드는 일을 처음부터 하지 않아도 되므로 리드타임을 줄일 수 있다.

6.5 프로세스 선택: 제품-프로세스 전략

기업이 제공하는 제품(what)과 그 제품을 생산하는 프로세스(how)는 적합해야 한다. 이는 목적과 수단이 적합해야 하는 것과 같은 의미로서, 전략적 의미에서는 기업전략(corporate strategy)과 이를 지원하는 비즈니스전략(business strategy) 및 기능전략(functional strategy) 사이에 일관성 내지 적합성(strategic fit)이 있어야 효과적이라는 것이다. 이러한 개념을 구성하는 데 도움이 되는 것이 제품-프로세스 매트릭스이다.

이러한 **제품-프로세스 매트릭스(product-process matrix)**는 생산량, 제품설계, 프로세스 사이의 관계를 보여 준다. 이 매트릭스의 수직적인 측면에서는 프로세스의 특성을 나타내는 것으로서 프로세스의 복잡성(complexity), 프로세스의 분기(process divergence), 프로세스 흐름(process flow) 등으로 설명된다. 프로세스의 복잡성이란 프로세스를 수행하는 데 필요한 단계가 얼마나 많고 복잡한지를 의미한다. 프로세스분기란 프로세스가 수행되는 방법에 있어서 재량권으로 고객화될 수 있는 정도를 나타낸다. 프로세스 흐름이란 작업이 프로세스의 일련의 단계를 거쳐 진행될 때 순차적인 진행의 정도와 다양한 진행의 정도를 의미한다. 수평적인 측면은 제품종류 및 생산량을 나타낸다. 이러한 제품-프로세스 매트릭스는 제품과 프로세스를 연결하는 개념적 틀을 제공하며, 어떠한 프로세스를 선택할지에 관한 의사결정에 도움을 준다.

일반적으로 가장 적합한 프로세스유형은 제품-프로세스 매트릭스의 대각선상에 위치하는 것이다. 만약 특정기업이 이러한 대각선상에 위치한 매트릭스로부터 크게 벗어난 프로세스를 선택하고 있다면, 이는 그 기업이 현재 제공하는 제품과 프로세스가 적합하지 않다는 것을 의미할 수 있다. 전통적으로 이러한 위치는 매우 고정적인 것으로 이해되었으며, 대각선상에 한번 위치하면 좀처럼 다른 곳으로 이동하기는 어려운 것으로 여겨졌다. 그러나 경영환경의 변화와 더불어서 현대경영에서는 아주 유연한 생산공정을 가질 수 있는 것을 경쟁력으로 강조하고 있다. 제품의 수명이 짧아지고, 고객의 수요가 다양해지는 환경변화에서는 이를 지원할 수 있는 유연한 프로세스를 갖출 수 있는 것이 초일류기업의 조건으로 받아들여진다.

다양한 제품을 신속히 생산할 수 있는 유연한 생산시스템을 구축하는 데 있어서 가장 기본이 되는 것은 **셋업시간**(set-up time)을 줄이는 것이다. 이는 기업의 경쟁력을 좌우하는 중요한 요소이다. 그래서 세계의 수많은 기업들은 셋업시간을 두 자리 숫자 시간에서 한 자리 숫자 시간으로 줄이려고 많은 노력을 하였다. 그 결과 어떤 기업은 셋업시간을 수분으로까지 단축시켰다. 셋업시간은 다음과 같은 세 가지 이유 때문에 중요하다.

① 셋업시간이 길어지면, 1회 생산량(로트)이 커진다. 따라서 평균재고량도 많아진다.

② 셋업시간이 감소되면, 불량품이 감소되고 검사가 감소된다.

③ 셋업시간이 감소되면, 기계의 생산능력이 증가된다.

그런데 Harmon과 Peterson(1994)은 셋업시간을 감소하려는 노력이 수백만대의 기계 중 5%에서만 시도되었다고 하였다. 이렇게 셋업시간에 대한 관심이 그리 높지 않았던 이유를 그들은 다음처럼 설명하였다.

① 셋업시간 감소를 전담하는 전임팀이 배정되어 있지 않다. 더구나 대부분의 기업에 있어 공장이 아주 바쁘지 않을 때에도 셋업시간을 감소하기 위해 파트타임으로 일할 사람을 배정하는 것조차 상당히 어려웠다.

② 많은 공장의 경영자들은 기존의 기계를 개선하는 것보다 새 기계구입을 더 선호한다. 더구나 그들은 기존의 설비를 개선하려고 시도하지도 않는다.

③ 대부분의 엔지니어들은 셋업에 대한 해결책으로 너무나 복잡하거나 자동화된 기법들을 선호한다.

④ 공구, 기계, 고장장치물들을 개선하려면 공구관리자의 노력이 요구된다. 그러나 대부분의 공장에 있어서 공구관리자는 고장난 기계와 공구를 수선하고, 신제품을 위한 고정장치물과 공구를 만드는 데 거의 모든 시간을 보내고 있다.

⑤ 전형적인 비용감소기법들로 셋업시간을 감소시킬 수 없다. 그러므로 경영자는 셋업시간의 감소가 회사 전체에 끼치는 영향을 반드시 인식하고, 전형적인 비용감소기법들이 아닌 새로운 방법을 사용하여 셋업시간을 절감시키도록 노력해야 할 것이다.

Shingo(1986)는 그의 책에서 내부와 외부 셋업시간을 전부 감소시켜야 한다고 하였다. **외부셋업시간**이란 기계의 작동을 중단시키지 않고 행할 수 있는 작업을 말한다. 반대로 **내부셋업시간**은 기계의 작동이 반드시 정지되어야만 행할 수 있는 작업을 말한다. 다음 프로세스에 필요한 원자재나 부품을 기계 앞으로 미리 갖다 놓는 작업은 외부셋업시간의 예이다.

6.6 프로세스 설계도

프로세스설계도는 각각의 프로세스의 흐름을 세밀히 분석하는 도표이다. 프로세스설계도는 프로세스를 구성하고 있는 모든 작업들을 조직적으로 분석하고, 또 어떻게 하면 작업을 보다 능률적으로 수행할 수 있는가를 분석하기 위한 도표이다. 프로세스설계도는 작업방법분석도표 또는 작업단순화도표라고도 한다. 프로세스설계를 분석하는 기법으로는 조립도, 조립차트, 흐름도표, 프로세스도, 다작업프로세스도와 같은 기법들이 있다. 이러한 기법들은 작업의 흐름을 개선하고 생산성을 향상시키는 데 이용된다.

조립도(assembly drawing)는 각 부품을 직접 그림으로 그린 다음, 조립과정을 시각적으로 보여 주는 도표이다. 그래서 조립도에서는 어떤 부품을 다른 어떤 부품이나 조립품과 조립하여야 하는지를 직접 실물을 그려 표시한 도표이다. 조립도는 일반적으로 3차원으로 그려진다. 그래서 실질적으로 조립하는 것과 같은 과정을 보여준다. 흔히 DIY(Do It Yourself) 제품에서 설명서와 함께 조립도가 제공되기도 한다. **조립차트**(assembly chart)는 제품이 어떻게 조립되는지를 도식화해서 보여 주는 도표이다. 조립도와는 달리 조립차트는 조립이 이루어지는 조립시기와 장소를 파악해준다.

흐름도표(flow diagram)는 자재나 작업자의 이동이 많을 때, 프로세스에서 이루어지는 작업자, 자재 또는 설비의 흐름을 면밀히 분석하는 기법이다. 흐름도표는 어떤 일정한 양식이 없기 때문에 작성자에 따라 도표가 다르다. 이러한 흐름을 도표에 직접 표시함으로써 흐름도표는 개선의 방향을 연구하고 분석한다.

프로세스도(process chart)는 프로세스흐름도(process flowcharts)라고도 하며, 작업장에서 작업자나 기계에 의해 수행되는 모든 활동과, 그리고 서류와 자재의 전반적인 흐름을 조직적으로 검토하고 분석하는 도표이다.

다작업프로세스도(multiple activity chart)는 프로세스도가 한 명의 작업자 또는 한 대의 기계에 의해서 수행되는 작업만을 분석하는 데 비해, 여러 개의 작업들을 분석하는 프로세스도표이다. 이렇게 다작업프로세스도는 어떤 특정기간에 있어서 발생하는 다수의 작업의 흐름을 분석하는 도표이다.

작업순서표(route sheet)는 어떤 제품이나 부품을 생산하기 위해 작업이 어떤 순서에 의해서 이루어지는지에 대한 목록이다. 또 프로세스경로서에 작업표준과 작업기법을 추가해 명시한 표를 프로세스순서표(process sheet)라 한다.

작업주문지시(work order)는 스케줄에 맞춰 어떤 제품이나 부품을 얼마만큼 생산하라는 지시서이다. 병원에서 의사가 환자를 진단한 다음에 쓰는 처방전도 일종의 작업주문지시이다. 작업주문지시가 없이는 절대로 작업이 수행되어서는 안 된다.

프로세스를 개선하기 위해서는 현재(As-Is) 프로세스를 그리고 현재프로세스를 분석하여 바람직한 생산성 높은 미래(To-Be) 프로세스를 그리게 되는데, 프로세스 설계도를 그리거나 분석하기 위한 도구로서 흔히 Microsoft의 Visio나 Microsoft의 Project Management가 사용된다.

6.7 서비스 프로세스 설계

서비스업체와 제조업체의 특성이 다르기 때문에 서비스에 대한 프로세스설계는 제조업체의 프로세스설계와 다르다. 그래서 서비스 프로세스를 설계할 때에는 제조업체와는 다른 각도에서 보아야 한다. Schmenner(1995)는 다음처럼 서비스 프로세스를 분류하기 위해 서비스 매트릭스를 개발하였다.

6.7.1 서비스 매트릭스

Schmenner(1995)는 고객과의 접촉정도와 고객화, 그리고 노동집약형태에 의해 서비스를 네 가지 형태로 분류한 **서비스 매트릭스**(service matrix)를 개발하였다. 〈그림 6-3〉은 서비스 매트릭스를 보여 주고 있다.

서비스 매트릭스의 왼쪽에는 서비스를 창출하는 과정에 있어서 노동집약의 정도를 표시하고, 위쪽에는 고객과의 접촉정도와 고객화정도를 표시한다. 고객과의 접촉정도는 서비스를 설계하거나 또는 고객에게 제공하는 과정에 고객이 참여하는 정도를, 그리고 고객화는 고객의 주문정도를 말한다. 그래서 서비스 매트릭스는 이 두 개의 분류에 따라 네 가지 서비스조직으로 분류된다. **서비스공장**(service factory)은 고객과의 접촉정도가 낮으면서 노동집약의 정도도 낮은 서비스업체이다. 서비스공장에서는 제조업체처럼 대개 대규모 설비를 이용하여 고객에게 제공하는 서비스가 대체적으로 표준화가 되어 있다. 그래서 서비스공장은 서비스업체에서 가장 제

그림 6-3 서비스 매트릭스

		고객과의 접촉정도와 고객화	
		낮음	높음
노동집약의 정도	낮음	서비스공장 항공사 화물운반트럭 호텔 리조트	서비스 숍 병원 자동차수리소 기타 수리소
	높음	대량서비스 소매상 도매상 학교	전문서비스 변호사 의사 회계사

출처: Roger W. Schmenner. *Service Operations Management*. Prentice-Hall, Inc., 1995.

조업체에 유사한 서비스업체라고 할 수 있다. 서비스공장의 목적은 대량서비스를 통해 비용을 낮추는 것이다. 서비스공장의 예로는 항공사, 대부분의 수송회사, 호텔, 그리고 리조트 등을 들 수 있다.

고객과의 접촉과 고객화의 정도가 점차로 많아짐에 따라 서비스공장은 **서비스 숍**(service shop)이 된다. 서비스 숍에 오는 고객은 보다 욕구가 일률적이지 않고 다양하지만 수요가 많다. 그래서 서비스 숍에서는 비교적 큰 수요를 충족시키기 위해 어느 정도의 설비시설을 갖추고 있다. 서비스 숍의 예로는 병원, 정비소 등을 들 수 있다.

대량서비스(mass service)는 노동집약적이면서 고객의 고객화정도가 낮은 서비스조직이다. 대량서비스의 예로는 소매상, 도매상, 은행, 학교 등을 들 수 있다. 고객과의 접촉과 고객화정도가 증가함에 따라 대량서비스는 전문서비스가 된다.

전문서비스(professional service)에는 변호사, 의사, 회계사 등이 속한다. 전문서비스에 대한 수요는 비교적 크지 않지만, 전문성 때문에 비용은 대체적으로 높다. 서비스 매트릭스는 서비스업체가 매트릭스의 어떤 부문에 속하는가에 따라 각 서비스업체의 경영자에게 시사하는 바가 다르다. 그래서 노동집약의 정도가 낮은 서비스업체는 다음과 같은 의사결정에 중점을 두어야 한다.

- 토지, 설비, 기기와 같은 자금결정
- 새로운 테크놀로지에 대한 결정
- 비수기와 성수기의 수요에 대한 결정
- 서비스공급의 스케줄링에 대한 결정

한편 노동집약의 정도가 높은 서비스조직에서는 인력자원을 관리하는 데 대한 다음과 같은 의사결정에 중점을 두어야 한다.

- 고용
- 훈련
- 직무수행방법과 통제
- 인력자원에 대한 스케줄링
- 복지후생

고객과의 접촉과 고객화정도가 높은 서비스업체에서는 다음과 같은 사항들에 대해 중점을 두어야 한다.

- 일관된 서비스품질유지
- 종업원의 충성심
- 소비자와 접촉할 때 종업원의 임무

한편 고객과의 접촉과 고객화정도가 낮은 서비스업체에서는 다음과 같은 사항들에 대해 중점을 두어야 한다.

- 마케팅
- 서비스의 표준화
- 서비스시설

서비스 매트릭스는 서비스를 유형화하고, 각각의 유형에서 경영자가 중점을 두어야 할 경영시사점을 제공한다. 그러나 동일한 사업이 반드시 같은 유형에 속할 필요는 없으며, 다른 유형으로 이동할 때 차별화에 의한 새로운 사업기회가 생길 수 있다.

6.7.2 서비스업체에서의 프로세스도

서비스의 프로세스를 설계할 때 사용하는 중요한 방법 중 하나가 위 프로세스 설계도에서 설명한 프로세스도(process chart)이다. 서비스 프로세스설계에서 사용하는 프로세스도는 프로세스와 정보의 흐름을 보여 준다. 프로세스도는 서비스가 어떻게 설계되고, 어떤 과정을 거쳐 산출되고, 소비자에게 어떻게 공급되는가를 도표로써 보여 주는 방법이다. 그래서 프로세스도는 서비스의 창출과정을 연쇄적으로 보여 주며, 어떤 프로세스가 어떤 프로세스 다음에 발생하여야 하고, 또 어떤 프로세스가 어떤 프로세스와 동시에 발생하는가를 보여 준다.

또한 프로세스도는 **애로프로세스**(bottleneck process)에 대한 자세한 정보를 제공해 준다. 그래서 어떤 프로세스에서 더 많은 설비와 사람들이 필요하고, 서비스업체의 배치를 어떻게 바꿔야 하고, 어디에서 표준화를 하여야 하고, 또 어디에서 프로세스를 분리하여야 하는가를 보여 준다. 리엔지니어링도 프로세스도의 효율적인 사용으로 시작할 수 있다. 그러므로 서비스의 프로세스를 설계할 때에는 반드시 프로세스와 정보의 흐름을 보여 주는 프로세스도를 사용하여야 한다. Shostack(1984)은 서비스의 프로세스도를 **서비스청사진**(service blueprints)이라고 하였다. 서비스청사진은 서비스업체가 서비스를 고객에게 제공하기 전에 미리 여러 문제점들을 파악하고 시정하게 해 준다고 하였다. 그래서 서비스청사진은 실제로 서비스를 고객에게 제공하기 이전에 서비스에 대한 개념을 종이 위에 테스트함으로써 서비스공급시스템을 분명하게 정의하게끔 한다고 하였다.

6.8 매스 커스터마제이션

매스 커스터마제이션(mass customization)이란 대량생산방식(mass production)의 효율성과 맞춤생산(customization)의 차별성을 동시에 달성하고자 하는 혁신적인 생산방식이다. 개인의 요구에 맞는 주문생산을 하되 대량생산방식과 같은 효율성을 확보해 대량생산방식하의 가격으로 공급할 수 있는 생산방식이다. 이는 "차별화를 위해서는 높은 가격을 지불해야 한다."는 전통적 패러다임에 대한 창조적 파괴를 의미한다. 매스 커스터마제이션의 전통적인 사례로 인용되어 왔던 Dell의 경우 고객의 주문을 받아서 유연한 생산시스템을 통해서 컴퓨터를 생산하고, 훨씬 적은 재고로 비용을 절감하면서 동시에 고객의 요구에 맞는 컴퓨터를 제공함으로써 경쟁우위에 설 수 있었다. 이는 제한된 종류의 표준화된 컴퓨터에 대한 수요예측을 통해서 완성품재고를 쌓아 놓고 판매를 하는 다른 경쟁사들과는 다른 생산방식이었다.

Dell을 통해서 매스 커스터마제이션이 컴퓨터산업에 퍼져 나갔으나, 이외에도 의류(Levi Strauss), 신발(Nike), 안경(Paris Miki), 산업용 세제(Chemstation), 농기계(John Deere & Co.) 자동차(Ford), 뉴스 서비스(Cyberscan), 호텔(Journey's End), 은행(First Direct Bank), 교육서비스(University of Pennsylvania) 등에서 활용되고 있다. 이로써 매스 커스터마제이션은 제조업뿐 아니라 서비스업, 영리조직뿐 아니라 비영리조직 등 대부분의 조직에서 적용가능한 생산방식으로 인용되었다.

국내기업들 중에서도 의류업, 출판, 가구업, 병원, 호텔 등에서 매스 커스터마이제이션을 활용하는 기업들이 나타나고 있다. 예를 들어서 한 중소김치회사는 김치에 대한 고객의 미각이 다양한 데 착안하여 웹을 통해서 고객이 스스로 자신이 선호하는 맛을 선택하게 하여 맞춤김치를 표준화된 일반김치와 비슷한 가격으로 제공하고 있다. 이 회사는 열무김치를 지방별(9가지), 매운 정도(3가지), 짠 정도(3가지), 고명 1(13가지), 고명 2(13가지), 고명 3(13가지), 용기종류(2가지), 주문수량(5가지) 등 다양한 조합(179,570가지)에 맞추어 열무김치를 제공한다. 이러한 주문식 생산방식을 통해서 신선도가 중요한 원자재, 재공품, 완제품의 재고를 줄이고, 고객의 입맛에 정확히 맞는 김치를 제공해서 고객의 충성도를 높인다. 고객이 자신의 입맛에 맞는 김치회사를 찾는 것이 아니라 이 김치회사 내에서 자신의 입맛에 맞는 김치를 주문하고, 더 나아가서 다양한 다른 종류의 김치 및 식품을 구매하게 된다.

매스 커스터마이제이션은 고객의 입장에서는 매우 매력적이다. 대량생산방식하의 표준화된 서비스와 유사한 가격수준에서 자신의 요구에 정확히 맞는 제품이나 서비스를 구매할 수 있기 대문에 자신의 만족(효용)을 극대화시키는 데 도움이 된다. 그러나 기업의 입장에서는 전통적 생산방식과는 다른 새로운 생산방식으로의 변화를 요구하는 조직적 노력을 필요로 한다. 매스 커스터마이제이션은 기존 조직의 경제성원리와 운영방식에 대한 근본적인 변화를 요구한다. 다양한 고객의 요구에 맞출 수 있는 효율적인 동시에 매우 유연한 생산시스템을 확보하는 것은 매우 어려운 작업이며, 연구와 더불어서 발명이 필요한 일일 수도 있다. 유연생산시스템(FMS), 그룹 테크놀로지(GT) 등은 이를 지원하는 적합한 생산방식 중의 하나이다. 또한 실행에 있어서도 프로세스를 유연화할 수 있는 변화를 먼저 취하고, 그 후에 제품을 다양화할 수 있는 방법을 택해야 한다. 반대의 경우는 프로세스의 유연성 부족으로 고객의 차별화된 요구에 대응을 할 수 없어 혼란만이 야기될 것이다.

매스 커스터마이제이션은 앞서 설명한 전통적인 제품－프로세스 매트릭스상의 대각선 상에서 벗어난 위치를 점하게 된다. 그것은 새로운 창조적 파괴이며, 경쟁구도의 전환이고 기회인 것이다. 제품－프로세스 매트릭스는 제품과 프로세스의 적합에 대한 개념적 분석과 일반적 가이드를 제시하지만, 초일류기업은 이것을 넘어선 생산방식을 적용하여 경쟁우위를 점할 수 있다. 대량생산(가격전략), 맞춤생산

(차별화전략)이 상충관계라는 전통적 패러다임이 무너지는데, 이는 마치 고품질을 위해서는 반드시 고가격을 지불해야 한다는 전통적 패러다임이 초일류기업의 운영방식에 있어서 무너지는 것과 유사하다. 매스 커스터마제이션은 규모의 경제와 범위의 경제의 장점을 동시에 추구하는 생산방식이다.

최근 기업은 대량고객화라는 매스커스터마제이션을 넘어서 **초개인화**(hyper-personalization)에 맞추어서 제품과 서비스에 있어서 고객화 수준을 개인 단위로 세밀하고 정밀화하여 경쟁력을 얻으려 하는 경향이 있다. 빅데이터, 클라우드, AI (artificial intelligence) 등의 디지털 자산은 추가비용을 최소화하며 이를 가능하게 한다. 기업은 제품과 서비스를 제공하는 데 있어서 기존의 업무처리 방식을 디지털 전환(digital transformation)을 통해서 고객인 개인의 니즈 충족 및 긍정적 경험의 제공을 극대화하는 전략을 추구하는 경향이 있다.

6.9 프로젝트 경영

프로젝트 경영(project management)이란 1회성의 활동을 대상으로 범위와 일정 및 예산에 관해 이해당사자가 규정한 조건들을 충족시키거나 초과달성할 수 있도록 이를 계획하고 조직하며, 일정을 수립하고 지휘하며, 통제하는 것을 말한다(Hill, 2003). 연속적인 산출물의 생산을 전제로 하는 라인 프로세스나 단속 프로세스와 달리 프로젝트 프로세스는 1회성의 고도로 고객화된 단일산출물 생산을 목적으로 하기 때문에 물리적인 프로세스합리화 혹은 효율적인 생산계획시스템의 구축노력보다는 프로젝트 목표수립과 목표달성을 위한 합리적인 실행일정수립, 그리고 프로젝트성과의 통제활동이 보다 강조되게 된다.

프로젝트 경영을 구성하는 주요 내용은 다음의 3가지 측면에서 살펴볼 수 있다(Heizer와 Render, 2014):

- 프로젝트 계획수립(project planning): 프로젝트목표의 설정과 필요로 하는 활동의 규명 및 프로젝트 팀 조직구성 등을 포함한다.
- 프로젝트 일정수립(project scheduling): 프로젝트활동별로 필요한 인원, 예산, 물품 등의 할당과 활동들 간의 연관성검토 등을 포함한다.
- 프로젝트 통제(project controlling): 프로젝트에 투입되는 자원과 비용, 품질, 예산 등의 추적과 시간과 비용 측면의 요구사항을 충족시키기 위한 계획의 보완/변경 및 자원의 이동 등을 포함한다.

6.9.1 프로젝트 계획수립

프로젝트계획의 수립과 일정계획수립 및 통제로 이어지는 프로젝트경영의 실행은 이를 주도적으로 전담할 프로젝트조직(project organization)을 통하여 이뤄지게 된다. 프로젝트조직은 기업 내의 전문가들을 활용해서 프로젝트가 지향하는 성과를 달성하려고 하는 일시적인 조직의 형태를 가지게 되며, 프로젝트가 필요로 하는 인적자원과 물적자원을 할당하기 위한 효율적인 수단으로 활용되고 있다.

다음의 〈그림 6-4〉는 기업의 각 부서로부터 파트 타임 혹은 풀 타임으로 차

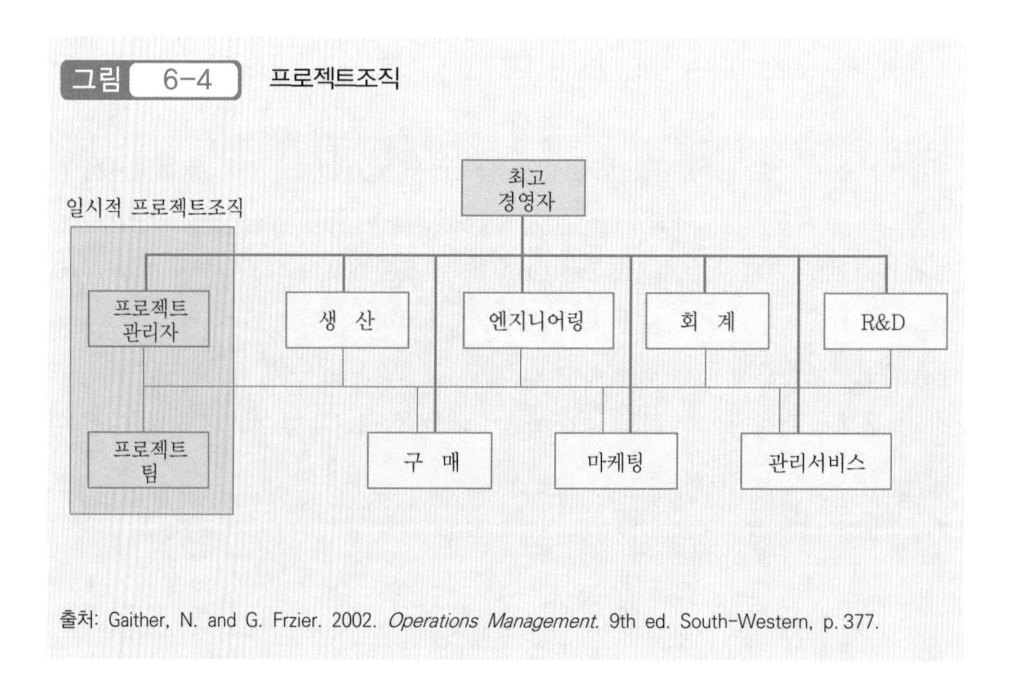

그림 6-4 프로젝트조직

출처: Gaither, N. and G. Frzier. 2002. *Operations Management*. 9th ed. South-Western, p. 377.

출된 인원들로 프로젝트 팀(project team)이 구성되고 있음을 나타내고 있다. 프로젝트 팀에는 통상 프로젝트관리자(project manager)를 두게 된다. 프로젝트관리자는 팀을 이끌고, 프로젝트활동을 조정하며, 프로젝트와 관련된 다른 부서의 활동들을 조정하고, 최고경영자에게 직접 보고하는 역할을 수행하게 된다. 최고경영자에게 직접 보고하는 권한을 기업 내에 보여 주는 것은 바로 기업 내에 프로젝트의 중요성을 알리는 효과를 가져오게 되며, 프로젝트 팀과 다른 기업부서와의 협조관계를 원만하게 이끌어 낼 수 있게 된다. 프로젝트조직은 프로젝트가 시작되기 이전에 만들어져서 프로젝트 계획수립을 주도할 수 있게 해야 한다.

프로젝트 팀이 구성되면 먼저 프로젝트목표를 설정하게 되고, 프로젝트를 관리가능 할수 있는 작은 부분으로 나누는 작업을 하게 된다. 소위 **작업분할구조**(WBS: Work Breakdown Structure)를 작성하는 것을 말하는데, 이를 통하여 프로젝트를 주요 과업 혹은 하위구성요소(sub-components)로 분할한 후 이를 다시 세부구성요소(detailed components)로 나누며, 세부구성요소는 다시 구체적인 활동과 관련비용으로 나타내게 된다. 인적자원과 물품 및 장비의 총체적인 소요규모에 대한 추정도 계획수립단계에서 이뤄지게 된다.

작업분할구조는 다음과 같이 아래로 내려 갈수록 세부적인 내용으로 구체화되어진다.

수준	
1	프로젝트
2	프로젝트를 구성하는 주요 과업
3	주요 과업을 구성하는 하위과업
4	완료되어야 할 활동(혹은 작업패키지)

다음의 〈그림 6-5〉는 Microsoft의 Windows 10 개발프로젝트의 작업분할구조를 나타내고 있다(Heizer 등, 2020). 그림에서 보는 바와 같이 새로운 오퍼레이팅 시스템인 Windows 10을 개발하는 프로젝트(1.0)는 수준 1로 명시되어 있으며, 이 프로젝트를 구성하는 주요 과업들인 소프트웨어 디자인(1.1)과 비용관리계획(1.2) 및 시스템 테스팅(1.3)은 수준 2에 나타나 있다. 1.1의 두 가지 주요 하위과업(수준 3)은 GUIs(Graphic User Interfaces)의 개발(1.1.1)과 기존 출시된 Windows 버전들과의 호환

성유지(1.1.2)가 된다. 1.1.2의 주요 하위과업(수준 4)은 Windows 8과의 호환성유지(1.1.2.1), Windows 7과의 호환성유지(1.1.2.2) 및 Windows Vista와의 호환성유지(1.1.2.3)를 다루게 될 팀을 구성하는 것이다.

그림 6-5 작업분할구조

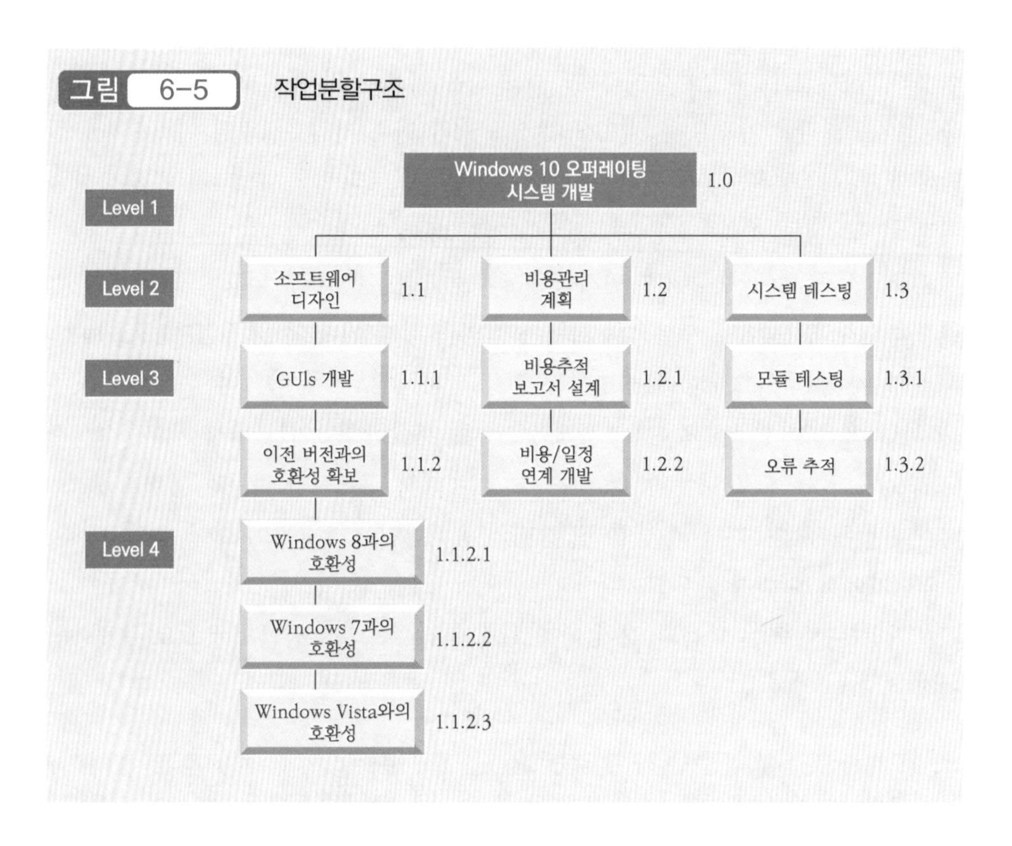

6.9.2 프로젝트 일정수립

프로젝트 일정수립은 프로젝트를 구성하는 모든 세부적인 활동에 대해 연결순서를 정하고, 시간을 할당하는 과정을 말한다. 즉, 일정수립단계에서 각 활동에 대해 필요로 하는 시간, 인원, 자재 등을 결정하게 되는 것이다.

프로젝트일정을 나타내는 효과적인 수단으로는 먼저 **간트 차트**(Gantt Chart)를 들 수 있다. 간트 차트란 수평축에 프로젝트를 구성하는 활동의 시작시간과 완료시간을 표시하는 것을 말한다. 다음의 〈그림 6-6〉은 〈표 6-4〉에 나타난 어느 건축 프로젝트 구성활동들을 간트 차트로 나타낸 것이다. 그림을 보면 대략적인 활동

표 6-4 건축프로젝트 구성활동

활 동	내 용	직전선행활동	소요시간
A	건축목표설정	-	10일
B	예산수립	A	14
C	자료 및 정보수집	A	18
D	토지매입	B, C	60
E	건축설계	C, D	22
F	토목공사	D	25
G	건축공사	E, F	50
H	설비공사	E, G	30
I	준공검사	F, G, H	20

별 소요시간과 프로젝트 완료시간 등과 같은 프로젝트의 현황을 일견에 파악할 수 있다. 다만, 간트 차트는 작성의 편의성과 단순한 요약표현의 장점에도 불구하고 프로젝트활동들 간의 상호연관성을 잘 나타내지 못하는 단점을 가지고 있어서 복잡한 활동들로 구성된 프로젝트의 일정을 표현하기에는 제약성이 있다(ASCM. 2022).

보다 복잡한 대형 프로젝트의 일정수립을 위해서는 PERT 혹은 CPM과 같은 네트워크 스케줄링방식을 사용할 수 있다. PERT(Program Evaluation and Review Technique)는 본래 1950년대 후반에 미국해군의 주도로 폴라리스 미사일개발 프로젝트의 관리를 위해서 마련된 네트워크 관리기법이고, CPM(Critical Path Method)은 비슷한 시기에 DuPont의 주도로 프랜트보수유지와 건설프로젝트를 포함하는 일련의 엔지니어링 프로그램을 관리하기 위해 개발된 네트워크 관리기법이다(Russell과 Taylor, 2007). PERT는 프로젝트를 구성하는 각 활동의 소요시간에 대해 여러 가지 추정치를 사용하는 확률적인 시간개념을 사용하는 반면에, CPM은 단일하고 확정적인 시간개념을 사용한다는 차이점은 있다. 그러나 이 두 가지 기법은 기본적으로 프로젝트관리를 위한 접근아이디어가 유사하기 때문에 특별히 구분하지 않고 이를 병합하여 PERT/CPM이라고 표기하기도 한다.

PERT/CPM이 간트 차트에 비하여 가지는 장점은 네트워크 표현방식을 사용하여 활동들 간의 복잡한 선행관계를 잘 나타낼 수 있다는 것이다. 다음의 〈그림

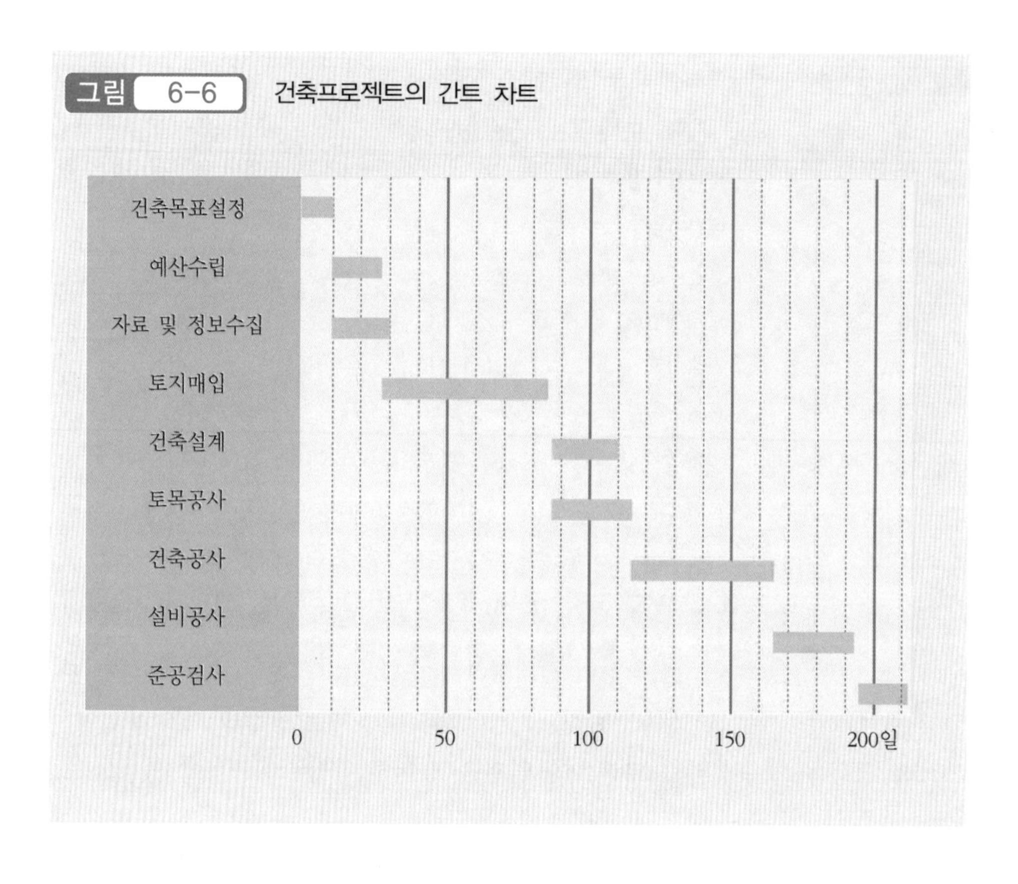

그림 6-6 건축프로젝트의 간트 차트

6-7〉에서 보는 바와 같이 〈표 6-4〉에 표시된 건축프로젝트 구성활동자료를 바탕으로 작성된 네트워크 다이어그램은 간트 차트보다 명확하게 활동들 간의 관계를

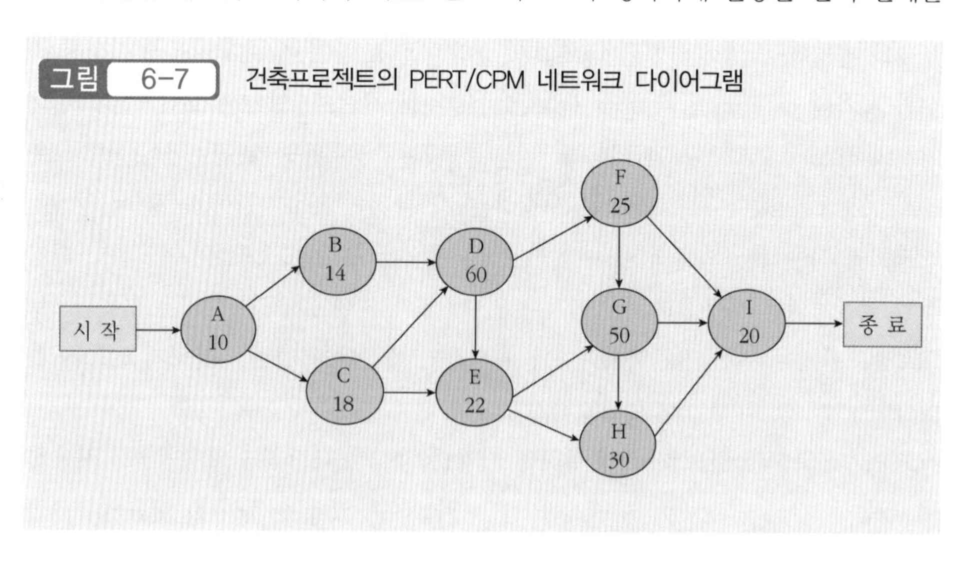

그림 6-7 건축프로젝트의 PERT/CPM 네트워크 다이어그램

잘 나타내고 있음을 알 수 있다. 〈그림 6-7〉에 나타낸 네트워크 다이어그램에서는 프로젝트를 구성하는 활동을 원으로 표시한 마디(node)로 나타내고 있다. 마디 안에는 활동에 소요되는 시간을 나타내고 있고, 화살표(arrow)는 관련된 활동들 간의 선행관계를 나타내고 있다. 네트워크 다이어그램에서 활동을 마디로 표시하는 것을 AON(Activity On Node)방식이라고 하며, CPM에서 사용하는 표시방법이다. PERT에서는 활동을 화살표로, 활동의 시작과 종료를 마디로 사용하는 AOA(Activity On Arrow) 방식을 사용하고 있으나, 본서에서는 AON방식을 사용하기로 한다.

6.9.3 프로젝트 통제

다른 경영시스템에 대한 통제와 마찬가지로 대형 프로젝트의 통제도 자원과 비용, 품질 및 예산에 대한 면밀한 주의를 필요로 한다. 통제의 의미는 프로젝트 계획을 수정하기 위한 피드백 과정을 활용하고, 보다 필요한 곳으로 자원을 이동시키는 능력을 발휘하는 것을 말한다. 프로젝트실행에 관한 보고서나 차트 등은 PERT/CPM에 기반을 둔 컴퓨터 프로그램을 사용해서 얻을 수 있지만, 보다 활발하게 사용되는 프로그램으로는 Oracle의 Oracle Primavera, Match Ware의 Mind View, Hewlett-Packard의 HP Project 그리고 Microsoft의 Microsoft Project 등이 있다. 이러한 프로그램들은 프로젝트를 구성하는 각 과업별로 다양한 형태의 보고서를 제공해 주고 있다(Heizer 등, 2020).

프로젝트 통제를 위해서는 프로젝트실행의 결과를 합리적으로 평가하는 노력이 뒷받침되어야 한다. 실행결과에 대한 합리적인 평가 없이는 합리적인 프로젝트 계획변경이나 자원배분이 이뤄지기 어렵기 때문이다. 프로젝트 결과평가를 위한 전통적인 프로젝트경영의 초점은 프로젝트 예산과 범위, 시간제한조건을 충족시키는 것에 두어져 왔다. 프로젝트관리자에게 있어서 우수성의 추구, 지속적인 개선, 고객감동실현 등의 차원 높은 목표는 그다지 고려되지 못하였다(Maylor, 2001). 60~70년대에는 제조분야에서도 품질통제와 표준과 규격에 부합되는 적합성(conformance) 품질에 중점을 두었으나, 80~90년대 이후에는 고객만족실현을 중심으로 하는 혁신적인 품질개선에 보다 중점을 두고 있다. 그러나 이러한 패러다임전환의 흐름이 프로젝트경영분야에서는 제대로 이뤄지지 못하고 있다. 프로젝트실행에 대한 평가가 단순히 프로젝트가 요구하는 조건에 부합되는 정도에 초점을 맞추는 것에서 탈피하여 실제적인 성과의 수준에 초점을 맞추는 패러다임의 전환이 이뤄질 필요가 있는 것이다.

〈표 6-5〉에서 보는 바와 같이 프로젝트의 성공여부를 단순히 프로젝트가 요구하는 시간과 비용, 품질에 얼마나 부합되게 실행되었는가를 나타내는 적합성을 기준으로 판단하는 것은 바람직하지 않다. 그보다는 시간을 얼마나 단축했고, 비용을 얼마나 절약했으며, 고객감동실현을 얼마나 극대화시켰는가를 나타내는 실제적인 성과(performance)를 중심으로 성공 여부를 평가하는 것이 보다 바람직한 접근이 될 것이다.

표 6-5 프로젝트 성공측정치 비교

측정치	시 간	비 용	품 질
적합성	계획한 대로	예산범위 내에서	규정에 명시한 대로
성 과	가능한 짧게	가능한 저렴하게	고객감동이 극대화되게

6.9.4 핵심경로와 프로젝트 완료시간

프로젝트관리를 위한 첫번째 과업은 **핵심경로**(critical path)를 규명하는 일이다. 프로젝트를 구성하는 **경로**(path)란 프로젝트 시작점부터 종료점까지 이어지는 활동들의 연결순서를 말한다. 핵심경로란 이러한 경로들 중에서 가장 활동들의 소요시간의 합이 긴 경로를 말한다. 핵심경로를 규명하는 것이 중요한 이유는 이 경로의 시간길이가 곧 프로젝트 완료시간을 나타내기 때문이다. 따라서 핵심경로를 구성하는 활동들을 엄격하게 관리하는 것은 프로젝트를 기한 내에 완료하기 위해서 매우 중요하다. 또한 추가적인 직접비용이 수반되는 프로젝트 단축활동의 경우도 단축의 초점은 핵심경로를 구성하는 활동들에 집중되어야 한다. 핵심경로가 아닌 경로를 구성하는 활동을 줄이는 것은 비용만 증가시킬 뿐 프로젝트 완료시간을 단축시키지 못하기 때문이다.

다음의 〈그림 6-8〉은 앞서 〈그림 6-7〉의 건축프로젝트 네트워크를 바탕으로 핵심경로를 나타내 본 것이다. 활동 A-C-D-F-G-H-I로 이어지는 경로는 길이가 213일로 다른 어떤 경로의 길이보다 길어서 핵심경로가 된다. 가령 경로 A-B-D-

그림 6-8 건축프로젝트의 핵심경로

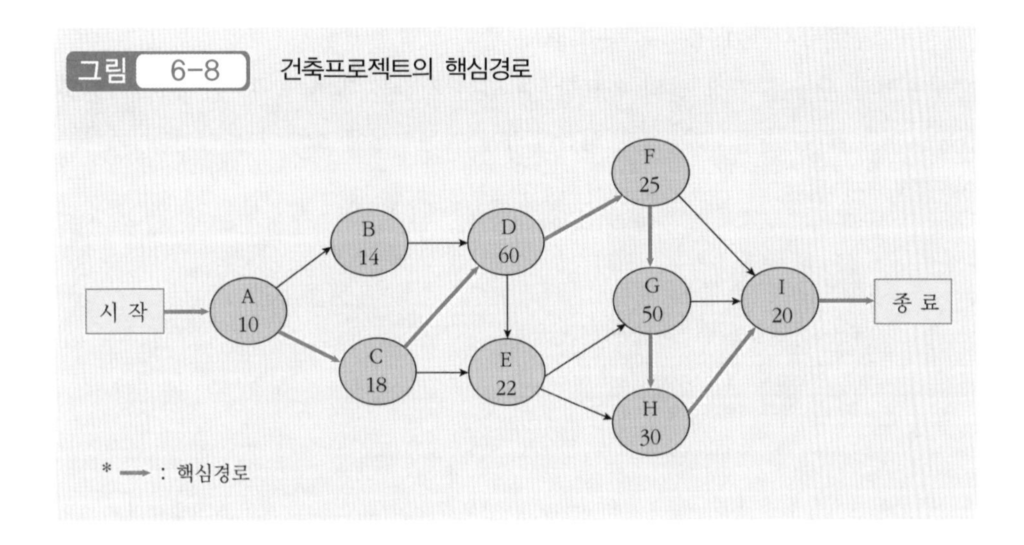

F−G−H−I의 길이는 209일로서 핵심경로보다 짧으며, 다른 경로들도 마찬가지다.

그러나 핵심경로를 규명하는 것이 단순한 일은 아니다. 〈그림 6−8〉에서와 같이 단순한 건축프로젝트의 경우는 경로의 수가 많지 않아서 눈으로 경로를 찾아서 길이를 계산해 보는 것이 가능하겠지만, 수백, 수천 가지의 활동들로 구성된 실제적인 프로젝트의 경우는 이와 같은 수작업으로 수많은 경로를 비교하여 핵심경로를 규명한다는 것은 불가능한 일이다. 따라서 보다 합리적인 핵심경로 규명방법이 필요하게 된다.

합리적인 핵심경로 규명을 위해 사용할 수 있는 방법은 다음과 같이 각 활동에 대해 다양한 시간측정치를 산출하여 결정하는 방식을 들 수 있다(Krajewski와 Malhotra, 2022).

① **최단시작시간**(ES: Earliest Start Time)

주어진 활동을 가장 빨리 시작할 수 있는 시간을 말한다. *ES*는 주어진 활동(i)보다 먼저 완료되어야 하는 활동($i-1$)들이 가장 빨리 완료될 수 있는 시간들 중에서 가장 긴 시간 즉, 선행활동들의 최단종료시간(EF: Earliest Finish Time)들 중에서 최대치에 의해 결정된다.

$$ES_i = \max\{EF_{i-1}\}$$

단, ES_i = 활동 i의 최단시작시간

EF_{i-1} = 활동 i의 직전선행활동(들)의 최단종료시간(들).

② **최단종료시간**(EF: Earliest Finish Time)

주어진 활동을 가장 빨리 완료할 수 있는 시간을 말한다. EF는 주어진 활동 (i)이 가장 빨리 시작될 수 있는 시간(ES)에 활동수행에 소요되는 시간(t)을 더하여 결정하게 된다.

$$EF_i = ES_i + t$$

단, EF_i =활동 i의 최단종료시간

ES_i =활동 i의 최단시작시간

t =활동 i의 소요시간.

[예시 6-1] 건축프로젝트의 ES와 EF의 계산

다음의 〈그림 6-9〉는 건축프로젝트를 구성하는 각 활동의 ES와 EF를 나타내고 있다. 예를 들어 활동 A의 ES는 선행활동 시작점이므로 $ES_A = 0$이 되며, $EF_A = ES_A + t = 0 + 10 = 10$이 된다. 이어지는 일부 활동들의 ES와 EF를 구해보면 다음과 같다:

$$ES_B = \max\{EF_A\} = EF_A = 10,\ EF_B = ES_B + t = 10 + 14 = 24$$

$$ES_C = \max\{EF_A\} = EF_A = 10,\ EF_C = ES_C + t = 10 + 18 = 28$$

$$ES_D = \max\{EF_B; EF_C\} = \max\{24; 28\} = 28,\ EF_D = ES_D + t = 28 + 60 = 88$$

그림에서 보면 프로젝트의 마지막 수행활동인 활동 I의 최단완료시간(EF_I)이 213일로 나타나 있다. 따라서 전체 건축프로젝트의 완료시간은 213일이 소요됨을 알 수 있다.

그림 6-9 건축프로젝트 구성활동의 ES 및 EF

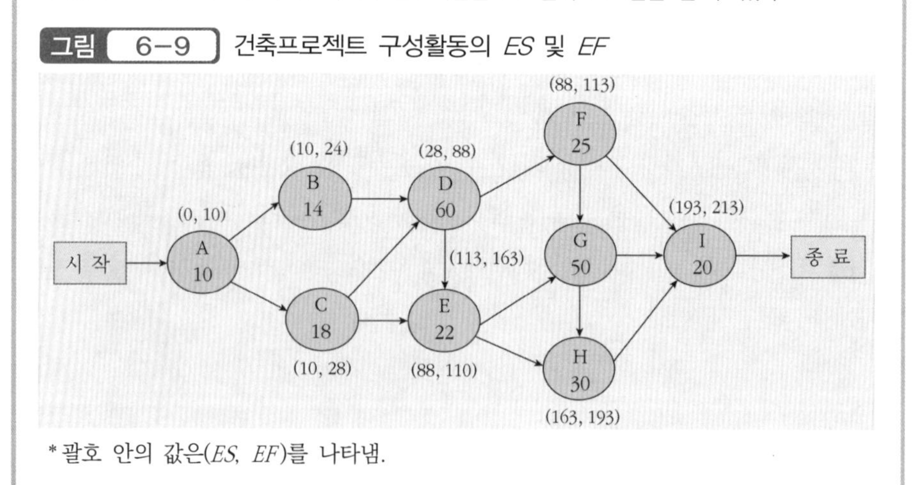

*괄호 안의 값은(ES, EF)를 나타냄.

③ **최장종료시간**(LF: Latest Finish Time)

전체 프로젝트 완료시간을 지연시키지 않으면서 주어진 활동을 가장 늦게 완료해도 되는 시간을 말한다. LF는 주어진 활동(i)이 완료되면 바로 실행될 수 있는 활동 ($i+1$)들이 가장 늦게 시작될 수 있는 시간들 중에서 가장 짧은 시간 즉, 후행 활동들의 최장시작시간(LS: Latest Start Time)들 중에서 최소치에 의해 결정된다.

$$LF_i = \min\{LS_{i+1}\}$$

단, LF_i = 활동 i의 최장종료시간

LS_{i+1} = 활동 i의 직후후행활동(들)의 최장시작시간(들).

④ **최장시작시간**(LS: Latest Start Time)

전체 프로젝트 완료시간을 지연시키지 않으면서 주어진 활동을 가장 늦게 시작할 수 있는 시간을 말한다. LS는 주어진 활동(i)이 가장 늦게 완료될 수 있는 시간(LF)에서 활동수행에 소요되는 시간(t)을 빼서 결정하게 된다.

$$LS_i = LF_i - t$$

단, LS_i = 활동 i의 최장시작시간

LF_i = 활동 i의 최장종료시간

t = 활동 i의 소요시간.

[예시 6-2] 건축프로젝트의 LS와 LF의 계산

다음의 〈그림 6-10〉은 건축프로젝트를 구성하는 각 활동의 LS와 LF를 나타내고 있다. ES와 EF의 계산과 달리 LS와 LF는 종료점부터 계산을 시작한다. 마지막 활동인 I의 LF는 앞서 〈그림 6-9〉에서 구해진 프로젝트 완료시간인 213일이 된다. 프로젝트 완료시간을 지연시키지 않으면서 I가 완료될 수 있는 가장 늦은 시간은 213일이기 때문이다. 따라서 $LS_I = LF_I - t = 213 - 20 = 193$이 된다. 이어지는 일부 활동들의 LS와 LF를 구해보면 다음과 같다:

$$LF_H = \min\{LS_I\} = LS_I = 193,\ LS_H = LF_H - t = 193 - 30 = 163$$
$$LF_G = \min\{LS_H; LS_I\} = \min\{163; 193\} = 163,\ LS_G = LF_G - t = 163 - 50 = 113$$
$$LF_F = \min\{LS_G; LS_I\} = \min\{113, 193\} = 113,\ LS_F = LF_F - t = 113 - 25 = 88$$

그림 6-10 건축프로젝트 구성활동의 LS 및 LF

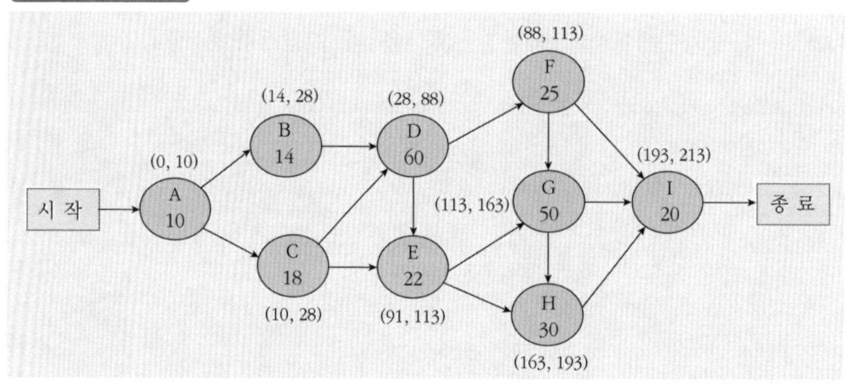

*괄호 안의 값은(LS, LF)를 나타냄.

⑤ 여유시간(Slack Time)

프로젝트를 구성하는 활동이 가지는 여유시간이란 전체 프로젝트 완료시간을 지연시키지 않으면서 활동의 실행시간을 조절하는 데에 사용할 수 있는 시간을 말한다. 어느 활동 i의 여유시간은 그 활동이 가지는 LS와 ES의 차이 혹은 LF와 EF의 차이로 계산해 볼 수 있다. 핵심경로를 구성하는 활동은 0의 여유시간을 가지게 된다. 핵심경로를 구성하는 각 활동의 시작시간 혹은 종료시간의 지연은 바로 프로젝트 완료시간의 지연을 가져오기 때문이다.

$$S_i = LS_i - ES_i \text{ 혹은 } LF_i - EF_i$$

단, S_i = 활동 i의 여유시간.

〈표 6-6〉은 위의 사례에서 구한 *ES*, *EF*, *LS*, *LF*를 바탕으로 각 활동의 여유시간을 계산하여 나타내고 있다. 표에서 보면 핵심경로를 구성하는 활동 A, C, D, F, G, H, I의 여유시간은 모두 0임을 알 수 있다.

표 6-6 건축프로젝트 구성활동의 여유시간(*S*)

활 동	*LS*	*ES*	*LF*	*EF*	*S*(=*LS*−*ES* 혹은 *LF*−*EF*)
A*	0	0	10	10	0
B	14	10	28	24	4
C*	10	10	28	28	0
D*	28	28	88	88	0
E	91	88	113	110	3
F*	88	88	113	113	0
G*	113	113	163	163	0
H*	163	163	193	193	0
I*	193	193	213	213	0

* 핵심경로를 구성하는 활동.

〈그림 6-11〉은 이상에서 설명한 각 활동의 시간측정치들을 종합하여 나타내고 있다. 그림을 보면 핵심경로를 구성하는 활동들은 모두 S=0인 특징을 보여주고 있다. 따라서 아무리 복잡한 프로젝트라 하더라도 프로젝트를 구성하는 활동들의 *ES*, *EF*, *LS*, *LF*를 계산하여 여유시간을 산출한 후 여유시간이 0인 활동들을 연결해 보면 핵심경로를 규명할 수 있다.

그림 6-11 건축프로젝트 구성활동의 시간측정치

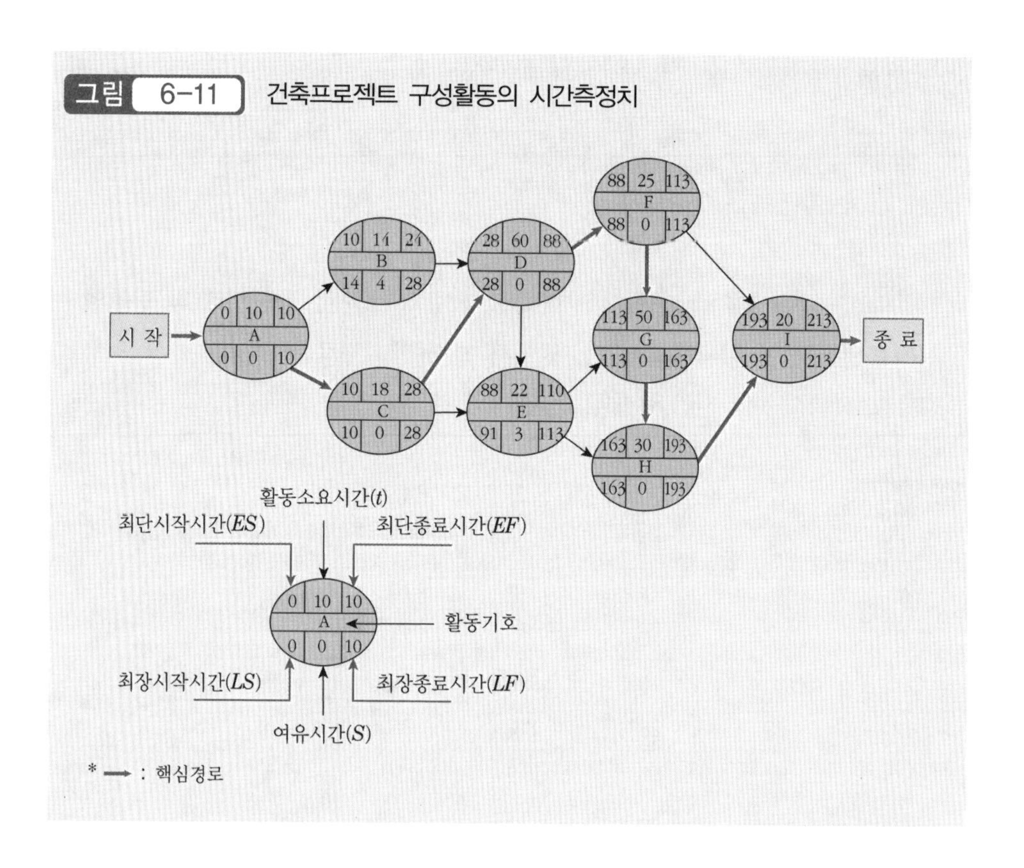

6.9.5 PERT/CPM의 한계와 핵심체인 프로젝트관리

프로젝트 통제를 위해 사용하는 PERT/CPM은 대규모 프로젝트의 일정과 통제에 특히 유용한 기법으로서 핵심경로를 중심으로 면밀하게 통제해야 할 활동들을 명확하게 규명하여 시간과 비용의 통제를 효과적으로 수행할 수 있는 장점을 가지고 있다. 그러나 주관적인 시간추정의 한계와 지나친 핵심경로 중심의 통제노력 등이 프로젝트 성과를 달성함에 있어서 여러 가지 제약을 가져오기도 한다. 특히 주관적인 시간추정치를 가정하는 것이 잘 들어맞지 않을 경우는 프로젝트의 지연과 비용의 추가발생이 이뤄지게 된다. 지난 수십년간 이뤄진 프로젝트의 정시완료 비율은 50% 정도에 머무는 것으로 나타나고 있다(Kannan과 Chitra, 2017). PERT/CPM이 가지는 몇 가지 제약성을 살펴보면 다음과 같다(Heizer 등, 2020):

1. 프로젝트 활동이 명확하게 정의되어야 하고, 독립적으로 이뤄지며 상호관계

가 안정적이어야 한다.

2. 선행관계가 명시되어야 하고, 네트워크로 연결되어야 한다.
3. 시간추정치가 다분히 주관적인 경향이 있다. 과도하게 낙관적으로 추정하거나 충분히 비관적인 상황을 반영하지 못할 위험성 때문에 관리자가 추정치를 모호하게 결정하기 쉽다.
4. 본질적으로 긴 혹은 핵심경로에 과도하게 치중하게 되는 위험성이 있다. 핵심경로에 가까운 경로들에 대해서도 긴밀한 통제가 이뤄질 필요가 있다.

이러한 PERT/CPM의 제약성을 극복하는 프로젝트 관리방법의 하나로 제안된 것이 **핵심체인 프로젝트관리**(CCPM: critical chain project management)이라 할 수 있다. CCPM은 프로젝트 일정에 초점을 맞추어 일정관리 성과를 개선함으로써 프로젝트 변경이나 비용초과의 발생을 감소시키는 효과를 가져온다. 이러한 효과는 프로젝트 계획, 프로젝트 측정 및 통제 시스템 그리고 프로젝트 팀과 지원 조직의 행동을 변화시킴으로써 얻어지게 된다. 핵심체인 중심의 계획은 프로젝트 개시 전에 대부분의 자원사용과 관련된 분쟁을 효과적으로 제거하고, 프로젝트 통제를 위해 버퍼(buffer)를 사용하게 된다(Leach, 1999).

CCPM의 개발은 Goldratt(1997)에 의해서 제약이론(TOC: Theory of Constraints)에 바탕을 두고 이뤄졌다. TOC의 개념은 모든 시스템은 어느 정도 한계를 가지고 있고 이를 극복하지 못하면 시스템의 개선이 이뤄질 수 없다는 것이다. CCPM 계획수립과 통제 프로세스는 프로젝트 활동 기간의 불확실성과 변동성을 직접적으로 명시하게 된다. 기존의 프로젝트 통제가 프로젝트 계획내의 예정된 일정에 과도하게 중점을 두게 되면서 확대되어 나타났던 바람직하지 않은 행동들을 제거하게 된다. CCPM의 특징을 요약해보면 다음과 같다(Leach, 1999):

1. 프로젝트 제약요소로서 핵심경로보다는 핵심체인을 규명한다. 핵심체인은 자원 의존성도 포함하게 되며, 프로젝트 실행기간 동안에 변경되지 않는다.
2. 50% 가능한 활동시간을 사용하게 되며, 시간 추정과 활동성과의 불확실성을 반영하여 활동체인의 종료단계에 버퍼를 둔다.
3. 프로젝트 일정을 통제하기 위해서 버퍼를 즉각적이고 직접적인 측정도구로 활용한다.

4. 다수 프로젝트에 대한 제약조건은 기업자원 사용을 제약하는 활동으로 정의한다. 이 제약조건은 활동기간의 변동성에 대비하기 위해서 버퍼를 사용함으로써 자원을 통해 프로젝트에 연계된다.
5. 활동의 조기완료 상황을 보고하도록 유도하고 여러 과업을 동시에 수행하는 것을 지양하도록 하는 등의 프로젝트 팀의 행동변화를 추구한다.

다음의 〈그림 6-12〉에는 이러한 CCPM의 단계적 과정을 보여주고 있다. 프로젝트 계획단계에서는 과거의 경험에 비추어 핵심적인 활동들을 규명한다. 프로젝트의 지연을 초래할 가능성이 높은 활동들이 이에 해당한다. 계획단계에서는 이러한 활동에 대해 가능한한 많은 시간을 할애해야 한다. 프로젝트 관리자는 주기적으로 활동과 과업의 완료상황을 검토해야 한다. 활동의 과업이 50%정도 완료될 때 버퍼의 규명에 대한 의사결정을 내려야 한다. 과업의 정시완료를 위해 필요한 자원이나 기타 사항을 추가할 필요가 있다. 전반적인 프로젝트 진행사항을 정기적인 간격으로 검토하고 과업의 신속한 수행이 이뤄질 수 있도록 의사결정이 이뤄져야 한다(Sable과 Sonawane, 2019).

그림 6-12 핵심체인 프로젝트 관리의 단계

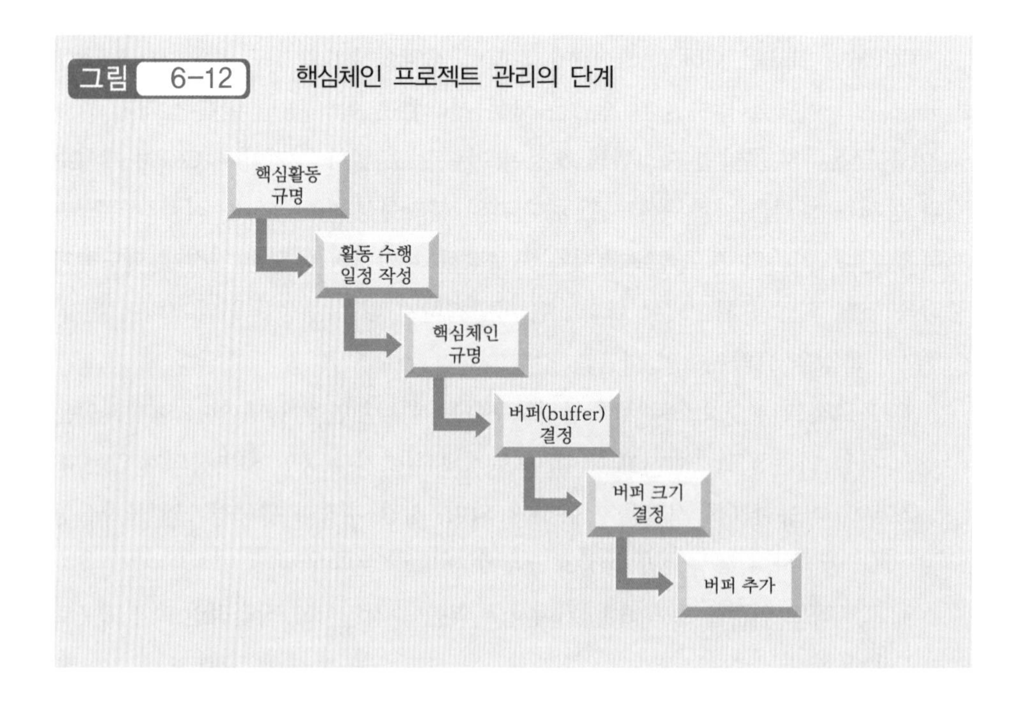

참고문헌  R·E·F·E·R·E·N·C·E·S

유정민, 박민정. 2017. "매스 커스터마이제이션의 공동가치창출이 소비자 반응에 미치는 영향" e－비즈니스연구, 18권1호, 국제e비즈니스학회. 37－49.

이상문. 2010. 글로벌시대의 초일류기업을 위한 생산관리. 형설출판사.

이상문, 이돈희. 2015. 생산·공급망관리. 한경사.

정대영. 2008. 매스 커스터마제이션. 엠플래닝.

ASCM. 2022. ASCM Supply Chain Dictionary.

APICS. 2011. *Operations Management Body of Knowledge Framework.* 3rd ed. APICS.

Amrine, Harold T., John A. Ritchey, and Colin L. Moodie. 1987. *Manufacturing Organization and Management.* 5th ed. Prentice－Hall, Inc.

Boutros, T, and Purdie T.. 2023 The Process Improvement Handbook: ABlueprint for Managing Change and Increasing Organizational Performance. 2nd ed. McGrawHill.

Bridleman, Dan, and Jeff Herrmann. 1997. "A Scheduling Case Study: Supply Chain Management in a MaketoOrder World." *APICS－The Performance Advantage.* March, 32~38.

Chase, Richard B. and Nicholas J. Aquilano. 2004. *Production and Operations Management: Manufacturing and Services.* 9th ed. Irwin.

Dhalla, N. K. and S. Yuseph. 1976. "Forget About the Product Cycle Concept." *Harvard Business Review.* January/Feburary, 102~112.

Goldratt, E. M. 1997. *Critical Chain.* North River Press. N.Y.

Groover, Mikell P. 1987. *Automation, Production Systems and Computer Integrated Manufacturing.* Prentice－Hall, Inc.

Gudlavalleti S. 2022. Busienss Process Improvement: Changing the World One Process at a Time.

Harmon, Roy L. and Leroy D. Peterson. 1994. *Reinventing the Factory*(21세기 공장혁명). 안영진 옮김. 김영사.

Hartley, John R. 1992. *Concurrent Engineering: Shortening Lead Times, Raising Quality, and Lowering Costs.* Productivity Press.

Hayes, R. H. and S. Wheelwright. 1979. "Link Manufacturing Process and Product Life Cycles." *Harvard Business Review.* January/February, 133~140.

Hayes, R. H. and S. Wheelwright. 1979. "The Dynamics of Process Product Life Cycles." *Harvard Business Review.* March/April, 127~136.

Heizer, J. and B. Render. 2014. *Operations Management: Sustainability and Supply Chain Management.* 11th ed. Prentice－Hall, Inc.

Heizer, J., B. Render and C. Munson. 2020. *Operations Management: Sustainability and Supply Chain Management.* 11th ed. Pearson Education.

Hill, Arthur. 2003. *The Encyclopedia of Operations Management Terms*. POMS.

Kannan, J. and G. Chitra. 2017. "Critical Chain over Critical Path in Construction Projects". *IJEMR.* Vol. 7. No.1.

Krajewski, Lee J., Larry P. Ritzman, and Malhtra, Manoj K. 2009. *Operations Management.* Prentice-Hall, Inc.

Krajewski, Lee J. and M. K. Malhotra. 2022. *Operations Management: Processes and Supply Chains.* Pearson Education.

Leach, L. P. 1999. "Critical Chain Project Management Improves Project Performance". *Project Management Journal.* vol. 30. No. 2.

Maylor, H. 2001. "Beyond Gantt Chart: Project Management Moving on." *European Management Journal.* Vol. 19, No.1, 92~100.

Metter, Richard, King-Metters Kathryn, and Madeleine Pullman. 2005. *Successful Service Operations Management.* Thomson.

Page S. 2022. Power of Business Process Improvement. AMACOM

Porter, Michael E. 1990. "The Competitive Advantage of Nations." *Harvard Business Review.* March/April, 73~93.

Rosenfeld, H. W. 1989. "Using KnowledgeBased Engineering." *Production.* November, 74~76.

Russell, R. S. and B. W. Taylor, Ⅲ. 2007. Operations Management: Creating Value Along the Supply Chain. 6th ed. Wiley.

Sable, S. R. and A. Sonawane. 2019. "Overview of Critical Chain Management in Construction Projects". *IJIERT.* Vol. 6. Issue 3.

Schmenner, Roger W. 1995. *Service Operations Management.* Prentice-Hall, Inc.

Shingo, Shigeo. 1986. Zero *Quality Control: Source Inspection and the PokaYoke System.* Cambridge, MA: Productivity Press.

Shostack, G. Lynn. 1984. "Designing Services That Deliver." *Harvard Business Review.* January/February, 133~139.

Vajpayee, S. Kant. 1995. *Principles of Computer Integrated Manufacturing*. Prentice-Hall, Inc.

Wallace, Thomas F. 1994. *World Class Manufacturing*. Omneo.

Womack, James P., Daniel T. Jones, and Daniel Roos. 1990. *The Machine that Changed the World.* Harper Perennial.

생산능력, 입지 및 배치설계

제7장 Operations Management

단순하게 만드는 일이 가장 복잡한 일이다.

- 알렉스 팔머

이번 장에서는 기업의 전략적 의사결정인 생산능력, 입지선정, 설비배치에 대해서 학습한다. 기업은 고객의 수요에 대응하기 위해서 시장에 공급할 수 있는 최대산출량에 대한 의사결정을 해야 한다. 이러한 생산능력은 비용구조를 비롯한 기업의 경쟁력에 매우 큰 영향을 미치므로 생산설비의 적정규모를 결정하는 것은 기업의 전략적 의사결정이다.

또한 새로운 공장이나 서비스시설을 세울 때 그 시설이 들어설 장소는 기업의 장기적 경쟁력에 큰 영향을 미치므로 기업전략에 맞는 입지를 선택하는 것은 전략적 의사결정이다. 입지가 선정된 후에 시설내부의 인적·물적 요소의 배치 또한 생산성에 매우 큰 영향을 미친다. 제7장에서는 다음과 같은 주제들을 설명하고자 한다.

- 생산계획은 어떻게 구성되어 있는가?
- 생산능력계획이란 무엇인가?
- 생산능력계획은 왜 중요한가?
- '규모의 경제' 및 '범위의 경제'는 어떤 개념인가?
- 서비스업체에서의 생산능력계획은 어떻게 수립하는가?
- 입지결정이 왜 중요한가?
- 입지를 결정할 때 고려해야 할 요소들은 무엇인가?
- 서비스업체를 설립할 때 고려해야 할 요소들은 무엇인가?
- 설비배치란 무엇인가?
- 설비배치를 할 때 고려해야 할 요소들은 무엇인가?
- 설비배치의 유형에는 어떤 종류가 있나?

7.1 생산계획의 구성

기업의 경영활동 중에서 가장 먼저 수행해야 하는 것이 계획(planning)이다. 생산조직은 기업의 전반적인 계획수립에 능동적으로 참여하며, 생산계획을 수립할 때에는 기업의 다른 기능과도 원활히 협조하여 현실적인 생산계획이 수립되도록 하여야 한다. 〈그림 7-1〉은 제조기업에 있어서 시간의 범위에 따른 장기·중기·단기 생산계획의 관계를 나타내고 있다.

장기계획은 일반적으로 1년 이상의 기간을 고려하며, 매년 수립된다. 중기계획은 6개월 내지 18개월의 기간을 고려하며, 매월 또는 매 분기마다 수립된다. 한편 단기계획은 하루에서 수주간을 고려하며, 보통 매주 또는 매일 수립된다.

장기계획은 조직은 달성해야 하는 목표와 방법을 수립하는 것이다. 기업전략계획(business planning)은 주어진 기업환경하에서 조직의 목표를 어떻게 실행해 나갈 것인가를 계획한다. 그래서 기업전략계획에서는 판매할 제품라인을 선정하고, 제품라인의 품질과 가격, 그리고 시장침투계획을 수립한다. 제품시장계획(product and market planning)은 수요예측과 자원을 고려하여 기업전략계획을 보다 세밀하게 수립

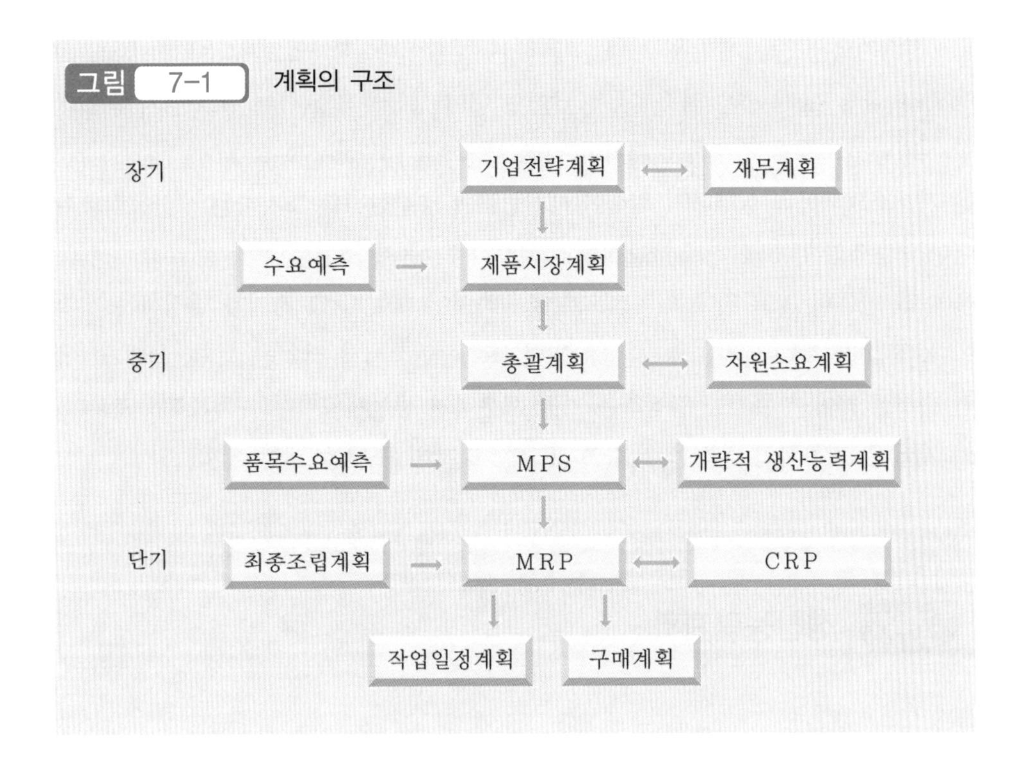

그림 7-1 계획의 구조

하는 계획이다. 제품시장계획에서는 판매할 특정 제품과 시장을 명시한다. 재무계획은 제품시장계획을 실행할 자금이 있는지를 조사하는 계획이다.

중기계획은 주요 제품군에 대한 매월의 생산량과 작업시간에 대한 계획이다. **총괄계획**(aggregate planning)은 장기계획에서 명시한 계획들을 실행하기 위해서 총생산비용을 가장 극소화하는 노동력과 재고, 그리고 제품군에 대한 월단위계획이다. 품목수요예측은 특정품목에 대한 세부적인 수요예측이며, 수요관리(demand management)라 한다. **자원소요계획**(resource requirements planning)은 총괄계획을 실행할 수 있는 생산능력계획으로서, 주요한 자원에 대한 능력을 총괄적으로 수립하는 계획이다. 즉, 자원소요계획은 예정된 미래생산량을 달성할 수 있는 자원에 대한 타당성조사이다. **주생산일정**(MPS: Master Production Schedule)은 제품군이 아닌 최종제품에 대한 생산계획으로서, 최종제품을 어떤 주에 얼마만큼 생산할 것인지를 결정한다. **개략적 생산능력계획**(rough-cut capacity planning)은 주생산일정을 실행할 수 있는 생산능력계획이다.

단기계획은 중기계획을 보다 세분하는 계획이다. **자재소요계획**(MRP: Material Requirements Planning)은 최종제품을 납기일 내에 생산하기 위하여 필요한 자재에 대한 시기와 소요량을 결정하는 계획이다. **생산능력소요계획**(capacity requirements planning)은 자재소요계획을 실행하기 위하여 생산능력이 충분한지를 조사하는 생산능력계획이다. **최종조립계획**(final assembly planning)은 최종제품이 조립품일 경우, 주요 조립품을 미리 만들어 놓고 언제 최종적으로 조립하여야 하는지 그 시기를 결정하는 계획이다. **작업일정계획**(shop floor control)은 실제로 작업장에서 작업을 누가, 어떻게, 어떤 순서로 해야 하는지를 결정하는 가장 세부적인 생산계획이다. **구매계획**(purchasing planning)은 최종적인 생산을 위하여 필요한 자재의 구매에 대한 계획이다.

7.2 생산능력계획

기업은 고객이 요구하는 품질의 제품을 적량으로 시장에 공급하여야 한다. 이 중에서 수량을 결정하는 요소가 기업의 생산능력이다. 생산능력은 공급량이란 양적인 측면에서 시장에서 그 기업이 지닌 경쟁력의 최대한도를 의미한다. 왜냐하면 생산능력규모에 의해서만 기업은 시장의 수요변화에 대응할 수 있기 때문이다. 또 생산능력규모는 제품에 대한 비용구조, 기술수준, 인력구조를 결정한다. 그러므로 기업은 적정수준의 생산규모를 구비하여야 한다. 만약 기업이 수요에 비해 상대적으로 낮은 생산규모를 갖고 있다면, 수요를 전부 충족시키지 못해 새로운 경쟁자가 진입하여 고객을 상실하게 된다. 반대로 수요에 비해 생산규모가 너무 크면, 설비시설과 인력자원의 낭비를 초래하게 된다. 이렇게 볼 때, 기업은 적정규모의 생산설비를 효과적으로 이용하여야 한다. 그러므로 경영자는 생산능력규모를 결정할 때, 이 점을 신중히 고려하여야 한다.

7.2.1 생산능력의 의미

맥주공장의 생산능력은 어떻게 측정하고, 호텔의 생산능력은 어떻게 측정하는

가? 생산능력은 다음과 같이 정의된다. **생산능력**(capacity)은 어떤 특정한 기간 내에 달성할 수 있는 설비의 최대산출률이다. 여기에서 설비란 작업장, 기계, 작업자, 상점, 영업소 또는 공장 등을 의미한다. 최대산출률이란 정상적인 여건에서의 산출률을 의미한다. 그러므로 최대산출률은 일반적으로 잔업 또는 하청 등은 포함하지 않는다. 이렇게 볼 때, 생산능력이란 어떤 생산설비가 취급할 수 있는 최대의 생산한계를 말한다.

7.2.2 생산능력계획의 중요성

생산능력계획은 다음과 같은 이유 때문에 기업에 있어서 매우 중요한 의사결정이다.

첫째, 생산능력계획은 기업의 미래산출량을 결정한다. 기업은 그 기업의 생산능력을 초과하는 수요를 충족시킬 수가 없다.

둘째, 생산능력계획은 기업의 비용구조를 결정한다. 수요를 훨씬 초과하는 과잉생산능력은 기업의 생산비용을 증가시켜 경쟁력을 약하게 한다. 그러므로 기업은 생산능력을 계획할 때, 정확한 수요예측에 의해서 결정하도록 하여야 한다.

셋째, 생산능력계획은 장기적이며, 전략적인 계획이다. 일단 결정한 다음 설치된 생산능력을 변경하는 것은 비용이 많이 들고, 또 변경하기도 쉽지 않다.

넷째, 생산능력계획은 추후에 결정해야 하는 다른 생산계획들을 제약한다.

7.2.3 생산능력의 측정

생산능력을 표시할 때에는 다음과 같은 사항들을 유념하여야 한다.

첫째, 생산능력을 표시할 때에는 반드시 시간단위를 표기하여야 한다. 즉, 산출률은 반드시 어떤 단위시간당 생산량으로 측정되어야 한다. 예를 들면 철강은 연당 톤량, 상점은 일당 고객 수, 그리고 학교는 연간 졸업생 수로 측정한다. 그러나 병원의 병실 수는 생산능력이 아니고 설비규모를 나타낸다.

둘째, 생산능력과 생산량(volume)을 구별하여야 한다. 생산량은 어떤 특정기간 동안의 실제생산률이지만, 생산능력은 최대산출률이다.

셋째, 생산능력이란 제품의 평균단가가 가장 낮은 수준에서의 생산규모를 말한다.

넷째, 한 개의 제품이 아닌 여러 제품들을 생산할 때에는 생산능력의 측정에 유의하여야 한다. 예를 들면 식당에서는 식사를 식당 내에서의 식사와 식당 밖으로 배달하는 식사로 구분할 수 있다. 또 비행기는 좌석 수와 비행거리의 합산인 ASMs(Available Seat Miles)를 사용한다. 1ASM은 1마일 동안 한 명의 승객을 위한 하나의 좌석을 의미한다. 그래서 항공사가 가지고 있는 비행기의 크기, 비행기의 수, 운항거리와 같은 모든 요소들이 전부 ASM에 영향을 끼친다.

다섯째, 프로세스지향적인 기업에서는 투입물을 가지고 생산능력을 측정하여야 한다. 왜냐하면 프로세스지향적인 기업에서는 제품의 종류가 너무 다양하기 때문이다. 이런 모든 것을 적용하기가 어려우면, 생산능력을 판매액이나 원단위 등으로 표시한다. 그러나 화폐가치로 생산능력을 측정할 때에는 화폐가치가 시간에 따라 변동하기 때문에 조심하여 사용하여야 한다.

여섯째, 이론과는 달리 생산능력은 실제로 많은 요소들에 의해서 제약을 받는다. 예로 식당을 들어 보자. 식당의 생산능력은 식탁수이다. 그러나 사실 식당의 생산능력은 요리사의 수, 식기의 수, 주차장 크기, 식자재에 의해서 영향을 받는다. 그러므로 생산능력을 결정할 때에는 생산능력에 영향을 끼치는 모든 요소들을 전부 고려하여 결정하여야 한다.

7.2.4 생산능력의 종류

생산능력에는 다음에서 설명되는 것과 같이 다양한 의미가 있다.

[1] 설계생산능력

설계생산능력(design capacity)은 이상적인 여건에서 기업이 이론적으로 산출할 수 있는 최대생산능력이다. 예를 들어 어떤 공장을 1년에 20만대의 자동차를 생산하도록 설계하였다면, 20만대가 이 회사의 설계생산능력이다. 이 공장이 실제로 20만대의 자동차를 생산하는지는 모른다. 이렇게 설계생산능력은 모든 실제상황이 최적으로 운영될 때 달성할 수 있는 생산능력이다. 생산능력의 정의에서 말한 생산능력은 바로 설계생산능력을 뜻한다.

[2] 기대생산능력

일반적으로 기업의 생산능력은 제품믹스, 스케줄링, 품질, 식사시간, 그리고 설비수리나 보전과 같은 여러 가지 이유 때문에 설계생산능력에 미치지 못한다. 그래서 기업은 설계생산능력을 가급적 최대한도로 달성하기를 희망한다. 이러한 생산능력을 **기대생산능력**(expected capacity)이라 한다.

기대생산능력은 다음과 같은 요소들에 의하여 영향을 받는다. 첫째, 기대생산능력은 인력자원에 의하여 영향을 받는다. 과업의 범위, 종업원의 기술수준, 직무설계, 그리고 동기부여는 기대생산능력에 많은 영향을 끼친다. 둘째, 기대생산능력은 프로세스(공정)에 의해서 영향을 받는다. 프로세스는 생산량을 결정하는 가장 중요한 요소이다. 또 프로세스의 품질도 생산능력에 영향을 끼친다. 품질이 낮으면 생산능력을 감소시킨다. 셋째, 기대생산능력은 제품과 서비스설계에 의해 영향을 받는다. 일반적으로 표준화를 높이면 생산능력이 향상되지만, 제품다양화를 추구하는 설계는 생산능력을 감소시킨다. 넷째, 기대생산능력은 생산운영관리 능력에 의해 영향을 받는다. 스케줄링, 재고관리, 일정관리, 구매관리와 같은 것들은 모두 기대생산능력에 많은 영향을 끼친다. 다섯째, 기대생산능력은 설비보전에 의해 영향을 받는다. 그래서 장비의 고장은 생산능력을 크게 감소시킨다.

[3] 실제생산량

기업이 실제로 달성하는 생산율은 기대생산능력에도 못 미친다. 왜냐하면 기계고장, 결근처럼 현실적으로 예기하지 못한 여러 가지 이유들이 발생하기 때문이다. 그래서 기업이 실제로 달성하는 생산량을 **실제생산량**(actual output)이라 한다. 그리고 실제생산량과 설계생산능력의 비율을 생산능력이용률(capacity utilization), 실제생산량과 기대생산능력의 비율을 생산능력의 능률성(capacity efficiency)이라 한다. 또 실제로 사용한 생산능력과 설계생산능력은 반드시 동일한 단위로 측정되어야 한다. 시간이면 시간, 인원이면 인원, 톤이면 톤으로 똑같이 측정되어야 한다.

[4] 최대생산능력

최대생산능력(maximum capacity)은 설비를 최대로 이용할 때, 산출할 수 있는 생산능력이다. 물론 최대생산능력은 정기적으로 설비를 유지하고 수리하는 시간은 제외시킨다. 최대생산능력은 주로 엔지니어의 관점에서 보는 생산능력이다. 그러나 최대생산능력에서의 생산이 가장 능률적인 생산이라고는 할 수 없다.

7.2.5 피크생산능력과 안정생산능력

피크생산능력(peak capacity)은 단기적으로 가능한 설비의 산출률로서, 잔업이나 임시직 등을 포함한 생산능력이다. 그러나 피크생산능력은 장기적으로 유지할 수 없는 생산능력이다. 예로 잔업을 계속 시행하는 것은 현실적으로 불가능하다.

안정생산능력(sustained capacity)은 장기적으로 안정된 산출률이다. 그러므로 설비계획을 수립할 때에는 반드시 피크생산능력과 안정생산능력 모두를 고려해야 한다. 특히 서비스업체에 있어서는 안정생산능력보다 피크생산능력이 더 중요하다. 왜냐하면 서비스업체에서는 재고를 갖고 피크수요에 대응할 수 없기 때문이다. 그러므로 서비스업체에서는 최대수요를 충족시키기 위해 제조업체와는 달리 다음처럼 여러 가지 방법들을 사용한다.

첫째, 예약제도를 활용한다. 예약제도는 수요를 분산하여 피크수요에 대응할 수 있고, 고객의 대기시간을 단축하여 고객만족도를 증가시킨다. 일반적으로 예약제도는 서비스시간이 비교적 긴 서비스업체에서 사용된다. 치료시간이 긴 치과에서의 예약제도는 이미 많이 보편화되어 있다. 그래서 예약제도가 없다면 환자들이 치과에서 치료보다는 대기하는 데 더 많은 시간을 소비하게 될 것이다.

둘째, 수요가 적은 시간대에 할인제도를 시행한다. 이 방법은 비수기에 가격을 할인함으로써 수요를 분산시키는 방법이다. 극장 조조할인제도와 심야시간 장거리전화할인, 또 심야시간 전력사용료의 할인 등은 모두 비수기 시간대의 할인제도이다.

7.3 규모의 경제 및 범위의 경제

'규모의 경제'(economies of scale)란 생산규모가 증가함에 따라 제품의 단위당 평균생산비용이 점점 감소한다는 원리이다. 이렇게 단위당 평균생산비용이 감소하는 것은 점점 증가하는 생산량이 땅값과 관리비 또는 설비비 같은 고정비용을 상쇄하기 때문이다. 즉, '규모의 경제' 개념은 소량생산보다 대량생산이 비용을 감소시킨다는 개념이다. 그래서 비용을 감소시키기 위해서는 생산량을 증가하여야 한다는 개념이다.

〈그림 7-2〉는 '규모의 경제' 개념을 보여 주는 도표이다. 여기에서 볼 수 있듯이 생산량이 증가함에 따라 단위당 평균생산비용이 점차로 감소하는 것을 볼 수 있다. 그래서 생산량 A보다는 생산량 B에서 단위당 평균생산비용이 적은 것을 알 수 있다. 그러므로 제품의 생산비용을 감소시키기 위해서는 생산량을 증가하여야 한다.

그러나 생산비용을 감소하기 위하여 생산량을 무한정 증가할 수는 없다. 왜냐하면 생산량은 절대적으로 생산규모에 의해 결정되기 때문이다. 어떤 주어진 생산규모에는 한계가 있다. 그러므로 이 한계를 초과하는 생산량을 달성하기 위해서는 생산규모 자체를 증가하여야 한다.

그림 7-2 규모의 경제

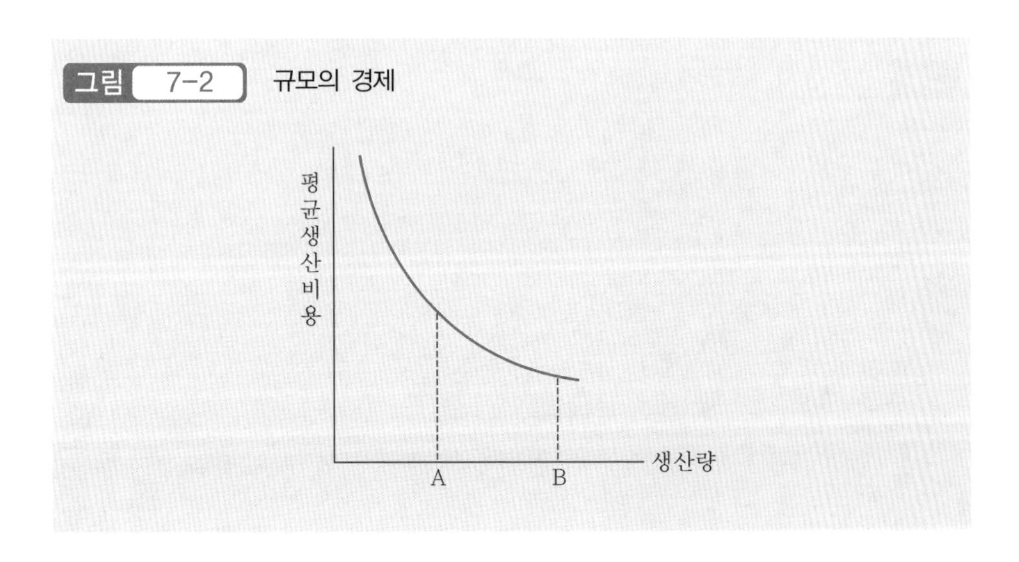

또한 생산규모가 어느 한계를 초과하면, 오히려 **'규모의 비경제'**(diseconomies of scale)가 발생한다. '규모의 비경제'란 생산량이 어떤 한계를 초과하면 단위당 평균생산비용이 오히려 증가하는 현상을 말한다. 이것은 지나치게 확장한 생산규모가 오히려 제조활동을 복잡하게 하고, 의사소통을 어렵게 하고, 업무조정을 위한 스태프(staff) 조직이 필요 이상으로 비대화되어 궁극적으로 능률의 저하를 초래하게 하는 것이다. 〈그림 7-3〉은 '규모의 비경제'를 보여 주고 있다.

〈그림 7-3〉에는 '가', '나', '다' 세 개의 생산규모가 있다. 이 도표에 의하면, 생산규모가 증가할수록 단위당 평균생산비용이 감소하는 것을 볼 수가 있다. 물론 생산규모의 증가가 생산비용을 감소하는 것이 아니라, 생산량의 증가가 생산비용을 감소시킨다. 그러므로 '가'보다는 '나', 또 '나'보다는 '다'의 생산규모가 생산량이 증가함에 따라 생산비용을 감소시킨다. 또 하나 〈그림 7-3〉에서 볼 수 있는 현상은 규모의 비경제이다. 생산량이 증가한다고 무조건 생산비용이 감소하지 않는다. 어느 한계를 초과하면 생산량이 증가함에 따라 생산비용이 오히려 증가한다. '가'는 생산량 A, '나'는 생산량 B, 그리고 '다'에서는 생산량 C를 초과하면 오히려 생산비용이 증가하기 시작한다. 그러므로 각각의 생산규모에는 생산비용을 최소화시키는 생산량이 존재한다. 그러므로 경영자는 이 생산량보다 높게 생산량을 책정해서는 안 된다.

'범위의 경제'(economies of scope)는 '규모의 경제'와는 전혀 다른 새로운 개념이

그림 7-3 규모의 비경제

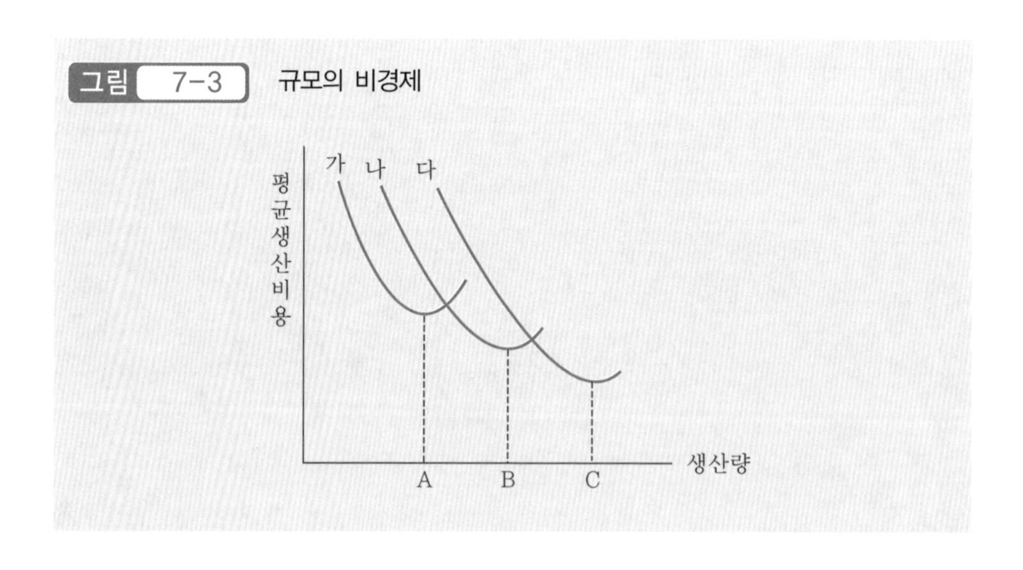

다. '범위의 경제'는 Panzer와 Willig에 의해 1981년 처음으로 소개되었다. 그들은 '범위의 경제'를 한 장소에서 두 개 이상의 제품을 함께 생산함으로써 비용을 감소하고자 하는 개념이라고 정의하였다. 즉, '범위의 경제'는 어떤 제품들을 생산하는데 그 제품 하나 하나를 독립적인 별개의 라인에서 따로 생산하는 것보다는 같은 설비와 기계를 공동으로 사용하여 그 모든 제품들을 한 라인에서 함께 생산함으로써 비용을 감소시킬 수 있다는 것이다. 그러나 사실 '범위의 경제' 개념은 공동으로 사용하는 기계와 설비의 비용을 감소시킬 수 있을 뿐만 아니라, 정보, 저장, 반출, 보전 등에 따르는 비용들도 감소시킬 수 있어 그 효과는 훨씬 크다고 할 수 있다.

'범위의 경제' 개념은 동일한 설비와 기계를 사용하여 다양한 품목의 제품을 소량 또는 중량으로 보다 경제적으로 생산하게 한다. 이렇게 볼 때 '범위의 경제'는 자본의 집중적인 투자를 통해 생산의 능률성과 자원의 탄력성을 동시에 추구한다고 볼 수 있다. 그래서 전형적으로 자본의 집중도가 높은 프로세스에서 볼 수 있는 낮은 유연성의 단점을 극복하게 한다.

이 때 높은 수준의 고객화와 낮은 가격이라는 일반적으로는 두 개의 상충적인 운영목표가 동시에 달성될 수 있다. 이는 제조업뿐 아니라 서비스업에서도 적용 가능하다. 인터넷에서 금융, 부동산, 건강, 자동차, 교육 등 다양한 서비스를 제공하는 기업은 이를 각각의 사이트로 운영하는 것보다는 허브와 스포크(hub-and-spoke) 모델을 이용하여 고객이 한번 로그인하여 모든 서비스를 이용할 수 있도록 한다. 이

표 7-1 규모의 경제와 범위의 경제의 비교

	규모의 경제	범위의 경제
생산형태	표준품생산	다품종생산
생산량	대 량	1-중량
제품의 다양화	고 정	다 양
고객수요변화 대응	거의 없음	빠 름
전문화	하드웨어	소프트웨어
탄력성	낮 음	높 음
재고량	많 음	적 음
기 계	특수기계	범용기계

는 고객의 입장에서는 한번 로그인하여 다양한 서비스를 받을 수 있으므로 편리하며, 기업의 입장에서는 고객관리나 시스템운영에 있어서 금융, 부동산, 건강, 자동차, 교육 등 서비스를 각각 독립적으로 운영하는 것보다 낮은 비용으로 운영할 수 있다.

〈표 7-1〉은 '규모의 경제'와 '범위의 경제'를 비교한 표이다. '규모의 경제'는 표준화된 제품을 대량생산하는 시스템에, 그리고 '범위의 경제'는 다품종을 소량 또는 중량으로 생산하는 시스템에 적합하다. '범위의 경제'는 고객의 기호변화에 빠르게 대응할 수 있는 반면에, '규모의 경제'는 그렇지 못하다. 그리고 '규모의 경제'는 하드웨어가 전문화되어 있지만, '범위의 경제'는 소프트웨어가 전문화되어 있다.

7.4 생산능력전략

생산능력전략은 생산능력의 확장시기와 규모를 결정하며, 기업을 둘러싼 동적인 주위환경을 고려하여 수립된다. 그래서 고객의 수요가 어떻게 변할 것인가를 예측하고, 거기에 대응하는 생산능력전략을 수립하여야 한다. 생산능력전략의 대표적인 두 가지 전략은 일시적 확장전략과 점진적 확장전략이다.

7.4.1 일시적 확장전략

일시적 확장전략(the expansion strategy)은 일시에 생산능력을 대규모로 확장시키는 전략이다. 확장은 자주 하지는 않고, 상당히 오랜 기간 동안에 한번 정도 발생한다. 〈그림 7-4〉에서 볼 수 있듯이 일시적 확장전략은 항상 수요를 앞서 가기 때문에 높은 여유생산능력을 지니고 있다. 여유생산능력에 대해서는 7.5에서 설명하겠다. 이러한 이유로 일시적 확장전략은 생산능력부족으로 인하여 고객의 수요를 충족시키지 못하는 경우가 거의 없다. 가격경쟁이 주요 전략일 때에는 일시적 확장전략이 상당히 효과적이다.

그림 7-4 일시적 확장전략

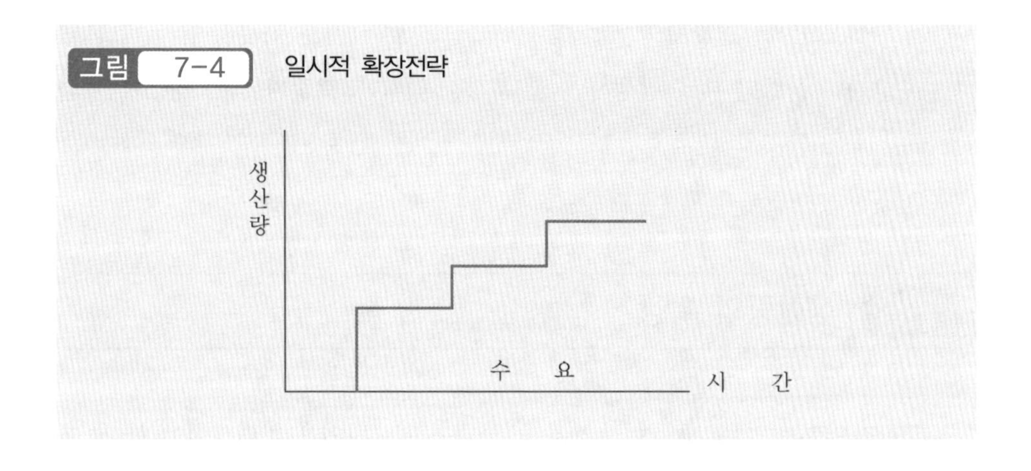

7.4.2 점진적 확장전략

점진적 확장전략(the wait-and-see strategy)은 한번에 생산규모를 대규모로 확장시키지 않고, 조금씩 확장시키는 전략이다. 〈그림 7-5〉는 점진적 확장전략을 나타낸 도표이다. 〈그림 7-5〉에서 볼 수 있듯이 점진적 확장전략은 확장규모가 일시적 확장전략에 비해 대부분 소규모이며, 보다 자주 이루어진다. 점진적 확장전략의 주요 목적은 기존의 시장수요를 전부 충족시키기보다는 기존의 생산능력을 최대한으로 활용하는 데 있다. 그래서 점진적 확장전략은 수요보다 앞서는 경우가 드물다. 그리고 실제수요가 기대수요보다 높은 경우에는 수요를 충족시키지 못하는 위험성을 지니고 있다. 그래서 점진적 확장전략을 사용하는 기업에서의 여유생산능력은

그림 7-5 점진적 확장전략

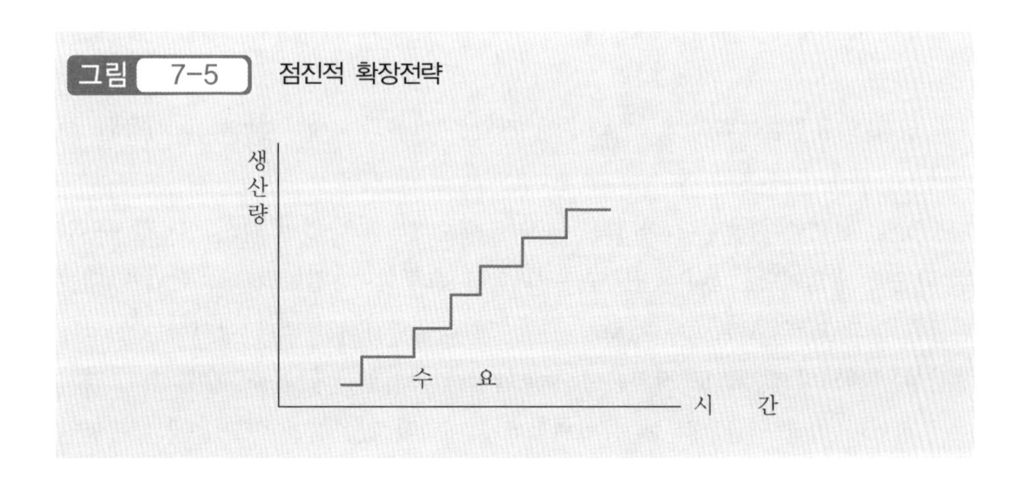

상당히 낮다. 이러한 위험성을 경감하기 위하여 가끔 재고를 사용한다. 그러나 재고는 수요가 예상했던 대로 발생하면 별 문제가 없지만, 그렇지 않는 경우에는 높은 재고비용이 발생한다.

7.5 생산량의 확장

일반적으로 기업은 기대 이상의 수요에 대응하는 방안을 마련하여야 한다. 이러한 방법 중 하나가 **여유생산능력**(capacity cushion)을 가지는 것이다. 여유생산능력이란 기대 이상의 수요에 대응하기 위해 기업이 보유하는 초과생산능력이다(ASCM, 2022). 그래서 갑자기 높은 수요에 대비하여 시장점유율을 다른 기업에게 상실하지 않기 위해 기업이 보유하는 생산능력이다.

많은 여유생산능력은 갑작스러운 높은 수요에 신속하게 대응할 수 있는 장점이 있지만, 비싼 설비를 유지하여야 하는 문제점을 가지고 있다. 반대로 적은 여유생산능력은 생산설비이용률이 상당히 높지만, 높은 수요가 발생할 경우 시장을 경쟁자에게 뺏길 위험성이 높다. 그러므로 기업은 이러한 장·단점을 고려하여 여유생산능력의 수준을 결정하여야 한다.

예기치 못한 상황이나 수요예측의 잘못으로 인해 고객의 수요를 충족시키지 못하는 경우가 종종 발생한다. 이런 경우에 기업은 고객의 수요를 충족시키기 위해 생산량을 증가시켜야 한다. 생산량을 증가시키는 방법은 여유생산능력을 기업이 가지고 있는지 또는 없는지에 따라 달라진다.

먼저 여유생산능력이 있는 경우에 기업은 다음과 같은 방법들을 사용할 수 있다.

첫째, 잔업을 사용한다. 잔업은 투자를 새로 할 필요 없이 즉시 실행할 수 있는 단순한 방법이다. 그러나 잔업은 고비용을 요구한다. 일반적으로 잔업에 대한 임금은 정상임금의 1.5－2배 정도가 된다. 또 정규일과시간 외에 실시하는 잔업의 생산성은 비교적 낮다. 또 잔업은 노동조합이나 종업원과 합의를 해야 한다. 과거에는 잔업이 비싼 임금 때문에 종업원들에게 매력이 있었지만, 요즈음에는 종업원들의 의식구조에 변화가 생겨 잔업을 좋아하지 않는 경우가 많다.

둘째, 교대제를 추가한다. 1교대만 하고 있으면, 2교대 또는 3교대까지 추가한다. 2교대를 하고 있을 때에는 물론 3교대만 추가할 수 있다. 교대제도 잔업처럼 설비에 새로 투자를 할 필요가 없다. 그러나 교대제는 인력자원을 새로 모집하여야 한다. 또 대개 1교대에 비해 2교대와 3교대의 생산성이 낮다.

셋째, 임시근로자를 사용한다. 임시근로자는 정규직으로 고용하지 않고 시간제로 계약하는 근로자이다. 임시근로자에게 지급하는 임금은 수행하는 직무에 따라 달라진다. 그러나 임시근로자가 필요할 때 항상 있는 것도 아니며, 또 정규직근로자에 비해 생산성이 낮다.

여유생산능력이 없는 기업은 다음과 같은 방법을 사용한다.

첫째, 하청을 이용한다. 하청은 외부공급업자와 여러 가지 협약을 맺어야 하므로 비교적 시간이 많이 걸리고, 또 비용이 많이 든다.

둘째, 생산능력을 확장한다. 이 방법은 장기적이며 전략적인 의사결정이므로 최고경영자가 결정할 사항이다. 그리고 생산규모의 확장은 단시일 내에 이루어지는 것이 아니기 때문에 단기적으로 생산량을 증가시키지는 못한다.

7.6 서비스업체의 생산능력계획

서비스업체는 서비스를 재고로 저장할 수가 없다. 그래서 서비스업체는 제조업체처럼 재고를 가지고 고객의 수요에 대응할 수가 없다. 그러므로 성수기에 있어서 서비스업체는 제조업체보다 고객수요에 대한 전략에 제한을 받는다. 그러나 서비스업체는 경쟁자에게 고객을 빼앗기지 않기 위해 성수기의 수요에 대비하여야 한다. 성수기의 수요에 대응하기 위해 서비스업체가 사용하는 방법에는 다음처럼 두 가지 방법이 있다.

[1] 초과생산능력

첫째 방법은 평균수요보다 많은 생산능력을 구축하는 것이다. 그러나 이 방법은 비용이 많이 들기 때문에 기업은 반드시 비용과 수익과의 관계를 신중하게 분석한 다음에 사용하도록 하여야 한다. 또 초과생산능력을 프로세스의 모든 단계에 적용하지 말고, 프로세스의 일부 단계에만 적용할 수도 있다. 일반적으로 프로세스의 마지막 단계에서 서비스를 변경하기가 쉬울 때에는 프로세스의 초기단계에 많은 생산능력을 보유하고, 그렇지 않은 경우에는 프로세스의 마지막 단계에 초과생산능력을 갖는다.

[2] 애로프로세스관리

애로프로세스(bottleneck process)는 생산량을 감소시키며, 전체프로세스의 어디에서나 발생할 수 있다. 파악하기가 쉬운 애로프로세스가 있는가 하면, 파악하기가 상당히 어려운 애로프로세스도 있다. 애로프로세스에는 만성적인 애로프로세스와 우연적인 애로프로세스의 두 가지 형태가 있다. 우연적인 애로프로세스는 주로 기계고장, 원자재부족 또는 사람이 부족하여 발생한다. 이 중에서도 서비스업체에서 가장 많이 발생하는 요인은 기계고장이다. 은행에서 발생하는 컴퓨터의 고장은 거의 은행의 모든 업무를 마비시킨다. 물론 컴퓨터의 고장은 우연적으로 발생하기도 하지만, 인위적으로 발생하기도 한다. 그러므로 기업에서는 기계고장의 발생을 사전에 점검하고 예방조치를 취하여야 한다. 그러나 서비스업체에서는 항상 보유하고 있는 모든 기계들에 대해 철저한 사전점검계획을 수립하고, 예방조치를 취하여야 한다. 이렇게 함으로써 생산능력의 누수를 방지할 수 있다.

만성적인 애로프로세스는 대개 자재와 프로세스문제 때문에 발생한다. 자재문제는 충분하지 못한 자재를 주문하였거나 엉뚱한 자재를 주문하였을 때 발생한다. 프로세스문제는 불충분한 생산능력, 품질문제, 잘못된 배치, 비탄력적인 프로세스 때문에 발생한다.

7.7 설비입지

7.7.1 입지결정의 중요성

입지(location)란 재화를 생산하여 공급하는 시설이 위치하는 장소로서, 기업의 중요한 전략적 의사결정 중 하나이다. 입지가 기업의 중요한 의사결정인 이유는 다음과 같다.

첫째, 입지결정은 기업의 수익과 비용에 막대한 영향을 끼친다. 그러므로 입지결정은 기업의 공급시스템과 생산시스템, 그리고 유통시스템을 종합적으로 고려하여 결정하여야 한다. 즉, 입지를 결정할 때 기업은 수송형태, 임금, 세금, 땅값, 건축비, 원자재비, 전기료, 에너지비용 등을 감안하여야 한다. 또 설비를 확장할 때에도 기업은 반드시 기존 설비와의 관계를 고려하여야만 한다.

둘째, 설비입지가 기업의 성공을 보장하지는 않지만 성공의 중요한 요소임에는 틀림없다. 예로부터 레스토랑의 입지와 관련하여 '목이 반이다'라는 말이 있는데, 이는 입지가 매우 중요하며 기업의 전략적인 의사결정임을 의미한다.

셋째, 한번 결정된 설비입지는 수정하기가 상당히 어렵다. 이미 막대한 투자가 행해진 뒤이기 때문에 결정을 번복하는 것은 상당한 비용과 시간을 낭비하게 한다. 그래서 설비입지는 처음부터 신중히 생각하여 결정하여야 한다.

넷째, 제조업체뿐만 아니라 서비스업체에 있어서도 설비입지는 상당히 중요하다. 또 설비입지는 영리를 추구하는 서비스업체에게만 중요한 것이 아니라, 학교나 교회, 그리고 정부나 군대와 같은 다른 비영리서비스조직에게도 상당히 중요한 결정이다.

McDonald는 햄버거가 아닌 입지를 파는 회사로 인식되어 있는데, 이는 입지선정이 서비스업의 주요성공요소임을 의미한다. 기업은 장기수요예측에 의거해 설비입지를 결정하여야 한다. 장기수요예측은 기업이 생산할 품목의 종류와 및 생산량, 필요로 하는 원자재의 종류와 구매량을 예측한다. 기업은 이러한 정보와 설비입지에 영향을 끼치는 다른 요소들을 감안하여 입지를 결정하여야 한다.

설비입지는 어떤 한 부서 또는 한 사람에 의해서 결정되어서는 안 된다. 설비입지는 여러 요소들에 의해서 영향을 받기 때문에 관련된 모든 부서의 의견을 종합하여 결정하여야 한다. 그래서 최고경영자는 생산부, 엔지니어링부서, 홍보부, 구매부 등의 의견을 통합하여 설비입지결정을 하여야 한다.

7.7.2 설비입지의 목적

설비입지의 목적은 기업이 제조업체인가, 또는 서비스업체인가에 따라 달라진다. 제조업체에서는 제품을 경제적으로 만들고, 소비자들에게 유통시킬 수 있는 위치를 선정하여야 한다. 이러한 위치는 일반적으로 지역비와 수송비, 그리고 원자재비용의 합을 최소화하는 위치이다. 지역비(regional costs)는 어떤 지역에 공장을 설립함으로써 발생하는 상대적인 비용이다. 예를 들면 땅값이라든지, 또는 공장건설비, 그리고 지방세 등이다. 수송비(distribution costs)는 완제품을 고객에게 전달하기 위하여 소요되는 운반비를 일컫는다. 어떤 경우에는 수송비가 매출액의 25%를 차지하는 경우도 있다. 원재료비(raw material and supply costs)는 완제품을 생산하기 위한 원재료비와 에너지비용, 그리고 전기료 등을 일컫는다. 그러므로 공장을 처음으로 세울 때에는 이러한 비용의 합을 최소화하는 지역을 선택하여야 한다.

제조업체에서 설비입지를 결정하는 요소 중 하나가 수송비이다. 수송비는 어떤 수송방법을 사용하는가에 따라 달라진다. 오래 전부터 자주 이용되어 온 수송의 형태로는 수로와 도로, 그리고 철로와 항로가 있다.

한국에도 산업단지들이 해안에 위치한 것을 볼 수 있다. 수로를 이용한 수송은 가장 저렴한 수송수단이다. 그러므로 단가가 낮으면서 부피 또는 무게가 큰 제품을 먼 지역으로 수송하는 데 유리하다. 그러나 수로는 속도가 상당히 느려 수송시간이 많이 걸린다. 또 수로는 물을 이용하여야 하는 제약 때문에 이용에 한계가 있다.

철로는 수로처럼 부피가 크거나 무게가 많이 나가는 제품을 육지에서 운반하는 수송수단이다. 일반적으로 철로는 수로보다는 단위당 비용이 크지만, 보다 신속하고 다양한 장소로 운반할 수 있다. 그러나 철로는 수송시간이 다음에서 설명하는 육로보다는 비교적 길기 때문에 신속하게 운반하여야 하는 제품에는 적합하지 않다. 그러므로 철로는 시간에 그리 큰 제약을 받지 않거나, 또는 부피나 무게가 큰 제품을 다량으로 운반하는 데 적합한 방법이다. 그러나 철로는 트럭에 비해 경제적이다. 그래서 보통 두 명의 기관사가 끄는 화물차는 280명의 트럭기사가 운전해야 하는 280대의 트레일러를 움직일 수 있다.

도로에서 가장 많이 사용하는 수송수단은 트럭이다. 트럭은 철로보다 비싼 수송형태이지만, 지정된 장소로 직접 운반할 수 있는 장점을 지니고 있다. 고속도로의 발달로 트럭은 과거 그 어느 때보다도 중요해졌다. 그러나 트럭은 제한된 크기 때문에 부피나 무게가 큰 물건을 운반할 수 없고, 또 교통이 혼잡한 지역에서는 수송시간이 많이 걸린다.

항로는 가장 비싼 형태의 수송수단이다. 그러므로 항로는 무게가 작지만 고가의 물품을 신속하게 운반하는 데 적합한 수송형태이다. 또 꽃처럼 부패하기 쉬운 제품이나, 긴급히 수송하여야 하는 제품도 항로를 이용하는 것이 바람직하다.

이렇게 위의 네 가지 방법은 각기 장점과 단점들을 지니고 있다. 물론 어떤 제품을 수송할 때 반드시 한 방법만 사용하지 않고, 여러 방법을 복합적으로 사용할 수 있다. 수송은 수송비용을 극소화시키거나 또는 효용을 최대화시키는 방법들을 선정하여야 한다. 그러므로 수송방법을 결정할 때에는 각 방법의 장·단점과 수송할 때 발생하는 위험성, 수송시간, 단위품목당 비용, 수송방법의 유무, 보험료, 긴급성, 제품의 크기와 부피, 부패성 등을 고려하여 결정하여야 한다.

일반적으로 서비스업체의 입지결정에 있어서는 제조업체와 달리 비용을 극소화하지 않고 수익을 극대화한다. 그러므로 서비스업체의 입지를 결정하는 중요한 요소는 비용보다는 수익창출이다. 그런데 수익을 많이 창출하려면 소비자들과 접촉을 많이 하여야 한다. 그래서 일반적으로 서비스업체는 서비스를 신속하게 공급하기 위해 소비자들과 가까운 위치에 서비스업체를 설립하여야 한다. 백화점, 교회, 은행, 이발소 등은 모두 서비스업체로서 일반주택가나 번잡한 지역 등에 위치해 있다.

이것은 다시 서비스의 특성에 따라 또 달라진다. 소비자가 서비스를 받기 위해서 서비스업체에 반드시 가야 한다면, 서비스업체는 가급적 소비자들과 가까이 위치하여야 한다. 그러나 소비자가 서비스를 받기 위해 꼭 갈 필요가 없는 서비스업체는 소비자들과 가까이 할 필요가 없다. 전화통신으로 물건을 판매하는 유통회사는 백화점처럼 번잡한 시내중심지에 위치할 필요가 없다.

요즈음에는 통신기술의 발달로 소비자가 서비스업체에 가지 않고도 집에서 서비스를 받을 수 있게 되었다. 컴퓨터와 통신망을 이용한 홈뱅킹으로 은행에 가지 않고도 은행업무를 할 수 있고, 온라인 쇼핑몰에서 집과 자동차를 선택할 수 있으며, 영화표와 연극표를 예매할 수도 있다. 그러므로 서비스업체는 그 유형에 따라 설비입지에 대한 결정이 달라진다.

설비입지를 결정할 때 기업에서 취할 수 있는 대안으로는 네 가지가 있다. 그러므로 경영자들은 이 대안들을 전부 고려하고, 각 기업의 실정에 맞는 최선의 대안을 선택하여야 한다.

첫째 대안은 기존 설비를 기존 부지에 확장하는 것이다. 학교에서 교실이 부족할 때, 새로운 교실을 기존의 부지 내에 건축하는 것은 첫번째 대안에 속하는 하나의 예이다. 그러나 이 대안은 새로운 시설을 확장할 수 있는 공간이 기존 시설에 있어야 한다. 기존 설비를 확장하는 것은 다른 지역으로 이전하는 대안에 비해 일반적으로 비용이 적게 든다. 새로운 시설의 위치를 다시 홍보할 필요도 없고, 또 기존 시설에 새로운 시설을 추가하는 것이기 때문에 비용이 비교적 적게 소요된다.

둘째 대안은 기존 설비를 그냥 유지하면서 다른 지역에 새로운 설비를 설립하는 것이다. 이 대안을 택할 때에는 반드시 이 대안이 전체시스템에 끼치는 영향을 고려하여야 한다.

셋째 대안은 기존 설비를 완전히 폐쇄하고 다른 지역에 새로운 설비를 설립하는 것이다. 이 대안을 택할 때에는 이전하는 데 소요되는 모든 비용과 이전함으로써 얻을 수 있는 수익을 비교하여야 한다.

넷째는 처음부터 새로운 설비를 짓는 것이다. 이것은 기업을 새로 시작할 때 사용하는 방법이다. 새로 설비를 짓는 것은 기존의 설비를 유지할 때와는 다른 많은 장점을 제공한다.

7.7.3 설비입지결정 단계

기업은 설비입지를 결정할 때 지역과 지방, 그리고 부지의 순서로 적합한 입지를 선정하여야 한다. **지역(region)**은 기업이 입지를 선정할 때 가장 먼저 고려하는 요소이다. 지역은 일반적으로 넓은 영역을 나타낸다. 예를 들면 공장을 수도권에 설립할 것인가? 중부지역에 설립할 것인가? 아니면 호남지역에 설립할 것인가? 여기에서 만약 기업이 다국적기업이라면, 지역의 범위는 보다 더 확대된다. 즉, 미국으로 할 것인가? 유럽지역으로 할 것인가? 아시아로 할 것인가? 이렇게 지역의 선정은 기업의 영업규모에 의해 많은 영향을 받는다. 기업은 기업의 욕구에 맞게 세계 또는 국내지역을 몇 개의 지역으로 분류한 다음에 그 중에서 가장 적합한 하나의 지역을 선정하여야 한다.

그러나 어떤 기업이나 산업은 어떤 특정요소에 의해서 절대적으로 영향을 받기 때문에 지역의 선정이 상당히 간명해진다. 어업, 임업, 광산은 관련된 자원을 획득하기 쉬운 위치에 설립하여야 한다. 조선소는 해안에 위치하여야 한다. 그리고 서비스업체는 고객과 가까이 있어야 한다. 그러나 일반적으로 지역을 선정하는 데 영향을 끼치는 중요한 요소로 다음과 같은 요소들을 들 수 있다.

- 시장과의 거리
- 원자재공급업자와의 거리
- 인력자원
- 전기, 에너지, 용수, 교통수단
- 다양한 환경조건

[1] 시장과의 거리

고객과 근접한 입지는 수송비를 절약할 뿐만 아니라 고객서비스도 향상시킨다. 그래서 지역을 선정할 때에는 가급적 고객과 가까운 지역을 선정하여야 한다. 특히 조립공장은 고객과 가까워야 한다. 왜냐하면 조립산업은 프로세스가 이루어지면서 제품의 무게가 점점 증가하기 때문이다. 또 제품의 부피가 크거나 중량이 무거운 제품을 취급하는 제조업체도 고객과 근접한 지역에 있어야 한다.

[2] 원자재공급업자와의 거리

어떤 산업은 원자재공급업자와 가까운 곳에 있어야 한다. 즉, 가공과정을 거치면서 무게가 감소하는 산업, 예를 들면 임업이나 광산업 같은 산업에서는 원자재가 있는 장소에 가까이 있어야 한다.

[3] 인력자원

지역을 선정할 때에는 그 지역에 있는 인력자원의 공급능력과 기술수준을 고려하여야 한다. 요구하는 기술수준이 낮을 때에는 노동력의 공급능력이 중요하지만, 높은 기술수준을 필요로 할 때에는 인력자원의 질이 중요하다. 인력자원에 의해 지역을 선정할 때 단순히 인건비만을 가지고 지역을 선정해서는 안 된다. 요즈음 국내에서의 높은 인건비로 많은 기업들이 해외로 진출하고 있다. 이것은 단순히 해외에서의 인건비가 국내의 인건비보다 훨씬 저렴하기 때문이다. 그러나 여기에서 반드시 고려하여야 할 것은 생산성이다. 인건비가 아무리 낮더라도 생산성이 너무 낮아 낮은 인건비의 상섬을 취하지 못할 때에는 효과를 기두지 못한다. 기술 이외에도 임금수준, 노동력의 안전성, 작업에 대한 태도, 노동조합의 강도도 역시 고려하여야 한다.

[4] 전기, 에너지, 용수, 교통수단

대개 제조업체는 막대한 양의 전기와 에너지, 그리고 용수를 필요로 한다. 그러므로 이런 시설이 잘 되어 있고 항상 필요할 때, 전기, 에너지, 용수를 풍족하게 사용할 수 있는 지역을 선정하여야 한다. 또 육로, 수로, 철로, 항로와 같은 교통수단을 고려하여야 한다. 그래서 각 기업에 필요한 교통수단이 잘 공급되어 있는지를 고려하여야 한다.

[5] 다양한 환경조건

지역을 둘러싼 여러 가지 환경들은 기업의 운영에 상당한 영향을 끼친다. 특히 해외지역을 선정할 때에는 환경조건이 중요하다. 그래서 기후, 세금, 환율, 공해규제, 관세, 정치적 안정, 경제시스템, 운송시스템, 국민성, 과학기술수준, 국가정책, 외국인에 대한 태도, 관습, 문화시설, 종교 등의 여러 요소들을 고려하여야 한다.

일단 지역을 선정한 후에는 그 지역 내에 있는 지방을 선정하여야 한다. **지방**(community)을 선정할 때에는 다음과 같은 요소들을 고려하여야 한다. 노동시장, 임금수준, 세금, 주민태도, 생활수준, 문화시설, 교육기관, 의료시설, 공공시설, 치안상태 등이다. 또 지방자치제를 실시하는 곳에서는 지방세율, 지방자치기구의 태도와 투자정책을 고려하여야 한다.

지역과 지방을 선정한 다음에는 구체적으로 어떤 특정한 **부지(site)**를 결정하여야 한다. 부지를 결정할 때에는 고속도로와의 거리, 비행장과의 거리, 철도와의 거리, 시장의 크기, 땅값, 확장능력, 건축비, 전기료, 수도료, 토지의 형질, 주민들의 태도, 쓰레기 처리장시설, 상하수도시설 등을 고려하여야 한다.

7.7.4 설비입지결정의 종속성

설비입지결정은 위에서 언급한 여러 가지 요소에 의해서 결정된다. 그러나 이렇게 여러 요소들을 고려하지 않고, 단 하나의 결정적인 요소에 의해서 입지가 결정되는 경우가 많다. 이것을 설비입지결정의 종속성이라고 한다. 종속성은 다음처럼 투입물, 프로세스, 시장, 경영자기호, 비용, 그리고 프로젝트의 여섯 가지 요소에 의해서 결정된다.

[1] 투입물종속성

투입물에 의한 종속성은 설비입지가 시스템의 투입물에 의해서 전적으로 결정되는 것을 말한다. 투입물에 의한 종속성은 주로 필요성과 부패성, 그리고 수송비의 세 가지에 의해 결정된다. 필요성은 다른 대안이 없기 때문에 무조건 설비입지를 원자재공급지역에 두는 것이다. 어업을 하는 사람은 바닷가에, 목재업을 하는 사람은 산에, 연탄을 생산하는 사람은 광산에 가야 한다. 부패성은 제품이 쉽게 부패하는 특성 때문에 투입물이 생산되는 장소에 설비입지를 결정하는 것이다. 우유를 생산하는 사람들은 젖소가 있는 목장에 근접한 곳에 설비를 설립하여야 한다. 또한 투입물의 수송비가 클 경우 설비입지가 특히 중요하다.

[2] 프로세스종속성

프로세스가 어떤 자원을 특별히 필요로 하는 경우에는 프로세스에 의해 입지가 결정된다. 알루미늄산업은 막대한 양의 에너지를 필요로 하기 때문에 적합한 입지가 비교적 제한된다. 또 공해산업은 당연히 주민이 밀집한 장소와 떨어져 있어야 한다.

[3] 시장종속성

시장종속성은 설비입지를 고객과 가까이 위치하여야 하는 것이다. 시장종속성의 가장 대표적인 예로는 서비스산업을 들 수 있다. 은행은 밀집된 거리와 주택가에, 백화점은 사람들이 많이 모이는 곳에 세워야 한다. 또 조립공장도 시장과 가까이 위치하여야 한다.

[4] 경영자기호종속성

이것은 설비입지가 경영자나 소유주의 독단적인 기호에 의해서 결정되는 것이다. 이것은 의사결정이 신속하게 결정되는 장점이 있지만, 위험성이 큰 단점도 있다.

[5] 비용종속성

이것은 비용이 입지를 결정하는 것이다. 그래서 입지에 따른 계량적인, 그리고 비계량적인 비용을 서로 비교하는 것이다. 일반적으로 계량화가 가능한 비용은 지대, 임대료, 건축비, 수송비, 임금, 전기료, 용수료, 세금 등을 들 수 있다. 그러나 계량화하기 어렵지만 중요한 비계량적인 요소도 반드시 고려하여야 한다.

[6] 프로젝트종속성

이미 앞에서 설명하였듯이 프로젝트는 대단위규모의 일회성제품이다. 그리고 프로젝트는 다른 장소로 움직이지 못하고 반드시 프로젝트를 수행하는 그 장소에서 수행되어야 한다. 다리, 건물, 댐, 도로는 전부 프로젝트의 예이다. 이러한 프로젝트는 비용에 관계 없이 계획된 장소에 설비를 세워야 한다.

7.7.5 서비스업체를 세울 때 고려해야 할 요소

서비스업체의 입지는 너무나 많은 대안들이 존재하기 때문에 최적의 답을 구하기가 어렵다. 그러나 가장 중요한 요소는 고객과의 근접성이다. 이 요소 이외에 서비스업체의 입지를 결정할 때 다음과 같은 요소들을 고려하여야 한다.

- 인건비
- 건축비와 시설비 또는 임대료
- 지방세
- 교통편리성
- 교통체증
- 전기료, 수도료, 상하수도료
- 대로에서 보았을 때의 인지도
- 주차능력
- 주위의 상권형성과 경쟁도
- 보험료
- 에너지 비용
- 공항과의 거리
- 고속도로에의 진입용이성
- 커뮤니케이션 비용
- 공해방지법

물론 이런 요소들이 모든 서비스업체에게 전부 중요한 것은 아니다. 서비스업체에 따라 어떤 경우에는 이 중에서 단지 몇 가지 요소만 고려하여 입지를 결정할 수도 있다. 노동집약적인 서비스업체와 자본집약적인 서비스업체가 고려하는 요소가 동일할 수는 없다.

또 서비스업체의 부지를 최종적으로 결정할 때에는 계량적인 요소와 비계량적인 요소들을 전부 같이 고려하여야 한다. 비계량적인 요소로는 교육수준, 주민들의 태도, 지역행정기관의 협조도, 전반적인 기업분위기 등을 들 수 있다. 그래서 서비스업체는 이런 모든 요소들을 전부 신중하게 고려한 다음에 부지를 결정하여야 한다.

서비스업체의 입지를 계량적인 방법을 사용하여 결정하는 것은 상당히 어렵다. 그래서 서비스업체의 입지를 결정할 때에는 일반적으로 휴리스틱(heuristic)방법을 사용한다.

제조업체와 비슷한 서비스공장은 서비스업체를 세울 때 제조업체와 비슷한 의사결정과정을 밟는다. 그래서 먼저 지역을 선정하고, 다음에 지방을, 그리고 부지를 선정한다. 그러나 이런 서비스업체를 제외한 대부분의 서비스업체들은 입지를 결정할 때 다음처럼 세 가지 요소에 중점을 둔다. 즉, 고객과의 거리, 노동시장, 그리고 인프라스트럭처(infrastructure)이다. 이 중에서 가장 중요한 요소가 고객과의 거리이다. 그러므로 어떤 서비스업체는 먼저 주요 고객을 선정한 다음에 그 고객과의 거리를 최우선적으로 고려하여야 한다. 그래서 고객이 쉽게 접근할 수 있는 위치에 있어야 한다. 예를 들면 서울시내에 있는 주요 백화점들은 거의 모두 대중교통수단이 잘 연결되어 있는 장소에 위치해 있다. 현대백화점, 롯데백화점, 신세계백화점 등과 같은 대형 백화점들은 모두 지하철과 연결이 잘 되어 있다.

소방서나 경찰서 또는 병원의 응급실과 같은 긴급한 서비스를 제공하는 설비를 세울 때에도 고객과의 거리가 매우 중요하다. 그러므로 이 때에는 고객과 가장 가까운 곳에 소방서나 경찰서 또는 병원을 세우는 것이 좋다.

7.7.6 빅데이터를 활용한 입지 선정

최근 IT의 발달로 이전보다 훨씬 효과적인 의사결정이 가능해졌다. 이 중의 하나가 **빅데이터(Big Data)**이다. 스마트폰과 SNS는 알게 모르게 많은 자료를 생산해 낸다. 즉, 빅데이터를 양산한다. 그리고 빅데이터는 가치 있는 정보를 제공해 준다. 빅데이터의 특성은 자료의 양이 100TB(terabyte) 이상으로 규모가 막대하고, 정형과 비정형을 모두 포함하는 등 다양성이 높으며, 실시간에 가깝게 속도가 매우 빠르고, 분석수준으로 보아 높은 복잡성을 지니고 있다는 점이다. 그래서 빅데이터는 기존의 자료를 수집하고 저장하고 분석하는 기법으로는 다룰 수가 없다.

빅데이터는 최근 기업, 사회, 그리고 스포츠 등 많은 분야에서 활용도가 점차로 확대되고 있다. 미국의 Google은 검색창에 제시되는 단어의 수를 활용하여 문제를 해결한다. 예를 들면, 독감이 유행하기 이전에 검색창에 독감에 대한 질문이 급증하기 시작한다. 그러면 Google은 그 지역에 독감이 유행할 것이라고 예측을 하게 된다. 그래서 Google은 미국질병통제센터보다 더 빠르게 어떤 지역에서의 독감이 유행할지를 예측할 수 있다. 이렇게 빅데이터는 기업의 의사결정을 이전에 비하여 훨씬 빠르고 정확하게 예측할 수 있는 역량을 지니고 있다.

최근 서울특별시는 빅데이터를 이용하여 서울장애인콜택시 자동배차시스템을 개발하였다. 이전에는 상담원이 접수에서 배차까지 전부 혼자 수행하였다. 그러나 이것은 시간의 손실이 많았다. 그래서 서울시는 KAIST 및 서울시설공단과 협조하여 지난 4년간의 빅데이터를 분석하여 새로운 시스템을 개발하게 되었다. 새로운 시스템에서도 접수는 상담원이 받는다. 그러나 그 이후 모든 프로세스는 이전과는 다르게 자동으로 결정된다. 상담원이 완전히 배제되는 것이다. 신청자가 원하는 차종의 유무, 가장 가까운 거리에 있는 차량, 대기시간 등을 빅데이터를 활용한 새로운 시스템이 분석하여 자동으로 배차결정을 하게 된다.

서비스업체 입지를 결정한다고 하자. 물론 이미 앞에서 설명한 다양한 요소들을 고려하여 서비스 입지가 결정된다. 여기에 빅데이터는 새로운 정보를 제공하게 된다. 카드결제건수에 대한 빅데이터를 이용하여 어떤 지역에서 실제로 고객들이 어떤 매장을 가장 많이 방문하였는지 알 수가 있다.

최근에는 **프롭테크(proptech)**가 입지 선정뿐 아니라 건물의 배치 등에 광범위하게 사용되고 있다. 프롭테크는 부동산 자산(property)과 기술(technology)의 합성어로서 빅데이터, AI, 정보기술 등을 활용하여 다양한 부동산 관련 서비스를 제공한다. 과거 유동성을 측정하기 위해서 특정 부지에서 카운터를 사용하여 수작업으로 진행되던 측정방식은 다양한 인구통계자료, 업종별 창업, 폐업 등 공공자료가 개방되고 이를 의미있는 정보로 분석하는 정보기술에 의해서 매우 간편하게 입지분석을 할 수 있으며, 입지 안의 배치도 3D 기술을 활용하여 실질적 투자가 발생하기에 앞서서 다양한 배치안을 시뮬레이션해볼 수 있다.

7.8 설비배치의 의의

설비배치(facility layout)는 시설 내에서 공간을 차지하는 모든 인적 요소와 물적 요소들을 물리적으로 배치하는 것이다. 즉, 시설 내에서 사무실, 부서, 기계, 작업장, 공구, 도구, 계단, 복도, 창고, 식당, 보조장치, 휴게소와 같은 물적 요소와 개인이나 집단과 같은 인적 요소를 어떻게 배치할 것인가를 결정하는 것이다.

설비배치의 기본적인 목적은 시설 내에서 작업과 사람, 그리고 자재의 흐름을 원활히 하고, 또 이동거리를 가장 짧게 하도록 모든 인적 요소와 물적 요소들을 배치하는 것이다. 그래서 가장 경제적인 방법으로 원하는 품질수준의 제품을 생산할 수 있도록 하여야 한다. 부가가치를 창출하지 않는 이동이나 물자의 운반은 단순히 비용만을 증가시키는 것이다. 그래서 설비배치는 사람과 기계, 그리고 설비와 자재를 가장 효과적으로 배치하여 부가가치를 높이는 데 도움이 되도록 하여야 한다. 하나의 예로 종합병원의 배치목적은 환자들의 이동을 최소화하는 것이다.

설비배치는 다음과 같은 이유로 기업의 중요한 의사결정이다.

① 종업원과 고객에게 새로운 주위환경을 제공함으로써 종업원의 사기와 고객의 만족도에 지대한 영향을 끼친다.

② 막대한 자금과 시간을 요한다. 그래서 잘못된 설비배치는 막대한 자금과 시간을 낭비한다.

③ 한번 결정하면 변경하기가 쉽지 않다. 물론 이것은 기업에 따라 다르다. 그래서 재배치가 거의 불가능한 기업이 있는가 하면, 아주 용이한 기업도 있다. 그러나 어떤 기업이든 초기에 배치를 잘 하는 것이 조직의 효율성에 상당히 중요하다.

④ 기업의 비용구조에 상당한 영향을 끼친다. 그래서 잘못된 시설배치는 비용을 증가시킨다.

⑤ 종업원의 작업과 사무능률에 막대한 영향을 끼친다.

⑥ 제품이나 서비스를 창출하는 시간에 막대한 영향을 끼친다.

⑦ 주위환경에 대응하는 유연성에 영향을 끼친다.

7.9 설비배치에 영향을 끼치는 요소

설비배치는 다양한 요소들에 의해 영향을 받는다. 그 중에서도 가장 중요한 요소는 프로세스의 유형이다. 어떤 프로세스를 조직이 선정하였는가에 따라 설비배치는 크게 영향을 받는다. 이 외에도 설비배치는 다음과 같은 요소들에 의해 영향을 받는다.

- 생산하는 제품과 서비스의 유형
- 생산량
- 자재취급계획
- 기계와 설비의 수량과 크기
- 제품과 서비스의 품질수준
- 종업원의 직무
- 건물의 크기와 형태
- 자동화의 정도
- 공장부지의 크기와 형태
- 고객과의 접촉정도
- 투입물의 양과 크기
- 바닥표면 높이
- 조직의 목표
- 대규모 기중기의 위치
- 유틸리티(utility)의 위치
- 각 층의 최대작업량

공장이나 사무실 또는 영업소나 서비스시설을 설계할 때, 아마도 그 설비의 가장 효율적인 배치는 처음에 이루어질 것이다. 그러나 조직이 점점 거대해짐에 따라 가장 좋았던 초기배치가 점차로 비능률적이 된다. 이 때에 하는 것이 재배치이다. 사람이나 물자의 흐름이 정체되거나, 공간이 너무 비좁아 종업원의 불만이 증가하거나, 공간이용률이 감소하거나, 애로프로세스가 생기거나, 고객만족도가 감소하거나, 라인균형화가 잘 안 되거나 하는 경우에 기업은 재배치를 하여야 한다.

그리고 설비를 배치할 때 고려하여야 할 일반적인 원칙들은 다음과 같다.

- 자재를 되도록 가장 가깝게 이동하도록 한다.
- 자재취급을 가급적 적게 하도록 한다.
- 자재를 다시 거꾸로 이동하지 않도록 한다.
- 미래의 변화를 감안하여 최대의 유연성을 유지하도록 한다.
- 공간을 가장 경제적으로 활용하도록 한다.

7.10 배치의 일반적인 형태

배치는 이론적으로 수없이 많은 형태를 취한다. 또 배치는 수평적인 배치와 수직적인 배치로 구분될 수 있다. Francis와 White(1974)는 배치에는 다음 〈그림 7-6〉에 나타난 것처럼 6개의 수평적 배치와 수직적 배치가 있다고 하였다.

[1] 일자라인배치

배치형태 중에서 가장 단순한 배치가 일자라인배치이다. 일자라인배치는 〈그림 7-6〉의 (1)에서 볼 수 있는 것처럼 직선으로 배치하는 섯이나. 물류의 흐름이 원활해 일자라인배치는 장치산업에서 주로 사용된다. 일자라인배치의 문제점은 자재를 반입하고 완제품을 반출할 때, 따로 하역장소와 다른 인력자원을 필요로 해 비용을 증가시킨다는 것이다. 또 일자라인배치는 많은 공간을 필요로 하며, 일자로 가로막고 있어 라인배치쪽으로의 이동을 저해한다.

그림 7-6 6개의 수평적 배치와 수직적 배치

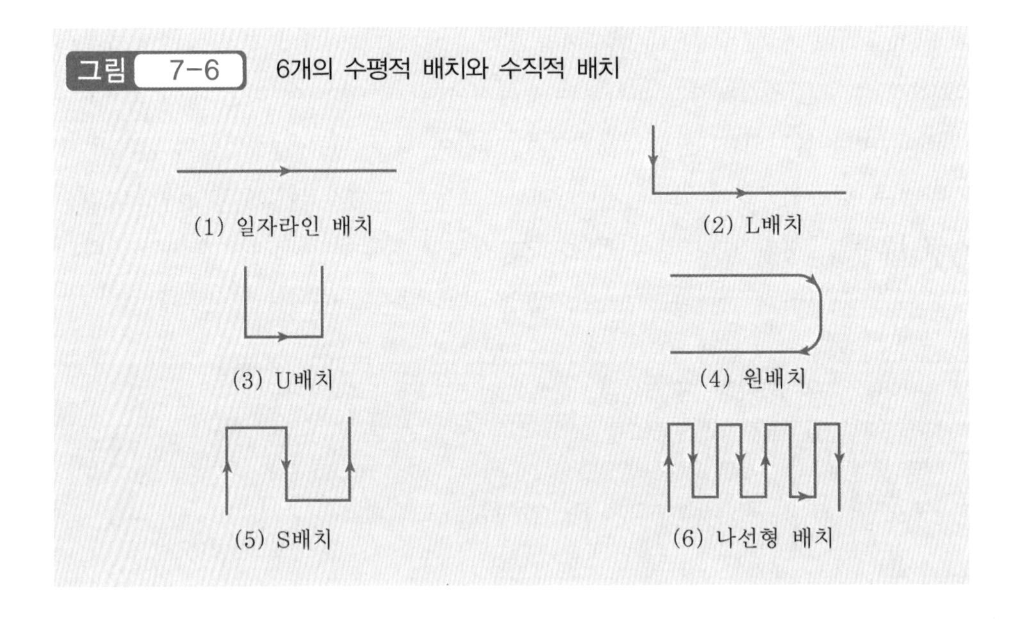

[2] L배치

L배치는 일자라인배치를 변형한 것이다. 건물의 구조상 일자라인의 형태를 취할 수 없을 때, 또는 프로세스의 구조상 L자의 형태를 취할 수밖에 없을 때 L배치를 한다. L배치는 〈그림 7-6〉의 (2)에 나와 있다.

[3] U배치

U배치는 최근 JIT 등 일본에서 자주 사용되어서 주목받고 있는 배치형태로서 일자배치의 단점을 보완한 배치이다. U배치는 공간을 적게 사용할 뿐 아니라 작업자의 동선이 짧아서 다기능작업을 하기에 유리하며, 작업팀 간에 의사소통이 원활하게 되어 그룹 테크놀로지(GT)에 많이 활용된다. 그래서 U배치는 원자재를 반입하고 완제품을 반출할 때 하역장을 같이 사용하고, 동일한 인력자원을 사용할 수 있다. U배치는 〈그림 7-6〉의 (3)에 나와 있다.

[4] 원배치

원배치는 U배치와 유사한 배치형태로서 U배치를 보다 확대시킨 배치이다. 원배치는 〈그림 7-6〉의 (4)에 나와 있다.

[5] S배치

S배치는 배치형태가 S자의 형태를 취하는 것으로서 프로세스가 상당히 복잡해 앞에서 설명한 다른 형태의 배치를 취할 수 없을 때 사용한다. S배치는 〈그림 7-6〉의 (5)에 나와 있다.

[6] 나선형배치

나선형배치는 U배치의 복합적인 형태를 취하는 배치로서 배치의 형태가 꾸불꾸불하여 나선형배치라고 한다. 나선형배치도 U배치처럼 최근에 주목을 받고 있는 배치형태이다. 나선형배치는 〈그림 7-6〉의 (6)에 나와 있다.

7.11 작업의 흐름에 의한 설비배치의 유형

설비배치는 생산시스템의 프로세스 또는 운영형태에 의해 크게 영향을 받는다. 여기에는 기본적으로 프로세스별 배치와 제품별 배치, 그리고 고정위치배치의 세 개 형태가 있으며, 그 밖의 다양한 배치유형이 가능하다.

7.11.1 프로세스별 배치

프로세스설계에서 이미 언급하였듯이 단속프로세스는 수요가 다양하지만 수요량이 비교적 적고, 수요예측이 비교적 어려운 상황에 적합한 프로세스형태이다. 또 단속프로세스에서 사용하는 기계는 대체적으로 범용기계이며, 이동하기가 용이하다. 이러한 특성을 지닌 단속프로세스에서는 기계나 작업장을 어떤 특정제품만을 생산하기 위하여 배치할 수가 없다. 왜냐하면 단속프로세스에서는 생산하는 품목이 다양하고, 또 각 품목의 생산경로가 서로 상이하기 때문에 라인을 형성할 수 없기 때문이다.

그래서 단속프로세스에서는 유사한 기능의 기계나 장비 또는 부서를 함께 묶어 배치하는 **프로세스별 배치(process layout)**의 형태를 취한다. 〈그림 7-7〉은 프로세스별 배치를 보여 주고 있다. 이 그림을 보면 선반기계들은 전부 선반작업장에, 밀링기계들은 밀링작업장에, 그리고 도색은 전부 도색작업장으로 묶어 놓았다.

그림 7-7 프로세스별 배치

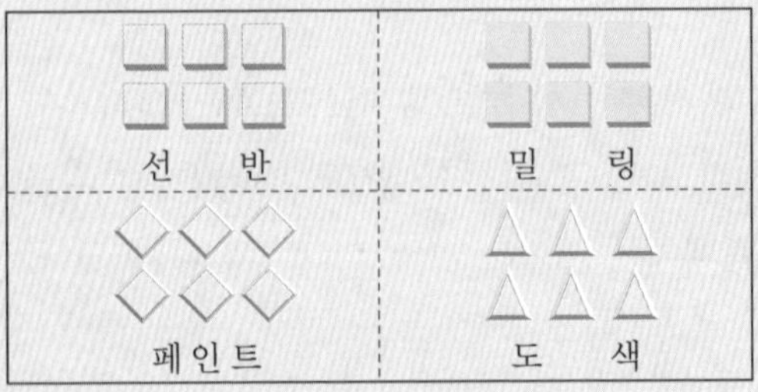

선 반
밀 링
페인트
도 색

프로세스별 배치에서는 기능이 유사한 기계들을 함께 묶음으로써 기계설비에 대한 툴링(tooling)과 보전을 쉽게 한다. 또 동일한 기계나 설비를 사용하여 다양한 제품을 산출하므로 기계와 설비의 탄력성이 높고 이용률도 높다. 또 사용하는 기계는 대부분이 범용기계이므로 작업자들의 기술수준이 높아야 한다. 왜냐하면 작업자가 범용기계를 이용하여 고객이 주문한 다양한 제품을 생산하여야 하기 때문이다.

또한 사무실에서는 직능이 비슷한 사람들을 동일부서에 그룹화하여 사무원들 간의 상호협조와 상호신뢰를 높일 수 있고, 상호 간에 직능을 보다 효과적으로 수행하는 방법도 배울 수 있다. 이렇게 유사한 기능을 함께 그룹화하기 때문에 프로세스별 배치는 기능별 배치(functional layout) 또는 잡 숍 배치(job shop layout)라고도 한다. 프로세스별 배치에서는 설비규모가 그리 크지 않고 기계설비의 이동성이 비교적 용이하기 때문에 기계설비에 대한 재배치가 수월하다. 프로세스별 배치의 예로는 머신 숍(machine shop), 백화점, 대학교, 정부종합청사, 종합병원, 국제공항 등을 들 수 있다.

프로세스별 배치에서는 다음과 같은 이유 때문에 생산시간이 많이 걸린다. 첫째, 프로세스별 배치에서는 어떤 프로세스와 다음 프로세스가 바로 연결되어 있지 않아 생산하는 데 시간이 많이 걸린다. 둘째, 자재와 가공품들이 자주 이곳저곳으로 운반되어 시간이 많이 걸린다. 셋째, 한꺼번에 일정한 설비를 가지고 다양한 주문을 생산하여야 하므로 시간이 많이 걸린다.

프로세스별 배치에서는 프로세스의 연결성이 없어 재공품이 많이 발생한다. 그래서 많은 재공품을 보관할 장소가 있어야 한다. 그런데 이것은 공간관리의 문제를 발생시킨다. 그러나 프로세스별 배치는 주문생산이기 때문에, 생산이 완료되는 즉시 고객에게 제품이 공급되기 때문에 완제품재고는 적다.

프로세스별 배치에서 사용하는 자재운반도구는 다양한 형태의 제품을 운반하여야 하기 때문에 탄력성이 높아야 한다. 그리고 운반통로도 비교적 넓고, 다른 통로와 연결이 잘 되어 있어야 한다. 프로세스별 배치에서 가장 효과적인 운반도구는 포크리프트(forklift)이다.

부서와 부서 간에 있어서의 자재운반 및 취급비용을 감소하는 것이 주요 목적이기 때문에 프로세스별 배치는 우선 접촉이 많은 부서를 가깝게 배치하여야 한다. 자재운반 및 취급비용은 제품의 부가가치창출에 전혀 도움이 되지 않기 때문에 될 수 있으면 이 비용을 줄여야 한다. 그러므로 효과적인 프로세스별 배치는 물자의 이동에 따른 제반 비용을 극소화하는 것이다.

7.11.2 제품별 배치

라인프로세스는 특정제품을 대량생산하는 프로세스이므로 고도로 특수화된 공구와 장치가 필요하다. 그리고 이 제품들을 능률적으로 생산하기 위해 설비를 특정제품만을 생산하기에 적합하도록 설계하고 설치한다. 즉, 기계를 어떤 특정제품을 생산하는 일련의 고정된 순서에 의해서 배치하는 **제품별 배치(product layout)**의 형태를 취한다.

라인프로세스를 배치할 때에는 각 작업장에서의 작업시간을 균일하게 하는 것이 상당히 중요하다. 즉, 애로작업장을 만들어서는 안 된다. 애로작업장(bottleneck operation)은 다른 작업장에 비해 작업시간이 많이 걸리는 작업장이다. 그래서 애로작업장은 다른 작업장들의 작업을 지연시키고, 결과적으로 공장의 생산시간을 길게 한다.

〈그림 7-8〉에서 볼 수 있듯이 제품별 배치는 제품의 유형에 관계없이 생산순서에 의해서 설비를 배치한다. 라인 A에 들어가는 제품들은 전부 프로세스 1-프로세스 2-프로세스 3-프로세스 4의 고정된 순서에 의하여 생산이 이루어진다. 그리고 라인 B에 속하는 모든 제품들은 프로세스 11-프로세스 12-프로세스 13-프로세스 14의 순서에 의하여 생산이 이루어진다.

제품별 배치는 또는 라인별 배치(line layout)라고도 한다. 화학, 철강, 정유공장이 제조업체의 라인별 배치이며, 고속도로 휴게소의 카페테리아(cafeteria)는 서비스

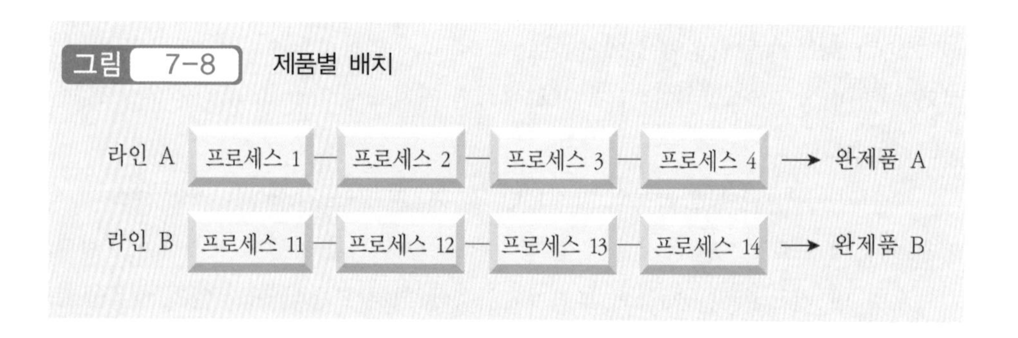

그림 7-8 제품별 배치

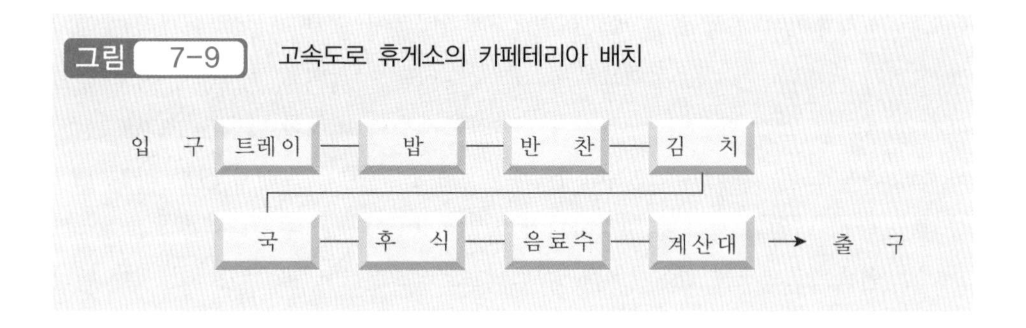

그림 7-9 고속도로 휴게소의 카페테리아 배치

업체의 라인별 배치이다. 〈그림 7-9〉에서 볼 수 있는 것처럼 카페테리아에서는 음식들이 일정한 순서대로 배치되어 있어 고객이 라인을 따라 가면서 먹고 싶은 음식을 고른다.

제품별 배치는 프로세스별 배치와는 달리 프로세스와 바로 다음 프로세스가 서로 연결되어 있기 때문에 생산시간이 짧고, 재공품이 거의 없다. 그러나 완제품 재고는 비교적 많은 편이다. 제품별 배치는 또 생산량이 많지만, 반대로 탄력성이 상당히 낮다. 그래서 표준화된 제품을 대량생산하는 데 적합한 배치이다. 그리고 작업자들의 기술수준도 그리 높지 않다. 이것은 모든 프로세스가 대개 자동화가 되어 있어 그리 높은 기술을 필요로 하지 않기 때문이다.

제품별 배치에서 사용하는 운반도구는 비슷한 형태의 제품을 한 방향으로 계속 이동하는 데 적합한 도구이어야 한다. 여기에 가장 적합한 운반도구는 컨베이어(conveyor)이다. 또 운반도구가 다니는 통로도 넓을 필요가 없다. 이것은 운반되는 제품이 대개 한 방향으로만 이동되고, 이동되는 거리도 길지 않기 때문이다.

제품별 배치에 있어서 각 작업장에 작업부하를 적절하게 할당하여 각 작업장에서 작업시간의 균형을 이루는 것을 **라인균형화(line balancing)**라 한다. 즉, 라인균형화는 주어진 사이클 타임(cycle time) 내에서 최소의 작업장 수나 작업자 또는 주어진 작업장 내에서 사이클 타임을 극소화시키는 것이다. 이렇게 라인균형화는 작업자의 작업시간을 최대한도로 늘려 기계와 작업자의 유휴시간을 최소로 감소하고자 한다. 즉, 주어진 일정한 산출수준에서 작업장의 수를 최소화하거나, 모든 작업장에서의 유휴시간을 최소화하도록 작업을 작업장에 할당하는 것이다(ASCM, 2022).

연속프로세스는 장치산업이므로 설비규모가 대체적으로 크고 비싸다. 그래서 연속프로세스에서는 초기의 설비배치가 상당히 중요하다. 대체적으로 이러한 설비규모는 초기계획이 가장 좋은 배치이며, 재배치비용이 크기 때문에 쉽사리 재배치를 하기가 어렵다. 이것은 전체프로세스를 구성하는 각각의 프로세스가 서로 긴밀하게 연결되어 있기 때문이다. 그래서 연속프로세스를 배치할 때에는 초기에 상당히 신중하게 모든 가능성을 고려하여 잘 결정하여야 한다. 그래서 한번 라인이 형성되면, 다시 라인의 형태를 변경하기가 상당히 어렵다.

또 연속프로세스에 있어서 생산방법과 프로세스는 라인을 설치하기 전에 미리 결정하여야 한다. 왜냐하면 프로세스 자체가 라인을 결정해 버리기 때문이다. 예를 들면 화학공장 같은 경우 탱크, 밸브 또는 파이프 같은 설비시설은 일종의 고정된 설비시설로 간주한다. 그러므로 이러한 설비시설을 재배치한다는 것은 거의 불가능하다. 또 철강공장도 그 설비규모가 너무 고정적이고 크기 때문에 재배치를 하느니 차라리 공장문을 닫는 것이 경제적이다.

7.11.3 고정위치배치

대체적으로 프로젝트(project)는 무게가 무겁거나 부피가 상당히 크다. 그래서 프로젝트를 어떤 장소에서 다른 장소로 이동하기가 상당히 어렵다. 그러므로 프로젝트는 생산기간 내내 대부분 한 위치에 고정되어 있어 프로젝트를 생산할 때에는 프로젝트 자체를 이동시키지 않고, 프로젝트에 필요한 장비나 기계, 그리고 작업자나 원자재와 같은 모든 자원들을 프로젝트가 있는 위치로 이동하여 작업을 수행한다. 그러므로 프로젝트의 시설배치를 고정위치배치(fixed-position layout)라고 한다. 프로젝트배치의 예로는 선박, 빌딩, 교량, 비행기, 고속도로, 로켓, 주택 등을 들 수 있다.

고정위치배치에서 생산되는 제품의 수는 거의 하나이다. 그리고 프로젝트의 프로세스는 기술적인 프로세스순서에 의해서 제약을 받는다. 또 프로젝트에서는 완성하는 시기와 소요되는 비용이 상당히 중요해 스케줄링이 중요하다. 그리고 고정위치배치에 있어서 설비이용률은 비교적 낮다. 이것은 설비를 며칠 동안 다른 장소로 이동시키고, 다시 원래 프로젝트장소로 가져오는 것보다는, 그냥 며칠 동안 사용하지 않고 놔두는 것이 경제적이기 때문이다. 그래서 일반적으로 프로젝트에서는 설비를 사지 않고 일정기간 동안 임대하여 사용하는 것이 보편화되어 있다. 또 프로젝트를 수행하는 사람들의 기술수준과 임금은 높은 편이다.

7.11.4 서비스업체의 배치

서비스업체의 배치도 제조업체 못지 않게 중요하다. 잘못된 배치는 서비스업체에게 다음과 같은 결과를 가져다 준다.

- 자재와 서류의 흐름을 방해한다.
- 직접노동시간을 증가시킨다.
- 고객에게 서비스를 제공하는 시간이 길어진다.
- 자재취급시간과 비용이 증가한다.
- 간접비용이 증가한다.
- 후에 확장하기가 어려워진다.
- 사람의 이동시간과 이동거리를 증가시킨다.

제6장에서 서비스 매트릭스를 설명하였다. 서비스 매트릭스는 고객과의 접촉정도와 고객화, 그리고 노동집약형태에 의해 서비스를 4가지 형태로 분류하였다. 이 네 가지 서비스조직은 서비스공장(service factory), 서비스 숍(service shop), 대량서비스(mass service), 그리고 전문서비스(professional service)였다. 서비스업체에 대한 배치도 제조업체처럼 일률적이지 않고 서비스조직의 유형에 따라 다르다.

서비스공장은 제조업체와 가장 유사한 서비스업체이다. 그래서 서비스공장은 그 특성에 따라 프로세스별 배치, 제품별 배치 또는 고정위치배치의 형태를 취한다.

서비스 숍은 고객과의 접촉과 고객화의 정도가 높다. 그래서 서비스 숍에 오는 고객은 욕구가 일률적이지 않고 다양하다. 병원과 수리소가 서비스 숍의 대표적인 예이다. 이러한 서비스 숍에서는 프로젝트를 배치하는 고정위치배치가 중요하다. 그래서 서비스를 받고자 하는 사람과 물건을 서비스를 제공하는 장소로 이동시킨다.

대량서비스는 노동집약적이면서 고객화정도가 낮은 서비스조직으로서 소매상, 은행, 학교 등을 예로 들 수 있다. 소매상에서는 물건을 어떻게 이동하는가보다는 물건을 어떻게 전시하느냐가 상당히 중요하다. 그래서 물건을 취급하는 것보다는 고객에게 주는 매장의 분위기가 중요하다. 또 대량서비스조직에서는 일반적으로 서류나 물건의 이동보다는 사람의 원활한 이동이 훨씬 중요하다.

전문서비스는 고객과의 접촉과 고객화정도가 다 높다. 전문서비스업체는 4개의 서비스업 형태 중에서 배치에 가장 영향을 덜 받는다. 그러나 전문서비스업체는 대개 프로세스별 배치의 형태를 취한다. 그래서 비슷한 업무를 하는 부서를 함께 배치한다.

서비스업체의 배치는 제조업체의 배치와는 다르다. 그러므로 여기에서는 서비스업체의 배치를 결정할 때의 단계를 설명한다.

① 프로세스의 흐름을 파악한다. 프로세스의 주된 흐름은 무엇인가? 또 배치결정에 있어서 프로세스 자체에 존재하는 제약점은 무엇인가?

② 프로세스흐름의 각 단계에 있어서의 중요성과 범위를 파악한다. 그래서 어떤 프로세스요소에서 어떤 프로세스요소로 어느 정도의 자재와 정보가 이동되어야 하는가를 파악한다. 또 인접해야 할 프로세스의 요소들을 파악한다.

③ 필요한 공간을 결정한다. 각 부서와 각 업무에 필요한 공간은 어떻게 되는가? 또 제약조건은 무엇인가?

④ 배치방법을 선택한다. 어떤 배치방법이 모든 조건을 충족시킬 수 있을까? 그래서 어떤 배치가 가장 유연성이 있을까?

⑤ 이동의 흐름을 결정한다. 이동은 어떻게 하여야 하는가? 애로작업장은 발생하지 않는가? 이동의 흐름이 판매를 향상시킬 수 있는가?

7.11.5 셀룰라배치 및 그룹 테크놀로지

제품믹스, 부품생산량, 공장규모, 그리고 부품의 복잡성의 증가는 점점 잡 숍(job shop)의 관리를 복잡하게 만들었고 생산성을 감소시켰다. 이런 문제들은 공장의 복잡성을 감소시키고, 생산성의 향상을 추구하는 GT(Group Technology)와 **셀룰라제조**(cellular manufacturing)의 발전을 가져왔다. 또 최근에 공장자동화에 대한 관심이 증폭됨에 따라 그룹 테크놀로지에 대한 관심도 아울러 증가하게 되었다.

잡 숍과 배치 숍(batch shop)은 전체공장의 절반 이상을 차지한다. 그러므로 이러한 잡 숍과 배치 숍을 보다 능률적이고 생산적인 작업장으로 전환시켜야 한다. 그리고 근래에 제품의 설계부문과 제조부문을 통합시키는 경향을 보이고 있다. 이러한 양쪽의 목적을 달성시키려고 시도하는 한 가지 방법이 GT와 셀룰라제조이다. GT란 부품의 물리적 특성(공통의 작업공정)을 발견하여 효과적인 생산을 하는 설계 및 생산철학이다. GT는 기존 디자인을 빠르게 불러 내고, 셀룰라제조를 촉진하는 역할을 한다(ASCM, 2022). 잡 숍의 프로세스별 배치를 제품별 배치 또는 흐름별 배치로 전환한 형태가 셀룰라배치(cellular layout)이다. 라인이나 셀 안에서만 작업하는 작업자에 의해 통제되는 라인이나 셀 안에서 부품군이 생산되도록 하는 제조프로세스이다. 즉, 셀룰라배치는 유사한 형태 또는 프로세스경로를 가지고 있는 제품들을 생산하기 위하여 유사하지 않은 종류의 기계들을 하나의 장소에 배치하는 것이다(ASCM, 2022). 셀룰라배치는 GT배치라고도 하는데, 어떤 특정의 프로세스를 하나의 셀(cell)에서 행한다는 점에서는 프로세스별 배치와 비슷하고, 정해진 범위 내의 제품만을 생산한다는 점에서는 제품별배치와 유사하다. 즉, 이것은 프로세스별 배치와 제품별 배치의 중간형태로 일종의 혼합형 배치(hybrid layout)이다.

〈그림 7-10〉은 잡 숍의 프로세스별 배치를 셀룰라배치로 전환한 것을 보여주고 있다. 각각의 셀(cell)은 어떤 부품군만을 전적으로 생산하도록 설계된다. 그래서 각 셀에는 그 부품군을 전적으로 생산할 수 있는 모든 인력자원과 기계들을 전부 지니고 있다. 그리고 셀에 있는 기계들의 배치는 그 부품군을 전문적으로 생산할 수 있도록 배치가 되어 있다. 그리고 셀에서는 조직이 보통 팀제로 운영되기 때문에 셀의 산출물, 품질, 스케줄링에 대해 개인이 책임을 지지 않고 팀이 책임을 진다.

〈그림 7-10〉에서 볼 수 있듯이 일반적으로 똑같은 기능을 하는 기계가 하나의 셀에 많이 존재하지 않는다. 또 모든 작업들이 셀 안에 있는 모든 기계를 다 이용하지 않을 수도 있다.

항상 잡 숍 전체를 셀로 전환시킬 수는 없다. 어떠한 부품군에도 들어갈 수 없는 부품도 있고, 또 어떠한 셀에 전용적으로 들어갈 수 없는 기계도 있다. 이런 경우에는 잔여셀을 만들어 그러한 경우에 대비한다. 일반적으로 모든 기계의 약 30~40%가 이 잔여셀에 포함된다. 또 이러한 잔여셀에도 포함시킬 수 없는 작업들이 있다. 이러한 것들은 페인팅, 탈지, 열처리 등인데, 이것들은 셀룰라제조에 관계없이 배치하여야 한다. 그러나 가급적이면 잔여셀을 줄이는 것이 바람직하다.

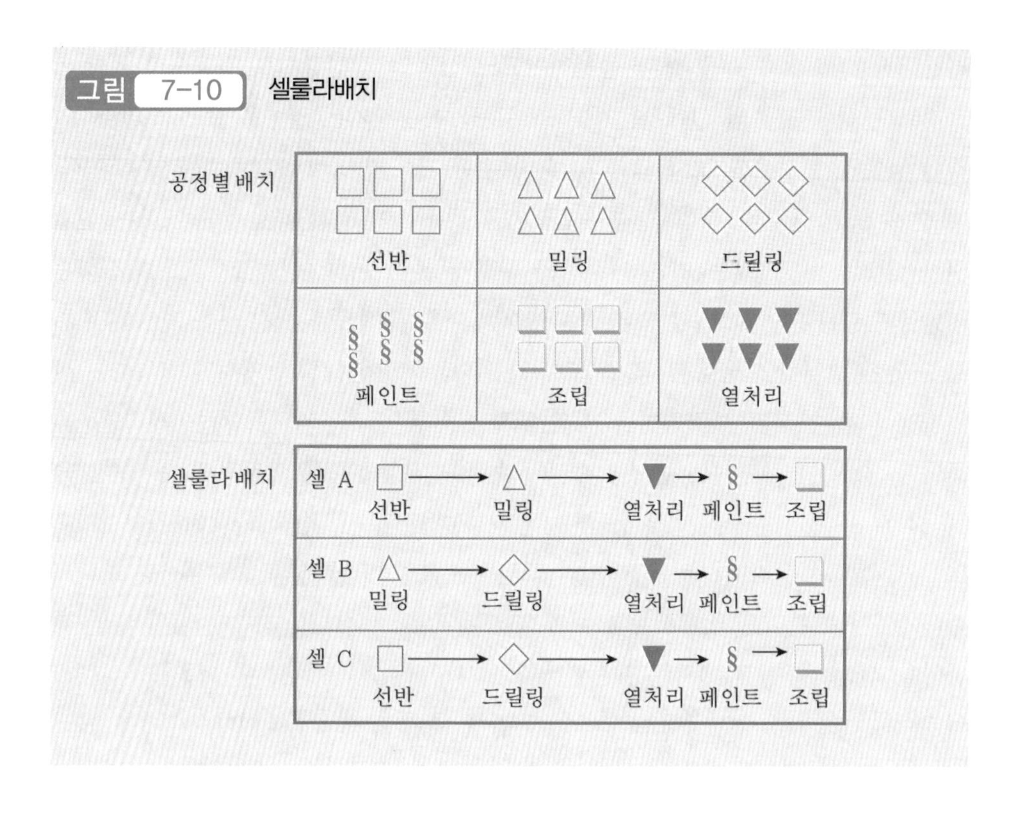

그림 7-10 셀룰라배치

셀을 만들기 위해서는 유사한 특성을 지닌 제품이나 부품을 그룹화하여야 하는데, 이렇게 그룹화하는 기법이 GT이다. 즉, GT란 부품 및 제품을 설계하고 제조하는 데 있어서 설계상 또는 가공상 형태나 프로세스경로가 비슷한 부품이나 제품들을 그룹화하여 그 집단의 유사성의 장점을 취하는 생산철학이다. 이렇게 그룹화한 유사한 부품들은 하나의 부품군(parts family)을 형성한다. 부품군 또는 부품가족이란 유사한 형태와 프로세스경로를 가진 부품들의 집합체이다. 기업에서는 부품군만을 전문적으로 생산하는 셀을 설치함으로써 작업의 프로세스속도를 가속화시키고, 제품을 설계할 때 부품의 그룹화로부터 설계능률을 향상시킬 수 있다.

일반적으로 GT개념은 다양한 부품을 중량 또는 대량으로 생산하는 비교적 큰 기업에 제일 적합하다. 그래서 GT를 가장 효과적으로 이용할 수 있는 기업은 아마도 만 개 정도의 서로 다른 부품을 생산하고, 그러한 부품들을 50여 개 정도의 부품군으로 분류할 수 있는 기업일 것이다. GT에 대한 적합한 환경을 조사하기 위해서 Sassani(1990)는 5개의 셀을 이용한 시뮬레이션을 실험하였다. 이 실험에서

Sassani는 각 셀에서 생산하는 제품들을 분명하게 규정하였다. 그 제품들을 전문적으로 생산하는 초기에 있어서 시뮬레이션은 좋은 결과를 가져왔다. 그러나 제품믹스가 증가하고, 수요형태가 변하고, 제품설계가 변동함에 따라 GT배치는 좋지 않은 결과를 가져왔다.

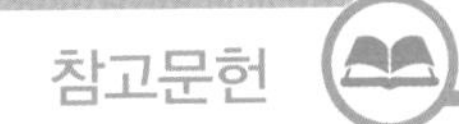

참고문헌 R·E·F·E·R·E·N·C·E·S

이상문. 2010. 글로벌 시대의 초일류 기업을 위한 생산관리. 형설출판사.

이상문, 이돈희. 2015. 생산·공급망관리. 한경사.

ASCM. 2022. ASCM Supply Chain Dictionary.

APICS. 2011. *Operations Management Body of Knowledge Framework*. 3rd ed.

Bakke, Nils Arne and Ronald Hellberg. 1993. The Challenges of Capacity Planning. *International Journal of Production Economics*. Vol. 31. No. 30, 243~264.

Buffa, E. S. and J. L. Burbidge. 1975. *The Introduction of Group Technology*. London: Heinemann.

Fitzsimmons, James A. and Mona J. Fitzsimmons. 2013. *Service Management: Operations, Strategy, Information Technology*. 10th ed. New York: McGraw-Hill, Inc.

Francis, R. L. and J. A. White. 1987. *Facilities Layout and Location: An Analytical Approach*. Englewood Cliffs, Prentice-Hall, Inc.

Isard, W. 2021. Location and Space-economy; a General Theory Relating to Industrial Location, Market Areas, Land Use, Trade, and Urban Structure. Hassell Street Press.

Marcel De Meirleir. 2007. *Location, Location, Location: A Plant Location & Site Selection Guide*.

Meredith J. R. and Shafer, S. M. 2019. Operations and Supply Chain Management for MBAs. Wiely.

Safarova, K. 2021. The Operations Management Journal: Learn the skills used by the leading management consulting firms, such as McKinsey, BCG, et al. (Strategy Journals) Strategytraing.com & Consultingtraining.com

Schmenner, Roger W. 1995. *Service Operations Management*. Prentice-Hall, Inc.

Schonberger, Richard J. and Edward M. Knod, Jr. 1991. *Operations Management: Improving Customer Service*. 4th ed. Irwin, Homewood.

Skinner, William. 1974. The Focused Factory. *Harvard Business Review*. May-June, 113~121.

Tompkins, James A. and John A. White. 1984. *Facilities Planning*. New York: John Wiley & Sons.

Armine, Harold, John A. Ritchey, and Colin L. Moodie. 1987. *Manufacturing Organization and Management*. 5th ed. Prentice-Hall, Inc.

Chase, Richard B. and Nicholas J. Aquilano. 1995. *Production and Operations Management: Manufacturing and Services*. 7th ed. Irwin.

Hicks, Phillip E. and Areen M. Kumtha. 1971. *Tne Way to Tighten up Plant Location Decisions. Industrial Engineering* 9. April, 19~23.

Sassani, F. 1990. Simulation Study on Performance Improvement of Group Technology Cells. *International Journal of Production Research* 28, 293~300.

Schmenner, R. W. 1982. *Making Business Location Decisions*. Englewood Cliffs, NJ: Prentice-Hall.

Schonberger, Richard J. and Edward M. Knod, Jr. 1991. Operations Management: *Improving Customer Service*. 4th ed. Richard D. Irwin, Inc.

Shycon, Harvey N. 1974. Site Location Analysis, Cost and Customer Service Consideration. *Proceedings of the Seventeenth Annual International Conference. American Production and Inventory Control Society*, 335~347.

제4편

생산계획 및 실행 시스템

O·p·e·r·a·t·i·o·n·s M·a·n·a·g·e·m·e·n·t

제8장 SCM

Operations Management

함께 모이는 것은 시작이다. 함께 머무는 것은 진보이다. 함께 일하는 것은 성공이다.

- 헨리 포드

제품 및 서비스에 있어서 글로벌시장의 특징은 점차 지리적인 시장에의 근접성이 더 이상 경쟁의 우위성을 제공하는 요소로 작용하지 못하게 만들고 있다. 따라서 치열한 경쟁에서 살아남기 위한 기업의 경쟁력향상을 위한 노력은 지역과 국가를 초월하여 세계 어느 곳이라도 경쟁에 도움이 되는 기업들과 전략적 제휴를 도모하는 글로벌 파트너십을 추구하고 있다. 이는 단위기업 자체의 경쟁능력만으로는 글로벌경쟁시대에 대응하기가 어려운 제약성이 있기 때문이다. 따라서 경쟁력 있는 공급자－생산자－판매자로 이어지는 공급사슬(supply chain)의 구축만이 경쟁의 우위를 점할 수 있는 효과적인 수단이 될 수 있는 것이다. 본 장에서는 공급사슬 전체의 경쟁력향상을 추구하는 전략적 노력으로서 SCM(Supply Chain Management)의 개념을 살펴보고, 이의 실행을 위한 전략적 접근방법과 구체적인 실행요소들을 논의해 보기로 한다. 아울러 SCM의 핵심적인 부분으로서 구매관리측면의 주요 고려사항들을 살펴보고, 마지막으로 정보기술에 바탕을 둔 다양한

SCM 지원기술들을 살펴보기로 한다.

제8장에서 다룰 주요 내용은 다음과 같다.

- 공급사슬의 개념과 목표는 무엇인가?
- 공급사슬의 조정이 중요한 이유는 무엇인가?
- SCM이란 무엇인가?
- SCM전략의 결정요소는 무엇인가?
- SCM의 체계는 어떻게 구성되는가?
- SCM을 위해 활용할 수 있는 정보기술들은 무엇인가?

8.1 SCM의 개념과 전략

8.1.1 공급사슬의 개념과 목표

공급사슬(supply chain)은 고객이 요구한 바를 충족시켜 주기 위해 직·간접적으로 관여하게 되는 모든 당사자들을 말한다. 공급사슬에는 제조업체와 공급업체뿐만 아니라 운송업체, 창고회사, 소매업체 및 고객까지도 포함하게 된다. 공급사슬은 각 조직 내에도 존재하게 되는데, 고객의 요구를 수령하고 충족시키기 위해 필요한 모든 기능들이 이에 포함된다. 즉, 신제품개발, 마케팅, 생산운영, 유통, 재무, 고객서비스 등의 기능들이 해당되는 것이다.

공급사슬의 흐름은 다음의 〈그림 8-1〉과 같이 나타내 볼 수 있다. 〈그림 8-1〉은 원재료-공급업체-제조업체-운송업체-유통업체-고객으로 이어지는 통상적인 공급사슬의 모습을 나타내고 있다. 공급사슬의 실제적인 구성은 보다 복잡한 모습을 가지게 된다. 가령 단순하게 공급업체와 원재료로 나타낸 연결부분도 여러 개의 공급업체 연결사슬로 구성될 수 있다. 즉, 제조업체에게 직접적으로 부품과 자재를 납품하는 1차 공급업체(혹은 1차 벤더(vendor))와 1차 공급업체에 부품과

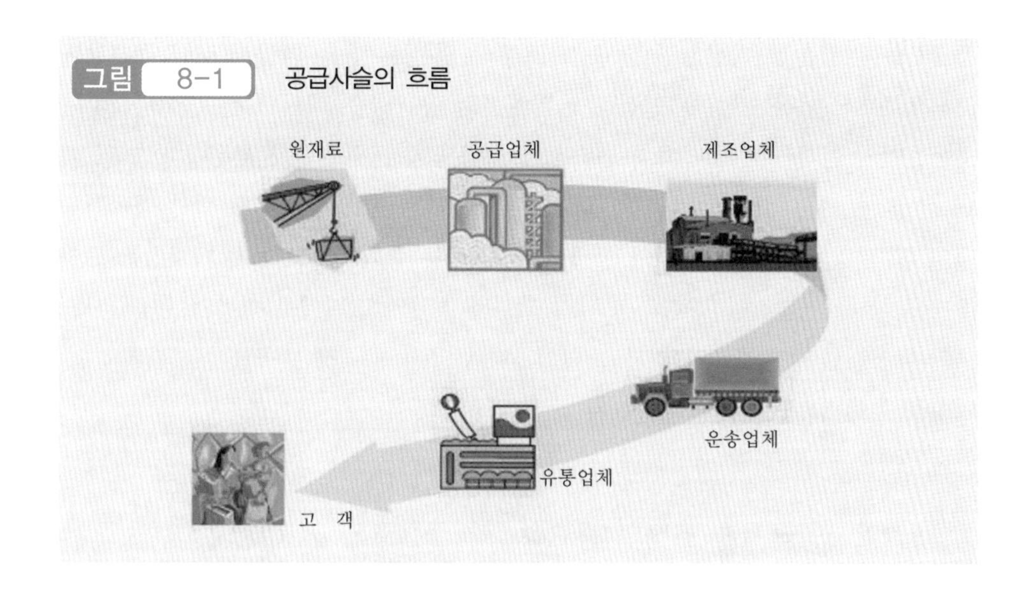

그림 8-1 공급사슬의 흐름

자재를 납품하는 2차 공급업체(2차 벤더), 그리고 다시 3차·4차 공급업체 등으로 확대될 수 있다. 물론 유통업체와 고객으로 나타낸 연결부분도 도매점, 소매점, 홈쇼핑판매점, 인터넷 쇼핑몰 등 최종고객에게 연결되는 다양한 유통경로의 모습을 가질 수 있다.

모든 공급사슬의 목표는 공급사슬이 창출하는 가치를 극대화하는 것에 있다. 공급사슬이 창출하는 가치는 최종제품에 대해 고객이 부여하는 가치와 고객의 요구를 충족시켜 주기 위해서 공급사슬이 투입한 노력의 차이를 나타낸다. 이러한 공급사슬 가치(supply chain value)는 공급사슬 수익성(supply chain profitability), 즉 고객으로부터 창출된 수익과 공급사슬 전체가 부담한 비용의 차이와 밀접한 연관성을 가지고 있다. 가령 백화점에서 냉장고를 100만원에 판매했다면, 이는 냉장고 관련 공급사슬 전체가 얻은 수익의 크기가 된다. 100만원에서 이러한 수익을 얻기까지 백화점, 냉장고제조업체, 운송업체, 부품제조업체 모두가 정보전달, 생산, 저장, 운송, 자금이전 등을 위해 지불한 비용을 차감한다면, 그 차이가 바로 공급사슬 수익성의 크기가 되는 것이다. 따라서 공급사슬의 성공은 바로 공급사슬 수익성에 의해 좌우된다.

공급사슬의 성과는 공급사슬 수익성에 의해 평가되어야 한다. 공급사슬 단계마다 참여하는 개별적인 당사자가 얻는 이익으로 평가해서는 안 된다. 궁극적으로 공급사슬이 얻는 수익성은 최종고객으로부터 얻는 수익에 의해 결정되기 때문에 고객으로부터 높은 가치를 인정받기 위해서는 공급사슬 내의 모든 참여당사자가 공동운명의 인식을 가지고 보다 협력적인 체계를 갖추어야 하기 때문이다. 만일 어느 한 참여당사자가 개인의 이익만을 극대화하려는 태도를 가지게 되면 공급사슬 내의 협력적인 체계가 유지되기 어렵게 되고, 이는 결과적으로 높은 가치창출을 이루지 못하게 만들 것이다. 따라서 각기 고객과 공급자의 관계로 연결되는 공급사슬 내의 당사자들이 상호유익한 파트너십 관계를 유지하는 것은 공급사슬 가치와 수익성을 높이기 위한 전제조건이 된다.

8.1.2 공급사슬 조정의 중요성

공급사슬의 모든 단계에 걸쳐서 이뤄지는 행동의 조정이 잘 이뤄지게 되면 총 공급사슬 이익을 증가시킬 수 있다. 공급사슬 조정(supply chain coordination)은 각 단계의 참여자가 다른 단계의 참여자에게 미치는 영향을 고려하여 전체공급사슬의 이익이 증가될 수 있도록 자신의 행동을 결정하는 방식을 나타내는 개념이다.

공급사슬의 단계마다 가지는 참여자의 목표가 상충되거나 공급사슬 간에 이동하는 정보가 지연 혹은 왜곡되면 공급사슬의 조정이 어렵게 된다(Chopra와 Meindl, 2004). 다른 단계에 위치한 참여자가 독립된 비즈니스를 영위하는 경우는 서로 목표가 상충될 가능성이 존재하며, 결과적으로 자신의 이익극대화에만 몰두하여 전체공급사슬 이익이 감소하게 될 수 있는 것이다.

공급사슬 참여자들의 목표가 상충되고, 공급사슬 단계 사이의 정보흐름이 왜곡되면 고객과 가까운 하위단계에서 상위단계로 이어지는 주문의 수량이 수요에 비해 크게 변동하는 현상, 즉 **채찍효과(bullwhip effect)**가 나타나게 된다(〈그림 8-2〉 참조). 채찍효과는 공급사슬 내의 수요정보를 왜곡시켜서 단계마다 상이한 수요예측치를 가지게 만들며, 결과적으로 공급사슬 조정이 이뤄지지 못하게 만든다.

채찍효과의 발생 모습은 실제 공급사슬에서 다양하게 목격될 수 있다. P&G가 생산하는 아기용 기저귀 Pampers의 공급사슬을 예로 들어 보자(Lee 등, 1997). P&G는 공급업체에 발송하는 원재료주문량이 시간에 따라 크게 변동하는 모습을 발견한 바 있다. 그러나 공급사슬을 따라서 하위단계로 내려가 보니 소매점에서의 매출

그림 8-2 채찍효과에 따른 공급사슬 단계별 주문변동

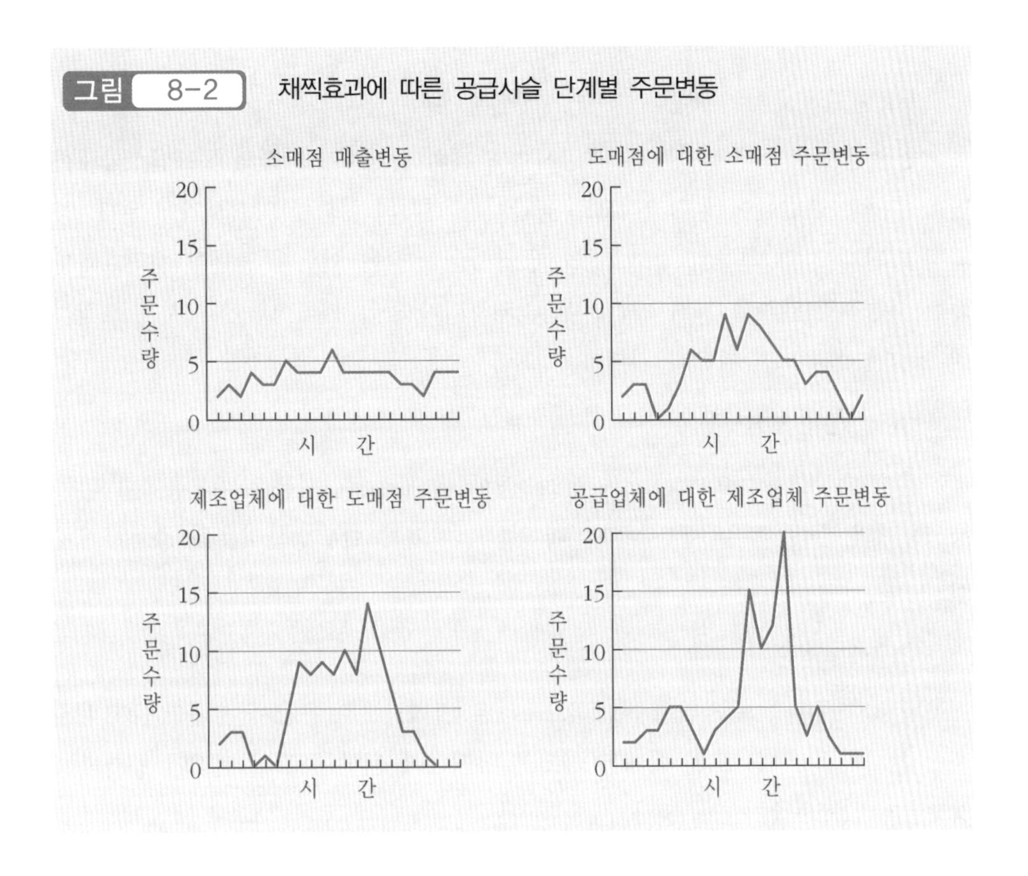

변동은 크지 않다는 사실을 발견하게 되었다. 최종소비자가 공급사슬의 최하위단계에서 구매하는 패턴은 비교적 안정적일 것이라고 보는 것은 타당한 일일 것이다. 그럼에도 불구하고 소매점−도매점−제조업체−공급업체로 이어지는 주문처리과정에서 정보의 왜곡과 목표의 상충은 결과적으로 P&G의 원자재주문량을 크게 변동하게 만들었던 것이다. 실제 수요와 다른 주문량의 변동은 결과적으로 공급사슬 내의 비용을 증가시키고, 수요에 대응하는 능력을 약화시키게 되는 것이다.

다음에서는 이러한 공급사슬 조정이 결여될 경우 공급사슬 성과에 어떠한 영향을 미치게 되는지를 살펴보고, 공급사슬 조정을 어렵게 만드는 장애요인이 무엇인지를 검토해 보기로 한다. 아울러 이러한 장애요인을 극복하기 위한 노력은 무엇이어야 하는지를 살펴보기로 한다(Chopra와 Meindl, 2004).

[1] 공급사슬 조정결여가 성과에 미치는 영향

공급사슬 조정의 결여는 각 공급사슬 단계의 참가자가 자신의 목표달성극대화만을 추구하게 만들어서 결과적으로 공급사슬 전체의 성과를 악화시키게 된다. 공급사슬 단계 간의 왜곡된 정보흐름도 공급사슬 조정을 어렵게 만들어 채찍효과를 통한 부정적인 결과를 가져오게 된다. 채찍효과가 공급사슬 성과에 미치는 부정적인 영향을 살펴보면 다음과 같다:

① 제조비용증가

실제 최종고객수요보다도 큰 제조업체에 대한 주문량변동은 주문충족을 위한 생산능력의 확대 혹은 재고수준의 확대를 가져와서 단위생산비용을 증가시키게 된다.

② 재고비용증가

확대된 주문충족을 위한 재고확보노력은 결과적으로 공급사슬 내의 재고비용을 증가시키게 된다. 또한 확대된 재고를 유지하기 위한 창고의 면적이 증가되어 창고유지비용도 증가하게 된다.

③ 보충리드타임증가

변동의 폭이 큰 주문량의 크기는 효과적인 생산일정의 수립을 어렵게 만들어서 결과적으로 주문충족을 위해 소요되는 보충리드타임의 길이를 증가시키게 된다. 생산능력과 재고보유량이 주문량에 비해 부족하게 될 가능성이 상존하기 때문이다.

④ 운송비용증가

변동의 폭이 확대된 주문량을 충족시키기 위해서 높은 수준의 주문량에 대비한 운송능력을 보유해야 하기 때문에 결과적으로 운송비용을 증가시키게 된다.

⑤ 상차 및 하차 노무비용증가

채찍효과는 공급업체나 유통업체 모두에게 물품을 싣거나 내리는 양의 변동을 확대시키게 된다. 이러한 변동의 확대는 피크주문량에 대비해 초과된 인력을 보유하게 만들거나, 변동의 크기에 따라서 빈번하게 인력수준을 변경시키는 결과를 초래하게 되며, 이는 모두 노무비용을 증가시키게 된다.

⑥ 제품보유율저하

주문량변동의 확대는 모든 유통업체와 소매점에 대한 정시배달을 어렵게 만든다. 결과적으로 품절의 가능성을 높이게 되어 판매기회상실 가능성을 증가시키게 된다.

⑦ 공급사슬 단계 사이의 관계악화

채찍효과가 성과에 미치는 다양한 부정적 영향은 공급사슬 참가자들 간의 관계를 악화시키게 된다. 각 단계마다 참가자들이 스스로 최선을 다하고 있다는 생각을 가지고 있지만, 결과적으로 여러 가지 부정적인 영향을 경험하게 되면 다른 단계의 참여자 때문이라는 불만을 가지게 되는 것이다.

[2] 공급사슬 조정의 장애요인

공급사슬 조정을 어렵게 만드는 장애요인은 공급사슬 단계마다 자신의 이익을 최적화하려는 노력, 즉 **부분최적화**(sub-optimization)요인과 공급사슬 간의 정보흐름의 왜곡 혹은 지연을 초래하는 요인들을 주로 포함하게 된다.

① 인센티브장애

주로 단계마다 참가자에게 주는 인센티브가 변동성을 증가시키고, 총공급사슬 이익을 감소시키게 만드는 현상을 나타낸다. 운송최적화만을 위해 재고증가나 고객서비스를 희생시키는 현상이나 유통단계의 일부분에 참여하는 판매요원이 보다 나은 인센티브를 얻기 위해 최종수요와 무관하게 유통수요를 증대시키는 현상 등이 예가 될 수 있다.

② 정보처리장애

주문에 대한 정보가 왜곡되어서 공급사슬 내의 주문량변동을 확대시키는 현상을 나타낸다. 주로 실제 고객수요가 아닌 주문량에 의거해서 수요예측을 하거나 공급사슬 단계 간의 정보공유가 결여되어서 나타나는 주문확대현상 등이 예가 될 수 있다.

③ 운영측면장애

주문의 발송과 충족과정에서 발생하는 변동성확대현상을 나타낸다. 주로 수량할인혜택이나 주문 간접비와 운송비의 절감 등을 목적으로 하는 대형 로트주문방식을 사용할 때 혹은 주문리드타임이 긴 경우에 나타날 수 있는 현상이다. 또 다른 중요한 요인은 배급방침(rationing scheme)과 같은 공급정책의 역효과를 들 수 있다. 공급능력이 부족할 경우, 주문량에 비례해서 공급량을 할당하는 배급방침의 사용은 주문자로 하여금 실제보다 확대된 주문량을 발송하도록 유도하기 때문이다.

④ 가격정책장애

가격정책으로 인한 변동확대현상을 말한다. 주문량의 크기에 비례하여 가격을 할인해 주는 수량할인정책의 사용이나 프로모션의 유무에 따른 급격한 가격변동 등은 주문량의 변동을 확대시키는 결과를 초래하게 된다.

⑤ 행동측면장애

공급사슬의 구조형태나 공급사슬 단계 사이의 커뮤니케이션특성으로 인한 변동현상이다. 주로 (a) 지역중심의 행동에 초점을 맞추고 다른 단계에 미치는 영향을 알지 못할 때, (b) 현재의 지역적 상황에만 초점을 맞추고 근본적인 원인을 규명하려 하지 않을 때, (c) 지역중심의 분석을 바탕으로 변동의 원인을 다른 단계 참가자에게 돌리려고 할 때, (d) 지역중심의 행동이 다른 단계에서 발생시키게 되는 영향을 알지 못하여 행동으로부터의 학습이 이뤄지지 못할 때, 마지막으로 (e) 참가자들 사이의 신뢰상실로 인해 참가자들이 전체공급사슬 성과를 희생시키는 기회주의적 행동을 보이게 될 때 나타나게 된다.

[3] 공급사슬 조정의 달성 방안

공급사슬의 조정을 저해하는 요인들을 제거시켜서 주문변동의 크기를 감소시키기 위해서는 다음과 같은 다양한 조정향상노력들이 뒷받침되어야 한다.

① 목표와 부합된 인센티브 제공

공급사슬 내의 단계 혹은 기능별 의사결정이 전체공급사슬이 추구하는 목표에 부합되도록 노력하는 것을 말한다. 소매상의 제품확보율을 합리적으로 높일 수 있도록 회수구매(buy-back), 수익공유 등의 정책을 사용하거나 판매요원에 대한 인센티브를 단기간의 납품실적이 아닌 장기간의 최종판매 연계실적을 기준으로 제공하는 것 등이 예가 될 수 있다.

② 정보의 정확성 개선

공급사슬의 각 단계에 주어지는 정보의 정확성을 높이기 위한 노력들을 나타낸다. 전체단계에서 실제 고객수요의 변화를 나타내는 POS(Point-Of-Sales) 데이터를 공유하도록 하거나 모든 단계가 연계해서 공동으로 수요량을 예측하도록 하는 것이 예가 될 수 있다. 또한 특정 단계에서 전체공급사슬 단계에 요구되는 상품보충 의사결정을 통제하게 만들면 채찍효과에 따른 주문확대현상을 억제할 수 있을 것이다.

③ 운영성과의 개선

운영성과의 개선과 품절에 대비한 배급정책의 합리화를 위한 노력을 말한다. EDI(Electronic Data Interchange) 등의 정보시스템 활용이나 제조유연성향상 등을 통해 보충리드 타임을 줄이거나 합리적인 로트고정비용의 감축을 통해 로트 크기를 줄이는 노력 등이 예가 된다. 아울러 공급이 부족한 주문에 대해 주문량의 크기에 비례한 할당정책보다는 과거 판매실적에 근거한 할당정책 등의 사용도 주문확대를 감축시킬 수 있는 예가 될 수 있다.

④ 주문안정화를 위한 가격전략설계

소량단위 로트주문을 유도하고 사전구매(forward buying)를 감소시키기 위한 노력을 말한다. 단일로트 크기를 기준으로 한 수량할인(lot-size-based quantity discounts)보다는 일정기간 주문량을 기준으로 한 수량할인(volume-based quantity discounts)을 제공하는 것이 예가 된다. 프로모션을 통한 가격할인정책을 지양하고, 프로모션기간에 주문할 수 있는 수량을 제한하는 것도 예가 될 수 있을 것이다.

⑤ 전략적 파트너십과 신뢰구축

공급사슬 내의 조정을 높이기 위한 노력들은 공급사슬 참여자들간의 파트너십과 신뢰가 구축됨으로써 보다 용이하게 실행될 수 있다. 상호신뢰가 높은 참가자들 사이의 정확한 정보공유는 공급사슬 내의 수요와 공급의 일치도를 높여서 비용감축효과를 가져올 수 있다. 하위단계참가자의 주문량의 정확도가 높으면 고객수요를 정확하게 예측하기 위한 노력을 줄일 수 있게 되는 것이다.

8.1.3 SCM의 정의

SCM(Supply Chain Management)이란 용어는 본래 1980년대 초에 컨설턴트들에 의해 소개되었다. 기본적으로 SCM은 공급사슬의 가치를 극대화하기 위한 통합적 노력이라고 할 수 있다. SCM에 대한 정의를 살펴보면 다음과 같다.

- SCM이란 최종사용자로부터 최초공급업체—즉, 고객 및 다른 이해관계자들에게 가치를 부가해 주는 제품과 서비스 및 정보를 제공하는 공급업체—에 이르는 핵심비즈니스 프로세스의 통합과정을 의미한다(Lambert 등, 2005).
- SCM은 소싱 및 조달과 관련된 모든 활동, 변환 프로세스, 그리고 모든 물류관리활동을 계획하고 관리하는 것을 포함한다. 보다 중요한 것은 공급업체나 중간유통업체 혹은 제3의 서비스제공업체와 같은 채널 파트너와의 조정과 협력도 포함한다는 것이다. 본질적으로 SCM은 기업간의 공급과 수요관리를 통합하는 노력이다(CSMP, 2005).
- SCM의 핵심아이디어는 원자재공급업체로부터 공장과 창고를 경유하여 최종고객에 이르는 정보와 자재 및 서비스의 흐름을 관리하기 위해서 총체적 시스템접근방법(total systems approach)을 적용하는 것이다. 궁극적으로 총시스템비용(재고감소, 품질향상)의 감소와 서비스수준향상을 추구하며, 변화노력의 혜택이 공급사슬 참가자들 사이에 공유될 수 있도록 노력하는 개념이다(Hill, 2003).

SCM과 관련성이 높은 개념으로는 **물류관리**(logistics management)가 있다. 물류관리란 최초공급업체로부터 최종고객에 이르기까지 제품과 서비스 및 관련정보의 효율적이고 효과적인 흐름과 저장을 계획하고 실행하며 통제하는 것에 초점을 둔다. 즉, 공급사슬 전체의 가치극대화보다는 단순한 물적인 흐름의 최적화에 초점을 맞추는 것이다. 따라서 물류관리는 SCM의 한 부분이라고 볼 수 있다.

그 외에 SCM과 관련된 개념으로는 단순히 제조업체 내의 변환과정, 즉 원자재유입부터 가공 및 조립과정을 거쳐서 완성품을 출하하기까지의 물적인 흐름을 관리하는 **자재관리**(materials management)와 완성품을 유통업체를 통해 최종고객에게 전달하기까지의 물적 흐름을 관리하는 **물적 유통관리**(physical distribution management) 등이 있다.

8.1.4 SCM 전략 결정요소

공급사슬이 추구하는 목표를 달성하기 위해 필요한 전략적 접근노력은 공급사슬이 최종고객에게 제공하게 되는 제품의 특성에 따라서 달라진다. 즉, 공급사슬이 제공하는 최종제품이 가지는 제품수명주기상의 위치에 따라서 달라지며, 최종제품이 가지는 구조적 복잡성의 정도에 따라서도 달라진다. 이러한 제품의 특성은 공급사슬의 유형에 따라서 적합성의 정도가 높아지거나 낮아지게 된다. 다음에서는 SCM전략의 접근방법을 결정하기 위해 고려해야 하는 이러한 요소들을 살펴보기로 한다(Cigolini 등, 2004).

[1] 제품수명주기상의 위치

시장에서의 제품의 수명은 통상 도입기－성장기－성숙기－쇠퇴기의 단계적 과정을 거치게 된다. 도입기와 쇠퇴기에 속하는 제품의 경우는 관리자가 취하는 의사결정의 방향이 반대이더라도 공급사슬 시스템이 본질적으로 동일한 탄력성과 속도를 필요로 하기 때문에 같은 범주로 묶어서 생각해 볼 수 있다. 식품이나 자동차와 같이 제품이 성숙기에 위치하는 경우는 수요의 예측가능성이 높고, SKU(Stock Keeping Unit)별 매출규모가 크며, 동일한 제품을 몇 년간이나 정상가격으로 판매할 수 있다. 따라서 이 경우 관리자는 기존 제품에 관한 신뢰성 높은 데이터를 풍부하게 가질 수 있게 되며, 새로운 제품의 개발이 제한적으로 이뤄지기 때문에 이를 관리하기도 용이하게 된다.

반면에 패션의류와 베스트 셀러도서 등과 같이 성숙기를 거치지 않고 도입기에서 바로 쇠퇴기로 넘어가는 제품들도 있다. 이 경우 변덕스러운 시장의 추세를 따라잡으려면 공급사슬의 대응능력이 매우 높아져야 한다. SKU별 매출규모가 낮고 제한된 기간에만 정상가격을 받을 수 있기 때문에 매장에 재고를 유지하는 것은 매우 위험성이 높다. 반면에 판매마진이 크고 충동적 구매가 빈번하게 일어나기 때문에 고객 가까이에 많은 재고를 두고 싶은 욕망도 발생하게 된다. 이러한 두 가지

상반된 특성은 재고관리계획을 수립하는 데에 많은 어려움을 주게 된다.

[2] 제품의 구조적 복잡성

제품구조의 복잡성은 BOM(Bill Of Materials)상에 명시된 최종제품생산에 필요한 부품과 부분품 및 결합단계의 수로 나타내게 되며, 관리하고 조정해야 할 제조프로세스, 공급업체 및 기술의 수를 결정하게 된다. 따라서 제품의 복잡성이 높을수록 조달과 제조에 따르는 관리적 측면의 어려움이 높아지게 된다. 예를 들어 자동차와 같이 내부적인 복잡성이 높은 경우는 전통적으로 공급사슬의 상류흐름(upstream), 즉 제품설계, 구성부품의 제조 및 조립활동의 개선에 초점이 맞추어지고 있다. 반면에 내부구조가 단순한 식품의 공급사슬에 대해서는 전통적으로 물적 유통의 개선에 중점적인 개선노력이 두어지고 있다.

[3] 공급사슬 유형

공급사슬 전략을 결정하게 되는 마지막 요소는 공급사슬의 유형이다. 공급사슬의 유형은 다음의 〈표 8-1〉에 나타낸 바와 같이 효율적 사슬, 신속대응사슬 및 린 사슬의 세 가지로 구분해 볼 수 있다.

표 8-1 공급사슬 유형별 특성차이

특 성	공급사슬 유형		
	효율적 사슬	린 사슬	신속대응 사슬
고정비용에 대한 변동비용의 비율	낮 음	중 간	높 음
제조유연성	낮 음	중 간	높 음
가격에 대한 수요탄력성	높 음	중 간	낮 음
주요 경쟁수단	가 격	제품, 가격, 시간 서비스	제품, 시간

- 효율적 사슬(efficient chain): 효율적 사슬은 식품과 같이 대량으로 판매되는 제품들을 주요 대상으로 한다. 제품흐름의 안정성이 높기 때문에 대규모의 자본집약적인 설비투자가 이뤄지게 되며, 개선의 초점은 제품의 혁신보다는 생산운영프로세스에 맞추게 된다. 가격에 대한 수요탄력성이 매우 높고, 수요가 안정적이기 때문에 경쟁이 치열하다. 결과적으로 이러한 형태의 공급사슬은 통상 높은 효율성과 낮은 이익마진을 가지게 된다.
- 신속대응 사슬(quick chain): 신속대응 사슬은 패션의류와 같이 수요예측이 어려운 제품을 대상으로 한다. 주로 제품가격보다는 제품혁신을 바탕으로 경쟁하기 때문에 높은 수준의 제조유연성을 추구하게 된다. 따라서 제조시스템에 대한 투자는 고정비용에 대한 변동비용의 비율이 높은 특징을 가지게 된다. 수요패턴에 대한 제품혁신의 결과를 활용하는 것에 중점을 두기 때문에 패션지배적(fashion-driven)인 제품혁신과 기술지배적(technology-driven)인 제품혁신이 동시에 다뤄지게 되고, 그 결과 제품판매의 예측이 어려워지게 된다.
- 린 사슬(lean chain): 린 사슬은 자동차와 같이 중간적인 특성을 가지는 제품을 대상으로 한다. 제품의 가격이나 혁신성만을 위주로 경쟁하기보다는 제품가격, 혁신성, 품질 및 고객 서비스 등의 다양한 특성을 동시적으로 고려하게 되며, 내부구조가 복잡한 제품을 시장에 소개하게 된다.

8.1.5 SCM 전략 상황모델

공급사슬 전략을 결정하는 세 가지 요소의 적합한 조합의 형태는 무엇일까? 다음의 〈표 8-2〉에는 7가지 산업부문(의류, 자동차, 식품, 백색가전, 의약품, 컴퓨터 및 도서출판)의 SCM특성을 연구한 자료를 바탕으로 3가지 결정요소의 바람직한 조합을 나타내는 SCM전략 상황모델을 제시하고 있다(Cigolini 등, 2004).

표 8-2 SCM 결정요소의 조합: 수요-공급 매트릭스(Demand-Supply Matrix)

수요유형: 지배적인 제품수명주기상의 위치				
공급사슬 유형	도입기/쇠퇴기	성장기	성숙기	
			복잡한 구조	단순한 구조
효율적 사슬				A(식품, 의약품, 기본의류, 고전도서)
린 사슬		C(컴퓨터)	B(백색가전, 자동차)	
신속대응 사슬	D(패션의류, 도서출판, 베스트셀러도서)			

[1] 성숙기의 단순한 구조제품 — 효율적 사슬

결정요소의 '조합 A'는 식품, 의약품, 고전도서 및 기본의류 산업부문과 같이 성숙기에 위치한 단순한 구조의 제품으로 경쟁하는 공급사슬에 적합한 형태이다. 공급사슬 전략의 초점은 물적 유통체계의 효율성과 효과성을 향상시키기 위해서 연속적인 보충기법(continuous replenishment technique)에 초점을 맞추게 된다. 지속적인 보충체계를 갖추게 되면 소매점의 재고회전율을 높일 수 있게 되며 결과적으로 생산업체의 판매도 증가시키게 된다.

지속적 보충이 가능해지기 위해서는 유통네트워크의 구조적인 변경이 뒷받침되어야 한다. 배달리드 타임을 줄이고 물류경로에 존재하는 안전재고를 제거시키기 위해서 **크로스-도킹**(cross-docking) 시설을 도입하거나 자동화된 창고관리시스템의 도입이 필요하게 된다. 상대적인 자본투자의 요구가 큰 것은 이 때문이다. 수요의 안전성과 긴 제품수명주기를 가지기 때문에 고객서비스 수준을 높게 유지할 수 있으며, 이것은 경쟁을 위한 전제조건이 되기도 한다.

[2] 성숙기의 복잡한 구조제품 — 린 사슬

결정요소의 '조합 B'는 백색가전이나 자동차산업부문과 같이 성숙기에 위치한 복잡한 구조의 제품으로 경쟁하는 공급사슬에 적합한 형태이다. 공급사슬 개선의 초점은 사슬의 상류흐름, 즉 최종조립과 구성부품 공급영역에 두어지게 된다. 제품구조의 복잡성을 개선하기 위해 설계측면의 향상을 위한 상시적 노력을 중요하게 고려하게 된다. 제품구조의 단순화는 비용의 감축과 물류시스템의 단순화를 가져올 수 있는 효과적인 수단이 되기 때문이다. 따라서 1차 공급업체와 제조업체 간의 파트너십 구축을 통한 공동설계방식의 추구가 효과적일 수 있다.

설계측면의 개선노력과 구성부품과 하위부품의 효율적인 공급체계를 갖추는 것도 중요하다. JIT공급방식과 같이 제조업체의 요구에 부응하여 필요한 수량의 신뢰성 높은 구성부품을 신속하게 공급할 수 있도록 상류흐름의 배달체계를 개선하는 노력이 뒷받침되어야 한다.

[3] 성장기의 복잡한 구조제품 — 린 사슬

결정요소의 '조합 C'는 컴퓨터와 같이 성장기에 위치한 복잡한 구조의 제품으로 경쟁하는 공급사슬에 적합한 형태이다. 기본적으로 공급사슬 개선의 초점은 '조합 B'와 같이 사슬의 상류흐름에 두어지며, 제품설계측면의 개선노력에 두어지게 된다. 이러한 유사성은 두 조합 모두 복잡한 제품구조를 대상으로 하기 때문이라고 볼 수 있다. 그러나 '조합 C'는 수명주기가 짧은 제품을 대상으로 하기 때문에 사슬 내에 기존의 제품을 제거하고 신제품을 신속하게 공급하기 위해서 사슬 흐름 시간을 줄이기 위한 노력에 보다 중점을 두게 된다. 이익마진이 적은 것도 이러한 단축 노력의 중요성을 강조하게 되는 요소가 된다. 판매기회상실비용과 진부화비용을 줄이기 위해서는 사슬 내의 정보흐름과 공급흐름의 가속화가 필수적으로 요구되기 때문이다.

일례로 HP는 이러한 이유로 유통관리 접근방식을 대폭 바꾼 바가 있다(Hammel과 Kopczak, 1993). 월단위 MPS(Master Production Schedule)로는 주단위 혹은 일단위로 변화하는 고객수요에 대응하기 어려웠기 때문에 주(週) 단위 DRP(Distribution Requirement Planning)를 도입하였다. 그 결과 고객수요에 부응할 수 있는 제품유용성의 수준을 높여서 경쟁력을 높이는 결과를 거두고 있다.

[4] 도입/쇠퇴기의 단순한 구조제품 — 신속대응 사슬

결정요소의 '조합 D'는 패션의류, 도서출판, 베스트셀러도서와 같이 주로 도입기와 쇠퇴기만을 거치게 되는 단순구조제품의 공급사슬에 적합한 형태이다. 다른 공급사슬에 비해 상대적으로 공급사슬 개선을 위한 노력이 적은 특징을 가지고 있다. 매우 짧은 수명주기와 수요의 불안전성 때문에 개선을 위한 접근노력이 제한적일 수밖에 없기 때문일 것이다. 그럼에도 불구하고 제조업체와 주요 유통업체 간에는 수요예측의 필요성을 줄이고, 사슬의 효율성과 효과성을 높이기 위한 수단으로서 연속적인 보충프로그램의 도입이 이뤄지고 있다. 이를 통해서 판매시즌에 판매자료를 조기에 활용할 수 있게 되며, 결과적으로 판매기회의 상실과 재고비용 및 할인의 폭을 줄이는 효과도 거둘 수 있게 된다.

8.1.6 SCM 체계

SCM이 가져야 할 구성요소와 체계를 설명하려는 시도는 1990년대 중반부터 물류관리, 마케팅관리, 생산운영관리 분야에서 다양하게 이뤄져 왔다. 그러나 SCM이 가져야 할 구체적인 체계를 설명한 대표적인 예는 GSCF(Global Supply Chain Forum) 모델에서 찾아 볼 수 있다. GSCF모델은 1994년에 다국적기업들의 경영자들이 모여서(후에 Global Supply Chain Forum이 됨) SCM의 체계를 개발한 것이 모태가 되었다. 1996년에 물류관리협회(The Council of Logistics Management)와 공동주관한 경영자세미나에서 모델이 발표된 이후 1997년에는 논문을 통해서 본격적으로 소개되기

그림 8-3 GSCF 공급사슬모델

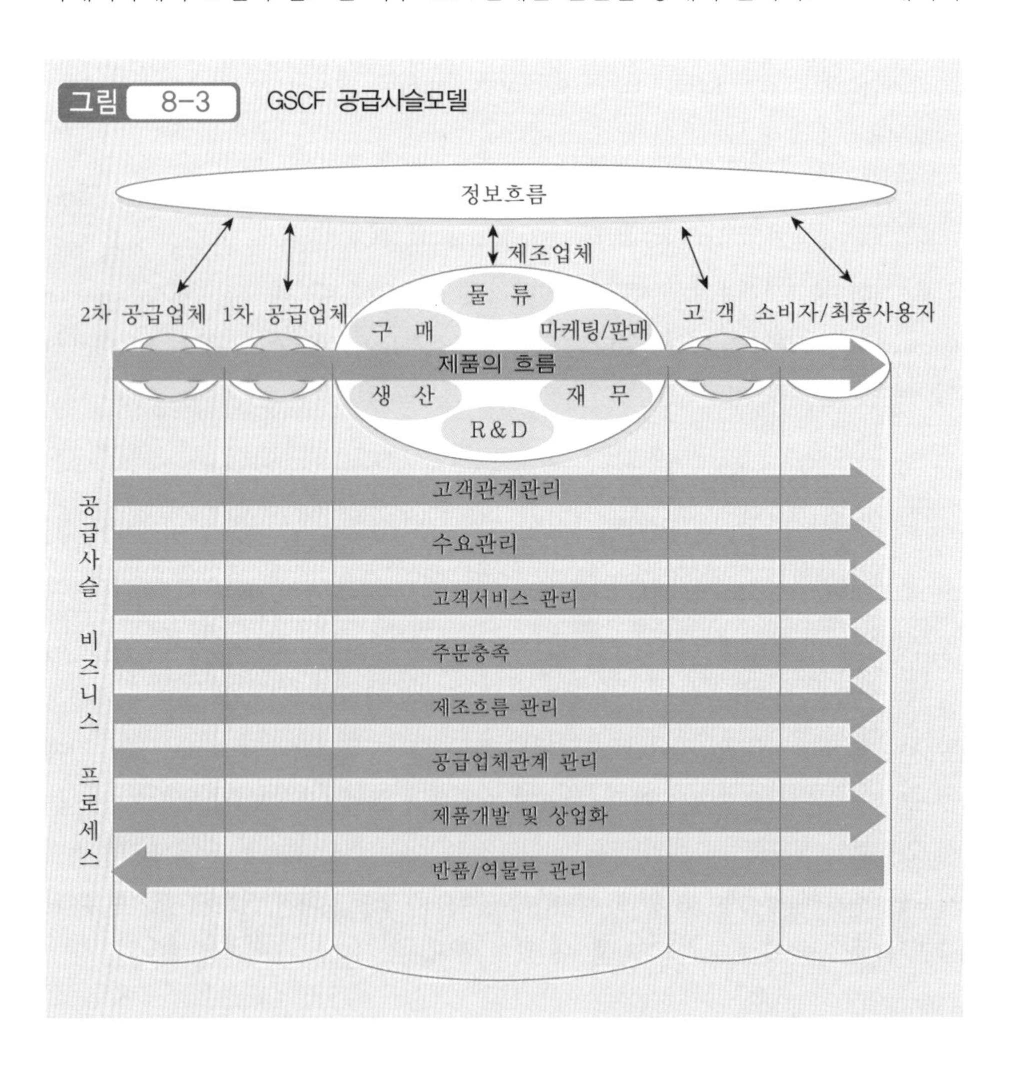

시작하였다(Lambert 등, 2005). GSCF모델에 의한 공급사슬 관리의 체계는 다음의 〈그림 8-3〉에서 보는 바와 같이 8가지 핵심프로세스로 이루어져 있다(Lambert 등, 2005; Stock과 Lambert, 2001).

[1] 고객관계관리(customer relationship management)

기업에 대한 기여도가 높은 고객을 중심으로 제한된 기업의 자원을 집중시킴으로써 수익의 극대화를 추구하는 노력을 말한다. 이른바 핵심고객관리의 실행은 이미 여러 세계적인 기업들의 관행으로 자리잡고 있다. 가령 Intel은 컴퓨터 칩이 부족할 경우, 고객기업들의 과거 구매실적을 바탕으로 파레토(Pareto) 분석을 한 후 기여도가 높은 고객기업에 우선적으로 칩을 공급해 주는 전략을 채용하고 있다(Harvard Business School, 1999). 이러한 관행은 미국 자동차산업의 경우도 유사하게 이뤄지고 있어서 인기가 있는 차종을 딜러들에게 배정할 때에 핵심딜러 고객들을 우선적으로 배려해 주고 있다(Rungtusanatham 등, 2003).

[2] 수요관리(demand management)

공급사슬의 능력과 고객의 요구 사이에 균형을 맞추기 위한 노력을 말한다. 수요의 변동성을 줄이고 공급사슬의 유연성을 높이는 것에도 초점을 맞추게 된다. Berry 등(1994)은 EDI와 같은 공급사슬 통합노력은 공급사슬 내의 수요확대효과를 억제함으로써 결과적으로 재고유지비용을 낮추고, 배달성과를 향상시킬 수 있음을 보여 준 바 있다. 고객수요 정보활용에 의한 시스템성과개선의 실질적인 사례로서는 POS 데이터에 담긴 고객의 정보와 제품정보를 바탕으로 재고보유의 수준과 시기 및 진열공간 관리의 효율성을 높이고 있는 Seven Eleven Japan의 경우를 들 수 있다(Rungtusanatham 등, 2003).

[3] 고객서비스 관리(customer service management)

핵심고객을 중심으로 한 주문수령, 주문현황확인, 정시배달, 신속한 판매 후 서비스로 이어지는 고객서비스 활동은 SCM이 지향하는 궁극적인 목표달성, 즉 고객만족증대를 위해서 매우 중요한 노력의 차원이 된다. 고객과의 장기적인 관계유지는 수요의 불확실성을 낮추고, 고객요구에 대한 서비스를 향상시키며, 재고유지비용 및 추적비용을 감소시킬 수 있다(Kalwani와 Narayadas, 1995).

[4] 주문충족(order fulfillment)

고객의 요구사항을 정의하고, 네트워크를 설계하며, 고객의 요구를 충족시켜 줄 수 있는 능력을 가지기 위해 필요한 모든 활동들을 의미한다. 고객주문의 효과적인 충족을 위해서 재고관리, 공급업체관계, 운송, 유통 및 배달 서비스 등과 같은 조직 내외의 활동들을 통합하는 것에 초점을 두는 이른바 고객주문충족 관리(customer order fulfillment management)를 나타내는 것이다. 이와 같은 통합관리의 목적은 재고보다는 정보를 바탕으로 고객주문에 대응하기 위한 원자재조달 및 완성품 생산 프로세스를 탄력적으로 운영함으로써 보다 빠르고 신뢰성 있는 주문충족사이클을 유지하려는 데에 있다(Tan 등, 2002).

[5] 제조흐름 관리(manufacturing flow management)

제조유연성을 구축하고, 실행하며, 관리하고, 공급사슬의 공장 내에서 제품의 이동을 위해 필요한 모든 활동을 포함한다. 자재의 흐름과 품질에 대해 공급업체 및 고객과 밀접한 연계를 가진 기업은 배달의 신속성과 적시성의 측면에서 볼 때 보다 나은 시간경쟁능력을 달성할 수 있다(Salvador 등, 2001) 특히 수요 및 공급에 대한 가치 있는 정보를 얻음으로써 생산의 흐름을 원활하게 만들고자 하는 욕구는 오늘날 기업의 경계를 넘어서 고객과 공급업체에 연결된 ERP시스템을 구축하고자 하는 기업의 시도로 나타나고 있다.

[6] 공급업체관계 관리(supplier relationship management)

공급업체와의 관계를 개발하고 유지하기 위한 구조를 제공하는 것을 말한다. 최근에 이뤄진 SCM연구들의 상당 부분은 구매기능영역에 초점을 맞추고 있다. 구매기능은 전문화된 지원기능이라기보다는 기본적인 전략적 비즈니스 프로세스의 하나라는 점을 강조하는 추세에 따른 것이다. 이는 제품수명주기가 줄어들고 세계시장에서의 경쟁이 심화되면서 핵심역량에 보다 치중하기 위해서 비전략적 활동들을 아웃소싱하려는 경향이 높아졌기 때문이기도 하다. 즉, 기업들로 하여금 비전략적 공급업체기반을 축소하게 하고, 결과적으로 전략적인 공급업체와의 관계를 보다 긴밀하고 효과적으로 관리하는 데에 치중하도록 만들었기 때문인 것이다. 공급업체를 전략적으로 관리함으로써 기업은 신뢰성과 유연성, 비용 및 품질의 향상을 기할 수 있으며, 신뢰에 바탕을 둔 공급업체관계 유지는 공급업체의 지식기반을 활용함으로써 기업의 이익을 도모할 수 있을 뿐만 아니라 공급사슬 전체의 이익에도 도움이 될 수 있다(Narasimhan과 Jayaram, 1998; Lorenzoni와 Lipparini, 1999).

[7] 제품개발 및 상업화(product development and commercialization)

고객 및 공급업체와 공동으로 제품을 개발하여 시장에 도입하기 위한 노력을 말한다. 특히 제품개발과정의 초기단계부터 전략적으로 중요한 공급업체를 참여시키는 것은 공급업체가 가진 우수한 기술적 혁신능력을 개발과정에 활용함으로써 결과적으로 빠르고 경쟁력 있는 제품혁신을 이룰 수 있다. 전략적으로 중요한 공급업체를 신제품개발 프로세스에 참여시킴으로써 비용-효과적인 설계안을 마련하고, 생산프로세스와 자재의 혁신을 이끌어 내며, 결과적으로 효과적인 시장경쟁능력을 창출할 수 있게 되는 것이다(Monczka 등, 1994).

[8] 반품/역물류 관리(returns/reverse logistics)

반품(returns), **역물류**(reverse logistics) 관리는 고객으로부터 공급업체로 이어지는 물류의 흐름을 관리하는 노력을 말한다. 단순히 고객에 의한 반품을 처리하는 활동뿐만 아니라 제조프로세스에서 발생하는 폐기물과 수명이 다된 제품들을 경제적인 방법으로 적절하게 처리하기 위한 노력도 포함하게 된다.

선도적인 기업들은 판매가 부진한 제품이나 시기가 지난 제품을 회수함으로써 최신의 상품과 수요가 많은 상품만을 매장에 진열할 수 있게끔 지원해 주는 역물류 시스템의 전략적 가치를 인식하고 있다(Fites, 2000). 이러한 역물류의 중요성은 e-commerce나 TV홈쇼핑 프로그램을 통한 직거래방식이 증대되면서 보다 부각되고 있다. 운송과정 중의 파손이나 고객기대에 못 미치는 상품이 배달될 경우 고객에 의한 반품요구가 발생하게 되는데, 이러한 반품요구는 기존 소매상의 거래에서보다 훨씬 많이 발생하고 있다. 특히 직거래방식이 지리적으로 전국적인 혹은 세계적인 시장에서 이뤄지기 때문에 이러한 반품요구를 효과적으로 충족시켜 주는 능력은 기업의 경쟁력을 결정하는 또 다른 요소가 되고 있다(Autry 등, 2000).

8.2 SCM과 정보기술

인터넷 기술의 발전은 정보기술에 기반을 둔 SCM에도 큰 영향을 미치게 되었다. 인터넷은 컴퓨터를 연결하는 유선인터넷으로 시작하였으나, 무선 기술의 발전과 함께 사람을 연결하는 모바일 인터넷으로 진화되었으며, 현재는 차세대 인터넷으로서 비즈니스 영역에서 기계와 기계를 연결하는 M2M(Machine to Machine), D2D(Device to Device) 혹은 **사물인터넷**(IOT: Internet of Things)이 각광을 받고 있다. M2M은 인터넷에 연결된 사물들이 사람의 개입 없이 능동적으로 정보를 주고받는 사물지능형 통신을 의미하며 이는 스마트 공장(smart factory)을 비롯한 제조혁명의 주요 기반이 된다(임태윤, 2013).

다음은 〈표 8-3〉은 인터넷 패러다임의 진화를 나타낸다.

최근에 SCM의 발달과 관련하여 기기들을 연결하는 무선통신기술이 M2M 혹은 사물인터넷(IOT)에 적극 활용되고 있다. 또한 최근에 각광을 받고 있는 비즈니스 모델인 O2O(Online to Offline)도 **마이크로 로케이션 기술**(micro-location technologies)을 활용한 사물인터넷이 구현된 것이다. 이는 정보 유통 비용이 저렴한 온라인(online)과 실제 소비가 일어나는 오프라인(offline)의 장점을 접목해 새로운 시장을 만들어 보자는 데서 나왔다. 예를 들어서 온라인상에서 아무리 좋은 레스토랑을 소개한다 하더라도 실제로 식사를 하는 경험은 오프라인에서 일어나고 이는 온라인으로는 제공할 수 없는 불가능한 경험이다. 이러한 온라인과 오프라인의 격차를 줄이기 위한 비즈니스 모델이 O2O이다. O2O를 구현하기 위해서는 마이크로 로케이션 기술

표 8-3 인터넷 패러다임의 진화

구 분	유선인터넷	모바일	M2M
연결 대상	컴퓨터	사람	사물
본격화 시기	1990년대	2000년대	2010년대
연결 기기 수(연도)	10억 개(2000)	100억 개(2010)	1,000억 개(2020)

자료: Morgan Stanley(2009). The Mobile Internet Report.: CERP-Iot(2010. 3). Vision and Challengens for Realizing the Internet of Things.

을 활용하는 기기들 간의 통신이 중요한 역할을 한다. 이에 적용되는 대표적인 기술로는 RFID, NFC, Bluetooth, Beacon, Wifi 등이 있다.

NFC(Near Frequency Communication)는 RFID의 한 형태로서 비접촉식 근거리무선통신 모듈로서 약 10cm 정도의 가까운 거리에서 단말기 간의 데이터를 전송하는 기술이다. 폰을 부딪쳐서 전화번호를 교환하거나, 폰과 결제시스템, 잠금장치, 출입통제 등 폰과 다른 장치(단말기)들과의 데이터 전송을 가능하게 한다.

RFID(Radio Frequency Identification)란 IC칩과 무선을 통해 식품·동물·사물 등 다양한 개체의 정보를 관리할 수 있는 인식 기술을 지칭한다. '전자태그' 혹은 '스마트 태그', '전자 라벨', '무선식별' 등으로 불린다. RFID는 지금까지 유통분야에서 일반적으로 물품관리를 위해 사용된 바코드(bar code)를 대체할 차세대 인식기술로 꼽힌다. RFID는 제품에 붙이는 태그(tag)에 생산, 유통, 보관, 소비의 전 과정에 대한 정보를 저장하고, 판독기(reader)로 하여금 안테나를 통해서 이 정보를 읽도록 한다. 바코드는 저장용량이 적고, 실시간 정보 파악이 불가할 뿐만 아니라 몇 cm정도의 근접한 상태에서만 정보를 읽을 수 있는 데 반해서 RFID는 1cm－100m 범위에서 사용 가능하다.

Bluetooth는 약 10m정도의 근거리를 연결할 수 있는 통신망이다. 무선헤드폰, 이어폰, 미아방지시스템, 게임 등에서 활용되고 있다. Bluetooth는 일반적으로 페어링(paring)이라는 단계가 있어서 서로 키워드를 입력하고 이 단계를 거쳐야 통신이 가능하다. 최근에 개발된 BLE(Bluetooth Low Energy)가 개발되어 Bluetooth의 단점인 비교적 큰 소모를 감소하게 되었다.

Beacon은 반경 약 50m 이내의 사용자를 찾아서 메시지를 전달하거나 결제를 가능하게 하는 근거리 통신망이다. 이 기술을 활용하면 커피점 등 특정 장소에서 스마트폰 사용자에게 모바일 쿠폰을 제공하거나 안내 서비스를 할 수 있다. 스마트폰에 요구하는 전력소모량이 낮고, 위치를 찾는 데 있어서 실내에서 GPS보다 정확한 특징이 있다. 예를 들어서 백화점에 Beacon이 설치되어 있어서 백화점 앱을 사용하는 고객이 입장했을 경우, 해당 구역에 맞는 모바일 쿠폰을 바로 제공하거나, 다양한 쇼핑 안내가 가능하도록 하는 기술이다.

Wifi는 기본적으로 인터넷에 데이터를 전달해 주는 기능을 하는 AP(액세스 포인트)와 노트북이나 스마트폰과 같이 사용자가 서비스를 받는 단말기 간의 고성능 무선통신이다. 사용범위는 주로 약 20m−50m정도로서 Wifi 수신 기능이 포함된 단말기에 수신되는 전파의 강도에 의해서 거리를 측정하며 인터넷 포털사이트에 접속 등 다양한 통신활동을 가능하게 한다.

8.3 공급사슬 위기관리

8.3.1 글로벌경영과 공급사슬 위기관리

기업이 성장함에 따라서 자국에서의 경영을 벗어나 해외에서 새로운 시장과 생산시설을 갖추는 글로벌경영을 하게 되는데 이러한 글로벌화와 더불어서 예기치 못한 공급사슬 내외의 변수와 관리의 복잡성 등 다양한 요인으로 공급사슬의 안전성에 어려움을 겪게 되는 경우가 많다. 이에 따라서 공급사슬의 위험성을 관리하는 **공급사슬 위기관리**(SCRM: Supply Chain Risk Management)의 필요성이 강조되고 있다. 국제표준화기구에서도 좀 더 광범위한 공급사슬에서의 안전한 운영을 위해 ISO 28000을 발표하였으며, 이는 기존의 ISO 9001 및 ISO 14000과의 적합성을 유지하기 위해서 PDCA(Plan-Do-Control-Act) 체계로 구성되어 있다.

공급사슬 위기관리란 공급사슬의 취약성을 줄이고, 영속성을 보장하기 위한 목적으로 지속적으로 위험을 평가하여 공급사슬상의 일상적이거나 예외적으로 발생하는 위험을 관리하는 것으로 정의할 수 있다(Wieland, 2012).

글로벌 공급사슬의 위기를 촉발하는 요소로는 자연재해, 품질이상, 파업, 공장화재, 환율급변, 정치적 불안정 등 외부환경적인 문제 이외에 글로벌생산, 지나친 생산효율화, 제품수명주기의 단축, 제품다양화 등이 있다. 2011년 8월부터 4개월간 태국에서 전체국토의 3분의1이 수몰된 대홍수로 인해서 Honda 등 일본자동차 회사는 막대한 피해를 입었다. 낮은 인건비와 태국정부의 지원으로 조립공장과 공급업체를 태국에 밀집시켜서 생산하였으나, 자연재해가 발생할 경우 이러한 집중화된 지역에서의 생산은 피해를 더욱 커지게 하는 위험에 노출시킨다. 더욱이 고객의 다양화된 수요에 대응하기 위해서 부품의 표준화와 공용화 비중이 낮았는데 이는 위기 발생 후에 다시 공급사슬의 정상화에 걸림돌로 작용했다.

글로벌경영이 확대될수록 공급사슬의 위험요소는 증대하고 공급사슬의 취약성 또한 증대하게 되는 경향이 있다. 공급사슬의 범위가 해외로 넓어지고, 공급사슬 속의 기업들 간 상호의존성 등 복잡성이 증대하면서 취약지점을 파악하기가 어려워지는 경향이 있다. 미국과 일본 등의 선진국 기업들은 이미 1980년대부터 글로벌 생산시스템을 구축하였고, 삼성전자, 현대자동차 등도 글로벌 생산이 보편화되어 있다. 현대자동차는 2015년 현재 해외에서 전체의 52%를 넘게 생산하며, 자동차는 2만 가지 이상의 부품으로 구성되어 있는데, 만약 공급사슬 상의 한 기업이라도 문제가 발생할 경우 전체 공급사슬에 연쇄적으로 타격을 받을 수 있다(홍선영 외, 2013).

최근에는 글로벌경영이 후퇴하고 정치적 문제가 SCM에 영향을 미치는 일들이 발생하여 과거 20여년간의 글로벌경영 중심의 SCM 체계가 위협받고 있다. 일본은 정치적 문제를 기화로 2019년 7월 반도체 및 디스플레이 핵심소재 3종에 대해서 한국수출 규제를 강화하는 경제적 보복조치를 한 적이 있다. 이에 따라서 소부장(소재·부품·장비)은 단순한 경제적 효율성을 추구하는 글로벌 SCM에서 벗어나서 자체 생산을 하거나, 소부장의 조달에 있어서 단일업체로부터 조달하는 것을 적시생산시스템원칙에서 벗어나 복수의 국가, 복수의 업체로부터 조달하여 효율극대화가 초래할 수 있는 공급사슬 전체의 위험을 회피하는 조달전략의 중요성이 커졌다.

또한, 생산효율화를 위한 원가절감을 최우선으로 하는 생산시스템은 공급사슬의 유연성을 저하시키는 경향이 있다. 적시생산시스템(JIT: Just-in-Time) 등이 효율적인 생산시스템으로 확립되어 많은 글로벌 기업들이 적용하고 있으나, 무재고(zero inventory)를 추구하는 공급사슬에서 공급업체에 문제가 발생할 경우 완충할 수 있는 여유가 없게 된다. 또한 적시생산시스템에는 원가절감을 위해서 아웃소싱과 더불어서 단일 업체로부터 조달하는 것이 일반적이다. 그러나 이러한 생산방식은 위험이 발생할 경우 대안적 조달의 어려움으로 인해서 공급사슬의 취약성으로 작용한다.

2019년 말부터 시작된 코로나19 팬데믹은 자동차업체의 생산, 운송 차질과 더불어서 차량용 반도체 수급문제까지 겹치면서 완성차 출고뿐 아니라 부품 수급문제가 큰 이슈로 부상했다. 이는 무재고를 기반으로 하는 효율 중심의 적시생산시스템의 위기로 받아들여지고 있으며, 안정적 환경 속에서 극단적 효율성을 추구하는 적시생산시스템의 잠재적 위험성이 표출된 것으로서 글로벌 SCM의 위기관리 및 탄력성(회복성)이 더욱 중요해졌다.

시장에서 경쟁이 심해질수록 신제품 출시가 많아지고, 제품을 다양화 하는 것이 일반적이다. 특히, IT 등 첨단제품일수록 제품수명주기의 단축과 제품의 다양화는 경쟁의 핵심요소로 자리 잡고 있다. 제품수명주기가 단축되고 제품이 다양화됨에 따라서 공급사슬상의 문제가 발생할 경우 그 피해는 증폭된다. 제품수명이 짧을수록 공급사슬을 회복시킬 수 있는 대응시간에 따른 비용이 더욱 크며, 제품이 다양화 될수록 위기발생 시에 대체재를 투입하기가 어려워진다.

8.3.2 공급사슬의 탄력성

공급사슬관리는 일반적으로 공급사슬의 위험을 인식, 평가, 통제, 모니터링의 I－A－C－D(Identification, Assessment, Controlling, Monitoring) 과정을 갖는다. 그러나 공급사슬은 매우 복잡해지고 이러한 과정이 공급사슬에서 발생할 수 있는 모든 위험에 대처하기에는 한계가 있다. 따라서 공급사슬의 위험을 감소시키고 사전에 예방하는 노력과 더불어서 공급사슬이 위험에 노출되는 사건이 발생했을 경우 본래의 상태로 빠르게 회복시키려는 노력 또한 필요하다. 이것이 공급사슬의 회복력을 의미하는 탄력성(resilience)을 의미한다. 즉, 공급사슬의 강건성(robustness)은 위험을 감소하고, 노출 시에 빠르게 회복할 수 있는 능력을 의미한다(Wieland, 2013).

강건한 공급사슬을 구축하기 위한 **위기관리계획**(contingency plan)의 예로는 다음과 같은 것이 있다(홍선영 외 2013; Wieland, 2013).

첫째, 재고관리의 재설정이 필요하다. 재고수준을 낮게 가져가는 공급사슬은 공급사슬 자체가 단순할 경우 생산의 효율성을 높이는 데 기여할 수 있으나, 공급사슬이 복잡할 경우 생산의 효율성보다는 공급사슬의 위험이 더 중요해진다. 따라서 적정한 재고수준을 확보하는 것이 공급사슬의 탄력성에 도움이 된다.

둘째, 부품의 표준화와 공용화의 확대를 고려해야 한다. 표준화와 공용화는 대량생산으로 생산단가를 낮추고, 구매처를 분산할 수 있는 장점이 있다. 이는 다양한 고객수요의 대응에는 단점이 될 수 있으나, 공급사슬의 위험에 대한 대처라는 측면을 고려해서 긍정적으로 고려할 필요가 있다.

셋째, 공급업체 선정기준을 재정립한다. 납품가격, 품질, 납기준수 등 전통적인 평가기준 이외에 공급업체의 평판, 재무상태, 대안적인 후 단계 공급업체(2차 벤더, 협력업체)의 확보능력 등 위기관리 측면의 지표를 평가요소에 반영한다.

넷째, 공급업체 및 생산거점을 분산한다. 단일 공급업체에 의존하거나, 생산시설을 산업클러스터와 같이 한 곳에 집중할 경우 자연재해 등에 더욱 취약해질 수 있다. 분산구매, 생산거점의 다변화는 위험을 감소시킨다.

다섯째, 위험평가와 감사를 수행한다. 위기관리 전문기관을 통해서 공급사슬의 위험요소 등을 파악하고, 평가하며, 감사활동을 지속적으로 수행한다. 이를 위해서 필요한 것은 공급사슬의 전체의 가시화(visualization)이다. 공급사슬의 단계가 깊고 복잡할수록 2, 3차 공급업체에 대한 관리를 1차 공급업체에 위임하게 되는 경우가 많은데, 이 경우 통합적인 공급사슬의 위기관리는 불가능해질 수 있다. 따라서 원재료로부터 중간단계와 공급업체 모두의 위험을 통합하여 관리할 수 있는 정보시스템 등이 필요할 수 있다. 요즘은 위험요소에 대한 지표를 개발해서 실시간으로 위험요소를 감지하는 정보시스템들이 개발되어 있으며, 빅데이터를 분석하여 정형화된 지표 이외의 다양한 데이터를 분석하여 예기하기 어려운 위험까지도 최소화하고 있다.

여섯째, **사업연속성계획**(BCP: Business Continuity Plan)을 구축하는 것이 필요하다. 예기치 않은 공급사슬의 충격에 전사적으로 어떻게 대응해야 할지를 명시한 지침서인 사업연속성계획을 수립한다. 이는 위기발생 시에 공급사슬을 회복할 수 있는 구체적인 지침으로서 위기발생 시에 혼란을 최소화하고, 체계적인 정상화를 가능하게 한다.

일곱 번째, 위기관리 교육과 훈련, 위기관리팀의 구성이 필요하다. 위기관리에 대한 체계적인 교육시스템과 더불어서 가상적인 위험발생 상태를 대비한 훈련이 필요하다. 또한 공급사슬의 충격에 대비하기 위해 생산뿐 아니라 설계, 판매, 유통 등과 같은 전 기능을 포괄하는 공급사슬 전반으로 구성된 위기관리팀을 구성하는 것이 필요하다.

임태윤. 2013. 차세대 인터넷 패러다임. SERI 경영노트. 삼성경제연구소.

홍선영 외. 2013. 실패에서 배우는 글로벌 SCM 위기대응 전략. CEO Information. 삼성경제연구소.

ASCM. 2022. ASCM Supply Chain Dictionary.

APICS. 2011. *Operations Management Body of Knowledge Framework.* 3rd ed.

Autry, C. W., P. J. Daugherty and R. G. Richey. 2000. "The Challenge of Reverse Logistics in Catalog Retailing." *International Journal of Physical Distribution & Logistics Management.* Vol. 31. No. 1, 26~37.

Berry, D., D. R. Towill and N. Wadsley. 1994. "Supply Chain Management in the Electronics Products Industry." *International Journal of Physical Distribution & Logistics Management.* Vol. 24, 20~32.

Chopra, S. and P. Meindl. 2004. *Supply Chain Management: Strategy, Planning, and Operation.* 2nd ed. Pearson Education. Inc., N. J.

Cigolini, R., M. Cozzi and M. Perona. 2004. *A New Framework for Supply Chain Management: Conceptual Model and Empirical Test.* IJOPM. Vol. 24. No. 1, 7~41.

CSCMP(Council of Supply Chain Management Professionals). 2005. http://www.csmp.org.

Dixon, L. 1992. JIT－Ⅱ: "New Approach to Supply Management." *Center for Quality of Management Journal.* Vol. 1. No. 1, 15~18.

Fites, D.V. 2000. "Make Your Dealers Your Partners." *Managing the Value Chain.* Harvard Business School Press. Cambridge, MA, 155~184.

Hammel, T. R. and L. R. Kopczak. 1993. *Tightening the Supply Chain, Production and Inventory Management Journal.* Vol. 34. No. 2, 63~70.

Harvard Business School. 1999. *Matching Dell.* reprint: 9－799－158. Harvard Business School. MA.

Hill, Arthur. 2003. *The Encyclopedia of Operations Management Terms.* POMS.

Kalwani, M.U. and N. Narayadas. 1995. "Long－term Manufacturer－Supplier Relationships: Do They Payoff for Supplier Firms?." *Journal of Marketing.* Vol. 59, 1~16.

Khan O., Huth M., et. al. Supply Chain Resilience: Reconceptualizing Risk Management in a Post－Pandemic World.

Kreye, M. E. 2022. Sustainable Operations and Supply Chain Management. Routledge. Independently published. Springer.

Lambert, D. M. et al. 2005. "An Evaluation of Process－oriented Management Frameworks." *Journal of Business Logistics.* Vol. 26. No. 1, 25~51.

Lee, H. L. V. Padmanabhan, and S. Whang. 1997. "The Bullwhip Effect in Supply Chains." *Sloan Management Review*. Spring.

Lorenzoni, G. and A. Lipparini. 1999. "The Leveraging of Interfirm Relationships as a Distinctive Organizational Capability: a Longitudinal Study." *Strategic Management Journal*. Vol. 20, 317~338.

Matterson, C. 2022. Supply Chain Management: Learn About The Essential Qualities Of Buyers.

Meredith J. R. and Shafer, S. M. 2019. Operations and Supply Chain Management for MBAs. Wiely.

Moeeni, F. 2004. "Quality Decision Making, Input Technologies, and IT Education." *Decision Line*. Vol. 35. No. 3, 14~17.

Monczka, R. M., R. J. Trent and T. J. Callahan. 1994. "Supply Base Strategies to Maximize Supplier Performance." *International Journal of Physical Distribution & Logistics Management*. Vol. 24. No. 1, 42~54.

Morgan Stanley. 2009. *The Mobile Internet Report.: CERP−IoT*. Vision and Challenges for Realizing the Internet of Things.

Narasimhan, R. and J. Jayaram. 1998. "Causal Linkages in Supply Chain Management: an Exploratory Study of North American Manufacturing Firms." *Decision Sciences*. Vol. 29, 579~605.

Rungtusanatham, M. et al. 2003. "Supply−chain Linkages and Operational Performance: a Resource−based−view Perspective." *International Journal of Operations and Production Management*. Vol. 23. No. 9, 1084~1099.

Stock, J. R. and D. M. Lambert. 2001. *Strategic Logistics Management*. 4th ed. McGraw−Hill, Co.

Tan, K. C., S. B. Lyman and J. D. Wisner. 2002. "Supply Chain Management: a Strategic Perspective." *International Journal of Operations and Production Management*. Vol. 22. No. 6, 614~631.

Wieland, A., Wallenburg, C. M., 2012. Dealing with supply chain risks: Linking risk management practices and strategies to performance. *International Journal of Physical Distribution & Logistics Management*, 42(10).

Wieland, A. & Wallenburg, C. M. 2013, The influence of relational competencies on supply chain resilience: a relational view, *International Journal of Physical Distribution & Logistics Management*, Vol. 43, No. 4, pp. 300~320.

http://www.foodproductiondaily.com/news/ng.asp?id=59709 accessed on Aug.3. 2015.

http://yoon−talk.tistory.com/438 accessed on Aug. 3. 2015.

http://terms.naver.com/entry.nhn?docId=933085&cid=43667&categoryId=43667 ac−cessed on Aug. 3. 2015.

http://navercast.naver.com/contents.nhn?rid=122&contents_id=78945 accessed on Aug. 3. 2015.

http://lighthouse.io/indoor−location−technologies−compared/accessed on Aug. 3. 2015.

수요예측

제9장

Operations Management

우리는 과거에서 현재를, 현재에서 미래를 볼 수 있다.

- 퍼시 비시 셸리

수요 예측은 생산계획뿐만 아니라 재무계획, 인원계획, 설비계획 등 다양한 전략적 계획수립에 필요한 기초자료를 제공한다. 본 장에서는 먼저 수요예측의 단계적 과정과 다양한 예측기법들을 살펴본다. 다음에는 예측된 수요와 실제수요의 적합성을 비교하는 예측타당성 평가지표들을 살펴봄으로써 예측모형이 가지는 예측능력통제의 중요성을 설명하게 된다. 마지막으로는 실제적인 수요예측의 예로서 빅데이터를 활용한 예측을 살펴보기로 한다.

제9장에서 다룰 주요 내용은 다음과 같다:

- 수요예측의 목적은 무엇인가?
- 수요변화를 일으키는 요소는 어떠한 것이 있는가?
- 수요예측방법을 선택할 때 고려해야 할 요소는 무엇인가?

- 수요예측의 방법에는 어떠한 것이 있는가?
- 수요예측의 적합성을 평가하기 위해서는 어떠한 측정치를 사용하는가?
- 수요예측 오차의 추적을 위해서 어떠한 방법을 사용하는가?
- 수요예측을 위해서 빅데이터를 어떻게 활용할 수 있는가?

9.1 수요예측의 필요성과 수요변화의 이해

9.1.1 수요예측의 필요성

경영자의 의사결정에 있어서 예측의 중요성을 강조하는 말을 자주 접할 수 있다. 어느 의사결정이든 궁극적인 효과는 바로 그 의사결정 이후에 뒤따르게 되는 상황들의 성격에 의해 좌우되기 때문이다. 의사결정 이전에 이러한 상황들이 가지고 있는 통제불능한 측면들을 예측할 수 있는 능력을 가지고 있다면 보다 나은 선택이 가능할 수 있을 것이다. 이러한 이유 때문에 기업의 운영을 계획하고 통제하는 경영관리시스템은 공식적이든 비공식적이든 예측부서를 가지게 된다. 예측이 필요하게 되는 주요영역은 무엇일까? 다음의 상황들을 살펴보자(Gaither와 Frazier, 2015; Montgomery와 Johnson, 1976).

- 재고관리: 항공기정비공장의 예비구매부품 재고를 관리하는 경우라면 구매 로트 사이즈(lot size)를 결정하기 위해서 각 부품의 이용률에 대한 예측치가 필요할 것이다. 아울러 주문을 내야 할 재고의 수준을 나타내는 재주문점(ROP: Reorder Point)을 설정하기 위해서는 구매조달기간 동안에 발생하는 예측오차의 크기를 추정하는 것도 필요한 일이다.
- 생산계획: 특정한 제품라인에 대한 제조계획을 수립하려면 향후 수개월에 걸쳐서 납품기간별로 각 품목에 대한 판매수량의 예측치를 가지고 있어야 할 것이다. 이와 같은 완성품에 대한 수요예측치는 바로 이를 만들기 위해 필요한 반제품, 구성부품, 재료, 작업시간 등의 요구량으로 전환되어서 전체제조시스템의 일정이 수립될 수 있도록 하는 것이다.
- 재무계획: 재무관리자는 시간의 흐름에 따라서 발생하게 되는 현금흐름의 패턴에 관심을

두게 된다. 따라서 현시점에서의 의사결정 지원수단으로서 미래의 기간에 걸쳐서 형태와 단위기간별로 세분한 현금흐름의 예측치를 가지고 싶어 하는 것이다.

- 인원배치일정: 우편물처리 담당관리자의 경우는 작업인원과 장비를 효율적으로 활용하기 위해 단위시간당 우편물 처리요구량과 종류에 대한 예측치를 필요로 하게 된다.
- 설비계획: 새로운 설비도입의 결정을 위해서는 일반적으로 그 설비를 이용하는 활동수준에 대한 장기적인 예측치를 필요로 한다. 이러한 예측치는 투자요구량의 적정성평가뿐만 아니라 설비의 설계를 위해서도 필요하다.
- 프로세스통제: 예측은 또한 프로세스통제의 중요한 부분을 이루게 된다. 핵심적인 프로세스 변화요인을 추적하고, 이를 사용해서 미래의 프로세스특성을 예측함으로써 최적의 프로세스 통제시간과 정도를 결정할 수 있을 것이다. 가령 화학품제조 프로세스를 예로 들면, 프로세스의 연속가동시간이 증가할수록 프로세스효율이 감소하게 될 수 있다. 따라서 프로세스 성과변화에 대한 예측치를 가지고 있다면, 프로세스중단 및 검사일정을 계획하는 데에 이를 유용하게 사용할 수 있을 것이다.

9.1.2 수요예측과정의 단계

예측(forecasting)이란 단순히 미래에 수요가 어떻게 될 것인가에 대한 하나의 수치적인 추정치를 산출하기 위해 기법을 찾아내고 이를 사용하는 것만은 아니다. 예측은 다음의 〈그림 9-1〉에서 보는 바와 같이 지속적인 검토와 조정을 필요로 하는 연속적인 과정이다(Russell과 Taylor, Ⅲ, 2021).

다음에 다양한 수요변화의 패턴에 따라서 적합하게 적용될 수 있는 여러 가지 예측기법들을 구체적으로 설명할 것이지만, 수요예측과정의 첫 단계는 사용가능한 과거수요자료(historical demand data)를 그림으로 그려보고, 이를 바탕으로 자료가 나타내는 패턴에 가장 적합하게 보이는 예측방법을 결정하는 것이다. 과거수요자료란 통상 과거의 판매실적이나 주문실적자료를 나타낸다.

예측치가 얼마나 정확한지를 평가하려면 과거의 수요와 예측치를 비교하기 위한 몇 가지 측정치들을 사용해야 한다. 이에 대해서는 이 장의 후반부에서 설명할 예측정확성에 대한 논의부분에서 보다 상세하게 다루기로 한다.

예측치가 정확해 보이지 않을 때에는 보다 정확한 예측치가 얻어질 때까지 다른 예측방법들을 시도해 보도록 한다. 바라는 계획대상기간(planning horizon)에 대한

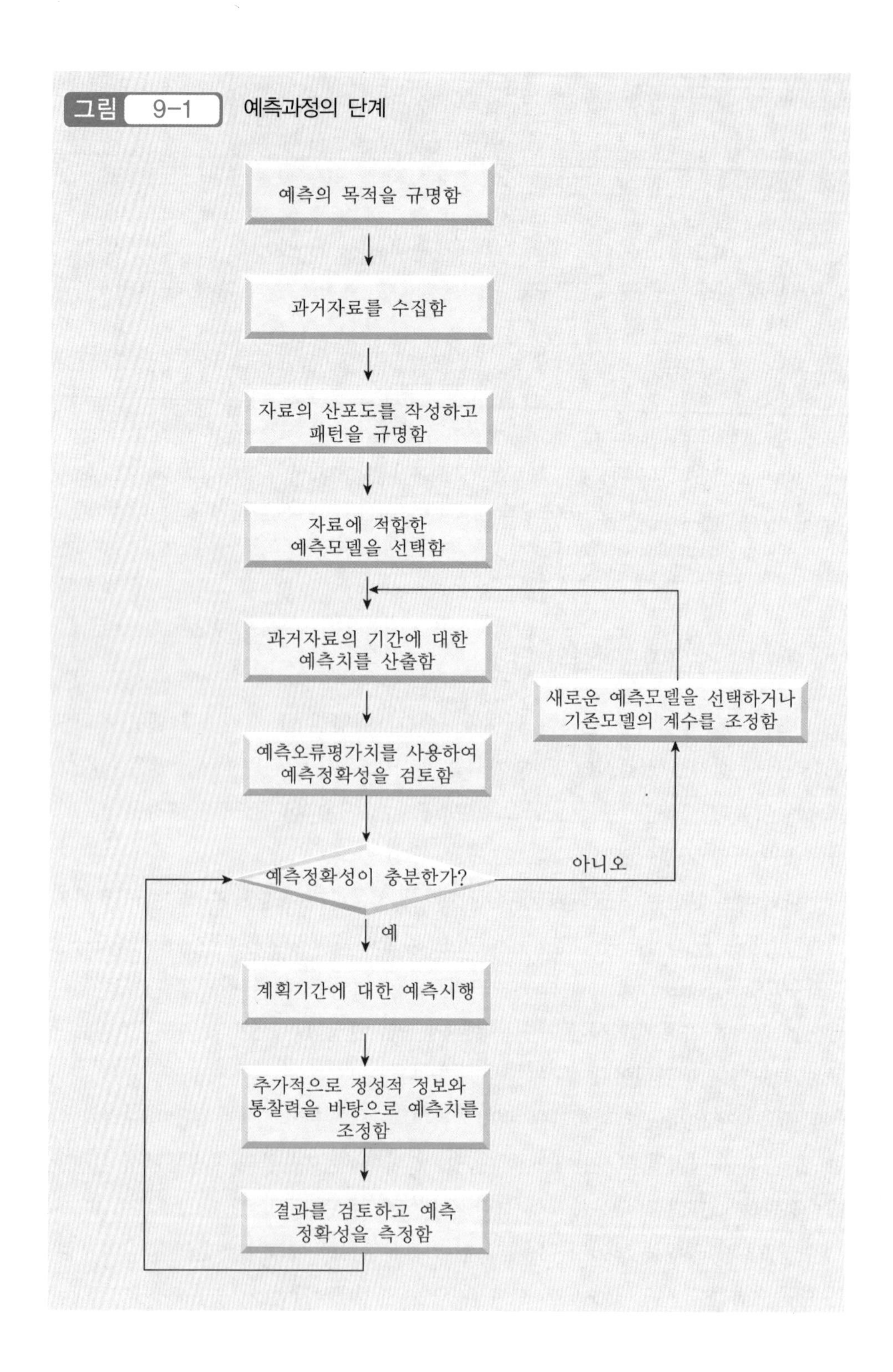
그림 9-1 예측과정의 단계
예측의 목적을 규명함
과거자료를 수집함
자료의 산포도를 작성하고
패턴을 규명함
자료에 적합한
예측모델을 선택함
과거자료의 기간에 대한
예측치를 산출함
새로운 예측모델을 선택하거나
기존모델의 계수를 조정함
예측오류평가치를 사용하여
예측정확성을 검토함
예측정확성이 충분한가?
아니오
예
계획기간에 대한 예측시행
추가적으로 정성적 정보와
통찰력을 바탕으로 예측치를
조정함
결과를 검토하고 예측
정확성을 측정함

예측치가 얻어진 후에는 판단이나 경험 혹은 시장에 대한 지식, 필요하다면 직관력까지도 사용해서 예측의 정확성을 높이도록 예측치를 조정할 수도 있다.

마지막으로 계획대상기간 동안에 실제로 발생한 수요를 검토하여 예측치와 비교함으로써 예측방법의 성과를 평가해야 한다. 예측치가 정확할 경우는 선정된 예측방법을 계속해서 사용해도 되겠지만, 그렇지 못할 경우는 새로운 방법을 모색하거나 기존의 방법을 조정해야 한다.

9.1.3 예측모형의 선택

예측기법은 주관적인 평가의 특성이 강한 **정성적**(qualitative) **예측기법**과 과거의 실적자료를 바탕으로 수리적인 모형을 적용하여 예측치를 구하는 **시계열분석**(time series analysis), **인과방법**(causal method) 및 시뮬레이션(simulation) 모델사용법 등으로 나눠볼 수 있다. 일반적으로 단기적인 예측에는 시계열분석을 많이 활용하며, 장기적인 예측에는 정성적 기법을 주로 활용하게 된다. 그러나 실제로 활용되는 예측시스템의 경우 종종 정성적인 기법과 정량적인 기법을 병용하고 있다.

주기적으로 과거의 자료를 분석하고 예측치를 구하기 위해 통계적인 방법을 사용한다. 이는 예측시스템에 객관성을 부여해 줌과 아울러 과거자료의 정보내용을 효과적으로 구조화하는 결과를 가져오게 된다. 통계적인 예측치는 정보에 밝은 관리자에 의한 주관적인 평가과정에 투입되게 된다. 이 경우 관리자는 기타 관련정보와 미래에 대한 인식 등에 비추어 예측치를 수정하기도 한다.

적절한 예측기법을 선정하기 위해서는 다음의 요소들을 고려해야 한다:

- 요구되는 예측의 형태
- 예측대상기간(horizon), 예측단위기간(period), 예측간격(interval)
- 자료의 활용가능성
- 정확성 요구 정도
- 예측대상의 변화형태(수요패턴)
- 예측시스템의 개발, 설치, 운영비용
- 예측시스템의 운영용이성
- 관리자의 이해 및 협조 정도

여기서 말하는 운영용이성은 예측시스템 운영의 단순성을 지칭한다. 예측품목이 지속적으로 부가 혹은 제거되기 때문에 어느 품목이 처음 시스템에 도입될 때는 도입시간과 독립적으로 운영될 수 있는 예측방법을 가지는 것이 바람직하다.

9.1.4 시계열변화의 특성

단기적인 수요변화의 예측을 위해 가장 널리 사용되는 기법은 시계열분석법이다. **시계열**(time series)이란 관심을 가지고 있는 변화, 즉 변수(variable)에 대해 측정한 일련의 관측치들의 순서를 말한다. 변수에 대한 측정은 일반적으로 등간격으로 구분된 시간대별로 이뤄진다. 시계열분석은 순서를 발생시키는 과정이나 현상을 설명하려는 것이다. 시계열을 예측하기 위해서는 미래의 시점으로 연장시킬 수 있는 수리적인 모형을 사용하여 변화과정의 행태를 나타내는 것이 필요하다. 모형은 현재와 가까운 어느 시점에서 이뤄진 관측치라도 이를 잘 나타낼 수 있어야 한다. 일반적으로 오래된 관측치들은 현재의 특성을 잘 나타내지 못하기 때문에, 그리고 너무 먼 미래의 관측치에 대해서는 예측대상으로 삼고 있는 기간을 훨씬 벗어나기 때문에 이들까지 모형이 잘 나타내 주기를 기대하진 않는다. 시계열 변화과정에 타당한 모델이 설정되고 나면 적절한 예측기법을 개발할 수 있다.

몇 가지 시계열변화패턴의 특성을 나타내면, 다음의 〈그림 9-2〉와 같다(Montgomery와 Johnson, 1976). 그림 (a)의 경우 시계열변화과정은 일정한 수준(level)을 중심으로 움직이고 있다. 다만, 기간별로 우연 원인(random causes)에 따라서 일정수준으로부터 편차를 보이고 있을 뿐이다. 패턴 (b)는 변화과정의 수준에 추세(trend)가 있음을 나타내고 있다. 즉, 기간별로 나타나는 차이가 무작위적인 요소 외에도 추세에 의해서 발생하고 있음을 볼 수 있다. (c)의 경우는 계절적 상품의 경우와 같이 변화과정의 수준이 기간에 따라서 주기적으로 움직이고 있음을 볼 수 있다. 계절적인 변화(seasonal variation)는 청량음료의 경우와 같이 날씨에 의해 발생하기도 하고, 크리스마스 카드의 경우처럼 제도나 관습에 의해서, 혹은 분기 말 결산업무처럼 정책에 의해서 발생하기도 한다. 대부분의 시계열예측모형들은 이상의 세 가지 패턴, 즉 수준, 추세, 주기를 나타내기 위해 개발되었으며, 경우에 따라서는 이들 패턴들을 혼합시킨 변화를 나타내기 위해 개발된 것도 있다.

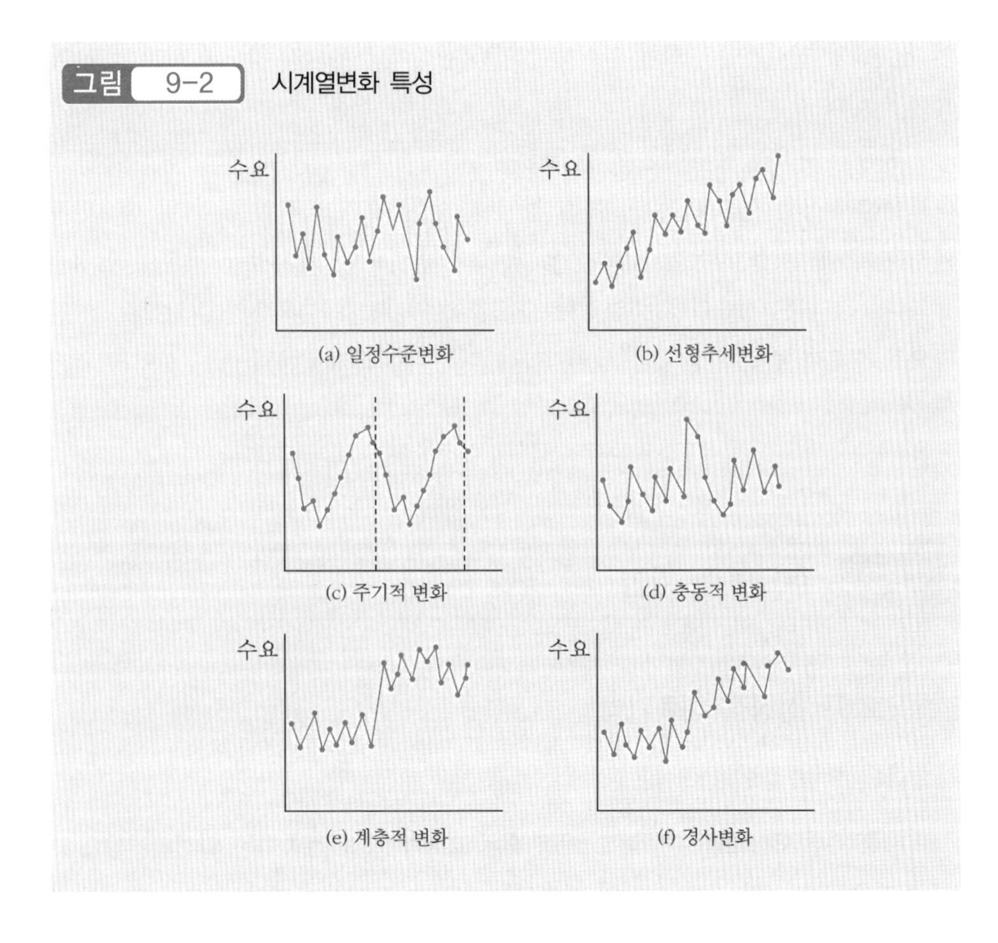

그림 9-2 시계열변화 특성

그 밖에도 기본적인 변화과정에 변혁이 있어서 나타나는 패턴들도 있다. 패턴 (d)는 일시적(transient) 혹은 충동적(impulse) 변화패턴을 나타내고 있다. 그림에서 보면 중간의 두 기간 동안에는 원래의 수준으로 돌아가기 전에 일시적으로 매우 높은 수준을 보여 주고 있음을 알 수 있다. 이러한 변화는 가령 경쟁업체의 공장이 파업에 의해서 일시적으로 문을 닫았을 경우에 발생할 수 있다. (e)의 경우는 새로운 수준이 지속적으로 나타나게 만드는 변화가 있었음을 볼 수 있다. 이러한 변화를 계층적 변화(step change)라고 한다. 이런 현상은 새로운 고객을 확보한 경우와 같은 때에 발생할 수 있을 것이다. 마지막으로 (f)의 경우는 일정한 수준을 중심으로 움직이다가 갑자기 추세를 나타내게 되는 패턴이다. 실제로 이러한 세 가지 패턴들도 흔히 발생하기 때문에 예측시스템이 영속적인 변화를 규명함과 아울러 새로운 변화과정을 추적할 수 있도록 이를 조정하는 것이 바람직하다. 또한 예측시스템이 우연한 변화와 일시적인 변화를 인식해서 이런 현상에 좌우되지 않도록 하는 것도 필요한 일이다.

제품의 수요를 예측하는 경우 제품수명주기에 따라서 단계별로 각기 다른 예측모형을 사용할 필요도 있다. 예를 들어서 수명주기의 초기인 도입 및 성장단계에서는 추세모형을 사용할 필요가 있다. 그러나 수요가 한계에 도달하여 안정된 변화를 나타내는 성숙기에는 일정한 수준을 설명하는 예측모형이 적합하다. 마지막으로 수요가 감소하게 되는 쇠퇴기에는 다시 추세모형을 사용하는 것이 바람직할 것이다.

9.2 수요예측 기법

9.2.1 정성적 예측기법

[1] 판매망활용예측법

제품이나 서비스를 구입하고 사용하는 고객과 직접 접촉하는 일선판매망(grass roots) 혹은 판매요원(sales forces)의 개별 예측치들을 합성하여 예측치를 구하는 방법이다. 각 부서 혹은 지역별 판매담당자들의 예측치를 계층적으로 합성하여 예측치를 구하기 때문에 예측의 오류가 누적되어 실제와 편차가 커질 위험성이 있고, 예측치 달성실적에 대한 부담감 때문에 판매원들이 보수적인 예측치를 보고함으로써 예측치가 실제보다 크게 축소될 위험성이 있다. 그러나 현장에서의 고객들의 반응을 효과적으로 반영할 수 있고, 예측의 신속성과 용이성이 높아 현실적으로 널리 활용되고 있는 기법들 중의 하나다.

[2] 시장조사법

설문지나 인터뷰 등을 통해서 고객들이 가진 기존 제품에 대한 선호도나 새로운 제품아이디어에 대한 태도 등을 조사하는 방식이다. 비교적 조사에 소요되는 비용과 시간이 많이 소요되는 예측기법이나 새로운 제품의 생산규모를 결정하거나 기존 제품의 수요변화의 가능성 등을 예측하기 위해서 활용될 수 있는 유용한 방법이다. 그러나 설문지와 인터뷰문항의 설계가 적절하게 설계되지 않을 경우는 고객의 선호도나 태도를 왜곡되게 예측함으로써 상품화의사결정이나 생산능력계획에 오류가 발생하게 만들 수도 있다. 일례로 1980년대 초에 코카콜라에서는 젊은 층을 파고드는 펩시콜라의 맛에 대응하기 위해서 엄격하고 신중하게 진행된 시장조사결과를 바탕으로 새로운 맛의 콜라를 내놓았던 적이 있다. 새로운 맛의 콜라로 상품을 완전히 대체하려고 했던 코카콜라는 기존의 코카콜라의 맛에 익숙해있던 소비자들의 거센 항의에 밀려서 새로운 콜라의 생산규모를 대폭 감축하는 대신에 기존의 콜라를 다시 내놓을 수밖에 없었다. 그간에 시장조사를 위해 퍼부었던 막대한 조사비용은 하루아침에 물거품이 되어버렸던 것이다.

[3] 패널합의법

기업 내의 여러 계층 혹은 부서의 관리자들이 함께 모여서 수요의 크기에 대한 토의과정을 거쳐 예측치를 구하는 방식이다. 기본적으로 다수의 관리자들이 함께 의견을 교환함으로써 보다 나은 예측치를 구할 수 있다는 생각을 전제로 하고 있다. 그러나 상위관리자의 의견과 동떨어진 의견을 내기가 어렵다거나 본인 예측치와 실적이 결과적으로 현격하게 차이가 날 경우, 이에 대한 책임문제 등을 의식해서 의견선도자의 예측치에 쉽게 동조해버리는 현상, 즉 집단사고(groupthink)현상에 의해서 집단의 합리적인 예측과정이 왜곡될 가능성도 유의해야 한다.

[4] 과거자료유추법

기존의 판매실적이 없는 신제품의 경우, 이와 유사한 기존 제품의 과거 판매실적 변화패턴을 반영하여 예측치를 구하는 방법이다. 가령 새로이 개발된 스마트폰의 수요를 예측하기 위해서 MP3의 판매실적을 기초자료로 활용한다든지, 대추음료의 수요예측을 위해서 보리음료의 수요변화패턴을 활용하는 것은 바로 **과거자료유추법**(historical analogy)을 사용하는 것이다.

[5] 델파이법

델파이(Delphi)**법**은 집단사고현상에 의해서 본래 의도했던 집단의 합리적인 예측능력을 활용하지 못하는 패널합의법의 폐단을 제거시킨 효과적인 집단예측기법이다. 본래 1955년대에 미국의 Rand Corporation에 의해서 구소련의 가상적인 핵공격이 미치는 미국의 피해정도를 예측하기 위해서 사용했던 전략적인 예측기법이다. 예측에 전문적인 지식을 가진 참여자들이 설문지를 통한 반복적인 응답과정을 통해서 합치된 예측치를 도출해 내는 정성적인 기법으로서 다음과 같은 일련의 과정을 거쳐서 수행되고 있다.

- 단계 1: 수요예측에 참여할 전문가를 선정한다.
- 단계 2: 설문지 등을 사용하여 참여자들로부터 예측치와 예측의 전제조건 등에 대한 응답을 얻는다.
- 단계 3: 참여자들의 예측결과를 요약정리한 후 이를 새로운 설문지와 함께 참여자에게 보내어 수정된 예측치를 구하도록 요청한다.
- 단계 4: 새로운 예측치와 예측조건 등을 요약정리하여 새로 작성된 설문과 함께 참여자에게 다시 보낸다.
- 단계 5: 필요한 경우 위의 단계 4를 반복하고, 최종정리된 예측결과를 참여자에게 보낸다.

일반적으로 2~4회 정도의 반복예측과정을 거치면 전문가들의 합치된 예측치를 도출할 수 있다. 참가자들이 직접 대면하지 않고 서로 알지 못하는 상황에서 예측치를 구하게 되므로, 대면적 예측기법이 가지는 집단사고현상과 같은 불합리성을 제거시킬 수 있다. 그러나 반복적인 예측과정을 주로 설문조사에 의존해서 수행하기 때문에 예측에 소요되는 재정적·시간적 자원의 소요가 큰 제약성도 가지게 된다.

9.2.2 시계열 예측기법

[1] 초보적 예측법(naive forecast)

다음 기간의 예측치를 구할 때 현재의 실제수요를 그대로 반영해서 산출하는 방법이다. 즉, 이번 달의 판매량이 5,000단위였다면, 다음 달의 판매량예측치는 이 달과 같은 5,000단위가 되는 것이다. 경우에 따라서는 지난 두 기간의 변화추세를 반영하여 예측치를 구해 볼 수도 있다. 가령 한 달 전의 판매량이 4,500단위였다면 지난 한 달간 500단위가 증가하는 추세를 보였으므로, 이를 감안하여 다음 달의 예측치는 5,000+500=5,500단위로 결정하는 것이다. 물론 경우에 따라서는 계절적인 특성을 반영하여 예측치를 구할 수도 있을 것이다. 가령 지난 겨울에 판매량이 3,000단위였다면, 이번 겨울의 판매량예측치도 3,000단위로 결정하는 것이다. 이와 같은 초보적 예측기법은 주로 수요변화가 안정적이고 우연요인의 작용이 작을 때 적은 비용과 노력으로 활용해 볼 수 있는 예측기법이라고 볼 수 있다.

[2] 단순이동평균법(simple moving average)

다음 기간의 수요예측을 위해 현재부터 과거 일정기간의 실제수요를 평균한 값을 사용하는 방법으로서 다음의 식으로 산출할 수 있다:

$$F_t = \frac{D_{t-1} + D_{t-2} + \cdots + D_{t-i} + \cdots + D_{t-n}}{n}$$

단, F_t=기간 t에 대한 수요예측치
D_{t-i}=기간 t부터 i기간 직전의 실제수요
n=이동평균치를 구하기 위해 사용할 기간의 수.

다음의 〈표 9-1〉에 제시된 DK음료(주)의 월별 주스판매량자료를 참고로 다양한 기간(n=2, 5, 8)들의 실적치를 사용한 이동평균예측치를 구해 보면 〈표 9-2〉와 같다. 〈표 9-2〉에서 보는 바와 같이 가령 2022년 1월의 예측치를 직전 2개월 동안의 실적을 이동평균하여 구한다면,

$$F_{22,1} = (D_{21,12} + D_{21,11})/2$$
$$= (600 + 570)/2$$
$$= 585$$가 되며,

직전 5개월 동안의 실적을 이동평균하여 구한다면,

$$F_{22,1} = (D_{21,12} + D_{21,11} + D_{21,10} + D_{21,9} + D_{21,8})/5$$
$$= (600 + 570 + 800 + 840 + 900)/5$$
$$= 742$$가 된다.

단순이동평균법은 제품수요가 급격하게 증가 혹은 감소하지 않거나 계절적인 변화특성을 가지지 않을 때 예측에 작용하는 우연한 변동부분을 제거시키는 효과를 가질 수 있는 유용한 기법이다. 그러나 어느 기간만큼(n)의 과거실적을 평균해서 예측치를 구할 것인지는 수요변화의 특성을 감안하여 결정해야 한다.

n의 기간을 길게 할 경우는 우연한 변화의 부분을 보다 많이 상쇄시킬 수 있는 장점이 있으나, 수요변화에 증가하는 혹은 감소하는 추세가 존재할 경우는 추세에 뒤지는 예측치를 제공하는 성향이 보다 커지게 된다. 따라서 수요의 변화특성이 비교적 안정적일 경우는 n의 값을 비교적 크게 하는 것이 타당한 반면, 수요변화의 특성이 덜 안정적이고 추세 혹은 계절성을 가지게 되는 경우는 최근의 수요변화를 중점적으로 빠르게 반영할 수 있도록 비교적 작은 n의 값을 사용하는 것이 바람직하다.

표 9-1 DK음료(주)의 쥬스판매량 변화

	20년	21년	22년
1월	350	450	520
2월	400	490	600
3월	460	570	660
4월	550	680	800
5월	600	780	850
6월	680	800	950
7월	720	880	1,000
8월	750	900	1,040
9월	700	840	1,010
10월	600	800	940
11월	580	570	810
12월	500	600	700

표 9-2 단순이동평균에 의한 수요예측변화(21/22년)

시 기	실적치	예측치($n=2$)	예측치($n=5$)	예측치($n=8$)
21년 1월	450			
2월	490			
3월	570	470		
4월	680	530		
5월	780	625		
6월	800	730	594	
7월	880	790	664	
8월	900	840	742	
9월	840	890	808	694
10월	800	870	840	743
11월	570	820	844	781
12월	600	685	798	781
22년 1월	520	585	742	771
2월	600	560	666	739
3월	660	560	618	714
4월	800	630	590	686
5월	850	730	636	674
6월	950	825	686	675
7월	1,000	900	772	694
8월	1,040	975	852	748
9월	1,010	1,020	928	803
10월	940	1,025	970	864
11월	810	975	988	906
12월	700	875	960	925

〈그림 9-3〉은 n의 변화에 따른 예측치의 변화모습을 나타내고 있다. 그림에서 보는 바와 같이 n이 클수록 예측치의 변화모습이 매우 안정적인 모습을 보이고 있다. 이는 여러 기간의 실적치들의 변화가 서로 상쇄되어 예측치가 구해지기 때문이다. 따라서 변화의 폭이 큰 경우는 n의 값이 작게 유지되어야 변화의 정도를 예

그림 9-3 n의 변화에 따른 예측치의 변화

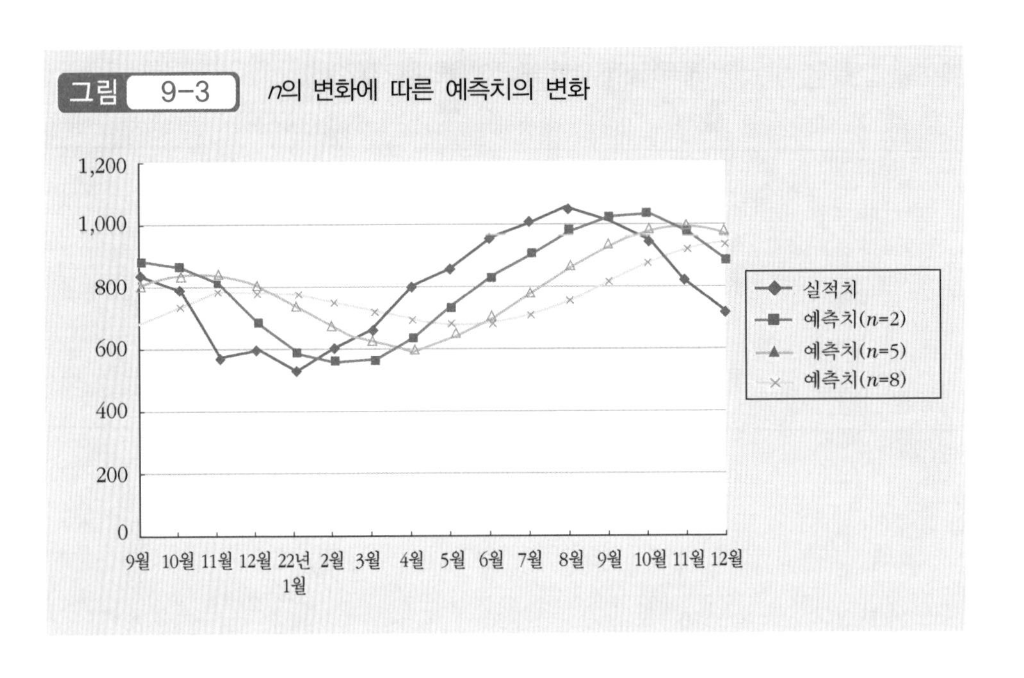

측치에 잘 반영할 수 있을 것이다.

이동평균법은 비교적 손쉽게 예측치를 구할 수 있는 단순한 예측기법으로서 유용성은 있지만 매번 새로운 예측치를 구하기 위해서 일정한 수의 직전기간의 실적치를 보관해야 하는 자료유지의 어려움이 있다. 단일한 품목의 실적치를 5개월 이동평균해서 예측치를 구하는 것은 별로 자료처리요구량이 많지 않겠지만, 수천여 개의 품목을 대상으로 각각 50일간의 일별 실적치를 이동평균해서 수요량을 예측하는 경우라면 요구되는 데이터처리량이 만만치는 않을 것이다.

[3] 가중이동평균법(weighted moving average)

기본적으로 단순이동평균법의 적용방식과 같지만, 다음의 식에서 보는 바와 같이 이동평균에 사용하는 직전기간의 중요한 정도(가중치)를 차별화한다는 점이 다르다. 따라서 중요한 정도를 나타내는 가중치를 모두 동일하게 부여한다면 단순이동평균법과 같은 결과를 산출하게 되며, 극단적으로 직전기간의 실적치만을 가장 중요하게 고려한다면(즉, D_{t-1}의 가중치(W_{t-1})를 1.0으로 함), 이는 초보적 예측기법을 적용하는 것과 같은 결과를 산출하게 된다.

$$F_t = W_{t-1}D_{t-1} + W_{t-2}D_{t-2} + \cdots + W_{t-i}D_{t-i} + \cdots + W_{t-n}D_{t-n}$$

단, W_{t-i}=기간 $t-i$의 실적치에 대한 가중치

$\sum W_{t-i} = 1.0$(즉, 각 실적치에 대한 가중치의 합은 1.0).

일반적으로 현재와 가까운 실적치들에 대해서는 보다 큰 가중치를 부여하는 반면, 현재로부터 비교적 떨어진 기간의 실적치들에 대해서는 작은 가중치를 부여하게 되지만, 계절성 등을 고려할 필요가 있을 경우에는 이를 적절하게 반영하여 가중치를 차별화할 수도 있다. 가령 지난 12개월 동안의 실적치를 이동평균하여 금년 7월의 아이스크림 수요량을 예측한다면, 지난해 10월이나 11월의 실적치보다는 금년 5월이나 6월의 실적치에 보다 큰 가중치를 부여하는 것이 타당할 것이다.

다음의 〈표 9-3〉은 앞서의 DK음료(주)의 월별판매실적을 참고로 3개월 가중이동평균한 예측치를 나타내고 있다. 이 경우 직전 3개월에 대한 가중치는 각각 현재보다 가까운 실적치들로부터 0.5, 0.3, 0.2의 가중치를 부여하고 있다. 가령 2022년 9월의 예측치($F_{22,9}$)는

표 9-3 가중이동평균($n=3$)에 의한 수요예측치($W_1=0.5$, $W_2=0.3$, $W_3=0.2$)

	실적치	예측치
22년 1월	520	
2월	600	
3월	660	
4월	800	614
5월	850	718
6월	950	797
7월	1,000	890
8월	1,040	955
9월	1,010	1,010
10월	940	1,017
11월	810	981
12월	700	889

$$F_{22,9} = (W_{22,8}D_{22,8} + W_{22,7}D_{22,7} + W_{22,6}D_{22,6})$$
$$= (0.5 \times 1{,}040 + 0.3 \times 1{,}000 + 0.2 \times 950)$$
$$= 1{,}010$$이다.

가중이동평균법은 직진의 실적들에 대해서 그 중요성을 차별화함으로써 이동평균법이 가졌던 추세 혹은 계절성반영의 어려움을 어느 정도 극복했다는 점에서 그 유용성을 평가할 수 있겠으나, 기본적으로 이동평균법과 마찬가지로 예측대상품목의 수가 많고 이동평균의 길이가 긴 경우에는 많은 양의 데이터를 처리해야 하는 제약성을 가지고 있다.

[4] 단순지수평활법(simple exponential smoothing)

대부분의 경우 미래수요를 예측함에 있어서는 직전기간의 실적치가 상대적으로 먼 과거의 실적치보다 예측력이 높다고 할 수 있다. 다음 주의 수요를 예측함에 있어서 10주 전의 판매실적보다는 이번 주의 판매실적이 보다 유용하게 인식되는 것은 대부분의 경우 당연한 일일 것이다.

지수평활법은 가중이동평균법의 특수한 경우라고 볼 수 있다. 과거의 실적치에 대해서 차별화된 가중치를 부여한다는 점에서 가중이동평균법과 같다고 할 수 있다. 다만, 가중이동평균법은 현재부터 일정기간 동안의 실적만을 사용하는 데에 비해서, 단순지수평활법은 현재부터 과거의 모든 기간의 실적들을 사용한다는 점이 다르다고 할 수 있다.

지수평활법은 이론적으로 과거의 모든 실적을 사용하는 효과를 가지지만, 실제로 예측을 위해 사용하는 자료는 단지 현재의 실적치와 지수평활법을 사용한 현재에 대한 예측치만을 사용한다는 점에서 필요로 하는 데이터의 양이 매우 적다는 이점을 가지고 있다.

단순지수평활법을 사용하여 예측치를 구하는 식은 다음과 같다:

$$F_t = \alpha D_{t-1} + (1-\alpha)F_{t-1}$$

단, α = 지수평활계수(0과 1 사이의 값을 가짐).

표 9-4 단순지수평활법에 의한 수요예측변화

시 기	실적치	α=0.10	α=0.30	α=0.70
21년 12월	600			
22년 1월	520	555	565	585
2월	600	552	552	540
3월	660	556	566	582
4월	800	567	594	637
5월	850	590	656	751
6월	950	616	714	820
7월	1,000	649	785	911
8월	1,040	684	849	973
9월	1,010	720	907	1,020
10월	940	749	938	1,013
11월	810	768	938	962
12월	700	772	900	856

〈표 9-4〉에서 보는 바와 같이 DK음료(주)의 2022년 9월에 대한 쥬스판매량 예측치를 $\alpha=0.3$을 사용하는 지수평활법에 의해서 구해 본다면,

$$F_{22,9}=0.3\times D_{22,8}+(1-0.3)\times F_{22,8}$$
$$=0.3\times 1{,}040+0.7\times 849$$
$$=907$$이 된다.

지수평활계수(α)는 예측치를 구함에 있어서 현재의 실적을 중요하게 생각하는 정도를 나타낸다. 따라서 현재의 실적을 보다 중요시한다면 α의 값을 크게(1에 가깝게) 한다. 현재의 실적을 극단적으로 크게 반영하는 경우, 즉 $\alpha=1$로 하는 경우는 바로 현재의 실적치를 다음 기간의 예측치로 삼는 초보적 예측기법을 적용하는 것과 동일하게 된다.

지수평활법은 다음과 같은 장점 때문에 컴퓨터를 활용하는 예측프로그램이나 다양한 예측업무에 널리 활용되고 있다:

- 정확성이 매우 높은 편이다.
- 예측모형의 작성이 비교적 용이하다.
- 모형의 적용원리를 이해하기 쉽다.
- 예측치를 구하는 데에 소요되는 계산절차가 단순하다.
- 제한된 과거 데이터만을 사용하기 때문에 데이터 저장요구량이 적다.
- 예측모형의 정확성을 평가하기 위한 테스트절차가 쉽다.

그러나 지수평활법을 사용할 경우에 어떠한 크기의 지수평활계수(α)를 사용해야 할 것인지를 신중하게 검토해야 한다. 이 계수의 크기를 작게 하거나 크게 함에 따라서 예측치와 실적치의 차이가 달라질 수 있기 때문이다. 지수평활법에 의한 예측치산출식은 다음과 같이 바꾸어 적용해 볼 수 있다.

$$\begin{aligned} F_t &= \alpha D_{t-1} + (1-\alpha) F_{t-1} \\ &= F_{t-1} + \alpha (D_{t-1} - F_{t-1}) \end{aligned}$$

이 경우 α의 값은 직전기간의 실적치와 예측치의 차이에 대한 중요성부여 정

그림 9-4 α의 변화에 따른 예측치의 변화

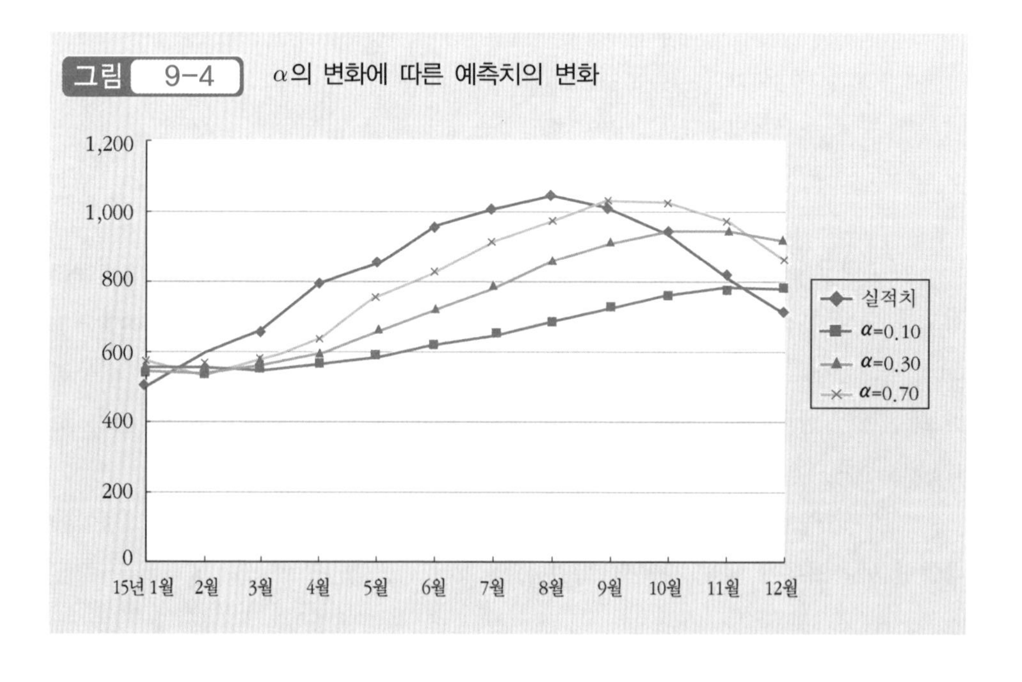

도, 즉 예측오류에 대한 반영정도를 나타내게 된다. 따라서 일반적으로 비교적 안정된 수요를 가지는 품목의 수요예측의 경우는 예측치와 실적치의 차이가 크지 않을 것이기 때문에 5% 내지 10% 정도의 α 값을 사용해도 무방하다. 반면에 수요가 급격히 성장하는 품목의 경우는 예측오차가 비교적 클 것이기 때문에 보다 큰 15% 내지 30% 수준의 α값을 사용하는 것이 바람직할 것이다. 〈그림 9-4〉는 앞의 〈표 9-4〉에서 계산하였던 다양한 α값(즉, 0.1, 0.3 및 0.7)에 따른 예측치를 그래프로 나타낸 것이다. 그림에서 보는 바와 같이 일반적으로 α값이 클수록 예측치의 변동이 큰 모습을 나타내고 있다.

[5] 추세조정지수평활법(trend adjusted exponential smoothing)

추세조정지수평활법은 수요변화에 지속적으로 증가 혹은 감소하는 추세변동적 요소가 있는 경우, 이를 평활하여 반영해 주는 예측기법으로서 수요변화에 대한 평활과 더불어 추세변화에 대한 평활도 수행하기 때문에 이중지수평활법(double exponential smoothing)이라고도 불린다. 추세조정지수평활법에 의한 기간 t의 수요예측치(TF_t)는 다음의 산출식을 사용하여 얻어진다:

$$TF_t = F_t + T_t$$

$$F_t = \alpha D_{t-1} + (1-\alpha)\, TF_{t-1}$$

$$T_t = \beta(F_t - F_{t-1}) + (1-\beta)\, T_{t-1}$$

단, α=지수평활계수(0과 1 사이의 값을 가짐)

β=추세평활계수(0과 1 사이의 값을 가짐).

다음의 〈표 9-5〉에서 보는 바와 같이 DK음료(주)의 2022년 9월에 대한 쥬스 판매량예측치를 $\alpha=0.3$, $\beta=0.3$을 사용하는 추세조정지수평활법에 의해서 구해 보면 다음과 같다:

$$F_{22,9} = 0.3 \times D_{22,8} + (1-0.3) \times TF_{22,8}$$

$$= 0.3 \times 1{,}040 + 0.7 \times 981$$

$$= 999$$

표 9-5 추세조정지수평활법에 의한 수요예측치(단, $\alpha=0.3$, $\beta=0.3$)

시 기	실적치(D_t)	F_t	T_t	TF_t
21년 12월	600	550	-20	530
22년 1월	520	551	-14	537
2월	600	532	-15	517
3월	660	542	-8	534
4월	800	572	4	576
5월	850	643	25	668
6월	950	722	40	762
7월	1,000	818	57	875
8월	1,040	913	68	981
9월	1,010	999	74	1,073
10월	940	1,054	68	1,122
11월	810	1,067	52	1,119
12월	700	1,026	24	1,050

(단, 21년 12월의 $F_{21.12}$와 $T_{21.12}$는 전기의 자료에 의한 추정치임).

$$\begin{aligned} T_{22,9} &= 0.3\times(F_{22,9}-F_{22,8})+(1-0.3)\times T_{22,8} \\ &= 0.3\times(999-913)+0.7\times 68 \\ &= 74 \end{aligned}$$

$$\begin{aligned} TF_{22,9} &= F_{22,9}+T_{22,9} \\ &= 999+74 \\ &= 1,073 \end{aligned}$$

추세평활계수(β)의 값은 α와 유사한 성격을 가진다. 즉, 값이 클 경우는 최근의 추세변화에 보다 민감하게 반응하게 되는 반면, 값이 작을 경우는 최근의 추세에 작은 비중을 두게 되므로 과거의 추세를 고르게 평활하는 경향을 나타내게 된다. 따라서 적절한 β의 값은 여러 가지 수준을 가정할 때, 그에 따른 예측치가 가지는 정확성을 비교분석하여 결정해야 할 것이다.

9.2.3 인과형 예측기법

[1] 선형회귀분석(linear regression analysis)

선형회귀분석은 단일한 종속변수와 여러 개의 독립변수 간의 관계를 선형의 모형으로 전환시키는 자료분석방법으로서, 주로 독립변수의 특성에 비추어 종속변수의 특성을 예측하려는 목적으로 사용된다. 선형회귀분석을 수요예측에 적용한다는 것은 바로 수요변화를 종속변수로 하고, 이 종속변수에 직접적인 영향을 미칠 수 있는 요소들을 독립변수로 선정하여 이들의 관계를 잘 설명할 수 있는 선형관계식을 도출한다는 의미이다.

선형회귀분석에 있어서 독립변수가 단일한 경우는 **단순선형회귀분석**(simple linear regression analysis)이라 하고, 독립변수가 여러 개인 경우는 **다중선형회귀분석**(multiple linear regression analysis)이라 한다. 다음에서는 일반적인 수요변화 영향요인을 단일독립변수로 하는 단순선형회귀분석에 대하여 설명하기로 한다.

수요변화를 종속변수 y, 수요변화에 영향을 미치는 요인을 독립변수 x로 하는 단순선형회귀분석모형은 다음과 같이 정의할 수 있다:

$$y = a + bx$$

여기서 a와 b의 값은 최소자승법을 사용하여 예측의 오류를 극소화할 수 있는 방향에서 다음과 같이 구해 볼 수 있다:

$$a = \frac{\sum x^2 \sum y - \sum x \sum xy}{n\sum x^2 - (\sum x)^2} \qquad b = \frac{n\sum xy - \sum x \sum y}{n\sum x^2 - (\sum x)^2}$$

단, $n = x$와 y의 관계를 나타내는 자료의 수.

그러나 여기서 문제가 되는 것은 수요영향요인(x)과 수요변화(y)의 관계가 밀접한 경우에는 이들 사이의 선형회귀선식을 사용한 예측의 정확성이 높을 수 있겠지만, 밀접하지 않은 경우에는 예측의 정확성이 만족스럽지 못하게 된다는 점이다.

다시 말하면 수요영향요인이 기대만큼 수요변화에 영향을 미치지 않는다면, 이들 간의 관계를 바탕으로 수요예측한다는 것은 별 의미를 가질 수 없다는 것이다.

따라서 선형회귀선을 사용하여 수요를 예측하고자 할 때는 독립변수, 즉 수요영향요인이 종속변수인 수요변화의 모습을 얼마나 잘 설명할 수 있는지를 먼저 검토해야 한다. 일반적으로 독립변수가 종속변수를 설명하는 능력은 두 변수들 간의 상관관계를 나타내는 **상관계수**(correlation coefficient)의 제곱인 **결정계수**(coefficient of determination)의 크기로 나타낸다(실제로 산출된 결정계수값이 통계적으로 의미가 있는지, 즉 예측에 적합한 수준을 나타내는지는 F-검정에 의해 평가하게 된다. 자세한 내용은 회귀분석을 다루는 통계학서적을 참고할 것).

두 변수 간의 상관계수(r)는 다음의 식으로 산출한다:

$$r = \frac{n\Sigma xy - \Sigma x \Sigma y}{\sqrt{[n\Sigma x^2 - (\Sigma x)^2][n\Sigma y^2 - (\Sigma y)^2]}}$$

상관계수의 값은 -1.0부터 $+1.0$ 사이의 값을 가지며, 일반적으로 상관계수값이 1.0에 가까울수록 두 변수 간의 관계는 매우 밀접한 것을 나타낸다. 즉, 두 변수 간의 상관계수가 $+1.0$이라면 x가 증가하는 비율만큼 정확하게 y의 비율도 증가하는 것을 나타내며, 상관계수가 -1.0이라면 x가 증가하는 비율만큼 정확하게 y의 비율은 감소하게 되는 것을 나타낸다. 그러나 상관계수값이 0에 가까워지면 두 변수 간에 아무 상관성이 존재하지 않음을 의미하게 된다. 따라서 r의 크기를 알면 대략적으로 독립변수가 수요영향요인으로서 적합할 수 있는지를 평가해 볼 수 있다.

r^2으로 산출되는 결정계수값은 종속변수의 변화부분에 대한 독립변수의 설명정도를 나타낸다. 만일 어느 제품의 수요와 가격이 0.90의 상관계수값을 갖는다면 0.9의 제곱인 0.81이 바로 결정계수값이 되며, 이는 수요변화의 81%는 가격의 변화로 설명할 수 있음을 의미하는 것이다. 역으로 수요변화의 19%는 가격의 변화로 설명하지 못하는 부분이 된다.

결정계수값이 1.0인 경우는 수요변화의 전부를 수요영향요인이 설명할 수 있음을 의미하므로 선형회귀선식에 의한 예측치는 전혀 오차를 가지지 않는다. 그러나 결정계수값이 1.0으로부터 멀어지게 되면 수요영향요인의 수요변화에 대한 설명비율이 작아지게 되므로, 결과적으로 선형회귀선식에 의한 예측치가 가지는 오차도 증가하게 된다. 따라서 선형회귀선식을 사용하여 예측치를 구하는 경우, 그 예측치가 가지게 되는 평균적인 오류의 크기, 즉 **표준예측오차**(standard error of estimate)를 감안할 필요성이 있다. 표준예측오차(σ_{yx})는 다음의 식으로 정의한다:

$$\sigma_{yx} = \sqrt{\frac{\Sigma y^2 - a\Sigma y - b\Sigma xy}{n-2}}$$

예측에 사용된 자료가 충분히 클 경우는 표준정규분포를 사용하여 특정한 신뢰수준에서 예측치가 타당할 수 있는 구간의 크기를 결정해 볼 수 있다(자료의 수가 적을 경우는 자유도를 $n-2$로 하는 t분포를 사용하여 구간의 크기를 정한다). 가령 95%의 신뢰수준에서 예측치가 타당할 수 있을 구간의 크기를 구해 본다면, 95%의 신뢰수준에 상응하는 표준정규계수는 1.96이므로([부록-1] 정규분포표 참조),

$y = (a+bx) \pm 1.96\sigma_{yx}$가 된다.

표 9-6 수요변화 결정요인(기온) 특성치

	실적치	평균기온(℃)
22년 1월	520	-7.5
2월	600	-4.5
3월	660	8.5
4월	800	14.6
5월	850	17.8
6월	950	20.6
7월	1,000	23.7
8월	1,040	28.5
9월	1,010	20.6
10월	940	15.6
11월	810	4.6
12월	700	-3.6

〈표 9-6〉의 자료를 바탕으로 선형회귀분석에 의한 수요예측치를 구해 보도록 하자. 먼저 〈표 9-6〉은 2022년 1월부터 12월까지 월별 청량음료 판매실적치와 기온의 변화를 나타내고 있다. 기온의 변화가 수요변화를 가져오는 주요영향요인으로 생각할 수 있다면, 기온변화를 독립변수, 판매실적을 종속변수로 하는 회귀선식을 다음의 〈표 9-7〉과 같이 구해 볼 수 있다.

표 9-7 단순회귀분석을 이용한 수요예측

기 간	실적치 y	평균기온(℃) x	y^2	x^2	$x \times y$
22년 1월	520	-7.5	270,400	56.25	-3,900
2월	600	-4.5	360,000	20.25	-2,700
3월	660	8.5	435,600	72.25	5,610
4월	800	14.6	640,000	213.16	11,680
5월	850	17.8	722,500	316.84	15,130
6월	950	20.6	902,500	424.36	19,570
7월	1,000	23.7	1,000,000	561.69	23,700
8월	1,040	28.5	1,081,600	812.25	29,640
9월	1,010	20.6	1,020,100	424.36	20,806
10월	940	15.6	883,600	243.36	14,664
11월	810	4.6	656,100	21.16	3,726
12월	700	-3.6	490,000	12.96	-2,520
합 계	9,880	138.9	8,462,400	3,178.89	135,406

* a=(3,178×9,880 - 138.9×135,406)/(12×3,178.89 - 138.9×138.9)=668.9
* b=(12×135,406 - 138.9×9,880)/(12×3,178.89 - 138.9×138.9)=13.39.

표에서 구한 바와 같이 $y = 668.29 + 13.39x$로 정의할 수 있다. 만일 2023년 1월의 예상기온이 -5.5℃라면 2023년 1월의 수요예측치 $y_{23,1}$은 다음과 같다:

$$y_{23,1} = 668.29 + 13.39 \times (-5.5) \fallingdotseq 595$$

이 경우 표준예측오차는

$$\sigma_{yx} = \sqrt{\frac{\Sigma y^2 - a\Sigma y - b\Sigma xy}{n-2}}$$

$$= \sqrt{\frac{8,462,400 - 668.29 \times 9,880 - 13.39 \times 135,406}{12-2}}$$

$= 68.27$이 된다.

따라서 정규분포를 사용하여 95%의 경우 타당할 수 있는 2023년 1월의 수요 예측치구간을 구해 본다면(실제로는 자료의 수가 작으므로 t-분포를 사용하는 것이 타당함),

$$y_{23,1} = 595 \pm 1.96\sigma_{yx}$$

$$= 595 \pm 1.96 \times 68.27$$

$= 595 \pm 133.8$이 된다.

즉, 461(=595−133.8)부터 729(=595+138.8) 사이에 수요가 발생할 것으로 예측할 수 있다.

아울러 〈표 9−7〉의 자료를 바탕으로 기온과 판매실적 간의 상관계수값을 구해 보면 다음과 같다:

$$r = \frac{n\Sigma xy - \Sigma x \Sigma y}{\sqrt{[n\Sigma x^2 - (\Sigma x)^2][n\Sigma y^2 - (\Sigma y)^2]}}$$

$$= \frac{12 \times 135,406 - 138.9 \times 9,880}{\sqrt{[12 \times 3,178.89 - 138.9^2][12 \times 8,462,400 - 9,880^2]}}$$

$$= 0.93$$

따라서 판매실적변화에 대한 기온변화의 설명력을 나타내는 결정계수값은 0.93^2인 0.86이 된다. 즉, 판매실적변화의 86%는 기온변화로 설명될 수 있다는 의미이다.

9.3 예측모형의 평가

9.3.1 예측오차

오차(error)란 예측치와 실적치의 차이를 의미한다. 제품수요에 미치는 요인은 다양하기 때문에 이를 모두 정확하게 반영하여 예측모델을 작성한다는 것은 불가능하다. 따라서 예측에는 크든 작든 필연적으로 오차가 발생하게 된다.

예측오차를 발생시키는 주요원천 중의 하나는 '과거의 추세를 미래로 투사'하는 것에서 발생한다. 즉, 대부분의 예측모형들은 과거의 실적치의 변화특성이 미래에도 지속될 것이라는 가정에 강하게 의존하고 있기 때문에 미래의 수요변화특성이 과거와 다르게 전개될 경우에는 당연히 예측의 오차가 발생할 수밖에 없는 것이다.

앞서 우리는 선형회귀선식에 의해서 기온의 변화에 따른 청량음료 수요예측치와 예측에서 발생하는 오차의 크기를 구해 본 바 있다. 그러나 이러한 예측치와 예측오차의 값은 전적으로 과거의 기온과 청량음료 판매실적자료에 의존한 것이다.

가령 〈표 9-6〉에서 보면 기온의 조사자료는 최저 -7.5에서 최고 28.5까지의 범위에서만 얻어진 자료를 나타내고 있다. 따라서 68.27이라고 하는 표준예측오차의 크기도 예측모형을 작성하기 위해 사용한 기온과 판매실적치에 의존하여 산출한 것이기 때문에 이 범위를 벗어나는 경우에는 예측치의 오차가 어떠한 크기를 가지게 될 것인지를 가늠하기가 어렵게 된다. 즉, 만일 2월의 예상기온이 -13.5이라면, 이는 예측모형을 도출하기 위해 사용한 독립변수(기온)의 범위를 크게 벗어나기 때문에 기존의 예측모형으로 예측치를 구하거나 예측오차의 크기를 결정한다는 것은 바람직하지 않을 수 있는 것이다.

예측치와 실적치의 차이를 나타내는 예측오차는 크게 편향된 오차(bias errors)와 우연오차(random errors)로 나누어 볼 수 있다. 편향된 오차는 예측모형을 작성하거나 예측치를 구하는 과정에서 실수를 범하였기 때문에 발생하는 회피 가능한 오차를 나타낸다. 즉, 예측에 사용해야 할 주요요인(변수)을 빠뜨리거나 요인 간의 관계를 잘못 가정한 경우, 혹은 추세변화나 계절성을 제대로 반영하지 못한 경우에 발생하는 오차들을 말한다. 이러한 편향된 오차는 적절한 주의를 기울임으로써 제거시킬 수 있는 통제 가능한 오차들이라 할 수 있다. 반면에 오차가 발생한 이유를 합리적으로 구명할 수 없는 경우와 같은 피할 수 없는 오차를 우연오차라 하며, 이는 통제 불능한 오차의 성격을 가진다.

9.3.2 예측오차의 측정

예측오차의 크기를 평가하기 위해서 사용하는 측정치로는 누적예측오차, 평균절대편차, 평균제곱오차, 표준편차, 평균절대오차비율 등이 있다.

[1] 누적예측오차(CFE: Cumulative Forecast Error)

실적치(D_t)와 예측치(F_t)차이의 총합을 나타내며, 다음과 같이 정의한다:

$$CFE = \sum E_t$$
$$= \sum (D_t - F_t)$$

단, E_t = 기간 t의 예측오차.

예측치가 실적치보다 지속적으로 크거나 작게 산출되었을 경우, 누적예측오차의 값은 − 혹은 +방향으로 점점 커지게 된다. 따라서 부호와 관계 없이 CFE의 절대값이 클 경우는 예측방법에 문제가 있음을 나타내게 된다. 그러나 누적예측오차의 값은 정(+)의 오차와 부(−)의 오차가 상쇄되어 개별적인 큰 편차들이 누적적으로는 적게 평가되는 결과를 가져올 수도 있기 때문에 예측모형의 적합성을 올바르게 평가하는 데에 다소 제약성이 있다.

[2] 평균절대편차(MAD: Mean Absolute Deviation)

정(+)의 오차와 부(−)의 오차가 상쇄되는 불합리성을 제거시키기 위해서 예측오차의 절대값($|E_t|$)을 산출하여 이를 평균한 값을 나타낸다.

$$MAD = \frac{\Sigma|E_t|}{n}$$

평균절대편차는 계산이 용이하고 이해하기가 쉬우며, 예측모델의 적합성을 추적하기 위한 추적지표(tracking signal)계산에도 이용되기 때문에 관리자들에게 폭넓게 사용되고 있는 오차측정지표 중의 하나이다.

[3] 평균제곱오차(MSE: Mean Squared Error)

평균제곱오차는 예측오차의 제곱을 평균한 값을 나타낸다. 평균제곱오차는 예측오차를 제곱함으로써 정의 오차와 부의 오차가 상쇄되는 것을 막음과 동시에 오차의 크기를 차별화해서 반영하는 효과를 가지고 있다. 즉, 제곱하는 과정을 통해 큰 오차는 보다 크게 반영하게 되고, 작은 오차는 상대적으로 보다 작게 반영하게 된다.

$$MSE = \frac{\Sigma E_t^2}{n}$$

[4] 표준편차(standard deviation)

평균제곱오차의 제곱근으로 표시하며, 오차의 분포가 정규분포의 특성을 가질 경우 표준편차(σ)의 값은 약 $1.25MAD$의 크기를 가지게 된다.

$$\sigma = \sqrt{MSE}$$
$$\fallingdotseq 1.25MAD \text{ 혹은 } 1MAD \fallingdotseq 0.8\sigma$$

[5] 평균절대오차비율(MAPE: Mean Absolute Percent Error)

수요의 크기에 비추어 오차의 상대적인 크기를 비교하기 위해 사용되는 측정치이다. 가령 두 예측치의 오차가 모두 100이라 하더라도 평균적인 수요의 크기가 2,000이라면 오차의 수요크기에 대한 상대적 비율은 5% 정도로 비교적 낮다고 볼 수 있다. 그러나 평균적인 수요의 크기가 이보다 작은 500일 때에는 수요의 크기에 대한 오차의 비율이 20%나 되어 상대적으로 높은 오차의 크기를 나타내는 것으로 봐야 할 것이다.

$$MAPE(\%) = \frac{\Sigma \frac{|E_t|}{D_t}}{n} \times 100$$

표 9-8 예측오차분석치

기 간	D_t	F_t	D_t-F_t	$\|D_t-F_t\|$	$(D_t-F_t)^2$
22년 1월	520	537	-17	17	289
2월	600	516	84	84	7,056
3월	660	534	126	126	15,876
4월	800	575	225	225	50,625
5월	850	666	184	184	33,856
6월	950	761	189	189	35,721
7월	1,000	875	125	125	15,625
8월	1,040	981	59	59	3,481
9월	1,010	1,072	-62	62	3,844
10월	940	1,121	-181	181	32,761
11월	810	1,119	-309	309	95,481
12월	700	1,050	-350	350	122,500
합 계			73	1,911	417,115

* *CFE*(누적예측오차)=73
* *MSE*(평균제곱오차)=34,759.58(=417,115/12)
* 표준편차=186.4(= $\sqrt{34,759.58}$)
* *MAD*(평균절대오차)=159.3(=1,911/12)

〈표 9-8〉은 DK음료(주)의 2022년도 판매실적에 대한 추세조정지수평활법에 의한 수요예측치(〈표 9-5〉 참조)의 오차분석치를 구해 본 것이다. 표에서 보는 바와 같이 누적예측오차(*CFE*)는 +73.0으로서 비교적 실적치에 비해 예측치가 작게 산

표 9-9 예측기법별 예측오차 비교

기 간	실적치 (D_t)	단순이동평균 (n=2)	단순지수평활 (α=0.1)	단순지수평활 (α=0.3)	추세조정지수평활 (α=0.3, β=0.3)
22년 1월	520	585	555	565	537
2월	600	560	552	552	516
3월	660	560	556	566	534
4월	800	630	567	594	575
5월	850	730	590	656	666
6월	950	825	616	714	761
7월	1,000	900	649	785	875
8월	1,040	975	684	849	981
9월	1,010	1,020	720	907	1,072
10월	940	1,025	749	938	1,121
11월	810	975	768	938	1,119
12월	700	875	772	900	1,050
CFE		220	2,102	916	73
MSE		12,845.83	52,104.67	24,886.33	34,759.58
MAD		102	193	139	159

출된 것으로 나타나 있다. 실적치에 대한 예측치의 평균적인 절대오차의 값(*MAD*)은 159.3으로서 예측치가 실적과 평균 159.3의 정(+)의 혹은 부(−)의 편차를 보이고 있다.

한편 〈표 9−9〉는 다양한 시계열예측모형에 의한 예측오차의 크기를 비교하여 나타내고 있다. 표에서 보는 바와 같이 단순이동평균법은 *CFE*값을 제외하고는 다른 모든 오차측정치에 있어서 가장 낮은 수준을 보이고 있다. *CFE*값은 앞서도 언급했던 바와 같이 정(+)의 오차와 부(−)의 오차가 상쇄되어 오차의 크기를 왜곡할 수 있는 제약성이 있다. 따라서 표에서 예시한 4가지 예측방법만을 비교한다면, 단순이동평균법이 가장 바람직한 예측모형이라 할 수 있을 것이다.

9.3.3 예측오차의 추적

바람직한 예측모델은 상대적으로 그렇지 못한 모델에 비하여 예측의 오차가 작다. 그러나, 수요예측에 미치는 요인은 정적인 특성을 가지기보다는 시간의 흐름에 따라서 변화하는 동적인 특성을 가지기 때문에 어느 시점에서 바람직하게 평가되었던 예측모델이라 하더라도 그 바람직한 정도가 계속 유지되리라는 보장은 없게 된다. 그렇다고 해서 매 기간 혹은 예측 시마다 바람직한 예측모형을 선택하기 위해 복잡한 평가과정을 거치는 것도 비용－효과성 측면에서 볼 때 합리적인 접근방법이 못 된다. 따라서 수요예측을 위한 모형의 사용은 선택된 모형의 예측능력 혹은 오차발생정도가 일정한 수준을 벗어나지 않는 한 현재의 모형을 계속해서 사용할 수밖에 없을 것이다. 현재 사용하고 있는 수요예측모형의 예측능력이 만족스러울 수 있는지를 평가하기 위해서는 지속적으로 그 모형의 정확성 혹은 오차발생 가능성을 평가하고 관찰할 필요성이 생긴다.

일반적으로 예측모형의 예측성과를 통제하기 위해서는 다음에 정의된 식으로 산출되는 추적지표(TS: Tracking Signal)를 사용한다. 즉, 추적지표는 평균절대오차(MAD)에 대한 누적예측오차(CFE)의 비율로 정의된다. 예측치가 실적치보다 연속적으로 작게 산출될 경우는 CFE의 값이 정(+)의 방향으로 증가하게 되므로 TS 값도 정(+)의 방향으로 증가하게 되는 반면, 그 반대의 경우는 CFE 값이 부(－)의 방향으로 증가하게 되므로 TS 값도 부(－)의 방향으로 증가하게 된다. 물론 예측치와 실적치의 차이가 적으면서 차이의 방향이 정(+) 혹은 부(－)의 방향으로 교차되는 경우는 TS 값이 0에 가까워지게 될 것이다. 따라서 TS 값이 정의 방향이나 부의 방향으로 일정한 수준을 벗어나게 되는 경우는 현재 사용하고 있는 예측모형의 타당성을 재검토할 필요가 있으며, 보다 예측능력이 나은 예측모형의 개발을 심각하게 고려할 필요가 있을 것이다.

$$TS = \frac{CFE}{MAD} = \frac{\Sigma E_t}{\Sigma \mid E_t \mid / n}$$

TS 값은 평균절대오차(MAD)의 일정한 배수로 표시되게 되는데 MAD 값의 확률적인 변동범위를 감안하면 TS 값이 안정적인 변동모습을 가지는지 아니면 예외적인 변동모습을 가지는지를 가늠해볼 수 있다. 일반적으로 MAD의 값은 대략 표준편차(σ)의 0.8배의 크기(즉, 1MAD$=0.8\sigma$)를 갖는다. 만일 TS$=\pm2.0$ 즉, MAD의 ±2배에 해당하는 크기를 갖는다면 이는 변동폭이 $\pm1.6\sigma$에 해당하므로 확률적으로 92.82% 정도의 변동범위를 가지게 된다(정규확률분포표 참조). 따라서 TS가 $+2.0$ 혹은 -2.0보다 절대값이 크게 나타난다면 그럴 변동의 발생가능성은 3.59%에 불과하므로 예외적인 변동모습이라 할 수 있을 것이다.

새로운 추적지표값은 앞서 정의한 식에 따라서 구할 경우 과거의 예측오차자료를 모두 보관해야 하는 번거로움을 발생시킨다. 즉, 만일 이번 기간의 예측오차를 E_t라고 한다면, 이번 기산의 새로운 추적오차 $TS_t=CFE_t/MAD_t$가 된다. 여기서 새로운 CFE_t를 계산하기 위해서는 단순히 직전기간의 CFE_{t-1}에 이번 기간의 예측오차 E_t를 더해주면 되지만 새로운 MAD_t를 계산하기 위해서는 이번 기간을 포함한 지난 t 기간 동안의 예측오차의 절대값을 모두 더하여 평균해야 하는 필요성이 발생하게 되는 것이다. 따라서 이러한 번거로움을 덜기 위해서 새로운 MAD_t를 다음과 같이 지수평활한 값을 산출하여 사용하기도 한다.

$$MAD_t=\alpha\mid E_t\mid+(1-\alpha)MAD_{t-1}$$

9.4 빅데이터를 활용한 수요예측

전통적인 양적 수요예측기법은 '과거는 미래에도 지속할 것'이라는 가정에 기반을 두고 있다. 앞서 설명한 다양한 수학적 예측모델은 과거의 정형화된 데이터를 사용하여 미래 수요를 예측하려고 하였으나, 최근에는 **빅데이터(Big Data)**를 분석하여 수요예측을 포함한 다양한 경영활동에 활용하고 있다. 스마트 인프라 보급의 확대, 저장매체 및 통신비용의 하락, 빅데이터 관리 및 분석기술의 발달 등에 따라서 기업경영뿐 아니라 사회문제의 해결 방법으로서 전 세계적으로 빅데이터 분석이 주목을 받고 있다. 2012년 세계경제포럼(World Economic Forum, 일명 다보스포럼)에서 빅데이터 기술을 2012년 가장 중요한 기술로 선정하였으며, 미국을 비롯한 선진국 정부와 기업들은 이와 관련된 연구개발 분야에 대규모 투자를 확대해 왔다(WEF, 2012).

빅 데이터는 강화된 통찰력, 의사결정 및 프로세스 자동화를 지원하기 위해 혁신적인 정보처리 방식을 필요로 하는 ① 거대한 크기(volume), ② 빠른 속도(velocity), ③ 다양한 형태(variety), ④ 높은 가치(value) 및 ⑤ 높은 정확성(veracity)을 가지는 데이터로 정의해 볼 수 있다(Beyer와 Laney, 2012).

크기는 여러 기간에 걸쳐서 다양한 소스로부터 수집되는 막대한 양의 데이터를 의미한다. 속도는 특정 데이터의 창출과 전송률로 정의할 수 있다. 즉, 데이터 수집 신속성, 데이터 전송 신뢰성, 데이터 저장 효율성 그리고 의사결정 모델과 알고리즘과 관련된 유용한 지식을 찾아내는 발굴 속도를 의미하는 것이다. 다양성은 IoT, 모바일 디바이스, 온라인 소셜 네트워크 등과 같은 소스로부터 다양한 형태의 데이터를 창출하는 것을 말한다. 가치는 의사결정을 지원하기 위해서 찾아내야 하는 데이터의 본질을 나타내며 가장 중요한 것이나 실체성이 부족한 특성이라 할 수 있다. 정확성은 여러 데이터 소스에 불확실성과 낮은 신뢰성이 존재하는 것은 사실이지만 정확하고 신뢰할 가치가 있어야 한다는 의미의 데이터 품질을 나타낸다.

빅 데이터를 활용한 수요예측을 위해서는 일반적으로 ① 인터넷 사용자, ② 모니터링 디바이스 및 ③ 활동 로그(logs)의 3가지 데이터 소스에 의존하게 된다(Tang 등, 2022).

먼저 인터넷은 소셜 미디어의 측면에서 광범위한 플랫폼을 제공하고 있다. 인터넷 사용자는 온라인 문자나 사진 등의 형태로 개개인의 정보를 공유할 수 있게 되고, 이는 사용자 창출 콘텐츠(UGC: user generated contents) 데이터를 만들어냄과 더불어 대중의 의견이나 감정 및 관심과 같은 새로운 예측 지식(predictive knowledge)들을 예측모델에 중요한 투입요소로 사용할 수 있게 만들었다.

둘째로 사물인터넷(IoT: internet of things)의 급속한 발전에 따라 모니터 수준에서 실시간으로 특정한 표적을 직접 추적하기 위해서 사용하는 기상 모니터, 스마트 미터(smart meters), GPS 혹은 다른 센서나 모니터 등과 같은 유용한 디바이스로부터 디바이스 모니터 데이터를 활용할 수 있게 되고 예측의 시공간적 분석능력을 강화하게 되었다.

셋째로 데이터 처리능력과 저장기술의 발전으로 웹 탐색 및 방문, 온라인과 오프라인 마케팅, 임상치료와 연구실 실험 등과 같은 세세한 활동이나 조작의 내용을 활동 로그 데이터(activity log data)의 관점(누가, 언제, 어디서, 무엇 때문에 활동을 수행했는지)에서 기록할 수 있게 되었으며, 결과적으로 개개인의 행동과 일반적인 기준에 대해 깊이 있고 폭넓은 탐색이 가능하게 되었다.

데이터 처리기술 등 정보기술의 발전에 따라 기업들은 빅데이터를 활용하여 과거에는 발견하기 어려웠던 정보를 통해서 가치를 창출하고 있다. 미국의 경우 소비자태도지수를 위한 정형화된 설문조사보다는 Google 검색통계인 Google Trends를 사용하는 것이 더 정확하다고 알려져 있다. Google, Amazon, Facebook, Apple 등은 핵심서비스를 무료 혹은 염가로 제공하며 방대한 데이터를 수집하고 있고, IBM, SAS 등 IT 솔루션 기업들은 빅데이터 처리를 위한 하드웨어와 소프트웨어 개발뿐 아니라 플랫폼 개발을 하고 있다.

WalMart의 경우 SNS에서 수집한 비정형화된 빅데이터를 분석하여 California 주의 Mountain View 지역에는 자전거를 취미로 하는 주민이 많다는 사실을 발견하고 해당 지역의 점포에 자전거 부문을 강화했다. 또한 월마트는 2004년 빅데이터를 분석해 허리케인의 영향권에 있는 지점들이 특정 제품을 더 많이 판매했음을 발견했다. 그러나 흔히들 생각하는 제품(휴대용 랜턴, 생수 등)만 많이 나간 것은 아니었다. 허리케인이 다가오는 시점에 가장 많이 팔린 것은 예상외로 팝타르트(켈로그에서 만든 딸기가 들어간 과자)와 맥주였으며, 플로리다 지역의 경우 의외로 에너지 바(energy bar)가 많이 팔린다는 것을 발견하게 되고 이에 맞추어 비상물류계획센터에서 선제적으로 비상물류계획을 세웠다. 이로 인해서 소비자가 원하는 물품에 대한 재고부족 사태를 줄이고, 매출과 수익을 증대할 수 있었다. 정형화되고 제한된 양의 데이터에 근거한 전통적인 예측기법으로는 이러한 수요가 있다는 것을 발견하기가 어렵고 이에 따라 정확한 재고관리, 물류계획 등을 수행하기가 어려웠다.

패스트 패션 기업인 Zara의 경우 전 세계 매장의 환경정보, 품목특성, 전시위치, 판매실적 등을 실시간으로 집계하여 품목별 최소판매량과 최대판매량을 예측하여 매장·품목별 적정재고를 결정한다.

이와 같이 빅데이터를 수요예측에 활용하는 기업들은 기본적으로 장기간에 축적된 데이터로부터 과거와 현재의 규칙성과 상관관계를 밝혀낸다. 장기간에 축적된 데이터는 전통적인 수리적 모형을 이용한 예측기법에서 사용되는 변수보다는 그 수가 많고, 이용하기 불가능했던 SNS, 날씨, 교통 등 비정형화된 데이터들 또한 이용된다. 이를 근거로 전통적 기법으로는 알 수 없었던 수요에 대한 예측이 가능하게 된다. 그러나 이러한 상관관계가 일시적 혹은 우연에 의한 것인지 지속될 패턴인지를 구분하는 것 또한 기업의 역량에 해당된다.

R·E·F·E·R·E·N·C·E·S

Beyer, M. A. and D. Laney. 2012. *The importance of 'big data': a definition*. Stamford, CT: Gartner, 2014–2018.

Gaither, N. and G. Frazier. 2015. *Operations Management*, 9th ed. Thomson Press.

Montgomery, D. C. and L. A. Johnson. 1976. *Forecasting and Time Series Analysis*. McGraw–Hill Book Co.

Russell R. S. and B. W. Taylor, Ⅲ. 2021. *Operations Management and Supply Chain Management*. 10th ed. Wiley.

Tang, L. et al. 2022. "Big Data in Forecasting Research: A Literature Review". *Big Data Research*. Vol. 27.

World Economic Forum. 2012, *Big Data, Big Impact: New Possibilities for International Development*.

재고관리

제10장 Operations Management

> 기업은 인간을 저장한다.
>
> - 헨리 샤흐트

생산 시스템 내의 자재를 보유하고 관리한다는 것은 곧 재고관리를 의미한다. 재고관리를 담당하는 재고관리자의 직무는 적정한 재고를 유지하도록 하는 데에 초점을 맞추게 된다. 물론 비용의 측면에서는 재고와 관련해서 발생하는 모든 비용을 최소화하는 것이 주요과제일 것이다. 재고는 많이 가져야 하는 필요성도 있으면서 동시에 적게 가져야 하는 필요성도 존재한다. 즉, 재고수준에 따라서 증가하는 비용이 있는가 하면 감소하는 비용이 있다. 본 장에서는 재고의 필요성과 유형에 대한 이해와 더불어 합리적인 재고수준을 유지하기 위해 활용할 수 있는 다양한 재고관리방식에 대해 살펴보기로 한다.

제10장에서 다룰 주요내용은 다음과 같다.

- 재고비용의 주요구성항목은 무엇인가?
- 재고의 유형은 어떻게 구분할 수 있는가?
- 재고수준의 적정성을 평가하기 위해서 어떠한 측정치를 사용할 수 있는가?
- EOQ란 무엇인가?
- 고정주문량 시스템이란 무엇인가?
- 고정기간 재주문 시스템이란 무엇인가?
- ABC분류방식을 사용한 재고관리란 무엇인가?
- VMI란 무엇인가?
- CPFR이란 무엇인가?

10.1 재고의 이해

10.1.1 재고의 특성

재고(inventory)를 가지는 이유는 고객수요에 대응하기 위해서이다. 여기서 말하는 고객은 완성품인 경우 외부고객을 의미하지만, 완성품을 만들기 위해 사용하는 재료나 부품인 경우는 프로세스 내의 다음 작업부서 혹은 작업단계를 의미한다. 재고를 충분히 보유하게 되면 고객수요에 언제든지 빠르게 대응할 수 있는 장점이 있다. 그러나 재고를 충분히 보유하게 되면 자재구매비용이나 저장공간비용 등이 많이 발생하게 된다. 재고비용의 측면에서 왜 많은 재고를 가져야 하는지, 혹은 적은 재고를 가져야 하는지를 살펴보면 다음과 같다(Krajewski와 Malhotra, 2022).

[1] 적은 재고를 가져야 하는 이유

적은 재고를 가져야 하는 이유는 재고의 수준에 따라서 비례적으로 증가하는 비용을 억제하기 위해서이다. 대표적인 예로서는 이자 혹은 기회비용, 저장 및 처리비용, 세금, 보험 및 감소비용 등을 들 수 있다.

① 이자 혹은 기회비용(interest or opportunity costs)

재고를 가지기 위해 필요한 금융자원을 확보하려면 필요한 자금을 대출받거나 자금이 있더라도 다른 수익을 얻을 수 있는 투자기회를 포기해야 한다. 이자비용이든 기회비용이든 이러한 금융비용은 재고유지비용의 가장 큰 부분을 차지하게 된다.

② 저장 및 처리비용(storage and handling costs)

재고를 보유하기 위해서는 저장공간이 필요하게 된다. 또한 저장공간으로 들여 오거나 인출해 나가기 위해서는 그에 따른 처리비용이 발생한다. 저장공간을 장단기로 임차하는 경우에도 이와 같은 저장·취급비용은 발생하게 된다. 재고를 저장하는 대신에 다른 생산적인 일에 저장공간을 사용할 수 있을 경우 기회비용도 발생하게 된다.

③ 세금, 보험 및 감소비용(taxes, insurance, and shrinkage costs)

연말재고의 수준이 높을 경우 보다 많은 세금이 부과되며, 보험료도 높아지게 된다. 또한 재고가 많을 경우 고객이나 내부종업원에 의한 도난비용, 유행이나 모델변경에 따른 가치저하비용(진부화비용) 혹은 물리적인 파손이나 부패 등에 의해 발생하는 노후화비용 등의 감소비용도 증가하게 된다.

[2] 많은 재고를 가져야 하는 이유

재고를 가지는 근본적인 이유는 고객수요에 신속하게 대응하기 위해서이다. 그 외에도 빈번한 주문 혹은 셋업에 따른 비용증가를 억제하기 위해서 혹은 운송의 효율성이나 설비의 이용률을 높이기 위해서도 높은 재고수준을 유지할 필요성이 있다.

① 고객서비스(customer service)

재고를 충분히 보유하게 되면 고객의 수요에 신속하게 대응할 수 있는 능력, 즉 고객서비스 능력이 높아지게 된다. 반대로 재고수준이 낮은 경우는 품절이나 미충족주문 등과 같이 판매기회를 상실하거나 고객에 대한 신뢰성을 상실하게 될 가능성이 높아지게 된다.

② 주문비용(ordering costs)

필요한 재료나 부품을 주문하기 위해서는 공급업체를 선정하고 계약을 체결하며, 주문을 내고 이를 통제하는 일련의 활동들이 수반되어야 한다. 이러한 활동들은 시간과 비용을 모두 필요로 하게 되는데, 일반적으로 주문횟수가 많을수록 비례하여 증가하게 된다. 따라서 주문비용을 줄이려면 주문횟수를 감축해야 하는데, 이는 단위주문량의 크기를 증가시키게 되고, 따라서 평균적인 재고수준은 높아지게 되는 것이다.

③ 셋업비용(setup cost)

상이한 부품이나 품목을 생산하기 위해서 기계를 조절하는 데에 소요되는 비용을 셋업비용이라고 한다. 셋업비용에는 기계조절, 세척, 작업도구 혹은 장착물 준비 등에 필요한 노동력과 시간의 사용비용이 포함된다. 초기 기계가동기간에는 폐기비용이나 재작업비용이 더 많이 발생할 수도 있다. 셋업비용을 줄이기 위해서는 셋업의 횟수를 줄여야 한다. 셋업비용은 셋업을 통해 생산하는 단위생산량의 크기와는 별 상관이 없기 때문에 가급적 단위생산량을 늘여서 셋업횟수를 줄여야 한다. 결과적으로 셋업비용을 줄이려면 평균적인 재고의 수준은 높아지게 된다.

④ 작업인력 및 설비 이용(labor and equipment utilization)

단위생산량의 크기를 늘리면 셋업에 따르는 비생산적인 시간이 줄어들게 되므로 생산자원의 이용률을 높일 수 있다. 또한 재고를 충분히 가지면 부품재고의 부족으로 인한 생산일정변경비용의 발생도 줄일 수 있다. 아울러 재고를 충분히 가질 경우는 수요가 계절성을 가지거나 주기성을 가질 경우에도 산출률을 안정적으로 유지시켜 줄 수 있다. 즉, 비수기에 생산하여 쌓아둔 재고를 이용하여 성수기의 수요를 충당함으로써 교대조 추가, 고용, 휴직, 초과작업 등과 같은 수요변동에 대응하기 위한 비용들을 줄일 수가 있다.

⑤ 운송비용(transportation cost)

완성품재고를 늘리는 경우 운송의 효율성을 높여서 보다 저렴하게 제품을 전달할 수 있으며, 재고부족에 따른 긴급수송의 필요성 때문에 고비용 운송수단을 이용하게 되는 일이 줄어들게 된다. 또한 동일한 공급업체로부터 여러 개의 부품을 일괄해서 구입할 경우 이를 결합하여 운송하게 되면 운송의 효율성을 높여서 낮은 운송요율을 부담하는 이점을 가질 수 있다.

⑥ 수량할인(quantity discounts)

주요 공급업체의 납품가격이 상승할 기미가 있을 경우 필요한 양보다 많이 구매하게 되면 결과적으로 낮은 가격에 구매한 효과를 얻을 수 있다. 또한 단위 주문량을 크게 유지할 경우 그렇지 않을 경우에 비하여 가격협상력이 높아져서 보다 저렴한 가격에 구입할 수 있는 이점이 있다. 이와 같이 단위주문량의 크기를 늘림에 따라서 단위구매가격이 낮아지는 효과를 수량할인이라고 하며, 수량할인 효과를 얻기 위해서는 단위주문량을 높게 유지해야 하므로 결과적으로 평균적인 재고수준은 높아지게 된다.

10.1.2 재고의 유형

재고의 형태는 회계적인 처리기준 혹은 공정중의 진행상태에 따라서 원재료(raw materials)재고, 재공품(WIP: Work–In–Process)재고, 완성품(finished goods)재고로 나눠볼 수 있다. 즉, 외부공급업체로부터 조달받아서 공정에 투입하기 전의 상태에 있는 재고를 원재료재고라고 하며, 생산프로세스에 투입이 되어서 가공이나 조립이 진행중인 상태에 있는 재고를 재공품재고라 한다. 공정의 전 과정을 마쳐서 유통센터로 보내질 수 있는 상태의 재고는 완성품재고라고 한다. 그러나 재고의 물리적인 변화과정에 초점을 맞추기보다는 재고의 사용목적에 따라서 다음과 같이 4가지 재고유형으로 나누어 볼 수도 있다. 물론 이와 같은 재고유형의 구분이 재고를 물리적으로 구분하는 데 사용될 수는 없지만, 재고의 속성을 이해함으로써 재고를 보다 효율적으로 감축시키기 위해서는 유용하게 적용될 수가 있다.

[1] 사이클재고(cycle inventory)

사이클재고는 통상적인 수요충족을 위해 보유하는 재고를 말한다. 단위주문량의 크기가 증가할 경우, 평균적인 사이클재고의 크기는 늘어나게 된다. 단위주문량의 크기를 Q라고 하면 다음 주문 사이클이 도래하기까지 최대 Q만큼, 최소 0만큼의 재고를 가지게 되므로 평균적으로는 $\frac{Q+0}{2}$, 즉 $\frac{Q}{2}$만큼의 재고를 보유하게 된다. 만일 연간 6회의 주문사이클이 발생한다면 연간 총주문량은 $6Q$가 된다.

[2] 안전재고(safety stock inventory)

안전재고는 수요나 리드타임 혹은 공급량의 불규칙성에 대비하여 보유하는 재고를 말한다. 공급업체의 납품소요시간, 즉 리드타임이 불규칙하거나 납품수량이 불규칙할 경우, 이에 대비하여 필요한 기간보다 앞당겨서 주문을 내거나 필요한 수량보다 많게 주문을 내야 할 필요성이 생기게 된다. 그렇지 않을 경우 생산공정의 흐름이 지연되어 고객과 약속한 납기일을 지키기 어렵게 되기 때문이다. 경우에 따라서는 예상치 못한 고객수요에 대비하기 위해서 재고를 보유할 수도 있다. 어느 경우든 고객서비스의 제고를 목적으로 평균적으로 소요되는 수량을 초과해서 보유하는 재고를 안전재고라 한다.

[3] 예상재고(anticipation inventory)

고르지 못한 수요 혹은 공급률을 안정시키기 위해서 보유하는 재고를 말한다. 에어컨이나 난방기기와 같이 특정한 계절에 제품수요가 집중적으로 발생하는 경우, 이를 예상해서 미리 비수기에 제품을 생산해서 재고로 쌓아 두는 것을 예상재고라 한다. 즉, 일상적인 수요충족이나 불규칙한 수요충족을 목적으로 하는 것이 아니고, 장래에 예상되는 수요에 대비하여 보유하는 재고를 말하는 것이다.

[4] 운송재고(pipeline inventory)

공급업체로부터 고객업체로, 한 작업장에서 다른 작업장으로 혹은 공장에서 유통센터로 이동중인 자재의 흐름을 운송재고라 한다. 즉, 어느 한 지점에서 다른 지점으로 이동중인 재고는 모두 운송재고에 포함되게 된다. 재공품재고는 대표적인 운송재고의 유형이 된다. 운송재고는 발주는 했지만 아직 수령하지 않은 주문량을 나타낸다. 일반적으로 운송재고는 주문리드타임(LT)에 발생하는 평균적인 수요($\overline{D}_{LT}$), 즉 $\overline{D}_{LT} = d \times LT$로 나타낸다(단, d=단위기간 동안의 평균 수요).

여기서 주목할 것은 평균적인 운송재고의 수준은 단위주문량(Q)의 크기에 의해서 영향을 받지 않는다는 점이다. 단위주문량이 클 경우 리드타임의 운송재고 수준은 높아지게 될 것이다. 그러나 연간 주문횟수가 줄어들게 되므로 전체적인 연간 리드타임은 감소하게 된다. 따라서 주문이 진행 중이지 않은 기간이 증대되어 결과적으로 운송재고의 평균적인 수준은 다시 낮아지게 된다. 즉, 만일 연간수요량= D, 단위주문량= Q, 리드타임= LT(일)라고 하면, 연간주문에 따라 발생하는 리드타임의 총 길이는 주문횟수×단위리드타임의 길이, 즉 $\frac{D}{Q}\times$LT(일)이다. 이 기간에는 Q만큼의 운송재고 수준이 유지되지만, 나머지 기간에는 운송재고의 수준이 0이 되므로,

$$\text{연간평균운송재고} = \overline{D}_{LT} = \frac{Q\times\frac{D}{Q}\times LT}{365} = \frac{D}{365}\times LT = \mathrm{d}\times LT\text{가 된다.}$$

[예시 10-1] 재고수준의 평가

㈜노벨 문고에서는 2개월에 한 번씩 다음 2개월 동안에 히트하리라고 예상되는 신간 도서를 골라 1,400권씩 주문판매하고 있다. 주문한 도서가 도착하기까지는 7일이 소요된다. 노벨 문고는 연간 350일 영업하고 있다.

(1) 신간 도서의 평균 사이클재고는 얼마인가?

(2) 노벨 문고의 연간 신간 도서 수요는 얼마나 되는가?

(3) 신간 도서의 평균 운송재고수준은 얼마인가?

풀 이

(1) 단위주문량(Q)은 1,400권이므로 평균 사이클재고는 1,400/2 = 700권이다.

(2) 주문주기가 2개월이므로 연간 6회 주문하게 된다. 따라서 연간수요는 6회×1,400권= 8,400권이다.

(3) 운송재고는 단위기간의 수요×리드타임이므로 $\frac{8,400}{350}\times 7$일 = 24×7 = 168권이 된다.

10.1.3 재고측정치

재고를 적절하게 유지하기 위해서는 재고수준의 적정성을 평가하기 위한 측정치의 사용이 필요하다. 물론 재고의 수량 혹은 부피 등과 같이 물리적인 상태를 점검하는 방법도 있겠으나, 일반적으로 재고수준의 적절성을 평가하기 위해 사용되는 측정치로는 **평균총재고가치**(average aggregate inventory value), **공급주수**(**供給週數**: weeks of supply) 및 **재고회전율**(inventory turnover)의 세 가지를 들 수 있다.

[1] 평균총재고가치

재고로 보유하고 있는 총자재의 가치를 합한 측정치이다. 따라서 평균총재고가치는 각 재고품목의 수량과 단위가치를 곱하여 모두 더한 값으로 나타낸다. 평균총재고가치는 기업의 자산이 얼마나 재고로 묶여 있는지를 나타내므로 과거의 수준이나 경쟁업체의 수준에 비하여 상대적으로 재고의 수준이 적정한지를 평가하는 데에 사용될 수 있다.

[2] 공급주수

현재 보유하고 있는 총재고를 사용해서 몇 주(평균적인 재고수준이 낮을 경우는 일 혹은 시간단위를 사용할 수도 있음) 간의 수요를 충당하는 데에 사용할 수 있는지를 나타낸다.

$$\text{공급주수} = \frac{\text{평균총재고가치}}{\text{주당 매출원가}}$$

평균총재고가치를 측정할 때는 원재료, 재공품, 완성품 등 모든 품목의 가치를 사용하지만, 주당 매출원가를 산정할 때는 완성품의 매출원가만을 사용하게 된다. 고객에 대한 서비스수준이 동일하다면, 공급주수는 적을수록 바람직한 측정치가 된다.

[3] 재고회전율

재고회전율은 연간수요를 충족시키기 위해서 평균적인 총재고수준이 몇 번이나 사용되어야 하는지를 나타낸다. 따라서 재고회전수가 높다는 것은 평균적으로 적은 수준의 재고를 보유하고 있음을 나타내며, 기업의 금융자산 활용도가 높다는 것을 의미한다.

$$\text{재고회전율} = \frac{\text{연간 매출원가}}{\text{평균총재고가치}}$$

[예시 10-2] 재고측정치의 계산

(주)테리버거 DK 판매점의 주당 평균 햄버거판매수량은 600개이다. 본사에 대한 햄버거주문은 1회에 4,000개씩 개당 2,000원을 지불하고 있으며, 주문한 햄버거의 리드타임은 2주이다. 예기치 못한 햄버거수요에 대비해서 300개 정도의 햄버거를 안전재고로 가지고 있다. DK 판매점은 연간 52주 영업을 하고 있다.

(1) 평균총재고가치는 얼마인가?

(2) 공급주는 얼마인가?

(3) 재고회전율은 얼마인가?

풀 이

(1) 현재 DK 판매점은 사이클재고, 운송재고 및 안전재고를 가지고 있으므로, 이를 모두 더하여 평균총재고가치를 계산해야 한다. 즉,

사이클재고가치 $= \frac{Q}{2} \times 2{,}000$원 $= \frac{4{,}000}{2} \times 2{,}000$원 $= 4{,}000{,}000$원

운송재고가치 $= \overline{D}_{LT} \times 2{,}000$원 $= 600 \times 2$주 $\times 2{,}000$원 $= 2{,}400{,}000$원

안전재고가치 $= 300$개 $\times 2{,}000$원 $= 600{,}000$원이므로,

평균총재고가치 $= 4{,}000{,}000 + 2{,}400{,}000 + 600{,}000 = 7{,}000{,}000$이다.

(2) 공급주수 = 평균총재고가치/주당매출원가 $= \frac{7{,}000{,}000}{600 \times 2{,}000} = 5.83$주

(3) 재고회전율 = 연간매출원가/평균총재고가치 $= \frac{600 \times 52 \times 2{,}000}{7{,}000{,}000} = 8.9$회전

10.2 재고관리 시스템

10.2.1 EOQ 모형

EOQ(Economic Order Quantity)란 재고비용을 최소화할 수 있는 주문량의 크기를 말한다. EOQ모형은 1915년 F.W. Harris에 의하여 처음 그 기본적인 산출식이 개발된 이래 합리적인 주문량의 크기 혹은 로트 사이즈를 결정하는 기본모형으로

서 널리 활용되어 왔다. EOQ모형은 기본적으로 재고유지를 위해 부담하는 비용과 주문에 소요되는 비용의 합으로 정의되는 총재고관리비용을 극소화할 수 있는 최적주문량의 크기를 산출하는 모형이다. 이러한 EOQ모형은 모형이 전제하고 있는 비현실적인 가정에도 불구하고 대략적인 주문량의 크기를 결정하거나 주문간격의 크기를 결정하기 위한 기본적인 모형으로서 널리 활용되어 왔다.

[1] EOQ모형의 가정

EOQ모형은 기본적으로 다음과 같은 모형구성요소에 대한 가정들을 필요로 하고 있다. 물론 이 가정들이 실제적인 주문 혹은 생산과정에 있어서 발생하는 상황들과 잘 부합되지 않는 비현실적인 전제들을 필요로 하기는 하지만, 이러한 가정들과 밀접한 연관성을 가지는 모형매개변수(parameters)들의 크기변화가 EOQ의 크기변화에 미치는 영향이 비교적 작다는 점에서 EOQ의 유용성은 어느 정도 유지될 수 있다.

① 단위기간 동안에 발생하는 수요율(demand rate)은 일정하며 확정적이다. 즉, 매일 혹은 매주 발생하는 수요량의 크기는 일정하게 확정적으로 발생한다는 전제이다.

② 제품의 주문은 로트(lot) 단위로 이뤄지며, 로트 크기에 제약이 없다. 아울러 주문한 것은 전체를 한 번에 수령하게 된다는 전제이다.

③ 재고관리비용은 **재고유지비용**(inventory holding costs)과 **주문비용**(ordering costs)만 발생한다. 또한 주문비용의 경우 주문량의 크기에 관계 없이 일정한 것으로 가정한다.

④ 주문리드타임(lead time)은 일정하고 주문한 양은 정확하게 공급받을 수 있다. 즉, 주문을 내고 받기까지 소요되는 시간의 길이가 일정하며, 주문한 것은 수량이 정확하게 도착한다는 가정이다.

⑤ 각각의 품목에 대한 주문량결정은 각기 독립적으로 이뤄질 수 있다. 즉, 동일한 공급업체에 대해 여러 개의 품목을 주문하더라도 이를 결합해서 주문할 필요성은 없다는 것을 전제로 한다.

[2] EOQ값의 산출

EOQ의 제 가정이 충족된다면 한번에 Q만큼씩 주문해서 수요를 충족시키는 경우의 사이클재고(cycle inventory)는 다음의 〈그림 10－1〉과 같이 변화하는 모습을 보이게 된다. 즉, Q개의 주문이 도착한 경우 최대재고수준은 바로 Q가 되지만, 매일 일정한 양만큼씩 발생하는 수요를 충족시키기 위해 주문한 양을 사용하게 되면 재고의 수준은 일정한 율(즉, 수요율)로 감소하게 된다. 재고가 모두 소진되어 다시 Q개만큼 주문한 양이 도착하면 다시 재고수준은 Q로 바뀌게 되며, 이러한 과정은 일정한 기간(즉, 주문간격)마다 반복되게 된다. 만일 한 번에 많은 양을 주문해서 사용하게 되면 최대재고수준이 증가함과 아울러 평균적으로 가지게 되는 재고의 수준($\frac{Q}{2}$)도 높아지게 될 것이다. 이는 바로 재고유지비용의 증가를 가져오게 된다.

그러나 일정한 연간수요를 충족시키기 위해 주문하는 단위수량을 크게 할 경우 주문횟수는 줄어들어서 전체주문비용은 감소될 수 있다. 가령 연간 수요(D)가 10,000개인데 한번에 2,000개씩 주문한다면 연간 5회의 주문이 필요하지만, 한 번에 5,000개씩 주문한다면 2회의 주문으로도 충분할 것이다. 결과적으로 단위주문량(Q)의 크기를 늘리면 주문비용은 감소하나, 재고유지비용은 증가하는 상쇄관계가

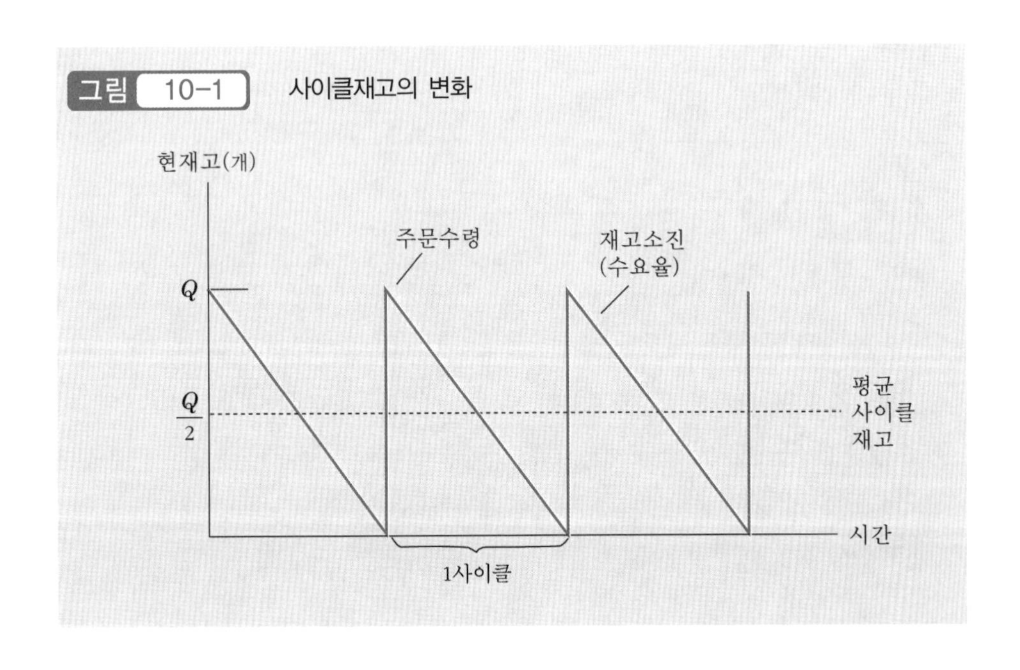

그림 10－1 사이클재고의 변화

발생하게 되는 것이다. 따라서 총재고관리비용을 줄이기 위해서는 재고유지비용과 주문비용의 총합이 극소화될 수 있는 적정한 수량의 주문량을 결정할 필요가 있다.

일반적으로 재고유지비용과 주문비용 및 총재고관리비용의 크기는 다음의 식으로 정의할 수 있다

$$재고유지비용 = 평균사이클재고(\frac{Q}{2}) \times 연간단위재고유지비용(H)$$
$$주문비용 = 연간주문횟수(\frac{D}{Q}) \times 단위주문비용(S)$$
$$총재고관리비용(C) = 재고유지비용 + 주문비용$$
$$= \frac{Q}{2} \times \mathrm{H} + \frac{D}{Q} \times \mathrm{S}$$

다음의 〈그림 10-2〉는 단위주문량(Q)의 변화에 따른 재고유지비용과 주문비용, 그리고 총재고관리비용의 변화를 나타내고 있다. 그림에서 보는 바와 같이 총재고관리비용은 재고유지비용과 주문비용이 일치하는 점에서 최소화될 수 있다. 바로 이 점에서의 주문량의 크기가 EOQ의 값을 나타내게 된다. 따라서 EOQ의 값은 $\frac{Q}{2} \times \mathrm{H} = \frac{D}{Q} \times \mathrm{S}$를 충족시키는 Q를 다음과 같이 산출함으로써 얻을 수 있게 된다:

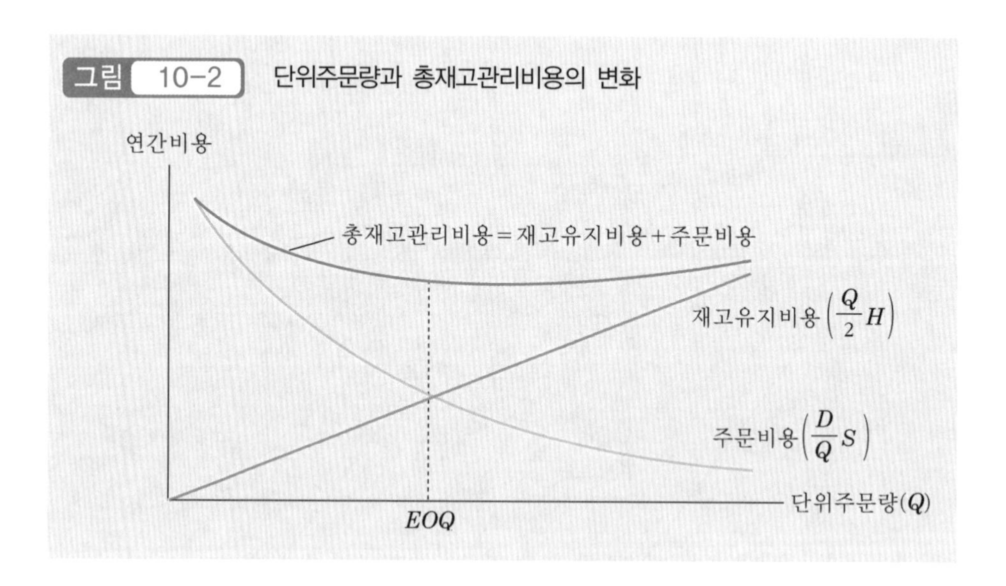

그림 10-2 단위주문량과 총재고관리비용의 변화

$$\frac{Q}{2} \times \mathrm{H} = \frac{D}{Q} \times \mathrm{S}$$

$$Q^2 = \frac{2 \times D \times S}{H}$$

$$Q = \sqrt{\frac{2 \times D \times S}{H}} = EOQ$$

이 경우 **주문간격**(TBO: Time Between Orders)의 시간적 길이는 $\mathrm{TBO} = \frac{EOQ}{D}$년, 혹은 $\frac{EOQ}{D} \times 12$월로 계산할 수 있다.

[예시 10-3] EOQ의 적용

소진인쇄(주)에서는 인쇄용 칼라잉크를 주문해서 사용하고 있다. 칼라잉크 1통의 구입가격은 40,000원이며, 칼라잉크를 재고로 유지하기 위해 부담하는 단위재고유지비용은 매월 구입가격의 0.5%씩 발생한다. 칼라잉크의 단위주문비용이 50,000원이고, 연간 칼라잉크의 사용량이 200통이라고 한다. 현재는 매 주문마다 50통씩 주문하여 사용하고 있다.

(1) 현재의 주문량을 사용할 때, 총재고관리비용은 얼마나 발생하는가?

(2) 현재의 주문량이 최적주문량이라고 말할 수 있겠는가?

(3) EOQ는 얼마인가? 이 경우 주문간격은 얼마인가?

풀 이

(1) $H = 0.005 \times 40{,}000 \times 12$개월 $= 2{,}400$원

총재고관리비용$= \frac{50}{2} \times 2{,}400 + \frac{200}{50} \times 50{,}000 = 60{,}000 + 200{,}000 = 260{,}000$원

(2) 주문비용이 재고유지비용보다 크므로 최적주문량이 아니다(최적주문량보다 작다고 할 수 있다).

(3) $EOQ = \sqrt{\frac{2 \times 200 \times 50{,}000}{2{,}400}} = 91.2 =$ 약 91개

$TBO = \frac{91}{200} \times 12$개월 $= 5.46$개월

10.3 재고관리의 실행

10.3.1 고정주문량 시스템(Fixed Order Quantity System)

고정주문량 시스템은 **ROP(Reorder Point) 시스템** 혹은 연속확인시스템(continuous review system)이라고도 하며, 기본적으로 재고인출시마다 잔존재고의 수준이 재주문해야 하는 수준(즉, ROP)에 이르렀는가를 확인하여 필요한 경우 일정한 양만큼을 주문 혹은 생산하게 되는 재고관리시스템을 말한다. 기본적으로 EOQ와 같은 일정한 수량(Q)의 구매 혹은 생산주문을 내기 때문에 이를 **Q-시스템**이라고도 한다.

재고인출시의 잔존수량은 현재 가지고 있는 수량(현재고(OH: on-hand inventory)) 만을 고려하는 것은 아니다. 실제로 가지고 있지는 않지만 이전에 이미 주문을 내어서(유효주문(open order)) 앞으로 수령하기로 예정되어 있는 양, 즉 **예정된 수취량**(SR: scheduled receipt)이 있는 경우는 이를 반영해야 한다. 역으로 현재 남아 있는 수량 중에서 이전의 미충족시킨 주문을 위해 사용해야 하는 양, 즉 **미충족주문**(BO: back-order)이 있는 경우도 이를 반영해야 한다. 따라서 재주문의 여부를 결정하기 위해 사용하는 잔존재고의 수준은 물리적인 잔존량이 아닌 다음의 **재고위치**(IP: inventory position)의 수준에 의해서 평가하게 된다.

$$\text{재고위치(IP)} = \text{현재고(OH)} + \text{예정된 수취량(SR)} - \text{미충족주문(BO)}$$

고정주문량 시스템의 운영을 위해서 결정해야 할 주요 의사결정항목은 주문량(Q)의 크기와 ROP의 크기이다. 주문량의 크기는 EOQ나 수량할인혜택 등을 감안한 최적주문량, 수송 혹은 저장의 제약성에 입각한 단위운송/저장수량 등에 의해서 결정할 수 있다.

개념적으로 ROP의 크기는 '주문 리드타임(lead time) 동안의 수요를 충족시키기 위해 필요한 수량'으로 정의해 볼 수 있다. 〈그림 10-3〉과 같이 수요율(d)이 일정하고 리드타임(LT)도 일정한 경우는 ROP의 크기를 *수요율(d)×리드타임(LT)*으로 정의하면 된다. 즉, 매주 제품수요가 1,000단위로 일정하고 리드타임이 3주로 확정적

그림 10-3 수요율과 조달기간이 일정한 경우의 재고수준 변화(Q-시스템)

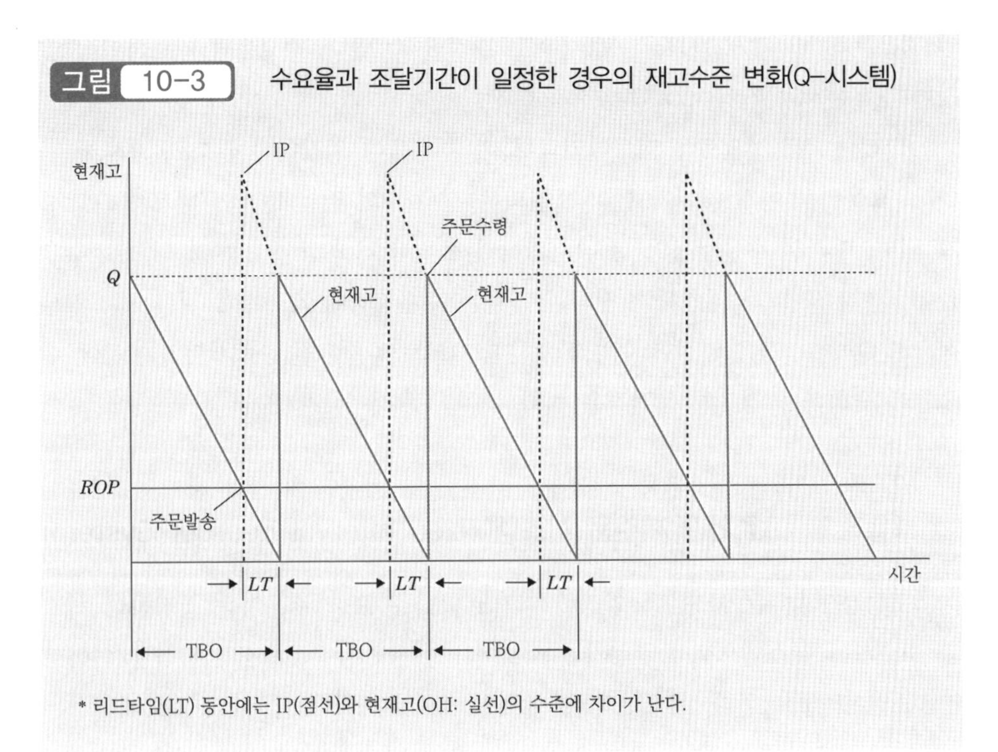

* 리드타임(LT) 동안에는 IP(점선)와 현재고(OH: 실선)의 수준에 차이가 난다.

그림 10-4 수요율과 조달기간이 변화하는 경우의 재고수준 변화(Q-시스템)

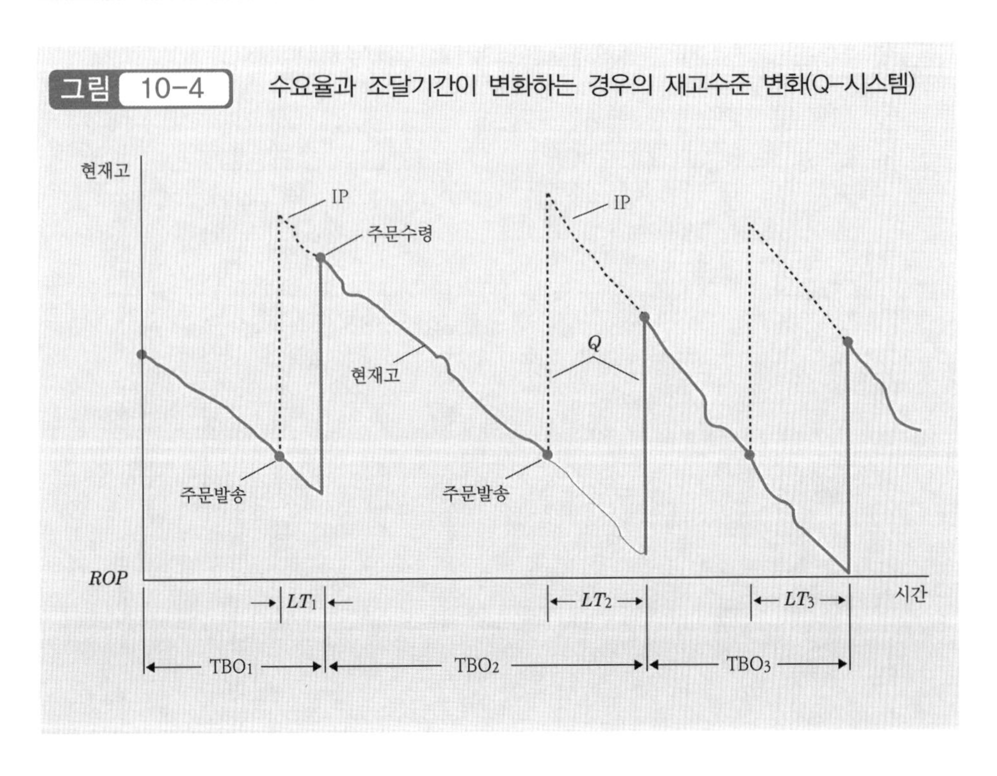

인 경우는 ROP=1,000×3=3,000단위로 결정할 수 있다. 수요율과 리드타임이 일정한 경우는 주문간격(TBO)도 일정하게 된다.

그러나 현실적으로는 리드타임과 특히 수요율이 일정하지 않고 변화하게 된다. 수요율이 높아서 재고가 빨리 소진되는 경우 IP의 값이 ROP에 빠르게 도달하게 되며, 따라서 주문간격의 길이는 짧아지게 된다(〈그림 10-4〉 참조). 역으로 수요율이 낮아서 재고가 천천히 소진되는 경우는 주문간격이 길어지게 된다. 즉, 기본적으로 Q-시스템은 일정한 수량씩 주문한 재고로써 수요를 충족시키기 때문에 수요율이 변화하는 경우 주문간격은 변화하게 되는 것이다.

10.3.2 고정기간 재주문 시스템(Fixed Interval Reorder System)

고정기간 재주문 시스템은 일정한 기간(P)마다 필요한 주문량을 결정하여 재고를 보충하는 시스템으로서 주문간격(TBO)이 P만큼씩 일정하게 유지된다는 의미로 **P-시스템**이라고도 한다. 이 시스템은 재고를 인출할 때마다 잔존재고량을 확인하는

그림 10-5 고정기간 재주문시스템의 재고수준 변화(P-시스템)

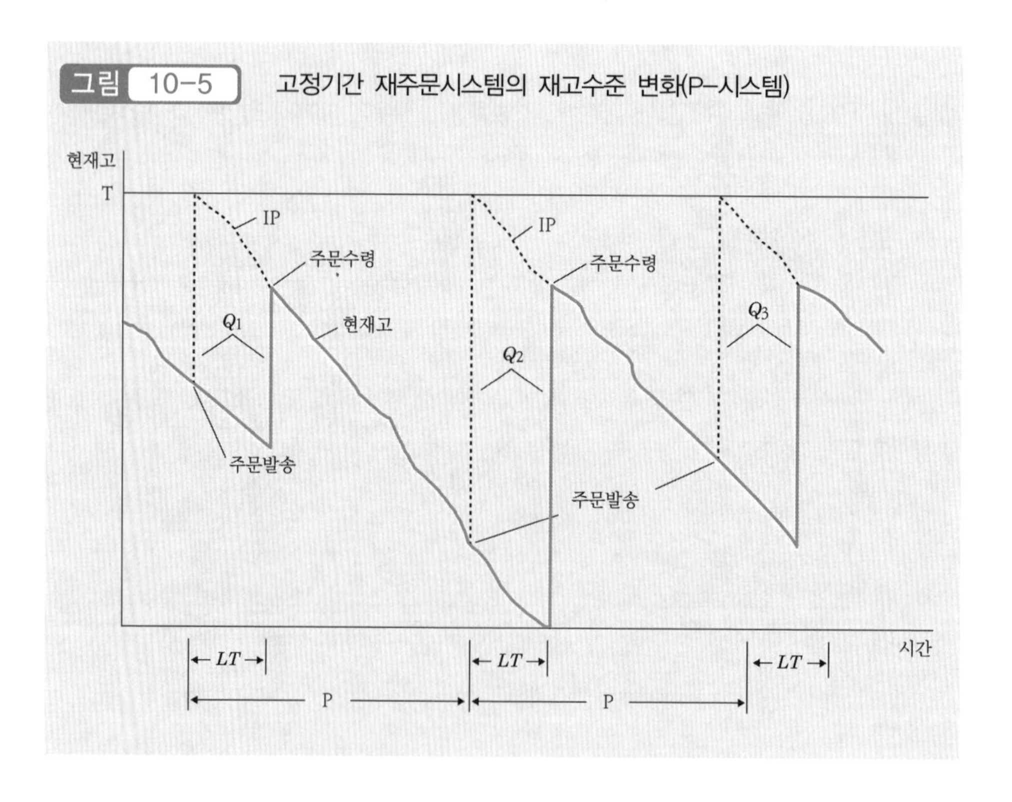

Q－시스템과는 달리 P 기간마다 한 번씩 주기적으로 재고를 확인하기 때문에 주기적 확인 시스템(periodic review system)이라고도 한다(〈그림 10－5〉 참조). 매 주문시점마다 주문하는 수량은 Q＝T－IP가 된다. 여기서 T는 목표로 하는 재고수준, 즉 표적재고(target inventory)수준을 나타낸다. 만일 P 기간마다 주문을 하며, 리드타임은 LT, 수요율은 d라면 표적 재고수준(T)은 다음과 같이 나타낸다.

$$T = d \times (P + LT)$$

즉, 매주 제품수요가 1,000단위로 일정하고 주문기간은 10주, 리드타임은 2주로 확정적인 경우는 T＝1,000×(10＋2)＝12,000단위가 된다. 따라서 현재 주문시점이 되어서 잔존 재고수준(IP)을 확인한 결과 2,000단위가 있다면, 필요한 주문량(Q)의 크기는 다음과 같이 계산할 수 있다.

$$Q = T - IP = 12{,}000 - 2{,}000 = 10{,}000$$

그러나 현실적으로는 리드타임과 특히 수요율은 일정하지 않고 변화하게 된다. 수요율이 높아서 재고가 빨리 소진되는 경우 품절이 발생할 수 있다. 따라서 수요율이 변화하는 경우에는 표적재고수준(T)을 정할 때 다음과 같이 품절에 대비하여 일정한 수준의 안전재고(SS)를 반영하는 것이 필요하다.

$$T = d \times (P + LT) + SS$$

고정기간 주문시스템인 경우 수요율(d)이 변화하는 경우 매 일정기간(P)에 한 번씩만 재고를 보충하기 때문에 지난 기간 동안에 수요가 많았던 경우는 재고보충을 위한 주문량의 크기(Q)도 커지게 된다. 반대로 수요가 적었던 경우는 적은 양만 보충해도 되므로 Q값은 작아도 된다. 즉, P는 일정하게 유지되나 Q는 변화하게 되는 것이다. 일반적으로 P 값의 크기는 EOQ가 가지는 주문간격의 크기(년)로 정해볼 수도 있고, 동일한 공급업체로부터 여러 개의 품목을 조달받는 경우는 이를 결합해서 주문하기 위해 필요한 주문간격의 크기를 사용할 수도 있을 것이다.

10.3.3 고정주문량(Q) 시스템과 고정기간(P) 재주문 시스템의 비교

Q-시스템은 고객에 대한 서비스 수준을 유지하기 위해 필요로 하는 안전재고가 리드타임만을 대상으로 하기 때문에 이를 상대적으로 낮은 수준에서 유지할 수 있다. 즉, 평균적으로 부담하는 재고유지비용이 적은 장점이 있는 것이다. 경우에 따라서는 주문량의 크기(Q)를 적정한 수준에서 고정시킬 경우 구매 혹은 생산비용이 줄어드는 수량할인혜택(quantity discount)을 받을 수 있다. 아울러 운송수단의 제약성이나 자재취급단위의 제약성 때문에 일정한 크기의 주문량을 필요로 하는 경우에도 유용하게 적용할 수 있을 것이다. Q-시스템의 대표적인 단점은 재고관리를 위한 노력이 상대적으로 많이 요구된다는 것이다. 재고를 인출할 때마다 항상 재고의 수준을 점검하여 ROP에 다다랐는지를 조사해야 하기 때문이다. 결과적으로 Q-시스템은 재고가치가 높은 품목의 관리에 적합하다고 할 수 있다.

반면에 P-시스템은 일정기간마다 재고수준을 확인해도 되므로 재고확인에 따르는 비용을 줄일 수 있는 이점이 있다. 동일한 공급업체로부터 여러 가지 품목을 조달받을 경우 이에 대한 주문을 일정기간마다 결합해서 발송함으로써 주문처리에 따르는 비용을 줄일 수 있으며, 운송요금이 저렴한 운송수단의 일정에 맞추어 일정한 기간마다 주문을 낼 경우 운송비용을 줄일 수 있는 이점이 있다. P-시스템의 가장 큰 단점은 평균적인 재고수준이 높아서 재고유지비용이 많이 발생한다는 점이다. Q-시스템과 달리 리드타임뿐만 아니라 주문주기까지도 고려하여 안전재고를 유지해야 하기 때문이다. 예기치 못한 수요증가가 발생할 때 경우에 따라서는 장기간 품절이 발생할 수 있는 위험성도 존재한다. 결과적으로 P-시스템은 재고가치가 낮은 품목의 관리에 적합하다고 할 수 있다.

10.3.4 혼합형 재고시스템

[1] 시각적 재고시스템(visual inventory system)

주로 재고가치가 낮은 품목의 재고관리를 목적으로 사용하는 시스템으로서 재고의 수준에 대한 확인이 시각적인 가늠에 의해서 이뤄진다는 의미로 **시각적 재고시**

스템이라고 한다. 이 시스템의 대표적인 유형에는 싱글-빈 시스템(single-bin system)과 투-빈 시스템(two-bin system)을 들 수 있다.

싱글-빈 시스템은 단일한 재고저장통 안에 눈으로 확인할 수 있는 표시를 해두고 대략 재고의 수준이 그 표시 이하로 줄어든 경우 한 통(bin)을 채워 넣도록 주문하는 방식이다(〈그림 10-6〉의 b) 참조). 일반적으로 일정기간마다 재고수준을 눈으로 확인하며, 사용한 정도에 따라서 필요한 양만큼을 보충하는 방식을 사용한다. 표시한 수준은 일종의 재주문할 시점을 알리는 재고수준, 즉, 재주문점(ROP)을 나타내게 된다.

투-빈 시스템은 〈그림 10-6〉의 a), c) 및 d)에서 보는 바와 같이 다양한 형태로 사용되고 있다. 기본적으로 두 저장통에 필요한 품목을 채워놓은 후 한 통에

그림 10-6 시각적 재고시스템

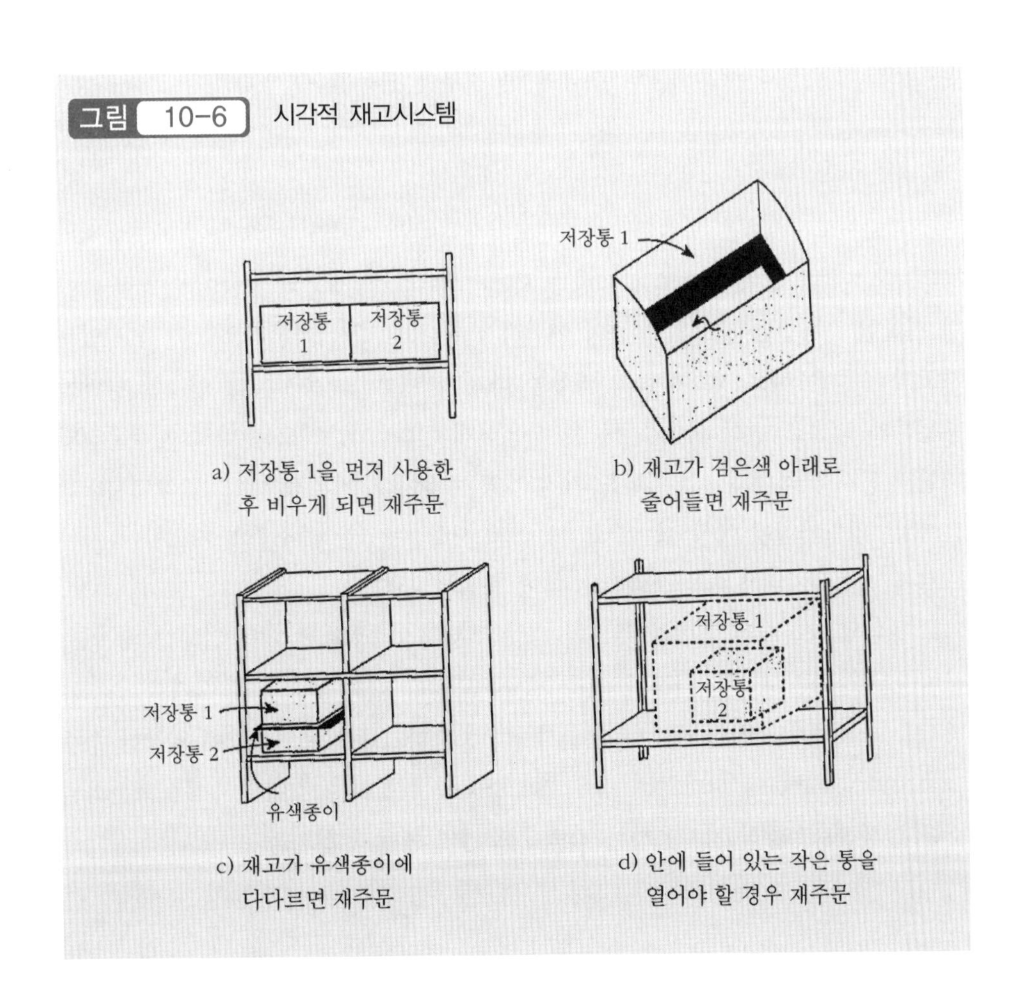

a) 저장통 1을 먼저 사용한 후 비우게 되면 재주문

b) 재고가 검은색 아래로 줄어들면 재주문

c) 재고가 유색종이에 다다르면 재주문

d) 안에 들어 있는 작은 통을 열어야 할 경우 재주문

서만 재고를 인출해서 사용하게 된다. 한 통의 재고를 다 사용해서 두 번째 통의 재고를 사용하게 되면 곧 한 통을 재주문해서 재고를 보충하게 된다. 이 경우 한 통분의 재고는 바로 재주문점의 역할을 하게 되는 것이다.

[2] 임의보충시스템(optional replenishment system)

임의보충시스템은(s, S) 시스템 혹은 min－max 시스템이라고도 하며, 재주문점의 역할을 하는 최소재고수준(min 혹은 s)과 표적재고수준을 나타내는 최대재고수준(max 혹은 S)을 사용하는 재고관리 시스템이다. 일반적으로 일정기간마다 재고수준을 확인하게 되며, 재고확인 시 재고의 수준이 최소재고수준(s)이하로 감소할 경우 최대재고수준(S)을 채우기 위해 필요한 만큼 재주문하게 된다. 연속적인 재고확인을 사용하지 않기 때문에 재고확인에 따르는 비용을 줄일 수 있는 이 재고시스템은 재고확인비용과 주문비용의 부담이 큰 경우에 활용될 수 있다.

[3] 기준재고시스템(base-stock system)

기준재고시스템은 보석과 같이 재고저장품목의 가치가 매우 높아 재고유지비용의 부담이 큰 경우에 주로 사용하는 재고시스템이다. 재고의 인출이 이뤄질 때마다 인출한 수량만큼 재고의 보충이 이뤄지게 된다. 따라서 기본적으로 가지고 있는 재고의 수준은 바로 재주문점의 역할을 하게 되며, 매 보충시마다 인출한 양만큼 주문하게 되므로 변화하는 주문량을 사용하게 된다. 기준재고는 바로 재주문점의 역할과 동시에 최대재고의 역할도 가지고 있는 것이다. 기본적으로 기준재고시스템은 주문 리드타임에 예상되는 수요만을 충족시킬 수 있는 최소한의 재고를 유지함으로써 재고유지비용을 극소화하는 데에 중점을 둔다.

경우에 따라서는 빈번한 주문에 따른 주문처리비용의 절감을 위해서 매 인출시마다 보충하기보다는 일정한 인출수준에 도달할 때까지 보충의 시기를 늦추는 방식을 사용하기도 한다. 즉, 매 인출시마다 보충하기보다는 인출량이 일정한 수준(비교적 작은 주문량)에 다다르는 경우 재고보충을 실행하는 것이다. 이는 표준화된 소규모 생산로트방식을 사용하는 칸반 시스템의 예에서 살펴볼 수 있다.

10.3.5 ABC분류기법

재고관리의 대상이 되는 자재의 종류는 매우 많다. 기업에 따라서는 수천 내지 수만 개의 부품과 구성부품 등을 사용하고 있다. 제한된 재고관리자의 시간과 노력으로는 수많은 자재품목을 일일이 통제한다는 것은 거의 불가능하다. 따라서 상대적으로 보다 중요한 가치를 지니는 자재품목에 대하여 집중적인 통제노력을 기울이는 것이 보다 비용-효과적인 접근방식이 될 수 있을 것이다.

이와 같은 관점에서 재고관리기회를 효과적으로 규명하는 데에 사용될 수 있는 기본적인 방법이 **ABC분류기법**이다. 이는 모집단특성의 80%는 20%의 구성원에 의해서 결정된다는 소위 '파레토(Pareto)의 80~20법칙'을 적용한 것이다. 즉, 전체재고가치의 80%는 일반적으로 전체품목수의 20%에 해당하는 주요 재고품목으로부터 발생한다는 것을 의미한다.

〈그림 10-7〉에 나타난 바와 같이 재고품목의 중요성을 A, B, C로 구분하는 ABC분류기법의 개략적인 분류기준은 다음과 같다(Gaither와 Frazier, 2015):

그림 10-7 ABC 등급분류

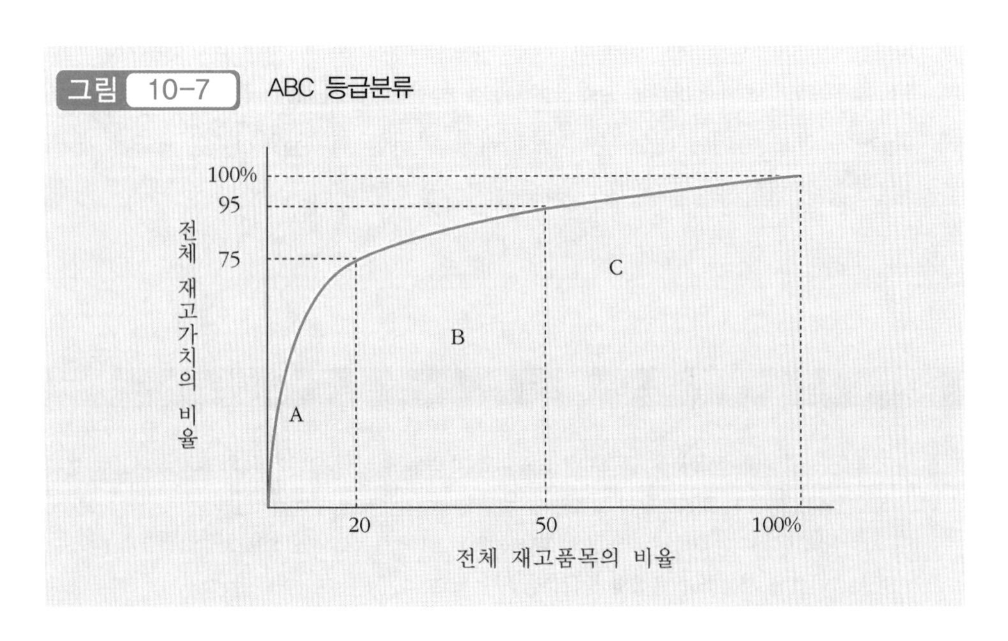

- A등급: 전체의 20%에 해당하는 재고품목으로서 연간 총재고가치의 75%를 차지하는 품목. 어느 품목의 연간 총재고가치는 단위구매비용에 연간 수요량을 곱하여 산출한다.
- B등급: 전체의 30%에 해당하는 재고품목으로서 대략 연간 총재고가치의 20%를 차지하는 품목
- C등급: 전체의 50%에 해당하는 재고품목으로서 대략 연간 총재고가치의 5%를 차지하는 품목

재고품목의 등급을 분류한 후에는 각기 차별화된 관리노력을 기울이게 된다. 즉, 재고가치가 가장 높은 A등급에 대해서는 (a) 지속적인 예측치 검토와 평가, (b) 엄격한 정확성에 입각한 재고수준점검, (c) on-line방식의 재고측정, (d) 재주문수량 및 안전재고산출에 대한 빈번한 검토, (e) 리드타임의 감축 혹은 극소화를 위한 보충확인 및 독촉 등의 가장 높은 관심을 기울인다.

B등급의 경우는 A등급과 유사하나 엄격성과 주기에 있어서 보다 완화된 방식을 취하며, C등급에 대해서는 주기적 혹은 간헐적으로 관심을 기울인다. C등급에 대한 기본적인 방침은 단순히 보유하는 것에 의의를 두며, 따라서 주문량은 크고 주문횟수는 작은 것이 일반적이다.

기본적인 ABC분류기법의 원리는 상대적으로 중요성이 낮은 품목에 대하여 적은 관심을 쏟음으로써 절약된 노력을 가치가 높은 품목을 효과적으로 통제하는 데에 사용하게 만드는 데에 있는 것이다. 따라서 이러한 ABC분류기법은 중요성에 따라서 고객을 차별화하기 위해서도 적용될 수 있을 것이다.

[예시 10-4] ABC분류기법의 적용

스피드 차량정비(주)에서는 고객차량의 정비와 수리를 위해 필요한 자동차부품을 재고로 보유하고 있다. 현재 재고로 보유하고 있는 품목별 연간 사용량 및 구매가격은 다음과 같다. 스피드 차량정비(주)에서는 재고관리의 효율성을 높이기 위해 품목의 중요성을 차별화하고자 한다. ABC분류기법을 사용하여 품목의 중요성을 구분해 보라.

〈재고품목별 구매가격 및 연간 사용량〉

재고품목번호	단위구매가격	연간 사용량
A	6,000원	1,257개
B	32,000	5,314
C	6,000	6,400
D	9,000	823
E	3,000	1,050
F	1,500	1,920
G	2,200	1,700
H	25,000	1,960
I	49,000	3,972
J	2,700	2,193

풀 이

(1) 먼저 각 품목의 총재고가치(단위구매가격×연간 사용량)를 계산한 후, 가치가 큰 품목의 순으로 정렬하면 아래의 표와 같다:

(2) 아래의 표에서 크기순으로 정렬된 품목별 총재고가치의 누적비율(%)을 보면 상위 2개 품목(전체 품목수의 20%)의 합계가 75.5%가 된다. 따라서 품목 I와 B는 A등급 재고품목으로 분류할 수 있다. 다음 3개 품목(전체 품목수의 30%), 즉 H, C, A 는 총재고가치의 비중합계가 19.7%가 된다. 따라서 이 세 품목은 B등급 재고품목으로 분류할 수 있다. 나머지 5개 품목인 D, J, G, E, F는 합계비율이 4.8%이므로 가장 낮은 등급인 C등급으로 분류할 수 있다.

재고품목번호	총재고가치	총재고가치의 비율(%)	누적비율
I	19,463만원	40.3	40.3
B	17,005	35.2	75.5
H	4,900	10.2	85.7
C	3,840	8.0	93.7
A	754	1.6	95.2
D	740	1.5	96.7
J	592	1.2	98.0
G	374	0.8	98.8
E	315	0.7	99.4
F	288	0.6	100.0
합계	48,266	100.0	

10.3.6 VMI(Vendor Managed Inventory)

VMI는 공급업체가 고객업체의 품절과 과잉재고를 방지하기 위해 고객업체의 재고관리를 대신 실행해주는 개념이다. 정보통신기술이 발전함에 따라 1980년대 후반부터 현장에 도입되기 시작한 VMI는 백화점에서 상품의 수요를 정확히 예측하고 보충하기 위해 처음 실시되었으며, 1990년대에 PC 완제품 판매업체인 Dell에서 본격적으로 사용하기 시작하였다. Dell의 VMI는 판매에 있어서 고객 만족의 극대화를 목적으로 부품의 유연한 보충을 위해 도입되었으며 Dell사의 다품종 소량생산의 성공을 이끄는 중요한 역할을 하게 되었다(김태현 등, 2006; Hinge, 1988).

VMI가 실행되면 고객업체의 판매 및 재고 정보가 공급업체에 제공되며, 공급업체는 이를 활용하여 자동으로 재고 보충을 실시하게 된다. 이 과정에서 고객업체와 사전에 협의하였던 기준을 적용시켜 보충의 방법과 주문량을 결정하게 된다. VMI는 품절을 방지함으로써 고객업체를 이용하는 고객들에게 상품 판매의 기회를 극대화시키고 이로 인하여 고객만족도를 높이는 데 중요한 역할을 할 수 있다. 고객업체에서 재고 보충에 대한 프로세스를 책임지는 경우에는 고객업체의 품절 방지를 위한 다양한 노력에도 불구하고 공급자의 재고나 유통상의 문제로 품절이 발생하는 경우가 생길 수 있다. 그러나 VMI를 실시하게 되면 이러한 문제들을 해결할 수 있게 되는 것이다.

판매에 대한 정보가 공급자에게 정확히 전달되면서 기존과 다른 수요예측 프로세스가 VMI를 통해 실현되기도 한다. 주문량에 기초한 수요예측에서 실제 고객업체의 판매량에 기초한 수요예측을 실시하게 되어 기존보다 수요예측 정확성이 높아지는 효과를 볼 수 있다. 이러한 수요예측을 바탕으로 공급자는 고객업체의 고객에 중점을 두고 과잉생산으로 인한 잉여재고의 축적을 막을 수 있고, 품절률을 낮추며, 원활한 유통으로 인한 비용절감 효과도 얻을 수 있게 된다(Kurt Salmon Associates Inc., 1993).

10.3.7 CPFR(Collaborative Planning, Forecasting, and Replenishment)

CPFR은 Wal-Mart, SAP, Manugistics 그리고 Warner-Lambert 등의 4개 회사에 의해 1995년 10월 처음으로 도입되었다. CPFR은 공급업체와 고객업체 간의 협력적인 계획수립(Collaborative Planning), 수요예측(Forecasting), 재고보충(Replenishment)을 실행하는 개념을 나타내며, VMI와 마찬가지로 정확한 수요예측과 효과적인 재고보충을 위한 통합적 비즈니스 모델이라 할 수 있다. 판매와 재고 데이터를 이용해 공급업체와 고객업체가 상호 협력하여 공동으로 예측, 계획, 보충을 실시하는 기법으로서 기존의 기업 간 관계와는 다른 형태를 띠게 되는 기법인 것이다(조규완과 유영목, 2013; 〈그림 10-8〉 참조).

CPFR은 궁극적으로 공급사슬의 최적화를 목표로 하는 기법이며, 미국의 VICS(Voluntary Interindustry Commerce Solutions)에 의해 탄생하였다. CPFR의 가장 핵심적인 요소는 공급자와 고객업체가 공동으로 예측을 실시하며 이를 위해 매우 적극적으로 협업을 실시한다는 데 있다. 서로의 판매와 재고 정보를 활용하여 제조, 유통, 판매에 있어서 상호 협력하여 공동으로 예측, 계획, 보충하는 업무 프로세스를 구축함으로써 기존의 수직적인 기업관계에서 탈피하여 수평적인 관계를 구축하여 서로 상생하는 공급사슬 전략이다. 생산계획 수립과 수요예측, 마지막으로 보충까지 협업을 통해서 진행하기 때문에 기업 간 상당한 파트너십과 신뢰가 요구되며 때에 따라서는 서로에 대한 투자가 이루어지기도 한다.

CPFR의 협력 활동이 이루어지면 협력사들은 실시간으로 상호 정보교환 활동을 수행할 수 있으며, 정보 인식의 시간 차이로 인한 불확실성과 오차의 위험을 감소시킬 수 있다. CPFR의 장점은 이미 다양한 연구를 통해 논의된 바 있다(Sagar, 2010; Hingley 등, 2011). 이러한 연구들에서 CPFR은 비용감소, 업체 간 파트너십 증진, 실시간 정보 및 신뢰성 높은 정보의 활용, 고객서비스 수준 향상 등 공급사슬에서의 경쟁력을 높이기 위한 주요 성과들을 향상시키는 것으로 보고되고 있다. 또한 CPFR은 기존의 비효율적이고 불평등한 관리방식을 타파하고 정보공유를 기반으로 한 협업시스템을 이용하여 양사가 협의를 통해 서로 만족할 수 있는 win-win 개념을 제공한다고 하였다. CPFR을 시행하고 있는 기업들이 공통적으로 지적하는

그림 10-8 CPFR의 개념적 구성

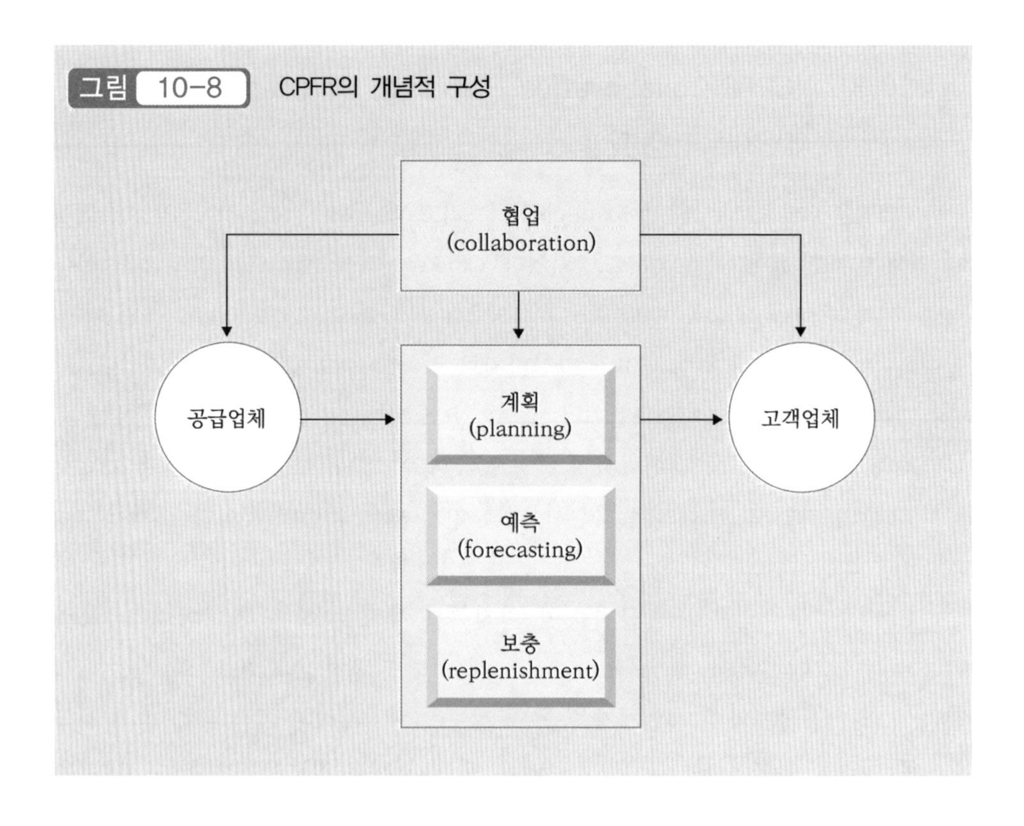

경쟁력 향상 효과는 다음과 같다(Sagar, 2010).

1) 시장변화에 빠른 대처 가능
2) 수요예측 정확의 증대
3) 판매의 증대(10% 이상)
4) 재고 감축(10% 이상)
5) 재고보충률 향상
6) CPFR을 시행하는 파트너 확대 추진
7) 기업 간 의사소통 활성화
8) 100%의 서비스 수준 달성

CPFR의 도입은 정확한 수요예측을 가능하게 하여 공급사슬상에서 발생할 수 있는 채찍효과를 줄임으로써 품절, 과잉재고, 고객서비스 수준 등의 개선을 가져오게 된다. CPFR은 POS 정보공유나 VMI와 같은 기존의 공급사슬관리 기법에 비해 채찍효과, 미충족 주문량(backlog)의 관점에서 뛰어나다고 할 수 있다(Hingley 등, 2011). 그러나 CPFR을 도입하기 위해서는 공급사슬의 관련 기업들 사이의 신뢰와 협력에 바탕을 둔 제도적 뒷받침이 선행되어야 한다. 이것은 발전된 많은 기술 지원 시스템의 도입에도 불구하고 CPFR이 지향하는 성과를 구현하지 못하는 사례가 종종 보고되고 있기 때문이다.

R·E·F·E·R·E·N·C·E·S

김태현, 문성암 공역. 2006. 물류 및 공급체인관리. McGraw-Hill Korea.

조규완, 유영목. 2013. CPFR for Global Supply Chain Management. 청람.

Gaither, N. and G. Frazier. 2015. *Operations Management*. 9th ed. Thomson Press.

Hinge, K. T. 1988. *Electronic Data Interchange from Understanding to Implementation*, AMA Membership publication Division, American Management Association, New York.

Krajewski, L. and M. Malhotra. 2022. *Operations Management: Processes and* Supply Chains. 13th ed. Pearson Education.

Kurt Salmon Associates Inc. 1993. *Efficient Consumer Response: Enhancing Consumer Value in the Grocery Industry*. Food Marketing Institute. Washington D.C.

Russell, R. S. and B. W. Taylor, Ⅲ. 2021. *Operations Management* and Supply Chain Management. 10th ed. Wiley.

Sagar, Nikhil. 2010. "Delivering The Plan: The CPFR and S&OP Continuum". *Journal of Business Forecasting*, Winter.

Hingley, Martin, A. Lindgreen, D. B. Grant and C. Kane. 2011. "Using Fourth-party Logistics Management to Improve Horizontal Collaboration among Grocery Retailers". *An International Journal of Supply Chain Management*. Vol. 16, No. 5.

생산계획 시스템과 MRP

제11장

Operations Management

계획을 잘 세우는 상인들이 큰 이득을 본다. 그럴 능력이 없는 다른 상인들은 파산한다.

- 마이어 암셀 로트실트

생산계획 시스템(production planning system)은 시스템에서 생산할 제품들의 총괄적인 제품수요의 충족방안을 마련하는 총괄계획(aggregate planning)으로부터 시작된다. 기간별로 예측된 총괄수요를 어떠한 방법으로 충족시켜야 할 것인지를 계획하는 것이 총괄계획이다. 이러한 총괄계획을 최종품목별로 세분화시킨 것이 MPS(Master Production Schedule)이다. MPS는 최종품목의 확정된 혹은 예상되는 수요를 충족시키기 위한 생산의 시기와 수량을 계획하는 것을 말한다. MPS가 마련되면 최종품목을 생산하기 위해 필요한 자재, 즉 구성부품, 반제품, 부품 혹은 원재료 등에 대한 생산 혹은 구매계획을 수립하게 되는데, 이를 MRP(Material Requirements Planning)라고 한다. 본 장에서는 생산계획체계의 흐름 중에서 총괄계획으로부터 MRP에 이르는 과정을 살펴보기로 한다.

제11장에서 다룰 주요 내용은 다음과 같다:

- 생산계획 시스템은 어떻게 구성되어 있는가?
- S&OP와 총괄계획의 관계는 무엇인가?
- 총괄계획에 사용할 수 있는 전략적 대안은 무엇인가?
- 총괄계획과 MPS는 어떠한 연관성을 가지는가?
- MPS는 어떻게 작성하는가?
- ATP란 무엇인가?
- 개략적 생산능력계획이란 무엇인가?
- MRP란 무엇인가?
- MRP 시스템은 어떻게 구성되어 있는가?
- MRP는 어떻게 작성되는가?

11.1 생산계획 시스템의 구성

생산계획수립 과정은 다음의 〈그림 11-1〉에서 보는 바와 같이 장기·중기·단기적 계획수립체계로 나눠 볼 수 있다. 장기적인 **생산능력계획**(capacity planning)은 생산설비와 장비, 주요 공급업체, 생산프로세스 등을 개발하는 일을 다루고 있으며, 중기적 혹은 단기적 생산계획을 한정하는 역할을 한다. **총괄계획**(aggregate planning)은 중기적인 생산계획을 수립하는 것으로서 제품가족단위로 기간별 생산을 위한 고용수준, 총괄적 재고수준, 하청생산, 설비변경 등에 관한 계획을 다루게 된다. 총괄계획은 후속되는 단기적 생산계획을 한정하는 역할을 한다.

MPS(Master Production Schedules)는 완성품이나 최종품목의 생산을 위한 단기적 생산계획으로서, 생산계획수립 및 통제시스템을 선도하는 역할을 한다. 제조부문의 경우 후속되는 단기적 생산계획시스템은 최종품목생산에 필요한 하위구성부품들의 생산시기와 수량 혹은 구매시기와 수량을 계획하는 MRP(Material Requirements Planning)가 된다. MRP의 주문내용을 작업현장에서 처리하기 위해서 작업장의 주문별 실행일정을 수립하는 과정을 **작업일정계획**(operations scheduling)이라 한다. 서비

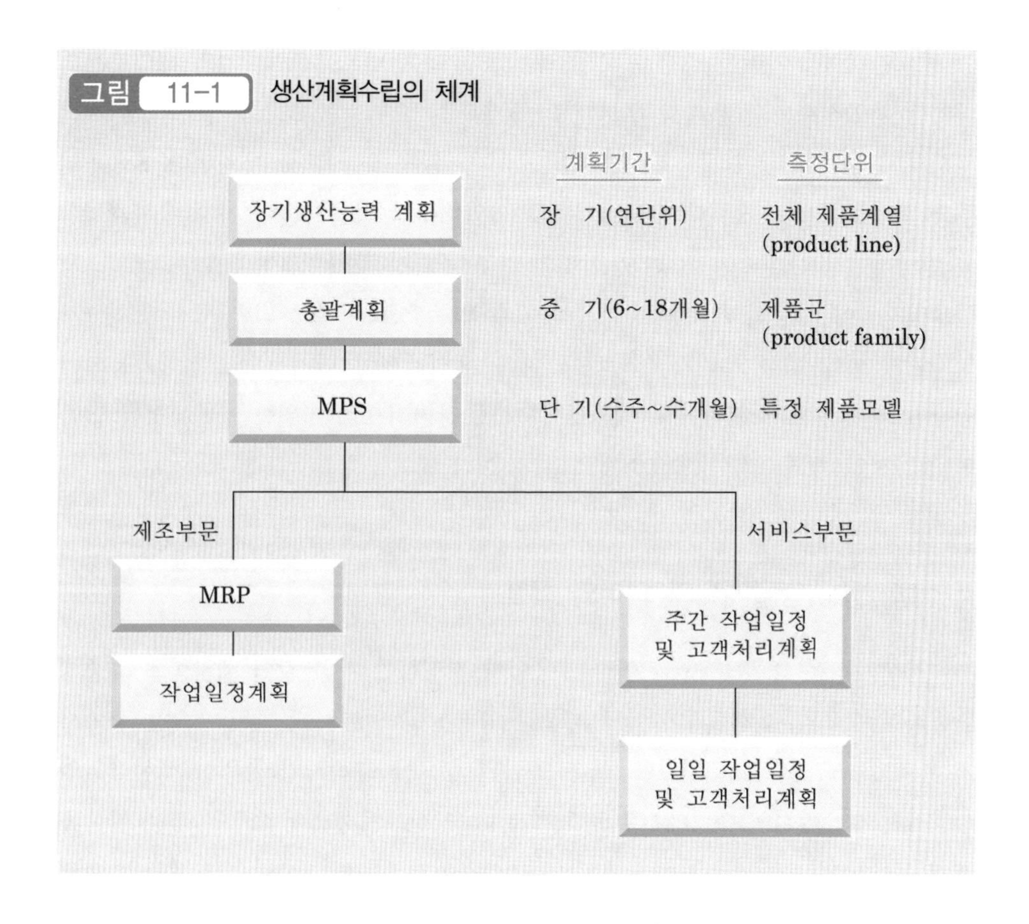

그림 11-1 생산계획수립의 체계

스부문인 경우는 MPS에 따라서 주단위의 작업자일정 혹은 고객처리일정 계획을 수립하게 되며, 이를 세분화한 일일 작업자일정 혹은 고객처리일정을 수립하게 된다.

11.2 총괄계획

11.2.1 S&OP와 총괄계획

총괄계획은 **판매 및 운영계획**(sales and operations planning(S&OP)) 프로세스의 결과로 얻어지는 중기적 생산계획이다. 효과적인 중기계획을 작성하기 위해서는 수요예측의 흐름에 비추어 생산운영부서 및 공급사슬이 가지는 한계와 제약성을 조정할 필요가 있다. 이러한 조정 프로세스를 S&OP라 한다. S&OP는 기업 내외로부터 다양한 투입정보를 활용해서 부서 간의 상충되는 요인들을 조정하기 위해서 여러 부서의 구성원이 참여하는 부문연계팀(cross-functional team)으로 운영된다. S&OP의 주요 과업 중의 하나는 다가오는 월별로 기업내부와 공급사슬이 가지는 한계상황을 반영하여 생산계획이 실행가능한지의 여부를 결정해주는 것이다(Heizer, 2020). 생산운영자원이 시장의 기대를 충족시켜줄 수 없는 상황이 예상되면 사전에 최고경영자에게 이에 대한 우려를 전달하게 된다. 생산계획이 단기적으로 실행가능성이 없다면 계획 프로세스는 무의미한 것이 되고, 장기적으로 지원받을 가능성이 없다면 전략적인 계획수정이 필요하게 되는 것이다.

11.2.2 총괄계획의 의미와 목표

총괄계획은 총괄(aggregate)이라는 용어가 지칭하는 바와 같이 세분화된 최종생산품목별 수요의 충족계획이 아닌 제품군(product family)별로 통합된 수요를 충족시키는 데에 초점을 맞추고 있다. 물론 총괄된 수요를 충족시키기 위한 생산자원의 사용계획도 총괄적인 수준에서 마련하게 된다. 생산프로세스에 초점을 맞춘 다품종 소량생산방식의 경우와 같이 제품 간의 특성차이가 큰 경우는 단순히 제품별 수요량을 통합하여 총괄수요를 산정하는 것은 무리가 있기 때문에 산출수량을 중심으로 수요를 총괄하기보다는 직접 노동시간의 투입량과 같이 제품생산에 공통적으로 투입되는 자원의 크기에 의해 수요를 총괄하기도 한다. 일반적으로 제조부문의 총괄계획은 생산계획(production plan)이라 지칭하며, 서비스부문의 총괄계획은 작업인원의 배치와 노동력관련 요인에 중점을 두기 때문에 **인원배치계획(staffing plan)**이라 지칭하고 있다.

총괄계획은 보통 향후 3~18개월 정도의 중기적인 기간에 대한 생산의 수량과 일정을 결정하는 데에 관심을 두며, 생산운영관리자의 입장에서는 생산율이나 노동력의 수준, 재고수준, 초과작업, 하청비율 등과 같은 통제가능한 변수들을 조정하여 예측된 수요를 충족시킬 수 있는 최선의 방법을 결정하도록 노력해야 한다. 일반적으로 총괄생산계획을 통해 추구하게 되는 달성목표로는 다음과 같은 것들이 있다(Krajewski 등, 2007).

- 비용극소화/이익극대화: 총괄계획에 의해 고객수요가 변화하지 않을 경우, 비용의 극소화가 이익의 극대화를 가져오게 된다.
- 고객서비스의 극대화: 배달소요기간이나 정시배달능력을 개선하기 위해서는 작업인력이나 기계가용능력 혹은 재고자원을 추가로 확보할 수도 있다.
- 재고투자의 극소화: 재고의 누적현상은 다른 보다 생산적인 투자에 사용될 수도 있을 금융자원을 묶이게 만들기 때문에 가급적 이를 지양해야 한다.
- 생산율변화의 극소화: 생산율(production rate)의 빈번한 변화는 자재공급체계의 조정을 어렵게 만듦과 동시에 생산라인의 균형을 재조절하게 만드는 비효율성을 초래한다.
- 작업자 수준변화의 극소화: 작업자 수준의 변동은 기존 작업자의 해고로 인해 작업의 연속성을 떨어뜨리거나 새로운 작업자의 고용으로 인해 숙련성이 저하되게 만드는 부정적인 결과를 초래하게 된다.
- 공장 및 장비의 이용극대화: 특히 초점화공장의 경우 공장 및 장비의 이용수준을 높게 유지해야 하는 필요성이 있다.

11.2.3 총괄계획의 전략적 대안

총괄적 수요를 충족시키기 위해 사용할 수 있는 전략적 대안의 유형은 크게 능동적인 대안과 수동적인 대안으로 나눠볼 수 있다. 능동적인 대안은 생산율의 변화가 안정적으로 유지될 수 있도록 수요변화를 평활(smoothing)하는 노력을 말한다. 예를 들면 계절성이 강한 제품수요를 평활하기 위해서 보완적인 계절수요를 가지는 제품을 개발하는 것을 들 수 있다. 반면에 수동적인 대안은 수요변화를 주어진 상황으로 받아들이고, 이를 충족시키기 위해 생산자원을 어떻게 활용해야 하는지를 계획하는 노력을 말한다. 가령 성수기에 예상되는 수요를 충족시키기 위해 비수기에 미리 생산한 재고자원을 사용하는 것은 수동적 대안을 사용하는 예가 될 것이다.

[1] 능동적 대안

수요변화를 바람직한 방향으로 유도하기 위한 능동적 대안으로는 수요이동 촉진, 수요지연충족 및 보완적 제품개발의 세 가지 접근방법을 들 수 있다.

① 수요이동촉진

성수기의 수요를 비수기로 이동시키거나 비수기의 수요를 증가시키기 위한 방안들을 말한다. 가령 여름철에 집중되는 에어컨의 수요를 비수기로 이동시키기 위해서 겨울철에 에어컨 할인판매활동을 벌이는 것이나 주간에 폭증하는 전력수요를 야간으로 이동시키기 위해서 심야전력요금 할인정책을 사용하는 것은 대표적인 수요이동방안들이라 할 수 있다. 또한 다음 해 초에 새로운 모델이 출시될 것을 기대하여 연말에 구매를 주저하는 승용차고객들을 유인하기 위해 연말에 대대적인 가격할인 혹은 할부정책을 시행하는 것도 비수기의 수요를 증가시키기 위한 능동적 대안의 예가 될 것이다.

② 수요지연충족

주로 미충족주문(backorders) 혹은 수주잔(backlogs)의 수령을 통해서 추후납품하는 방식으로 수요의 평할화를 기하는 방법들을 말한다. 수주잔은 조선이나 항공기 제작 혹은 건축산업과 같이 제품의 생산소요기간이 긴 프로젝트형 산업의 경우, 일반적으로 활용되는 주문방식으로서 기간별 생산능력의 활용가능성을 바탕으로 수주물량을 적절하게 조절함으로써 생산율을 안정화시킬 수 있는 바람직한 대안이다. 반면에 미충족주문은 고객이 요구하는 시점에 충족시켜 줄 수 있는 제품을 가지고 있지 못한 경우, 고객의 양해를 구하여 일정기간 후에 제품을 인도해 주는 방식으로 승용차판매대리점 등에서 쉽게 접할 수 있는 관행이다. 물론 고객이 추후납품을 용인해 주지 않을 경우는 판매기회를 아예 상실하게 되는데, 이러한 경우는 품절(stockout)이 되는 것이다.

③ 보완적 제품개발

기간별 제품수요의 증감패턴이 서로 상반되는 성격의 제품을 개발함으로써 총괄적인 제품수요의 크기를 균일하게 유지하려는 대안을 말한다. 가령 제조부문의 경우 여름철에 성수기를 가지는 에어컨에 대하여 겨울철에 성수기를 가지는 온풍기를 생산한다든지, 서비스부문의 경우 여름과 겨울의 방학기간에 비수기를 가지는 대학교육시설의 활성화를 위해서 계절학기나 특별교육 혹은 연수프로그램 등을 개설하는 것 등은 보완적 제품개발을 통한 총괄적 수요균일화방안이라고 볼 수 있다.

[2] 수동적 대안

수요를 바람직한 방향으로 변화시키기보다는 통제할 수 없는 주어진 상황으로 인식하고, 주로 통제가능한 생산자원의 적절한 할당을 통해 기간별로 예상되는 총괄적인 수요를 충족시키려는 대안들을 말한다. 수동적 대안으로 고려할 수 있는 방안들로는 재고수준변경, 작업자수준변경, 생산율변경, 하청조달, 시간제작업자 활용 등을 들 수 있다.

① 재고수준변경

특정 기간에 예상되는 수요를 현재의 생산능력으로 충족하기 어려운 경우는 품절이나 추후납품과 같이 고객서비스의 수준을 악화시키는 상황이 발생하게 된다. 이러한 상황을 방지하기 위해서는 그 기간이 도래하기 전에 미리 여유생산능력을 가지는 기간에 생산을 하여 두었다가 충족시키는 방법을 생각해 볼 수 있다. 물론 미리 생산을 해서 재고로 쌓아 둘 경우 재고비용이 발생하는 단점은 있으나, 품절에 따른 기회손실을 줄이고 고객에 대한 서비스수준을 향상시키는 이점을 제공할 수 있다.

② 작업자수준변경

총괄수요의 기간별 변화에 맞추어 필요한 작업자의 수를 늘리거나 줄이는 방안을 말한다. 즉, 수요가 증가한 경우는 추가로 필요한 작업인원을 새로이 고용하고, 수요가 감소한 경우는 잉여인력을 휴직 또는 해고시키는 것이다. 새로운 작업자를 고용하는 경우 선발, 교육 및 훈련에 따른 비용과 더불어 작업환경에 적응하기까지 발생하는 비능률성비용이 발생하게 되며, 작업자를 휴직 또는 해고시키는 경우는 그에 따른 비용과 더불어 종업원의 사기저하에 따른 생산효율성 저하비용이 발생하게 된다.

③ 생산율변경

수요변화를 충족시키기 위해서 작업시간을 변경시키는 방안이다. 즉, 수요가 증가할 경우는 초과작업 혹은 추가 교대조를 운영하여 이에 대응하거나, 수요가 감소할 경우는 유휴시간을 늘려 이에 대처하는 방안을 말한다. 그러나 초과작업 시간의 크기는 일반적으로 제한되어 있으며, 초과작업을 무리하게 지속할 경우 작업자의 근로의욕저하에 따른 생산성저하현상이 나타날 가능성이 높다. 유휴시간의 활용도 경우에 따라서는 작업이 수행되지 않는 시간에 대해 임금지불이 이뤄지는 불합리성이 존재한다.

④ 하청조달

생산시스템 내의 생산능력으로 수요를 충족시키기 어려운 경우, 외부기업에 생산을 의뢰하는 하청조달방식을 사용할 수도 있다. 그러나 일반적으로 하청에 따른 조달비용은 사내생산비용보다 비싸며, 품질과 배달의 신뢰성이 낮은 경우도 있고, 경우에 따라서는 고객업체에게 또 다른 경쟁적 공급업체를 노출시키게 되는 위험성도 있다.

⑤ 시간제작업자 활용

시간제근로자의 활용은 비숙련작업수요를 충족시키기 위해 활용할 수 있는 방법으로서, 특히 유통산업과 같은 서비스부문의 경우 활발하게 이용되고 있는 수요변화 대응방안이다. 그러나 과도한 시간제작업자의 활용은 상근작업자에게 고용안정성에 대한 위협으로 인식될 수도 있다.

11.2.4 총괄계획의 전략적 방향

총괄계획의 전략적 방향은 크게 세 가지로 나눠볼 수 있다. 작업자의 규모, 작업시간, 재고 및 추후납품 간의 상쇄관계에 따라 구별되는 전략적 방향들에는 **추종 전략**(chase strategy), **안정된 작업자 – 변동작업시간 전략**(stable workforce-variable work hours), **균일수준 전략**(level strategy) 등이 있다. 이러한 전략적 방향들은 경우에 따라서 혼합하여 사용될 수도 있고, 순수하게 단일한 방향만이 사용될 수도 있다. 전자의 경우를 혼합 전략(mixed strategy)이라 하고, 후자의 경우를 순수 전략(pure strategy)이라고 한다.

[1] 추종 전략

수요의 변화에 따라서 적절한 작업인원을 추가로 고용하거나 휴직시킴으로써 생산율을 조정하는 전략이다. 생산에 필요한 양질의 작업자를 쉽게 확보할 수 있는 경우에 유용하게 적용할 수 있는 방법이지만, 빈번한 작업자의 회전에 따른 작업연속성의 저하와 휴직가능성에 대한 종업원의 두려움 등이 작업의욕과 생산성을 저하시키게 될 가능성이 있다.

[2] 안정된 작업자 — 변동작업시간 전략

작업자의 고용수준은 안정되게 유지하면서 수요의 변화에 따라서 초과작업을 실시하거나 유휴시간을 실행함으로써 생산율을 조절하는 전략이다. 추종 전략에 비하여 작업의 연속성을 확보하거나 작업자의 감성적인 불안감을 낮출 수 있는 장점이 있으나, 불필요한 작업인원을 고정적으로 유지함으로써 일정수준의 고정비를 부담해야 하는 단점도 있다.

[3] 균일수준 전략

수요변화와 관계없이 일정한 수준의 작업자들로 하여금 고정적인 작업시간 동안 생산에 참여하도록 요구하는 전략이다. 기간별 생산과 수요의 불균형은 재고수준을 변화시킴으로써 조정하게 되며, 경우에 따라서는 추후납품이나 품절을 허용함으로써 수요변화에 대응하게 된다. 작업자의 입장에서는 안정된 고용환경을 제공받는 장점이 있으나, 재고비용의 상승과 고객서비스수준의 저하 등과 같은 제약성을 초래할 수 있다.

11.3 MPS의 수립

MPS(Master Production Schedule)는 시스템에서 생산되는 개별 최종품목에 대한 단기생산계획을 마련한 것으로서 주(週)단위로 총괄수요를 분해한 개별 품목수요의 충족계획을 담고 있다. 생산운영관리자는 시장수요예측치, 고객의 주문, 재고수준, 설비의 작업부하, 생산능력에 관한 정보를 주단위로 검토하여 MPS를 마련하게 된다.

11.3.1 MPS의 목표

단기적인 생산능력은 총괄생산능력에 의해 제한을 받는다. MPS계획의 수립은 총괄계획에 의해서 결정된 단기적 생산능력에 따라서 최종품목에 대한 생산주문을 할당하게 된다. 이러한 MPS계획수립과정에서 추구하게 되는 목표는 다음의 두 가지가 있다.

- 최종품목의 생산이 신속하게 고객과 약속한 기일에 맞출 수 있도록 일정을 수립한다.
- 생산설비에 부하가 과중하게 혹은 부족하게 적재되지 않게 함으로써 생산능력이 효율적으로 활용되고, 결과적으로 생산비용이 낮아지게 한다.

11.3.2 MPS의 시간구역(time fence)

MPS는 4개의 구간으로 나누어 살펴볼 수 있는데, 각 구간은 시간구역이라고 부르는 특정시점을 기준으로 나눠져 있다(Gaither와 Frazier, 2015). 첫번째 구간은 처음 몇 주간의 생산일정을 포함하는 구역으로서 동결된(frozen) 구간이라고 한다. 그다음 몇 주간은 확정된(firm) 구간이라고 하며, 그다음 몇 주간은 채워진(full) 구간, 그리고 마지막으로 몇 주간은 개방된(open) 구간이라고 한다.

동결됐다는 것은 특별한 상황에서 최고위층관리자의 허가가 있지 않는 한 MPS가 변경될 수 없음을 나타낸다. 동결구간에서의 일정변경은 일반적으로 금지되게 되는데, 그 이유는 제품생산에 필요한 자재의 구매나 부품의 생산계획을 바꾸는 것이 매우 힘들기 때문이다. 더욱이 MPS의 변경은 고객의 주문처리순서를 교란시켜서 다른 고객에게 불만감을 야기시킬 수도 있기 때문에 가급적 이를 변경하는 것은 지양해야 한다. 결과적으로 동결구간을 늘인다는 것은 하류(down stream)프로세스의 작업일정에 안정성을 부여함으로써 생산의 효율성을 높일 수 있는 장점이 있다. 그러나 너무 긴 동결구간의 설정은 고객의 주문취소나 예기치 못한 고객의 주문에 신축성 있게 대응하지 못하게 만드는 단점도 있다.

확정됐다는 것은 이 구간에서의 일정이 예외적인 상황이 발생한 경우에 한해서 변경될 수 있음을 나타낸다. 그러나 동결된 구간과 마찬가지로 이 구간에서의 변경도 가급적 억제해야 한다. 채워진 구간이란 모든 사용가능한 생산능력이 주문처리를 위해 할당되었음을 나타낸다. 이 구간에서는 일정변경이 이뤄질 수 있으며, 일정변경이 생산비용에 큰 영향을 미치지 않는다. 다만, 일정변경이 고객만족에 부정적인 영향을 미칠 가능성은 있다. 개방된 구간은 아직 모든 생산능력이 할당된 것이 아니기 때문에 새로운 주문을 자유롭게 할당할 수 있는 구간을 나타낸다.

11.3.3 MPS의 작성절차

MPS의 작성 과정은 작성 대상 품목의 **예상보유재고**(projected on-hand inventory)의 수준을 계산하고, 수요충족을 위해 필요한 생산의 수량(이를 'MPS수량'이라고 함)과 시기를 결정하는 것으로 이뤄진다. 예상보유재고의 수준은 다음의 식으로 산출되며, 기간별로 예상보유재고의 수준이 0 이하가 될 경우(혹은 안전재고수준 이하가 될 경우)에는 새로운 MPS수량을 계획하게 된다.

예상보유재고 = 직전기간 말의 보유재고수준 + MPS수량 − 예측된 수요량
(단, 예측된 수요량은 수요예측치와 확정된 고객주문량 중에서 큰 값으로 한다)

[예시 11-1] MPS 작성과정

(주)오스텍의 신개발품 아스트로-A의 향후 8주간에 걸친 기간별 수요예측치와 확정된 고객주문량은 다음과 같다. 아스트로-A의 로트 사이즈는 200단위이고, 리드 타임은 1주이며, 특별히 안전재고를 사용하지는 않는다. 현재 보유하고 있는 아스트로-A의 재고가 60단위이라고 가정하고, 향후 8주간에 걸친 아스트로-A의 MPS를 작성해 보라.

품목: 아스트로-A	주							
현재고: 60단위	1	2	3	4	5	6	7	8
수요예측치	40	50	60	60	70	70	70	90
확정된 고객주문량	55	45	20	15	0	0	0	0

풀 이

아스트로-A의 MPS는 다음과 같이 MPS표를 사용하여 작성할 수 있다.

리드타임: 1주

로트크기: 200단위

품목: 아스트로-A	주							
현재고: 60단위	1	2	3	4	5	6	7	8
수요예측치	40	50	60	60	70	70	70	90
확정된 고객주문량	55	45	20	15	0	0	0	0
예상보유재고	5[1)]	155	95	35	165	95	25	135
MPS 수량		200[2)]			200			200
MPS 생산개시	200[3)]			200			200	

(1) 첫째 주에는 수요예측치에 비해서 확정된 고객주문량이 크므로 예측된 수요량은 55가 된다. 현재 주초에 보유하고 있는 재고(60단위)로도 이를 충족시킬 수 있으므로 별도의 MPS수량을 계획할 필요가 없다. 따라서 첫째 주말의 예상보유재고는 현재고(60) + MPS 수량(0) − 예측된 수요량(55) = 5단위가 된다.

(2) 둘째 주에는 기초보유재고(5)로 예측된 수요(50)를 충족시킬 수 없으므로 별도의 MPS수량을 계획해야 한다. 따라서 둘째 주말의 예상보유재고는 현재고(5) + MPS수량(200) − 예측된 수요량(50) = 155단위가 된다.

(3) 한편 둘째 주에 필요한 200단위 MPS수량을 확보하기 위해서는 1주(리드타임)전에 이를 생산하는 일이 시작되어야 한다. 따라서 첫째 주에 200단위의 생산작업이 개시될 수 있도록 작업계획을 마련해야 한다.

(4) 나머지 주에 대한 MPS도 위의 과정에 따라서 작성하면 된다.

11.3.4 ATP(Available-To-Promise)수량

MPS는 최종품목의 수요충족을 위한 생산의 시기와 수량에 대한 정보와 더불어 고객의 새로운 주문에 대한 수령가능성 정보도 제공해 줄 수 있다. ATP수량이란 바로 마케팅부서에서 고객에게 특정한 기간까지 최종품목의 납품을 약속할 수 있는 수량을 말한다.

일반적으로 특정기간의 ATP수량은 그 기간에 계획된 MPS수량에서 다음 번 MPS수량이 도래하기 전까지 확정된 고객주문량을 차감한 것으로 정의한다.

ATP수량 MPS수량－다음 번 MPS가 도래하기 전까지 확정된 고객주문량

앞서 살펴본 (주)오스텍의 아스트로－A의 경우 2주째의 ATP수량은 MPS수량(200)에서 다음 MPS수량이 도래하기 전까지의 확정된 주문량(즉, 2주, 3주 및 4주의 고객주문수량 = 45+20+15 = 80)을 차감한 120단위가 된다(〈표 11－1〉 참조). 즉, 2주, 3주 및 4주에 새로운 주문을 필요로 하는 고객에게 최대로 120단위까지의 납품을 약속할 수 있음을 나타낸다. 만일 어느 고객이 3주째에 80단위의 납품을 요구하는 주문을 낸다면, 현재 120단위까지의 납품약속이 가능하므로 마케팅부서에서는 이를 수용할 수 있을 것이다. 물론 이 경우 2주째의 ATP수량은 40으로 줄어들게 된다.

첫째 주에 대한 ATP수량계산은 약간 다르다. 첫째 주에는 기초재고량과 첫째 주에 계획되어 있는 MPS수량을 모두 다음 번 MPS가 도래하기 전까지 납품약속을 위해 사용할 수 있으므로 다음과 같이 정의할 수 있다:

첫째 주 ATP＝기초재고보유량 + MPS수량－다음 번 MPS가 도래하기 전까지 확정된 고객주문량

따라서 〈표 11－1〉의 경우 첫째 주의 ATP수량은 MPS수량이 계획되어 있지 않으므로 단순히 기초재고보유량(60)에서 첫째 주의 확정된 고객주문량(55)을 차감한 5단위가 된다.

표 11－1 MPS의 ATP수량 산출

품목: 아스트로－A	주							
현재고: 60단위	1	2	3	4	5	6	7	8
수요예측치	40	50	60	60	70	70	70	90
확정된 고객주문량	55	45	20	15	0	0	0	0
예상보유재고	5	155	95	35	165	95	25	135
MPS 수량		200			200			200
ATP 수량	5	120			200			200

11.3.5 개략적 생산능력계획(rough-cut capacity planning)

수요충족을 위한 MPS가 작성된 후에는 계획한 대로 작업장에서의 생산이 가능한지를 점검해야 한다. 전반적인 생산능력의 크기를 결정하는 데에 중요한 역할을 하는 핵심작업장(critical work stations)들을 대상으로 초기의 MPS의 실행가능성을 점검하는 과정을 개략적 생산능력계획이라고 한다. 개략적 생산능력계획의 주요 목표는 MPS상의 생산일정이 특정한 주에 초과부하(overloading)나 과소부하(underloading)가 걸리도록 계획되어 있는지를 검토하여 필요에 따라 MPS의 내용을 수정하게 만드는 데에 있다. 초과부하란 생산능력을 초과하도록 생산계획이 짜여 있는 경우를 말하며, 과소부하란 역으로 생산능력에 비하여 충분한 생산일정이 짜여 있지 않음을 나타낸다. 다음의 사례를 중심으로 개략적 생산능력의 실행과정을 살펴보기로 한다.

[예시 11-2] 개략적 생산능력계획의 실행과정

(주)오스텍에서 생산하고 있는 신개발 전자제품 모델에는 아스트로-A, 아스트로-B 및 베이비 큐어의 세 가지가 있으며, 각각의 수요를 충족시키기 위해 필요한 MPS의 내용을 정리하여 본 것은 다음과 같다:

최종품목	로트크기	주							
		1	2	3	4	5	6	7	8
아스트로-A	200	200			200			200	
아스트로-B	100	100		100		200		200	100
베이비 큐어	50		100		50		50		50

세 가지 품목 모두 자동검사작업장을 거쳐 생산이 완료되는데, 자동검사작업장은 전체생산 프로세스의 생산능력을 결정하는 핵심작업장이다. 자동검사작업장에서 요구되는 품목별 작업소요시간은 아스트로-A가 0.2시간, 아스트로-B가 0.4시간 및 베이비 큐어가 0.6시간이다. 자동검사작업장은 매주 최대 50시간 운영할 수 있으며, 현재 2대의 자동검사기를 가지고 검사작업을 실행하고 있다.

(1) 위의 품목들의 MPS가 실행가능하다고 보는가?

(2) 만일 실행가능하지 않을 경우, 어떠한 조정이 필요하겠는가?

풀 이

(1) 먼저 각 주별로 자동검사작업장에 걸리게 되는 작업의 부하(시간수)를 계산하여 보면 다음과 같다:

작업장명: 자동검사	단위작업 소요시간	주							
		1	2	3	4	5	6	7	8
아스트로-A	0.2시간	40			40			40	
아스트로-B	0.4	40		40		80		80	40
베이비 큐어	0.6		60		30		30		30
총작업부하		80	60	40	70	80	30	120	70

각 주별 자동검사작업장의 총작업부하는 가령 첫째 주의 경우, 아스트로-A의 200단위 생산에 따른 부하(200×0.2시간 = 40시간)와 아스트로-B의 100단위 생산에 따른 부하(100×0.4시간 = 40시간)의 합인 80시간이 된다. 마찬가지 방법으로 나머지 주의 총작업부하도 결정된다. 여기서 주목할 것은 현재의 MPS가 실행가능하겠느냐는 점이다. 현재 자동검사작업장의 총생산능력은 주당 50시간×2대인 100시간이다. 그런데 7주째의 작업부하는 120시간으로 이를 초과하고 있다. 따라서 이 경우 7주에 계획되어 있는 아스트로-A의 200단위 생산과 아스트로-B의 200단위 생산은 불가능하게 된다.

(2) 현재의 MPS실행이 불가능한 경우는 MPS의 내용을 변경하여야 한다. 즉, 재고유지비를 부담할 것을 전제로 예정보다 앞당겨 생산하거나 고객과의 접촉을 통하여 납기를 늦춤으로써 예정보다 지연시켜 생산하도록 해야 한다. 그러나 고객과의 약속한 납기를 지연시키는 것은 고객서비스 수준을 떨어뜨리게 되므로 가급적 지양하는 것이 바람직하다. 위의 경우는 아스트로-A의 생산을 1주일 앞당김으로써(즉, 6주째로 옮김) 7주의 작업부하를 80시간으로 줄일 수 있다. 물론 6주의 작업부하는 현재의 30시간에서 70시간으로 증가하게 된다.

11.4 MRP 시스템

MRP 시스템은 부품이나 구성부품 및 원재료 등과 같이 완성품의 수요에 의하여 수요의 발생시기와 수량이 종속적으로 결정되는 품목을 위한 재고관리시스템이다. 기본적으로 복잡한 부품의 결합체계와 재고현황 등과 같이 많은 양의 자료처리를 필요로 하는 재고관리시스템이기 때문에 컴퓨터의 지원을 절대적으로 필요하게 된다. MRP 시스템은 MPS를 보다 세분화하기 위한 시스템이다. 다음에서는 생산계획시스템의 하부흐름을 형성하는 MRP 시스템의 수립과정에 대해서 살펴보기로 한다.

11.4.1 MRP 시스템의 출현배경

MRP(Material Requirements Planning) 시스템은 종속적인 수요를 가지는 품목의 재고관리를 위해 1970년대에 개발된 컴퓨터기반의 생산 및 재고관리를 위한 계획시스템이다. 구성부품이나 원재료 등과 같이 다른 완성품 혹은 상위부품의 수요의 크기와 발생 시기에 의해 종속적으로 수요의 크기와 발생시기가 결정되는 품목의 재고관리원칙은 단순하고도 명료하다. 가령 앞으로 5주 후에 승용차 1,000대의 완성품 주문이 약속되어 있고, 승용차조립에 소요되는 리드타임(lead time)이 2주 정도라면, 승용차완성품을 조립하기 위해 필요한 엔진은 정확하게 3주 후까지 1,000개의 생산이 완료되어야 할 것이다. 물론 승용차조립에 필요한 타이어는 1,000×4=4,000개가 준비되어야 한다. 또한 엔진제작에 필요한 주요 부품들을 결합하기 위해서 1주일이 소요된다면 엔진의 주요부품들은 2주 후까지만 완성되면 될 것이다. 이와 같이 종속적인 수요를 가지는 품목의 생산시기와 크기를 결정하는 일은 상위품목의 수요시기와 크기 및 리드타임만을 고려하여 간단하게 결정할 수 있다.

그러나 이와 같이 단순하고도 명료한 종속부품 생산계획 수립방식은 1970년대가 되어서야 비로소 실현가능하게 되었다. 그 이유는 비록 종속부품의 생산계획 수립절차가 단순하기는 하지만, 수많은 종속관계에 있는 부품들에 대해 수작업으로 일일이 생산계획을 수립한다는 것이 간단한 일은 아니었기 때문이다. 또한 상위품목의 수요변경이 이뤄지면 이와 연결된 수많은 종속품목의 생산계획을 모두 찾아서 변경해야 하는데, 이는 수작업으로는 불가능한 일이었다. 따라서 1970년대에 들어서면서 빠른 데이터처리능력을 가진 컴퓨터를 비교적 저렴하게 활용할 수 있게 되면서부터 비로소 종속수요품목에 대한 생산계획 및 통제가 본격적으로 가능하게 된 것이다.

MRP는 구성품목(component items)의 수요를 산출하고, 필요한 시기를 추적하며, 품목의 생산 혹은 구매에 소요되는 리드타임을 고려하여 작업주문 혹은 구매주문을 내기 위한 컴퓨터 재고통제시스템으로 개발된 것이다. MRP의 도입과 활성화에는 Joseph Orlicky, George Plossl 및 Oliver Wight의 세 사람과 APICS(The Association for Operations Management)의 기여가 컸다고 할 수 있다. 초기에 정보시스템으로서 개발된 MRP는 제조부문에 컴퓨터와 체계적인 계획수립기능을 제공함으로써 혁신적인 변화를 가져왔다.

그 이후로 MRP는 컴퓨터의 발전과 응용영역의 확대와 더불어 그 기능이 보다 다양화되고 통합화되게 되었으며, 오늘날에는 단순히 MRP의 수립차원을 넘어서 제조자원계획(MRP－Ⅱ: Manufacturing Resources Planning)을 수립하는 차원으로, 더 나아가서 기업자원 소요계획(ERP: Enterprise Resource Planning)을 수립하는 차원으로 확대발전하게 되었다.

11.4.2 MRP 시스템의 목표

MRP의 주요 목표는 올바른 시간에, 올바른 장소에, 올바른 자재를 공급하는 일이다. MRP의 재고관리목표도 다른 재고관리시스템의 목표와 다를 바 없다. 즉, 고객서비스를 극대화하고, 재고투자를 극소화하며, 생산운영효율성을 극대화하는 것이다.

고객서비스를 극대화한다는 것은 단순히 고객으로부터 주문을 받을 때에 제품을 보유하고 있는 것만을 의미하는 것은 아니다. 고객을 만족하게 만들기 위해서는 고객과 약속한 납기를 지키는 것과 더불어 납기를 단축시킬 수 있는 노력이 필요하다. MRP는 충족이 가능한 납기일약속을 위해 필요한 관리정보를 제공해 줄 뿐만 아니라 약속된 납기일을 MRP 통제시스템에 투입하여 상응한 생산이 이뤄지도록 만들게 된다. 따라서 약속한 납기를 지키는 것이 조직이 달성해야 할 목표가 되게 만듦과 동시에 약속한 납기를 충족시켜 줄 수 있는 가능성을 높이게 만드는 것이다.

종속적인 수요를 가지는 부품에 대하여 ROP(Reorder Point)방식의 재고관리시스템을 가지는 경우, 완성품생산을 위해 재고가 사용되는 경우를 제외하고는 항상 높은 수준의 재고를 유지하게 된다. 즉, 완성품생산을 위해 재고가 ROP 이하로 떨어지면 일반적으로 일정한 주문량(FOQ: Fixed Order Quantity)의 부품을 보충하게 되는데, 부품의 수요는 연속적으로 발생하기보다는 완성품생산시기에만 집중적으로 발생하는 집합적 특성(lumpiness)을 가지기 때문에 평균적인 부품재고수준은 매우 높아지게 되는 것이다. 그러나 MRP는 완성품생산에 필요한 시기에 부품의 생산 혹은 구매주문을 내기 때문에 평균적인 재고의 수준을 극히 낮게 유지시킬 수 있는 장점이 있다(〈그림 11-2〉 참조).

MRP는 원자재와 부품, 하위조립품 및 반제품 등의 납품수량과 시기를 보다

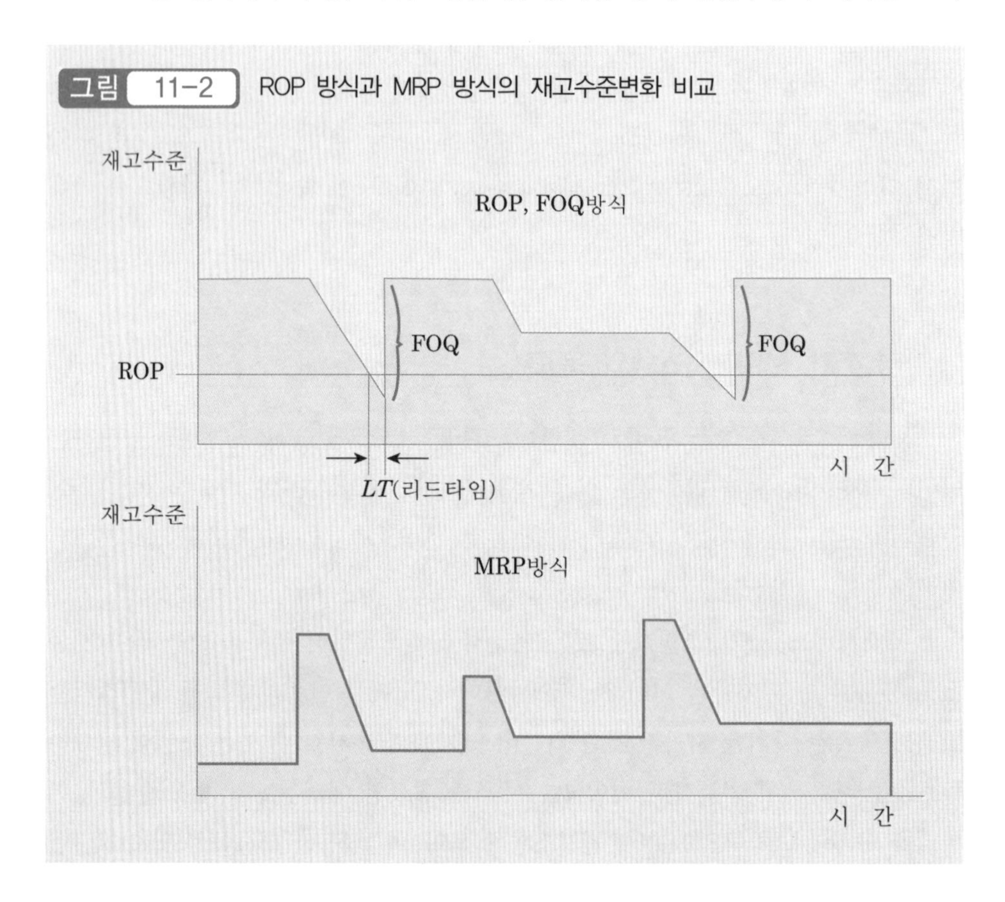

그림 11-2 ROP 방식과 MRP 방식의 재고수준변화 비교

잘 통제할 수 있기 때문에 생산에 필요한 시기에 필요한 자재가 공급되게 할 수 있다. 아울러 생산의 흐름을 생산일정의 변화에 따라서 늦추거나 가속화할 수도 있다. 이와 같은 MRP의 통제능력은 노동인력과 자재 및 변동제조간접비를 감축시켜서 결과적으로 생산효율성을 향상시키는 효과를 가져오게 된다.

11.4.3 MRP 시스템의 구성체계

[1] MRP의 주요 입력정보

다음의 〈그림 11-3〉은 MRP 시스템의 주요 입력정보와 출력보고서를 나타내고 있다. 그림에서 보는 바와 같이 MRP 시스템의 직접적인 주요 입력정보는 MPS,

그림 11-3 MRP의 주요 입력정보 및 출력보고서

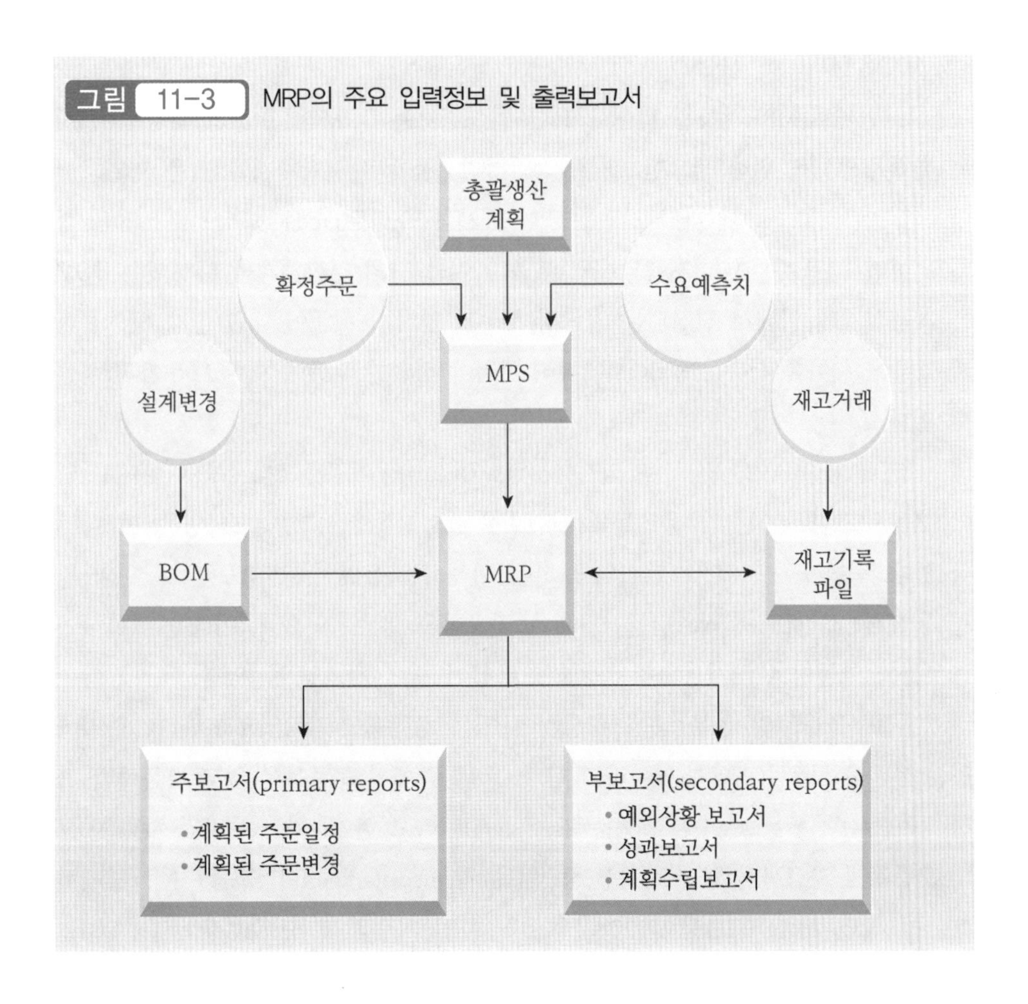

BOM, 재고기록파일의 세 가지가 있다. 다음에서는 이 세가지 주요 입력정보에 대하여 살펴보기로 한다.

① MPS

MRP는 주로 완성품생산에 필요한 하위부품들의 생산일정을 수립하는 체계이다. 따라서 완성품의 생산계획을 담은 MPS는 MRP작성을 위해 필요한 첫 번째 입력정보가 된다.

즉, 언제 얼마만큼의 완성품 혹은 최종품목의 생산이 필요한지에 대한 정보를 가져야 이를 생산하는 데에 필요한 하위조립품, 구성부품들에 대한 생산시기와 요구수량을 결정할 수 있기 때문이다. MPS의 구체적인 작성과정에 대해서는 앞의 11.3.3에서 자세히 설명한 바 있다.

② BOM

두 번째로 MRP작성을 위해 필요한 입력정보는 BOM(Bill 0f Materials)이다. 이는 완성품생산을 위해 필요한 구성부품, 하위부품들의 결합체계를 담은 파일로서 다음의 〈그림 11-4〉에 나타나 있는 것처럼 **제품구조나무**(product structure tree)의 형태로 설명해 볼 수 있다. 제품의 구성부품과 이들 간의 결합체계를 나타내는 BOM은 제품설계에 의해서 결정되는 입력정보이다. 따라서 제품에 대한 설계내용이 바뀔 경우에는 이를 신속하게 BOM에 반영시켜야 정확한 부품에 대한 MRP가 작성될 수 있다.

〈그림 11-4〉에는 사무용 의자(품목번호 OC101)의 제품구조나무를 나타내고 있다. 제품구조나무에는 각 품목들의 결합비율(괄호 안의 숫자)과 리드타임(LT)이 나타나 있다. 즉, 사무용 의자 1단위의 생산을 위해서는 등받이-받침쿠션 1단위와 팔걸이 2단위, 그리고 다리조립품 1단위가 필요함을 알 수 있으며, 이들을 결합하여 완성품을 만들기 위해서는 1주일의 리드타임이 필요함을 알 수 있다.

제품구조나무의 품목 중에서 상위에 있는 품목을 **모품목**(parent item), 하위에 있는 부품을 **자품목**(child item)이라고 한다. 품목 중에서 모품목은 없고 자품목만 가진 품목(그림의 경우 OC101)을 **최종품목**(end item)이라고 한다. 최소한 각각 하나 이상의 모품목과 자품목을 가진 품목을 **중간품목**(intermediate item)이라고 하며, 그림에서 RC, AC, LC, AC1, LC1 등이 이에 속한다. 한편 그림의 C101, AC2, LC11, LC12,

그림 11-4 사무용의자(OC101) 제품구조나무

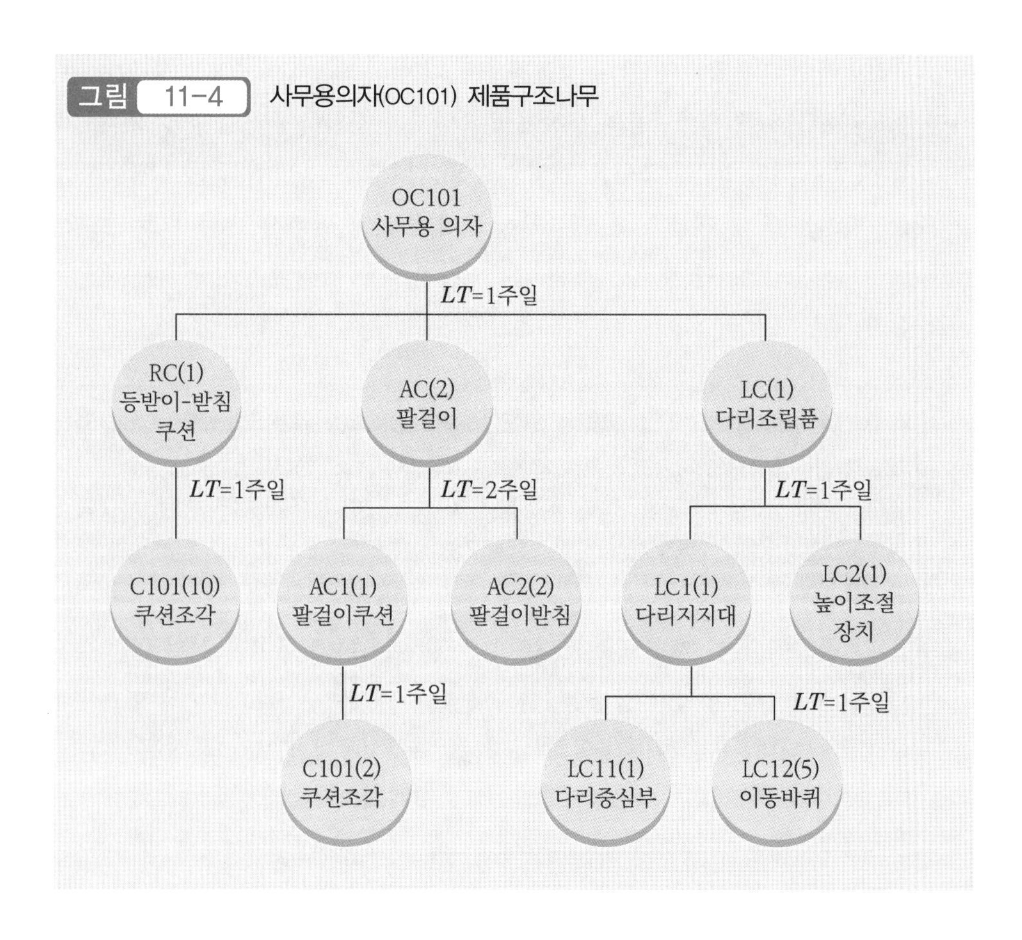

LC2와 같이 모품목만 있고 자품목은 없는 품목을 **구매품목**(purchased item)이라고 한다.

제품구조나무를 사용하면 최종품목생산에 필요한 각 부품의 소요량을 계산해 볼 수 있다. 가령 사무용 의자(OC101) 100단위를 생산하기 위해서 필요한 이동바퀴(LC12)의 소요량을 계산해 보면, 사무용 의자－다리조립품－다리지지대－이동바퀴로 연결되는 결합체계상의 결합배율을 곱하면 되므로 $100\times1\times1\times5=500$단위가 된다. 만일 사무용 의자를 향후 5주째 초까지 조립완료해야 한다면, 다리조립품은 4주째 초까지, 다리지지대는 3주째 초까지, 그리고 이동바퀴는 2주째 초까지 조립 혹은 구매완료하면 될 것이다.

③ 재고기록(inventory record) 파일

MPS와 BOM을 통해서 최종품목의 수요와 부품의 결합배율에 대한 정보를 파악했다 하더라도 최종품목과 각 구성품목들에 대한 재고상태를 정확하게 알지 못하면 수요충족을 위해 얼마만큼의 생산이 필요한지를 정확하게 산출할 수 없다. 가령 앞서 사무용 의자 100대 조립을 위해서는 500단위의 이동바퀴 생산이 필요하다는 것을 BOM을 통해 계산해 본 바 있다. 그러나 만일 다리지지대(LC1) 50단위와 이동바퀴(LC12) 100단위를 재고로 보유하고 있다면, 이동바퀴의 생산요구수량은 다음과 같이 달라진다.

- 먼저 OC101의 100단위 생산을 위해서 LC1은 100×1×1=100단위가 필요하게 된다. 그러나 현재 LC1의 재고가 50단위 있다면 LC1은 추가로 50단위만 생산하면 된다.
- LC1의 50단위 생산을 위해서는 50×5=250단위의 LC12 생산이 필요한데, 만일 LC12의 재고가 100단위 있다면 추가로 150단위만 생산하면 된다.

즉, 각 품목에 대한 재고보유에 대해 정확한 기록이 있어야만 상위품목의 수요충족을 위해 필요한 정확한 생산수량을 계산할 수 있는 것이다. 현재의 재고상태를 정확하게 나타내는 재고기록파일의 유지는 바로 성공적인 MRP의 실행을 위한 중요한 전제가 된다. 따라서 재고관리자는 재고상태의 변화를 가져오는 재고거래(inventory transactions), 즉 재고의 사용과 보충내용을 실시간으로 정확하게 반영할 수 있도록 노력해야 한다.

[2] MRP의 작성과정

MRP의 작성과정을 설명하기 위해서 사무용 의자의 구성부품 RC에 대한 MRP표를 참고해 보자(〈표 11-2〉 참조). 표에서 보는 바와 같이 MRP표의 시간구분은 주로 주단위로 이뤄져 있다. 맨 처음 줄에는 품목번호(품목명)와 로트크기, 리드타임 및 안전재고 등에 관한 정보가 주어져 있다. RC의 생산은 로트크기가 100인 고정주문량방식을 사용하며, 리드타임은 1주일이고, 안전재고는 사용하지 않고 있음을 알 수 있다.

표 11-2 구성품목 RC에 대한 MRP

품목: RC(등받이-받침쿠션)

로트크기: 100개
리드타임: 1주
안전재고: 0개

주	1	2	3	4	5	6	7
총소요량							
예정된 수취량							
예상보유재고							
계획된 수취량							
계획된 발주량							

- 총소요량(gross requirement): 상위품목의 생산을 위해 필요한 기간별 총생산요구량을 나타낸다.
- 예정된 수취량(scheduled receipt): 이미 생산주문이 발행되어 현재 작업중에 있는 수량으로서 앞으로 일정기간 후에 수령이 예정되어 있는 수량이다. 예정된 수취량은 주초에 이뤄지는 것으로 가정하며, 총소요량의 변화에 따라서 수취일정을 변경시킬 수는 있지만 취소할 수는 없는 주문수량이다.
- 예상보유재고(projected on-hand inventory): 각 주의 말에 보유하리라고 예상되는 수량으로서 다음과 같이 계산한다:

  예상보유재고=직전 주의 예상보유재고+예정된 수취량+계획된 수취량−총소요량

- 예상보유재고의 맨 왼쪽에 위치한 작은 박스 안에는 계획기간 초(즉, 1주째 초)의 보유재고량을 나타낸다.
- 계획된 수취량(planned order receipt): 기초의 재고보유량(즉, 직전 주의 예상 보유재고)과 예정된 수취량으로 총소요량을 충족시킬 수 없는 경우, 필요한 수량을 수령하도록 계획해놓은 주문수취량이다. 계획된 수취량의 크기는 해당 품목의 로트크기 결정방식에 따라서 결정하게 된다. 경우에 따라서는 불규칙한 총소요량의 발생에 대비하여 안전재고를 사용하는 경우가 있다. 이 경우 기초의 재고보유량과 예정된 수취량으로 총소요량의 충족이 가능하다 하더라도 충족 후의 잔존재고량이 요구되는 안전재고수준보다 낮은 경우는 계획된 수취량을 계획하여야 한다. 계획된 수취량의 크기는 로트크기의 배수로 결정한다.
- 계획된 발주량(planned order release): 특정한 주에 계획된 수취가 가능하기 위해서는 이 주보다 리드타임만큼 이전에 주문발송이 계획되어야 하는데, 이를 계획된 발주량이라고 한다.

[예시 11-3] MRP표 작성

신성가구(주)에서 생산하는 사무용 의자 OC101의 MPS(생산개시량)는 다음과 같다. 이를 바탕으로 구성품목 RC(등받이-받침)에 대한 MRP표를 작성하여 보라(단, 현재 RC 40단위를 재고로 보유하고 있으며, 2주째 초에 100단위의 예정된 수취량이 있다).

	주						
최종품목	1	2	3	4	5	6	7
OC101	30	40	100	0	50	80	120

풀 이

위의 MPS수량은 바로 RC의 기간별 총소요량을 결정하게 된다. 앞서 〈그림 11-4〉의 제품구조나무를 보면, OC101 1단위에 대해 RC 1단위가 필요하므로 OC101의 총소요량은 MPS 수량과 일치하게 된다. 〈표 11-2〉에 주어진 RC에 관한 정보를 바탕으로 MRP표를 작성해 보면 다음과 같다:

표 11-3 구성품목 RC에 대한 MRP 작성사례

품목: RC(등받이-받침쿠션)

로트크기: 100개
리드타임: 1주
안전재고: 0개

주		1	2	3	4	5	6	7
총소요량		30	40	100	0	50	80	120
예정된 수취량			100					
예상보유재고	40	10[1]	70[2]	70[4]	70	20	40	20
계획된 수취량				100[3]			100	100
계획된 발주량			100[5]			100	100	

(1) 1주째 말에 보유하게 되는 예상보유재고는 직전주의 예상보유재고(40)와 총소요량(30)의 차이인 10이 된다. 주초에 보유한 재고로 총소요량을 충족시키기에 충분하므로 계획된 수취량을 산정할 필요는 없다.

(2) 2주째 초의 보유재고는 직전주의 보유재고(10)와 예정된 수취량(100)의 합인 110단위가 된다. 2주째에 충족시켜야 할 총소요량은 40단위이므로 2주 말에 보유하게 되는 예상보유재고는 110 − 40 = 70단위가 된다.

(3) 3주째의 총소요량은 100단위인 데 비하여, 3주 초의 재고보유량은 70단위에 불과하므로 새로운 주문수령이 있지 않는 한 품절이 발생하게 된다. 따라서 품절이 발생하지 않도록

3주 초에 계획된 수취량을 산정해줘야 한다. 이 경우 실제로 필요한 수량은 30단위이지만, RC는 100개 단위의 주문방식을 사용하므로 계획된 수취량은 100단위가 된다.

(4) 3주 말에 보유하게 되는 예상보유재고는 100 + 70 - 100 = 70단위가 된다.

(5) 3주 초에 100단위의 주문수령이 가능하기 위해서는 그보다 1주전(리드타임 전)에 100단위에 대한 생산주문이 이뤄져야 하므로 2주 초에 100단위의 계획된 발주량이 필요하다.

[3] MRP의 확장

앞서 살펴본 MRP의 작성과정은 제품결합의 단계적 과정을 거쳐 가면서 상위단계에서 하위단계로 확장되게 된다. 바로 위의 상위단계에 위치한 모품목의 계획된 발주량은 곧바로 아래 위치한 자품목의 총소요량을 결정하게 된다. 앞서 〈예시 11-3〉에서 작성해 본 RC의 MRP표상의 계획된 발주량은 바로 아래의 자품목인 C101(쿠션조각)의 총소요량이 되는 것이다. 물론 이 경우 RC와 C101의 결합배율은 1 : 10이므로 C101의 총소요량은 RC의 계획된 발주량의 10배가 된다.

한 가지 여기서 고려해야 할 사항은 동일한 품목이 여러 개의 서로 다른 모품목을 가질 수 있으며, 경우에 따라서는 결합의 단계가 다른 곳에 위치할 수도 있다는 점이다. 앞의 〈그림 11-4〉의 사무용 의자의 제품구조나무를 보면 C101이 RC뿐만 아니라 AC1에도 사용되고 있음을 볼 수 있다. 또한 RC의 생산을 위해서는 단계 2에서(최종품목이 위치한 단계를 단계 0으로 함) C101이 사용되는 반면, AC1을 위해서는 단계 3에서 C101이 사용되고 있음을 알 수 있다. 따라서 C101에 대한 MRP확장상의 위치를 조정해 주지 않을 경우, 동일한 품목에 대해 별개의 MRP표가 중복되어 작성되는 불합리성이 발생하게 된다. 이러한 불합리성을 극복하기 위해서 같은 품목이 상이한 결합단계에 위치하는 경우에는 가장 낮은 하위단계에 위치하도록 조정하는 방식을 사용하게 되는데, 이를 **저단계코딩**(low- level coding)이라고 한다. 저단계코딩을 사용해서 〈그림 11-4〉의 제품구조나무를 바꿔 보면 〈그림 11-5〉와 같다.

그림 11-5 저단계코딩에 의한 사무용의자(OC101) 제품구조나무

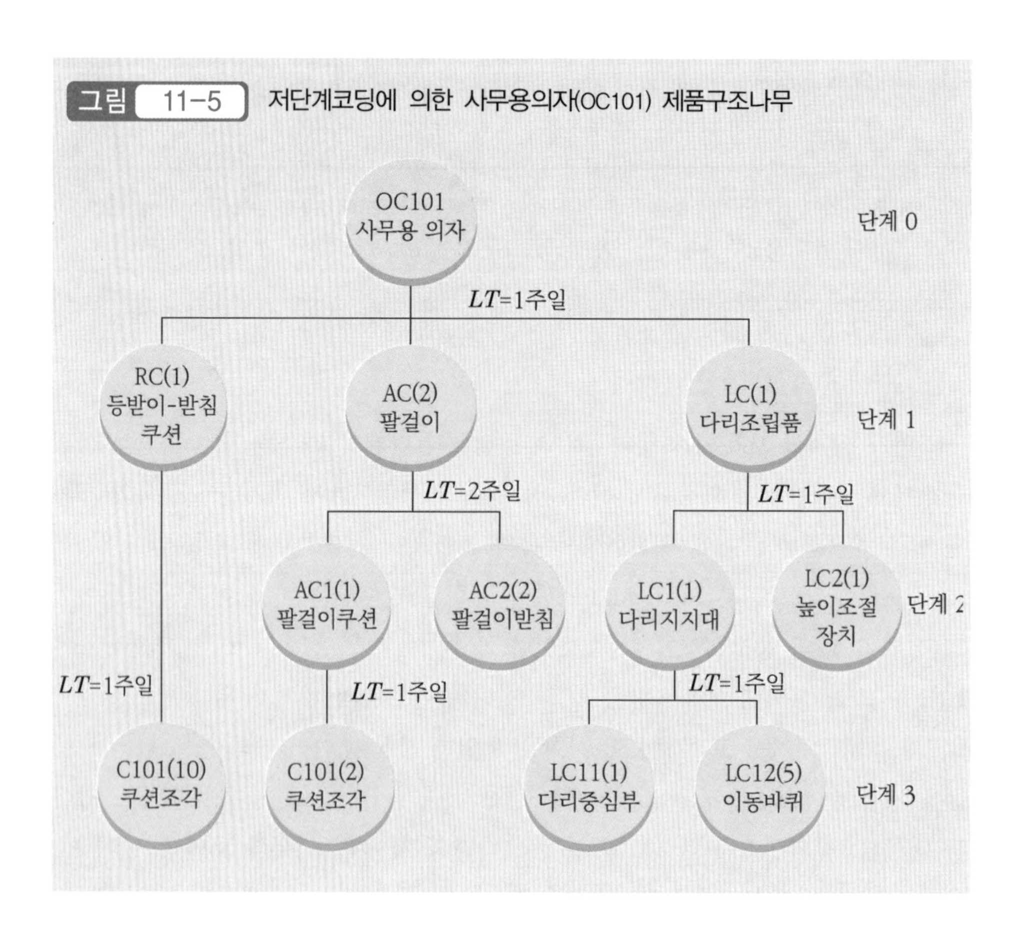

[예시 11-4] OC101의 MRP확장

앞서 〈예시 11-3〉에 주어진 신성가구(주)의 사무용 의자 OC101에 대한 MPS와 〈그림 11-5〉의 제품구조나무를 바탕으로 구성품목 RC 및 AC와 관련된 부품들에 대한 MRP표를 작성하여 보자. 단, 각 구성품목에 대한 로트크기, 예정된 수취량, 현재 보유재고, 안전재고 및 리드타임에 대한 정보는 다음과 같다:

구성품목	결합단계	예정된 수취량	로트크기	현재보유재고	안전재고	리드타임
RC	1	2주 초, 100단위	100단위	40단위	0	1주
AC	1	1, 2주 초 각각 150	150	130	20	2
AC1	2	1주 초, 150	150	0	0	1

AC2	2	2주 초, 200	200	50	50	2
C101	3	2주 초, 1,000	500	400	100	2

풀 이

(1) 단계 1 품목의 MRP표 작성

결합단계의 순서에 따라서 먼저 상위단계(단계 1)에 위치한 RC와 AC에 대한 MRP표를 작성하고, 이를 바탕으로 낮은 단계에 위치한 품목들의 MRP를 작성한다. 먼저 RC에 대한 MRP표는 앞서 예시에서 작성한 바와 같이 다음의 첫 MRP작성표에 나타나 있다. AC에 대한 작성표도 RC의 작성과 같은 방식으로 이뤄지게 된다. 다만, OC101 1단위에 대해서 AC는 2단위가 필요하므로 총소요량은 OC101의 MPS수량의 2배가 된다.

품목: RC(등받이-받침쿠션)

로트크기: 100개
리드타임: 1주
안전재고: 0개

주		1	2	3	4	5	6	7
총소요량		30	40	100	0	50	80	120
예정된 수취량			100					
예상보유재고	40	10	70	70	70	20	40	20
계획된 수취량				100			100	100
계획된 발주량			100			100	100	

품목: AC(팔걸이)

로트크기: 150개
리드타임: 2주
안전재고: 20개

주		1	2	3	4	5	6	7
총소요량		60	80	200	0	100	160	240
예정된 수취량		150	150					
예상보유재고	130	220	290	90	90	140	130	40
계획된 수취량						150	150	150
계획된 발주량				150	150	150		

(2) 단계 2 품목의 MRP표 작성

단계 2의 품목 AC1은 모품목인 AC와 1 : 1의 결합비율을 가지므로 AC의 계획된 발주량에 상응하는 총소요량이 발생하게 된다. AC2는 AC와 1 : 2의 결합비율을 가지므로 AC의 계획된 발주량의 2배만큼의 총소요량이 발생한다. MRP표의 작성요령은 앞서의 MRP표 작성과정과 동일하다. 다만, 5주째의 AC2의 계획된 수취량 400단위는 AC2가 200단위씩 주문하는 로트크기를 가지므로 총소요량충족을 위해 2로트의 생산이 필요함을 나타낸다.

품목: AC1(팔걸이 쿠션)

로트크기: 150개
리드타임: 1주
안전재고: 0개

주		1	2	3	4	5	6	7
총소요량				150	150	150		
예정된 수취량		150						
예상보유재고	0	150	150	0	0	0	0	0
계획된 수취량					150	150		
계획된 발주량				150	150			

품목: AC2(팔걸이받침)

로트크기: 200개
리드타임: 2주
안전재고: 50개

주		1	2	3	4	5	6	7
총소요량				300	300	300		
예정된 수취량			200					
예상보유재고	50	50	250	150	50	150	150	150
계획된 수취량				200	200	400		
계획된 발주량		200	200	400				

(3) 단계 3 품목의 MRP표 작성

단계 3의 품목은 C101으로서 이 품목은 RC와 AC1을 만드는 데 모두 사용되는 품목이다. 따라서 C101의 총소요량은 RC의 계획된 발주량과 AC1의 계획된 발주량을 모두 반영하여 결정하게 된다. 아래 MRP표의 2주와 5주 및 6주의 총소요량(각각 1,000단위씩)은 각 주에 예정된 RC의 계획된 발주량(100)에 결합비율(10)을 곱한 값이고, 3주와 4주의 총소요량(각각 300단위씩)은 각 주에 예정된 AC1의 계획된 발주량(150)에 결합비율(2)을 곱하여 산출한 값이다. MRP의 작성과정은 앞의 MRP표 작성과정과 동일하다.

품목: C101(쿠션조각)

로트크기: 500개
리드타임: 2주
안전재고: 100개

주		1	2	3	4	5	6	7
총소요량			1,000	300	300	1,000	1,000	
예정된 수취량			1,000					
예상보유재고	400	400	400	100	300	300	300	300
계획된 수취량					500	1,000	1,000	
계획된 발주량			500	1,000	1,000			

[4] MRP 시스템의 운영형태

기본적으로 두 가지 형태의 MRP 운영체계가 있다. 첫 번째는 **재생형**(regenerative) MRP 시스템으로서 주로 주단위로 주기적인 MRP 확장과정을 수행하고, 모든 재고기록을 재산정하는 운영형태이다. 즉, 1주일이 지나면 기존의 MRP는 기간이 지난 것으로 처리하고, 최근의 MPS와 BOM, 예정된 수취량, 재고보유현황에 대한 정보를 바탕으로 새로이 MRP 확장과정을 거쳐서 MRP를 마련한다. 두 번째 MRP 시스템 운영형태는 **순변화**(net change) MRP 시스템으로서 필요한 기록만을 재계산하는 운영체계이다. 즉, 매번 MPS상에 변화가 있거나 거래가 발생할 때마다 영향을 받게 되는 기록들에 대해서 부분적인 MRP 확장과정을 실행하는 형태이다. 보다 역동적으로 변화하는 제조환경에서는 순변화 시스템의 선호도가 높을 수 있지만 컴퓨터계산시간이 많이 소요되고, 시스템이 너무 민감하게 운영됨으로 인해서 필요이상으로 빈번한 관리자의 주의를 요구하게 되는 제약성도 있다. 대부분 처음 MRP시스템을 사용할 때는 재생형 시스템을 사용하는 것으로부터 시작하게 된다.

11.4.4 MRP 시스템의 주요 출력정보

기본적으로 MRP 시스템으로부터 얻게 되는 출력정보는 **주보고서**(primary reports)와 **부보고서**(secondary reports)로 나눌 수 있다. 주보고서에는 계획된 주문일정(planned order schedule)과 계획된 주문변경(changes in planned orders)에 대한 보고서가 포함되며, 부보고서에는 예외상황보고서(exception report), 성과보고서(performance re-port), 계획수립보고서(planning reports) 등이 포함된다.

[1] 계획된 주문일정

각 기간에 주문해야 할 자재별 수량에 대한 계획을 나타낸다. 구매부서에서는 이를 사용하여 구매주문을 내게 되며, 생산부서에서는 상류생산부문(upstream pro-duction departments)에 대해 부품, 하위조립품 혹은 조립품에 대한 주문을 내게 된다. 계획된 주문량은 향후 공급업체의 생산일정과 사내생산일정에 대한 지침을 제공하게 된다.

[2] 계획된 주문변경

이미 작성해 놓은 계획된 주문을 변경하는 경우에 발생하는 보고서이다. MRP 시행과정에서 주문량을 변경하거나 주문 자체를 취소하는 것 혹은 주문완료기일을 다른 주로 늦추거나 지연시키는 것이 필요할 경우 발생하게 되는 보고서이다.

[3] 예외상황보고서

각 기간에 적합한 수량의 자재를 공급하기 위해서 관리자의 주의를 요구하게 되는 품목을 알려 주는 보고서이다. 통상적인 예외상황보고서에는 오류발생, 주문완료지연, 과도한 폐기발생을 알려 주는 내용들을 담고 있다.

[4] 성과보고서

시스템이 얼마나 잘 운영되고 있는지를 알려 주는 보고서이다. 주로 활용되는 성과측정치로는 재고회전율, 납기충족률, 품절발생률 등이 있다.

[5] 계획수립보고서

앞으로의 재고계획 수립활동을 위해 사용되는 보고서이다. 주로 포함되는 내용으로는 재고예측치, 구매의향보고서, 수요원천 추적보고서, 장기적인 MRP안 등이 있다.

R·E·F·E·R·E·N·C·E·S

Gaither, N. and G. Frazier. 2015. *Operations Management*, 9th ed. Thomson Press.

Heizer, J., B. Render and C. Munson. 2020. *Operations Management: Sustainability and Supply Chain Management*. 11th ed. Pearson Education.

Hicks, D. A. and K.E. Stecke. 1995. "The ERP Maze". *IE Solutions*. August, 12~16.

Krajewski, L., L. Ritzman and M. Malhotra. 2007. *Operations Management: Processes and Value Chains*. 8th ed. Pearson Prentice-Hall, N. J.

Russell R. S. and B. W. Taylor, Ⅲ. 2021. *Operations Management and Supply Chain Management*. 10th ed. Wiley.

제5편

프로세스 혁신 시스템

O·p·e·r·a·t·i·o·n·s M·a·n·a·g·e·m·e·n·t

ERP, e-Operations와 스마트 공장

제12장 Operations Management

정보가 없는 곳에 소문이 싹튼다.

- 알베르토 모라비아

1990년대 들어서 글로벌화와 더불어서 정보화는 가장 큰 경영환경의 변화를 나타낸다. 급격한 경영환경의 변화 속에서 기업은 경쟁우위를 확보하고자 구조조정 등의 사업재편과 조직개편을 단행하며, 동시에 정보시스템을 도입하여 경영성과를 극대화하고자 하였다. 이를 반영하는 리엔지니어링 혹은 프로세스혁신을 위한 실질적 도구로서 많은 기업들이 ERP시스템을 도입하였다. 또한 인터넷 및 디지털기술의 확대로 전통적 생산운영방식과는 다른 새로운 생산운영방식이 운영의 효율성과 경쟁우위를 얻기 위해서 활용되었다.

제12장에서는 Operations Innovation의 도구인 ERP 시스템, 인터넷을 비롯한 정보기술, 스마트 공장 등과 같은 주제를 살펴본다.

- ERP 시스템이란 무엇인가?
- ERP 시스템은 어떤 기능으로 구성되어 있나?
- 생산운영관리에 웹 등 인터넷기술이 어떻게 적용될 수 있나?
- e-Operations란 무엇인가?
- e-Operations가 어떻게 활용되고 있나?
- 스마트 공장의 특징은 무엇인가?
- Tesla Production System의 특징은 무엇인가?

12.1 ERP 시스템의 정의

경쟁적인 경영환경하에서 기업은 경쟁우위요소인 비용, 품질, 유연성, 시간의 확보를 위해 끊임없이 노력한다. 그런데 오늘날 이러한 4가지 경쟁요소를 확보하는 데 있어서 **통합정보시스템**(integrated information systems)이 결정적인 역할을 하는 경우가 많다. 정보시스템의 효율성이 증대함에 따라서 업무처리프로세스를 더욱 효율적으로 관리하는 것이 가능하게 되었으며, 이는 궁극적으로 시장에서 기업이 경쟁력을 갖는 원천이 된다.

최근까지도 기업들은 여전히 독립적 정보시스템(unintegrated information systems, isolated information systems, islands of information systems)을 갖고 개별 기능적 분야의 활동을 지원하는 경우가 많다. 예를 들어서 기업은 생산정보시스템, 마케팅정보시스템, 회계정보시스템, 재무정보시스템, 인적자원정보시스템 등을 갖게 되고, 이러한 기능별 정보시스템은 각각의 하드웨어, 소프트웨어 및 데이터 처리방식을 갖는 경우가 많다. 기업이 독립적인 정보시스템을 운영하게 되면 기업전체의 목표를 달성하기보다는 기능부분의 제한된 목표만을 달성하게 된다. 즉, 전체최적화(global optimization)보다는 부분최적화(sub-optimization)에 머물게 되어 기업목표를 달성하는 데 비효율성이 발생하게 된다. 기업내부의 기능 간 정보교환이 수작업으로 이루어질 경우 실수가 발생하기 쉬우며, 파일에 의해 자동적으로 데이터를 교환한다 하더라도 실시간으로 정보교환이 일어나기 어려워서 최신의 데이터에 근거한 능동적 경영의사결정을 내리기가 어렵다.

ERP(Enterprise Resources Planning)는 데이터베이스를 기반으로 기능 간 데이터를 공유하여 전사적인 차원에서 기업운영을 통합하는 정보시스템이다. 즉, 기업의 목표를 달성하기 위해 기업의 전체자원과 프로세스를 합리적으로 관리하는 통합정보시스템이다. 이러한 ERP 시스템은 하드웨어나 소프트웨어 측면에서 매우 복잡한 정보시스템이기 때문에 1990년도가 되어서야 비로소 출현하였다. 아마도 ERP가 출현하여 확산되는 데 있어서는 무엇보다도 하드웨어와 소프트웨어의 기술적 발전과 더불어서 경영환경변화에 맞추어 통합정보시스템을 기업운영에 적극 활용하고자 하는 정보의 전략적 활용에 대한 인식의 확산이 서로 맞아 가능하였다고 할 수 있다.

12.2 ERP의 출현환경

12.2.1 하드웨어 및 소프트웨어의 발전

1960년대에 들어서 대형 컴퓨터(메인프레임 컴퓨터)가 업무활용을 위해 처음으로 소개되었다. 그러나 이러한 초기의 대형 컴퓨터들은 회계, 재고관리, 임금계산 등 순차적이며 반복적인 데이터처리업무만을 수행할 수 있었다. 기업들은 사무직종업원의 계산업무를 대신할 목적으로 컴퓨터를 구입하였다. 컴퓨터 및 네트워크기술의 한계로 개별 기능들에 필요한 독립된 컴퓨터가 통합되어 사용되기는 어려웠다. 그러나 1960년대와 1970년대 동안에 컴퓨터는 작아지고, 저렴해지고, 빨라졌다. 저장 및 검색기술의 발전과 더불어서 관계형 데이터베이스(relational database)가 1970년에 소개되면서 복잡하고 정형화되지 않은 쿼리(질문)에 대한 응답이 가능해졌다.

1980년대에 들어서 하드웨어는 더욱 작아졌으며, PC의 등장과 함께 컴퓨터는 경영의 핵심적인 도구로서 자리잡게 되었다. **무어의 법칙**(Moore's Law)이 설명하듯이 새로운 세대의 칩은 매 18개월에서 24개월마다 소개되었고, 컴퓨터의 성능은 그 때마다 2배로 증대하였다. 이와 같이 컴퓨터성능은 비약적으로 증대하는 데 반해서, 가격은 떨어지게 됨으로써 컴퓨터는 경영의 기본도구로서 확고한 자리를 갖게 되었다.

워드프로세서나 스프레드시트와 같은 사무자동화 소프트웨어는 개인의 사무적인 업무처리의 생산성을 증대시켰고, 이는 PC가 더욱 널리 사용되는 데 기여했다. 워드프로세서로 문서의 교환이 가능해졌으며, 스프레드시트로 일반사용자들이 프로그래밍작업 없이 복잡한 계산과 경영분석이 가능하게 되었다. PC와 응용소프트웨어의 확대와 더불어서 기업들은 PC가 서로 연결되어서 데이터를 통합하는 것이 필요하다는 것을 느끼게 되었나. PC를 독립적으로 사용할 경우 중요한 경영자료를 저장한다 하더라도 전자적으로 정보를 공유할 수 없었다. **중앙집중처리방식(centralized processing)**에서는 PC는 덤 터미널(dumb terminal)로서 대형 컴퓨터에 연결되어 사용되었다. 1980년 초에는 그 당시 매우 고가인 주변기기를 공유하여 사용하였으며, 데이터 또한 공유되기 시작하였다.

그 후 1990년대에 들어와서 텔레커뮤니케이션기술의 발전으로 데이터 및 주변기기가 지역네트워크에서 공유될 수 있는 분산처리방식(distributed processing)이 도입되었다. 이는 서버(중앙컴퓨터)로부터 데이터가 클라이언트(로컬 PC)로 다운로드되어 작업이 가능하다는 것을 의미한다. 이러한 클라이언트/서버 아키텍쳐(client/server architecture)는 대형 컴퓨터를 빠르게 대체했다. 서버는 더 강력하고, 저렴하며, 정보시스템의 규모확장성(scalability)이 가능하게 되었다. 즉, 클라이언트/서버 네트워크의 처리능력은 새로운 서버를 추가적으로 부가함에 의해서 확장될 수 있다. 이에 반해서 대형 컴퓨터는 능력을 확장하기 위해서는 전체시스템이 교체되어야 한다. 1980년대 말까지 ERP 시스템의 구현을 지원하는 빠른 컴퓨터, 네트워크연결, 고급데이터베이스기술 등 컴퓨팅환경이 성숙되었다.

12.2.2 경영환경의 변화

1980년대 말부터 1990년대 초까지 세계경제는 매우 어려운 상황이었으며, 이 당시 많은 기업들은 다운사이징(downsizing)이나 리스트럭쳐링(restructuring)의 노력을 하였다. 이것은 바로 ERP개발의 자극제가 되었으며, 기업들은 기존의 경영방식을 답습하기보다는 좀 더 오랜 기간 경쟁력을 가져다 줄 수 있는 것을 찾기 시작했다.

많은 대기업들은 오랫동안 지속되어 온 기능중심의 조직구조로부터 야기되는 비효율성을 감내하기 어렵게 되었다. 기능중심의 조직은 1930년대 GM의 Alfred Sloan에 의해 개발된 이후에 수십 년간 매우 유효한 조직구조로 인식되었으나, 1990년대에 빠르게 변화하는 시장상황에 적응하기에는 부적절한 모델이 되었다. 이 시기에 많은 경영학자들은 기업이란 여러 기능들을 가로지르는 프로세스의 집합체로 보았다. 특히 1993년 Michael Hammer는 Reengineering the Corporation: A Manifesto for Business Revolution에서 프로세스의 관리를 강조하였으며, 이는 많은 기업들이 BPR(Business Process Reengineering)을 수행하는 촉매가 되었다. 특히 ERP는 기능중심조직의 문제를 해결하고, BPR을 수행하는 실질적인 도구로서 받아들여짐에 따라서 기업들은 경쟁적으로 ERP를 적용하게 되었다.

1980년대에 세계적 관심사이었던 TQM, JIT 등 조직에 기반을 두고 점진적 개선(continuous improvement)에 초점을 맞춘 일본식 경영방식만으로는 글로벌경쟁 하의 불연속적인 급격한 변화에 대응하기 힘들며, 프로세스의 합리화와 정보기술을 활용한 미국식 혁신전략이 효과적으로 경쟁력을 제공하는 것으로 받아들여졌다.

기업에서 통합된 정보시스템의 중요성을 가장 먼저 알게 된 것은 공장의 작업장이다. 1960년대와 1970년대에 생산과 관련된 소프트웨어가 개발되기 시작하였는데, 초기에는 단순한 재고관리시스템이었으나 점차 자재소요계획인 폐쇄형 MRP(closed-loop Material Requirements Planning) 시스템으로 진화하였다. 그 후 1980년대 초에 이르러 폐쇄형 MRP는 기업의 생산분야 이외의 기능적 부서인 회계, 재무, 마케팅 등과 결합된 **제조자원계획인** MRP II(Manufacturing Resources Planning)로 발전하였다. 그래서 폐쇄형 MRP를 Small MRP라고 부르며, MRP II를 Big MRP라고도 부른다. MRP II는 바로 1990년대에 소개된 ERP로 더욱 포괄적이며, 통합적이고, 정교한 시스템으로 발전하였다. MRP, MRP II, ERP에 대해서 다음 절에서 살펴본다.

12.3 폐쇄형(closed-loop) MRP

MRP 시스템이 시스템산출로부터 피드백된 정보를 가지는 경우, 이를 폐쇄형 MRP라고 한다. ASCM(The Association for Supply Chain Management)의 폐쇄형 MRP에 대한 정의는 다음과 같다.

자재소요관리를 위한 시스템으로서 판매와 운영(즉, 생산계획, 주생산일정, 생산능력계획)에 대한 계획기능(planning function)이 추가된 시스템을 말한다. 계획수립이 완료되어 작성된 계획이 실행가능하고 달성가능한 것으로 받아들여지면 곧 집행기능(execution function)이 실행된다. 집행기능의 실행은 투입－산출(생산능력) 측정치에 대한 제조통제기능, 세부적인 작업일정 및 작업투입순서 결정, 공장 및 공급업체로부터의 지연예상보고서 작성, 공급업체 생산일정수립 등을 포함하게 된다. 폐쇄형(closed-loop)이란 용어는 이러한 요소들이 모두 전반적인 시스템 내에 포함되어 있다는 것뿐만 아니라 집행기능에 의해 피드백이 제공됨으로써 계획기능이 항상 타당성을 유지할 수 있도록 한다는 것을 의미한다.

다음의 〈그림 12－1〉은 폐쇄형 MRP의 모습을 나타내고 있다. 폐쇄형의 의미는 의문사항과 산출자료가 시스템 내로 피드백되어 타당성을 검증받고, 필요하면

그림 12-1 폐쇄형(closed-loop) MRP 시스템

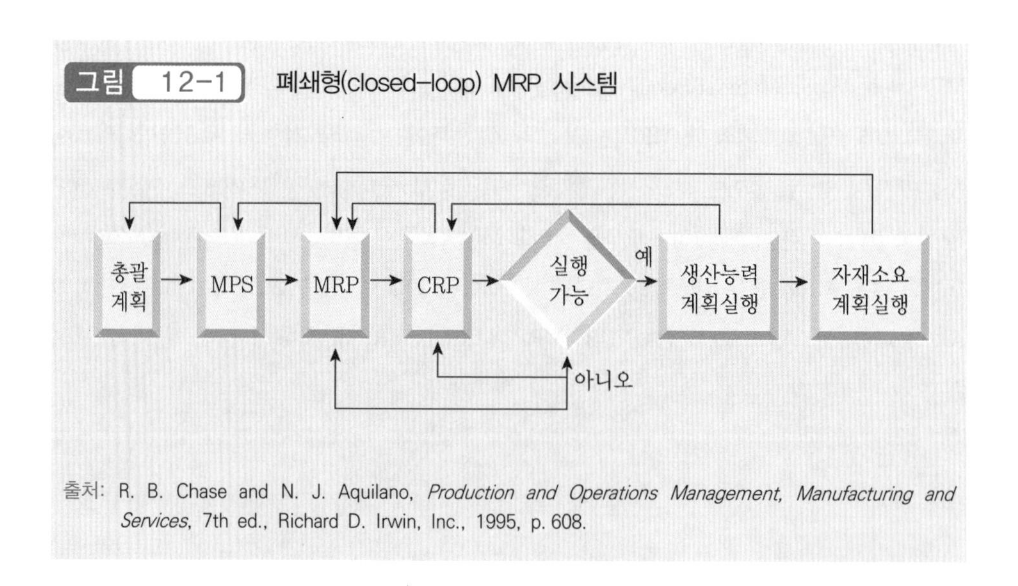

출처: R. B. Chase and N. J. Aquilano, *Production and Operations Management, Manufacturing and Services*, 7th ed., Richard D. Irwin, Inc., 1995, p. 608.

조정이 이뤄지게 한다는 것을 의미한다. 앞서 설명했던 바와 같이 MRP는 단기생산계획인 MPS(Master Production Schedule)가 제공하는 최종품목의 생산일정에 대한 입력자료를 바탕으로 생산일정을 충족시키기 위한 모든 구성부품 및 자원의 생산 및 조달일정을 수립하게 된다. 생산능력계획 모듈은 이러한 MRP의 산출자료를 실행하기에 충분한 능력이 존재하는지를 검토한 후 능력이 충분하지 않으면 MRP모듈에 이를 피드백시켜 생산일정이 조정될 필요가 있음을 통지하게 된다. 이러한 피드백 과정이 진행되고 나면 생산능력계획과 자재소요계획이 실행되도록 생산시스템에 대한 생산주문이 이뤄지게 된다.

12.4 MRP Ⅱ

상용화되어 시장에 나와 있는 MRP 시스템들은 개별적으로 구매하여 도입할 수 있는 다양한 모듈들로 구성되어 있다. 대개의 경우 MRP 시스템에 포함되어 있는 모듈들은 수요예측, 고객주문입력, 생산계획/MPS수립, 제품구조/자재청구서(BOM) 프로세서, 재고관리, 자재소요계획, 생산능력계획, 작업현장관리, 구매관리, 회계처리, 재무분석 등이다.

이들 중의 일부는 MRP의 입력모듈로서 혹은 산출모듈로서의 기능을 가진 것도 있고, 수요예측이나 재무분석과 같이 보다 확장된 MRP관련활동들을 가진 것도 있다. 기업에 따라서 MRP를 도입하는 방식에는 차이가 있겠지만 대개의 경우는 먼저 제품구조/BOM모듈을 설치하고, 다음에 재고관리모듈과 자재소요계획모듈을 차례로 설치하는 것이 일반적이다. BOM과 재고관리모듈은 대규모 데이터베이스를 필요로 하며, 나머지 프로세스에 대해 주요 입력모듈로서의 기능을 수행하기 때문이다.

구매관리모듈도 비교적 초기에, 보통 BOM모듈이 설치된 직후에 바로 도입된다. 특히 고객주문입력 모듈에 의존하는 성향이 큰 주문조립형 기업인 경우는 이를 최대한 신속하게 도입하려 할 것이다. MPS모듈이나 보다 상위수준의 생산계획모듈들은 주로 나중에 추가되게 된다.

그림 12-2 제조자원소요계획(MRP Ⅱ) 시스템

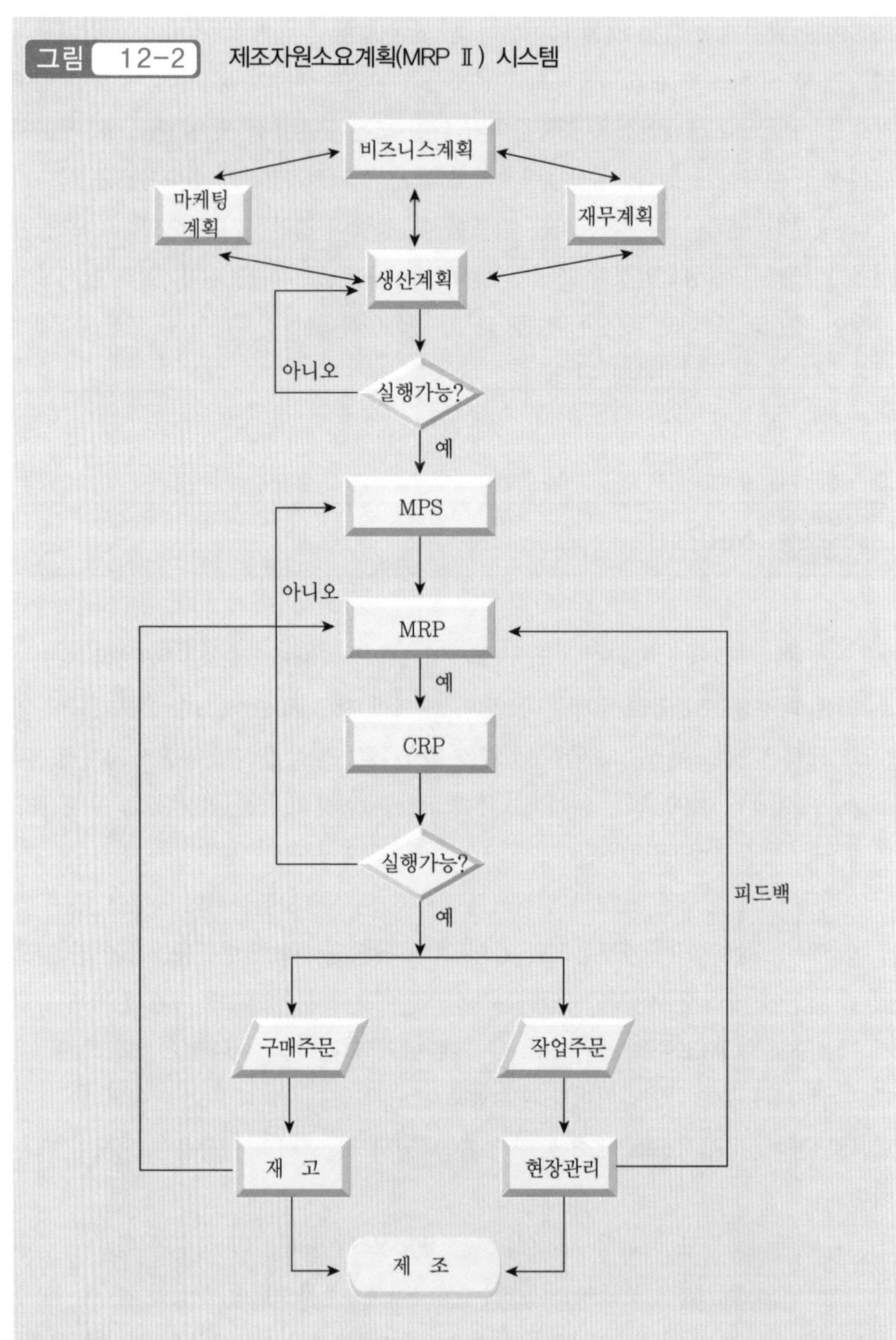

출처: R. S. Russell and Taylor, B. W. Ⅲ, *Operations Management*, 7th ed., Wadsworth Pubishing Co., 1996, p. 654.

MPS가 없이 MRP가 운영된다는 것이 이상하게 들릴지는 몰라도 이는 통합적인 MRP 시스템에 의해 산출되는 MPS를 사용하지 않는다는 것이지 MPS의 투입정보 없이 MRP가 운영된다는 의미는 아니다. 이를 설치하지 않은 기업의 경우는 수작업으로 MPS를 수립하게 된다.

생산능력모듈도 MRP가 효과적으로 운영되기 위해서 매우 중요하다. 종종 MRP운영의 성패가 생산능력계획 기능의 존재유무에 따라서 결정되기 때문이다. 작업현장관리는 실행이 어려운 모듈로서 실제 사용에 있어서 그 효과가 가장 만족스럽지 못한 모듈이기도 하다.

MRP 시스템이 보다 확장되고 생산능력이나 마케팅, 재무 등의 영역과 관련한 다양한 모듈과 특징들이 추가되면서 자재(materials)에 국한된 소요계획을 작성한다는 의미의 MRP란 용어는 부적절한 것이 되어 버렸다. 따라서 보다 확장된 의미의 다양한 제조자원(manufacturing resourcess)의 사용계획을 수립한다는 의미로 새로운 의미의 MRP, 즉 MRP Ⅱ라는 용어가 등장하게 되었다. 이 경우의 MRP는 Manufacturing resources Planning을 나타낸다(〈그림 12-2〉 참조). 이러한 MRP Ⅱ는 제조부문뿐만 아니라 교육, 건축, 보건, 유통 등과 같은 서비스부문에서도 다양하게 사용되고 있으며, SRP(Service Requirements Planning: 서비스소요계획), DRP(Distribution Requirements Planning: 유통소요계획), BRP(Business Requirements Planning: 사업소요계획) 등의 특화된 시스템의 형태로 운영되기도 한다.

12.5 ERP(Enterprise Resource Planning)

전통적인 MRP 시스템이 기업내부의 다양한 기능들을 통합하기 위해서 수정되어서 사용되기도 하지만, 기업들이 전자상거래, 글로벌운영, 공급사슬관리 등의 발전과 함께 고객, 공급업자, 해외본사와 지사 간의 직접적인 정보교환이 필요해졌다. 즉, 기업이 조직의 제 기능들과 운영을 연결시키고, 때로는 공통의 소프트웨어기반과 데이터베이스를 통해 고객과 공급업자와도 연결해야 하는데, 이것이 바로 ERP의 역할이다.

그림 12-3 전형적인 ERP 시스템

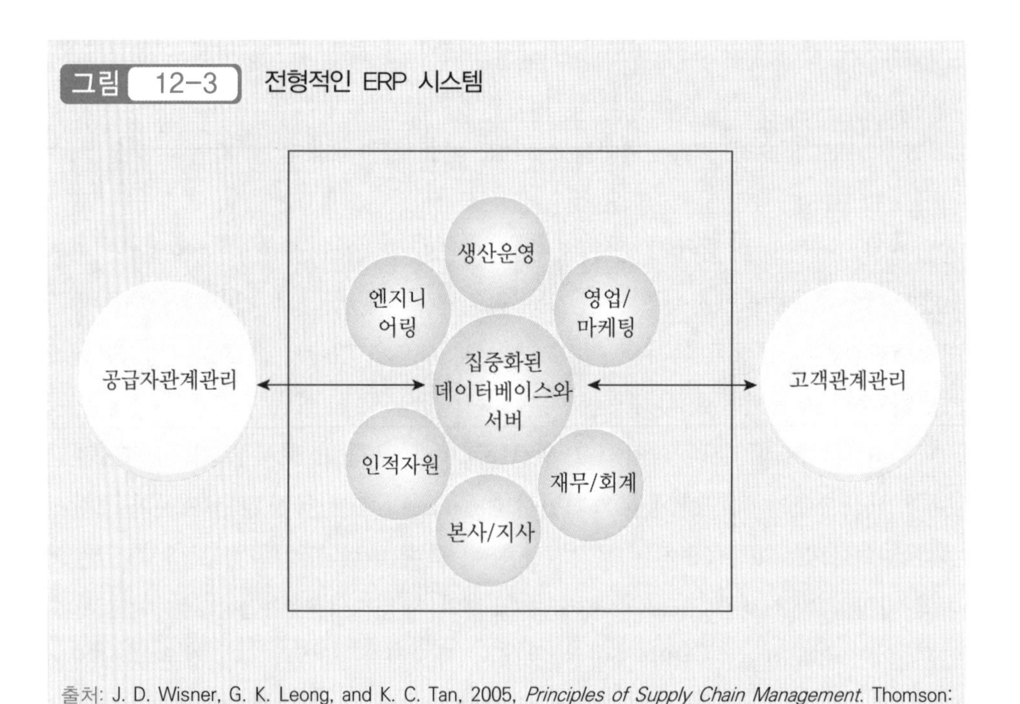

출처: J. D. Wisner, G. K. Leong, and K. C. Tan, 2005, *Principles of Supply Chain Management*. Thomson: South-West.

전형적인 ERP는 과거 독립적으로 운영되던 생산/재고 계획, 구매, 물류, 인적자원, 회계, 더 나아가서 고객관리, 공급자관리 등의 시스템을 통합한다. 〈그림 12-3〉은 전형적인 ERP 시스템을 나타내는 데 공통의 집중화된 데이터베이스와 소프트웨어 인프라하에 정보시스템들을 활용하여 본사와 지사 간의 운영이 연결된다(Wagner와 Monk, 2008).

일반적으로 ERP는 다양한 모듈로 되어 있는데, 이는 기업의 내부적인 운영을 담당하는 기능들의 활동과 외부와의 관계인 고객 및 공급자들을 관리한다. 즉, 본래의 ERP는 다수의 시설에서 운영되는 기업의 내부운영활동을 동일한 정보시스템으로 지원하기 위해서 개발되었다. 그러나 이제는 고객 및 공급자를 관리하는 모듈까지를 포함한다. 예를 들어서 기업은 공급업자의 자원량을 알기 위해서 시스템으로 조회해 볼 수 있고, 고객은 주문한 제품에 대한 재고와 배달스케줄에 대한 정보를 알기 위해 기업정보시스템에 접근할 수 있다.

ERP 시스템은 전체조직을 통합되게 관리하기 위해서 중앙집중식 데이터베이스와 서버(central database and server)를 활용한다. 전통적 MRP 시스템은 다양한 데이터베이스와 응용소프트웨어를 사용하며, 서로 다른 인터페이스하에서 작업을 하여서 조직 내의 지사들과 부서들 사이에 정보의 일관성이 보장되지 못했다. 이와 같은 서로 이질적인 컴퓨팅환경하에서는 시스템 간에 직접적인 자료교환이 어렵고, 동일한 데이터를 서로 다른 시스템에서 반복적으로 입력하는 현상이 발생하여 데이터의 신뢰성(data integrity)에 문제가 발생하게 된다.

그러나 ERP 시스템 안에서 데이터는 발생하는 시점에서 원천적으로 한번만 입력되고, 모든 시스템사용자들은 이 자료를 공유할 수 있다. 이는 데이터의 중복(data redundancy)을 방지할 뿐 아니라, 다른 기능들이 각각 갖고 있는 데이터의 불일치를 제거한다.

ERP 시스템에서는 프로세스가 자동화되어 빠르고 정확하게 수행된다. 예를 들어서 판매담당자가 주문을 받을 때 고객에 관한 정보(재무/회계 모듈: 고객의 과거 신용정보, 고객등급, 각종 거래관련 규제사항), 회사의 생산, 재고수준에 관한 정보(운영모듈), 배달스케줄정보(판매/마케팅 모듈) 등을 가질 수 있다. 만약에 주문이 확정되었을 때는 주문사항을 중앙집중식 데이터베이스에 입력해서 이 거래와 관련해서 영향을 받는 공급사슬의 관련자들은 직접적으로 동일한 정보를 사용할 수 있으며, 이를 기반으로 하여 자신에게 필요한 업무를 수행하게 된다. 예를 들어서 공급자는 공급사슬의 상류 흐름(up stream)에 있는 구성원에 의해 계획된 생산스케줄을 조회할 수 있으며, 이에 맞추어서 주문이 지켜지도록 원자재나 부품을 생산할 수 있다. 마찬가지로 공급사슬의 하류 흐름(down stream)에 있는 회사는 같은 정보시스템과 데이터베이스를 활용하여 상류 흐름으로부터 발주된 원자재와 부품의 배달스케줄에 접속할 수 있다.

따라서 ERP 시스템은 공통의 소프트웨어 플랫폼과 중앙집중식 데이터베이스로 기업내부의 운영을 통합할 수 있다. 또한 공급사슬에 있는 구성원들을 동일한 정보시스템으로 묶을 수 있다.

이로 인해서 ERP 시스템은 공급사슬에 있는 구성원들이 효율적으로 정보를 공유하여 희소한 자원으로 공급사슬 내의 재고를 최소화하며, 수요를 만족시키는 것을 가능하게 한다. 생산변경이나 다른 수정조치들도 효과적이며 효율적으로 수행되어서 리드타임을 최소화하게 된다.

12.5.1 ERP의 응용

ERP 시스템은 일반적으로 다양한 모듈로 구성되어 있으며, 이러한 모듈은 서로 연결되고 공통의 데이터베이스를 공유한다. 각각의 모듈은 기업에서 서로 다른 기능을 수행하며, 설치 시에 독립적으로 개별 설치가 가능하며, 다른 모듈과 함께 설치될 수도 있다.

또한 대부분의 ERP공급업자들은 자신의 제품이 경쟁사의 제품과 함께 호환이 가능하도록 설계하여서 서로 다른 공급업자의 모듈이 결합되기도 한다. 흔히 고객관계관리(CRM), 공급자관계관리(SRM), e－구매모듈들이 ERP 시스템에 결합되어 사용된다. ERP공급업자에 따라서 모듈이 다르더라도 일반적으로 ERP 시스템은 다음과 같은 모듈을 갖고 있다.

① 재무/회계 모듈

이 모듈은 재무적인 통제와 책임성(control and accountability)을 지원한다. 이는 기업의 수입, 비용, 자산, 부채 등을 포함한 회계 및 재무에 관한 정보를 추적하는 기능을 갖고, 회계 및 재무관련 보고서를 산출한다. 또한 제품원가와 예산 및 각종 분석을 하는 기능도 갖고 있다.

② 고객관계 모듈

이 모듈은 고객을 관리할 수 있는 기능을 제공한다. 고객 개인화된 최신정보를 제공하고 고객이 주문사항을 조회할 수 있도록 한다. 시스템사용자가 효과적으로 고객과 커뮤니케이션할 수 있게 하며, 판매자동화(sales automation) 등을 통해서 새로운 고객을 얻는 기능을 갖는다. 또한 기업이 고객을 분류하고, 이에 맞추어서 고객화된 촉진활동을 하는 것을 지원한다.

③ 인적자원관리 모듈

이 모듈은 인적자원을 계획, 개발, 관리하는 것을 지원한다. 직무적임자가 기업의 전체적인 전략적 목표를 지원하도록 하며, 생산수준에 맞는 최적의 인력수준에 대해서 계획하는 기능을 갖는다.

④ 제조 모듈

이 모듈은 자재의 흐름에 대한 스케줄을 만들고, 생산, 생산능력, 제조공정에서 재화의 흐름을 추적할 수 있는 기능을 제공한다. 또한 품질에 관련된 활동 등을 포함한다.

⑤ 공급자관계관리 모듈

이 모듈은 다양한 공급자를 관리하는 기능을 한다. 공급자와의 관계에서 발생하는 프로세스를 자동화하고, 모든 공급자들과 기업수준에서 효과적으로 협업할 수 있도록 한다. 또한 공급업자의 성과를 평가하고 배달상황을 추적한다.

⑥ 공급사슬관리 모듈

이 모듈은 공급사슬에 관련된 활동을 계획하고, 실행하고, 통제하는 기능을 한다. 기업의 공급사슬네트워크를 강화해서 공급사슬을 통한 배달과 관련된 성과를 향상하도록 한다. 수송, 창고관리, 재고관리 등 물류와 관련된 기능도 포함된다. 시스템사용자들이 공급사슬의 내·외부 사슬을 최적화하여 가치를 부가할 수 있게 한다.

세계적으로 ERP 시스템시장에서 가장 높은 점유율을 갖고 있는 SAP회사의 제품인 R/3의 경우, Sales and Distribution(SD), Materials Management(MM), Production Planning(PP), Quality Management(QM), Plant Management(PM), Human Resource(HR), Financial Accounting(FI), Controlling(CO), Asset Management(AM), Project System(PS), Work Flow(WF), Industry Solution(IS) 모듈 등을 갖고 있다.

기업들은 모듈 전부를 한번에 설치할 수도 있고, 단계적으로 설치할 수도 있다. 그러나 안전하게 설치하기 위해서는 주요 모듈을 설치하고 난 후에 미리 계획된 스케줄에 의해서 설치한다. ERP 시스템의 전체모듈을 설치하여 성공적으로 운영하고 있다는 것은 기업의 운영이 합리적이고 투명하게 운영되고 있다는 것을 의미한다.

ERP는 베스트 프랙티스(best practices)를 벤치마킹하여 개발되어서 낙후된 경영관행을 갖고 있는 기업일수록 적용하기가 어렵다. 일반적으로 재무/회계 모듈은 상대적으로 다른 모듈에 비해서 설치하기 쉬우나, 분식회계, 비자금 등 투명하지 못한 회계관행을 갖고 있는 기업은 이를 적용하기가 매우 어렵다. 통합된 데이터베이스와 모듈의 상호연관성은 이러한 불합리한 관행을 유지하기 어렵게 한다.

또한 실무자들 사이에서 이러한 모듈 중에서 가장 중요시되는 모듈은 제조와 관련된 것(예: MM, PP모듈)으로서, 이를 경험한 컨설턴트가 ERP프로젝트의 프로젝트관리자(project manager)가 될 수 있다. 이는 제조와 관련된 모듈 자체가 가장 기본이 되고 복잡하기 때문이다. 따라서 제조모듈은 내용상 생산계획 및 MRP와 밀접한 것으로서 생산운영담당자가 ERP에서도 중요한 역할을 담당하게 된다. 왜냐하면 ERP라는 것을 소프트웨어의 이용이라는 측면에서 접근하는 것보다는 생산프로세스라는 이론적 원리를 이해하고 난 후에 소프트웨어적인 측면을 접근하는 것이 응용의 폭과 깊이에 있어서 더욱 효율적이며 효과적이기 때문이다. 이는 단순히 운전만 할 줄 아는 운전자와 자동차구조와 기계역학을 이해하는 운전자의 차이와 유사하며, ERP컨설턴트가 되기 위해서는 후자의 접근법이 바람직하다고 할 수 있다.

12.5.2 ERP의 구현

ERP는 기업의 전반적인 운영과 관련된 시스템이므로, 이를 도입하는 것은 위험을 동반하는 매우 어려운 일 중의 하나이다. ERP는 업계의 베스트 프랙티스(best practices)를 기반으로 개발되었다. 따라서 현행 프로세스(as-is)에 맞게 개발되는 다른 응용시스템과 달리 기본적으로 ERP의 로직(logic)에 맞게 현행 프로세스를 바꾸어 주어야 한다.

또한 ERP 시스템의 구현에 있어서 내부요구사항과 ERP 시스템의 특성을 고려하여 바람직한 미래 프로세스(to-be)를 도출하고, ERP 시스템의 기능에 맞지 않는 부분(gap)은 커스터마이징(customizing)하는 것이 필요하다.

따라서 이는 단순한 시스템 개발 및 구현이 아니라 기업차원에서 조직과 업무를 혁신하는 리엔지니어링(BPR)이다. 이런 의미에서 ERP는 리엔지니어링의 실질적 도구인 것이다. 조직과 업무의 재편은 내부의 저항을 가져오기 쉬운데, 이를 완화하기 위해서는 체계화된 **변화관리(change management)**도 필요하다. ERP시스템 자체와 관련된 기술적 위험(technical risk)보다는 시스템의 도입에 있어서 조직이 시스템

수용과 관련된 조직적 위험(organizational risk)이 더 크기 때문이다.

다양한 이유로 ERP의 구현이 실패하는 데 몇 가지 공통적인 이유는 다음과 같다(Wisner, Leong와 Tan, 2005).

① 고경영층의 몰입부족

최고경영층이 ERP를 위한 자금은 확보하는 반면에 확고한 의지하에 시스템 구현에 대해 지원과 격려를 하지 않을 경우, 변화에 대한 두려움으로 과거 프로세스나 시스템으로 회귀하기 쉽다.

② 자원의 부족

ERP시스템의 도입을 위해서는 장기간의 시간과 자본이 필요하다. 중소기업에서는 시스템도입을 위한 자금과 전문인력이 부족한 경우가 많다.

③ 훈련 및 교육의 부족

MRP 등 과거의 시스템에 익숙한 경우나 ERP도입자금이 부족한 경우, 새로운 ERP 시스템에 대한 교육과 훈련이 부족한 경우가 많다.

④ 커뮤니케이션의 부족

조직내부나 조직과 ERP제공회사 사이에 커뮤니케이션이 부족할 경우 사용자 및 조직의 요구사항이 반영되지 못하고, 이는 시스템에 대한 불신과 더불어서 시스템을 이용하지 않게 되는 원인이 된다.

⑤ 부적합한 환경

ERP가 좋은 도구이지만, 다른 정보시스템에 비해 상대적 우위를 갖기 어려운 환경도 있다. 매우 작은 기업의 경우 효과가 크기가 어렵다.

12.5.3 ERP의 지속적인 진화

ERP 시스템은 다음과 같은 방향으로 지속적으로 진화하고 있다. 이에 맞추어서 extended ERP, ERP Ⅱ, e－ERP 등 다양한 새로운 용어가 생겨나고 있다(Brady, Monk와 Wagner, 2001).

첫째, ERP 안에 부가적인 기능들이 첨부되고 있다. 이는 기업내부의 운영뿐 아니라 기업외부인 고객 및 공급자와의 관계를 지원하는 다양한 기능들이 부가되고 있다.

둘째, ERP 시스템이 점차 지능화되어 간다. 일반적인 단순반복적인 업무의 처리보다는 분석을 통한 의사결정을 지원하는 기능이 강화된다. 즉, 구조화된 문제(structured problem)뿐 아니라, 점차 비구조화된 문제(unstructured problem)까지도 지원하는 기능이 부가된다. 데이터 마이닝(data mining) 등의 기법이 적용되어 거래와 고객에 대한 분석이 가능하고, 이는 경영자의 의사결정을 지원한다.

셋째, 인터넷과 ERP 시스템이 연동된다. 인터넷의 확산과 더불어서 사용자들이 인터넷을 통해서 중앙의 데이터베이스에 직접 접속이 가능하다. 즉, 웹과 ERP의 연동이 가능하다.

이는 웹을 통해서 주문을 처리할 수 있고, 사용자인터페이스를 개인화할 수 있으며, 먼 곳에 떨어져서도 접속이 가능함을 의미한다. 무엇보다도 인터넷기반은 Business-to-Customer(B2C)뿐 아니라, 특정산업 안에서 Business-to-Business(B2B) 거래가 가능한 환경을 만든다. 내부운영정보의 처리를 맡은 후방사무실(지원부서: back office)은 ERP를 통해서 수행하고, 회사 간 커뮤니케이션을 담당하는 전방사무실(일선부서: front office)은 인터넷을 통해서 하는 것이 가능해졌다.

넷째, ERP보급은 지속적으로 확대될 것이다. ERP를 위한 ASP(Application Service Provider)의 확대와 중소기업용 ERP제품의 소개 등 다양화된 제품으로 인해 ERP보급은 확대되고 있다. 또한 초기 ERP는 시장에서 경쟁우위를 가져다주는 전략적 도구로 인식되었으나, 점차 보급이 확대됨에 따라서 시장에서 살아남기 위한 기본적인 도구로 인식되고 있다.

다섯째, APS(Advanced Planning System)의 적용이 확대되고 있다. 기본적으로 ERP는 많은 양의 데이터를 처리하는 거래처리시스템이며, 계획에 초점이 맞추어진 시스템이 아니다. APS는 공급망 내 자원의 최적화를 달성하기 위해서 수많은 대안의 동시적 동기화, 불확실성의 처리 및 상호 배타적인 목표의 조정 등 상당히 복잡하고 어려운 프로세스를 다룬다.

세계적으로는 특정시장과 특정산업을 대상으로 하여 경쟁하는 수백 개가 넘는 ERP소프트웨어 공급자들이 있을 것이다. 따라서 종류가 많고 한번 채택한 ERP는 기업에 장기간 영향을 주므로 기업의 입장에서는 자신의 기업에 가장 적합한 ERP 패키지(package)를 선택하는 것은 매우 어려운 의사결정 중의 하나이다. 대표적인 ERP공급업체로는 SAP, Oracle 등이 있으며, 국내기업으로는 더존 비즈온, 삼성 SDS, 영림원 소프트랩 등이 있다.

12.5.4 ERP와 MES의 연동

ERP와 APS를 사용하여 작성된 생산계획에 기반하여 실제 생산이 이루어지는데, 이러한 계획수준(planning level)에서 여러 제약조건을 고려하더라도 실행수준(implementation level)에서 계획대로 진행되지 않는 경우가 허다하다. 실행단계에서는 설비고장, 작업자 결근, 자재결품, 불량발생 등 계획단계에서 예측하기 어려운 상태가 수시로 발생한다. 따라서 제조를 실행하는 과정에서 원래 계획의 수정과 개선을 통해서 생산현장을 통제할 필요가 생기는데 이를 담당하는 컴퓨터 기반의 현장 통제시스템이 MES(Manufacturing Execution System)이다.

AMR(Advanced Manufacturing Research)는 제조업의 시스템 계층구조를 계획(planning)－실행(execution)－제어(Control)의 3계층으로 구분하는데, 계획계층은 주로 ERP나 APS가 담당하고, 실행계층은 MES가 담당하며, 제어계층은 생산현장 기기제어 시스템에 의해 관리된다. 실행계층을 담당하는 MES는 현장 작업자 및 설비에 계획정보와 공정(프로세스)정보를 바탕으로 “무엇을 어떻게 만들어야 한다.”라는 작업지시를 내리고, “무엇을 얼마나 생산했다.”라는 실시간 현황정보를 파악하여 이를 ERP의 실적정보로 전달한다.

MES와 유사한 용어로 MOM(Manufacturing Operations Management)이라는 용어도 사용되는데, MES가 소프트웨어 프로그램에 초점이 맞추어졌다면, MOM은 생산, 품질, 설비보전, 재고관리라는 관리 영역에 초점이 맞추어진 용어이다. 또한 과거에는 SFC(Shop Floor Control)이라는 용어가 사용되었는데, 이는 생산현장에서 발생한 데이터를 수집하고, 작업장의 작업상태를 관리한다는 것을 의미하나 상위시스템인 ERP와는 긴밀하게 연결되어 있지 않았다. 또한 POP(Point of Production)은 생산과정에서 시시각각으로 발생하는 생산정보를 실시간으로 직접 수집 처리하여 현장관리자에게 제공하는 기능으로서 MES의 부분집합이라 할 수 있다(한관희 2022).

12.6 오퍼레이션 혁신

변화와 혁신은 기업의 지속가능경영에 절대적으로 중요한 활동이다. 시장은 지속적으로 변한다. 이 변하는 환경을 인지하지 못하는 기업은 시장에서 사라지게 된다. 그러므로 기업은 시장의 변화를 지속적으로 파악하고, 혁신하여야 한다. 혁신에는 다양한 종류가 있다. 여기에서는 오퍼레이션 혁신(operations innovation)에 대해 설명하고자 한다.

먼저 Hammer(2004)가 제시한 Progressive 보험회사(www.progressive.com)의 사례를 소개하고자 한다. Progressive 보험회사는 미국 오하이오(Ohio)주 메이필드 빌리지(Mayfield Village)에 있는 자동차 전문 보험회사이다. 1991년 당시 이 회사의 매출액은 13억 달러였다. 11년 후인 2002년 매출액은 무려 7배 이상인 95억 달러로 크게 증가하였다. 아니 이 짧은 기간에 Progressive 보험회사는 어떻게 이런 놀라운 성장을 이룰 수 있었는가? 우리는 이 점에 대하여 궁금하지 않을 수 없다. 그동안에 주요 경쟁 기업들이 파산이라도 하였단 말인가? Progressive 보험회사가 놀랄만한 신규 상품을 개발하였는가? 이 도시의 인구가 갑자기 급격하게 증가하였는가? 전부 아니다. 이것은 바로 오퍼레이션 혁신 때문이다.

오퍼레이션 혁신(operation innovation)은 기존의 방법과는 완전히 차별화된 전혀 다른 새로운 방법을 창안하여 극적인 성과를 창출하는 것이다. 즉, 경쟁자들보다 높은 서비스의 상품을 낮은 가격으로 개발하여 고객에게 제공하는 것이다.

다시 Progressive 보험회사 사례로 가보자. 경쟁이 심한 보험시장에서 Progressive 보험회사는 큰 고민에 빠졌다. 성장이 수년간 정체되어 있는 것이다. 어떻게 하면 이 정체에서 탈출할 수 있을까 하고 Progressive 보험회사는 당연히 고민하였다. 그리고 한 가지 확실한 것은 기존의 방법으로는 주요 경쟁자들과 경쟁하여 이길 수 없다는 사실이었다. 그러면 어떻게 하여야 할까? 당연히 기존의 방법을 버리는 것이다. 버리기는 쉬운데 다음의 방법이 새로운 문제로 떠올랐다.

Progressive 보험회사는 문제의 원인을 조사하였다. 이 조사를 통하여 가장 중요한 원인이 고객의 클레임 운영 프로세스라는 것을 알게 되었다. 그래서 이 프로세스를 혁신하기로 하였다. 개선이 아니고 혁신이다. 개선의 기존의 법을 조금씩 향상하는 것이다. 그러나 혁신은 기존의 방법을 버리는 것이다.

그래서 개발된 방법이 IRCH이다. 이것은 프로세스를 완전히 혁신하여 비용을 크게 감소하였고, 결과적으로 고객만족을 크게 향상하였다. IRCH(Immediate Response Claims Handling)은 고객의 클레임 프로세스이다. 이 새로운 프로세스로 고객은 원하는 아무 때나 회사에 즉시 접수할 수 있고, 접수하자마자 바로 자동차 검사 받는 시간을 알 수 있게 되었다. 이전에 검사하는 시간은 평균 7－10일이나 소요되었는데, 이 혁신으로 9시간으로 엄청나게 감소되었다. 또 검사하는 사람은 자동차 수리비를 신속하게 감정한다. 그리고 큰 문제가 없으면 현장에서 바로 보험료를 지불한다.

이 오퍼레이션 혁신은 프로세스에 소요되는 시간을 엄청나게 감소시켰다. 이것은 고객의 만족을 향상하였다. 또 시간의 감소로 차량을 보관하는 비용이나 운영비 등이 크게 줄었다.

기업의 경쟁력을 결정하는 요소들은 많이 있다. 이 중의 가장 중요한 요소들은 비용과 품질이다. Progressive 보험회사는 서비스 시간의 단축으로 비용을 크게 감소하고, 고객만족을 크게 향상하였다. 이것은 Progressive 보험회사의 경쟁력을 크게 향상하여, 10년 사이에 7배 이상의 성장을 달성하게 되었다. 자동차 보험 시장은 상당히 안정된 시장이다. 물론 인구의 급격한 변화는 시장의 규모를 크게 하지만, 다른 경쟁자 회사로 고객의 변동이 급격하게 이루어지지는 않는다. 이런 안정된 시장의 구도에서 Progressive 보험회사의 오퍼레이션 혁신은 엄청난 결과를 가져 왔다.

그러므로 기업은 오퍼레이션 혁신에 대하여 관심을 가지고 혁신을 실행하여야 한다. 기존의 방법을 버리고, 완전히 새로운 방법을 강구하여 비용과 시간을 감소하여야 한다. 비용과 시간은 기업 경쟁력을 결정하는 중요한 요소라고 이미 앞에서 여러 차례 언급하였다. 경쟁이 격심한 최근에 오퍼레이션 혁신은 기업들이 반드시 인지하고 실행하여야 하는 중요한 혁신이다.

12.7 e-Operations Management

12.7.1 e-Operations의 정의

1990년대에 들어서 인터넷의 확산과 더불어서 기업들은 인터넷을 기업운영의 도구로서 적극적으로 받아들이게 되었다. 인터넷이 갖고 있는 가장 큰 특징인 보편성과 풍부한 정보의 전달가능성 등은 기업운영의 향상과 사업기회의 창출에 도움이 되었다. 인터넷은 전 세계를 대상으로 사용자의 접속이 가능하며, 일반 네트워크의 기능이었던 텍스트나 소리위주의 데이터뿐 아니라 소리, 그래픽, 동영상 등 다양한 멀티미디어의 지원이 가능하다. 전통적인 기업(brick-and-mortar)들은 점차 인터넷이 가져다주는 운영의 효율성과 사업기회를 찾아서 사업하는 방식을 변형하고 있다. 많은 기업들이 인터넷을 활용하여 내부운영의 효율화에 머무르지 않고, 마케팅 등을 포함하여 인터넷기반의 사업을 하는 off-line과 on-line을 겸한 기업(click-and-mortar)으로 변환하고 있다.

1990년대 초에 개발된 WWW(World Wide Web)기술이 성숙해지고 이를 통한 상거래가 가능해짐에 따라서 electronic commerce(e-commerce), electronic business(e-business) 등의 새로운 용어가 탄생하였다. 요즈음 e-commerce나 e-business가 혼용되어 사용하지만, 일반적으로 의미하는 바는 차이가 있다. E-commerce는 초점이 기업이 외부와의 거래에 맞추어져 있는 데 반해서, e-business라는 용어는 기업내부의 비즈니스 프로세스의 관리(합리화와 자동화)에 초점이 맞추어져 있다.

둘 다 디지털 테크놀로지를 활용하지만, 일반적으로 거래에서 발생하는 제품(product), 정보(information), 화폐(money)의 흐름 중에서 e-business는 반드시 화폐의 흐름을 필요로 하는 것은 아니다. 또한 electronic이라는 것은 전자적인 매체를 의미하는 것으로서 EDI(Electronic Data Interchange), Bar coding & RFID and scanning, Database, E-mail, EFT(Electronic Fund Transfer), Intranet/Extranet, POS(Point Of Sale) 등을 포함한다. 따라서 인터넷이라고 하는 것은 광범위한 전자매체 중의 하나이므로 Internet business와 e-business의 의미에도 차이가 있다. 그러나 전자매체의 가장 대표적인 것이 인터넷이고, 그 중요도가 커짐에 따라서 구분 없이 사용하는 경

그림 12-4 인트라넷과 엑스트라넷

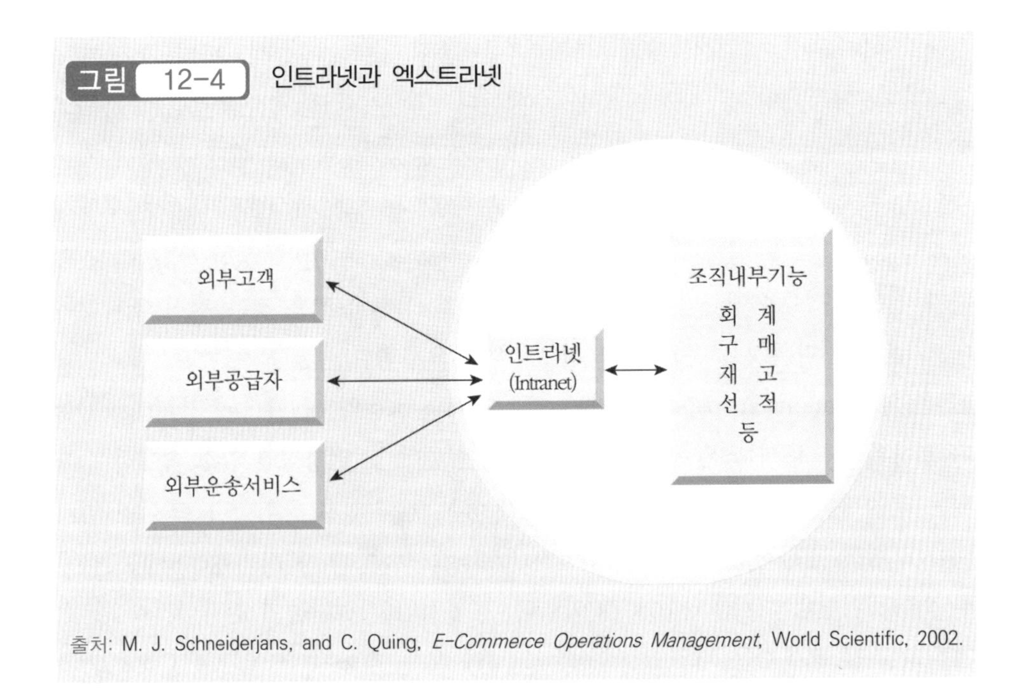

출처: M. J. Schneiderjans, and C. Quing, *E-Commerce Operations Management*, World Scientific, 2002.

향이 있다(Schniederjans와 Cao, 2002).

이와 더불어서 인트라넷(Intranets)이 기업의 운영에 활용되고 있다. 인트라넷은 WWW과 인터넷기술을 사용하여 구성된 조직내부의 네트워크로서 조직내부의 기능들을 연결시켜서 효율성을 높이는 기능을 담당한다. 인트라넷은 그 기능이 확장되어서 일부 외부조직의 접근을 허용하는데, 이를 엑스트라넷(Extranet)이라 한다.

〈그림 12-4〉는 인트라넷과 엑스트라넷을 나타낸다.

인터넷의 도입과 적용은 이제 생산운영관리를 담당하는 관리자뿐 아니라 마케팅, 회계, 재무, 인적자원관리 등 기업의 전반적인 기능에서 활동하는 관리자에게 새로운 기회와 도전을 제공하고 있다. 생산운영관리(production and operations management)의 기능은 기업이 제품과 서비스를 창출하는 시스템을 설계하고, 운영하며, 개선하는 것이라고 할 수 있다. 이는 생산운영관리가 가치를 창조하는 기능인 생산프로세스와 가장 직접적인 기능을 담당한다는 것을 의미한다. 생산프로세스란 투입요소(원자재, 인적자원 등)를 받아들여서 그것들을 기술 등을 활용하여 가장 효율적이며 효과적으로 변환하여 소비될 수 있는 산출물(완성품과 서비스)로 만드는 과정이다. 또한 생산운영관리자의 기본적인 역할이라는 것은 이런 생산프로세스를 관리하고 통제하는 것이다. 이를 위해서 생산운영관리자는 품질, 수요예측, 재고관리, 생산계획, 구매계획, 제품개발 등 다양한 일을 수행한다. 또한 이러한 변환과정을 통제하고 필요 시에는 수정조치를 취해서 조직의 목표가 달성되도록 노력한다. 이러한 기본적인 업무 이외에 생산운영관리 담당자는 부가적으로 운영시스템의 향상을 위해서 직무와 프로세스를 리엔지니어링하여 생산성을 높이도록 한다. 생산운영관리 관리자가 전통적으로 수행하던 직무와는 달리 e-Operations라는 것은 혁신적인 것이며, 기존과는 다른 새로운 시각과 업무방식을 요구한다.

e-Operations management라는 것은 e-business와 operations management가 결합된 것으로서 모든 운영관리의 직무가 컴퓨터 및 전자적인 환경 속에서 수행되는 것을 전세로 한다. 즉, 이는 전통적인 생산운영활동을 포함하나, 초점이 인터넷을 포함한 전자적인 운영에 맞추어져 있다. e-Operations management는 순수한 인터넷기반의 회사(pure click)뿐 아니라, 전통적인 기업활동에 전자상거래 등 전자적 거래를 포함하는 기업(click-and-mortar)에 모두 적용된다. 또한 e-Operations management는 순수한 인터넷기업이나 전통적 기업으로부터 전자상거래를 도입하는 기업으로 변환하는 기업에 있어서 주요 대상이 재무, 마케팅 등 다른 일반적인 기능들보다는 생산운영관리에 관련된 것으로 제한된다.

12.7.2 e-Operations Management의 필요성

인터넷을 중심으로 한 정보기술환경의 변화는 생산운영관리자에게 거의 모든 활동에 있어서 변화를 요구한다. e-Operations management는 주로 순수한 인터넷 기반의 회사(pure click)와 전통적인 기업활동에 전자상거래 등 전자적 거래를 포함하는 기업(click-and-mortar)에 필요하다고 하지만, 실질적으로는 모든 기업에 필요하다. 심지어 e-비즈니스 모델을 전혀 갖고 있지 않는 전통적인 기업(brick-and-mortar)일지라도 대부분의 거래는 e-비즈니스 모델을 갖고 있는 기업들과 이루어지므로, 현대기업의 생산운영관리 관리자에 있어서 e-Operations management는 선택이 아닌 필수라고 할 수 있다.

일반적으로 주문을 획득하고 처리하는 전방사무실(일선부서: front office) 업무는 웹과 인터넷기술을 기반으로 한 전자상거래에서 담당할지라도 주문 이후 이를 뒤에서 처리하는 마케팅, 생산, 배송, 회계 등 기능이 부족하다면 그 기업은 성공하기 어렵다. Amazon.com의 경우도 초기에는 인터넷기반의 전방사무실 분야에 투자를 하였으나 요즘은 물류 및 배송 등과 관련된 후방사무실(지원부서: back office) 부문에 투자를 더욱 확대하고 있다. ERP 등의 정보시스템은 일반적으로 주문이 기업의 마케팅, 생산, 배송, 회계 등의 시스템에 계속적으로 연계되는 지원부서업무처리(back office processing)를 담당한다. 따라서 전자상거래와 ERP는 서로 보완적인 시스템이다. e-Operations management는 전자상거래와 ERP를 도입한 기업에서의 효과적인 운영을 위해서도 필요하다.

생산운영관리 관리자의 주요 임무는 운영상의 효율성을 증대하는 것이다. 이는 전자상거래와 관련된 운영과정과 이를 지원하는 프로세스를 결합하여 전체생산운영 프로세스의 성과를 극대화하는 것이다. 프로세스를 극대화하기 위해서는 자원에 소요되는 비용을 줄이고, 변화에 적응하는 유연성을 확보해야 한다. 이를 위해서 마케팅과 생산운영의 기능은 매우 중요하다. 전체비용을 가장 많이 줄일 수 있는 부분이 재화나 서비스의 유통에 관련된 중개자(배분자, 도소매상 등)를 제거하는 것이기 때문이다. 즉, 기업의 마케팅과 생산운영기능에서 이러한 중개자가 제거된 직거래방식을 만드는 것이다. 미국의 전통적인 기업에서는 생산원가에 135% 이상이 유통과정에서 추가되는 것으로 보고된 바 있다. 이러한 중개과정에서 발생하는 비용을 줄일 수 있다면 경쟁우위에 설 수 있다.

Dell이 1990년도에 성공할 수 있었던 데는 **직접모델**(direct model)이라는 우수한 공급사슬의 설계와 JIT생산방식의 적용에 있었다. 판매를 위해서 중개자를 두기보다는 고객에게 직접 판매하는 방식을 취했으며, JIT의 원칙 중의 하나로 받아들여지는 풀 시스템(pull system)을 적용하여 주문생산방식(build-to-order)을 구현하는데, 이는 재고를 줄이고 시장변화에 빠르게 적응할 수 있는 경쟁력우위의 기반이 되었다. 전통적인 기업들에서 불가능하리라 여겨졌던 직접모델이 Dell에서는 디지털 정보기술(IT)을 JIT생산운영방식에 적용하여 가능하다는 것을 증명하였다. 컴퓨터 및 정보통신과 같이 시간이 경쟁력인 사업에 있어서 긴 공급사슬을 직접거래형태로 바꾸는 것은 운영프로세스의 개선(improvement)보다는 혁신(innovation)이며, 이는 공급사슬에 대한 재설계와 JIT 등과 같은 경영방식을 적용하기 위한 정보기술의 활용이 절대적 역할을 한다. 이를 위해서는 생산운영담당자가 가장 중요한 역할을 담당

표 12-1 e-Operations Management의 적용

부 문	e-Operations의 예
제품개발	회사 웹사이트를 통한 고객으로부터의 신제품 및 제품수정 아이디어 수집, 제품에 대한 고객참여(on-line conference), 가상의 설계팀구성 등
구 매	B2B on-line거래를 통한 글로벌구매, on-line경매를 통한 MRO(maintenance, repair, operating) 용품의 구매 등
예측과 스케줄	APS(Advanced Planning and Scheduling System)의 활용, ERP와 웹의 연동, 인터넷기반의 직접모델에 의한 수요예측의 불필요, Intelligent agent에 의한 자동화된 스케줄관리 등
재 고	VMI(Vendor Managed Inventory)에 의한 재고관리, RFID(Radio Frequency Identification) 기술에 의한 자동화된 재고정보의 전송
품 질	인터넷기반의 3차원 캠퍼스 투어에 의한 대학지원자의 기대형성, 인터넷 기반의 예약시스템을 통한 정확성향상, 인터넷을 통한 거래과정 및 정보의 제공 등
인적자원	인터넷을 이용한 가상의 팀구성 및 협업지원, 인터넷을 통한 작업자의 기술교육(e-learning) 및 평가

하게 된다. 그러나 한때 시장을 주도하던 Dell도 2010년대에 들어서서 온라인이라는 정보환경이 모바일로 급속히 변화하는 정보환경의 급속한 패러다임의 변화에 새로운 정보화 기기인 테블릿이나 스마트 폰을 적시에 개발하지 못해서 고전하고 있다.

1990년대에는 네트워크 기술이라는 것이 매우 제한적이며, 고비용을 지불해야 하는 것이어서 주로 전화선을 통해서 데이터 통신이 가능하며, 인터넷의 이용도 제한적이었다. 그러나 2000년대에 들어서는 인터넷의 급속한 확대와 각종 네트워크 기술 및 관련 보안기술이 발달하여 인터넷 기반의 온라인 e-Operations가 수행되었으며, 2010년도 이후에는 스마트 폰의 개발과 더불어서 Mobile 중심의 e-Operations가 보편화되고 있다.

e-Operations management는 제품과 프로세스관리, 구매, 수요예측, 생산계획, 재고관리, 품질관리 등 생산운영관리 전반에 관련된 것으로서 매우 광범위한 주제이다. 본 장에서 모든 것을 자세히 설명할 수는 없으나, 인터넷을 비롯한 정보기술기반이 생산운영관리에 요구하는 변화와 기회는 매우 크다. 이는 정형화된 내용보다는 생산운영관리자의 창의성을 요구하는 분야이기도 하다. 〈표 12-1〉은

e-Operations가 적용되는 몇 가지 예를 든 것으로서 생산운영관리 책임자는 새로운 경영환경 및 기술환경의 변화와 더불어서 과거방식과는 다른 생산운영방식의 적용이 무엇인지에 대해서 지속적인 관심과 창의력을 가져야 할 것이다.

12.8 스마트 공장

12.8.1 4차 산업혁명과 스마트 공장

많은 연구자들이나 산업계 실무진에 의하면 현재는 인류역사에서 4차 산업혁명의 진입기에 있다고 설명하고 있다. 역사적으로 18세기 말에 발생한 1차 산업혁명은 수력과 증기기관을 통한 기계식 생산설비를 갖추고 인간의 노동력에 전적으로 의존하던 생산방식을 탈피하는 것이었다. 2차 산업혁명은 20세기에 들어서서 컨베이어벨트와 전기동력을 사용한 대량생산 시스템의 구축을 통해서 생산성을 극대화시킨 시기였다. 이 시기는 분업의 원리가 기계식 생산설비에 적용되어 인간의 노동력 대체와 생산성 제고가 동시에 달성가능했던 시기이다. 이러한 기계식 대량생산 시스템은 1970년대 이후 현재까지 컴퓨터의 도입과 지속적 발전에 따라 전자기술과 자동화 기술은 진화하고 더욱 정교화되었으며, 한편으로는 임베디드 프로그램(embedded program)과 다양한 프로세스 조정 기능 등을 통해서 유연화된 자동화가 강조되었던 시기이다. 또한 로봇 기술들이 현장에서 활발히 적용되었다. 그러나 고도화된 정보시스템의 도입에도 불구하고, 생산현장의 관점에서 보면 IT(information technology)와 OT(operational technology)는 분절되어 운영되는 경우가 많고, 자동화 시스템은 자기 스스로 현장을 파악하여 의사결정을 하는 인공지능적(artificial intelligence) 기능은 매우 제한적이다.

요약하면, Industry 4.0은 4번째 산업혁명의 의미를 담고 있다. 첫 번째 산업혁명은 수력과 증기기관을 활용한 혁명이고, 두 번째 산업혁명은 전기를 활용한 대량생산방식의 혁명을 말한다. 세 번째는 전자와 IT(Information Technologies)를 활용한 생산혁명을 말하며, 네 번째 혁명 즉, Industry 4.0은 시스템간의 연결과 통합기술을 활용하는 스마트 공장 혁명인 것이다(MacDougall, 2014).

최근에 주요 선진국은 **가상-물리 시스템(cyber-physical system)**을 기반으로 한 지능적이고, 유연하고, 효율적인 생산체계를 기반으로 한 스마트 공장을 중심으로 4차 산업혁명에 접어들었다고 할 수 있다.

12.8.2 주요 국가의 스마트 공장 구축계획

2008년에 발생한 글로벌 금융위기 이후에 세계각국은 제조업을 바라보는 관점이 변화하였다. 독일, 일본, 중국 등 제조업이 강한 국가가 스마트 공장이 경기회복과 경제의 안정화에 강점을 보인다고 생각하게 되었다. 특히 선진국의 입장에서는 다음과 같은 구조적인 질문에 대한 해답이 필요하고, 그 해결방법이 스마트 공장을 핵심으로 한 4차 산업혁명을 강화하는 것이다.

① 저임금의 신흥국으로 이전한 자국의 기업(offshoring)을 어떻게 자국으로 되돌아오게 할 것인가? 즉 리쇼어링(reshoring)을 가능하게 할 제조업 기반이 필요하다.

② 중국 등 신흥국의 원가경쟁력을 갖춘 나라들과 효과적으로 경쟁할 방안은 무엇인가?

③ 한국 등 신흥 제조 강국들의 추격에 대응해서 현재의 산업기술의 우위를 어떻게 지속적으로 유지할 수 있을 것인가?

④ 인구구조의 (초)고령화에 따른 노동력 부족, 고임금, 작업환경의 고품질을 어떻게 달성할 수 있을까?

이러한 구조적인 질문에 해결책은 단순한 전통적 생산기반의 개선(improvement)을 통해서 이루어지기 어렵고, 근본적인 공장의 혁신(innovation)인 스마트 공장을 통해서 달성될 수 있다고 생각된다. 각국은 스마트 공장은 제조업의 르네상스로 받아들여져서 국가전략의 차원에서 빠른 속도로 확산되고 있다.

4차 산업혁명의 대표적인 국가는 독일이다. 독일에서 시작된 Industry 4.0에 의해서 4차 산업혁명이 촉발되었다 해도 과언이 아니다. 독일은 2006년 초기에 국가 경쟁력을 위한 전략을 설정하고 2010년에 국가하이테크전략 2020(high-tech strategy for Germany)을 발표하였다. 이를 발전시켜서 2012년에 Industry 4.0을 정식으로 국가전략에 포함하여 사물인터넷(IoT), 가상-물리시스템, 스마트 공장 등을 위한 산학연구프로그램을 활성화하였다, 특히 스마트 공장은 독일인공지능연구소(DFKI: Deutsches Forschungszentrum für Künstiche Intelligenz) 주도하에 유럽의 기업들과 대학들이 참여하고 있다.

미국의 경우 2008년도 금융위기 이후에 'Remaking America'라는 슬로건을 갖고, IT를 기반으로 한 제조업의 르네상스를 이룩하고자 하였다. 이를 구체화 한 것이 2011년에 발족한 첨단제조 파트너십(AMP: advanced manufacturing partnership)이며 산·학·연 공동으로 첨단기술분야에서의 R&D 강화와 제조시설 및 기반에 대한 국가적 전략을 구축하였다. 이는 'Manufacturing USA' 슬로건하에 2012년 첨단제조업 국가전략계획(national strategy plan for advanced manufacturing)으로 확대되고 구체화되었다. 이를 기반으로 국가제조혁신네트워크(national network for manufacturing in-novation)를 설립하여 산·학·연 협의체인 스마트제조리더십협의체(smart manufacturing leadership coalition)를 중심으로 스마트 공장의 전략과 계획, 로드맵 구축, 산·학·연 협의체 간의 역할 조정을 하고 있다.

일본의 경우 아베노믹스(Abenomics)의 핵심전략으로서 2013년에 발표된 일본재흥전략(日本再興戰略)에 기반을 두고 있다. 이는 2010년에 발표된 기존의 신성장전략(新成長戰略), 2012년에 발표된 일본재생전략(日本再生戰略)을 수정 발전시킨 것으로서 2016년에 수정된 일본재흥전략(日本再興戰略)을 기반으로 본격적인 4차 산업혁명과 스마트 공장을 활성화하였다. 독일 및 미국과의 차별점은 일본의 경우 제조현장에서의 기술에 대한 R&D뿐 아니라 이에 적합한 사회·경제시스템의 구축을 함께 마련하는 것이다. 특히, 일본이 당면하고 있는 문제인 후쿠시마 원전사태 이후 안정적인 에너지 확보, (초)고령화와 이에 따른 노동력 절감, 자연재해 예측 및 대응을 포함한다. 스마트 공장은 제조업의 혁신이기도 하지만 단위 공장에서의 혁신을 넘어서 connected industry로 확대를 추구하고 있으며, 더 나아가서 스마트 공장의 구축에 사용된 정보기술과 운영기술을 사회에 적용하여 스마트 사회(smart society)로의 발전에 주요 역할을 할 것으로 전망하고 있다.

중국의 경우 세계의 공장 역할을 하며 많은 글로벌 기업들의 생산거점 역할을 통해서 급격한 양적성장을 이루어 왔다. 그러나 양적성장에 수반된 문제들을 해결하고 지속적인 고부가가치를 얻을 수 있는 국가적 노력이 필요하다는 것을 알고 중국제조 2025(中國製造 2025; made in China 2025)를 발표하여 10년 단위로 중·장기의 제조업과 산업의 고도화를 추구하고 있다. 제1단계(2015-2025년)까지 세계 제조업의 2강인 독일과 일본 수준으로 진입하고, 제2단계(2025-2035년)까지 2강을 넘어 선두에 서며, 제3단계(2035-2045년)에는 1강인 미국 수준에 도달하거나 넘어서는 것이다. 이를 실현하기 위한 10대 전략과 5대 프로젝트를 발표하였는데 스마트 공장은 이를 달성하는 중요한 위치를 차지하고 있다.

우리나라에서도 산업통상자원부가 주도하여 2014년에 발표한 제조업혁신 3.0(manufacturing innovation 3.0) 전략을 발표하였는데, 이는 3대 전략과 6대 과제를 갖고 있다. 기본적으로 IT와 SW(software)의 융합에 기반을 둔 융합 신산업창출을 통해 새로운 부가가치를 창출하고, 선진국 추격형 전략에서 선도형 전략으로 전환하여 제조업의 경쟁우위를 확보해 나간다는 전략적 목표를 추구하고 있다(산업통상자원부, 2014).

12.8.3 스마트 공장 개념

스마트 공장은 Industry 4.0의 핵심 축을 이루는 것으로서 다양한 용어로 사용되어 왔다. 예를 들어서 미래의 공장(FOF; factory of the future), 유비쿼터스 팩토리(u-Factory), factory of things, intelligent factory, digital factory, real-time factory 등의 다양한 용어로 사용되기도 한다. 그러나 미국의 경우 스마트 공장이라는 용어보다는 스마트 제조(smart manufacturing)라는 용어를 사용하는 경향이 있다.

Industry 4.0으로 대변되는 스마트 공장은 공장 자체만의 연결을 넘어서서 사람과 사물, 프로세스와 프로세스를 연결하는 것이 핵심이다. 주로 사물인터넷(IOT: internet of things)을 바탕으로 구축한 **가상-물리 시스템(cyber-physical system)**을 통하여 실시간으로 기계와 장비 및 작업자가 서로 정보를 교환하고 협력하게 함으로써 최적의 생산 프로세스 흐름을 구현하는 것으로 목표로 하고 있다.

4차 산업혁명의 대표적인 국가는 독일이다. 독일에서 시작된 Industry 4.0에 의해서 4차 산업혁명이 촉발되었다 해도 과언이 아니다. 주로 사물인터넷(IOT: Internet of Things)을 바탕으로 구축한 가상-물리 시스템(CPS: cyber-physical system)을 통하여 실시간으로 기계와 장비 및 작업자가 서로 정보를 교환하고 협력하게 함으로써 최적의 생산 프로세스 흐름을 구현하는 것으로 목표로 하고 있다. 가상-물리

시스템은 사물인터넷을 기반으로 모든 사물들이 연결되어 있는 환경에서 컴퓨팅(S/W)과 물리적 실체(H/W)가 서로 융합되어 인지, 판단, 행동을 능동적이고 자율적으로 수행하는 시스템을 의미한다(한관희 2022).

가상-물리 시스템(CPS)과 유사한 개념으로 **디지털트윈**(DW: Digital Twin)이 있는데, 이는 컴퓨터 안에 사물과 같은 쌍둥이를 만들어서 현실에서 발생 가능한 실제 상황을 미리 컴퓨터로 시뮬레이션 해보는 기술이다. 가상-물리 시스템이 가상세계와 현실세계 간에 데이터 공유에 초점이 맞추어져 있다면 디지털트윈은 더 나아가서 현실세계에서 받은 데이터를 가상으로 똑같이 구현하는 기술이라 할 수 있다.

스마트 공장(smart factory)은 불량의 발생이나 작업의 중단을 없애고 낭비와 불필요한 대기시간을 사라지게 만들어서 효율성을 극대화 시키는 미래형 공장을 말한다. 스마트 공장에서는 공장관리자와 정보관리자가 협력하여 IT와 제조시스템에서 끊임없이 발생하는 데이터와 생산흐름을 융합시켜서 고객에게 필요한 제품을 제공하기 위해 필요한 모든 기계의 작업활동을 하나하나 통제하게 된다. 독일의 Amberg에 위치한 Siemens Electronic Works의 제조시스템은 이러한 스마트 공장의 구현된 모습을 잘 보여주고 있다(Hessem, 2013).

250여 개 공급업체로부터 10,000여 개의 자재를 조달하여 50,000여 개의 다양한 제품에 들어가는 16억 개의 부품을 생산하는 Siemens Electronic Works의 제조시스템은 불량률 15ppm, 설비가동률 99%, 작업추적률 100%의 성과를 자랑하고 있다. 이러한 성과를 달성하게 만든 밑바탕에는 세 가지 핵심적인 제조기술의 통합노력이 있었다. 즉, PLM(Product Lifecycle Management), MES(Manufacturing Execution Systems) 및 IA(Industrial Automation)의 통합을 바탕으로 제품혁신주기를 단축시키고, 생산흐름의 투명성을 제고시키며, 조직 내의 지식공유를 통한 개별 생산성을 높이고, 환경변화에 대한 예측능력 향상을 통한 위험성 극소화를 가능하게 한 것이 주효했던 것이다.

또한 알라베마주 Huntsville에 위치한 군수장비 전문생산업체인 Raytheon Co.의 미사일 공장에서는 공장에서 발생하는 모든 종류의 데이터를 통합분석하여 제조활동의 세세한 부분까지도 정확하게 통제하고 있다. 가령 미사일에 들어가는 나사가 정확한 횟수만큼 조여지지 않으면 이를 감지하여 오류경고가 뜨고, 생산라인이 멈추게 되면서 수정조치가 이뤄지도록 유도하게 된다. MES(Manufacturing Execution

Software)라고 불리는 이러한 Raytheon의 제조 모니터링 시스템은 생산 프로세스가 가지고 있는 다양한 요소들을 실시간으로 통제할 수 있도록 지원해 주고 있는 것이다(Noor, 2013).

최근 독일 정부가 주도하는 Industry 4.0의 개념도 스마트 공장을 구현하기 위한 새로운 제조시스템 혁신의 의미를 담고 있다. 주로 사물인터넷(IOT: internet of things)을 바탕으로 구축한 가상-물리 시스템(cyber-physical system)을 통하여 실시간으로 기계와 장비 및 작업자가 서로 정보를 교환하고 협력하게 함으로써 최적의 생산 프로세스 흐름을 구현하는 것으로 목표로 하고 있다.

한편 독일의 Industry 4.0과 유사하게 우리나라에서도 산업통상자원부가 주도하는 '제조업혁신 3.0(Manufacturing Innovation 3.0)' 전략을 추진하고 있다. 기본적으로 IT와 SW(software)의 융합에 기반을 둔 융합 신산업창출을 통해 새로운 부가가치를 창출하고, 선진국 추격형 전략에서 선도형 전략으로 전환하여 제조업의 경쟁우위를 확보해 나간다는 전략적 목표를 추구하고 있다.

2017년 4월 산업통산자원부는 '스마트제조혁신 비전 2025'를 발표하여 4차산업혁명 시대에서 스마트공장의 중요성을 강조하고, 2025년까지 스마트공장 3만개를 구축하며, 스마트공장에 적합한 창의 융합형 인재를 4만명까지 양성하겠다는 전략을 제시하였다(산업통상자원부 2017). 또한, 산업통산자원부는 2019년 6월 '제조업르네상스비전 및 전략'을 발표하여 시스템반도체, 미래차와 바이오·헬스 분야 등 신산업을 주력 산업화하고, 스마트화와 산업생태계의 개편을 통해서 2030년까지 세계 4대 제조강국을 만들겠다는 계획을 발표하였다(산업통상자원부 2019).

12.8.4 스마트 공장의 기반기술

스마트 공장을 구현하는 기반기술로는 산업용 사물인터넷(IIoT: Industrial IoT)와 가상-물리시스템(CPS)이 있다. 일반적으로 사물인터넷이 가전제품 등의 전자기기, 스마트 홈, 스마트 자동차와 같은 개인의 소비편의를 위한 것이라면 산업용 사물인터넷(IIoT)은 기업의 제조현장이나 산업전반에 적용하여 기업의 제품과 서비스 생산 및 운영의 전과정을 혁신하는 것이다. 또한 스마트 공장의 핵심 기반 기술인 가상-물리시스템은 물리적 현실세계에 해당하는 사람, 센서, 액추에이터를 인터넷

서비스, 인공지능시스템 등 정보를 담당하는 가상의 세계와 연결하는 매개체 역할을 하는 것으로서 스마트 공장의 효율성과 유연성을 달성하는 데 중추적 역할을 한다. 전통적인 공장에서 강조되어 온 공장자동화(FA: factory automation)는 정보기술(IT)과 운영기술(OT)의 연결이 매우 제한적이었으며, 사전예측, 시뮬레이션, 실시간, 지능화 빅데이터 활용 등에서 부족한 점이 많았다. 그러나 생산현장 및 서비스에서 산업용 사물인터넷과 가상-물리시스템이 활용되면 현장에서의 생산방식과 제품을 기반으로 한 새로운 서비스 비즈니스 모델의 창출 등 근본적 변화를 이끌 수 있다.

자동차 제조 및 관련 서비스에서 이러한 기술의 적용 예를 살펴보면, 전통적인 자동차생산에서 작업자들은 작업지시서를 보고 그 지시서에 맞는 부품을 찾아 조립 등의 작업을 한다. 이에 반해서 스마트 공장에서는 각종생산정보가 담긴 RFID(radio frequency identification) 칩을 부착해서 자동차가 생산라인을 지나가며 능동적으로 자신에게 필요한 작업이 무엇인지 주변의 기기와 작업자에게 요청하는 방식을 취한다. 또한 고정 자동화 시스템과 달리 엔진, 인테리어, 인포테인먼트 시스템, 색상 등 다양한 옵션을 통해서 고객의 기호가 반영된 완성차의 생산이 개인화 생산이 가능하다. 이는 생산현장에서 실시간으로 발생하는 제품과 기기에 대한 엄청난 양의 데이터(빅데이터)를 실시간으로 분석하고 시뮬레이션해서 최적의 생산방식이 결정되는 지능화 생산시스템이 되어 실질적으로 개인맞춤생산방식(make-to-order)이 가능해진다. 이는 전통적인 대량생산방식의 자동차 생산방식과는 더 유연하고 효율적인 생산방식이다.

이뿐 아니라 고객이 사용하는 자동차는 네트워크를 통해서 외부환경인 실시간으로 교통신호체계, 교통정보, 이웃차량정보, 날씨정보, 교통사고 정보 등을 받아서 분석한다. 또한 자동차의 카메라, 레이저센서, 온도센서, 위치센서 등을 통해서 수집되고 분석하여 이를 기반으로 구동계와 조향계를 제어하는 가상-물리시스템을 통해서 최적의 운전이 가능하다. 외부환경과 자동차 작동 기기 상태에 대한 정보수집과 분석을 통한 최적의 구동계와 조향계의 작동은 수집과 분석을 담당하는 소프트웨어의 기능에 따라서 시간이 갈수록 연비가 상승할 수 있다.

이는 차량이 노후화될수록(연식이 지남에 따라) 연비는 떨어지는 폐쇄적 시스템으로서의 자동차라는 기계적, 물리적 관점에서 바라보는 전동적 패러다임의 자동차와는 다른 새로운 관점이다. 이를 통해서 판매된 자동차는 운행 중에 생성되는 다양한 자료가 자동차 제작사에 연결되어 비정상적인 데이터의 생성이 발생하면 문제가 발생하기 전에 정비 서비스를 수행하도록 고객에게 요청할 수 있다. 요약하면 산업용 사물인터넷과 사상-물리시스템은 생산현장에서의 기기들의 연결과 생성되는 데이터의 실시간 분석으로 최적의 생산방식을 구현한다. 더 나아가서 사용단계에서도 고객이 최적의 제품 서비스를 유지할 수 있는 기반 기술이며, 기업의 입장에서는 제품을 판매후에도 보수유지를 비롯한 다양한 서비스를 제공할 수 있는 사업기회를 제공한다. 이는 전통적인 자동차 회사가 제조기업이라면 이제 서비타이제이션(servitization)을 통해서 새로운 서비스 기업으로 비즈니스모델을 확장하는 기회 포착의 기회이기도 하다.

12.8.5 IT와 OT의 통합(IT-OT Integration)

4차 산업혁명의 대표적 모델인 스마트 공장은 자동화(automation), 연결화(connectivity), 지능화(intelligence)의 3가지 축을 중심으로 진행되어 왔다. 선진국 기업의 제조현장에서 사람이 하기 힘들었던 용접, 운반, 포장 등을 비롯한 3D(dirty, difficult, dangerous) 작업을 단순히 대체하는 것을 넘어선다. 산업용 사물인터넷은 제조설비, 기기 등을 연결하고, 모든 것이 연결되어야 작업정보자본(working data capital)의 빅데이터를 생성하게 된다. 연결과 빅데이터는 기업의 부분최적화(sub optimization)를 넘어서 전체최적화(global optimization)를 가능하게 한다. 또한, 빅데이터의 분석은 지능화(intelligence)를 가능하게 하여 반복적이며 정형화된 의사결정이 아니라 비정형화된 의사결정을 가능하게 한다. 우리나라에서 스마트 공장을 적용함에 따라서 점차 고임금화되는 노동력의 절감 효과에 대해서 기대하는 경향이 있으나, 원래 스마트 공장의 목표는 더 적게 일하며 더 많은 잉여를 창출하는 스마트 작업자로의 변화를 추구하는 것이다.

전통적 공장의 자동화에서는 IT(information technology)와 OT(operational technology)의 연결이 매우 제한적이었다. IT는 기본적으로 정보와 관련된 영역으로서 커뮤니케이션을 담당하는 데 반해서 OT는 제조와 특정 산업에 적합한 환경에 맞게 개발되어 있는 산업용통제시스템(ICS: industrial control systems)으로서 전통적으로 네트워크에 의해 연결되어 있지 않은 것이 일반적이다. 즉, 기기나 설비들의 모니터링이나 조정 작업 등이 컴퓨터에 의해서 이루어지기 보다는 수작업으로 이루어지는 경우가 많았다. 이러한 것의 주된 이유는 컴퓨터 기반의 기기나 설비들이 대부분 표준 프로토콜기반이 아닌 폐쇄적이며, 제조사별 프로토콜과 PLC(programmable logic con-trollers)를 갖고 있는 경우가 일반적이어서 틈이 생기지 않는 정보교환이 어려웠다, 즉, 제조와 생산이 이루어지는 현장계와 정보가 수집되고 처리되어 일종의 통찰(insight)을 도출하는 정보계가 이원화되어 있었다. 예를 들어서 정보계인 전사적자원관리(ERP)나 제조실행시스템(MES) 등 과거 제조업체들이 투자해온 시스템들은 생산현장으로 정확히 연계되지 못했다.

제조실행시스템을 통해서 작업지시서가 발행되면 작업자는 작업지시서를 보고 직접 사람이 작업하거나 작업을 수행하는 로봇이 이해할 수 있는 언어로 다시 프로그래밍을 해서 작업을 지시해야 했다. 이러한 것은 정보의 누수를 발생하고 조업정지시간이나, 셋업타임을 증대하여 생산성을 낮추게 된다. 현장계의 로봇 등 설비 자동화는 많이 이루어졌으나, 설비제어는 설비제조사의 고유한 제어언어로 컨트롤되고 있어서 정보계에서 빅데이터 분석을 통한 통찰을 얻더라도 별도 프래그래밍을 해 주어야 하므로 연결성(connectivity)이 제한되어 있고, 지능화(intelligence)가 실시간으로 생산설비 등에 적용되기 어려웠다.

스마트 공장에서는 빅데이터, 클라우드, 산업용 사물인터넷, 모바일 등 정보통신 기술의 발달로 현장계와 산업계를 통합하는 것이 가능하다. 예를 들어서 특정 용접 로봇에 피로도가 누적된다면 이는 정보계에서 정보를 획득하고, 분석하여 필요한 최적의 조치를 고안하여 피로도를 회피할 수 있도록 직접 로봇을 제어하거나 인근 작업자의 스마트 글라스에 정보를 제공하고, 무인이송차량(AGV: automated guided vehicle)에 로봇 조정에 필요한 기구들을 로봇의 위치로 자동이송한다. 즉, 정보계의 분석된 정보가 산업용 사물인터넷을 통해서 직접 설비를 조정하거나 최근접 작업자가 착용하고 있는 스마트 디바이스(예: 스마트 글라스)에 전송되어 설비를 다루도록 한다. BMW, Mercedes-Benz, Volkswagen 등 독일계 자동차회사와 재건을 꿈꾸는 GM 등은 정보계와 현장계의 통합에 노력을 기울이고 있으며, Siemens, Rock-well, Kuga 등의 로봇기업이나 자동화 설비업체와 IBM, Oracle, SAP 등의 IT 기업과 AT&T 등 통신 기간망 기업들도 IT-OT 통합에 힘을 쏟고 있다.

최근에는 학계와 산업계에서 스마트 공장의 적용이 확대되어 커넥티드 엔터프라이즈(connected enterprise) 모델이 제시되고 있다. 커넥티드 엔터프라이즈는 스마트 공장이 확대되어 기업과 기업을 둘러싸는 모든 공급망이 하나로 연결 융합되어 새로운 가치창출의 비즈니스 최적화가 가능한 이상적인 기업 형태이다. 사물 인터넷 기반의 스마트 공장을 포함한 기업 전체의 초연결 및 융합을 의미한다.

12.8.6 Tesla Production System

최근 자동차업계에서는 컨베이어벨트를 이용한 대량생산방식의 Fordism이 Toyota의 적시생산시스템인 TPS(Toyota Production System)로 생산방식이 대체된 후에 또 다른 중요한 생산방식의 혁신이 일어나고 있다고 한다. 4차 산업혁명의 핵심인 스마트 공장이 대규모로서 가장 현실화된 공장은 Tesla로 평가되며, 새로운 TPS(Tesla Production System)가 주목 받고 있다.

기존의 Toyota의 생산방식은 자동차를 설계하는 엔지니어링에 있어서 큰 변화가 없었으며, 제조하는 방식에 있어서 점진적인 개선을 추구하여 완성도를 높였다. 이에 반해서 Tesla는 모든 것을 백지상태에서 다시 생각하는 사고(from scratch thinking)로 자동차의 설계와 제조에 있어서 혁신적인 변화를 이끌어 내었다. 다음은 Tesla의 몇 가지 대표적인 엔지니어링 혁신과 제조방식의 혁신을 설명한다.

첫째, Tesla는 전기차 플랫폼에 기가캐스팅(Giga casting) 공법을 사용하여 전기차의 후면부(리어 언더바디)를 한번에 생산한다. 후면부는 70개 이상의 금속패널 부품을 용접하여 생산하던 것으로 이는 바디샵(차체공장)의 로봇의 2/3를 줄이고, 컨베이어벨트 공간을 20% 줄이며, 부품과 공정의단순화를 통해서 약 40%의 원가절감이 가능하다.

둘째, Tesla는 자동차 회사들이 부품 공용화 방법으로 사용하던 기존의 '플랫폼 전략' 대신에 '레고블록형 설계(모듈형 아키텍처)'를 사용한다. 플랫폼 전략은 차량의 겉모습은 달라도 엔진·변속기·서스펜션 등 차량의 뼈대(플랫폼)를 공용화해 규모의 경제를 활용하는 것이다. 그러나 Tesla는 같은 크기(급)의 자동차의 부품 공유화를 넘어서 다른 크기의 자동차에서도 부품공유화를 극대화(Model 3와 Model Y의 부품공유화: 약 80%)하고 성능의 차이는 S/W로 조절하게 되어 있다.

셋째, 기존의 자동차회사는 컨베이어벨트 위에 조립할 차를 올려 놓고 조립하였으나 Tesla는 컨베이어벨트 대신에 AGV(Automated Guided Vehicles)에 올려 놓고 조립한다. 따라서 문제가 발생하면 중간에 이를 빼내어서 수정하므로 전체 라인의 멈춤이 없고 유연한 생산이 가능하다.

넷째, 수직계열화(vertical integration)를 통해서 효율화와 원가경쟁력을 확보한다. Texas Austin Giga Factory에서는 Tesla의 적용 배터리인 4680배터리를 만들고, 의장 등 주요 부품을 직접 생산한다.

이는 뛰어난 엔지니어링 능력을 기반으로 자체생산을 통한 자동차의 전체최적화를 추구하는 것으로, 기존 자동차 회사들이 협력업체를 통한 조달을 확대하는 방식과는 다른 것이다.

다섯째, Tesla는 소비자 참여로 자율주행기술을 실험한다. 21년 말까지 소비자인 운전자가 Tesla의 오토파일럿(Auto pilot)을 이용한 누적 운행거리는 약 50억 마일로서 실제 운행 기록을 실시간으로 받아서 분석한 정보를 OTA(Over The Air)로 모든 운행 및 생산 중인 자동차에 실시간 업데이트 함으로써 성능과 안전을 지속적으로 강화할 수 있다. 이는 스마트 공장의 가상-물리 시스템인 디지털트윈 시스템을 적용한 것이다. 세계적인 자동차 회사들이 전기자동차 하드웨어 플랫폼을 완성하거나 개발 중에 있으나, 전기자동차 소프트웨어 플랫폼과 하드웨어 플랫폼을 완성한 회사는 Tesla가 유일하다.

이 밖에 매우 다양한 Tesla의 엔지니어링과 제조방식의 혁신이 실제 현실화되고 있으며, 이는 기존의 Ford의 대량생산방식, Toyota의 적시생산방식을 넘어서는 새로운 혁신적 생산방식으로 평가받고 있다.

박형근. 2014. 4차산업혁명이 시작됐다. 기계가 소통하는 사이버물리시스템 주목하라. DBR. No. 166 Issue 1. 53－59.

박형근. 2021. 테슬라 버티컬(상): 혁신의 상징 '테슬라 플랫폼'. 포스코경영연구원.

박형근. 2021. 테슬라 버티컬(하): 모빌리티 왕국 꿈꾸는 테슬라. 포스코경영연구원.

산업통산자원부. 2014. 제조업혁신 3.0.

산업통상자원부. 2017. 스마트제조혁신 비전 2025.

산업통상자원부. 2019. 제조업 르네상스 비전 및 전략.

이방실. 2014. 시뮬레이션으로 디자인에 창의 입혀라. DBR. 66－68.

이재후, 최정수. 2014. 빅데이터, 3D프린터, 사물인터넷 … 굴뚝산업 "스마트옷" 입고 부활하다. No. 166 Issue 1. 80－86.

이지은. 2014. 제조업의 '현재진행형' 미래 사물인터넷에 있다. DBR. 60－65.

임세현외 6인. 2017. 사물인터넷 비즈니스의 이해. 청람.

이상문. 2010. 글로벌시대의 초일류기업을 위한 생산관리. 형설출판사.

이상문, 이돈희. 2015. 생산·공급망관리. 한경사.

이호성. 2017. 현장중심형 스마트팩토리. KMAC.

정동곤. 2021. 스마트팩토리 2.0. 한울 아카데미.

최원석. 2021. 테슬라 쇼크. 더퀘스트.

한관희. 2022. 스마트팩토리. 한경사.

한일IT경영협회 (KMAC 옮김). 2016. 제4차 산업혁명. KMAC.

ASCM. 2022. ASCM Supply Chain Dictionary.

APICS. 2011. *Operations Management Body of Knowledge Framework*. 3rd ed.

Accialini, A. 2022. Introduction to the Smart Factory: practical tips for its implementation. Independently Published.

Boyer, K. K. 2001. "A Guide to Streamlining with the Internet," *Business Horizons*. Jan.－Feb., 47~52.

Chopra, S. and P. Mein. 2001. *Supply Chain Management: Strategy, Planning, and Operations*. Prentice－Hall.

Davis, M. M., Aquilano, N. J. and Chase, R. B. 2003. *Fundamentals of Operations Management*. 4th ed. IrwinMcGraw－Hill.

Hessman, T. 2013. "The Dawn of the Smart Factory," *Industry Week*, Feb., pp. 13~19.

Jacobs, G. R. and D. C. Whybark. 2000. *Why ERP?*. McGraw－Hill.

Koh, M. D. and Koh, C. Smart Factory: Transforming Manufacturing for Industry 4.0. Independently Published.

Langenwalter, G. A. 2000. *Enterprise resources Planning and Beyond*. The St. Lucie Press.

MacDougall, W. 2014. *Industry 4.0 : Smart Manufacturing for the Future*, Germany Trade & Invest, July, Germany.

Meredith, Jack R. and Shafer Scott M. 2002. *Operations Management for MBAs*. 2nd ed. Wiley.

Michael Hammer, 2004. "Deep Change: How Operational Innovation Can Transform Your Company," *Harvard Business Review*, April, 85~93.

Noor, A. 2013. "Putting Big Data to Work", *Mechanical Engineering*, Oct. pp. 33~37.

Plossal G. W. 1994. *Orlicky's Material Requirements Planning*. 2nd ed. McGraw-Hill.

Scalle, Cedric X. and Mark J. C. 1999. Enterprise Resources Planning(ERP). Harvard School Publishing.

Schneiderjans, M. J. and Quing C. 2002. *E-Commerce Operations Management*. World Scientific.

Stevenson, William J. 2008. *Operations Management*. 10th ed. McGraw-Hill/Irwin.

Shah, J. and N. Singh. 2001. "Benchmarking Internet Supply Chain Performance Development of a Framework." *Journal of Supply Chain Management*. pp. 37~47.

Wagner, Bret and Monk, Ellen. 2008. *Enterprise resources Planning, Course Technology*. 3rd ed.

Wisner, J. D., Leong, G. K., and Tan, K. C. 2005. *Principles of Supply Chain Management*. Thomson: South-West.

http://www.motie.go.kr/motie/py/brf/motiebriefing/motiebriefing11.do?brf_code_v=11#header

초일류 오퍼레이션 프로세스 혁신

제13장 Operations Management

시간을 돈으로 생각하라. 그리고 그 두 가지를 절약하라.

- 레오 헬첼

1970년대 Toyota 자동차(www.toyota.com)에 의해 적시생산(JIT: Just-in-Time)시스템이 소개된 이래 세계적으로 자동차 및 전자제품을 중심으로 다양한 산업에 JIT가 적용되었으며, 그 이론적 기반이 지속적으로 발전되어 왔다. Toyota 생산시스템(TPS: Toyota Production System)이라고도 불리는 JIT는 실행적 측면이 강조되었다. 그 후 1990년대에 미국 기업, 정부 및 학계는 JIT의 개념을 발전시키고 체계화하여 린 생산(Lean Production)을 소개하였다. 2000년대에 들어서는 린 생산의 적용이 생산·운영분야뿐만 아니라 기업경영 전반으로 확대되었으며, 경쟁우위를 제공하는 경영혁신활동으로서 린 경영(Lean Management)으로 발전하고 있다.

또 하나 중요한 분야는 프로세스혁신이다. 프로세스는 기업의 경쟁력을 결정하는 매우 중요한 요소이다. 지난 30년간 비즈니스 분야에서 발생한 경영혁신을 보면 프로세스 혁신이 주종을 이루고 있다.

그러므로 본 장에서는 다음과 같은 주요 항목들을 다루고자 한다.

- 적시생산시스템
- 린 생산 및 경영
- 프로세스 혁신
- 제4차 산업혁명

13.1 적시생산시스템

13.1.1 적시생산시스템의 정의

적시생산시스템(JIT: Just-in-Time)은 본래 Toyota 자동차에서 내부의 운영과정 및 협력업체와의 관계를 관리하기 위해 사용되었던 방식이다(JIT의 기원에 대해서는 다음의 〈사례 13-1〉을 참조할 것). 제조기업의 생산활동을 관리하는 시스템으로서 JIT는 공장관리자로 출발해서 나중에 Toyota 자동차의 제조담당 부사장을 지냈던 오노 다이이치(耐一大野)와 일본경영자협회 소속으로 Toyota의 산업공학 훈련프로그램을 담당하고 자신이 개발한 셋업(set-up)시간 감축기법에 대해 컨설팅했던 Shingo에 의해서 본격적으로 소개되었다. 따라서 연구소, 학계나 컨설팅회사에 의해서 먼저 개발된 후에 실제 경영활동에 적용되었던 다른 제조관리기법들과 달리 JIT는 먼저 실제적으로 활용되고 있던 관리기법을 후에 학문적인 체계로 발전시키는 독특한 형성과정을 가지고 있다.

JIT에 대한 정의는 학자마다 매우 다양하다. Hall(1983)은 JIT를 "필요한 것만을 생산해서 필요한 때에 정확하게 필요로 하는 곳으로 운반해 주는 것을 강조하는 체계"로 정의하고 있다. 소위 '무재고생산(stockless production)' 혹은 **'무재고(zero inventories) 시스템'**은 이러한 견해를 잘 표현하고 있는 JIT의 다른 명칭이라고 할 수 있다. 한편 Schonberger(1983)는 "JIT의 아이디어는 간단하다. 판매시간에 알맞게 완성품을 생산·인도하고, 완성품으로 조립할 시간에 알맞게 반조립품을 생산·인도하고, 반조립품화할 시간에 알맞게 가공부품을 생산·인도하고, 가공부품으로 변형시킬 시간에 알맞게 구매재료를 주문·인도하는 것이다"라는 주장을 통하여 시간적인 측면에서 적시생산을 강조한 바 있다. 또 다른 관점에서는 JIT를 모든 낭비(waste)의 철저한 제거를 추구하는 시스템으로 정의하는 경우도 있다(Japanese Management Association, 1986). 간단히 말해서 이는 물건을 만드는 방식에 있어서 최상의 합리성을 추구하는 것, 즉 낭비를 철저히 제거하고자 하는 철학에 바탕을 둔 생산시스템이라고 정의한다.

JIT의 강점 중 하나는 생산리드타임을 감소하는 것이다. 생산리드타임이 줄어든다는 것은 그만큼 작업 대상물이 생산운영시스템 내에 머무르는 시간이 줄어든다는 것을 의미하며, 이는 곧 원자재재고, 재공품재고, 그리고 완성품재고가 줄어든다는 의미가 되고, 바로 생산의 속도와 효율성이 높아진다는 것을 의미한다. 그러나 생산리드타임이 줄어들기 위해서는 생산의 다양한 활동들의 시간을 감축시켜야 한다. 즉, 신뢰성 있는 협력업체로부터 원자재를 구입하여 불필요한 수취검사를 없앤다든가, TQM 활동을 통해서 불필요한 재작업 혹은 작업낭비를 없애는 것, 셋업(작업준비) 과정을 효율화함으로써 비생산적인 기계사용시간을 줄이는 것, 고객의 수요에 알맞게 제품을 조립하여 불필요하게 창고에 보관해 놓는 시간을 없애는 것과 같은 다양한 노력들이 뒷받침되어야 한다.

[사례 13-1] JIT의 기원

JIT란 용어는 어디서 왔을까? 칸반(Kanban, 看板)이라는 용어는 카드를 지칭하는 일본말이지만 Just-in-Time은 단순히 일본산업계에서 채택해 온 관행의 영어식 표현일 뿐이다. 언제부터 이 용어가 일본 산업계에서 중요한 의미를 가지게 되었는지를 말하기는 어렵다. 몇몇 일본의 원로들이 나에게 들려 준 이야기에 따르면 JIT란 용어와 개념은 대략(책 발간 현재) 20여 년 전쯤부터 일본의 조선산업을 중심으로 널리 사용되기 시작하였다고 한다.

당시에 철강업체들은 과도한 확장에 따른 생산능력과잉으로 말미암아 조선회사가 철강주문을 내기만 하면 신속하게 납품을 해 주곤 했다. 조선회사들은 이를 최대로 활용하여 기존에 한 달분 정도의 철강 재고를 유지하였던 것을 3일분 정도의 수준으로 떨어뜨릴 수가 있었고, 필요한 철강을 'just in time(적시)'에 받을 수가 있었다. 이러한 JIT(저자가 만든 약어임) 아이디어는 다른 일본의 OEM 회사들에게도 확산되어 하청업체(협력업체)들에게 적시납품을 요구하게 되었고, 내부운영을 위해서도 이를 사용하게 되었다.

세계적으로 JIT가 알려지게 된 것은 1970년대 중반에 Toyota자동차의 부사장이었던 오노 다이이치와 그의 동료들이 일련의 기사, 논문, 책(영문책은 아님) 등에 이 개념을 명확하게 설명하면서부터였다. 그러나 내가 아는 바에 따르면 JIT는 이러한 글들이 발표되기 전부터 이미 여러 일본기업들에서 효과적으로 운영되고 있었다. 물론 이는 Toyota자동차의 기여를 평가절하하려는 뜻은 아니다. Toyota의 JIT는 일본의 어느 회사보다도 잘 발전되어 있고, 보다 혁신적인 특징들을 가지고 있다.

출처: R. J. Schonberger, Japanese Manufacturing Techniques, 1982, 17.

13.1.2 적시생산시스템의 구성요소

JIT를 구성하는 요소들이 무엇인지에 대하여는 학자들마다 각기 조금씩은 다른 견해를 피력하고 있다. 앞서 JIT의 정의에 대한 다양한 견해들을 살펴본 바 있지만, 정의에 대한 견해가 다양한 만큼이나 무엇이 JIT의 구성요소가 되어야 하는지에 대해서도 매우 다양한 견해가 존재한다. 초기의 JIT 성격은 Toyota Production System(TPS)의 여러 가지 활동들에 초점을 맞추었다. 특히 생산시스템 내의 자재흐름에 초점을 맞추어 구성요소를 기술하였다. 이러한 관점에서 **칸반(Kanban)시스템**은 초기에 대표적인 JIT 요소로 인식되었다. 그러나 곧 JIT의 초점은 자재관리의 차원을 넘어서 보다 포괄적인 생산 및 재고관리시스템의 성격으로 기술되기 시작했고, 생산시스템 내의 비효율성을 제거하는 것에 초점이 옮겨지게 되었다. 오늘날에는 이와 더불어 품질개선 및 작업자 참여활동을 포함하는 종합적인 생산시스템 혁신체계로 발전하게 되었다.

이와 같은 JIT 구성체계의 확대는 1980년대에 들어서 초일류제조(WCM: World Class Manufacturing), 무재고생산(stockless production), 연속적 흐름생산(CFM: Continuous Flow Manufacturing) 등으로 확대되고, 1990년대에 와서는 '린(Lean) 생산시스템'이라고 하는 유사하지만 발전된 혁신경영방법이 되었다. JIT 및 린 생산(Lean Production)은 더 이상 제조업체의 생산·운영분야에만 제한적으로 적용하는 것이 아니라, 서비스 부문 및 기업 전반에 적용가능한 경영혁신활동에 대한 체계적 접근이다.

White와 Ruch(1990)는 JIT를 깊이 있게 다룬 기존의 여러 문헌들에서 공통적으로 언급하고 있는 JIT의 핵심적 요소들을 정리하여 보고한 바 있다. 즉, 다음의 열

가지 구성요소들이 여러 문헌에서 중점적으로 제안되고 있는 JIT의 핵심구성요소로 나타나고 있다.

[1] 초점화공장(focused factory)

과업의 단순성, 반복성, 경험, 그리고 동질성이 경쟁력을 가져온다는 개념에 기초한 초점화공장은 생산의 비효율성을 제거시키고 제조프로세스와 관련한 복잡성을 최소화하려는 시도라고 할 수 있다. **초점화공장**은 관료적 구조가 가지는 복잡성을 감축시키고, 제품과 프로세스의 다양화와 관련된 복잡성을 최소화하며, 물리적인 제약성을 최소화하려는 노력들을 포함하고 있다(Skinner, 1974). 제한된 수의 제품을 생산하도록 설계된 종업원 300인 이하의 소규모 공장으로 '공장 내 공장(factory within factory)'의 형태를 갖는 것은 초점화공장의 예가 될 수 있을 것이다.

Skinner(1974)는 초점화생산시스템을 개발하기 위한 4단계의 접근법을 제안한 바 있다. ① 먼저 기업의 목표와 전략을 명확하고 간결하게 명시해야 한다. ② 그 다음은 목표와 전략의 내용이 "제조부문에게 무엇을 의미하는지"로 바꿔야 한다. ③ 마지막으로 생산시스템의 각 요소에 대해 세심한 조사를 한 후에, ④ 기업의 목표와 전략에 합치된 초점을 이끌어 낼 수 있도록 구조적 요소들을 재구성한다. 여기서 말하는 초점은 과업의 단순화, 목적의 일관성, 생산시스템을 통한 경쟁능력을 개선하는 것이어야 한다.

[2] 그룹 테크놀로지(Group Technology)

그룹 테크놀로지는 공통적인 개념과 원칙, 문제 및 과업들을 조직화하는 것(grouping)으로 정의될 수 있다. 이 기법은 불필요한 중복을 피하고 문제를 해결함과 동시에 한 활동에서 연관성이 없는 다른 활동으로 전환시키는 데에 필요한 셋업시간(set-up time)을 최소화하기 위해서 표준화를 활용하고 있다. ① 동일한 기계에서 유사한 부품이나 부품군(part families)을 처리하기 위한 순서를 정하거나, ② 하나 혹은 여러 개의 부품가족을 처리하기 위한 제조 셀(manufacturing cell: 기계와 자재처리 장비를 모아 놓은 것)을 만드는 것, ③ 설계단계에서 이전의 설계내용을 인출하거나 부품표준화를 위해 부품의 코드를 정하는 것, 그리고 ④ 기존에는 사용할 수 없었던 측정자료나 정보를 얻어 내기 위해서 구매해야 할 재료, 부품, 구성부품의 코드를 정하는 것 등이 이 기법에 속한다.

GT는 단속프로세스의 하나인 잡숍(job shop)형태를 보다 흐름지향적인 운영체계로 전환하는 단계에서 주로 이용된다. 기능이나 프로세스별로 기계를 집단화하기보다는 부품가족에게 요구되는 작업경로나 자재흐름에 따라서 기계를 집단화하게 된다. 이와 같은 집단화는 공장 내의 부서 간 부품의 이동과 대기에 따르는 시간을 전반적으로 감축시키게 되는 것이다.

[3] 셋업시간의 단축(reduced set-up time)

셋업시간의 단축은 JIT의 기초적인 관리기법의 하나이다. 셋업시간이 오래 걸릴 경우 긴 셋업시간을 보상받기 위해서 규모의 경제(economies of scale)와 경제적 주문량(EOQ)의 개념을 맹목적으로 사용하기 쉽게 된다. 셋업을 수행하기 위해서 필요한 시간을 줄임으로써 EOQ 자체를 줄일 수 있다는 것에 초점을 맞추고 있는 것이다. 셋업시간을 줄이면 로트크기를 줄임과 동시에 빈번한 로트변환이 가능해지므로 다양한 제품을 생산할 수 있다. 또한 작업장의 작업부하가 균일하게 유지될 수 있으며, 품질개선과 재고감축, 그리고 비생산적인 기계시간의 감축을 통해 생산능력을 증대하고 보다 효과적으로 기계를 이용할 수 있는 긍정적 결과를 가져오게 된다.

[4] TPM(Total Productive Maintenance)

재고를 감축하고 후속작업장에 부품을 적시에 공급하는 체계를 가지게 되면, 장비의 보수·유지가 JIT의 핵심적인 역할을 담당하게 된다. JIT에 있어서 TPM은 정기적인 일정에 따라서 엄격하게 실시되는 예방적 보수유지(preventive maintenance)와 기계교체프로그램을 적용하는 것으로 구성되어 있다. TPM의 목표는 작업 중에 고장 등으로 계획되지 않은 기계의 중단을 제거시키는 것에 있다. 따라서 TPM을 효과적으로 수행하기 위해서는 작업자가 기계의 보수·유지에 대한 지식, 기계를 조정하고 간단한 수리를 실행할 수 있는 능력, 기계의 보수·유지기능에 대한 적극적인 책임의식을 가지고 있어야 한다. 이와 같은 TPM의 개념은 기계의 효율성을 높일 수 있을 뿐만 아니라 작업자로 하여금 기계에 대한 부분적인 책임의식을 가지게 함으로써 인력관리의 효과성을 개선시킬 수 있는 것이다. 예방적 보수유지(total preventive maintenance)에서 더욱 발전하여 기계의 성능을 개선하여 생산성을 높일 수 있는 아이디어를 제안할 수 있는 TPM(Total Productive Maintenance)으로 발전되었다.

[5] 다기능작업자(multifunctional employee)

다기능작업자는 다른 JIT 관리기법들을 지원하는 핵심적인 역할을 한다. 작업자로 하여금 다양한 기능부문에서 여러 개의 상이한 기계에 대한 훈련을 받게 하는 것이 주내용이다. 이렇게 함으로써 작업자의 유휴시간을 줄이고, 수요변화에 적응할 수 있는 유연성을 창출하며, 생산성과 문제해결능력을 개선할 수 있다. 다기능작업자는 '작업자에 대한 관심'의 측면을 강조하는 것뿐만 아니라 GT를 보완하고 다른 JIT의 구성요소들인 TQC, 품질분임조, TPM, 균일한 작업부하 등을 지원하는 기능을 가지고 있다.

서구식 경영에서 구조조정에 의한 정리해고의 장벽을 낮추는 노동시장의 유연성을 강조하지만, 노동 자체의 유연성이 더욱 중요하다. 다양한 작업을 수행할 수 있는 다기능능력 및 새로운 기술에 대한 빠른 습득 등 노동 자체의 유연성은 아직까지도 종신고용의 철학이 남아 있는 일본에서는 더욱 효과적이며 적합하다. 일본의 많은 기업들에 있어서 공장의 작업자들 간의 다기능수행뿐 아니라 사무직 및 관리직도 필요 시에는 생산라인에 투입되어 작업할 수 있는 기술을 갖추고 있다.

[6] 균일한 작업부하(uniform workloads)

균일한 작업부하는 제조시스템에서 발생하는 일일 작업부하의 변동을 감소시킨다. 전반적인 수준에서는 매일 판매될 최종제품들만을 모델별 수요에 맞추어서 믹스하여 동일하게 생산함으로써 이를 달성한다. 부분적인 수준에서는 최종조립단계를 통제점으로 사용함으로써 달성될 수 있다.

[7] 칸반시스템(Kanban system)

JIT는 기본적으로 주문생산(make-to-order)이다. 칸반시스템은 필요할 때마다 각 작업장에 필요한 부품을 '끌어당기기(pull)' 위해 사용하는 정보시스템 혹은 카드시스템이라고 할 수 있다. 제조시스템에 있어서 칸반은 작업자로 하여금 작업 간의 자재이동을 지시하고 전반적인 시스템의 완전성 유지를 도와주기 위해 사용되는

가시적 수단(visual means)으로서 일종의 정보시스템으로 사용된다.

[8] JIT 구매(JIT purchasing)

JIT 구매는 부품을 필요로 하는 장소에서 공급업체로부터 적시에 적량의 올바른 부품을 수령하는 기법이다. 이 개념은 전반적인 거래비용을 감축하기 위해 공동으로 노력하는 구매자와 공급자 간의 장기적인 유대관계를 의미한다. JIT 구매환경에서 공급업체는 제조기업의 생산체계를 연장한 하나의 작업센터로서 운영되게 된다. 구매업체는 납품로트 크기를 줄이고, 가격에만 의존해서 구매자와 공급자 간에 협상하려는 노력을 최소화한다. 구매부품의 품질을 개선하고, 구매에 따르는 서류처리작업을 감축하며, MPS(주생산일정)를 안정시키고, 공급업체와 상생의 관계(win−win relationship)를 구축하기 위해서 소수의 공급업체와 보다 집중적으로 일하게 된다. JIT 구매는 결과적으로 고객과 공급자 모두에게 재고를 최소화시켜 주며, 아울러 부품비용의 절감, 품질과 생산성의 향상, 보다 빠른 대응시간을 가능하게 한다.

[9] TQC(Total Quality Control)

TQC는 완벽한 품질을 목표로 하는 품질개선 노력의 연속적인 과정이다. 품질이 경영의 최우선 목표가 되어야 하고, 품질목표가 다른 경영목표들을 주도해야 한다. TQC는 공장작업자든, 자재운반 작업자든, 혹은 공급업자든 문제가 발생하는 원천에서 품질을 개선하는 데 초점을 맞추기 때문에 작업자와 기능부서의 협력을 필요로 한다. 각 작업자는 자신이 맡은 작업 활동뿐만 아니라 동시에 생산과정에 대한 품질관리 책임을 맡게 되며, 단순히 결함의 발견보다는 이를 방지하기 위한 프로세스관리 기법들을 활용하게 된다. 통계적 품질관리 기법들을 작업자의 이해능력에 맞게 조정함으로써 품질관리 노력의 효과성을 극대화할 수 있는 토대를 구축하게 된다.

[10] 품질분임조(QC: Quality Circles)

품질분임조는 문제해결을 위해서 유사한 작업을 담당하는 작업자들로 구성된 소규모 그룹을 말한다. 종종 품질분임조를 TQC의 한 부분으로 설명하기도 하지만 작업자와 관련하여 품질 이외의 문제들에 대한 해결능력도 다루기 때문에 TQC의 범주를 초월하는 개념으로 인식해야 한다. 품질분임조를 통해 작업자는 의사결정과정에 참여하게 되고, 따라서 JIT 개선과정에서 절대적으로 필요로 하는 상향식 의사소통을 촉진하게 된다.

일반적으로 품질분임조 활동은 단순히 새로운 기법을 적용하는 것 이상의 의미를 가진다. 조직관리 방식을 근본적으로 바꾸게 되는 것이다. 즉, 작업자를 보다 존중하고, 합치된 의사결정을 추구하며, 인적자원의 효과성을 높이고, 생산성을 증가시키게 되는 것이다.

13.1.3 전통적 생산시스템과 JIT의 비교

미국을 비롯하여 대부분의 제조기업들은 1900년대 초에 개발된 포드시스템(Ford system)에 익숙해져 있었다. Ford는 자동차 Model T를 만들면서 사람, 기계, 도구, 제품을 전체적인 관점에서 조직하는 지식을 갖고 있었으며, 컨베이어벨트를 이용한 조립라인을 도입하여 생산성을 극대화하고자 하였다. 이는 대량생산방식에 초점을 맞춘 것으로서, 전체적으로 수요가 공급보다 많았던 시절에는 적합한 생산방식으로 인정되었다.

그러나 생산방식의 발전과 자동화 등에 의해서 점차 초과 수요현상이 해소되고, 전문화된 반복적 작업을 수행하는 노동력에 의존하는 방식은 노동조합의 강화와 함께 점차 적합성(유효성)이 감소되었다. 특히 점점 짧아지는 제품수명주기에 따른 빈번한 모델변경, 다양한 색상 및 옵션 등과 함께 제품의 종류는 다양해지고, 이는 포드시스템에 기반을 둔 대부분의 제조업체에서 전통적 생산방식의 유효성을 감소시켰다.

〈표 13-1〉은 전통적인 생산시스템과 JIT의 특성을 요약하여 비교한 표이다. 이러한 특성은 기본적으로 생산철학 및 문화로부터 업무처리방식에 이르기까지 전통적 생산시스템과 JIT의 차이점을 비교하여 나타낸다. 전통적인 생산방식에 기반을 둔 기업들이 만일을 대비하여 초과재고 등 불필요한 잉여자원(waste)을 갖고 생산을 하는 just-in-case 운영방식이라면, JIT를 실행하는 기업은 엄격한 통제시스템을 갖추고 있으므로 just-in-case(만일의 경우)가 발생할 여지를 원초적으로 만들

표 13-1 전통적 생산시스템과 JIT의 비교

특 성	전통적 생산시스템	JIT
우선순위	다양한 제품 및 옵션	제한된 제품 및 옵션
설계	비표준화된 설계	표준화된 제품, DFM강조
생산능력	유연성결여, 설비의 최대활용	유연성, 설비의 여유 있는 활용
변환과정	잡숍	플로우숍, 셀생산
배치	대규모의 공간, 자재이동 장비의 활용	작은 공간의 효율적 사용
노동력	전문화된 노동력, 경쟁적 태도, 개인주의	유연한 노동력, 협력적 태도, 팀작업
생산스케줄	긴 셋업 타임, 장기가동	짧은 셋업 타임, 다양한 모델의 혼류생산
재고	많은 재공품재고, 안전재고, 커다란 창고	적은 재공품재고, 창고 없이 작업용 자재 바로 사용
공급자	다수의 경쟁적 공급자, 독립된 예측	제한된 혹은 하나의 협력적 공급자
계획/통제	계획중심, 컴퓨터에 의존	통제중심, 시각적 통제 강조
품질	검수중심, 표본검사, 약간의 불량허용	불량의 근원제거, SPC, 무결점 추구
보수·유지	전문가에 의한 사후적 수정조치	작업자에 의한 상시 예방적 관리

출처: Jack R. Meredith and Scott M. Schafer, *Operations Management for MBAs*, Wiley, 2002, p. 338.

지 않는 생산방식이다.

13.1.4 JIT에 의한 생산계획 및 통제

[1] 칸반시스템에 의한 생산흐름관리

칸반시스템은 가장 널리 알려진 JIT시스템 기법 중 하나로서 도요타자동차에 의해서 개발되었다. **칸반(Kanban)**은 공장 내의 생산흐름을 통제하기 위해 사용되는 카드를 말한다. 도요타에서는 인출카드(withdrawal card)와 생산주문카드(production-order card)라는 두 종류의 칸반시스템을 사용하고 있다. 인출카드는 품목명과 품목 사용자가 품목생산자로부터 인출해야 하는 수량 및 사용자와 생산자의 저장위치를 명시하고 있다. 생산주문카드는 품목명과 생산해야 할 수량, 소요자재명 및 자재의 위치, 완성된 품목의 저장위치 등을 명시하고 있다. 생산이 시작되면 카드를 컨테이너에 부착하게 된다.

〈그림 13-1〉은 이러한 복수카드시스템(two-card system)의 흐름을 나타내고 있다(Krajewski와 Ritzman, 2009). 컨테이너는 조립라인과 가공셀 사이를 이동하게 되며, 인출카드는 조립라인에 필요한 자재를 가져오기 위해 사용된다. 생산주문카드는 가공셀(fabrication cell)로 하여금 추가적인 부품을 생산하도록 허용하는 데에 사용되며, 컨테이너와 함께 이동하게 된다. 그림은 단순한 사례를 보여 주기 위해 가공프로세스가 조립프로세스에 필요한 자재를 공급하는 것으로 나타나 있으나, 어느

그림 13-1 복수카드 칸반시스템

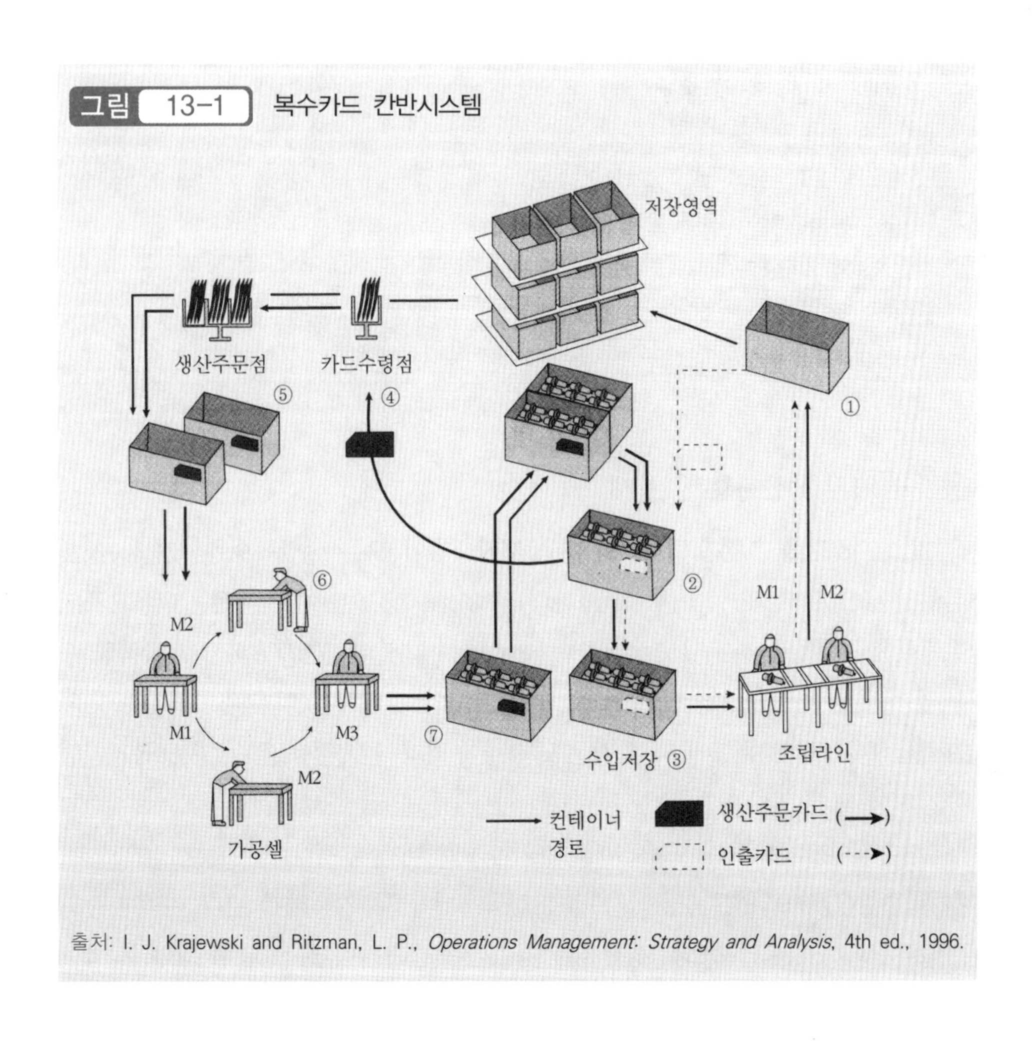

출처: I. J. Krajewski and Ritzman, L. P., *Operations Management: Strategy and Analysis*, 4th ed., 1996.

프로세스이든지 다른 프로세스에 자재를 공급하는 경우는 모두 이를 적용할 수 있다. 다음에서는 그림에 나타나 있는 바와 같이 두 카드의 흐름과 관련한 일곱 가지 단계적 과정을 보다 자세히 살펴보기로 한다.

- 단계 1: 인출카드가 부착된 비워진 컨테이너를 모아서 조립라인에서 저장영역으로 보낸다. 이 때 인출카드는 떼어서 나중에 사용하도록 한다(단계 3 참조)
- 단계 2: 비워진 컨테이너는 채워진 것과 교환한다. 채워진 컨테이너에 부착된 각 생산주문카드는 떼어서 카드수령점으로 옮긴다.
- 단계 3: 채워진 컨테이너의 내용이 인출카드에 명시된 것과 맞는지 확인한 후 만족스러울 경우 각 채워진 컨테이너에 인출카드를 부착한다. 컨테이너를 조립라인의 수입저장위치(inbound stocking location)로 보낸다. 이 단계에서 인출카드의 흐름과정이 완료된다.
- 단계 4: 가공셀에서의 생산개시는 카드수령점에서 생산주문카드를 떼어 내는 것으로부터 시작된다. 생산주문카드를 검토하고 순서를 정한 다음 이를 생산주문점으로 옮겨 놓게 된다.
- 단계 5: 생산주문점에 놓여 있는 생산주문카드의 순서에 따라서 부품의 가공이 이뤄진다. 빈 컨테이너에 생산주문카드를 부착한 후 가공셀로 옮겨 놓는다.
- 단계 6: 생산주문카드와 컨테이너는 짝을 이뤄 가공프로세스를 거쳐 가게 된다.
- 단계 7: 마지막 단계로 완성된 부품은 저장영역으로 옮겨져서 조립라인의 생산요구를 충족시키게 된다. 이 단계에서 생산주문카드의 흐름과정이 완료된다.

[2] JIT와 생산계획 및 통제

칸반시스템을 기본으로 하는 JIT 통제시스템이 모든 산업유형에 적합한 것은 아니다. 생산시스템의 유형(즉, 연속흐름, 배치흐름, 단속적 흐름)에 따라서, 그리고 통제의 단계(즉, 계획단계, 주문발송단계, 현장관리단계)에 따라서 JIT 통제방식이 효과적일 수도 있고 아닐 수도 있다. Karmarkar(1989)는 이와 관련해서 다음의 〈표 13－2〉와 같이 생산시스템의 유형에 따라 각 통제단계에 유용하게 적용할 수 있는 통제기법을 제시한 적이 있다.

연속적인 흐름(continuous flow)을 가지는 프로세스의 경우 상시(常時)적으로 자재계획수립이 필요하지는 않으므로 JIT 공급체계가 잘 기능하게 된다. 주문발송도 주별로 변화하지는 않으므로 생산율에 기초한 접근방식이 사용될 수 있다. 작업현

표 13-2 생산시스템의 유형과 생산통제기법

리드타임 가변성 (낮음 → 높음)	자재계획	통제단계 주문발송	현장관리
풀(pull): 연속흐름	JIT	생산율기준 (rate based)	JIT-풀(pull)
혼합형(hybrid): **푸쉬**(push)-**풀**(pull): 배치, 반복적	JIT-MRP	풀(pull) 혹은 MRP	풀(pull)
혼합형(hybrid): **푸쉬**(push)-**풀**(pull): 배치, 가변적	MRP	MRP	풀(pull) 혹은 주문처리일정
푸쉬(push): 고객주문설계	MRP	주문처리일정	작업일정

장수준에서는 칸반과 같은 풀(pull) 지시방식과 결합된 JIT 자재흐름규칙이 효과적이다. 조립라인, 전용 흐름라인(dedicated flow-line)을 사용하는 생산시스템들이 이 유형에 속한다.

비교적 안정적이지만 변동적인 생산요구일정을 가진 반복적 제조환경에서는 MRP II와 JIT를 결합시킨 자재계획 수립방법이 사용될 수 있다. 주문발송의 경우 변경이 빈번하거나 긴 리드타임 혹은 복잡한 자재공급 및 획득체계를 감안해서 조정할 필요가 있는 경우에는 MRP방식의 계산이 필요하게 될 수도 있다. 작업현장에서는 풀방식이 잘 기능한다. 자동차나 전자제품과 같은 대량생산제품에 사용되는 부품이나 구성부품의 생산시스템이 이 유형에 속하게 된다.

수요의 변화가 보다 많이 일어나는 잡숍 제조환경에서는 자재계획과 주문발송을 위해 MRP가 무엇보다도 효과적일 수 있다. 수요와 리드타임의 가변성이 높기 때문에 풀방식은 사용되기 어렵다. 작업현장에서는 보다 높은 수준의 작업추적과 작업일정기법들을 필요로 하게 된다. 자재흐름이 너무 복잡하기 때문에 순수한 형태의 JIT를 사용하기는 어렵다. 여러 고객에게 공급하는 부품 혹은 제품제조업체나 소매점에 여러 부품을 공급하는 공장 혹은 중간-소규모 수량 생산공장 등이 이 유형에 속한다.

마지막으로 매우 복잡한 환경에서는 작업지시조차도 정교한 푸쉬(push)방법을 필요로 하게 된다. 물론 비용이 많이 들게 되지만 낮은 작업시간성과, 높은 재고수준, 빈번한 작업추적 및 독촉 등을 감수할 수밖에 없다. 공작기계제조업체, 고객주문형 장비제작업체, 다양한 옵션과 고객요구를 반영한 제품제조업체 등이 이 유형에 속한다.

13.1.5 서비스시스템에서의 JIT의 적용

일반적으로 서비스시스템은 다양하게 정의내릴 수 있으나, JIT와 관련하여 JIT의 적용대상이 되는 서비스시스템은 서비스업체 내에서 행해지는 운영적 측면뿐만이 아니라, 제조업체 내에서 제조활동을 지원하기 위한 관리서비스(administrative service)를 포함한다. 예를 들어서 제조업체 내부에 제조활동을 지원하기 위해 원가를 산출하는 회계부서도 서비스시스템에 포함될 수 있다.

본 절에서는 JIT 구성요소와 관련하여 JIT가 서비스시스템에 활용되는 경우를 살펴본다. 이러한 예는 서비스시스템에 JIT를 적용하기 위한 사고의 기반을 제공하는 것으로서, 실제 서비스시스템은 매우 다양한 유형 및 특성을 가지므로 적용에 있어서는 창의력과 응용력을 필요로 한다.

[1] 서비스업체에서의 JIT의 적용

① 초점화공장

초점화공장의 가장 큰 목적 중의 하나는 제품이 다양해짐에 따라 점점 복잡해지는 제조 및 관리활동을 단순화하는 데 있다. 이러한 초점화공장의 개념은 뷔페 레스토랑에서도 적용할 수 있다. 피크타임에는 고객들에게 인기 있는 음식들로 구성된 음식진열대 앞에서 음식을 가져가기 위해 긴 대기행렬이 생기기 쉽다. 대기행렬은 고객에게 부가가치를 제공하지 않는 낭비이다. 이 경우 과거의 개별 음식에 대한 소비량분석을 통해서 고객들에게 인기 있는 음식들로만 구성된 독립된 음식진열대(초점화공장, express line)를 추가로 배치한다면, 고객의 대기행렬(대기시간)은 줄어들어서 레스토랑 서비스의 총 싸이클 타임이 줄어든다.

병원의 진료서비스에서도 초점화공장의 개념을 활용할 수 있다. 치과병원에서 검진과 스케일링환자의 수요가 충분히 많을 경우, 이들을 위한 독립된 공간(초점화공장)을 마련하여 진료한다면, 다양한 치료를 필요로 하는 다른 환자들과 분리되어 의료서비스는 단순해지고 양쪽 모두 만족도를 높일 수 있다.

대학병원에서 암병동(초점화공장)을 따로 갖는 경우도 이와 유사하다. 암환자와 일반환자를 구분하여 서비스를 하고, 이를 통해서 관리의 복잡성을 줄이고, 암환자에게는 전용시설에서 집중화된 의료서비스를 통해서 의료서비스의 만족도를 제고할 수 있다.

또한 입사용 신체검사를 위한 고객을 일반 외래환자와 분리하여 신체검사전용시설에서 검사를 하도록 하는 것도 이와 유사한 개념으로 생각할 수 있다. 신체검사를 위한 고객이 각각의 진료과를 방문하여 외래환자들과 대기행렬을 형성하면서 경쟁적으로 서비스를 받기보다는 전용 신체검사시설(초점화공장)에서 검사를 받을 경우 대기시간을 대폭 줄일 수 있다.

② 그룹 테크놀로지

제조업체에서 GT는 제품군(product family)이나 부품군(parts family)을 구성하여 동일한 군(family)은 동일한 제조프로세스를 거치도록 설계하여 효율을 높이는 것이다. 서비스업체에서도 비슷한 유형의 서비스는 동일한 장소에서 처리되도록 배치를 한다면, 서비스제공의 효율을 높일 수 있다. 군대나 직장의 구내식당의 급식대는 일반적으로 연속적으로 음식을 진열하는 경우가 많다. 그러나 이는 고객의 입장에서 원하지 않는 음식을 담지 않더라도 그 음식 앞을 거쳐 가야 하며, 속도가 느린 고객에 의해서 지체현상이 발생하고, 때로는 음식을 보충하는 식당종업원에 의해서 흐름이 일시적으로 중단되기도 한다.

음식을 유형별로 그룹화하여 독립된 음식진열대에 셀모양으로 배치한다면, 이러한 문제는 해결된다. 샐러드류, 메인음식류, 후식류, 음료류 등으로 나누어서 셀 배치를 한다면 고객은 자신이 원하는 음식대만을 방문하여 음식을 가져올 수 있으며, 라인형태가 아니어서 다방면으로 접근가능하므로 속도가 느린 고객이나 식당작업자의 음식보충 동안에 발생하는 흐름의 단절을 예방할 수 있다.

③ 셋업시간의 단축

제조업체에서 셋업시간(set-up time)이란 다른 작업을 수행하기 위해 기구나 설비를 변경하는 데 소요되는 시간이다. JIT 제조업체에서는 이를 줄임으로써 재고감소, 품질향상, 다품종생산 등이 경제적으로 가능해진다. 서비스업에서 셋업시간은 고객의 서비스가 종료된 후에 다음 고객을 맞기 위한 준비시간에 해당한다. 레스토랑이나 커피점에서는 테이블정돈에 소요되는 시간(총셋업시간)을 줄여서 신속히 다음 손님을 맞기 위해 식사나 음료가 끝나기 전에 손님의 빈 그릇을 가져간다. 이는 셋업시간을 줄이는 동시에 서비스생산능력(capacity)을 증대하는 역할을 한다.

병원에서는 고임금인 의사의 진료시간을 최대화하기 위해서 진료 전에 환자로부터 증세나 병력정보는 간호사가 미리 작성한다. 또한 진료를 위한 의료도구를 미리 준비해 놓는다.

일반적으로 서비스업에서 셋업시간을 단축하면 기업의 입장에서는 총비용을 감소시킬 수 있으며, 서비스생산능력을 증대하고, 고객의 입장에서는 대기시간을 줄일 수 있다.

④ TPM(Total Productive Maintenance)

JIT 제조업체에서는 작업자들이 기계나 도구가 항상 제 기능을 발휘할 수 있도록 예방적 보수유지활동을 하며, 더 나아가서 개선점을 발견하도록 노력한다. 서비스업체에서도 TPM은 필수적으로 적용된다.

호텔의 비즈니스센터 근무자는 고객환대뿐만이 아니라 복사기, Fax, 컴퓨터 등 각종 사무기기들이 항시 제기능을 발휘하여 문제가 발생하지 않도록 보수유지활동을 하여야 한다.

또한 택시 등 운송업에서는 TPM이 궁극적으로 자동차의 원활한 가동에 영향을 미치므로 운송업체내부 정비부서의 정비담당자뿐 아니라 택시운전자는 기계의 보수유지활동에 협력하는 공동의 책임을 갖는다. 이를 통해 품질비용을 낮추고, 가동률을 높이고, 안전성의 제고에 기여한다. 특히 항공사에서 안전성을 확보하기 위한 보수유지활동에는 항공정비사뿐만 아니라, 기장 등 승무원의 협력이 절대적으로 필요하다.

⑤ 다기능작업자

JIT 제조업체에서 작업자는 교육과 훈련을 통해서 다양한 기계와 작업을 수행할 수 있는 멀티태스킹(multi-tasking)이 가능하다. 서비스업체에서도 작업자는 다양한 작업을 수행할 때 유연성과 생산성을 동시에 제고할 수 있다. 일반적으로 레스토랑에서 식대수납을 담당하는 종업원은 가장 신뢰할 수 있는 친인척인 경우가 많다. 그러나 수납부문에 긴 대기행렬이 발생할 경우, 홀에서 음식을 서빙을 담당하는 종업원도 수납을 담당할 수 있도록 교육을 시키고 권한을 부여하며 상호신뢰의 관계를 형성한다면, 고객이 들어와서 나갈 때까지의 전체프로세스에서 병목현상은 상당히 개선될 수 있다.

홀에서 음식의 서빙을 담당하는 작업자는 고객과의 접점에서 일하므로 고객을 가장 잘 이해하는 종업원이다. 고객에게 음식을 배달할 뿐 아니라, 음식의 선택을 돕는 조언자(컨설턴트)이며, 신제품의 개발에도 참여하며, 마케팅이나 제반 경영에 개선점을 찾을 수 있는 다기능작업자이며, 동시에 지식근로자로 활동할 수 있다.

⑥ 균일한 작업부하

JIT 제조업체에서 작업부하의 변동을 감소하기 위한 노력을 하는 것과 마찬가지로 서비스업체에서도 수요변동을 가능한 작게 유도하고 작업의 부하를 균일하게 노력한다. 예약시스템은 수요를 예측가능하게 하여 수요가 발생하기 전에 수요에 대한 정보를 갖게 됨으로써 이에 맞추어 대비가 가능하다. 또한 여러 가지 수요조절방법을 동원하여 수요 자체를 균일하도록 유도할 수도 있다. 극장이나 공연에서의 예약시스템은 수요에 대한 정보를 사전적으로 갖게 하여 이에 따른 일정관리 및 작업자배치가 가능하게 한다. 또한 조조할인, 단체할인(일종의 제조업체에서의 수량할인) 등을 통해서 영업시간 동안에 수요의 균등화를 유도하고, 이에 따라서 균등한 작업이 가능하도록 하여 작업의 변동을 최소화한다.

⑦ 칸반시스템

JIT 제조업체에서는 커뮤니케이션 수단으로서 일종의 간판(看板)을 사용하여 실제적인 물건(하드웨어)과 그 물건에 대한 정보(소프트웨어)가 함께 움직이도록 한다. 서비스업체에서도 이를 적용할 수 있다.

은행이나 우체국 등에서 서비스를 받기 전에 번호표를 받고 해당 번호가 전광판에 표시되었을 때 서비스를 받는 것은 JIT에서 칸반시스템과 유사한 일종의 풀시스템(pull system)이다. 전광판은 대기행렬을 형성하게 하기보다는 서비스를 받을 시점을 알려주는 정보시스템이다. 고객은 대기행렬에서 부가가치를 창출하지 못하고 기다리기보다는 대기석에 앉아서 서비스를 받을 때가지 부가가치 있는 다른 일을 할 수 있다.

또한 고급레스토랑은 고객이 도착하였을 때 홀에 들여보내기보다는 대기석에 기다리도록 하고, 테이블 셋팅과 서빙을 맡는 담당자 등 손님을 맞기 위한 준비가 완료되었을 때 부르는 풀 시스템을 사용한다. 이는 준비되지 않은 상태에서 손님이 홀에 들어가서 대기하면서 혼잡만 야기하는 푸시시스템(push system)과는 구별된다. 대기란 부가가치가 없는 일종의 낭비이다. 많은 대학도서관에서 열람실에 자리를 배정하기 위해서 무인자리 배정시스템을 도입하는데, 이도 풀 시스템의 일종으로 열람실에 들어가기 전에 열람실에 빈 자리가 있는지 먼저 정보를 얻을 수 있다.

⑧ JIT 구매

JIT 제조업체의 공급자는 제조업체와 공동운명체적인 인식 속에 장기적인 관계를 맺고 소량을 빈번하게 공급한다. 서비스업체에서도 이러한 구매방식을 채택한다. 신선도가 매우 중요한 레스토랑의 식자재 납품이 대표적이다. 야채, 과일, 생선 등은 부패하기 쉬우며, 식자재의 품질은 완성품인 음식의 품질을 결정하는 주요 변수이므로 신뢰할 수 있는 공급업자와 장기적인 관계를 맺고 소량으로 빈번하게 조달을 받는 것이 중요하다. 이는 병원의 약품 및 의료용구의 구매에도 적용된다.

⑨ TQC(Total Quality Control)

제조업체는 유형의 재화를 생산하므로 샘플링기법 등 다양한 TQC활동이 가능하다. 그러나 서비스업체에서는 무형의 재화를 생산하므로 일반적으로는 프로세스에 대한 통제(process control)만이 가능하다. 은행에서는 적당한 위치에 현금출납기를 배치하여 은행의 바닥면적을 효율적으로 사용하며, 동시에 업무의 정확성을 높일 수 있다.

또한 현금출납기는 은행뿐 아니라 할인점 등 주요시설에 배치하여 은행업무의 프로세스를 고객에게 다가갈 수 있도록 한다. 은행, 증권회사에서 사용하는 인터넷 등 전자매체를 통한 홈뱅킹은 프로세스의 다변화와 동시에 간편화로 품질을 향상시키는 경향이 있다. 주차장 등의 시설에는 주차하는 데 발생할 수 있는 문제점을 사전에 예방하여 주차품질을 높이고자 한다. 타이어가 과도하게 다른 구역으로 넘어가지 않도록 실수방지(foolproof)용 주차지지대를 설치하여 주차시 안전한 주차를 유도한다.

⑩ 품질분임조

JIT 제조업체에서는 품질분임조를 운영하는 것과 마찬가지로 서비스업체에서도 품질분임조를 운영한다. 병원에서는 의료품질을 높이기 위해서 의사와 간호사 등이 포함된 팀이 운영되기도 하며, 일부 병원에서는 양방과 한방의 협진, 전통의학과 대체의학의 보완을 위한 팀이 운영된다.

승무원 등은 비행에 앞서서 환대해야 할 승객의 특성에 기초한 기내근무자 미팅을 갖기도 한다. 또한 많은 대학에서는 교육환경을 개선하고 교육서비스의 품질을 높이고자 교수학습개발센터를 운영하여 교수, 학생, 직원으로 구성된 교육품질 개선팀을 운영한다.

[2] 관리시스템에 JIT의 적용

독립된 서비스업체에 JIT 기법이 적용되는 것뿐만이 아니라 제조업체 내에서 관리부서의 관리서비스(administrative service)도 특수한 형태의 서비스로서 JIT의 적용대상이 될 수 있다. 이와 같이 관리시스템(administrative system)을 JIT의 적용대상으로 보는 이유는 다음과 같다. 첫째, JIT를 적용했을 때 간접경비(overhead cost)를 감소할 수 있다. 제조업체에서 관리서비스에 소요되는 간접경비는 전체간접경비의 적어도 20%는 되며, 제품원가의 35% 정도 된다고 알려져 있다. 서류의 확인, 결재를 위한 서류의 전달, 우편, 서류의 보관 등은 낭비적 활동(wasteful activity)이 발생할 수 있는 부분으로서 JIT를 적용하여 이를 감소시킬 수 있다. 둘째, 조직을 전체주의(wholism)라는 관점에서 보는 데 있다. 조직의 성과는 부문들의 상호작용에서 나오므로 관리부문을 배제하고 제조부문만의 성과로는 조직 전체의 성과를 달성하기 어렵다는 것이다. 이러한 관점에서 많은 제조업체들이 JIT의 적용을 제조부문에 머무르지 않고 관리부분까지 확대하여 적용하는 추세이다. 즉, 앞서 설명되었듯이 JIT는 제조업체, 서비스업체의 생산운영활동에 적용될 뿐만이 아니라, 관리부문에까지 적용할 수 있다.

관리시스템은 제조시스템처럼 재고(정리가 필요한 주문), 반복적인 생산프로세스(주문처리절차), 제품의 흐름(여러 부서를 거치는 고객주문의 흐름)을 갖는다. 제조업체에 JIT가 적용되었을 때 복잡성을 줄이고, 낭비를 제거하여 재고를 줄이고, 제품흐름이 향상된다. 이와 마찬가지로 JIT를 기업의 관리시스템에 적용하였을 경우 주문정리 시간을 줄이고, 관리적 활동에 있어서의 리드타임과 준비시간을 줄이며, 미처리된 주문(backorder)을 줄이고, 관리인력을 줄여서 정보의 흐름을 빠르게 하여 조직의 전체적인 효율성을 제고한다. 즉, 관리적인 서비스에 소요되는 시간, 노력, 자원을 줄임에 따라서 부가가치가 없는 활동들을 없애고, 결과적으로 이는 조직의 효율성을 높이게 된다는 것이다. 관리시스템에서의 JIT적용에 대한 몇 가지 특성을 설명하면 다음과 같다.

① JIT를 적용하는 관리시스템에서 품질관리는 근무자 및 관리부서의 책임이다. 즉, 관리업무를 수행하는 종업원은 자신의 서류작업만을 완성하기보다는 자신의 전 단계에서 동료종업원(내부고객)에 의해 처리된 서류작업이 정확한지를 확인하는 품질관리자의 역할을 동시에 수행한다. JIT에서 품질관리는 모든 사람의 책임이므로 관리부서는 고객서비스의 주체가 되어야 한다. 정확한 서류작업을 위해서 사무실 및 책상주변이 깨끗하고 정리정돈이 되어 있도록 한다. 또한 품질을 향상시킬 수 있는 자동화된 도구들을 채택하여 검수작업을 자동화하여 관리작업의 품질이 활동 중에 자동으로 수행되도록 한다. 예를 들어서 맞춤법을 자동으로 검토하는 워드프로세서를 사용하여 문서의 맞춤법을 정확히 하거나, 데이터베이스 및 컴퓨터 네트워크를 사용하여 자료를 정확하게 관리하고 전송하여 관리활동의 품질을 높이도록 한다.

② JIT를 적용하는 관리시스템은 일반적으로 최대관리능력보다는 관리업무에 대한 스케줄에 여유분을 만든다. JIT에서는 관리업무를 수행하는 작업자에게 환경미화, 청소, 주기적인 업무개선회의 등 다양한 활동을 하도록 한다. 또한 작업자가 언제든지 관리에 관한 품질문제를 발견하였을 때 업무를 중단할 수 있는 권한을 갖고 있어서 경영층이 이를 쉽게 알 수 있도록 한다. 이와 같이 JIT 수행을 위해서는 추가적인 활동을 보장하기 위한 추가적인 여유시간이 허용되어야 한다. 최대관리능

력보다 적게 업무스케줄을 작성하는 것은 바로 양보다는 관리업무의 품질을 더 중요시하는 것으로 JIT 철학이다.

③ JIT를 적용하는 관리시스템에서 작업자는 유연한 작업자이다. 모든 작업자는 다양한 관리업무를 수행할 수 있는 다기능작업자이다. 사무실에서의 직무전문화는 원활한 작업흐름을 저해한다고 알려져 있다. 전문화된 기능별조직은 일반적으로 모든 사람이 같은 날 출근해서 같은 시간에 작업을 할 때만 효율적인 경우가 많다. JIT를 적용하기 위해서는 다양한 작업을 수행할 수 있는 기술을 갖춘 작업자를 고용하고, 유연성 확보를 위해서는 이를 교차훈련(cross-training)을 통해서 다양한 분야의 관리업무를 수행할 수 있도록 기술의 범위를 확대한다.

④ 관리시설의 배치를 재구성하여 작업을 단순하게 처리하는 데 도움이 되게 한다. 일반적으로 기능별로 부서배치를 할 경우 부서 사이의 벽이나 칸막이에 의해서 업무처리를 위한 커뮤니케이션에 문제가 발생한다. 부서를 다양한 작업자로 이루어진 그룹으로 배치(즉, GT의 셀형태의 배치)하면, 면대면(face to face)의 커뮤니케이션이 증대하고, 업무의 완료에 필요로 하는 모든 서류작업들이 그룹(셀) 안에서 해결되어 관리업무의 처리시간과 생산성은 올라간다. 특히 작업자들의 업무능력이 유연할 경우, 그 효과는 더욱 커진다. 근래 기업들이 대고객부서나 민원부서에서 one-stop shopping의 개념을 적용하기 위한 업무처리방식 및 이를 위한 부서배치를 하는데, 이는 JIT철학에 근거한 것이다.

⑤ 표준화된 업무처리방식을 고안한다. JIT는 단순함을 강조한다. 표준화된 업무처리절차(standard operating procedures)는 교차훈련에 소요되는 시간을 줄이고, 복잡성을 제거함으로써 업무의 효율성을 증대시킨다. 예를 들어서 주문양식을 표준화할 경우 주문처리를 간편하게 하며, 주문양식들의 재고관리도 간편해지고, 주문양식을 구매하는 것 또한 간편해진다. 업무처리순서를 표준화할 경우 다양한 처리방식으로부터 야기되는 복잡성을 제거함으로써 작업자들은 절차를 쉽게 이해할 뿐 아니라 개선점을 제안하는 데 도움이 된다.

13.2 린 생산(Lean Production) 및 린 경영(Lean Management)

13.2.1 린 생산의 정의

1900년대 초에 시작하여 효율적 생산방식으로 세계의 많은 기업들이 채택했던 Ford system을 대체한 것은 일본의 JIT이다. 1940년대 말부터 Toyota자동차에서 현장의 경험을 바탕으로 생산방식의 개선이 축적되어 1970년대 중반 이후 Toyata의 효율적 생산방식이 세계에 알려지게 되었는데, 이것이 JIT 혹은 TPS(Toyota Production System)이다. 이후에 JIT에 대한 연구가 심화되고, 미국을 비롯한 세계의 많은 기업들이 JIT를 도입하려 노력하였다.

그 후 미국에서는 현장중심이며, 경험중심적인 JIT를 좀 더 체계화하고 발전시키려 노력하였는데, 그 결과가 **린 생산**(Lean Production)이다. 즉, JIT를 미국식 환경에 맞추어서 재정립한 것이 린 생산이다. 린 생산은 JIT에 기반을 둔 것이기 때문에 JIT와 매우 유사하며, 앞서 설명된 JIT의 주요 구성요소는 모두 린 생산에서 그대로 적용된다.

린이란 용어는 1990년에 경영학자인 James Womack이 「The Machine that Changed the World」라는 책에서 처음 소개하였으며, 그 후 MIT 등 학계, 정부 및 산업계에서 사용하는 일반용어가 되었다. **린**(lean)이란 사전적 의미로 '얇은' 혹은 '마른'의 의미를 가지나 이것이 생산에서 의미하는 바는 '낭비 없는 생산(wasteless production)'을 의미하는 것으로서 생산과정에 있어서 발생할 수 있는 어떤 유형의 낭비도 철저히 제거하고자 하는 것이다. 그러므로 린 생산은 부가가치가 없는데 투입되는 자원의 낭비를 지속적으로 줄이고, 고부가가치를 생산할 수 있는 합리적 프로세스를 구축하여 조직성과를 제고하도록 하는 것이다.

린 생산은 고객관점에서의 가치를 창조하고 운영의 유효성을 최대화하는 전략이다. 린 생산은 하나의 부서, 부문 혹은 프로세스에 초점을 맞추기보다는 고객으로부터 주문을 받아서 완제품을 배달할 때까지의 전체프로세스 흐름(entire value stream)의 최적화에 초점을 맞춘다. 전체프로세스가 최적화되면 제품이나 자재의 흐름에 빠르고 막힘이 없게 되는데, 이를 위해서는 낭비를 발견하여 이를 제거해야 한다. 낭비(waste)는 고객에게 가치를 부가하지 못하는 모든 활동(activity), 단계(step), 프로세스(process)를 포함한다. 따라서 린 생산시스템을 적용하는 조직은 고객중심적이며, 빠른 시간에 낮은 원가로 고품질을 제공하게 된다.

13.2.2 7가지 낭비

낭비의 제거는 기업의 수익성을 좋게 하는 가장 효과적인 방법 중의 하나이다. 일반적으로 프로세스는 제품이나 서비스에 가치(value)를 부가하거나 혹은 낭비(waste)를 부가하게 된다. 낭비(waste, 일본어로는 muda)란 '필요 이상의 것'으로서 부가가치의 획득에 기여하지 못하고 있는 것이다. 예를 들어서 인력, 자재, 시간, 공간, 설비, 재고, 업무 등 어떤 것이든 가치에 기여하지 못하고 있는 것은 낭비이다. 그러나 낭비라고 하는 것은 일반적으로 잘 보이지도 않고, 제거가 쉽지 않다. 실질적으로 대부분의 기업에 있어서 가용자원의 70%~90%정도를 낭비하고 있는 것으로 밝혀지고 있다. 린 생산을 성공적으로 실행하고 있는 기업들에서조차 약 30% 정도의 낭비가 존재한다고 한다.

다음에서 설명되는 7가지 낭비(The Seven Wastes)는 일본의 오노 다이이치에 의해 낭비를 관리적 차원에 의해서 분류한 것이다.

① 과잉생산(overproduction)

과잉생산이란 실제 필요로 하는 시점보다 앞서서 미리 생산하는 것이다. 과잉생산은 자재의 원활한 흐름을 방해하고, 품질과 생산성을 감소시킨다. JIT의 의미도 바로 모든 아이템은 필요한 때 만들어져야 한다(Every item is made just as it is needed)는 것이다. 과잉생산은 Just in Case로 리드타임을 길게 하고, 재고유지비용을 증대시키며, 불량을 발견하기 어렵게 한다.

② 대 기(waiting)

재화가 움직이지 않거나 가공되고 있지 않을 때마다 대기라는 낭비가 발생한다. 전통적인 배치생산 후 대기형태의 생산방식에서는 후속 프로세스에서 가공되기 위한 대기시간이 매우 길게 발생한다. 생산가동시간이 길며, 따라서 대기시간도 길어지고, 자재의 흐름이 좋지 않게 되어 리드타임의 대부분이 대기시간에 소요된다.

③ 운 송(transportation)

프로세스 사이의 운송은 제품에 부가가치를 주지 않고 비용만을 발생시킨다. 이동거리가 길고 자재취급이 많아지면 자재가 훼손되거나 품질이 떨어질 가능성이 커진다. 따라서 제품흐름을 그려서 가시회시기는 것은 프로세스의 선후관계와 연계성을 파악하는 데 도움을 준다.

④ 부적당한 가공(inappropriate processing)

가공을 위해서는 적당한 기계와 방법이 선택되어야 한다. 종종 단순하고 유연한 자동화장비가 매우 비싸며, 정교한 장비보다 더 효과적이다. 값비싼 장비는 때로는 선후 프로세스를 멀리 떨어지게 하고, 자산활용률(투자수익률)을 높이기 위해서 로트(1회 생산량)를 커지게 한다. 작고 유연한 장비, 셀생산, 단계들의 결합 등은 이러한 낭비를 없앤다.

⑤ 불필요한 재고(unnecessary inventory)

재공품(WIP: Work－In－Process)은 과잉생산과 대기의 직접적인 결과이다. 과잉재고는 작업장의 문제를 숨기고, 리드타임을 늘리며, 작업장의 공간을 차지하게 된다. 작업장 간의 틈이 없는 유연한 흐름은 이러한 재공품재고를 줄일 수 있다.

⑥ 불필요하거나 과잉 움직임(unnecessary/excess motion)

인간공학과 관련된 것으로서 구부리거나 뻗거나 걷거나 끌어 올리거나 닿거나 하는 움직임이 이러한 예로서, 이러한 것들은 작업자의 건강과 안전에 밀접한 관련이 있다. 과잉 움직임을 유발하는 직무는 개선을 위해서 재설계되어야 한다.

⑦ 결 함(defects)

품질의 결함이 발견되면 재작업 혹은 폐기처리 등을 해야 하는데, 이는 조직에 막대한 비용을 초래한다. 재고증대, 재검사, 스케줄변경, 생산능력의 손실 등 부가가치보다는 비용의 증대를 초래한다.

이러한 7가지 낭비는 전통적으로 JIT에서 언급되었던 것이며, 최근에는 린 생산에서 이에 추가하여 종업원의 저활용(underutilization of employees)을 제8번째 낭비로 보고 있다. 조직은 종업원의 육체적 능력을 위해 고용한 것이 아니다. 다른 7가지 낭비를 제거하고, 조직성과를 올리기 위해서는 종업원의 창의력을 높이기 위한 투자를 하는 것이다.

Toyota자동차가 강조하는 낭비제거는 환경경영이라는 측면에서 보면 친환경 생산과도 부합한다. 낭비는 그 자체로 부가가치를 창출하지 못하면서 자원을 사용하거나 환경부하를 유발하기 때문에 경제성과 환경성 모두를 저해하는 요소이다. 이런 의미에서 Toyata자동차 원칙은 지속가능발전과도 부합한다.

Toyota자동차를 비롯한 많은 초일류기업들이 이러한 낭비를 제거하기 위해서 노력해 왔으며 상당 부분 실현했다. 이는 고객은 부가가치에 기여한 작업에 대해서는 기꺼이 지불하지만 낭비에 대해서는 지불하지 않는다는 평범한 진리에 기초한 것이다.

13.2.3 Lean의 5가지 원칙

James Womack과 Daniel Jones는 Lean thinking에 대하여 5가지 원칙을 제시하였다. 경영자들이 이러한 개념들을 모두 적용한다면, 린 기법의 효과를 충분히 볼 수 있으며, 제품의 경쟁력을 크게 향상시킬 수 있다고 한다.

① 구체적 제품에 대한 가치를 정확히 명시하라

가치는 고객에 의해서 정의되고, 구체적인 가격과 시간에(고객의 욕구를 만족시키는) 구체적인 제품에 의해서 표현되었을 때에만 의미가 있다. 흔히 범하는 오류 중의 하나는 가치의 정의가 기업의 내부적 관점으로 정해지는 것이다. 현재의 자산과 기술에 대해서는 잊고, 강력한 상시적인 제품팀과 함께 제품계열을 기반으로 하여 사업운영에 대해서 다시 생각하는 것이다.

② 개별 제품에 대한 가치흐름을 인지한다

가치흐름(value stream)이라고 하는 것은 원자재가 들어 와서 완성품이 고객에게 전해질 때까지의 특정제품을 생산하여 제공하는 데 필요한 모든 단계와 프로세스를 의미한다. 제품의 전체흐름을 분석하면 낭비와 부가가치를 제공하지 않는 순서가 밝혀진다. 리엔지니어링이 필요한 부분이다. 가치흐름 분석은 3가지 유형의 행동(단계)이 발생하는 것을 알 수 있다. 첫째, 가치를 창조하는 단계, 둘째, 가치를 창조하지는 않으나 현재의 기술과 생산방식 혹은 자산에 의해서 피할 수 없는 단계, 셋째, 가치를 창조하지 않으며 피할 수 있는 단계이다. 이 세 번째가 바로 낭비를 제거하고 가치를 올리는 기회의 즉각적인 타겟(목표)이 된다. 린 생산을 하기 위해서는 전체기업이 전체로서 가치흐름을 분석하고, 이를 향상시켜야 한다.

③ 단절이 생기지 않는 가치의 흐름을 만들어라

일단 가치가 정확히 명시되면 구체적인 제품에 대한 가치흐름은 그려지고, 낭비적인 단계는 제거되어야 한다. 기능주의, 전문화, 부서, 묶음생산 등에 익숙해져 있는 사고를 버려야 한다. 이는 병목현상으로 대기시간이라는 낭비를 발생하게 한다. 전통적인 기업들은 모든 사람이 바쁘면 효율적이라고 생각한다. 그러나 기업이 조직이나 장비보다는 제품에 초점을 맞추고, 모든 활동이 연속적인 흐름(continuous flow 혹은 process flow)으로 이루어질 때 더 효율적이다.

④ 고객이 생산자로부터 가치를 끌어 당기도록 하라

기능적 부서와 생산묶음으로부터 제품팀으로 전환하고, 흐름으로 생산하면 무엇보다 리드타임이 극적으로 단축된다. 최고도의 린 시스템에서는 변화하는 수요를 수용할 수 있기 때문에 고객은 현재 생산하고 있는 제품을 어떤 조합으로도 당길(pull) 수 있다(풀시스템). 이는 고객이 원하지 않는 제품을 만들어서 팔리지 않는 매출을 위한 푸시(push) 방식과는 반대이다.

⑤ 완벽을 추구하라

조직은 가치를 정확히 명시하고, 전체가치흐름을 인식하고, 구체적 제품이 연속적으로 흐르는 부가가치단계를 만들어서 고객이 기업으로부터 가치를 당기도록 한다. 제품을 제공하는 동안 노력, 시간, 공간, 비용, 실수를 줄이는 과정에는 끝이 없다는 것을 알게 된다. 흐름을 가속화할수록 가치흐름 속에 숨겨진 낭비를 발견하게 되고, 이는 제거되어야 한다. 린 시스템 안에서 협력업체, 공급업자, 시스템통합자, 유통업자, 고객, 근무자 등 모두는 모든 흐름을 볼 수 있고, 가치를 창조하는 좋은 방법이 쉽게 발견되어 긍정적인 피드백을 만든다. 이것이 린의 핵심적인 특성이며, 지속적인 개선의 강력한 요소이다.

JIT와 린 생산은 기본적으로는 낭비제거라는 공통의 철학적 기반과 유사한 적용도구를 갖고 있다. 두 가지 모두 기업경영의 다양한 활동에 사용되는 자원을 최소화하는 것을 강조한다. 제품의 설계, 생산, 물류, 고객과의 관계 등에서 발생하는 부가가치가 없는 활동들을 밝혀내고 제고하고자 노력한다(ASCM, 2022). 그러나 JIT가 비교적 현장중심적이고 경험중심적이어서 전체를 보는 시스템적인 측면과 도구들이 체계화되어 있지 못한 측면이 있다. JIT는 다분히 생산의 현장차원에서 적용가능한 기법들이 소개된 반면에, 린 생산은 생산, 관리, 판매, 물류 등 전사차원에서의 최적화에 관심이 있으며, 조직 전체를 시스템적인 관점에서 접근한다. 린 생산을 구성하는 원칙들이 상호연관되어서 긍정적인 사이클을 돌리게 한다. 이는 시간이 지남에 따라서 언덕 아래로 눈덩이를 굴리는 효과(눈덩이 효과)를 가져오는 추진체가 된다.

또한 린 생산에서는 JIT에서 사용되는 5S, 칸반, 셀생산 등의 기법과 더불어서 가치흐름지도제작(value stream mapping), 프로세스지도제작(process mapping), 성과지표를 위한 자기진단체계(self-evaluation system) 등의 구체적이며 체계적인 도구들이 낭비를 제거하기 위해 적극적으로 활용된다.

JIT가 자동차산업을 중심으로 개발된 것임에 비해서, 린 생산방식은 자동차, 항공산업뿐 아니라 비제조업분야까지를 포함하도록 확대되었다. 자동차와 전자제품과 같은 소품종 대량생산뿐 아니라 다품종 소량생산분야까지 적용가능하다. 이제 린 생산은 자동차산업으로부터 출발하여 제조업 전반으로 확대되고, 더 나아가서 비제조업분야로 더욱 확대됨에 따라서 린 생산(Lean Production) 대신에 린 경영(Lean Management)이라는 용어를 사용하기도 한다. 최근 기업의 성과를 극대화시키기 위해서 프로세스의 스피드를 중요시하는 린 경영은 품질을 중요시하는 식스 시그마 등 다른 경영방식들과 결합하여 한층 체계화되며, 효과적인 경영방식으로 진화하고 있다.

린 경영은 광범위한 개념으로서 린 경영을 도입하는 기업이라 하더라도 정도의 차이가 크다. 일본기업들이 1980년대 이후 전자제품과 자동차를 중심으로 제조업에서 세계적인 명성을 얻은 것도 린 경영에 기초하고 있다.

13.3 프로세스 혁신

프로세스(process)는 그 중요성에도 불구하고 그동안 비즈니스계에서 그리 큰 관심을 받지 못하였다. 그러나 최근 프로세스는 비즈니스계의 큰 화두로 등장하고 있다. 이것은 프로세스가 기업의 경쟁력을 강화하는 중요한 요소로 인식되고 있기 때문이다. Tenner와 DeToro(2000)는 "기업경쟁의 초점은 판매나 다른 그 어떤 기능이 아니고, 이제 프로세스에 있다"고 하였다. 또 Honeywell사의 Bossidy회장은 경쟁력에 대해 프로세스의 중요성을 부각시켰다. 즉, "경쟁력은 무엇을 결정하는가에 있는 것이 아니라, 그것을 어떻게 실행하는가 하는 프로세스에 있는 것"이라고 하였다(Champy, 2002).

13.3.1 프로세스 혁신의 중요성

프로세스가 없는 조직은 없다. 눈에 잘 보이고 잘 안 보이고의 차이지 프로세스는 모든 조직에 있다. 모든 조직의 산출물은 사실 프로세스의 결과이다. 그러므로 산출물의 비용을 낮추고, 산출물의 품질을 좋게 하려면, 그리고 산출물을 신속하게 창출하고자 한다면 당연히 프로세스를 개선하거나 혁신하여야 한다. 과거에 기업은 과정보다는 결과를 중시하였다. 그래서 일을 어떻게 하는 것이 중요한가 하는 것보다는 어떤 산출물을 만드는가 하는 데에 중점을 두었다. 그러나 경쟁이 점차로 심해짐에 따라 결과를 이끄는 과정이 중요하게 되었다. 즉, 기업 간의 격렬한 경쟁이 기업들로 하여금 프로세스에 큰 관심을 가지게 만들었다. 그리고 프로세스를 관리하는 중요한 도구가 필요하게 되었다. 사실 과정이 좋으면 결과가 좋은 법이다.

프로세스를 연구한 중요한 선구자 중의 한 사람이 바로 Davenport이다. Davenport(1993)는 "5~10% 정도의 성과를 향상시키는 방법으로는 경쟁에서 이길 수가 없다"고 하였다. 그래서 이보다 훨씬 더 큰 성과를 거두기 위해서는 프로세스 개선이 아닌 프로세스 혁신이 필요하다고 하였다. 그러나 사실 혁신은 기업에서 도입하기가 그리 쉽지 않다. 왜냐하면 혁신은 변화를 요구하기 때문이다.

또 한국과 일본에서도 프로세스에 대한 관심이 집중되고 있다. 이런 현상의 일환으로 양국의 연구진들이 **전략적 비즈니스 프로세스 관리**(SBPM: Strategic Business Process Management)에 대한 연구를 병행하고 있다. 이들은 한국과 일본의 기업 중에서 프로세스관리를 우수하게 실행하는 기업들에 대해 사례연구를 하였고, 이 사례연구의 결과를 기반으로 SBPM의 연구모형을 작성하고, 공통의 설문지를 이용하여 양국의 상장기업들을 대상으로 비즈니스 프로세스에 관련된 연구를 하였다(안영진 외, 2004). 그리고 한국과 일본 기업들 간에 있어서 비즈니스 프로세스관리에 대한 인식의 차이점을 조사하였다.

이렇게 프로세스변화는 이제 모든 기업이 관심을 가지고 도입하여야 한다. 그리고 프로세스의 변화는 이제 점차로 기업내부에서 기업외부로, 그리고 더 나아가 기업과 기업 간으로 확대되고 있다. 즉, 1990년대에는 기업내부의 효율성을 극대화하기 위해 프로세스를 혁신하였지만, 2000년대에 들어서서는 기업과 기업 간의 효율성을 극대화하는 프로세스 혁신으로 나아가고 있다.

그러면 **프로세스**(process)란 무엇을 의미하는가? 프로세스에 대한 견해는 사람에 따라 그 의미가 다양하게 정의되고 있다. 여기에서는 먼저 몇 사람의 정의를 살펴보자. 먼저 앞에서 언급한 Davenport(1993)는 "프로세스란 특정고객 또는 시장을 위한 특정산출물을 생산하기 위해 설계된 활동들의 조직화된, 그리고 측정가능한 집단"이라고 정의하였다. Richard Chang(1997)은 "프로세스란 투입물을 제품이나 서비스산출물로 전환하기 위해 함께 연결된 일련의 부가가치업무"라고 하였다. Harrington 등(1997)은 "프로세스란 공급업자로부터 투입물을 받아 거기에 가치를 부여하고 고객에게 산출물을 공급하는 일련의 논리적인 집단의 활동"이라고 하였다. Hammer(2001)는 "프로세스란 고객에게 가치를 창출하는 기업의 조직화된 모든 관련된 제반 활동"이라고 하였다. Ritzman과 Krajewski(2004)는 "프로세스란 한 가지 이상의 투입물을 취하여 이를 변환시키고 가치를 부가시켜 고객에게 한 가지 이상의 산출물을 제공하는 활동 또는 활동의 그룹"이라고 정의하였다.

이렇게 프로세스는 조직과 사람에 따라 상당히 다양하게 정의되고 있다. 그러나 프로세스는 다음과 같은 특성을 지니고 있는 것을 볼 수 있다(〈그림 13-2〉 참조).

- 프로세스는 시작과 끝이 있다.
- 투입물과 산출물이 있다.
- 시간과 장소에 따라 활동의 순서가 정해진다.
- 시간 및 비용 등으로 측정이 가능하다.
- 산출물의 부가가치가 있다.
- 고객의 가치와 기업의 목적을 달성하는 데 기여한다.

그림 13-2 프로세스

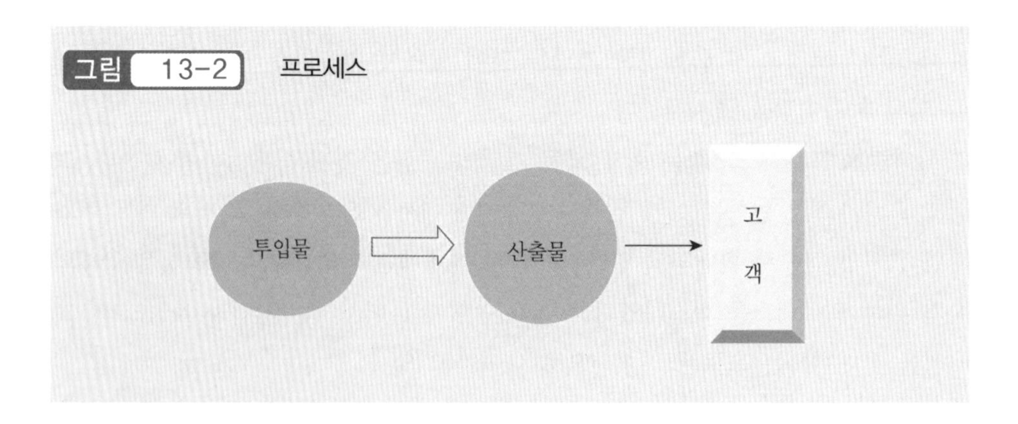

그리고 프로세스는 결과보다 과정을 중시하는 개념이다. 그리고 반드시 고객과 결과와 직접적인 관련을 가져야 한다.

13.3.2 프로세스 혁신 기법

기업은 지속적으로 프로세스를 개선하고 혁신하여 기업의 가치창출을 극대화하여야 한다. 프로세스를 개선하는 방법은 다양하다. 그리고 모든 유형의 프로세스를 최적으로 개선하는 단일의 방법은 존재하지 않는다. 그래서 경영자는 조직에 가장 적합한 프로세스개선 방법을 파악하고 적용하도록 하여야 한다. 여기에서는 BPR, CMM, SBPM, 아웃소싱, 식스 시그마 그리고 Process Innovation 등 여섯 가지 프로세스 혁신 개념에 대해 소개하기로 한다.

[1] BPR(Business Process Reengineering)

1990년대의 세계경제 불황은 많은 기업들로 하여금 새로운 활로를 찾도록 만들었다. 그래서 지금까지 해오던 방식의 프로세스에 대해 다시 생각하도록 만들었다. 이 생각은 Hammer와 Champy가 제기한 새로운 개념에 의해 강력하게 산업계를 뒤흔들었다. Hammer와 Champy(1993)는 "기존의 잘못된 프로세스를 완전히 없애고, 완전히 새로운 각도에서 새로운 프로세스를 창출하여야 한다."고 주장하였다. 그래서 "부가가치를 창출하지 않는 일체의 활동들을 모든 프로세스에서 제거하여야 한다"고 하였다. 이것이 바로 비즈니스 프로세스 리엔지니어링(Business Process Reengineering)이다.

1970년대 경영환경의 새로운 변화를 Hammer와 Champy(1993)는 3C(고객(customer), 경쟁(competition), 변화(change)라 불렀다. 첫 번째는 고객이다. 1980년대에 들어서면서 고객과 판매자와의 관계가 바뀌어, 고객이 과거보다 판매자에 비해 우세한 위치를 차지하게 되었다. 그러한 이유 중 하나는 고객이 이제는 엄청나게 많은 정보를 접할 수 있게 되었다는 것이다. 두 번째는 격화된 경쟁이다. 지금까지는 매우 단순한 가격에 의한 경쟁이었다. 그러나 지금은 경쟁자가 증가하였을 뿐만 아니라 경쟁의 양태가 다양해졌다. 세 번째는 변화이다. 변화의 행태가 다양해졌으며, 변화의 속도도 빨라졌다. 제품수명주기도 수년에서 수개월로 단축되었고, 신제품이나 새로운 서비스를 개발하는 시간도 점점 단축되었다. 이제 기업은 신속하게 움직여야 하며, 그렇지 않은 기업은 도태하게 되어 있다. 세 가지 C는 새로운 기업환경을 창출하였다. 피라미드형 수직적 조직체계와 너무 세분화된 기업의 직무는 새로운 기업환경에 적절히 대응할 수가 없었다. 직무가 너무나도 세분화되어 최종결과에 책임 있는 개인이나 부서가 존재하지 않았다. 이러한 새로운 환경에 적응하기 위한 새로운 개념이 BPR이다. BPR에서는 부서나 집단 등 이전의 직함과 조직배열이 더 이상 중요하지 않고, 오늘날의 고객수요와 기술환경에서 업무를 어떻게 조직하는가에 관심을 두고 있다.

전 MIT 컴퓨터 공학교수였던 Hammer와 CSC Index의 공동창업자인 Champy(1993)는 리엔지니어링을 다음과 같이 정의하였다. **비즈니스 프로세스 리엔지니어링(Business Process Reengineering)**이란 비용이나 품질 또는 서비스나 시간과 같은 주요한 성과지표들에 있어서 극적인 개선을 달성하기 위하여 기업의 업무프로세스를 기본적으로 다시 생각하고 근본적으로 다시 설계하는 것이다. 그래서 BPR은 새로운 변화에 보다 효과적으로 대응하기 위하여 전통적인 직무분석과는 달리 직무를 복잡하지만 자아실현의 욕구를 달성하고 도전적이며 흥미 있게 설계하는 것이다. 그리고 BPR은 완전히 다시 시작하는 것, 즉 처음부터 새로 시작하는 것을 의미한다.

[사례 13-2] Hewlett Packard의 BPR

HP(Hewlett Packard; www.hp.com)는 1939년 미국 미국 스탠포드(Stanford)대학교 출신의 두 젊은이 David Packard와 Bill Hewlett가 창설하였다. 이 때 두 사람은 누구나 창조적인 일을 하고 싶어 하며, 그렇게 할 수 있도록 환경을 만들어 주는 것이 기업의 의무이자 책임이라는 독특한 경영방식을 창안하였다. 바로 이런 경영방침이 오늘날 미국에서 가장 존경받는 기업 중 하나로 성장하게 만들었다.

HP는 창사 이래 지금까지 직원들 간 평등과 상호존중이라는 인본주의 경영을 별쳐 감원 없는 회사라는 명성을 쌓고 있다. 사원들의 창의성 계발을 적극 유도, 이를 바탕으로 기술혁신에 나설 뿐, 상명하달의 업무지시나 일자리에 대한 불만도 없다. 또 경영자들이 수시로 사원들과 격의 없는 대화를 나누며, 아이디어를 얻기 위해 문과 칸막이가 없는 개방된 사무실에서 일한다. 바로 BPR의 시작이다. HP의 BPR은 연중무휴로 이뤄진다. 인력관리는 그 중 가장 중요한 요소 중 하나이다. 직원이 곧 자산이라는 방침 아래 신입사원은 2년간 직무교육과 적성파악 과정을 거친다. 부서배치 후 업무수행에 부적합하다고 평가되면 해고나 한직으로 쫓아내는 것이 아니라, 적절한 자리로 재배치, 능력을 발휘할 수 있도록 한다. 인력수급은 철저한 계획에 따라 이뤄진다. 호황 때 직원을 많이 뽑았다가 경영상태가 안 좋을 때 감원하는 우를 범하지 않는다. 실제로 매년 20% 이상의 고속성장을 하면서도 지난 10년간 직원 수는 10%밖에 늘지 않았다.

지난 1960년대 기존 아날로그중심의 계측기생산에서 탈피, 디지털기술을 도입해 첨단계측기기를 개발했던 HP는 1980년대 들어 컴퓨터·통신기기 산업에 진출, 새로운 변신에 나섰다. 가장 잘 나갈 때 포기하라는 두 창업자의 경영철학에 따른 것이다. 절반을 차지할 정도로 효자제품인 계측기에만 매달리고 있다가는 하루 아침에 2류 기업으로 전락할 수 있다고 보고 끊임없는 변신에 나선 것이다. 이 때문에 지금은 컴퓨팅(Computing) 분야 매출이 80%를 차지하는 등 사업영역을 정보통신 분야로 완전히 바꾸는 데 성공했다.

효율적인 업무추진을 위해 1993년 2월 기술·경영·판매부서 전문가들로 구성된 위원회를 구성, 12억 달러의 연구개발비를 투자하였다. 또 현지법인에서 벌어들인 이익을 본사에 송금하지 않고 계속 현지에 투자하고 있다. 현지투자를 늘림으로써 매출액증가에 따른 수익확대는 물론 본국에서 얻기 어려운 전문기술을 축적하는 계기로 삼고 있다. 또 HP는 신속하고 원활한 정보유통이 경쟁력강화의 첫걸음이라 보고 각국의 현지 법인과 지사를 인터넷으로 연결, 모든 업무와 회사정보를 인터넷상에서 처리하는 네트워크를 구성하였다. 현재 HP는 세계 각국의 정보소통을 위해 2,500여 개의 웹 서버를 운영하고 있다. 한 달간 이들 서버를 통해 오가는 회사정보는 무려 5테라(5천억)바이트이다. 이 같은 네트워크 리엔지니어링은 연간매출액의 7~10% 선을 항상 연구개발투자로 사용한다는 원칙이 지켜지기 때문에 가능하였다.

[2] CMM(Capability Maturity Model)

1990년대에 미국의 국방부(Department of Defense)에서는 소프트웨어를 개발하는 프로세스에 대해 관심을 가졌다. 그래서 미국 국방부는 미국의 Carnegie Mellon 대학교의 SEI(Software Engineering Institute)와 공동으로 소프트웨어 프로세스를 개발하는 모형을 개발하였다. 이렇게 해서 나온 모형이 조직의 규모에 관계없이 모두 적용되는 CMM(Capability Maturity Model)이다. CMM은 BPR(Business Process Reengineering)의 정신과 TQM(Total Quality Management)의 개념을 혼합한 모형으로 볼 수 있다.

Paulk 등(1995)은 CMM에서 비즈니스 프로세스를 개선할 때 조직이 수행하여야 할 다섯 단계를 제시하였다. 그리고 이 다섯 단계를 소프트웨어조직을 예로 들어 설명하였다. 이 다섯 단계는 다음과 같다. 첫 번째는 초기(initial)단계로서, 현재의 프로세스로서 정의가 불분명하고, 개인의 노력에 의해 성공이 결정된다. 두 번째는 반복(repeatable)단계로서, 유사한 프로젝트에서 경험하였던 이전의 성공사례를 반복적으로 적용하는 단계이다. 세 번째는 정의(define)단계로서, 활동이 문서화되고 표준화가 이루어지는 단계이다. 그래서 모든 프로젝트는 표준을 따르고 인가가 나와야 실행이 된다. 네 번째는 관리(manage)단계로서, 프로세스와 품질이 상세하게 측정되고 계량적으로 검토되는 단계이다. 마지막은 최적화(optimizing)단계로서, 계량적인 피드백을 통하여 지속적으로 프로세스를 개선하는 단계이다.

[3] SBPM(Strategic Business Process Management)

전략적 비즈니스 프로세스 경영(SBPM: Strategic Business Process Management)은 기업의 경쟁력을 강화하기 위하여 프로세스를 설계하고, 개선하고, 재설계하는 모든 기업의 활동을 경영하는 것을 말한다. 일반적으로 비즈니스 프로세스 경영(BPM: Business Process Management)은 1990년대에 유행하였던 BPR과는 달리 새로운 프로세스를 창출하는 것이 아니고, 기존의 프로세스를 지속적으로 유지하고 개선하는 것이다. 그러나 SBPM은 BPM과 리엔지니어링을 모두 포함한다.

이제 기업은 큰 변화를 맞게 되었다. 즉, 고객의 힘이 증대되고 있고, 글로벌 경쟁이 치열해지고 있고, 또 정보기술이 급속히 발전하고 있는 경영환경하에서 이제 기업은 프로세스에 관한 새로운 전략을 수립하여야 한다. 그래서 SBPM에서는 비즈니스 프로세스에 대한 세 개의 새로운 전략을 수립하여야 한다고 주장하고 있다(안영진, 2014). 즉, 프로세스의 글로벌화, 연합화, 그리고 유연화이다.

프로세스의 글로벌화(global)는 정보기술인 IT나 인터넷 등을 활용한 글로벌정보네트워크에 의해 국경 없는 제품 및 서비스의 개발생산판매가 촉진되어 비즈니스 프로세스의 일부를 최적지에서 행하는 현지생산과 현지판매 환경을 구축하는 것이다. 프로세스의 연합화(collaborative)는 기업의 채산성이 나쁜 부문을 매각하거나 필요에 따라 프로세스를 아웃소싱하는 등 효율화를 도모하는 것이다. 즉, 핵심프로세스 이외의 프로세스를 타사와 제휴하여 효율성을 추구하는 것이다. 이것은 또 고정비용을 변동비용으로 만들어 자사의 경쟁우위를 확보하는 것이다. 프로세스의 유연화(agility)는 관리조직의 유연화를 말한다. 프로세스경영은 조직을 기능별로 보는 것이 아니고, 프로세스의 흐름에 의해 본다. 즉, 조직을 수평적으로 잘라서 본다. 그러므로 기능별 조직은 프로세스경영에 더 이상 적합하지 않다.

[4] 아웃소싱(out-sourcing)

아웃소싱은 기업의 경쟁력을 강화하기 위한 하나의 전략이다. 그러면 왜 아웃소싱이 필요한가? 첫째, 기업의 경쟁력에 있어서 수직적 통합보다는 수평적 통합이 더 중요해졌기 때문이다. 둘째, 어떤 프로세스를 다른 기업에 비해 더 잘 할 수 없다. 셋째, 한정된 자원의 역량을 기업이 잘 하는 부문에 집중할 필요가 있다.

아웃소싱(out-sourcing)은 가치사슬 중에서 경쟁력이 높다고 간주되는 프로세스를 직접 수행하고, 나머지 프로세스를 외부기업에 할당하는 것이다. 특히 기업의 가치창출에 큰 영향을 주지 않는 복잡한 프로세스를 아웃소싱하는 것이 바람직하다.

[5] 식스 시그마(Six Sigma)

미국은 일본과의 경쟁에서 이기기 위하여 미국의 약점이 무엇인가를 조사하였다. 연구결과에 따르면 미국에서 만든 제품의 품질이 일본제품에 비하여 많이 떨어진다는 것이었다. 그래서 미국은 품질을 향상시키기 위하여 모든 산업계와 학계에서 지대한 노력을 기울였다. 이렇게 해서 나온 개념이 식스 시그마이다.

식스 시그마는 미국의 반도체회사인 Motorola(www.motorola.com)에서 생성되었다. Motorola는 자사에서 생산되는 반도체의 품질을 향상하기 위하여 많은 연구를 수행하였다. 그 결과 품질을 향상시키기 위해서는 사후가 아닌 사전에 미리 예측하고 개선하는 방법이 중요하다는 사실을 깨닫게 되었다. 이것이 바로 식스 시그마의 근본적 원리인 고품질과 저비용의 관계이다. 이렇게 식스 시그마는 기존의 품질과 비용의 관계를 부정함으로써 출발한다.

그럼 식스 시그마는 무엇인가? 식스 시그마를 창안한 Harry와 Schroeder (2000)는 **식스 시그마**(Six Sigma)를 "자원의 낭비를 극소화하는 동시에 고객만족을 증대시키는 방법으로 일상적인 기업 활동을 설계하고 관리하여 수익성을 엄청나게 향상시키는 비즈니스 프로세스"라고 광범위하게 정의하였다. 또 안영진(2014)은 식스 시그마는 "과학적인 방법을 사용하여 프로세스를 개선함으로써 수익성을 극적으로 향상시키고 고객만족을 극대화하는 경영철학이며, 동시에 경영혁신전략"이라고 하였다.

식스 시그마 강점 중 하나는 문제를 해결하기 위한 확실한 방법론을 제공한다는 것이다. 이것이 바로 DMAIC이다. DMAIC는 정의(Define)－측정(Measure)－분석(Analyze)－개선(Improve)－관리(Control)의 약자로서, 기업에서 발생하는 문제를 과학적으로 해결하고, 프로세스를 효과적으로 개선하는 하나의 방법론이다(〈그림 13－3〉 참조). 그래서 이 순서대로 문제를 정의하고, 원인을 파악하고, 개선하고, 정착하는 단계이다.

그림 13-3 DMAIC

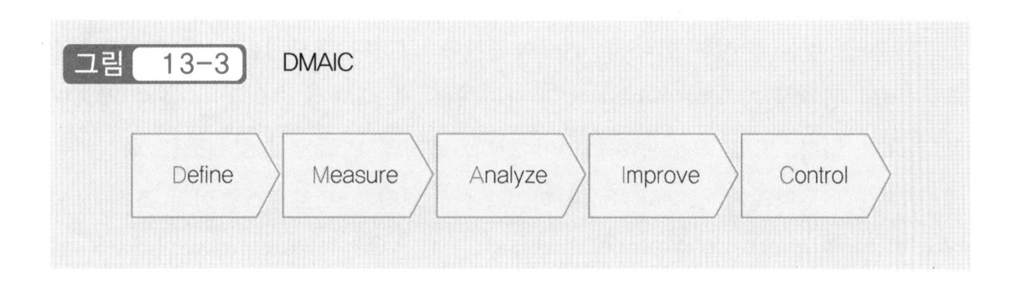

[6] 프로세스 혁신(Process Innovation)

프로세스 혁신(Process Innovation)은 Davenport가 주장하였다. Davenport(1993)는 프로세스를 혁신하기 위한 다섯 가지 단계를 제시하였다. 첫째, 혁신할 프로세스를 파악한다. 둘째, 변화를 가능하게 하는 동인을 파악한다. 셋째, 비즈니스 비전과 프로세스의 목적을 개발한다. 넷째, 기존 프로세스를 이해하고 측정한다. 다섯째, 새로운 프로세스와 조직의 원형을 설계하고 구축한다.

먼저 기업은 모든 주요한 프로세스에 대한 리스트를 작성하고, 그 중에서 혁신하여야 할 가장 시급한 프로세스를 선정한다. 프로세스 선정은 지속적인 개선을 할 것인가, 또는 혁신을 할 것인가에 따라 달라진다. 만약 지속적인 개선을 하길 원하면 프로세스의 범위는 좁아도 된다. 하지만 혁신인 경우에는 프로세스의 폭이 넓어야 한다. 그래서 프로세스 혁신을 하는 경우에는 선정하는 프로세스의 수가 너무 많아서는 안 된다. 일단 주요 프로세스를 선정한 다음에는 각 프로세스의 경계(boundary)를 결정하여야 한다. 주요 프로세스와 그 경계를 결정한 다음에는 혁신할 프로세스를 선정하여야 한다. 혁신 프로세스의 선정은 반드시 조직의 자원과 능력에 의거하여 결정되어야 한다. 물론 자원과 능력이 충분하면 모든 주요 프로세스를 일시에 혁신하면 되지만, 그런 여유를 가지고 있는 기업은 그리 많지 않을 것이다. 또 자금이 있다 하더라도 프로세스의 범위가 넓으면 넓을수록 그 여파가 커 일시에 주요 프로세스를 혁신하기가 어려울 것이다. 이것은 또 조직의 대대적인 변화를 수반한다. 그러므로 기업은 조직의 자원과 능력, 그리고 조직의 변화 등에 의거하여 혁신할 프로세스를 선정하여야 한다.

두 번째는 변화를 가능하게 하는 동인을 파악하는 것이다. 이러한 동인들로는 여러 가지가 있다. 먼저 정보기술을 들 수 있다. 컴퓨터, 인터넷 등의 정보기술은 인간의 하는 일을 완전히 변하게 하는 혁신이다. 그러나 정보기술에 대해서는 비용과 수익의 관계를 분석하여야 한다. 투자한 금액에 대해서 수익성이 높지 않으면 할 필요가 없다. 또 조직을 변화하여야 한다. 조직의 변화는 프로세스를 혁신하는데 정보기술 못지않게 상당히 중요하다. 그래서 조직은 프로세스중심의 조직이 되어야 한다. 또 능력 있는 인적자원이 필요하다. 프로세스 혁신 을 하기 위해서는 인적자원의 능력이 중요하다. 그러므로 기업은 조직 내의 인적자원이 이런 능력을 지니고 있는지를 파악하고, 필요한 경우에는 교육과 훈련을 시켜야 한다. 대부분의 프로세스 혁신은 새로운 기술을 필요로 한다. 그러므로 교육과 훈련은 상당히 중요하다. 그리고 구성원을 대체하는 경우에는 반드시 기업의 정책과 목적에 의거하여 결정하도록 하여야 한다. 무조건 구성원을 대체하는 것은 좋지 않은 결과를 가져올 수 있다. 또 인적자원의 동기부여도 프로세스 혁신에 상당히 중요하다. 그래서 그들의 동기가 부여되도록, 직무에 만족을 갖도록 직무설계를 잘 하여야 한다. 특히 직업의 안정성을 보장하는 종신고용제도는 일본의 기업들이 프로세스 혁신에 강한 하나의 예를 보여 주고 있다.

세 번째는 비즈니스 비전과 프로세스의 목적을 개발하는 것이다. 비즈니스를 하는 목적이 무엇인가? 그리고 왜 프로세스를 개발하고자 하는가? 이것은 조직의 전략과 연계되어야 한다. 그래서 기업의 목적을 향해 나아가는 프로세스 혁신이 되어야 한다.

네 번째는 기존 프로세스를 이해하고 측정하는 것이다. 기존의 프로세스를 이해하여야 하는 네 가지 이유는 다음과 같다. 첫째, 조직에서의 의사소통을 원활하게 한다. 둘째, 복잡한 조직에 있어서 기존의 프로세스를 이해하지 않고는 프로세스를 개선하기가 쉽지 않다. 셋째, 똑같은 실패를 반복해서는 안 된다. 넷째, 새로운 프로세스의 가치를 기존의 프로세스의 가치와 비교해 본다. 그러나 기존의 프로세스의 개선은 상당한 성과를 가져오지 못한다.

마지막으로 새로운 프로세스와 조직의 원형을 설계하고 구축하는 것이다. 새로운 프로세스의 설계는 기업의 성과를 엄청나게 향상시킨다. 그리고 새로운 프로세스를 설계하기 위해서는 설계팀을 이용하여야 한다. 설계팀의 멤버는 설계기사뿐만 아니라, 고객, 협력업체 등 관련 있는 사람들이 모두 참여하여야 한다. 새로운 프로세스는 새로운 아이디어를 필요로 한다. 그래서 창의력이 상당히 중요하다. 그래서 브레인스토밍과 같은 기법을 이용하여 가능한 최대의 아이디어를 도출하는 것이 중요하다. 또 새로운 프로세스를 설계할 때에는 이 새로운 설계에 수반되는 정보기술과 조직의 변화를 감지하여야 한다. 그리고 비용, 시간 등 제약점과 기대되는 성과 등을 감안하여 최선의 아이디어를 구체화하여야 한다.

13.3.3 프로세스 혁신과 기업문화

프로세스 혁신이 성공하기 위해서 반드시 고려하여야 할 점이 기업의 조직문화이다. 기업이 어떤 혁신을 도입하고자 할 때, 기업은 기업의 조직문화와 도입하고자 하는 프로세스 혁신이 요구하는 조건이 일치가 되어야 한다. 그리고 사실 기업의 문화는 기업의 다양한 부서마다 또 그 부서만의 독특한 문화가 있을 수 있다.

그래서 만약 프로세스 혁신이 요구되는 어떤 부서의 문화가 도입하는 혁신 방법의 요구조건과 차이가 있을 때에는 도입하지 않거나 또는 부서 문화를 바꿔야 혁신이 성공할 수 있다. 즉, 급격한 변화를 필요로 하지 않는 기업에서는 급격한 혁신을 도입할 필요가 없으며, 점진적인 변화를 꾀하는 방법을 선정하여야 한다.

13.3.4 프로세스의 투명성

Barclays은행은 1967년 ATM(automatic Teller Machine)을 도입하여 성공한 은행이다. 고객들은 은행 영업시간이 아니더라도 아무 때나 ATM을 사용하여 거래를 할 수 있고, 은행은 직원 수가 감소되어 수익싱이 개선되있다. 그 이후 고객들은 사람보다 ATM을 훨씬 자주 사용하게 되었다. 그러면, ATM으로 인하여 고객만족도는 향상되었는가? Buell(2019)의 연구에 의하면, 고객만족도는 오히려 감소되었다고 하였다. 이유는 프로세스의 투명성(transparency) 때문이다. 즉, 고객들은 고객들에게 서브하는 프로세스를 직접 눈으로 확인하는 경우에 만족도가 향상된다는 것이다. 왜냐하면, 프로세스를 직접 눈으로 볼 수 없을 때, 고객들이 그 서비스에 대해 느끼는 가치가 감소하기 때문이다. ATM은 상당히 복잡한 업무를 인간보다 훨씬 훌륭하게 수행한다. 생산성도 훨씬 높고, 실수도 거의 발생하지 않는다. 그러나 고객은 그러한 것을 눈으로 볼 수 없기 때문에 기계의 탁월한 능력을 느끼지 못한다.

자동화는 높은 능률을 자랑하지만, 반대로 오퍼레이션으로부터 고객들을 분리시켰다. 병원에서도 대부분의 작업은 사실 검사를 담당하는 병리실에서 수행된다. 그러나 환자들은 의사와 간호사만 대면하기 때문에 병리실에 대한 가치를 잘 느끼지 못한다. 그런데 전통적인 이론에 의하면, 오퍼레이션을 담당하는 부서와 고객과의 접촉이 많으면 많을수록 능률은 감소한다고 하였다. 그러나 Buell은 새로운 이론을 제기하였다. 고객을 오퍼레이션으로부터 너무 분리하면 분리할수록 새롭게 창출되는 가치에 대해 고객들이 느끼는 이해와 감사는 감소한다는 것이다. 그래서 Buell은 오퍼레이션의 투명성을 강화하여야 한다고 주장하였다. 그래서 가급적 창출되어지는 과정을 고객들이 직접 눈으로 하여야 한다고 주장하였다. 이 새로운 이론은 경영자들로 하여금 오퍼레이션을 어느 정도 고객에게 공개하여야 하는 문제점을 제시하고 있다.

13.4 4차 산업혁명

4차 산업혁명은 글로벌 시장에서 가장 중요한 주제 중 하나이다. 4차 산업혁명은 제조업의 부활을 추구하는 과정에서 나왔다. 그러므로 4차 산업혁명은 제조업에 큰 영향을 끼친다. 물론 서비스 분야에 끼치는 영향도 크다.

4차 산업혁명은 생산운영의 기존 질서를 파괴한다. 1970년대 JIT(Just-in-Tme)가 기존의 재고관리 개념을 파괴하였듯이, 4차 산업혁명도 많은 분야에서 기존 개념에 도전한다.

첫째, 생산운영방식의 변화이다. 다음에서 소개하는 3D 프린팅은 좋은 예로, 디지털기술을 이용하여 생산하는 3D 프린팅은 생산방식에 큰 변화를 가져 왔다. 또 4차 산업혁명은 디지털기술의 발달로 협업의 범위가 확대되어 설계와 개발에 조직 외부의 많은 계층(고객, 기술전문가, 일반인 등)이 참여하게 된다(이상현, 2017). 가장 대표적인 예가 온라인의 백과사전 위키피디아(Wikipedia)이다. 2001년 등장한 위키피디아는 모든 일반 대중이 참여하여 편집하고 업데이트하는 사전으로 1768년 창립된 전통의 브리태니커 백과사전을 2012년 시장에서 퇴출시켰다.

둘째, 생산규모의 변화이다. 2차 산업혁명은 대량생산을 가능하게 하였다. 그러나 획일적인 소품종 대량생산이었다. 비용은 낮아졌지만, 획일적인 제품으로 고객의 개별적인 욕구를 충족하기에는 미흡한 제도였다. 그래서 나온 시스템이 매스 커스터마이제이션(mass customization)이다. 매스 커스터마이제이션은 다품종 대량생산 시스템으로 고객의 개별적인 욕구를 부분적으로 충족시켰다. 그러나 4차 산업혁명에서 나온 스마트 공장(smart factory)은 다품종 소량생산을 가능하게 하였다.

셋째, 가치사슬(value chain)의 변화이다. 가치사슬은 기업 또는 기업군의 경쟁역량을 파악하게 해준다. 그런데 급격한 기술과 시장의 변화로 가치사슬의 기존구조가 파괴된다. 이것은 기업(기업군)에게 위협도 되고 기회도 된다. 중요한 점은 가치사슬이 파괴되고 있다는 점을 인지하는 것이다. 그래서 기존의 하나의 방향으로의 단일 가치사슬에서 다수가 참여하여 거래하는 플랫폼으로 변화하고, 더 나아가 분산형 구조로 변화할 것이다(Scheibenrief, 2018). 분산형(decentralized)이란 소프트웨어와 빅데이터의 연결이 강화되어 모든 기업들이 완벽하게 상호 연계되어 있는 구조를 말한다. 그래서 빅데이터와 다른 ICT 기술의 발전으로 가치사슬에 있는 모든 기업들이 정보를 공유하여, 의사소통이 빨라지게 되고 생산성을 향상할 수 있게 된다. 또 가치사슬은 가치사슬에 있는 기업들 간의 거래비용이 낮아져 구조적으로 변화가 불가피하게 된다. 예로 일본은 4차 산업혁명을 통하여 일본의 재흥(再興)을 꿈꾸고 있다. 꿈을 이루기 위하여 5대 전략을 수립하였는데, 그 중 하나가 서플라이체인(supply chain)의 차세대화이다(현석원, 2018).

넷째, 고용에 영향을 끼친다. 4차 산업혁명으로 기존의 직업이 없어지고, 새로운 직업이 나온다. 영국의 Oxford 대학교는 앞으로 20년 이내에 미국 직업의 절반은 자동화로 사라질 것이라고 예측하였다. 고숙련과 저수련 지업보다는 지루하고 반복적이며 자동화 전환이 용이한 직업이 먼저 소멸될 것이다. 전체적인 고용규모는 사람에 따라 다른 예측을 하고 있다. 그러나 디지털 기술에 전문적인 사람들에 대한 수요는 계속 증가할 것으로 본다.

13.4.1 3D 프린팅

여러분은 자동차가 어떻게 만들어진다고 생각하는가? 지금 이 시대에 자동차가 100% 3D 프린팅으로 생산되고 있다는 사실을 알고 있는가? 물론 모든 자동차가 그렇게 생산되고 있지는 않지만, 100% 생산하고 있는 기업이 있다는 것도 사실이다.

최근 생산하는 방법에 있어서 엄청난 변화가 발생하고 있다. 우리는 생산이란 전통적으로 소규모 또는 대규모의 기계나 설비를 이용하여 제품을 만드는 기업의 핵심적인 기능으로 알고 있다. 그러나 이제 물리적인 아닌 디지털(digital)기술을 이용하여 제품을 생산하는 새로운 기술이 나오게 된 것이다. 이 기술이 4차 산업혁명의 핵심기술 중 하나인 3D 프린팅(3D Printing)이며, 화학의 혁신에 의해 가능해졌다.

지금까지 우리는 생산부품을 협력업체에 주문하여 납품받았다. 그러나 이제는 3D 프린팅으로 협력업체의 도움 없이 부품을 직접 스스로 생산할 수 있다. 이렇게 3D 프린팅은 컴퓨터로 만든 디지털도면을 제품 그대로 직접 생산하는 제조혁신이다. 전통적 생산방식은 절삭가공(subtractive manufacturing) 방식이다. 즉, 원재료 및 부품을 깎거나 잘라 제품을 생산하는 방식이다. 여기에 비해 3D 프린팅은 적층가공

(additive manufacturing) 방식이다. 즉, 디지털설계에 따라 금속, 액체, 또는 가루 형태의 폴리머와 같은 재료들을 층층이 쌓아 제품을 생산하는 혁명이다.

전통적인 생산방식과 비교할 때 3D 프린팅의 특징은 다음과 같다. 첫째, 다품종 소량생산과 매스커스터마이제이션 생산에 적합하다. 둘째, 생산량이 감소해도 원가는 증가하지 않는다. 셋째, 부품 없이 직접 제품을 생산하기 때문에 부품에 대한 재고가 존재하지 않는다. 넷째, 제품의 구성이 복잡하여도 비용이 증가하지 않는다. 마지막으로 전통적 생산공정에는 생산라인이 제품별로 각각 필요하지만, 3D 프린팅 생산에서는 그렇지 않다(<표 13-3> 참조).

3D 프린팅은 사용하는 자재와 폐품을 크게 감소시킨다. 그래서 생산 도중에 발생하는 낭비가 크게 감소한다. 또 3D 프린팅은 시장에서 지금 필요한 만큼만 생산하는 능력을 지니고 있어, 과다한 재고비용과 보관비용, 창고비용 등을 크게 절감한다. 또 필요한 부품의 수가 크게 감소하여 완성품의 품질이 크게 향상된다.

또 3D 프린팅은 제품설계와 생산에 있어 획기적인 변화를 가져왔다. 왜냐하면, 제품설계와 생산에 고객이 직접 관여할 수 있기 때문이다. 그러면 가치사슬의 중심이 완제품에서 설계단계로 이동될 것이다.

또 3D 프린팅으로 규모의 경제 개념의 이점이 사라지기 때문에 많은 창업가들이 등장하고 있다. 물론 설비나 공장도 점차로 과거의 영광을 유지하기가 어렵게 된다.

표 13-3 전통적 생산방식과 3D 프린팅 생산방식 비교

금형을 활용한 전통 제조공정	구분	3D 프린팅을 활용한 공정
대량생산분야에서 강점 (생산량감소 → 제품원가증가)	강점분야	맞춤형 생산분야에서 강점 (생산량감소 → 제품원가동일)
부품생산 후 조립하여 제품완성부품과 완제품 적정 재고운영	제조방식	재고없이 조립된 형태의 제품 생산 가능
제품구조가 복잡할수록 생산비용 증가	생산비용	제품의 복잡도와 생산비용 무관
공장에서 제품을 생산해 직접 수송	유통	제품대신 디지털도면을 유통하고 원하는 장소에서 출력
제품별 서로 다른 생산라인이 필요	공장유형	하나의 3D 프린터가 여러 종류의 제품을 생산

출처: 삼성경제연구소, 세계가 3D프린팅에 주목한다, 인포그래픽 자료존(전자신문작성), 2014.

3D 프린팅은 제조업체는 물론이고, 의료분야에서도 엄청난 효과가 발생한다. 의수, 의족, 인간의 골절, 의료기기 등에서 획기적인 성과가 이미 발생하였고, 더욱 더 발전될 것이다. 미래에 3D 프린팅은 분자를 쌓아 제품을 생산할 것이다. 그렇게 되면, 3D 프린팅은 개인에게 적합한 약, LED 전구, 태양전지 등을 생산할 것으로 기대된다.

13.4.2 인공지능

인공지능(AI: Artificial Intelligence)이라는 용어는 이제 낯선 단어가 아니다. 인공지능을 주제로 하는 영화들이 이미 몇 년 전부터 수없이 개봉되었다. 대표적인 영화로 서기 2199년 인공지능에 의해 인류가 지배되는 영화 '매트릭스(Matrix)'로 1999년에 상영되었다. 인간의 기억마저 인공지능에 의해 지배되는 세상에서 탈출하고자 하는 인간의 몸부림이 연출되고 있다.

인공지능은 이미 우리 생활에 없어서는 안 될 기술이 되었다. 인공지능의 출발은 1940년대 영국의 수학자 Alan Turing의 '지능을 소유한 기계'의 개념으로 시작되었다. 그리고 인공지능이라는 용어는 1956년 미국 Dartmouth 대학교 John McCarthy 교수에 의해 처음으로 사용되었다. 그러나 지능을 완전하게 구현하는 인공지능은 쉽게 나오지 않았다. 그래서 인간의 전반적인 지능을 구현하기보다는 어떤 특정분야에서 인간보다 월등한 전문성을 지닌 기계를 만들자는 방법이 주를 이루며 실현되었다. 이것이 바로 전문가시스템(Expert System)이다. 1980년대 초부터 전문가시스템은 대학교에서 강의가 개설되었다. 특히 전문가시스템은 생산일정계획과 재고관리에 큰 도움이 되어, 미국의 많은 대기업들이 전문가시스템을 적용하여 적지 않은 성과를 획득하였다.

인공지능은 4차 산업혁명을 구성하는 핵심기술 중 하나이다. 인공지능은 경영 그리고 특히 생산운영관리에 엄청난 영향을 끼치고 있으며, 미래로 갈수록 그 영향력은 점차로 확대될 것이다. 인공지능시장은 2020년대에 13조 달러까지 가치가 상승될 것으로 추정된다(Fountaine 등, 2019).

그러면 인공지능이란 무엇인가? 옥스퍼드 사전은 "AI란 인간의 지능을 필요로 하는 과업을 수행하는 능력을 지닌 컴퓨터 시스템의 이론과 개발이다"라고 정의하였다. 그러나 간단히 말하면, 인공지능이란 '생각하는 기계'를 말한다.

인공지능 영역에 강한 경쟁력을 가진 대표적인 글로벌 기업으로 Apple, Google, IBM, nVIDIA, Amazon, Microsoft 등을 들 수 있다. 그러면 인공지능으로 인하여 고용이 증가할 것인지 아니면 감소할 것인가? 여기에 대하여 많은 논란이 있지만, 확실한 결론은 없다. 왜냐하면 감소한다는 의견과 증가한다는 의견이 팽팽하기 때문이다.

그러면 이제 인공지능이 제조업체와 서비스업체는 물론이고 모든 조직의 운영관리에 어떤 영향을 끼치는지 살펴보기로 한다. 인공지능은 기본적으로 기업에 있어서 다음처럼 3가지 분야에 영향을 끼친다. Davenport와 Ronanki(2018)는 3가지 분야로 프로세스 자동화, 인지적 관점, 그리고 인지적 헌신을 들었다. 가장 많이 사용되는 분야가 프로세스 자동화로, 주로 사무와 재무활동에 적용된다. 인지적 관점(cognitive insight)은 빅데이터의 규칙적인 행태를 파악하고 해석하는 알고리즘이다. 인지적 헌신(cognitive engagement)은 AI를 직원 또는 고객에게 직접 활용하는 것이다.

그러면 보다 구체적으로 몇 가지 예를 들어 보겠다.

가장 먼저 제조공장 분야이다. 인도 푼(Pune) 지역에 GE가 설립한 제트엔진 등 산업용 제품을 생산하는 Brillant Factory는 대표적인 스마트공장이다. IOT, 로봇, 3D 프린팅 기술을 활용하는 이 공장에서는 고객의 주문에 따라 가장 효율적인 생산공정이 자동적으로 생성된다. 또 모든 제품에는 센서(sensor)가 장착되어 판매된 후에도 지속적으로 고객과 소통한다. BMW에서는 고도화된 하나의 로봇이 다양한 작업을 수행한다. 컨베이어는 없고 스스로 움직이는 자동차 이동라인에서 모든 작업이 이루어진다(LGBI, 2015).

병원에서도 인공지능은 큰 역할을 하고 있다. 병원에서는 병의 정확한 진단과 효과적인 치료가 핵심이다. 이 점에서 인공지능은 탁월한 능력을 발휘하고 있다. IBM은 2015년 Watson Health를 설립하여 인공지능을 이용한 자체 플랫폼(Platform) Watson을 구축하였다. 이 플랫폼은 백혈병 진단과 치료에 탁월하여 기존의 5개월에서 10개월간 소요되는 백혈병 진단과 치료기간을 몇 시간 이내로 크게 단축하였다. Sun Microsystems의 설립자인 Vinod Khosla는 의사들의 업무 80%가 빠른 시일 내에 컴퓨터로 대체될 것으로 예측하였다(한수연, 2015). 이렇게 인공지능은 환자에 대한 의료서비스 질뿐만 아니라 동시에 의사들의 만족도도 크게 향상시킨다. 또

과잉진료나 불필요한 검사를 제거하며, 환자의 유전자 특성에 맞는 맞춤형 치료가 가능해진다. 현재 우리나라의 의료보험이 너무 높다. 이런 점에서 인공지능은 사회적인 의료보험비용을 크게 떨어트려 국민의 질 높은 생활을 가능하게 할 것이다.

법률 분야이다. 법정에서의 판결은 과거의 판례가 상당히 중요하다. 엄청나게 많은 판례를 수집하고, 분석하는 것은 사람보다 기계가 훨씬 우위에 있다고 볼 수 있다. 그래서 Roberts(2014)는 변호사들보다 인공지능의 판결예측이 훨씬 정확하다고 하였다. 이것은 고객만족도를 크게 향상하고, 법률전문가들의 생산성 역시 크게 향상시킨다.

금융 분야이다. 증권분석과 투자자문에 있어서 인공지능은 증권전문가의 경험이나 촉감보다 탁월한 능력을 발휘한다. 또 금융범죄예방과 같은 금융보안 인진에도 인공지능을 활용하여 안전도를 크게 향상하고 있다(이승훈, 2015). 더 나아가 인공지능은 증권거래의 미래까지 예측하는 단계에 와 있다.

또 다른 분야로 스마트폰의 OS이다. Google은 2018년 Google Pie를 발표하였다. Google Pie는 인공지능으로 진화된 Android이다. 즉, 사용자의 사용 패턴에 따라 스마트폰의 기능들이 지능화되고 고도화되는 것이다(이승훈, 2018). 이러한 인공지능의 방식을 Google에서는 'On-device Machine Learning'이라 부른다. 여기에 Google은 이미지 인식 기반의 서비스를 추가하여, 이미지를 인공지능을 통하여 분석하고 정보를 검색하게 하는 방식을 제공한다. 여기에 비하여 Apple은 Siri 기반의 인공지능 생태계를 구축하였다. 사용자의 일상생활 패턴을 지속적으로 학습한 Siri는 사용자의 기호에 맞는 다양한 것들을 추천해준다.

교육 분야이다. 인공지능은 교육에 있어서 획일적인 지식보다는 각 사람에 맞는 맞춤형 정보를 교육시킬 수 있다. 또 인공지능은 채팅에 참가한 사람들의 대화를 분석하여 이들에게 가장 적합한 결론을 제시한다. Expect Labs가 개발한 MindMeld라는 앱이다(유미연 등, 2015). 또 IBM의 Watson은 딥러닝 기술에 의하여 변역과 연설을 문장으로, 그리고 문장을 연설로 전환하는 서비스를 개시하였다.

개인비서 분야이다. 여기에서는 PC나 스마트폰에 개인비서 앱이 설치되어 음성으로 사용자와 대화를 통하여 비서업무를 수행한다. Microsoft의 Cortana는 디지털 개인비서로 Bing의 방대한 데이터베이스와 연결되어 사용자와 심도 있는 대화가 가능하다. 특히 대화가 계속될수록 Cortana는 계속 진화하며 스마트해진다.

대화형 분야이다. 즉, 인공지능으로 간단한 대화가 가능하게 되었다. 그래서 기업에서는 사람 대신 인공지능을 통하여 고객이나 거래처와 업무를 볼 수 있다. 대표적인 사례가 2018년 Google의 개발자 콘퍼런스에서 발표된 Duplex이다. Duplex는 딥러닝에 기반한 WaveNet이라는 기술에 의해 사람처럼 대화가 가능하게 되었다(이승훈, 2018).

마지막으로 예술 분야이다. 인공지능은 유명한 예술가들의 작품이나 음악을 분석하여, 유사한 작품이나 곡을 창작할 수 있다. Google의 Deep Dream, Twitter의 DeepFoser 등을 예로 들 수 있다.

그리고 과거 기업들이 AI를 적용하는 주요한 목적은 비용을 감소하기 위함이었다. 그러나 최근 변화가 발생하였다. 즉, 오퍼레이션 프로세스의 능률성을 향상하기 위한 비용감소보다는 새로운 수익을 창출하는 분야에 더 많이 AI를 활용하는 기업들이 많아졌다고 Ransbotham 등(2018)은 그들의 연구를 통하여 보고하였다.

13.4.3 유비쿼터스 컴퓨팅

유비쿼터스 컴퓨팅(Ubiquitous Computing)은 아무 때나, 어디에서나 기기를 통해 정보통신망에 접속하여 컴퓨팅할 수 있는 것을 의미하며, 퍼베이시브 컴퓨팅(Pervasive Computing)이라고도 한다. 유비쿼터스(ubiquituous)라는 단어는 원래 '신은 어디에나 존재한다'의 의미이며, 여기에 컴퓨팅을 붙인 것이다. 즉, 외국에 출장가더라도 어떤 정보나, 컨텍스트(context), 미디어에 접촉할 수 있다는 것이다. 유비쿼터스 컴퓨팅은 상호 연계된 많은 마이크로 프로세서의 거대한 네트워크에 의하여 가능하다.

유비쿼터스 컴퓨팅의 주요한 강점은 연계된 네트워크에 의해 새로운 데이터를 지속적으로 생성한다는 것이다. 이 강점은 기업에게 다양한 이점을 제공한다. 왜냐하면, 급격하게 변하는 상황을 가장 빠르게 취할 수 있기 때문이다. 이것은 특히 고객의 욕구를 분석하는 데 유익하다.

유비쿼터스 컴퓨팅은 병원의 수술실에서도 환자의 생명을 구하는데 큰 역할을 담당한다. 즉, 수술기기와 유비쿼터스 컴퓨팅이 연결되어 환자의 상태를 수시로 전달함으로써 의사가 가장 위급한 부분에 대한 수술을 효과적으로 할 수 있도록 한다. 그래서 의료비용을 낮추고, 환자의 만족도를 높이며, 의사의 만족도도 동시에 향상시킨다(Segars, 2018).

13.4.4 WMNs

기존 유선네트워크 환경에서 제공하는 통신인프라의 지원을 받지 못하는 경우에 임시방편의 무선네트워크가 필요하다. 이 때 필요한 기술이 WMNs(Wireless Mesh Networks)이다. 이것은 이동단말기 자체에서 단말의 기능은 물론이고 서버와 라우터의 기능까지 가능하게 하기 때문이다.

WMNs는 SCM(Supply Chain Management)에 영향을 끼친다. 즉, 이전의 단거리에서만 가능한 소극적인 RFID(radio-frequency identification) 태그가 보다 적극적인 기기로 변하기 때문이다. 즉, WMNs는 원거리에 있는 사람, 제품 등을 추적할 수 있기 때문이다(Segars, 2018). 네덜란드 기업인 Ambient Systems는 Bluetooth나 와이파이보다 훨씬 단순하고, 신뢰성이 높고, 가격이 싼 WMNs를 활용한 상호연계된 센서를 만들어 다양한 유형의 제품을 추적하고 있다.

13.4.5 바이오 테크놀로지

2019년 말 지구촌에는 중국 우한시에서 발생한 COVID-19라는 바이러스가 인간을 공격하여, 인간이 큰 위험에 빠졌다. 이것은 2차 세계대전 이래로 인간의 생명을 위협하는 최악의 위협으로 부상하였다. 이러한 바이러스 퇴치 등의 문제를 해결하는 학문이 바이오 테크놀로지이다.

바이오 테크놀로지(biotechnology)는 살아있는 유기체를 이용하여 인간의 생명을 구하거나 연장하기 위한 바이오제품을 생산하는 기술이다. 바이오 테크놀로지는 다양한 기술들의 융합으로 이루어진다. 즉, 유전공학, 분자생물학, 미생물학, 인포매틱스(infomatics), 생화학, 그리고 디지털기술 등의 융합이다. 그런데 최근 이러한 기술들의 발전이 상당히 빠르게 진행되고 있어 바이오 테크놀로지도 급격히 발전하고 있다.

최근 바이오 테크놀로지 분야에서 관심의 중심은 CRISPR-Cas시스템이다.

CRISPR(clustered regularly interspaced short palindromic repeats)는 DNA상에 있는 18~40개로 구성된 특정 염기서열을 인식하여 DNA 두 가닥을 절단하는 인공 제한효소(engineered nuclease)로 동식물 유전자의 손상된 DNA를 잘라내고 정상 DNA로 교체하는 유전자 에디팅(genome editing) 기술이다(생화학백과, 2020). 이 기술로 인간은 유전병, 손상된 유전자 등으로부터 치유될 수 있다. 최근에는 영국에서 바이오 테크놀로지로 손상된 시력을 회복시키는 수준에 이르렀다. 또 바이오 테크놀로지는 인체의 생태적 변화를 주기적으로 파악하여 질병을 예방하기도 한다.

바이오 테크놀로지는 서비스산업에서도 이미 적용되고 있다. Walt Disney는 바이오 테크놀로지를 적용하여 놀이공원과 테마파크의 설계를 개선하고 있다. 즉, 고객의 손목에 RFID가 장착된 MagicBands(매직밴드)를 묶어, 다양한 장소에서 고객의 경험과 심적 반응을 추적한다. 그리고 이 다양한 정보를 계속 수집하여 고객이 가장 흥분하고, 놀라움을 표하는 포인트를 파악하고, 놀이기구와 테마파크 설계에 적용한다(Segars, 2018).

바이오 테크놀로지는 또 농업에도 적용된다. 이미 식물에 대한 유전자 변형으로 생산량을 늘리거나, 성분을 바꾸기도 한다. 또 해충이 달라붙지 못하게 하여 생산성을 크게 높이고 있으며, 환경친화적이어서 온실가스를 감소시킨다.

13.4.6 사무자동화

4차 산업혁명은 비즈니스 오퍼레이션에도 영향을 끼치고 있다. 즉, 로봇을 활용한 사무자동화이다. 비즈니스 규칙과 프로세스 로직을 알고리즘화한 소프트웨어 로봇을 이용하여 사무자동화 시대를 열었다. 특히, 사무실에서 부가가치가 낮은 반복적인 업무가 자동화하기에 적합한 대상이다. Dickinson과 Roy(2016)는 이 로봇을 RPA라 불렀다. 즉, RPA(Robotic Process Automation)는 정해진 규칙에 따라 반복적으로 행해지는 근로자의 수작업 활동을 반자동 또는 완전자동으로 실행시키는 컴퓨터 소프트웨어 기술의 응용이다. 그래서 RPA는 정해진 규칙에 의해 반복적으로 행해지는 비즈니스 프로세스를 면밀하게 파악하고, 그 업무를 소프트웨어 로봇이 대신하도록 한다.

1970년대 IBM의 Joe Orlicky는 종속재고 관리를 효과적으로 수행하기 위하여 소프트웨어인 MRP(Material Requirements Planning)를 개발하였다. 이후 MRP는 MRP Ⅱ를 거쳐, 1990년대 ERP(Enterprise Resources Planning)로 확대되었다. 2000년대 초에는 Offshore BPO(Business Process Outsourcing)에 기업들이 관심을 가졌다. 그러나 2014년부터 소프트웨어 로봇 기반의 자동화가 기업들의 관심을 받게 되었다. 즉, ERP 중심 프로세스의 효율성 개선 한계로, 프로세스 자동화로 발전하게 되었으며, 근로자 중심에서 테크놀로지 중심 사무실로 전환하게 되었다(정제호, 2017).

RPA는 구축비용이 낮고, 프로젝트 기간이 짧고, 신속하게 기업에게 성과를 준다는 점에서 많은 기업들이 적극적으로 도입을 시도하고 있다. 또 인간의 실수를 제거함으로써 실수 없는 환경을 구축한다. 또 근로자들은 반복적이고 지루한 업무를 하지 않아 동기가 강화되어 직원 만족도가 향상되며, 생산성이 증가된다. 이제 사무자동화는 더 나아가 인공지능 기술의 발전으로 단순반복적인 업무를 벗어나 전문가 영역인 IPA(Intelligece Process Automation)로 확대되고 있다. 2014년에 설립된 AFSG(Ant Financial Service Group)는 2019년 고객수가 10억 명을 넘었다. 대출, 펀드, 의료보험, 온라인게임, 그리고 신용등급서비스 등 다양한 사업을 경영하는 AFSG는 인공지능을 활용하며, 모바일 지급 플랫폼 Alipay를 사용한다(Iansiti와 Lakhani, 2020). 인공지능을 활용하는 AFSG는 미국의 대형은행과 비교할 때, 1/10의 종업원들로 10배의 고객들을 상대할 수 있다.

류성일. 2017. 4차 산업혁명을 이끄는 인공지능. 디지에코 보고서. 04.04.

삼성경제연구소. 2014. 세계가 3D 프린팅에 주목한다, 인포그래픽 자료존(전자신문 작성). 생화학백과.

안영진, 전웅수, 왕영호, 손병규, 송명식. 2004. 전략적 프로세스 관리 실태조사에 관한 한일 기업의 비교연구. 한국 프로세스 연구회. 한국과학재단.

안영진, 2021. 경영품질론. 박영사.

이상현. 2017. 4차 산업혁명이 유발한 신 Biz 양상. POSRI 이슈리포트. 8.24.

이승훈. 2015. Moonshot Thinking, LG Business Insight, 3.18. 15－22.

이승훈. 2018. 모바일 시대를 이끈 두 기업. 구글과 애플의 미래 준비. LGERI. 9.21.

유미연, 전승우. 2015. 진화하는 인공지능 또 한 번의 산업혁명. LGBI, 12.30. 13－14.

정제호. 2017. Office에 부는 4차 산업혁명 바람. POSRI 이슈리포트. 3.30. 1－10.

한수연. 2015. 진화하는 인공지능 또 한 번의 산업혁명, LGBI. 12.30. 5－6.

현석원. 2018. 일본의 4차 산업혁명 정책현황과 기업 사례 및 시사점. POSRI 이슈리포트. 포스코경영연구원. 11.22. 1－12.

ASCM. 2022. ASCM Supply Chain Dictionary.

Buell, Ryan W. 2019. Operational transparency. Harvard Business Review. March－April. 102－113.

Champy, James. 2002. X－엔지니어링 기업혁명. 21세기 북스.

Chang, Richard. 1997. 업무 프로세스 혁신. 21세기 북스.

Davenport, Thomas H. 1993. *Process Innovation: Reengineering Work through Information Technology*. Harvard Business School Press.

Department of Defense. 2002. *The Management Framework for Process Improvement*.

Dickinson, Peter and Paul Roy. 2016. How robotic process automation and artificial in－telligence will change outsourcing. Mayer Brown Report. 6.7.

Fountaine, Tim, Brian McCarthy, and Tamin Saleh. 2019. Building the AI－Powered Organization. Harvard Business Review. July－August. 63－73.

George, Michael L. 2003. *Lean Six Sigma for Service: How to Use Lean Speed and Six Sigma Quality to Improve Services and Transactions*. McGraw－Hill.

Hall, R.W. 1983. *Zero Inventories*. Dow Jones Irwin, Homewood, IL.

Hammer, Michael. 2001. *The Agenda*: 기업 혁신을 위한 21세기 행동 강령. 김이숙 옮김. 한경.

Hammer, M. and J. Champy. 1993. *Reengineering the Corporation*. Nicholas Brealy London.

Harmon, Paul. 2003. *Business Process Change: A Manager Guide to Improving, Redesigning, and Automating Processes*. MK.

Harrington, H. James. 1997. *Business Process Improvement*. New York: McGraw-Hill, Harry.

Harry, Michael and Richard Schroeder. 2000. 6 시그마 기업혁명. 안영진 옮김. 김영사.

Iansiti, Marco and Karim Lakhani. 2020. Competing in the age of AI. Harvard Business Review. January-February, 61-67.

Japanese Management Association. 1986. *Kanban: Just-In-Time at Toyota*. Productivity Press, Stamford, CT.

Krajewski, Lee J., Larry P. Ritzman, Malhtra, Manoj K. 2009. *Operations Management*. Prentice-Hall.

Karmarkar, U. 1989. *Setting Control of Just-in-Time*. Harvard Business Review. Sep~Oct, 122~131.

Meredith, Jack R. and Shafer Scott M. 2002. *Operations Management for MBAs*, 2nd ed. Wiley.

Porto, Lindsay Dal. 2018. Multi-Dimensional Future. Quality Progress, May, 10-13.

Ransbotham, S., P. Gerbert, M. Reeves, D. Kiron, and M. Spir. 2018. AI in Business Gets Real. MIT Sloan Management Review and The Boston Consulting Group, September, 1-19.

Roberts, Paul. 2014. The Impulse Society, St. Martins Pr.

Rother, Mike. 2009. *Toyota KATA: Managing People for Improvement, Adaptiveness and Superior Results*. Rother & Company LLC.

Scheibenrief, Don. 2018. Bringing style and focus to ecosystems. Gartner Symposium. 11.

Schonberger, R. J. 1982. *Japanese Manufacturing Techniques: Nine Hidden Lessons in Simplicity*. The Free Press, New York.

Segars, Albert H. 2018. Seven Technologies Remaking the World. An MIT SMR Executive Guide, March.

Skinner, Wickham. 1974. *The Focused Factory. Harvard Business Review*. May-June. 113~121.

Stevenson, William J. 2008. *Operations Management*. 10th ed. McGrow-Hill/Irwin.

Tenner, Arthur R. and Irving J. Detoro. 2000. *Process Redesign: The Implementation Guide for Managers*. Prentice-Hall.

White, R. E. and W. A. Ruch. 1990. *The Composition and Scope of JIT. Operations Management Review*. Vol. 7. No. 3 & 4, 917.

Womack, J. P. and Jones D. T. 2003. Lean Thinking. Free Press.

Zipkin, P. H. 1991. Does Manufacturing Need a JIT Revolution. Harvard Business Review. Jan.~Feb. 40~50.

www.hp.com.

www.lockheedmartin.com

www.mayerbrown.com

www.motorola.com

www.progressive.com

www.toyota.com

www.wikipedia.org

〈부록-1〉 정규확률분포표

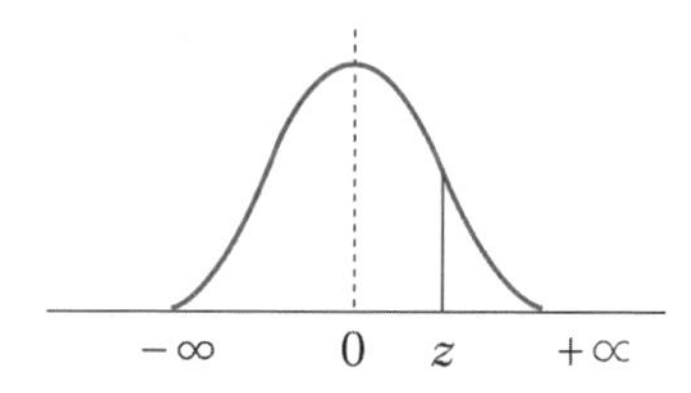

	.00	.01	.02	.03	.04	.05	.06	.07	.08	.09
.0	.5000	.5040	.5080	.5120	.5160	.5199	.5239	.5279	.5319	.5359
.1	.5398	.5438	.5478	.5517	.5557	.5596	.5636	.5675	.5714	.5753
.2	.5793	.5832	.5871	.5910	.5948	.5987	.6026	.6064	.6103	.6141
.3	.6179	.6217	.6255	.6293	.6331	.6368	.6406	.6443	.6480	.6517
.4	.6554	.6591	.6628	.6664	.6700	.6736	.6772	.6808	.6844	.6879
.5	.6915	.6950	.6985	.7019	.7054	.7088	.7123	.7157	.7190	.7224
.6	.7257	.7291	.7324	.7357	.7389	.7422	.7454	.7486	.7517	.7549
.7	.7580	.7611	.7642	.7673	.7704	.7734	.7764	.7794	.7823	.7852
.8	.7881	.7910	.7939	.7967	.7995	.8023	.8051	.8078	.8106	.8133
.9	.8159	.8186	.8212	.8238	.8264	.8289	.8315	.8340	.8365	.8389
1.0	.8413	.8438	.8461	.8485	.8508	.8531	.8554	.8577	.8599	.8621
1.1	.8643	.8665	.8686	.8708	.8729	.8749	.8770	.8790	.8810	.8830
1.2	.8849	.8869	.8888	.8907	.8925	.8944	.8962	.8980	.8997	.9015
1.3	.9032	.9049	.9066	.9082	.9099	.9115	.9131	.9147	.9162	.9177
1.4	.9192	.9207	.9222	.9236	.9251	.9265	.9279	.9292	.9306	.9319
1.5	.9332	.9345	.9357	.9370	.9382	.9394	.9406	.9418	.9429	.9441
1.6	.9452	.9463	.9474	.9484	.9495	.9505	.9515	.9525	.9535	.9545
1.7	.9554	.9564	.9573	.9582	.9591	.9599	.9608	.9616	.9625	.9633
1.8	.9641	.9649	.9656	.9664	.9671	.9678	.9686	.9693	.9699	.9706
1.9	.9713	.9719	.9726	.9732	.9738	.9744	.9750	.9756	.9761	.9767
2.0	.9772	.9778	.9783	.9788	.9793	.9798	.9803	.9808	.9812	.9817
2.1	.9821	.9826	.9830	.9834	.9838	.9842	.9846	.9850	.9854	.9857
2.2	.9861	.9864	.9868	.9871	.9875	.9878	.9881	.9884	.9887	.9890
2.3	.9893	.9896	.9898	.9901	.9904	.9906	.9909	.9911	.9913	.9916
2.4	.9918	.9920	.9922	.9925	.9927	.9929	.9931	.9932	.9934	.9936
2.5	.9938	.9940	.9941	.9943	.9945	.9946	.9948	.9949	.9951	.9952
2.6	.9953	.9955	.9956	.9957	.9959	.9960	.9961	.9962	.9963	.9964
2.7	.9965	.9966	.9967	.9968	.9969	.9970	.9971	.9972	.9973	.9974
2.8	.9974	.9975	.9976	.9977	.9977	.9978	.9979	.9979	.9980	.9981
2.9	.9981	.9982	.9982	.9983	.9984	.9984	.9985	.9985	.9986	.9986
3.0	.9987	.9987	.9987	.9988	.9988	.9989	.9989	.9989	.9990	.9990
3.1	.9990	.9991	.9991	.9991	.9992	.9992	.9992	.9992	.9993	.9993
3.2	.9993	.9993	.9994	.9994	.9994	.9994	.9994	.9995	.9995	.9995
3.3	.9995	.9995	.9995	.9996	.9996	.9996	.9996	.9996	.9996	.9997
3.4	.9997	.9997	.9997	.9997	.9997	.9997	.9997	.9997	.9997	.9998

* $p(z \leq 2.04) = 0.9733$, 즉 97.33%.

영문색인

N

O

P

Q

R

S

T

U

V

국문색인

ㅇ

ㅈ

공저자 약력

안 영 진

연세대학교 경영학과에서 학사를, 그리고 미국 미시간 주립대학에서 석사와 박사를 수여받았습니다. 현재 단국대학교 명예교수로서 있습니다. 그리고 한국생산관리학회, 한국서비스경영학회, 한국구매조달학회, 한국품질경영학회, 미국품질학회, 미국생산재고학회, 미국의사결정학회의 회원이며, CPIM (Certified Production and Inventory Manager) 자격증을 가지고 있습니다.

본 저서와 관련하여 문의사항이나 기타 제안하실 사항이 있으시면 저의 전자우편주소인 yjahn@dankook.ac.kr로 연락주시기 바랍니다.

유 영 목

중앙대학교 및 동 대학원에서 경영학 학사와 석사를, 미국 네브라스카 대학교에서 경영학 박사를 수여받았습니다. 현재 단국대학교 교수로서 생산운영관리, 생산전략, 서비스 품질경영 등을 학부와 대학원에서 강의하고 있습니다. 그리고 한국생산관리학회, 한국경영과학회, 한일경상학회, 미국 DSI 학회, GMRG의 회원으로 활동하고 있으며, 「서비스 품질경영」, 「경영통계학」, 「서비스 코어 11」, 「서비스 경영」, 「성공기업의 딜레마」, 「서비스 수익모델」, 「물류관리의 종합적 이해」, 「경영학의 이해」, 「해방경영」 등의 저서와 역서를 공동 집필한 바 있습니다.

본 저서와 관련하여 문의사항이나 기타 제안하실 사항이 있으시면 저의 전자우편주소인 ymyu@dankook.ac.kr로 연락주시기 바랍니다.

홍 석 기

서강대학교에서 경제학 학사를, 미국 네브라스카 대학교에서 경영학 박사를 수여받았습니다. 현재 단국대학교 교수로서 생산운영관리, 서비스경영론 등을 학부와 대학원에서 강의하고 있습니다. 그리고 한국생산관리학회, 대한경영학회, 한국서비스경영학회, 한국인터넷정보학회, 한국생산성학회, 한국산업경제학회 등에서 활동하고 있으며 미국 CFPIM(Certified Fellow in Production and Inventory Management) 자격증을 가지고 있습니다.

본 저서와 관련하여 문의사항이나 기타 제안하실 사항이 있으시면 저의 전자우편주소인 skhong017@dankook.ac.kr로 연락주시기 바랍니다.

제4개정판
생산운영관리

초판 발행 1999년 2월 25일
개정판 발행 2005년 9월 9일
제2개정판 발행 2010년 9월 10일
제3개정판 발행 2016년 2월 22일
제4개정판 발행 2023년 2월 24일

지은이 안영진 · 유영목 · 홍석기
펴낸이 안종만 · 안상준

편 집 배근하
기획/마케팅 장규식
표지디자인 BEN STORY
제 작 고철민 · 조영환

펴낸곳 (주) 박영사
서울특별시 금천구 가산디지털2로 53, 210호(가산동, 한라시그마밸리)
등록 1959. 3. 11. 제300-1959-1호(倫)
전 화 02)733-6771
f a x 02)736-4818
e-mail pys@pybook.co.kr
homepage www.pybook.co.kr
ISBN 979-11-303-1719-9 93320

정 가 33,000원